주해
「게임산업진흥에 관한 법률」

게임법연구회

김근우 · 김윤명 · 김형렬 · 신봉기 · 신재호

유대종 · 이상정 · 전성태 · 정소현 · 정충원

세창출판사

이 도서의 국립중앙도서관 출판시도서목록(CIP)은 서지정보유통지원시스템 홈페이지
(http://seoji.nl.go.kr)와 국가자료공동목록시스템(http://www.nl.go.kr/kolisnet)에
서 이용하실 수 있습니다.(CIP제어번호: CIP2014011056)

머리말

　이 책은 「게임산업진흥에 관한 법률」을 조문별로 해설한 것이다. 주지하다시피 본법은 제정 후 시행하기도 전에 개정될 수밖에 없는 처지에 놓였었고, 그 이래 진흥보다는 규제에 방점을 두어 운영되어 왔다. 실로 게임이 가지고 있는 숙명적 이중성의 법적 표현이자, 그 운영이라 할 것이다. 이러한 하나의 법률에 담긴 진흥과 규제라는 이중성과 모순은 본법의 성격을 매우 모호하게 만들고 있다. 또 게임의 역기능을 해소하기 위한 여러 가지 규제가 과연 그 효과를 달성할 수 있을지도 의문이다. 그러나 이 책의 목적은 정책을 제안하기 위한 것은 아니므로 우리는 2006년 제정 이래 10여 차례 개정되어 온 본법의 모습을 가급적 과부족 없이 담아내어 그 의미를 전달하려고 노력하였다.

　이 책의 집필에는 모두 열 사람이 참가하였다. 우리 열 사람은 모두 한국디지털재산법학회 회원이자, 경희대학교 대학원의 석사 또는 박사과정에서 학문적으로 인연을 맺은 사람들이다. 처음에는 게임과 지적재산법에 관한 연구로 시작하여, 점차 연구의 범위를 넓히다보니 게임산업진흥법의 해설에까지 이르게 되었다. 당초의 목표는 본법과 관련된 기존의 모든 연구를 이 한 권에 모아 정리함으로써, 앞으로의 게임산업진흥법에 관한 모든 연구에 이 책이 기초가 되었으면 하는 바람으로 착수하였으나 그 목표가 얼마나 달성되었는지는 알 수 없다. 혹시 호랑이를 그리려다가 고양이도 그리지 못한 것은 아닌지 두렵다. 오직 독자들의 판단에 맡길 뿐이다. 그러나 이 책 출간을 계기로 더욱 게임법의 연구에 매진하여 앞으로 판을 거듭하면서 학계와 실무계에 의미 있는 책으로 거듭날 것을 다짐해 본다. 아울러 이나마라도 쓸 수 있도록 밑거름이 되어 주신 선행연구자들에게 이 자리를 빌려 깊이 감사드린다. 이 책에서 인용한 많은 선행 연구가 없었더라면 이 정도의 집필도 불가능했을 것이다. 또한 오랫동안 연구를 지원해 주신 NHN에 대해서도 깊이 감사드린다.

　본인과 관련된 책들이 그러하듯이 이 책의 출판도 세창출판사가 맡아 주셨다. 현재와 같은 어려운 출판 상황에서 상업성이 없는 이 책의 출간을 맡아주신 이방원 사장님에게 깊이 감사드리며, 처음부터 끝까지 이 책을 읽고 오탈자는 물론 문맥상의 잘못이나 중복된 부분을 지적하여 주셔서 책다운 책으로 만들어 주신 임길남 상무님에게도 충심으로 감사드린다. 끝으로 이 책의 편집과 조판에 수고를 아끼지 아니하신 편집부 여러분에게도 진심으로 감사드리며, 모든 분들에게 더욱 큰 성취와 발전이 있으시기를 빈다.

2014년 봄
집필자를 대표하여 이상정 씀

일러두기

1. 이 책의 해설의 대상이 되는 「게임산업진흥에 관한 법률」은 법률 제11998호로 2013년 8월 6일 타법개정에 의해 개정되어, 2014년 8월 7일 시행 예정인 법령으로 함. 다만 시행규칙은 2014년 3월 1일을 기준으로 하였음.

2. 본문의 게임법, 게임산업진흥법은 특별한 표시가 없는 한, 「게임산업진흥에 관한 법률」을 의미함.

3. 본문의 「음반·비디오물 및 게임물에 관한 법률」과 음비게법은 2006년 폐지된 「음반·비디오물 및 게임물에 관한 법률」을 의미함.

4. 각주는 각 장별로 정리하였으며, 참고문헌은 이 책 말미에 부기하였음.

5. 판례는 각 장의 말미에 부기하였으나, 본문에 인용된 판례는 판례 번호만 부기하였음.

6. 이 책의 집필부분 및 집필자는 다음과 같음.

집필부분		집필자
서장		이상정
제1장 총칙 (제1조-제3조)		김윤명
제2장 게임산업의 진흥 (제4조-제11조)		정충원·김윤명
제3장 게임문화의 진흥 (제12조-제14조)		신재호
제4장 등급분류	제16조-제20조	신봉기
	제21조-제24조의4	김형렬
제5장 영업질서의 확립	제25조-제31조	전성태
	제32조-제38조	유대종
제6장 보칙		김근우
제7장 벌칙		유대종 및 벌칙 내용 관련부분 집필자
제8장 부칙		이상정·정소현

차 례

_서 장

주해 「게임산업진흥에 관한 법률」

1. 게임산업진흥법으로의 발전

우리나라는 「게임산업진흥에 관한 법률」이라는 게임산업에 관한 독립된 법률을 가지고 있는 유일한 나라이다.[1] 이하에서는 우리나라에서 게임산업진흥법으로의 발전과정을 살펴본다. 시대분류와 관련하여 다음과 같은 견해가 있으며, 대체로 업자나 시설 규제시대[2]에서 콘텐츠산업 진흥 및 건전한 게임문화 진흥을 위한 콘텐츠 내용 규제시대[3]로 발전해 왔다고 본다.

황승흠	제1단계는 유기장업 관리체제(1973-1999), 제2단계는 게임물 관리체제(1999-2006), 제3단계는 게임산업진흥체제(2006-현재)로 되었다.[4]
유병채	1단계는 유기장법에서의 유기장업법을 거쳐 공중위생법까지이고, 2단계는 음비게법에서 게임물에 대한 독자적인 규율이 시작되었으며, 3단계는 게임산업을 포함한 문화산업 진흥의 취지로 기존 음비게법의 규율대상인 음악, 비디오, 게임에 대한 독자적인 법률제정의 필요성에 의해서 게임법이 제정되었다.[5]

이하 발전 단계별로 관련법을 간단히 살펴본다.

(1) 유기장법 및 유기장업법

유기장법은 1961.12.6 제정되어 1962.1.1부터 시행된 법이다.[6] 동법 제1조

---

1) 황승흠, "한국게임법제의 역사와 전망", 「게임법제도의 현상과 과제」, 박영사, 2009, 2면; 홍유진, "게임법이 지향하는 가치 유형", 「게임법제도의 현상과 과제」, 41면; 유병채, "게임산업진흥에 관한 법률의 개정방향", 「게임법제도의 현상과 과제」, 361면.
2) 유기장법이나 공중위생법 시대가 이에 해당할 것이다. 흥미로운 것은 2013년 6월부터 PC방에 전면 시행된 금연과의 관계이다. "한국인터넷PC문화협회 관계자는 'PC방 전면금연 시행으로 인한 폐업이 아직은 예상보다 적은 것이 사실이지만, 화재보험 의무가입 등 악재가 이어지면서 신규창업 수요는 없고 폐업문의만 이어지고 있다'며 '정부의 계도기간이 끝나는 내년 초 이후에는 상황이 더 악화될 가능성이 크다'고 설명했다. –국내시장에서 온라인 게임의 흥행은 PC방이 결정적인 역할을 하기 때문에, PC방의 위기는 결국 온라인 게임 업체 전체의 위기로 이어질 수밖에 없다. – 한국콘텐츠진흥원의 '2012 게임 이용자 조사보고'에 따르면 PC방을 찾지 않는 이유로 44.7%가 '이용 환경의 불결함'을 꼽을 정도로, 청결하지 못한 PC방 환경은 게임산업 전체에 대한 부정적인 인식을 키워왔다."(뉴스토마토, 2013.8.5). 현재 콘텐츠 규제로 바뀌었다고 하지만 시설 규제는 의연 게임산업에 지대한 영향을 준다.
3) 음비게법이나 게임산업진흥법 시대가 이에 해당할 것이다.
4) 황승흠, 앞의 글, 4면 참조.
5) 유병채, 앞의 글, 361면.

는 "본법은 유기장의 시설과 운영에 관한 사항을 규정함으로써 국민보건의 향상과 공중오락의 건전성유지를 도모함을 목적으로 한다"고 규정한다. 동법에서 "유기장이라 함은 당구장, 탁구장, 베이비골프장, 롤러스케이트장, 셔플보오드장, 투환장, 기원 또는 이와 유사한 공중유기시설을 말한다"(제2조 제1항). 그러므로 당초 이 법은 당시의 놀이문화인 당구, 탁구 등 공중이 모여서 놀이하는 장소의 위생시설이나 모인 장소에서의 도박 금지 등에 대해 규정하는 소박한 법률이었다. 말하자면 당시의 놀이라고 하는 것은 2사람 이상이 있어야 할 수 있는 것이었고, 이들이 모인 장소 및 그 운영자의 행태를 규제하면 충분했을 것이다. 그런데 놀이기구가 전자산업의 발전과 더불어 '전자유기시설'이 도입되자 유기장법 시행규칙 제1조는 "유기시설법시행령 제1조에서 '기타 이와 유사한 공중유기용 시설로서 보건사회부령으로 정하는 것'이라 함은 다음의 유기시설로서 공중의 유기용에 공하는 것을 말한다"고 한 후 제5호에서 전자유기시설에 대해 규정하였다. 동호는 전자유기시설은 "사용료를 유기기구에 투입하거나 지불하여 일정한 시간 유기할 수 있도록 만들어진 비사행성 전자식 유기기구를 말한다"고 규정한다. 즉 오늘날 아케이드 게임이라고 부르는 것이 처음으로 입법화되었다.[7] 그래서 "게임을 규율하는 최초의 입법은 1961년에 제정된 유기장법 자체가 아니라 1973년의 개정 유기장법 시행규칙이라고 해야 한다"는 주장도 있다.[8]

어쨌든 유기장법의 핵심 내용은 여럿이 모이는 장소니까 공중위생에 만전을 기하고 자칫 놀이장이 도박장으로 변질될지 모르니 관리를 철저히 하라는 것으로 요약할 수 있을 것이다. 이러한 유기장법은 그 명칭이 1981년 유기장업법으로 변경되었고, 동법 제2조 제1항은 "이 법에서 '유기장'이라 함은 대중오락을 위한 유기시설이 설치된 일정한 장소를 말한다"고 한 후 제3항에서 "제1항의 유기장의 종류는 대통령령으로 정한다"고 규정하였다. 동법 시행령 제1조는 유기장

---

6) 법률 제810호.

7) 우리나라에서 처음으로 전자오락실이라는 이름의 아케이드 게임장이 나타난 것은 1975년이며, 이때 처음으로 아케이드 게임장 35개가 허가를 받았다고 한다. 이를 통해 본격적인 컴퓨터게임에 대한 대중적인 이용이 시작되었다[김민규, "게임심의제 전환의 조건과 문화정책적 의의에 대한 고찰", 「문화정책 논총」(제26집 제2호), 한국문화관광연구원, 2012.8, 178면]. 그러나 그 이용층이 청소년이었기에 게임에 대한 사회적 인식이 호의적이지 않았음은 쉽게 알 수 있다(id.).

8) 황승흠, 앞의 글, 5면.

의 종류로서 법 "제2조 제3항의 규정에 의한 유기장의 종류는 당구장, 전자유기장, 베비골프장, 투환장, 어린이승마장, 실내사격장, 회전비행기유기장, 모형차유기장, 회전의자유기장, 셔플보오드장으로 한다"고 규정하였다. 이로써 전자유기장은 유기장의 한 종류가 되었고, 이른바 게임장업자가 법적 규제대상이 되었다.

한편 1984.4.10. 전부개정된 유기장업법[9] 제2조 제1항은 "이 법에서 '유기장'이라 함은 전자유기장·당구장과 기타 대중오락을 위한 유기기구가 설치된 일정한 장소로서 대통령령이 정하는 것을 말한다"고 규정함으로써 이른바 게임방이 법률에 전면적으로 등장하게 되었다.

아울러 1984년 유기장업법 시행령[10]을 통해 유기기구 심의제도가 도입되었다. 동법 시행령 제2조는 다음과 같다.

제2조 (유기장업 심의위원회) 보건사회부장관의 자문에 응하여 다음 사항을 심의하기 위하여 보건사회부에 유기장업심의위원회(이하 "위원회"라 한다)를 둔다.
1. 법 제6조 제2항의 규정에 의한 공익상 또는 공중오락의 건전성을 유지하기 위한 영업허가지역의 제한 및 그 해제에 관한 사항
2. <u>유기기구 및 그 프로그램의 도박성 또는 사행성 유무에 관한 사항</u>
3. 새로이 생겨난 유기종목이 법 및 이 영에 의한 유기장에 해당하는지의 여부의 결정에 관한 사항
4. 기타 유기장업과 관련하여 보건사회부장관이 부의하는 사항

이러한 유기장업법은 공중위생법[11]의 제정과 더불어 폐지되고[12] 그 내용은 공중위생법에 흡수되었다.

(2) 공중위생법

1) 제정법

공중위생법은 "공중이 이용하는 위생접객업 기타 위생관련영업의 시설 및

---

9) 법률 제3729호, 1984.4.10, 전부개정. 시행 1984.7.11.
10) 대통령령 제11473호, 1984.7.20, 전부개정. 시행 1984.7.20.
11) 법률 제3822호, 1986.5.10. 시행 1986.11.11.
12) 공중위생법 부칙 〈법률 제3822호, 1986.5.10〉 제2조(다른 법률의 폐지 및 개정 등) ① 다음의 법률은 이를 폐지한다.
1-3. 생략
4. 유기장업법

운영 등에 관한 사항과 공중이용시설, 음용수 및 위생용품의 위생관리 등에 관한 사항을 규정함으로써 국민보건을 위한 위생수준을 향상시켜 공공복리의 증진에 기여함을 목적으로"하는 법이다. 동법 제2조 제1항 제1호 바목에서 유기장업에 대한 정의규정13)을 둔 후 유기장을 위생접객업의 한 종류로서 규율하였다. 동법은 유기장업의 종류를 허가대상인 유기장과 신고대상인 유기장으로 나눈 후 허가사항인 유기장에 대해서는 다시 "시장·군수·구청장은 제1항의 규정에 의한 유기장업의 허가를 하는 경우에는 대통령령이 정하는 바에 의하여 18세 미만의 자에게 그 이용을 제한하는 영업(이하 "성인전용유기장업"이라 한다)과 그러하지 아니하는 영업으로 구분하여 허가할 수 있다"고 규정하였다(동법 제4조 제3항). 또 제12조에서 위생관리와 영업자 준수사항을 규정하고 있었다. 소관 법률만 바뀌었을 뿐 그 내용은 유기장업법과 대동소이하다.

2) 1990년 개정법14)

개정법 제12조의2는 유기기구 등의 검사에 대한 규정을 신설하였다. 즉 "대통령령이 정하는 유기기구 및 그 기판을 제조하거나 수입하고자 하는 자는 당해 유기기구 및 그 기판에 대하여 보건사회부령이 정하는 바에 의하여 보건사회부장관의 검사를 받아야 한다"고 규정하였고, 동법 시행령 제7조의5는 검사대상 유기기구의 범위로서 "법 제12조의2의 규정에 의하여 검사를 받아야 할 유기기구 및 그 기판은 전자유기장업소에 설치하는 기계식 유기기구, 전자유기기구 및 체련용유기기구와 그 기판으로 한다"고 규정하였다. 다만 검사기준은 대체로 시설이나 설비 등 하드웨어적인 것에 그쳤다. 아울러 법 제41조 제2항은 검사업무 또는 그 일부를 민간단체에 위탁할 수 있도록 규정하였고, 제42조는 도박 기타 사행행위에 제공할 목적으로 유기기구 또는 그 기판을 제조·판매한 자뿐만 아니라 수리하거나 이를 위하여 유기기구 또는 그 기판을 소지한 자도 처벌하였다.

3) 1995년 개정법15)

1995년 개정법은 성인전용 전자유기장업소에만 설치되는 기계식유기기구

---

13) 유기시설을 갖추고 손님으로 하여금 대중오락을 하게 하는 영업(다른 영업을 경영하면서 손님의 유치 또는 광고 등을 목적으로 유기기구를 설치하여 대중오락을 하게 하는 경우를 포함한다).

14) 법률 제4217호, 1990.1.13, 일부개정. 시행 1990.4.14.

15) 법률 제5100호, 1995.12.29, 일부개정. 시행 1996.6.30.

는 사행행위에 사용될 우려가 있어 더 이상 그 사용을 할 수 없음에 따라 성인전
용 전자유기장업과 청소년용 전자유기장업으로 구분하던 것을 전자유기장업으
로 단일화하였다. 이로써 성인전용 전자유기장업이 금지된 것이다.[16] 또 시행령
제3조는 유기장업을 컴퓨터게임장업(전자유기기구 또는 체련용유기기구를 설치·운
영하는 유기장업), 종합유원시설업(공원, 유원지 또는 관광위락지 등에서 주행식 유기
기구, 고정식 유기기구, 스포츠·관람형 유기기구를 각 2종 이상 설치·운영하는 영업),
기타유기장업(주행식유기기구, 고정식유기기구, 스포츠·관람형유기기구, 기타 놀이에
이용되는 유기기구를 설치·운영하는 영업. 다만, 종합유원시설업에 해당하는 것을 제외
한다)으로 3분하였다.

　　이러한 유기장업은 1999년 1월 21일 공중위생법에서 삭제되었다. 유기장업
은 그 후 관광진흥법, 공중위생관리법, 음반·비디오물 및 게임물에 관한 법률로
분산되며, 컴퓨터게임장업은 음반·비디오물 및 게임물에 관한 법률로 넘겨지게
된다.

관광진흥법

1999.1.21. 전부개정된 관광진흥법[17]은 공중위생법에 의하여 보건복지부장관의 소관
에 속하였던 유원시설업을 문화관광부장관의 소관으로 이관하였다. 이로써 종전에는
보건복지부장관의 소관으로 되어 있던 유원시설업을 문화관광부장관의 소관으로 이관
하여 관광사업의 일종으로 규정하고, 유원시설업의 관리에 필요한 사항을 정하였다(법
제3조 제1항 제6호,[18] 제5조 제2항 내지 제4항[19] 및 제30조 내지 제32조).[20]

---

16) 자세한 것은, 황승흠, 앞의 글, 10면 참조.

17) 법률 제5654호. 시행 1999.3.22.

18) 유원시설업: 유기시설 또는 유기기구를 갖추어 이를 관광객에게 이용하게 하는 업(다른 영
　　업을 경영하면서 관광객의 유치 또는 광고 등을 목적으로 유기시설 또는 유기기구를 설치하
　　여 이를 이용하게 하는 경우를 포함한다).

19) ② 제3조 제1항 제6호의 규정에 의한 유원시설업 중 대통령령이 정하는 유원시설업을 경영
　　하고자 하는 자는 문화관광부령이 정하는 시설 및 설비를 갖추어 시장·군수·구청장(자치
　　구의 구청장에 한한다. 이하 같다)의 허가를 받아야 한다. ③ 제1항 및 제2항의 규정에 의하
　　여 허가받은 사항 중 문화관광부령이 정하는 중요사항을 변경하고자 하는 때에는 변경허가
　　를 받아야 한다. 다만, 경미한 사항을 변경하고자 하는 때에는 변경신고를 하여야 한다. ④
　　제2항의 규정에 의하여 대통령령이 정하는 유원시설업을 제외한 유원시설업을 경영하고자
　　하는 자는 문화관광부령이 정하는 시설 및 설비를 갖추어 시장·군수·구청장에게 신고하
　　여야 한다. 신고한 사항 중 문화관광부령이 정하는 중요사항을 변경하고자 하는 때에도 또한
　　같다.

20) 제30조(유원시설 등의 관리) 제5조 제2항 또는 제4항의 규정에 의하여 유원시설업의 허가

(3) 음반·비디오물 및 게임물에 관한 법률

1) 제정법

1999.2.8. 음반·비디오물 및 게임물에 관한 법률이 제정되었고[21] 동법 제2조 제3호는 "'게임물'이라 함은 컴퓨터프로그램에 의하여 오락을 할 수 있도록 제작된 영상물(유형물에의 고정여부를 가리지 아니한다)과 오락을 위하여 게임제공업소 내에 설치·운영하는 기타 게임기구를 말한다"고 규정하였다. 이로써 "기존의 유기장업 관리체제에서는 기기 또는 장치로서의 유기기구에 대하여 규제하였으나 기기나 장치가 아닌 콘텐츠로서의 게임물에 대한 규제가 시작된 것이다. 영상물이라는 콘텐츠 개념이 도입된 것이 유기장업에 대한 관리체제가 「음반·비디오물 및 게임물에 관한 법률」로 이관되면서 나타난 획기적인 변화라고 할 수 있다."[22] 음비게법에서는 유기장업의 관리가 종래의 허가제에서 등록제로 변경되었고, 폐지되었던 성인용 전자유기장업이 '종합게임장'이라는 이름으로 부활하였다.[23] 또 게임물에 대한 등급분류제도가 도입되었으며,[24] 게임물의 사용불가제

를 받거나 신고를 한 자(이하 "유원시설업자"라 한다)는 문화관광부령이 정하는 기준에 따라 그 시설·설비 및 영업에 관한 관리를 하여야 한다.

제31조(안전성검사) 대통령령이 정하는 유원시설업자는 그 유기시설 또는 유기기구의 안전성 유지를 위하여 문화관광부령이 정하는 바에 따라 문화관광부장관이 실시하는 안전성검사를 받아야 한다.

제32조(영업질서의 유지 등) ① 유원시설업자는 영업질서의 유지를 위하여 문화관광부령이 정하는 사항을 지켜야 한다. ② 유원시설업자는 법령에 위반하여 제조된 유기시설·유기기구 또는 유기기구의 부분품을 설치하거나 사용하여서는 아니된다.

21) 법률 제5925호. 시행 1999.5.9. 음비게법은 제정법에서는 본문 35조와 부칙으로 구성되어 있었으나 2001년 전면 개정을 통해 8장, 53개조로 구성되었다. 8장의 내용은 다음과 같다: 제1장 총칙, 제2장 영상물등급위원회, 제3장 등급분류, 제4장 영업의 신고·등록·운영, 제5장 음반·비디오물 등의 수입·표시 및 광고, 제6장 등록취소 등 행정조치, 제7장 보칙, 제8장 벌칙.

22) 황승흠, 앞의 글, 12면.

23) 위의 글, 13면.

24) 그러므로 현행 게임물 심의제도의 근간이 형성된 것은 1999년 2월의 음비게법이다. 그 내용은 다음과 같이 3등급제(전체, 12세, 18세)이다.

제18조(등급분류) ① 비디오물 또는 게임물을 유통·시청제공 또는 오락제공을 목적으로 제작하거나 수입 또는 반입 추천을 받고자 하는 자는 미리 당해 비디오물 또는 게임물의 내용에 관하여 영상물등급위원회의 등급분류를 받아야 한다. 다만, 다음 각호의 1에 해당하는 경우와 대통령령이 정하는 경우에는 그러하지 아니하다.

1. 대가를 받지 아니하고 18세 이상의 특정인들에 대하여 특정장소에서 시청 제공하는 비디오물

도가 도입되었다. [25]

2) 2000년 및 2001년 개정법

2000년 1월의 영화진흥법의 개정에 따라 음비게법도 개정되었다. [26] 2000년
의 부칙 개정을 통해 게임등급분류 기준이 변경되었다. 즉 제정법에서의 3등급
제가 중간에 '15세이용가' 등급이 신설됨으로써 현재와 같은 4등급제가 완성되었
다. [27]

한편 2001년에는 전부개정이 있었다. [28] 이것은 "급속한 문화산업의 환경변
화에 능동적으로 대처하여 게임산업 등 문화산업을 고부가가치 산업으로 육성하
기 위한 기반을 조성하고, 행정규제 위주의 현행 제도를 대폭적으로 개선하여 음
반ㆍ비디오물ㆍ게임물 관련산업의 진흥을 도모하며, 청소년에 유해한 영상물 등
으로부터 청소년을 보호하기 위하여 필요한 제도적 장치를 보완하는 등 현행 제
도의 운영과정에서 나타난 미비점을 개선ㆍ보완하려는 것"이었다. [29] 이 개정
법[30]에서는 게임물의 개념이 수정되었고, [31] 업종관리체제가 게임물제작업과 청

---

   2. 문화관광부장관이 추천하는 영상제, 전시회 등에 상영ㆍ오락제공하는 비디오물 및 게임
     물
   ② 제1항의 규정에 의한 등급은 다음 각호와 같고, 등급의 분류기준과 절차는 영상물등급위
   원회의 규정으로 정한다. 다만, 게임제공업소에서만 사용하고자 하는 게임물은 제1호 및 제
   3호의 등급만 분류할 수 있다.
   1. 전체이용가 : 연령에 제한 없이 누구나 이용할 수 있는 비디오물 및 게임물
   2. 12세이용가 : 12세 미만의 자가 이용할 수 없는 비디오물 및 게임물
   3. 18세이용가 : 18세 미만의 자가 이용할 수 없는 비디오물 및 게임물
25) 제18조 ③ 영상물등급위원회는 사행성이 지나쳐서 제2항 제1호 내지 제3호의 등급을 부여
   할 수 없다고 인정하는 게임물에 대해서는 제2항의 규정에 불구하고 사용불가로 결정할 수
   있다. 이 경우 사용불가로 결정된 게임물은 어떤 방식으로든지 유통 또는 오락제공되어서는
   아니된다.
26) 법률 제6186호, 2000.1.21., 타법개정. 시행 2000.4.22.
27) 즉, [전체, 12세, 15세, 18세이용가]의 4등급으로 분류되었다.
28) 이후 2004년, 2005년 개정이 있었다.
29) 동법 개정문 참조(http://www.law.go.kr/lsInfoP.do?lsiSeq=51947&lsId=001995&chrClsCd
   =010202&urlMode=lsEfInfoR&viewCls=lsRvsDocInfoR#0000).
30) 법률 제6473호, 2001.5.24, 전부개정. 시행 2001.9.25.

31)		
	종전법	"게임물"이라 함은 컴퓨터프로그램에 의하여 오락을 할 수 있도록 제작된 영상물(유형물에의 고정여부를 가리지 아니한다)과 오락을 위하여 게임제공업소 내에 설치ㆍ운영하는 기타 게임기구를 말한다.
	2001년	"게임물"이라 함은 컴퓨터프로그램 등 정보처리 기술이나 기계장치를 이용하

소년게임장업은 신고제로, 일반게임장업은 등록제로 규제가 완화되었다.[32] 또 경품취급고시를 통한 사행성 규율체제로 전환하였다.[33]

(4) 게임산업진흥법의 성립

게임산업진흥에 관한 법률이 [법률 제7941호]로서 2006.4.28. 제정되고 2006.10.29. 시행에 들어갔다. 이 법률을 제정한 이유는 "게임산업은 차세대 핵심문화산업으로서 부가가치가 높은 산업이므로 변화하고 있는 게임산업환경에 적극적으로 대처하고 게임산업의 진흥을 위한 다양하고 체계적인 정책을 추진할 수 있도록 기반을 조성하는 한편, 게임물이 음반, 비디오물과 함께 「음반·비디오물 및 게임물에 관한 법률」에 규정되어 있어 게임물만의 고유한 특성이 반영되지 못하고 게임이용문화가 제대로 정착되지 못하고 있으므로 게임물에 관한 법체계를 대폭적으로 개편하여 게임이용자의 권익향상과 건전한 게임문화를 확립하려는 것"이었다.[34] 이 법은 2006년 제정된 이래 2013년 현재까지 13차 개정되

	여 오락을 할 수 있게 하거나 이에 부수하여 여가선용, 학습 및 운동효과 등을 높일 수 있도록 제작된 영상물 및 기기를 말한다. 다만, 다음 각목의 것을 제외한다.
법	가. 다른 법령의 규정에 의한 규율대상이 되는 것 나. 게임물과 게임물이 아닌 것이 혼재되어 있는 것으로서 문화관광부장관이 게임물로 규율할 필요가 없는 것으로 인정하여 고시하는 것

32) ① 종전에는 등록제로 운영되던 게임제공업을 2001년 개정법은 청소년 게임장업과 일반 게임장업으로 구분하고 청소년 게임장업은 신고업으로, 종전의 게임제공업 중 PC방 영업은 멀티미디어 문화컨텐츠 설비제공업으로 변경하여 신고업으로 하되, 멀티미디어 문화컨텐츠 설비제공업의 경우는 2002년부터 자유업으로 전환함(법 제2조 제9호·제10호, 제26조 제2항·제3항 및 부칙 제2조). ② 종전에는 외국에서 비디오물 및 게임물을 수입하거나 반입하는 경우 수입 또는 반입추천을 받도록 하고, 그 내용에 관하여 다시 영상물등급위원회의 등급분류를 받도록 하였으나, 2001년 개정법은 수입 또는 반입추천제를 폐지하고 등급분류만 받도록 함으로써 행정절차를 간소화함(법 제20조 제1항). ③ 행정규제의 완화를 위하여 종전의 음반·비디오물·게임물의 제작업 및 배급업을 등록영업에서 신고영업으로 전환하고, 그 판매업 및 대여업의 등록제를 폐지하여 자유업으로 전환함(법 제26조 제1항).
이렇게 "일반게임장업을 손쉽게 할 수 있게 한 것은 게임물에 관한 산업을 발전시킨다는 점에서 비롯된 것이겠지만 이른바 '바다이야기 사태'의 중요한 원인 중의 하나로 작용하기도 하였다."(황승흠, 앞의 글, 16면).

33) *Ibid.* 또 이들의 문제점에 대해서는, 위의 글, 16-18면 참조.

34) http://likms.assembly.go.kr/bill/jsp/BillDetail.jsp?bill_id=034612(2013.6.30. 최종방문). 또 손경한, "게임산업의 현황과 법적문제," 「엔터테인먼트법」(상), 진원사, 2008, 129면 참조.

었다.[35]

음비게법의 한계[36]

첫째, 음반, 비디오, 게임이라는 이질적인 콘텐츠를 동일한 차원에서 법률화하여 콘텐츠별 특성을 반영하고 있지 못했다.

둘째, 음반, 비디오물, 게임물이라는 유형물을 기준으로 하고 있었기 때문에 콘텐츠라는 무형에 대한 특성을 반영하는 데 한계가 있어 새로운 디지털시대에 나타나는 현상을 반영하지 못하고 있었다.

셋째, 음비게법의 핵심은 '영상물등급위원회'의 설립근거를 마련하는 것이었고, 그러다 보니 규제중심이었다. 따라서 진흥에 대한 부분은 미약했다.

넷째, 음비게법의 규제는 사회적 환경의 변화와 산업의 성장 및 해외 유사기준과의 비교에 따른 변화의 폭을 수용하지 못함에 따라 진흥과 규제를 동시에 고려하는 새로운 법률의 필요성이 제기되었다.[37]

2. 게임산업진흥법의 전체적 내용

(1) 전체적 내용

게임산업진흥법은 본칙 7장과 부칙으로 되어 있다. 본칙의 조문 개수는 모두 7장 53개조로 되어 있다.

다음은 현행법의 전체적인 내용을 표로 도시한 것이다.

제1장	총 칙	제1조(목적)
		제2조(정의)
		제3조(게임산업진흥종합계획의 수립·시행)
제2장	게임산업의 진흥	제4조(창업 등의 활성화)
		제5조(전문인력의 양성)
		제6조(기술개발의 추진)
		제7조(협동개발 및 연구)
		제8조(표준화 추진)

---

35) 자세한 것은 이 책 '부칙' 설명 참조.
36) 김민규, "'게임산업진흥에 관한 법률'의 제·개정 경과와 의의", 「성신법학」(제6호), 성신여자대학교 법학연구소, 2007, 106면.
37) 보다 자세한 것은, 위의 글, 106-107면 참조.

			제9조(유통질서의 확립)
			제10조(국제협력 및 해외진출 지원)
			제11조(실태조사)
제3장	게임문화의 진흥		제12조(게임문화의 기반조성)
			제12조의2(게임과몰입의 예방 등)
			제12조의3(게임과몰입·중독 예방조치 등)
			제12조의4(게임물 이용 교육 지원 등)
			제13조(지식재산권의 보호)
			제14조(이용자의 권익보호)
			제15조 삭제 〈2012.2.17〉
제4장	등급분류		제16조(게임물관리위원회)
			제16조의2(위원회의 법인격 등)
			제17조(감사)
			제17조의2(위원의 제척·기피 및 회피)
			제17조의3(회의록)
			제18조(사무국)
			제19조(위원회규정의 제정과 개정 등)
			제20조(지원)
			제21조(등급분류)
			제22조(등급분류 거부 및 통지 등)
			제23조(등급의 재분류 등)
			제24조(등급분류의 통지 등)
			제24조의2(등급분류 업무의 위탁 등)
			제24조의3(등급분류기관의 준수사항)
			제24조의4(등급분류기관의 지정취소)
제5장	영업질서 확립	제1절 영업의 신고·등록·운영	제25조(게임제작업 등의 등록)
			제26조(게임제공업 등의 허가 등)
			제27조(영업의 제한)
			제28조(게임물 관련사업자의 준수사항)
			제29조(영업의 승계)
			제30조(폐업 및 직권말소)
			제31조(사후관리)
		제2절 게임물의	제32조(불법게임물 등의 유통금지 등)

		유통 및 표시	제33조(표시의무)
			제34조(광고·선전의 제한)
		제3절 등록취소 등 행정조치	제35조(허가취소 등)
			제36조(과징금 부과)
			제37조(행정제재처분의 효과승계)
			제38조(폐쇄 및 수거 등)
제6장	보 칙		제39조(협회 등의 설립)
			제39조의2(포상금)
			제40조(청문)
			제41조(수수료)
			제42조(권한의 위임·위탁)
			제43조(벌칙 적용에서의 공무원 의제)
제7장	벌 칙		제44조(벌칙)
			제45조(벌칙)
			제46조(벌칙)
			제47조(양벌규정)
			제48조(과태료)
부 칙			

(2) 게임산업진흥법이 지향하는 가치

1) 게임의 가치

게임이나 게임물, 게임산업을 국가가 진흥시키고자 할 때 일차적인 물음은 도대체 게임은 어떠한 가치를 갖는 것이기에 국가는 이를 진흥시키려고 하는가 이다. 홍유진은 "제도가 사회의 가치들을 질서짓고 체계화하는 과정이라고 본다면, 타 문화콘텐츠에 비해 첨예한 시각차가 존재하고 이해의 편차가 큰 게임분야에서 과연 게임의 가치는 무엇이며 게임관련 제도(법률) 속에 어떻게 반영되고 있는지에 대한 고민"을[38] 할 필요가 있다고 본다. 또 "게임에 대한 다양한 이견이 존재하고 이들 간의 편차가 좁혀지지 못한 상황이 지속되는 경우, '바다이야기'와 같은 사회적 상황 속에서 게임이 지니는 다양한 산업적·문화적·사회적 가치와

---

[38] 홍유진, 앞의 글, 30면.

의미는 배제된 채 단순히 규제의 대상으로만 쉽게 전락해 버릴 우려가 높다는 것이다. 게임에 대한 인식도 다르고 이에 대한 평가와 가치도 다양하다는 것은 그만큼 게임이 다양한 특성을 지니고 있다는 것을 의미한다. 그러나 게임에 대한 개인적인 차원의 가치가 아니라 사회적인 차원에서 공유될 수 있는 가치들을 검토하고 정리해 나가는 과정은 외부적 요인 및 환경에 의해 게임 자체의 특성과 가치가 왜곡되지 않도록 하는 방법임과 동시에 게임관련 제도들을 체계화하는 기반이 될 수 있을 것이다."고 본다.[39] 타당한 견해이며, 게임가치의 정립 없는 법제도는 우발적인 사건의 발생에 따라 표류할 수밖에 없다고 할 것이다. 산업가치를 가진다는 것은 실증적 자료를 통해 입증된 바 있다면 어떠한 문화 사회적인 가치를 가지는지는 보다 숙고할 필요가 있다. 그리고 그때의 기준은 과거에 얽매어서는 안 되며, 현실을 직시하고, 그에 바탕을 두되, 미래지향적이어야 할 것이다.

2) 게임산업진흥법이 추구하는 가치

종래 게임가치에 기초한, 우리의 게임법제에 대해서 학자들은 다음의 가치들을 가진다고 본다.

(가) 황승흠 견해 : 세 개의 게임가치

황승흠은 게임산업진흥법을 중심으로 하는 우리의 게임법제는 산업경제적 가치, 문화적 가치, 청소년보호 가치라는 세 개의 가치를 표현하고 있다고 본다.[40]

- 산업적(경제적) 가치 : 「게임산업진흥에 관한 법률」은 게임산업진흥에 관하여 제2장에서 규정하고 있다.
- 문화적 가치 : 「게임산업진흥에 관한 법률」은 게임문화의 진흥에 관하여 제3장에서 규정하고 있다.
- 청소년 보호 가치 : 「게임산업진흥에 관한 법률」 제4장 등급분류가 청소년보호 가치를 표현하고 있다.

---

39) 위의 글, 40면.
40) 황승흠, "제도적 표현의 관점에서 본 게임의 문화적 가치", 「IT와 법연구」(제4집), 2010.2, 198-200면.

황승흠은 게임가치들 간의 이념적 관계를 다음과 같이 圖示한다.[41]

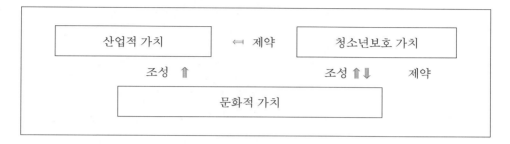

(나) 홍유진 견해 : 네 개의 게임가치

홍유진은 문화가치, 산업가치, 사회가치, Not-Gambling 가치로 분류한다. "문화가치는 현실화된 문화가치와 추상적인 문화가치를 기준으로, 산업가치는 국가단위의 산업진흥과 개인단위의 경제 측면으로, 사회가치는 사회통합과 개인보호를 기준으로, Not-Gambling 가치는 게임과 도박 간의 분리 및 포함 여부를 기준으로 하였다."[42]

3. 게임산업진흥법과의 관련법

게임산업진흥법은 게임산업의 진흥, 게임문화의 진흥, 등급분류, 영업질서 확립과 관련하여 다음과 같은 많은 다른 법들과 연계되어 있다.

게임산업의 진흥	문화산업진흥기본법
	콘텐츠산업진흥법
	소프트웨어산업진흥법
	산업표준화법
	지적재산법[43]
게임문화의 진흥	저작권법
	청소년보호법

---

41) 위의 글, 200면.
42) 홍유진, 앞의 글, 41-42면.
43) 지적재산법에는 특허법, 저작권법 등 적지 않은 법률이 포함된다. 이에 대해서는 본법 제 13조 해설 부분 참조.

	사행행위 등 규제 및 처벌특례법
	정보통신망 이용촉진 및 정보보호 등에 관한 법률
등급분류	청소년보호법
	방 송 법
	전기통신사업법
	정보통신망 이용촉진 및 정보보호 등에 관한 법률
	사행행위 등 규제 및 처벌특례법
	형 법
	저작권법
	전자금융거래법
	주민등록법
	전자서명법
	전자상거래 등에서의 소비자보호에 관한 법률
영업질서 확립	사행행위 등 규제 및 처벌특례법
	청소년보호법
	행정절차법
	상 법
	상 표 법
	부정경쟁방지법
	신문 등의 진흥에 관한 법률
	방 송 법
	옥외광고물관리법
	정보통신망 이용촉진 및 정보보호 등에 관한 법률
	전기통신기본법
	행정절차법

다만 본장에서는 중요한 몇 개의 법률만을 간단히 살펴본다.

(1) 문화산업진흥기본법[44]

문화산업진흥기본법은 문화산업의 지원 및 육성에 필요한 사항을 정하여 문화산업 발전의 기반을 조성하고 경쟁력을 강화함으로써 국민의 문화적 삶의 질 향상과 국민경제의 발전에 이바지함을 목적으로 하는 법이다. 동법은 문화산

---

44) 법률 제11690호, 2013.3.23, 타법개정.

업[45])을 문화상품의 기획·개발·제작·생산·유통·소비 등과 이에 관련된 서비스를 하는 산업을 말하며, 게임과 관련된 산업을 이에 포함시킨다(동법 제2조 제1호 나목).

　1) 게임산업은 문화산업이며, 게임상품을 기획·개발·제작·생산·유통·소비 등과 이에 관련된 서비스를 하는 산업이다. 실제로 문화산업 중 게임산업은 가장 비중 있는 사업 중의 하나이다. 한국콘텐츠진흥원의 발표에 의하면 2013년 수출액은 30억 3천4백만 달러(전년대비 약 8.9%↑)로 30억 달러를 돌파하며 콘텐츠산업 전체 수출액의 58%를 차지할 것으로 전망된다고 한다. 또 게임산업 매출액은 전년대비 약 19.0% 증가한 12조 5천5백억 원에 이를 것으로 보인다.[46]

　2) 게임상품은 문화상품이다. "문화상품"이란 예술성·창의성·오락성·여가성·대중성(이하 "문화적 요소"라 한다)이 체화(體化)되어 경제적 부가가치를 창출하는 유형·무형의 재화(문화콘텐츠, 디지털문화콘텐츠 및 멀티미디어문화콘텐츠를 포함한다)와 그 서비스 및 이들의 복합체를 말한다(법 제2조 제2호).

　한편 게임상품은 자칫 폭력성, 선정성, 도박성, 중독성(과몰입)이라는 역기능적 요소를 갖기 쉽다. 여기서 문화산업진흥기본법은 제31조에서 한국콘텐츠진흥원을 설립하고 진흥원 역할의 하나로서 게임 역기능 해소 및 건전한 게임문화 조성을 규정하고 있다(동법 제31조 제4항 13호).

---

45) 문화산업의 범위는 매우 넓다. 문화산업기본법 제2조 제1호는 다음 산업을 열거하고 있다.
　가. 영화·비디오물과 관련된 산업
　나. 음악·게임과 관련된 산업
　다. 출판·인쇄·정기간행물과 관련된 산업
　라. 방송영상물과 관련된 산업
　마. 문화재와 관련된 산업
　바. 만화·캐릭터·애니메이션·에듀테인먼트·모바일문화콘텐츠·디자인(산업디자인은 제외한다)·광고·공연·미술품·공예품과 관련된 산업
　사. 디지털문화콘텐츠, 사용자제작문화콘텐츠 및 멀티미디어문화콘텐츠의 수집·가공·개발·제작·생산·저장·검색·유통 등과 이에 관련된 서비스를 하는 산업
　아. 전통적인 소재와 기법을 활용하여 상품의 생산과 유통이 이루어지는 산업으로서 의상, 조형물, 장식용품, 소품 및 생활용품 등과 관련된 산업
　자. 문화상품을 대상으로 하는 전시회·박람회·견본시장 및 축제 등과 관련된 산업. 다만, 「전시산업발전법」 제2조 제2호의 전시회·박람회·견본시장과 관련된 산업은 제외한다.
　차. 가목부터 자목까지의 규정에 해당하는 각 문화산업 중 둘 이상이 혼합된 산업
46) http://www.thisisgame.com/board/view.php?id=1444432&category=101(2013.5.15 방문).

(2) 소프트웨어산업진흥법 및 콘텐츠산업진흥법

오늘날 게임상품의 핵심은 디지털문화콘텐츠이며, 멀티미디어 콘텐츠이다. 또 그것은 컴퓨터프로그램과 필연적으로 결합된다. 여기서 게임산업진흥법은 콘텐츠산업진흥법이나 소프트웨어산업진흥법과 필연적으로 관련을 맺게 된다.

1) 콘텐츠산업진흥법[47]

콘텐츠산업진흥법은 콘텐츠산업의 진흥에 필요한 사항을 정함으로써 콘텐츠산업의 기반을 조성하고 그 경쟁력을 강화하여 국민생활의 향상과 국민경제의 건전한 발전에 이바지함을 목적으로 하는 법이다(동법 제1조 참조). 원래 이 법은 「온라인디지털콘텐츠산업발전법」이 2010년, 콘텐츠산업의 진흥에 필요한 사항을 정함으로써 콘텐츠산업의 기반을 조성하고 그 경쟁력을 강화하기 위한 「콘텐츠산업진흥법」[48]으로 변경되었다. 즉 종래 온라인디지털콘텐츠만을 진흥·육성·보호하던 법이 콘텐츠 일반을 진흥·육성·보호하는 법으로 변경되었다.

게임물에 대해 게임산업진흥법은 "'게임물'이라 함은 컴퓨터프로그램 등 정보처리 기술이나 기계장치를 이용하여 오락을 할 수 있게 하거나 이에 부수하여 여가선용, 학습 및 운동효과 등을 높일 수 있도록 제작된 영상물 또는 그 영상물의 이용을 주된 목적으로 제작된 기기 및 장치를 말한다"고 규정하여 콘텐츠뿐만 아니라 기기나 장치도 포함시키나 게임물의 핵심은 역시 콘텐츠임에 틀림없고 그런 의미에서 게임산업진흥법은 콘텐츠산업진흥법과 연계되지 않을 수 없다.

2) 소프트웨어산업진흥법[49]

소프트웨어산업진흥법은 소프트웨어산업의 진흥에 필요한 사항을 정하여 소프트웨어산업 발전의 기반을 조성하고 소프트웨어산업의 경쟁력을 강화함으로써 국민생활의 향상과 국민경제의 건전한 발전에 이바지함을 목적으로 하는 법이다(동법 제1조). 원래 이 법은 1988년 소프트웨어개발촉진법에서 시작하여 2000년 소프트웨어산업진흥법으로 발전되었다. 본법에서 '소프트웨어'란 컴퓨터, 통신, 자동화 등의 장비와 그 주변장치에 대하여 명령·제어·입력·처리·저장·출력·상호작용이 가능하게 하는 지시·명령(음성이나 영상정보 등을 포함한다)의 집합과 이를 작성하기 위하여 사용된 기술서(記述書)나 그 밖의 관련 자

---

47) 법률 제11690호, 2013.3.23, 타법개정.
48) 전부개정 2010.6.10 법률 제10369호, 시행일 2010.12.11.
49) 법률 제11690호, 2013.3.23, 타법개정.

료를 말하므로 컴퓨터프로그램 보다는 넓은 개념이다. 오늘날 소프트웨어의 도움 없는 게임물은 생각하기 힘드므로 소프트웨어산업진흥법은 게임산업진흥법과 연관을 가지게 된다.

(3) 청소년보호법[50)]

청소년보호법은 청소년에게 유해한 매체물과 약물 등이 청소년에게 유통되는 것과 청소년이 유해한 업소에 출입하는 것 등을 규제하고 청소년을 유해한 환경으로부터 보호 · 구제함으로써 청소년이 건전한 인격체로 성장할 수 있도록 함을 목적으로 하는 법이다(동법 제1조 참조). 동법은 「게임산업진흥에 관한 법률」에 따른 게임물을 매체물의 하나로 본 후 이러한 매체물에 대해서 청소년보호위원회가 청소년에게 유해한 것으로 결정하거나 확인하여 여성가족부장관이 고시한 매체물이나 각 심의기관이 청소년에게 유해한 것으로 심의하거나 확인하여 여성가족부장관이 고시한 매체물에 대해서 판매 · 대여 · 배포 등을 금지하고 있고(동법 제16조 참조), 그 밖에 다양한 규제를 하고 있다(동법 '제2장 청소년유해매체물의 결정 및 유통 규제' 참조). 게임산업진흥법과 관련된 구체적인 내용은 각 조문을 설명하면서 살펴보기로 한다.

4. 게임산업진흥법의 성격

(1) 게임산업진흥법은 게임산업진흥을 위한 공법이다

게임은 개인이, 혹은 개인 상호간에 하는 것이나 이 법은 개인과 개인의 법률관계나 권리의무, 게임물의 구매나 이용허락 등에 관한 사항을 규정하는 내용은 존재하지 아니하며, 국가나 정부의 책무, 또는 사업자에 대한 규제나 사업자의 의무, 혹은 의무위반에 대한 처벌 등을 규정하는 공법이며, 그 중에서도 행정법에 속한다고 할 것이다. 따라서 이 법은 게임산업진흥을 위한 공법적 수단만을 규정하여 사용하고 있으며, 사법적 툴은 전혀 사용하고 있지 않다. 그것은 아마도 사법적 영역에 대해서는 기존의 법에 맡겨도 충분하다고 판단했기 때문인지

---

50) 법률 제11673호, 2013.3.22., 일부개정(2013.9.23. 시행).

도 모른다. 그러나 게임산업 및 건전환 게임문화의 발전을 위해 이 법에서 공법
적 수단에 대해서만 규정하고 사법적 문제는 이 법 밖에 두어도 되는지에 대해서
는 더 검토되어야 할 것이다.

(2) 게임산업진흥법은 게임 '산업'의 진흥을 위한 법이다.

　　게임산업은 문화산업 중 가장 전망이 밝은 분야이다. 2012년 국내 게임시장
은 전년 대비 10.8% 성장한 9조 7,525억 원 규모이며, 수출은 11% 증가한 26억
달러 달성, 수입은 12.6% 감소한 2억 달러 이하로 낮아졌다. 게임산업 총 종사자
수는 9만 5,051명으로 증가 추세에 있으며, 2013년 국내 게임시장은 10조 원을
돌파할 것이며, 2014년에는 약 11조 3,344억 원의 시장규모가 예상된다.[51] 게임
산업진흥법은 이러한 게임산업을 더욱 조직적이고 체계적으로 진흥시키기 위한
법이다.[52] 법 제3조는 "문화체육관광부장관은 관계중앙행정기관의 장과 협의하
여 게임산업의 진흥을 위한 종합계획(이하 "종합계획"이라 한다)을 수립 · 시행하여
야 한다"고 규정한다.

국내 게임시장 전체 규모 및 성장률 추이(2003~2012)

(단위: 억 원)

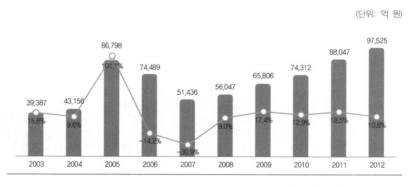

[2013년도 한국게임산업백서]

---

51) 한국콘텐츠진흥원, 「2013년 대한민국 게임백서」(요약), 2013.11, 18-19면. 엔터테인먼트
　　산업에서 게임이 차지하는 비중은 점차 높아지고 있다. 게임물인 'Call of Duty: Modern
　　Warfare 3'는 2011년, 발매 16일 만에 10억 달러(1 billion dollars, 약 1조 1천억 원)의 판매
　　고를 올렸고, 이것은 2009년 영화 아바타(Avatar)가 세운 기록을 갱신한 것이었다(Sherri
　　Burr, Entertainment Law in a nutshell, West, 2013, p.107).
52) 법 제1조 참조.

(3) 게임산업진흥법은 '건전한' 게임산업의 진흥을 위한 법이다

게임산업진흥법은 건전한 게임산업의 진흥을 위한 법이다. 산업적 가치만을 고려한다면 이 법에서 게임문화의 진흥이나 등급분류, 또는 영업질서에 대해 규정할 필요가 없었을지 모른다. 그러나 그러한 무가치한 정책은 국가정책으로서는 있을 수 없다. 이 법은 게임산업이면 그 내용 여하를 묻지 않고 진흥시키겠다는 것은 아니며, 건전한 게임문화를 정착시킬 수 있는 범위 내에서의 게임산업을 진흥시키겠다는 것이다. 이 법은 제1조에서 "건전한 게임문화를 확립함으로써 국민경제의 발전과 국민의 문화적 삶의 질 향상에 이바지함을 목적으로 한다"고 규정함과 아울러 사행성게임물을 게임물로부터 배제하여 진흥의 대상에서 제외시켰다.[53] 또 제12조의2에서 "정부는 게임과몰입이나 게임물의 사행성·선정성·폭력성 등의 예방 등을 위해" 필요한 정책을 수립·시행하여야 하도록 규정한다. 그렇게 본다면 이 법은 모든 게임산업 아닌 국가의 문화목적에 적합한 게임산업만을 진흥시키겠다는 의지를 표명한 법이다. 다만 이 법령에서 규정하는 진흥과 규제 수단이 건전한 게임문화의 정착과 산업진흥을 위해 필요 충분한 수단인지는 지속적으로 검토되어야 할 것이다.

(제정) 게임법의 성격에 관한 김민규 교수의 설명[54]

1. 게임법은 게임산업의 육성과 게임문화의 조성을 목적으로 한다. 이를 위해 산업진흥의 장과 게임문화의 장을 별도로 구성하고 있다.
2. 게임의 특성을 반영한 '게임물등급위원회'(게등위)의 신설을 근거하고 있다.[55] "게임산업을 진흥하는 것을 목적으로 한 법률에서 규제적 성격을 갖고 있는 심의기관의 설립을 근거한 것은 게임물에 대한 심의의 전문성과 함께 등급분류의 심의가 규제만

---

53) 한 견해는 "등급분류제도가 갖는 의의는 게임물에 대한 사전적 평가를 통해서 이를 이용하는 이용자에게 적절한 정보를 제공함으로써 이용자의 선택 기준을 제시하는 것이라고 하겠다. 또한 게임산업진흥에 관한 법률에서는 '게임물내용정보'를 부가함으로써 연령대에 맞는 게임물과 해당 게임물이 갖는 내용정보를 제공함으로써 게임의 이용성을 높이도록 하고 있다. 이와 같은 역할을 통해서 게임에 대한 규제라기보다는 게임에 대한 이용자의 이용성을 높임으로써 게임산업진흥에 관한 법률의 취지를 달성할 수 있을 것이다"라고 한다[김윤명, "등급분류 없는 일반게임물제공의 위법성 여부", 「디지털재산법연구」(제10권), 한국디지털재산법학회, 2012.1, 226면]. 타당한 견해이다.

54) 김민규, "'게임산업진흥에 관한 법률'의 제·개정 경과와 의의", 115면 이하.

55) 게임물등급위원회는 2013년 5월 22일 개정되고 2013년 11월 23부터 시행된 법률 제11785호에 의해 게임물관리위원회로 변경되었다. 게임물관리위원회는 2013년 12월 23일에 출범하였다(http://www.grb.or.kr/).

을 위한 것이 아니라 궁극적으로는 게임산업의 성장에도 기여할 수 있는 주요한 기능을 갖고 있기 때문이다."

3. 게임법의 제정은 국내게임산업의 성격을 새롭게 정립하는 계기가 된다. 즉 종래의 게임 소비국에서 생산국으로의 전환을 알리는 계기가 되고 있다.

4. 게임법에서는 게임을 이용한 과도한 사행행위가 사회적 물의를 일으킴에 따라 사행성 게임의 기준을 하위법령에 맡기고, 그 기준에서 벗어난 게임물에 대한 단속은 게임법이 아니라 형법이나 기타 사해행위특례법을 적용하도록 하고 있다.

5. 게임법의 구성이 과거의 음비게법을 모태로 하고 있어 규제에 대한 부분은 과거의 음비게법과 큰 차이가 없으며, 오히려 강화되고 있는 면이 있다.

6. 게임법의 구조가 기존 음비게법을 모태로 하고 있어 여전히 아케이드 게임 중심으로 내용이 구성되어 있다는 것은 게임법의 한계가 되고 있다.

제1장_ 총 칙

주해「게임산업진흥에 관한 법률」

제1조(목적)

법　　률	제1조(목적) 이 법은 게임산업의 기반을 조성하고 게임물의 이용에 관한 사항을 정하여 게임산업의 진흥 및 국민의 건전한 게임문화를 확립함으로써 국민경제의 발전과 국민의 문화적 삶의 질 향상에 이바지함을 목적으로 한다.
시 행 령	제1조(목적) 이 영은 「게임산업진흥에 관한 법률」에서 위임된 사항과 그 시행에 관하여 필요한 사항을 규정함을 목적으로 한다.
시행 규칙	제1조(목적) 이 규칙은 「게임산업진흥에 관한 법률」 및 동법 시행령에서 위임된 사항과 그 시행에 관하여 필요한 사항을 규정함을 목적으로 한다.

■ **입법 취지**

1. 게임법의 제안 이유

가. 제정 현황

현행 「게임산업진흥에 관한 법률」(이하 '게임법'이라 함)은 다수 국회의원의 발의 법안과 정부에서 제안한 법안의 병합을 통해서 단일 법안으로 논의되었다. 게임법은 2006년 국회 본회의를 통과함으로써 게임산업의 진흥을 위한 기본법이 되었다. 게임법의 입법 논의과정을 살펴보면, 국회나 정부에서도 게임의 문화적, 산업적 측면에서 진흥을 목적으로 하고 있음을 알 수 있다. 그러나 2006년에서 2007년 사이에 사회적 이슈가 되었던 소위, '바다이야기 사건'은 게임에 대한 부정적 프레임을 형성하였고, 그 프레임은 게임에 대해 사행성 내지 도박과 유사한 방식의 접근점을 제시하게 되었다.

나. 입법취지

정철래 의원에 의해 발의된 '게임산업진흥법안'에서 밝힌 입법취지는 "게임은 문화적인 측면에서 늘어나는 여가시간에 전 국민이 향유할 수 있는 새로운 국민문화로서의 역할을 하고, 산업적인 측면에서는 고부가가치산업으로 문화산업 중에서도 가장 성장잠재력이 큰 미래산업임. 현재 게임물에 대해서는 「음반·비디오물 및 게임물에 관한 법률」에서 게임물에 대한 규제적인 측면에서 규정하고 있고, 현행 문화산업 발전의 근거가 되는 「문화산업진흥기본법」은 우리나라가 차세대 동력산업으로 문화산업에 주력하기 위한 근거규정으로서 각 문화산업 특유의 성격을 반영하기에는 한계가 있음. 이에 게임진흥법을 제정하여 건전한 게임문화를 조성하고 게임산업발전의 기반을 조성하여 국민문화의 질적 향상과 국가경제의 발전에 이바지하고자 하는 것임"을 밝히고 있다.

또한 동 법안에 대한 검토보고서에서[1]는 현행 「음반·비디오물 및 게임물에 관한 법률」은 제1조 목적에서 "게임물 등의 질적 향상을 도모하고 관련산업의 진흥을 촉진함으로써 국민의 문화적 삶의 질을 높이고 국민경제의 발전에 이바지함을 목적으로 한다"고 규정하고 있는 바와 같이 게임산업에 관한 기본법으로서 기능을 하는 것으로 되어 있으나, 동법은 등급분류, 영업의 신고 등, 수입·표시 및 광고의 제한, 등록취소 등 규제위주로 구성되어 있어서, 게임산업의 발전을 위한 정책지원에 관한 규정이 미비하고, 게임산업이 음반이나 비디오물과 다른 특성이 있음에도 불구하고 동일한 규제방식을 취하고 있어서 게임산업의 특수성을 반영하지 못하고 있을 뿐만 아니라 게임산업의 고도성장을 저해할 수 있는 소지가 있으므로 게임산업 진흥을 위한 개별 법률이 따로 제정될 필요성이 인정되는 측면이 있음. 다만, 문화산업이 방송영상, 영화, 비디오, 음반, 게임, 애니메이션, 캐릭터, 만화 등 다양한 장르로 구성되어 있는 바, 각 장르마다 개별법을 제안할 경우 차별성이 없는 지원수단이나 규제수단의 획일적인 나열에 불과하게 되어 입법실천적 또는 입법경제적인 면에서 비효율적이라는 비판이 있을 수 있음"을 밝히고 있다.

이와 유사하게, 정부에서 제안한 제정안의 검토보고서에서도 "게임산업은 차세대 핵심문화산업으로서 부가가치가 높은 산업이므로 변화하고 있는 게임산업환경에 적극적으로 대처하고 게임산업의 진흥을 위한 다양하고 체계적인 정책을 추진할 수 있도록 기반을 조성하는 한편, 게임물이 음반, 비디오물과 함께 「음

---

1) 국회문화관광위원회, 게임물 및 게임산업에 관한 법률안 검토보고서, 2005.11.17, 5면.

반·비디오물 및 게임물에 관한 법률」에 규정되어 있어 게임물만의 고유한 특성이 반영되지 못하고 게임이용문화가 제대로 정착되지 못하고 있으므로 게임물에 관한 법체계를 대폭적으로 개편하여 게임이용자의 권익향상과 건전한 게임문화를 확립하려는 것임"을 밝히고 있다.

동 법안의 제안배경과 필요성[2]에 대해 "현행「음반·비디오물 및 게임물에 관한 법률」이 게임산업에 관한 기본법으로서 기능을 하는 것으로 되어 있으나 등급분류, 영업의 신고 등, 수입·표시 및 광고의 제한, 등록취소 등 규제위주로 규정되어 있을 뿐만 아니라, 게임산업의 발전을 위한 정책지원에 관한 규정이 미비하여 게임산업이 부가가치가 높은 차세대 핵심산업으로 육성할 필요성이 있음에도 불구하고 적극적으로 대처하지 못하고 있는 한편, 영화·비디오물·음반·공연 등의 등급심사를 담당하는 영상물등급위원회가 실시하고 있는 게임물 등급분류제도가 투명성과 형평성 확보가 미흡하고, 객관적이고 예측 가능한 등급분류 제도로 기능하지 못하고 있다는 문제점이 지적되면서, 민간 주도형 자율등급제적 요소를 적극 도입하여야 한다는 요구를 반영할 제도마련이 필요하다는 인식이 있었으며, 게임물이 음반이나 비디오물과 다른 특성이 있음에도 현행법이 게임물만의 특수성을 반영하지 못하고 있으므로 게임물에 대한 규제와 게임산업 진흥을 위한 법률이 따로 제정될 필요성이 인정되는 측면이 있음"을 밝히고 있다.

2. 음비게법의 제안 이유

게임법 이전에 게임규제를 담당하던 「음반·비디오물 및 게임물에 관한 법률」(이하 '음비게법'이라 함)의 제정은 심의제도의 위헌판결[3]에 따른 것이 기본적인 계기가 되었다. 이에 따라 신기남 의원이 제정 발의한 음반·비디오물 및 게임물에 관한 법률안의 제안이유는 "현재 비디오물에 대한 사전심의제가 헌법재판소에 계류 중에 있으나 영화에 대한 사전심의제가 위헌결정된 것을 감안할 때, 동 규정도 위헌결정을 면하기 어려울 것으로 판단된다. 이에 따라 법률공백으로 인한 음란·폭력물의 제작·유통을 차단하기 위하여 신속히 비디오물에 대한 심

---

2) 국회문화관광위원회, 전게 검토보고서, 6면.
3) 헌재 1998.12.24. 96헌가23(판례집 10-2, 807, 816-817).

의제도를 등급외를 포함한 완전등급제로 전환할 필요성이 제기되고 있다. 한편 올해 보건복지부, 경찰청에서 컴퓨터게임장·노래연습장에 관한 진흥·관리업무가 이관됨에 따라 현행 공중위생법, 풍속영업의 규제에 관한 법률에 규정된 사항을 동 법률에 반영시켜야 하는 시급한 상황에 처해 있다. 이에 따라 음반·비디오물 및 게임물 제작업자에 대한 창작활동의 자유를 최대한 보장하기 위하여 불필요한 규제를 과감히 폐지·완화하면서 불법물 유통방지와 완전등급제도의 정착을 위해 사후 처벌규정을 강화하고, 컴퓨터게임을 비롯한 21세기 고부가가치산업인 영상음반산업의 진흥을 위한 제도적 기반을 마련하기 위하여 「음반·비디오물 및 게임물에 관한 법률」을 새로이 제정하고자 하는 것"[4]이라고 밝히고 있다.

■ 입법 연혁

1. 음반 및 비디오물에 관한 법률

가. 음반 및 비디오물에 관한 법률[5] 제정

1991년 제정된 음반 및 비디오물에 관한 법률은 "음반 및 비디오물의 질적 향상을 도모하고 음반 및 비디오산업의 건전한 육성·발전을 촉진함으로써 국민의 문화생활 및 정서생활에 이바지함을 목적"으로 한다. 동법에서는 아직 게임물에 대한 구체적인 내용을 담지 못하였다고 하겠다. 다만, 아케이드 게임물에 대해서는 유기장법 등에서 관장하였고, 공중위생법에 의해 보건복지부에서 관장하던 컴퓨터게임에 관한 업무가 문화부로 이관되면서 음비게법이 제정되었다.[6]

---

4) 신기남의원 대표발의, 음반·비디오물 및 게임물에 관한 법률안, 의안번호 151556, 1998. 12.3. 발의.

5) 제정 1991.3.8 법률 제4351호.

6) 황승흠 외, 「게임산업진흥법 시행에 따른 게임산업의 대응방안에 관한 연구」, 한국게임산업협회, 2007, 29면 이하 참조.

나. 음반 및 비디오물에 관한 법률 전부개정

이후 전면 개정된 음반 및 비디오물에 관한 법률에서 비디오물에 '게임'이 포함되는 형식으로 개정이 이루어졌다. 개정법에서는 비디오물에 대해 "영상(음의 수반여부를 가리지 아니한다)이 유형물에 고정되어 재생될 수 있도록 제작된 물체로서 테이프 형태의 것과 디스크 기타 신소재 형태의 것("새 영상물"이라 한다)을 말한다. 다만, 컴퓨터프로그램에 의한 것(영화, 음악, 게임 등이 수록되어 있지 않은 것에 한한다) 및 공중위생법 제12조의2[7]의 규정에 의한 유기기구 및 그 기판에 해당하는 것은 제외한다"라고 정의함으로써, 처음으로 게임이라는 용어가 사용되었다.

2. 음반·비디오물 및 게임물에 관한 법률

가. 음반·비디오물 및 게임물에 관한 법률[8] 제정

1999년 제정된 음비게법은 음반·비디오물 및 게임물의 질적 향상을 도모하고 음반·비디오물 및 게임물산업의 진흥을 촉진함으로써 국민의 문화생활 및 정서생활에 이바지함을 목적으로 한다. 동법을 통해서 음반에 포함되었던 게임물의 정의가 본법에 구체적으로 정의되고, 게임물을 문화산업의 한 축으로 인정하게 된 것이라고 하겠다.

나. 대안의 제안경위

음비게법의 제정은 다양한 산업군의 하나인 게임물을 하나의 법으로 수렴하는 것이기 때문에 많은 의원들의 관심을 받게 되었다. 이러한 관심은 다수의 법률안으로 제안되었으며, 1998년 12월 3일 신기남의원 등 11인[9]의 93인[10]이 발

---

7) 공중위생법 제12조의2(유기기구 등의 검사) 대통령령이 정하는 유기기구 및 그 기판을 제조하거나 수입하고자 하는 자는 당해 유기기구 및 그 기판에 대하여 보건사회부령이 정하는 바에 의하여 보건사회부장관의 검사를 받아야 한다. [본조신설 1990.1.13]

8) [제정 1999.2.8 법률 제5925호].

의한 음반·비디오물 및 게임물에 관한 법률안과 1997년 7월 26일 박종웅 의원
등 11인외 14인이 발의한 음반 및 비디오물에 관한 법률 중 개정법률안을 제198
회 국회(정기회) 제15차 문화관광위원회(1998년 12월 16일)에 상정하고 대체토론
을 거친후 법안심사소위원회에 회부하였다. 법안심사소위원회(1998년 12월 23일)
에서 두 법률안을 병합 심사한 결과, 두 법률안을 통합하여 위원회 대안을 성안
하고 제198회 국회(임시회) 제1차 문화관광위원회(1998년 12월 29일)의 의결을 거
쳐 제안하게 되었고, 음비게법으로 입법화되었다.

다. 제안 이유

기존의 음반 및 비디오물에 관한 법률이 1998.12.24 헌법재판소에서 비디오
물에 대한 제한·삭제형태의 심의제를 위헌결정한 바 있으므로 동 심의제도를
등급분류제로 신속히 전환할 필요성이 제기되고 있을 뿐만 아니라, 종래 공중위
생법, 풍속영업의 규제에 관한 법률에서 규정하던 컴퓨터게임장·노래연습장 관
련업무의 법체계 일원화 필요성과 아울러, 음반·비디오물 및 게임물 제작·유
통관련 규제를 과감히 폐지·완화하기 위하여 음반·비디오물 및 게임물에 관한
법률을 새로이 제정하게 된 것이라고 하겠다.

3. 게임산업진흥에 관한 법률

가. 게임법의 제정

제정에 관한 입법취지는 제1조의 입법취지에 따라 산업진흥을 위한 목적으
로 제정되었으나, 2006년 바다이야기 사건이 사회문제화되자, 시행도 하기 전에
개정이 이루어지게 되었다.

---

9) 발의 의원.
10) 찬성 의원.

나. 게임법의 개정

2007년 시행예정이었던 제정 게임법은 2006년 개정되었다.[11] 개정 취지는 바다이야기나 황금성과 같은 사행성게임물의 사회문제화에 따른 규제강화를 위한 목적이었다고 하겠다.

개정법의 주요 내용은 사행성게임물에 대한 정의 규정이 신설되었고, 사행성게임물은 게임법의 전반적인 방향을 규제라는 프레임으로 설정하도록 설계되었다. 게임과몰입의 예방을 위한 특별 규정을 두었고, 게임물등급위원회의 의결 사항 중 사행성게임물 결정에 관한 사항을 사행성게임물 확인에 관한 사항으로 변경하였다(제16조). 이에 따라 사행성게임물로 확인된 게임물에 대해서는 등급 거부 결정을 내리도록 하여 시중에 유통되지 못하도록 하였다(제22조, 제32조). 또한 게임제공업자 중 사업자의 의무를 위반하여 사행성을 조장한 자에 대해서는 형사처벌토록 하였다(제44조).

게임제공업 중, 아케이드게임제공업을 신설하여, 청소년게임제공업과 일반 게임제공업을 규정하게 되었다. 아울러, 등급의 유형을 전체이용가 및 청소년이용불가 유형에서 12세이용가 및 15세이용가를 추가하여 4가지 유형으로 규정하게 되었다(제21조).

이와 같이 2006년 개정된 게임법은 사행성게임물에 관한 규정이 게임법 전체에 삽입됨으로써 게임법의 전면적인 개정에 준하는 개정이 이루어졌다. 특히 사행성 규제에 관한 강력한 정부의 의지를 반영한 것이었으나, 이로써 게임법이 건전한 게임문화 및 게임산업의 진흥을 위한 법목적이 훼손되었고 전반적으로 게임물을 사행성관련 이슈를 사전에 차단하는 것을 목적으로 운영되는 결과를 가져왔다고 하겠다.

---

11) [시행 2007.1.19] [법률 제8247호, 2007.1.19, 일부개정].

■ 내용 해설

1. 게임법의 목적

게임법은 기본적으로 "게임산업의 기반을 조성하고 게임물의 이용에 관한 사항을 정하여 게임산업의 진흥 및 국민의 건전한 게임문화를 확립함으로써 국민경제의 발전과 국민의 문화적 삶의 질 향상에 이바지함을 목적"으로 함으로써, 게임에 관한 기본법임을 선언하고 있다. 즉, "기존의 음비게법이 게임물에 대한 규제 및 유통질서의 확립에 관한 사항만을 주된 내용으로 담고 있었던 반면에 게임법은 게임물에 대한 규제 및 유통질서의 확립에 관한 사항 이외에도 명실공히 게임산업 및 게임문화의 진흥에 관한 사항도 담고"[12] 있었다는 점에서 그 의의를 평가할 수 있을 것이다.

게임법은 목적규정을 구체화하기 위하여 게임법 내에 게임산업의 진흥과 게임문화를 확립함을 목적으로 함으로써, 이와 관련된 다수의 규정을 두고 있다. 먼저, 게임산업의 진흥을 위해서, 진흥계획을 수립할 수 있도록 하고 있으며(제3조), 제2장에서는 '게임산업의 진흥'을 위한 창업 활성화, 전문인력 양성, 기술개발, 협동개발 및 연구, 표준화, 유통질서의 확립, 국제협력 및 해외진출 지원 등에 관한 규정을 두고 있다. 이와 같은 규정은 게임법이 산업법제적 성격을 갖는다고 볼 수 있다. 또한 게임문화와 관련해서는 제3장에서 '게임문화의 진흥'을 위해 게임문화의 기반조성, 과몰입의 예방 및 조치, 이용자 교육, 지식재산권의 보호 및 이용자의 권익보호에 관한 규정을 두고 있다.

실제 목적 규정은 법의 방향을 제시하는 역할을 한다고 볼 수 있다. 실제 법의 집행에 있어서 발생하는 다툼의 해석 방향을 제시함에 있다. 따라서 다분히 선언적 규정임에는 틀림이 없으나, 게임법이 갖는 기본적인 철학을 담고 있는 규정이라고 할 수 있다.

---

12) 황성기, "게임산업진흥법상의 게임물 내용심의 및 등급분류제도의 문제점", 게임분쟁연구소, 2006, 21면.

2. 게임법의 성격

게임법은 법 명칭 및 세부적인 규정을 통해서 유추할 수 있는 바와 같이 국민경제의 발전과 국민의 문화적 삶의 질을 향상시키는 것을 목적으로 하는 산업법제 내지 문화법제라고 할 수 있다. 그렇지만 실제 내용에서는 형사처벌 및 과태료 등에 대한 벌칙 규정을 통해서 발생할 수 있는 문제점을 차단하고자 하는 규제 철학을 담고 있다는 점에서는 공법적 규제법제라고 할 수 있다. 물론 다양한 콘텐츠 중에서 게임만을 특화하고 있다는 점에서 게임의 기본법이라고도 할 수 있다.[13)

또한 게임물 자체는 표현의 자유의 대상이 된다. 즉, 게임물의 제작 및 판매 · 배포가 표현의 자유를 보장하는 헌법 제21조 제1항에 의하여 보장을 받는지 여부에 있어서 헌법재판소 전원재판부에서는 "의사표현의 자유는 언론 · 출판의 자유에 속하고, 여기서 의사표현의 매개체는 어떠한 형태이건 그 제한이 없는바, 게임물은 예술표현의 수단이 될 수도 있으므로 그 제작 및 판매 · 배포는 표현의 자유를 보장하는 헌법 제21조 제1항에 의하여 보장을 받는다"[14)고 판시하였다.

3. 온라인게임 적용의 한계

게임법은 성격상 음비게법의 전면 개편을 통해서 음반, 비디오 및 게임물을 동시에 관장하던 것을 게임물만 별도로 떼어서 규정한 제정법이라고 하겠다. 또한 목적도 게임산업의 진흥을 목적으로 하고 있음을 알 수 있다. 그렇지만 게임산업의 현황에서 볼 수 있듯이 온라인게임물이 차지하는 비중이 적지 않음에도 불구하고 온라인게임에 적용되거나 특별하게 다루어지고 있는 규정은 많지 않다. 물론 해석상 기존의 음비게법에서도 온라인게임에 대한 적용이 가능했고, 이를 상당부분 차용하고 있는 게임법도 마찬가지라고 하겠다. 즉, 제정 게임법은

---

13) 실제 게임과 관련된 법제는 게임법을 포함하여 콘텐츠, 문화산업, 정보통신서비스, 지적재산권 등과 관련하여 다양하다. 이러한 다양한 법제를 기본법, 지원법, 보호법, 규제법 등으로 구분하여 분류하기도 한다. 김윤명 외, 「게임관련 법률의 현황 · 문제점 및 개선방안」, 한국게임산업개발원, 2003 참조.

14) 헌재 2002.2.28. 99헌바117, 판례집 14-1, 118 [합헌].

여전히 오프라인 중심의 규제를 담고 있다는 내재적 한계에 직면하고 있다. 대표적으로 게임물관련사업자의 준수사항에서의 오프라인 게임물과 온라인게임물의 미구분을 들 수 있다.[15]

---

15) 황성기, "게임산업진흥법상의 게임물 내용심의 및 등급분류제도의 문제점", 게임분쟁연구소, 2006, 24면.

제2조(정의)

법 률	제2조(정의) 이 법에서 사용하는 용어의 정의는 다음과 같다. 1. "게임물"이라 함은 컴퓨터프로그램 등 정보처리 기술이나 기계장치를 이용하여 오락을 할 수 있게 하거나 이에 부수하여 여가선용, 학습 및 운동효과 등을 높일 수 있도록 제작된 영상물 또는 그 영상물의 이용을 주된 목적으로 제작된 기기 및 장치를 말한다. 다만, 다음 각 목의 어느 하나에 해당하는 것을 제외한다. 　가. 사행성게임물 　나. 「관광진흥법」 제3조의 규정에 의한 관광사업의 규율대상이 되는 것 　다. 게임물과 게임물이 아닌 것이 혼재되어 있는 것으로서 문화체육관광부장관이 정하여 고시하는 것 1의2. "사행성게임물"이라 함은 다음 각 목에 해당하는 게임물로서, 그 결과에 따라 재산상 이익 또는 손실을 주는 것을 말한다. 　가. 베팅이나 배당을 내용으로 하는 게임물 　나. 우연적인 방법으로 결과가 결정되는 게임물 　다. 「한국마사회법」에서 규율하는 경마와 이를 모사한 게임물 　라. 「경륜·경정법」에서 규율하는 경륜·경정과 이를 모사한 게임물 　마. 「관광진흥법」에서 규율하는 카지노와 이를 모사한 게임물 　바. 그 밖에 대통령령이 정하는 게임물 2. "게임물내용정보"라 함은 게임물의 내용에 대한 폭력성·선정성(煽情性) 또는 사행성(射倖性)의 여부 또는 그 정도와 그 밖에 게임물의 운영에 관한 정보를 말한다. 3. "게임산업"이라 함은 게임물 또는 게임상품(게임물을 이용하여 경제적 부가가치를 창출하는 유·무형의 재화·서비스 및 그의 복합체를 말한다. 이하 같다)의 제작·유통·이용제공 및 이에 관한 서비스와 관련된 산업을 말한다. 4. "게임제작업"이라 함은 게임물을 기획하거나 복제하여 제작하는 영업을 말한다. 5. "게임배급업"이라 함은 게임물을 수입(원판수입을 포함한다)하거나 그 저작권을 소유·관리하면서 게임제공업을 하는 자 등에게 게임물을 공급하는 영업을 말한다. 6. "게임제공업"이라 함은 공중이 게임물을 이용할 수 있도록 이를 제공하는 영업을 말한다. 다만, 다음 각 목의 어느 하나에 해당하는 경우를 제외한다. 　가. 「관광진흥법」에 의한 카지노업을 하는 경우 　나. 「사행행위 등 규제 및 처벌특례법」에 의한 사행기구를 갖추어 사행행

	위를 하는 경우 　다. 제4호 내지 제8호에 규정한 영업 외의 영업을 하면서 고객의 유치 또 　　는 광고 등을 목적으로 당해 영업소의 고객이 게임물을 이용할 수 있도 　　록 하는 경우로서 대통령령이 정하는 종류 및 방법 등에 의하여 게임물 　　을 제공하는 경우 　라. 제7호의 규정에 의한 인터넷컴퓨터게임시설제공업의 경우 　마. 제22조 제2항의 규정에 따라 사행성게임물에 해당되어 등급분류 거 　　부결정을 받은 게임물을 제공하는 경우 6의2. 제6호의 게임제공업 중 일정한 물리적 장소에서 필요한 설비를 갖추 　고 게임물을 제공하는 영업은 다음 각 호와 같다. 　가. 청소년게임제공업: 제21조의 규정에 따라 등급분류된 게임물 중 전체 　　이용가 게임물을 설치하여 공중의 이용에 제공하는 영업 　나. 일반게임제공업: 제21조의 규정에 따라 등급분류된 게임물 중 청소년 　　이용불가 게임물과 전체이용가 게임물을 설치하여 공중의 이용에 제공 　　하는 영업 7. "인터넷컴퓨터게임시설제공업"이라 함은 컴퓨터 등 필요한 기자재를 갖 　추고 공중이 게임물을 이용하게 하거나 부수적으로 그 밖의 정보제공물 　을 이용할 수 있도록 하는 영업을 말한다. 8. "복합유통게임제공업"이라 함은 게임제공업 또는 인터넷컴퓨터게임시설 　제공업과 이 법에 의한 다른 영업 또는 다른 법률에 의한 영업을 동일한 　장소에서 함께 영위하는 영업을 말한다. 9. "게임물 관련사업자"라 함은 제4호 내지 제8호의 영업을 하는 자를 말한 　다. 다만, 제6호 다목의 영업을 하는 자는 제28조의 적용에 한하여 게임물 　관련사업자로 본다. 10. "청소년"이라 함은 18세 미만의 자(「초·중등교육법」 제2조의 규정에 　의한 고등학교에 재학 중인 학생을 포함한다)를 말한다.
시 행 령	제1조의2(사행성게임물) 「게임산업진흥에 관한 법률」(이하 "법"이라 한다) 제2 조 제1호의2 바목에서 "그 밖에 대통령령이 정하는 게임물"이란 다음 각 호 의 어느 하나에 해당하는 게임물을 말한다. 　1. 「사행행위 등 규제 및 처벌 특례법」 제2조 제2호에 따른 사행행위영업을 　　모사한 게임물 　2. 「복권 및 복권기금법」 제2조 제1호에 따른 복권을 모사한 게임물 　3. 「전통소싸움경기에 관한 법률」 제2조 제1호에 따른 소싸움을 모사한 게 　　임물 제2조(게임제공업에서 제외되는 게임물제공의 범위) 법 제2조 제6호 다목에서 "대 통령령이 정하는 종류 및 방법 등에 의하여 게임물을 제공하는 경우"라 함 은 다음 각 호에서 정하는 기준에 따라 게임물을 제공하는 경우를 말한다. 　1. 전체이용가 게임물만을 제공할 것 　2. 1개의 영업소당 문화체육관광부장관이 정하여 고시하는 수 이하의 게임

	물을 설치할 것 3. 게임물을 당해 영업소 건물 내에 설치할 것

■ 입법 취지 및 입법 연혁

제2조 정의규정에 관한 입법 취지 및 입법 연혁은 정의 규정이 갖는 각각의 속성들이 상이하기 때문에 각각의 정의 규정에 포함시켜서 살펴보는 것으로 한다.

■ 내용 해설

[제1호 게임물]

1. 정 의

"게임물"이라 함은 컴퓨터프로그램 등 정보처리 기술이나 기계장치를 이용하여 오락을 할 수 있게 하거나 이에 부수하여 여가선용, 학습 및 운동효과 등을 높일 수 있도록 제작된 영상물 또는 그 영상물의 이용을 주된 목적으로 제작된 기기 및 장치를 말한다. 다만, 다음 각 목의 어느 하나에 해당하는 것을 제외한다.

    가. 사행성게임물
    나. 「관광진흥법」 제3조의 규정에 의한 관광사업의 규율대상이 되는 것
    다. 게임물과 게임물이 아닌 것이 혼재되어 있는 것으로서 문화체육관광부
        장관이 정하여 고시하는 것

2. 연혁적 고찰

제정 음비게법[16]에서는 "게임물"이라 함은 컴퓨터프로그램에 의하여 오락을 할 수 있도록 제작된 영상물(유형물에의 고정여부를 가리지 아니한다)과 오락을

위하여 게임제공업소 내에 설치·운영하는 기타 게임기구로 정의하고 있었다. 동 법에서는 게임물을 SW 형태의 게임물과 아케이드형 게임물로 구분하고 있었음을 알 수 있다.

이후 2001년 개정된 음비게법[17])에서는 게임물에 대한 정의를 보다 구체적으로 정의하고 있다. 즉 개정법에서는 게임물이라 함은 컴퓨터프로그램 등 정보처리 기술이나 기계장치를 이용하여 오락을 할 수 있게 하거나 이에 부수하여 여가선용, 학습 및 운동효과 등을 높일 수 있도록 제작된 영상물 및 기기를 말한다. 다만, 다른 법령의 규정에 의한 규율대상이 되는 것이나 게임물과 게임물이 아닌 것이 혼재되어 있는 것으로서 문화관광부장관이 게임물로 규율할 필요가 없는 것으로 인정하여 고시하는 것은 게임물의 정의에서 제외하고 있다. 그렇지만 실제 게임물과 게임물이 아닌 것이 혼재되어 고시되어 있는 게임물은 음비게법이나 현행 게임법에서도 찾아볼 수 없다.

3. 게임물의 유형

게임물에 대한 장르별, 플랫폼별 다양한 분류가 이루어지고 있으나, 이러한 분류가 합리적인지는 의문이라고 하겠다. 현행 법제도 하에서 게임물의 유형 분류는 게임물등급위원회의 등급분류 규정을 찾아볼 수 있다. 등급분류 규정에서는 게임물을 플랫폼별로 구분하고 있는 것으로 보이며, 실제 등급분류시스템에서 등급분류 수수료를 책정할 때 기준으로 삼고 있다. 참고로, 플랫폼별로 수수료에는 상당한 차이가 있다.

가. 플랫폼별 유형

플랫폼별 유형에 대해 게임물등급위원회에서는 모바일, 비디오, 아케이드, PC온라인 게임 등 4가지 유형으로 나누고 있다. 실제 플랫폼이 갖는 특성을 반영한 것인지 의문이지만, 플랫폼별 융합이 이루어지고 있는 현재 시점에서 플랫폼별 구분의 합리성을 찾기는 쉽지 않다고 본다.

---

16) [시행 1999.5.9] [법률 제5925호, 1999.2.8, 제정].

17) [시행 2001.9.25] [법률 제6473호, 2001.5.24, 전부개정].

나. 장르별 유형

장르별 유형은 격투기, 교육용, 레이싱, 롤플레잉, 보드게임, 스포츠, 시뮬레이션, 액션, 어드벤처, 캐주얼, 퍼즐, FPS(first person shooting), MMORPG 등으로 구분하고 있다. 장르별 구분은 플랫폼의 하위 개념으로, 실제 게임의 운영방식 등을 기준으로 분류된 것이라고 볼 수 있다. 이러한 유형은 서로 중복되기 때문에 명확하게 장르별 속성을 담아내고 있다고 보기는 어렵다고 하겠다.

4. 게임물 정의에 대한 비판

가. 기기 및 장치에 대한 해석론

게임물은 실제 영상물과 영상물의 이용을 주된 목적으로 제작된 기기 및 장치이나, 영상물이 포함되지 아니한 기기 및 장치도 게임물에 포함되는지에 대해 논란이 있었다. 예를 들면, 길거리에서 동전을 투입하여, 크레인으로 인형 등을 뽑아 올리는 크레인 게임기와 같은 게임기의 경우도 게임물인지에 대한 논란이 었다. 실제 게임물의 이해는 영상물을 통해서 게임을 실행하는 것을 전재하는 것이지만, 등급분류 등 규제이슈에 있어서, 게임물의 해당여부에 따라서 그 정도를 피해갈 수 있기 때문에 이에 대한 논란이 있었다.

나. 크레인 게임기에 대한 대법원 판단

게임법을 해석함에 있어서, '기기' 및 '장치'가 모두 '영상물의 이용을 주된 목적으로 제작된 것'이어야 하는지 여부가 문제된 사안에서 대법원은 최종적으로 단순한 기기 및 장치의 경우도 게임법상 의도하는 게임물에 해당한다고 판시하였다.[18] 즉, "게임산업법은 게임물이 음반, 비디오물과 함께 '구 음반·비디오물 및 게임물에 관한 법률'(2006.4.28. 법률 제7943호로 폐지되기 전의 것, 이하 '음비게법'이라고만 한다)에 규정되어 게임물만의 고유한 특성이 반영되지 못한 데 대하

---

18) 대법원 2010.6.24. 선고 2010도3358 판결.

여 게임물에 관한 독자적인 법체계를 정비함으로써 게임산업의 진흥 및 건전한 게임문화를 확립하려는 목적으로 입법되었고, 그 입법 과정에서 음비게법의 게임물에 관한 기본적인 규제체제가 게임산업법에서도 그대로 유지된 점, 음비게법은 게임물을 '컴퓨터프로그램 등 정보처리 기술이나 기계장치를 이용하여 오락을 할 수 있게 하거나 이에 부수하여 여가선용, 학습 및 운동효과 등을 높일 수 있도록 제작된 영상물 및 기기'라고 정의하였는데, 여기서 '기기'는 영상물의 이용을 주된 목적으로 제작된 것에 한정되지 않음은 문언상 명백한 점, 게임산업법은 이와 같은 음비게법의 게임물에 관한 정의규정을 이어 받아 게임물을 '컴퓨터프로그램 등 정보처리 기술이나 기계장치를 이용하여 오락을 할 수 있게 하거나 이에 부수하여 여가선용, 학습 및 운동효과 등을 높일 수 있도록 제작된 영상물 또는 그 영상물의 이용을 주된 목적으로 제작된 기기 및 장치'라고 정의하여, 음비게법상의 '영상물 및 기기'를 '영상물 또는 그 영상물의 이용을 주된 목적으로 제작된 기기 및 장치'로 구체화한 것으로 볼 수 있는 점, 게임산업법 조항을 전체적·종합적으로 살펴보더라도 음비게법을 대체한 게임산업법이 종전에 음비게법 하에서 게임물의 범주에 포섭되었던 것을 게임물에서 제외하는 등으로 게임물의 범위를 축소하였다고 볼 만한 사정은 없는 점 등에 비추어 보면, 게임산업법 제2조 제1호 본문 소정의 '그 영상물의 이용을 주된 목적으로 제작된 기기 및 장치'는 '그 영상물의 이용을 주된 목적으로 제작된 기기'와 '장치'를 의미하는 것으로, 당해 장치가 영상물의 이용을 주된 목적으로 제작되지 않았더라도 컴퓨터프로그램 등 정보처리 기술이나 기계장치를 이용하여 오락을 할 수 있게 하거나 이에 부수하여 여가선용, 학습 및 운동효과 등을 높일 수 있도록 제작된 것이라면 게임산업법 제2조 제1호의 '게임물'에 해당하는 것으로 해석하여야 할 것이다. 같은 취지에서 원심이 이 사건 크레인 게임기를 게임산업법 제2조 제1호의 게임물에 해당한다고 판단한 것은 정당하고, 거기에 게임물에 관한 법리오해의 위법이 없다"라고 판시함으로써, 목적론적 해석을 통해서 게임법상 규제대상에 크레인 게임기를 포함하는 판결을 내린 것이다.

[제1호의2 사행성 게임물]

1. 정 의

"사행성게임물"이라 함은 다음 각 목에 해당하는 게임물로서, 그 결과에 따라 재산상 이익 또는 손실을 주는 것을 말한다.

가. 베팅이나 배당을 내용으로 하는 게임물
나. 우연적인 방법으로 결과가 결정되는 게임물
다. 「한국마사회법」에서 규율하는 경마와 이를 모사한 게임물
라. 「경륜·경정법」에서 규율하는 경륜·경정과 이를 모사한 게임물
마. 「관광진흥법」에서 규율하는 카지노와 이를 모사한 게임물
바. 그 밖에 대통령령이 정하는 게임물

2. 연혁적 고찰

사행성게임물에 대한 정의는 게임법 제정 당시에는 포함되지 않았다. 바다이야기 사건이 발생하고, 그로 말미암아 사행성 규제가 강화되면서 개정된 게임법에 포함된 개념이라고 하겠다. 다만, 동 개념은 2006년에 개정된 사행행위 등 규제 및 처벌 특례법(이하 '사행행위특례법'이라 함)에서 도입한 바 있는 사행행위의 정의에서 차용한 것으로 보인다.[19] 동법에서는 사행행위를 "여러 사람으로부터 재물이나 재산상의 이익(이하 "재물 등"이라 한다)을 모아 우연적(偶然的) 방법으로 득실(得失)을 결정하여 재산상의 이익이나 손실을 주는 행위"(제2조 제1호)로 정의하고 있다. 따라서 연혁적으로 사행행위의 개념은 사행행위특례법 이전인 복표발행·현상기타사행행위단속법[20]에서 정의내리고 있는 복표발행과 현상 및 기타 사행행위를 정의하고 있는 "타인으로부터 금품을 모아 우연의 결과에 의하여 특정인에게 재산상의 이익을 제공하고 다른 참가자에게 손실을 가져오게 하는 일체의 행위"에서 살펴볼 수 있다. 또한, 이후 개정법인 사행행위등규제

---

19) [시행 2006.3.24] [법률 제7901호, 2006.3.24, 일부개정].
20) 복표발행·현상기타사행행위단속법 [시행 1961.11.1] [법률 제762호, 1961.11.1, 제정].

법21)에서는 사행행위영업 중 복표발행업, 현상업, 카지노업 및 투전기업에서 규정하고 있는 "다수인으로부터 금품을 모아 추첨 등의 방법에 의하여 당첨자에게 재산상의 이익을 주고 다른 참가자에게 손실을 주는 행위를 하는 영업"에서도 추첨이라는 우연한 방법을 통해서 재산상의 이익 또는 손실을 주는 행위로 정의하고 있었음을 알 수 있다.

3. 사행성게임물

가. 사행성의 개념

사행성과 사행화는 어떤 성질에 관한 것이기 때문에 서로 다르지 않는 개념이라고 하겠다. 일반적으로 화(化)는 어떤 성질이 있는 것을 지칭하는 형용사로 사용된다. 이에 따라 사행화는 사행성이라는 성질이 있는 것으로 볼 수 있을 것이다. 사행성이란 사전적으로 "요행을 바라는 성질이 있음"으로 정의되며, 게임물을 규제하는 법제인 게임법이나 이와 유사한 사행행위를 규제하는 「사행행위 등 규제 및 처벌 특례법」(이하 '사행행위특례법'이라 함)에서는 사행화에 대한 개념을 담고 있지 아니하다. 다만 게임법에서는 사행성게임물에 대해 정의를 하고 있으며, 사행행위특례법에서는 사행행위에 대한 정의를 두고 있을 뿐이다.22)

먼저 사행행위특례법에서는 사행행위를 "다수인으로부터 재물 또는 재산상의 이익을 모아 우연적 방법에 의하여 득실을 결정하여 재산상의 이익 또는 손실을 주는 행위"로 정의하고 있으며, 게임법상 사행성게임물은 그 결과에 따라 재산상 이익 또는 손실을 주는 것으로서 다음의 각각에 해당하는 게임물을 말한다. 이에 해당하는 게임물의 유형으로는 i) 베팅이나 배당을 내용으로 하는 게임물, ii) 우연적인 방법으로 결과가 결정되는 게임물, iii) 「한국마사회법」에서 규율하는 경마와 이를 모사한 게임물, iv) 「경륜·경정법」에서 규율하는 경륜·경정과 이를 모사한 게임물, v) 「관광진흥법」에서 규율하는 카지노와 이를 모사한 게임

---

21) [시행 1991.9.9] [법률 제4339호, 1991.3.8, 전부개정].

22) 두 법의 본질은 게임물을 이용한 행위가 게임의 본래적 목적으로 사용되지 아니하고, 이를 악용하거나 오용하는 경우를 염두에 둔 것이라고 볼 수 있다. 즉 본래적인 취지와 다르게 이용되는 경우를 상정하여 이에 대한 처벌을 의도하는 것이라는 점이다.

물, vi) 그 밖에 대통령령이 정하는 게임물 등을 들 수 있다.[23] 결국 게임법과 사행행위특례법의 정의를 통해서 유추할 수 있는 사행화의 개념은 '게임물을 이용하여 재산상 이익 또는 손실을 주는 어떤 성향'으로 정의할 수 있을 것이다.[24]

나. 사행화의 요건

앞에서 살펴본 사행성게임물과 사행행위에 대한 정의를 통해서 내린 사행화에 대한 요건은 게임물을 이용한 재산상의 이익이나 손실을 주는 것을 요구한다. 사행성을 판단할 수 있는 기준은 사행행위특례법에서 찾을 수 있다. 사행행위특례법에서는 사행행위에 대해 i) 다수인으로부터 재물 또는 재산상의 이익을 모아 (판돈) ii) 우연적 방법에 의하여 득실을 결정하여(우연) iii) 재산상의 이익 또는 손실을 주는 행위(보상)를 말한다. 결국 이와 같은 정의를 통해서 사행성에 대한 판단은 판돈, 우연 및 보상이라는 요소를 그 기준으로 제시할 수 있을 것이다.

또한 사행심(성)에 대한 대법원의 판례는 "'구 사행행위 등 규제 및 처벌특례법(2005.3.31. 법률 제7428호로 개정되기 전의 것, 이하 같다)' 제30조 제1항 제4호는 같은 법 제2조 제1항 제1호의 규정에 의한 사행행위영업 외에 투전기·기계식 구슬치기 기구 또는 사행성 전자식 유기기구 등 사행심을 유발할 우려가 있는 기계·기구 등을 이용하여 우연의 결과에 따라 이용자에게 재산상의 이익 또는 손실을 주는 행위를 업으로 한 자를 처벌하도록 규정하고 있다. 여기서 어떤 기계·기구 등이 '사행심을 유발할 우려가 있는 기계·기구 등'에 해당하는지 여부는 당해 기계·기구 등의 본래적 용법이나 속성만으로 판단할 것이 아니라, 그 이용목적, 이용방법과 형태, 그 이용결과에 따라 발생하는 재산상 이익 또는 손실의 규모 및 그것이 우연성에 의하여 좌우되는지 여부, 이용결과에 따라 금전 또는 환전 가능한 경품을 지급하는지 여부, 그 정도와 규모 및 실제로 경품을 현금으로 환전

---

23) 사행성게임물에 대해 대법원은 "게임의 진행이 게임산업법 제2조 제1의2호에서 제한적으로 열거한 내용 또는 방법에 의하여 이루어져야 할 뿐만 아니라, 게임의 결과에 따라 게임기기 또는 장치에 설치된 지급장치를 통하여 게임이용자에게 직접 금전이나 경품 등의 재산상 이익을 제공하거나 손실을 입도록 만들어진 게임기기 또는 장치를 의미"한다고 판시한 바 있다. 대법원 2010.1.28. 선고 2009도10574 판결.

24) 사행성 기준에 대한 논의는 김민규 외, 「게임물의 사행성 기준에 관한 연구」, 영상물등급위원회, 2003 참조.

해주는지 여부 등을 종합적으로 고려하여 판단하여야 할 것이다"[25])고 판시한 바 있으며, 결국 사행성에 대해서는 종합적으로 판단토록 하고 있다.[26]

다. 사행성게임물

이처럼 게임물의 사행성에 대한 판단은 판돈, 우연 및 보상이라는 3가지 요소의 조합을 통해서 이루어져야 그 여부를 판단할 수 있을 것이다. 이러한 이유 때문에 대법원에서도 사행심을 유발할 수 있는 지 여부는 게임물의 '본래적 용법이나 속성만으로 판단할 것이 아니라, 그 이용목적, 이용방법과 형태, 그 이용결과에 따라 발생하는 재산상 이익 또는 손실의 규모 및 그것이 우연성에 의하여 좌우되는지 여부, 이용결과에 따라 금전 또는 환전 가능한 경품을 지급하는지 여부, 그 정도와 규모 및 실제로 경품을 현금으로 환전해주는지 여부 등을 종합적으로 고려하여 판단'토록 하고 있는 것이다. 즉, 게임물 자체 또는 게임 자체는 사행성과 관련이 없더라도 그 목적이나 방법 등에서 문제될 수 있기 때문이다.[27]

---

25) 대법원 2006.11.23. 선고 2006도2761 판결; 대법원 2007.10.26. 선고 2007도4702 판결.
26) 또한 대법원은 "사행행위 등 규제 및 처벌특례법 제30조 제1항 제4호는 같은 법 제2조 제1항 제1호의 규정에 의한 사행행위 영업 외에 투전기·기계식 구슬치기 기구 또는 사행성 전자식 유기기구 등 사행심을 유발할 우려가 있는 기계·기구 등을 이용하여 우연의 결과에 따라 이용자에게 재산상의 이익 또는 손실을 주는 행위를 업으로 한 자를 처벌하도록 규정하고 있다. 피고인은 그 운영의 다방에 이 사건 오락기 1대를 설치하였는데, 이 사건 오락기의 사용 방법은 사용자가 100원짜리 동전을 투입하면 주어지는 점수를 걸고 베팅(betting)을 한 후 오락기의 단추를 누르면 화면에 나타나는 그림 또는 숫자 배열에 따라 점수를 취득하거나 잃는 것인 사실을 알 수 있을 뿐이고, 나아가 피고인이 이 사건 오락기의 사용자에게 그 얻은 점수에 따라 금전이나 환전 가능한 경품을 지급하였음을 인정할 아무런 자료가 없는바, 사정이 이러하다면 이 사건 오락기가 위 조항 소정의 '사행심을 유발할 우려가 있는 기계·기구'에 해당한다고 단정할 수 없다"(대법원 2004.5.14. 선고 2003도8245 판결)고 하여, 베팅은 있었으나 보상을 하였는지에 대한 입증이 없어서 사행심을 유발시켰다고 볼 수 없다고 판단하였다.
27) 그렇지만 대법원의 판결과 같이 종합적 판단이 아닌 규제기관이 일부 현상만을 가지고 사행성에 대한 평가를 내리는 것이 현실이라고 하겠다.

[제2호 게임물내용정보]

1. 정   의

"게임물내용정보"라 함은 게임물의 내용에 대한 폭력성·선정성(煽情性) 또는 사행성(射倖性)의 여부 또는 그 정도와 그 밖에 게임물의 운영에 관한 정보를 말한다.

2. 연혁적 고찰

게임물내용정보라는 개념은 2007년 게임법 시행에 따라 도입된 개념으로, 실제 이용자에게 게임에 대한 정보를 제공함으로써 보다 합리적으로 게임을 이용할 수 있도록 하겠다는 정부의 입장이 반영된 것이라고 하겠다.

3. 게임물내용정보

가. 의   의

등급 심의를 통해서 확인하게 되는 게임물의 내용정보는 게임이 갖고 있는 성향에 관한 사항으로, 주로 폭력성, 선정성, 사행성 등에 관한 사항을 이미지로 표시하여, 이용자가 해당 게임물이 어떠한 내용으로 구성되어 있는지 쉽게 알 수 있도록 하자는 취지이다. 실제 연령에 따라 게임물의 등급이 결정되는 구조에서, 해당 게임물이 주로 폭력성을 묘사하고 있는지, 선정적인 장면이 묘사되어 있는지 또는 사행적 요소를 담고 있는지에 대한 심의를 통해서 등급이 결정된다. 따라서, 결정된 등급에서 전체이용가가 아닌 사유에 해당하는 내용에 대해서는 해당 등급이 결정되게 된 이유가 있을 것이고, 그 이유를 표시하도록 하는 것이라고 하겠다.

게임물내용정보는 단순하게 등급분류를 통해서 연령정보만 제공해주는 것이 아닌 게임에 대한 전반적인 심의를 통해서 해당 게임물이 가지고 있는 정보를 이용자에게 제공해주는 개념이라고 하겠다. 이러한 맥락에서 게임물내용정보에 대해 "게임의 내용기술시스템을 법제도화한 것은 올바른 정책방향이라고 할 수 있고, 또한 규제가 아닌 서비스의 관점이 투영된 대표적인 경우"[28]라고 평가하기도 한다.

나. 내용정보의 유형

실제 게임물의 내용정보는 게임물의 심의과정에서 확보하게 되는 게임물의 속성이라고 할 수 있다. 이러한 속성은 이미 등급분류기준을 통해서 어느 정도 정리되어 있으며, 이러한 정도에 대해 확인하는 과정에서 도출된 결과물이라고 할 수 있다. 즉, 게임법 제21조 제7항에서는 등급분류 기준에 관한 위임에 따라 시행규칙 제8조[29] 등급분류 기준에 대한 규정을 두고 있으며, 동조 및 제22조 제

---

28) 황성기, "게임산업진흥법상의 게임물 내용심의 및 등급분류제도의 문제점", 게임분쟁연구소, 2006, 25면.

29) 게임법 시행규칙 제8조(등급분류기준) ① 법 제21조 제7항에 따른 게임물의 등급분류기준은 다음 각 호와 같다. 〈개정 2007.5.18〉
   1. 전체이용가 등급의 기준은 다음과 같다.
      가. 주제 및 내용에 있어서 음란・폭력 등 청소년에게 유해한 표현이 없는 작품
      나. 청소년들의 정서함양에 도움이 되거나 교육을 목적으로 한 내용으로 청소년에게 문제가 없는 작품
      다. 일반적으로 용인되지 아니하는 특정한 사상・종교・풍속 등 청소년에게 정신적・육체적으로 유해한 표현이 없는 작품
   2. 12세이용가 등급의 기준은 다음과 같다.
      가. 주제 및 내용에 있어서 12세 미만의 사람에게 유해한 영향을 미칠 수 있는 음란성, 폭력성 등이 표현되어 있는 작품
      나. 일반적으로 용인되지 아니하는 특정한 사상・종교・풍속 등에 관한 사항이 12세 미만의 사람에게 정신적・육체적으로 유해한 작품
   2의2. 15세이용가 등급의 기준은 다음과 같다.
      가. 주제 및 내용에 있어서 15세 미만의 사람에게 유해한 영향을 미칠 수 있는 음란성, 폭력성 등이 표현되어 있는 작품
      나. 일반적으로 용인되지 아니하는 특정한 사상・종교・풍속 등에 관한 사항이 15세 미만의 사람에게 정신적・육체적으로 유해한 작품
   3. 청소년이용불가 등급의 기준은 다음과 같다.
      가. 주제 및 내용에 있어서 청소년에게 유해한 영향을 미칠 수 있는 음란성, 폭력성 등이 사실적으로 표현되어 있는 작품
      나. 청소년에게 정신적, 육체적으로 영향을 미칠 수 있는 특정한 사상・종교・풍속 등에 관한 사항이 직접적이고 구체적으로 표현되어 있는 작품
   ② 제1항 각 호에 따른 세부적인 등급분류기준은 법 제16조 제1항에 따른 게임물등급위원회

3항 제3호이에 근거하여 시행규칙 제12조에서는 게임물내용정보에 포함될 사항에 대해 나열하고 있는 것이다. 이를 보면, i) 폭력성 여부와 그 정도, ii) 선정성 여부와 그 정도, iii) 사행성 여부와 그 정도, iv) 공포, 언어, 약물, 범죄 여부와 그 정도 등을 포함하여야 한다.

[제3호 게임산업]

1. 정   의

"게임산업"이라 함은 게임물 또는 게임상품(게임물을 이용하여 경제적 부가가치를 창출하는 유·무형의 재화·서비스 및 그의 복합체를 말한다. 이하 같다)의 제작·유통·이용제공 및 이에 관한 서비스와 관련된 산업을 말한다.

2. 연혁적 고찰

게임산업은 게임물과 달리 상당히 포괄적인 정의를 하고 있다. 즉, 게임물 또는 게임상품을 포함하는 개념으로 하고 있다. 게임산업에 관한 정의를 참고할 수 있는 법령은 문화산업진흥 기본법을 들 수 있다. 동법에서 문화산업을 상당히 포괄적으로 규정하고 있다.[30] 즉, 문화산업을 문화상품의 기획·개발·제작·

(이하 "등급위원회"라 한다)의 규정(이하 "등급위원회규정"이라 한다)으로 정한다. 〈개정 2007.5.18〉

30) 문화산업진흥 기본법 [시행 2013.3.23] [법률 제11690호, 2013.3.23, 타법개정] "문화산업"이란 문화상품의 기획·개발·제작·생산·유통·소비 등과 이에 관련된 서비스를 하는 산업을 말하며, 다음 각 목의 어느 하나에 해당하는 것을 포함한다.
　가. 영화·비디오물과 관련된 산업
　나. 음악·게임과 관련된 산업
　다. 출판·인쇄·정기간행물과 관련된 산업
　라. 방송영상물과 관련된 산업
　마. 문화재와 관련된 산업
　바. 만화·캐릭터·애니메이션·에듀테인먼트·모바일문화콘텐츠·디자인(산업디자인은 제외한다)·광고·공연·미술품·공예품과 관련된 산업
　사. 디지털문화콘텐츠, 사용자제작문화콘텐츠 및 멀티미디어문화콘텐츠의 수집·가공·

생산·유통·소비 등과 이에 관련된 서비스를 하는 산업으로 정의하면서, 영화나 게임 등 다양한 콘텐츠산업 및 이들이 혼합된 산업으로 정의하고 있다. 아울러, 동법은 문화상품에 대해서도 "예술성·창의성·오락성·여가성·대중성(이하 "문화적 요소"라 한다)이 체화(體化)되어 경제적 부가가치를 창출하는 유형·무형의 재화(문화콘텐츠, 디지털문화콘텐츠 및 멀티미디어문화콘텐츠를 포함한다)와 그 서비스 및 이들의 복합체를 말한다"고 하여, 별도 정의하고 있다. 결국, 게임법은 문화산업진흥 기본법의 문화산업 및 문화상품의 정의를 차용한 것으로 볼 수 있다.

다만, 게임법 제정 당시의 검토보고서를 보면, "게임상품의 대표적인 것으로 게임아이템이라 할 수 있는 바, 이의 거래에 관하여는 현행법률에 금지 또는 허용을 명시적으로 규정하고 있지 않다"[31]고 밝히고 있다. 이에 대해 문화관광부는 "이 규정이 게임아이템 등의 거래를 양성화하는 것이 아니고 향후 충분한 법적 검토 및 연구를 거쳐 게임아이템 등 허용여부에 대한 정책대안을 마련해 나간다"[32]는 입장을 밝혔다. 따라서 검토보고서의 내용으로 보면, 게임상품은 게임아이템을 의도한 것으로 보이나, 실제 해석은 게임과 관련된 모든 상품을 포괄하는 것으로 이해될 수 있다.

3. 게임산업의 유형

가. 게임물

제1호의 정의와 같다.

개발·제작·생산·저장·검색·유통 등과 이에 관련된 서비스를 하는 산업

아. 전통적인 소재와 기법을 활용하여 상품의 생산과 유통이 이루어지는 산업으로서 의상, 조형물, 장식용품, 소품 및 생활용품 등과 관련된 산업

자. 문화상품을 대상으로 하는 전시회·박람회·견본시장 및 축제 등과 관련된 산업. 다만, 「전시산업발전법」 제2조 제2호의 전시회·박람회·견본시장과 관련된 산업은 제외한다.

차. 가목부터 자목까지의 규정에 해당하는 각 문화산업 중 둘 이상이 혼합된 산업

31) 국회문화관광위원회, 게임물 및 게임산업에 관한 법률안 검토보고서, 2005.11.17, 8면.

32) 국회문화관광위원회, 게임물 및 게임산업에 관한 법률안 검토보고서, 2005.11.17, 9면.

나. 게임상품

게임상품은 게임물을 이용하여 경제적 부가가치를 창출하는 유·무형의 재화·서비스 및 그의 복합체를 말하기 때문에 상당히 포괄적인 개념으로 이해될 수 있다.[33] 그러나 앞에서 살펴본 바와 같이 게임상품은 게임아이템을 염두에 둔 것으로 볼 수 있다는 점에서 입법취지와는 다르게 해석될 수 있다는 점이다.

실제 게임을 개발하면, 게임의 상표나 캐릭터가 인기를 끌게 될 경우에는 이를 캐릭터로 만들어서 배포하는 경우가 일반적이라고 하겠다. 즉, 게임 캐릭터를 이용하는 경우, 게임 캐릭터를 이용한 별도의 2차적 저작물을 작성하는 경우도 있을 것이며, 문구산업이 대표적이 아닐까 생각된다. 이렇게 캐릭터를 이용하는 경우를 넘어서, 심지어는 게임을 영화화하는 경우도 있기 때문에 이와 관련된 모든 것이 게임상품이자 게임산업에 해당하게 된다는 점이다.

따라서 게임상품에 대한 입법취지가 게임아이템에 관한 사항이었다면, 명시적으로 게임상품에 대한 입법을 하거나 아니면, 게임상품을 게임산업의 한 부분으로 정의하는 것은 모순되는 측면이 있기 때문에 별도로 규정될 필요가 있겠다.[34]

국내 게임시장의 규모와 전망

(단위: 억 원)

구 분	2010	2011		2012(E)		2013(E)		2014(E)	
	매출액	매출액	성장률	매출액	성장률	매출액	성장률	매출액	성장률
온라인게임	47,673	62,369	30.8%	78,762	26.3%	97,076	23.3%	117,986	21.5%
모바일게임	3,167	4,236	33.8%	6,328	49.4%	9,180	45.1%	12,580	37.0%
비디오게임	4,268	2,684	-37.1%	2,084	-22.4%	2,019	-3.1%	1,974	-2.2%
PC게임	120	96	-20.0%	76	-21.3%	61	-19.6%	53	-13.2%
아케이드게임	715	736	2.9%	765	4.0%	791	3.3%	810	2.4%
PC방	17,601	17,163	-2.5%	16,562	-3.5%	15,590	-5.9%	14,395	-7.7%
아케이드게임장	768	763	-0.7%	757	-0.8%	756	-0.1%	760	0.6%
합 계	74,312	88,047	18.5%	105,333	19.6%	125,472	19.1%	148,558	18.4%

* 2012년 게임백서

---

33) 이에 대해 개념이 너무 추상적이고 포괄적이어서 그 범위를 가늠하기 힘들다는 지적이 있다. 김형렬, "온라인게임제공업에 관한 게임산업진흥에 관한 법률의 내용과 문제점", 게임분쟁연구소, 2006, 72면.
34) 국회문화관광위원회, 게임물 및 게임산업에 관한 법률안 검토보고서, 2005.11.17, 10면.

[제4호 게임제작업]

1. 정   의

"게임제작업"이라 함은 게임물을 기획하거나 복제하여 제작하는 영업을 말한다.

2. 연혁적 고찰

게임물을 기획하거나 복제하여 제작하는 영업으로서 게임물제작업은 실제 게임을 프로그램을 통해서 만들어내는 업을 말한다고 본다. 음비게법에서도 유사하게 규정된 바 있다. 음비게법에서는 음반 등 제작업이라 함은 음반·비디오물·게임물을 기획제작하거나 복제제작하는 영업으로 정의하고 있었다.

3. 내용 설명

우선 게임의 제작을 위해서는 기획을 거치기 때문에 기획단계에서부터 제작이 마무리되는 단계까지를 포괄하는 개념으로 게임제작업에 대한 정의가 이루어진 것이라고 하겠다. 그렇지만, 입법취지와 다르게 게임물의 기획에는 실제 결과물이 나오지 않기 때문에 기획도 게임제작업에 포함될 수 있는지는 의문이라고 본다. 단순하게 게임물의 제작에 필요한 기획만을 하게 된다면, 그 자체로 게임물이나 게임이라고 볼 수 없기 때문이라고 하겠다. 또한 게임물을 복제하는 것은 원본의 게임물을 다른 매체에 담기 위해서는 복제가 수반되기 때문에 복제라는 개념이 포함된 것이라고 하겠다.

그리고 게임물을 복제하여 제작하는 것에 대한 개념도 불확실하다고 본다. 왜냐하면, 실제 제작은 연혁적으로 아케이드 게임물의 HW를 제작하는 개념을 담고 있기 때문이다. 따라서 온라인 게임의 콘텐츠를 개발하는 것이 제작으로 표현될 수 있는지에 대해 고민이 필요하다고 본다.

[제5호 게임배급업]

1. 정 의

"게임배급업"이라 함은 게임물을 수입(원판수입을 포함한다)하거나 그 저작권을 소유·관리하면서 게임제공업을 하는 자 등에게 게임물을 공급하는 영업을 말한다.

2. 연혁적 고찰

게임배급업에 대한 정의는 음비게법으로 거슬러 올라간다. 즉, 음비게법에서는 음반 등 배급업에 대한 정의를 "음반·비디오물·게임물을 수입(원판수입을 포함한다)하거나 그 저작권을 소유·관리하여 음반·비디오물·게임물을 음반 등 판매업자 등에게 공급하는 영업"으로 내리고 있었다. 이처럼 배급업은 비디오물의 배급에 해당하는 것으로, 게임물을 수입하는 경우는 외국산 아케이드 게임물을 국내에 반입하여 배포하거나, 또는 저작권 이용허락 계약을 통해서 국내 유통을 영위하는 것을 목적으로 하고 있다고 볼 수 있다. 실제 이러한 유형은 아케이드 게임사업자를 염두에 둔 규정이었기 때문에 온라인게임물의 배급과는 차이가 있는 개념이었다.

3. 게임배급

게임의 배급은 원래 영화나 비디오물을 외국에서 수입, 복제하여 배급사에게 제공하는 방식을 말한 것이다. 초기에는 저작권자의 허락 없이도 이루어지는 문제점 때문에 저작권을 소유하거나 관리하는 것을 요건으로 함으로써 기본적으로 저작권에 관한 별도 계약을 체결토록 하고 있다.

게임배급은 원래 영화나 비디오물에 한정된 것을 게임에까지 확대한 것이기 때문에 현실과는 차이가 있는 것으로 판단된다. 실제 게임배급은 배급업자가 중간에 존재하기보다는 퍼블리셔가 라이선싱 계약을 통해서 저작권 등을 확보하여 이를 로컬라이징하여 이용에 제공하는 것이라고 하겠다.

[제6호 게임제공업]

1. 정   의

"게임제공업"이라 함은 공중이 게임물을 이용할 수 있도록 이를 제공하는 영업을 말한다. 다만, 다음 각 목의 어느 하나에 해당하는 경우를 제외한다.

가. 「관광진흥법」에 의한 카지노업을 하는 경우
나. 「사행행위 등 규제 및 처벌특례법」에 의한 사행기구를 갖추어 사행행위를 하는 경우
다. 제4호 내지 제8호에 규정한 영업 외의 영업을 하면서 고객의 유치 또는 광고 등을 목적으로 당해 영업소의 고객이 게임물을 이용할 수 있도록 하는 경우로서 대통령령이 정하는 종류 및 방법 등에 의하여 게임물을 제공하는 경우
라. 제7호의 규정에 의한 인터넷컴퓨터게임시설제공업의 경우
마. 제22조 제2항의 규정에 따라 사행성게임물에 해당되어 등급분류 거부결정을 받은 게임물을 제공하는 경우

2. 연혁적 고찰

게임을 공중이 이용할 수 있도록 제공하는 영업인 게임물제공업은 상당히 논란이 있는 개념이다. 왜냐하면, 오락실용 게임물이 대상을 이루던 음비게법상의 게임제공업이 여전히 그 기본적인 개념으로 작용하기 때문이다. 이러한 결과, 온라인상에서 유통되거나 이용되는 게임도 물론 게임제공업에 포함되지만, 청소년게임제공업이나 일반게임제공업에 한정되도록 규정됨으로써 실제 온라인게임에 대해 적용될 수 있는지 의문이기 때문이다. 실제 제정안에서는 게임제공업에 청소년게임장업과 일반게임장업으로 한정하고 있었다는 점에서 이를 확인할 수 있을 것이다.

게임제공업이 오락실용 게임제공으로 한정될 수 있는 것은 앞에서 살펴본 바와 같으며, 당시 입법과정에서 온라인게임제공업에 대한 명시적 규정을 요구

한 바 있으나 반영되지 못하였다.[35] 음비게법에서도 게임제공업은 청소년게임
장업과 일반게임장업으로 구분하고 있는 바, 이는 시설기준으로 설정한 것이기
때문에 온라인게임제공을 업으로 하는 사업에는 게임제공업이 포함되지 않는다
고 하겠다.

참고로 제정 음비게법([법률 제5925호, 1999.2.8, 제정] [시행 1999.5.9])에서는
게임제공업을 "게임시설 또는 게임기구를 갖추고 게임물을 이용하여 대중오락을
제공하는 영업(다른 영업을 경영하면서 이용자의 유치 또는 광고 등을 목적으로 게임시
설 또는 게임기구를 설치하여 대중오락을 하게 하는 경우를 포함한다)을 말하며, 필요
한 경우에는 대통령령으로 업종을 세분할 수 있다. 다만, 「사행행위 등 규제 및
처벌특례법」에 의한 사행기구를 갖추어 사행행위를 하는 경우 및 관광진흥법에
의한 카지노업을 하는 경우를 제외한다"라고 규정했었다.

3. 게임제공업의 예외

가. 예외의 유형

게임제공업에서 제외되는 업태는 게임법상 예외로 되는 경우와 시행령에 위
임된 예외로 나누어 볼 수 있다.

먼저, 게임법상의 예외는 아래와 같다.

i) 「관광진흥법」에 의한 카지노업을 하는 경우

ii) 「사행행위 등 규제 및 처벌특례법」에 의한 사행기구를 갖추어 사행행위
를 하는 경우

iii) 제4호 내지 제8호에 규정한 영업 외의 영업을 하면서 고객의 유치 또는
광고 등을 목적으로 당해 영업소의 고객이 게임물을 이용할 수 있도록 하는 경우
로서 대통령령이 정하는 종류 및 방법 등에 의하여 게임물을 제공하는 경우

iv) 제7호의 규정에 의한 인터넷컴퓨터게임시설제공업의 경우

v) 제22조 제2항의 규정에 따라 사행성게임물에 해당되어 등급분류 거부결
정을 받은 게임물을 제공하는 경우

---

35) 국회문화관광위원회, 게임진흥법안 검토보고서, 2005.4, 9면.

또한, 게임법 시행령상 예외는 다음과 같다.

시행령 제2조(게임제공업에서 제외되는 게임물제공의 범위) 법 제2조 제6호 다목에서 "대통령령이 정하는 종류 및 방법 등에 의하여 게임물을 제공하는 경우"라 함은 다음 각 호에서 정하는 기준에 따라 게임물을 제공하는 경우를 말한다.

i) 전체이용가 게임물만을 제공할 것

ii) 1개의 영업소당 문화체육관광부장관이 정하여 고시하는 수 이하의 게임물을 설치할 것

iii) 게임물을 당해 영업소 건물 내에 설치할 것

나. 게임제공업이 아닌 경우

게임제공업을 규정하면서, 아울러 게임제공업에 포함되지 않는 유형에 대해 별도로 규정하고 있다. 본법에서 예외로 규정하고 있는 것들은 이미 게임법 정의 규정 등에서 게임물 자체의 예외로 두고 있기 때문에 별도로 예외 규정을 둘 필요는 없다고 본다. 이미 게임물이 아닌 상태에서 이를 제공하는 것 자체가 게임제공업에 포함될 수 없는 구조이기 때문이다.

또한, 시행령 제2조에서 제외하고 있는 유형은 아케이드 게임물로 한정되며, 이미 제4호 내지 제8호에 규정한 영업 외의 영업을 하면서 고객의 유치 또는 광고 등을 목적으로 당해 영업소의 고객이 게임물을 이용할 수 있도록 하는 경우로서 대통령령이 정하는 종류 및 방법 등에 의하여 게임물을 제공하는 경우에 해당하기 때문에 제2조 제9호의 '게임물 관련사업자'가 아닌 경우에만 해당한다고 하겠다. 즉, 게임제공업이 아닌 사업태를 영위하는 자가 마케팅 등을 목적으로 시행령의 요건에 맞게 게임물을 제공하는 경우에는 게임물제공업에 해당하지 않는다고 하겠다. 다만, 게임물제공업에 해당하지 않더라도, 제9호의 게임물 관련사업자의 경우에는 게임법 제28조[36] 게임물 관련사업자의 준수사항에 따라 필

---

36) 게임법 제28조(게임물 관련사업자의 준수사항) 게임물 관련사업자는 다음 각 호의 사항을 지켜야 한다.

1. 제9조 제3항의 규정에 의한 유통질서 등에 관한 교육을 받을 것.

2. 게임물을 이용하여 도박 그 밖의 사행행위를 하게 하거나 이를 하도록 내버려 두지 아니할 것.

2의2. 게임머니의 화폐단위를 한국은행에서 발행되는 화폐단위와 동일하게 하는 등 게임물

요한 조치를 취해야 할 의무가 발생하게 된다.

4. 게임제공업의 한계

가. 게임제공의 의의

현행 게임법은 온라인게임제공업이 명시적으로 규정되지 못하고 있다고 하겠다. 게임법 제정 당시에도 온라인게임제공업에 대한 규정이 필요하다고 보았으나, 이미 온라인게임에 대해서는 전기통신사업법상 부가통신사업자로 신고하여 영업토록 하고 있었기 때문에 게임법에 따른 등록은 따로 하지 않도록 하는 등 이중규제의 소지를 제거토록 제정된 것이다. 그러나 실제 온라인게임산업이 차지하는 비중을 비교했을 때, 온라인게임에 특화된 규정을 정비할 필요성은 적지 않다. 따라서 가능하다면 온라인게임제공업에 대한 별도의 규정을 도입하는 방안을 고려할 필요가 있다고 본다.[37]

의 내용구현과 밀접한 관련이 있는 운영방식 또는 기기·장치 등을 통하여 사행성을 조장하지 아니할 것.
3. 경품 등을 제공하여 사행성을 조장하지 아니할 것. 다만, 청소년게임제공업의 전체이용가 게임물에 대하여 대통령령이 정하는 경품의 종류(완구류 및 문구류 등. 다만, 현금, 상품권 및 유가증권은 제외한다)·지급기준·제공방법 등에 의한 경우에는 그러하지 아니하다.
4. 제2조 제6호의2 가목의 규정에 따른 청소년게임제공업을 영위하는 자는 청소년이용불가 게임물을 제공하지 아니할 것.
5. 제2조 제6호의2 나목의 규정에 따른 일반게임제공업을 영위하는 자는 게임장에 청소년을 출입시키지 아니할 것.
6. 게임물 및 컴퓨터 설비 등에 문화체육관광부장관이 고시하는 음란물 및 사행성게임물 차단 프로그램 또는 장치를 설치할 것. 다만, 음란물 및 사행성게임물 차단 프로그램 또는 장치를 설치하지 아니하여도 음란물 및 사행성게임물을 접속할 수 없게 되어 있는 경우에는 그러하지 아니하다.
7. 대통령령이 정하는 영업시간 및 청소년의 출입시간을 준수할 것.
8. 그 밖에 영업질서의 유지 등에 관하여 필요한 사항으로서 대통령령이 정하는 사항을 준수할 것.
37) 동지; 황성기 교수는 온라인게임과 관련하여 "기존의 게임장업과 온라인게임의 제공을 완전히 분리하여, 온라인게임의 제공업에 대해서는 별도의 개념정의를 두는 것이 적절한 규제 방안을 모색할 수 있는 방법"이라고 한다. 황성기, "게임산업진흥법상의 게임물 내용심의 및 등급분류제도의 문제점", 게임분쟁연구소, 2006, 27면.

아울러 게임제공업의 예외에 있어서, 관광진흥법에 의한 카지노업을 하는 경우는 이미 게임물의 정의에서 게임물에 포함되지 아니하기 때문에 의미가 없다. 또한 사행성게임물의 경우도 마찬가지라고 하겠다.

나. 온라인게임제공업

온라인게임은 실제 플랫폼사업자를 통해서 게임물을 이용에 제공하는 퍼블리싱과 퍼블리셔와 이용자를 연결해주는 채널링 형태의 서비스를 통해서 이용자에게 제공된다. 전자는 퍼블리셔[38]가 독점적으로 게임물을 이용자에게 제공하는 온라인 유통업으로, 제공 및 운영을 퍼블리셔가 진행하게 된다. 후자는 퍼블리셔가 존재하나, 별도의 유통채널을 추가하여 이용자의 POOL을 확보하는 유통방법이다. 특히 채널링은 게임물의 운영은 퍼블리셔가 하지만, 별도의 플랫폼을 통해서 이용자 정보를 수집할 수 있는 구조라고 하겠다.

[제6호의2 아케이드 게임제공업(일정한 물리적 장소에서 필요한 설비를 갖추고 게임물을 제공하는 영업)]

1. 정   의

제6호의 게임제공업 중 일정한 물리적 장소에서 필요한 설비를 갖추고 게임물을 제공하는 영업은 다음 각 호와 같다.

  가. 청소년게임제공업 : 제21조의 규정에 따라 등급분류된 게임물 중 전체이용가 게임물을 설치하여 공중의 이용에 제공하는 영업
  나. 일반게임제공업 : 제21조의 규정에 따라 등급분류된 게임물 중 청소년이

---

38) 퍼블리셔의 역할에 대해 설명하는 글을 인용하면, "게임 퍼블리셔는 단어 뜻 그대로 게임을 배급하는 역할을 한다. 하지만 이들이 단순히 완성된 게임 콘텐츠를 배급하는 수동적인 업무만을 하는 것이 아니다. 이들은 게임 완성에 관련된 제반 사항을 계획에 맞춰 관리하고 완성된 게임이 소비자에게 전달되기 직전 단계인 도매상에 이르기까지의 모든 과정을 책임진다. 즉 게임의 제작비를 조달하고 완성된 게임의 마케팅을 펼치는 일이 고스란히 퍼블리셔의 몫"이라고 한다. 허준석, 「재미의 비즈니스-경제학으로 본 게임 산업」, 책세상, 2006, 54면.

용불가 게임물과 전체이용가 게임물을 설치하여 공중의 이용에 제공하는 영업

2. 연혁적 고찰

본 규정은 게임물제공업을 보다 구체적으로 정비한 내용이다. 게임법 제정안에는 게임제공업에 청소년게임장업과 일반 게임장업으로 규정하고 있었다. 물리적인 장소라 함은 결국 실제 오프라인에서 게임물을 이용할 수 있는 경우를 말하는 바, 오락실용 게임장에 대한 규정을 말한다.

음비게법에서는 게임제공업을 규정하며, 공중이 게임물을 이용할 수 있도록 이를 제공하는 청소년게임장업과 일반게임장업으로 구분하고 있었다.[39] 다만, 사행행위 등 규제 및 처벌특례법에 의한 사행기구를 갖추어 사행행위를 하는 경우와 관광진흥법에 의한 카지노업을 하는 경우를 제외하며, 게임물과 관계 없는 다른 영업을 경영하면서 고객의 유치 또는 광고 등을 목적으로 당해 영업소의 고객이 게임물을 이용할 수 있도록 하는 경우에 있어서 대통령령이 정하는 게임물의 종류 및 방법 등에 해당하는 경우를 제외한다.

3. 내용 설명

아케이드게임 제공업은 일정한 물리적 시설을 갖춘 경우에만 한정되며, 연령확인 자체가 쉽지 않기 때문에 규제완화 차원에서 전체이용가 및 청소년이용불가 게임물만이 제공가능하도록 규정하고 있다. 실제 등급분류에 있어서도, 2가지로 한정되어 등급분류가 진행되고 있다. 따라서 실제 아케이드게임 제공업자는 미성년자가 청소년이용불가 게임물을 이용할 수 없도록 조치를 취하여야 할 것이며, 이를 위반할 경우에는 등급분류와 다른 게임물을 제공하는 것이 되기 때문에 형사처벌의 대상이 될 수 있다.

---

39) 가. 청소년 게임장업: 전체이용가 게임물만을 설치하여 공중의 이용에 제공하는 영업
    나. 일반 게임장업: 전체이용가 게임물과 18세이용가 게임물을 구분·설치하여 공중의 이용에 제공하는 영업

[제7호 인터넷컴퓨터게임시설제공업]

1. 정   의

"인터넷컴퓨터게임시설제공업"이라 함은 컴퓨터 등 필요한 기자재를 갖추고 공중이 게임물을 이용하게 하거나 부수적으로 그 밖의 정보제공물을 이용할 수 있도록 하는 영업을 말한다.

2. 연혁적 고찰

개정 음비게법[40])에서는 게임법상 인터넷컴퓨터게임시설제공업과 유사한 멀티미디어 문화콘텐츠 설비제공업이라는 정의를 두고 있었다. 멀티미디어 문화콘텐츠 설비제공업이라 함은 독립한 장소에서 컴퓨터 등 필요한 기자재를 갖추고 게임물·영상물 등을 이용하게 하거나 부수적으로 그 밖의 정보제공물을 공중이 이용할 수 있도록 하는 영업을 말한다(음비게법 제2조 제10호). 동 규정은 PC방 등에서 게임물을 제공하는 경우를 말한다고 하겠다.

3. 내용 설명

게임제공업은 게임을 주목적으로 제작된 게임기를 사용하는 반면, 인터넷컴퓨터게임시설제공업은 인터넷이 연결된 컴퓨터를 통하여 다양한 콘텐츠를 이용할 수 있도록 영업자가 이용자들에게 컴퓨터 등 필요한 기자재들을 제공하고 그 설비의 사용요금을 징수하는 업종으로, 게임제공업과 인터넷컴퓨터게임시설제공업은 차이가 있다. 소위 말하는 PC방을 그 예로 들 수 있겠다. 이처럼 인터넷컴퓨터게임시설제공업은 통상적인 PC방을 말하는 개념으로, 게임법령에 따른 시설기준을 갖추고 영업주의 관여 없이 사용자가 본인의 의사에 따라 게임 및 인터넷 서핑 등을 자유롭게 이용하여, PC 등 시설 사용에 따른 요금을 지불하는 영업형태로서 운영된다.

---

40) [시행 2001.9.25] [법률 제6473호, 2001.5.24, 전부개정].

[제8호 복합유통게임제공업]

1. 정 의

"복합유통게임제공업"이라 함은 게임제공업 또는 인터넷컴퓨터게임시설제공업과 이 법에 의한 다른 영업 또는 다른 법률에 의한 영업을 동일한 장소에서 함께 영위하는 영업을 말한다.

2. 연혁적 고찰

개정 음비게법[41]에서는 "복합유통·제공업"이라 함은 제5호 내지 제11호에 해당하는 영업 가운데 2종류 이상의 영업을 동일한 장소에서 영위하는 영업을 말한다. 실제 음비게법은 게임제공 이외에 음반제공업이나 노래연습장 등을 포함하고 있었고,[42] 이들 중 2종류 이상의 영업을 포함하는 경우에 해당되었기 때

---

41) [시행 2001.9.25] [법률 제6473호, 2001.5.24, 전부개정].
42) 음비게법 제2조(정의) 5. "음반 등 배급업"이라 함은 음반·비디오물·게임물을 수입(원판 수입을 포함한다)하거나 그 저작권을 소유·관리하여 음반·비디오물·게임물을 음반등 판매업자 등에게 공급하는 영업을 말한다.
　6. "음반 등 판매업"이라 함은 음반·비디오물·게임물을 소비자에게 직접 판매하는 영업을 말한다.
　7. "비디오물 대여업"이라 함은 비디오물을 대여하는 영업을 말한다.
　8. "비디오물 시청제공업"이라 함은 다음 각목의 1에 해당하는 영업을 말한다.
　　가. 비디오물 감상실업: 다수의 구획된 시청실과 비디오물 시청기자재를 갖추고 비디오물을 공중의 시청에 제공(이용자가 직접 시청시설을 작동하여 이용하는 경우를 포함한다)하는 영업
　　나. 비디오물 소극장업 : 영사막 및 다수의 객석과 비디오물 시청기자재를 갖추고 비디오물만을 전용으로 공중의 시청에 제공하는 영업
　　다. 그 밖의 비디오물 시청제공업: 공중이 숙박·휴게 등의 목적으로 이용하는 장소에서 비디오물 시청기자재를 갖추고 비디오물을 공중의 시청에 제공하는 영업
　9. "게임제공업"이라 함은 공중이 게임물을 이용할 수 있도록 이를 제공하는 다음 각목의 1에 해당하는 영업을 말한다. 다만, 사행행위 등 규제 및 처벌특례법에 의한 사행기구를 갖추어 사행행위를 하는 경우와 관광진흥법에 의한 카지노업을 하는 경우를 제외하며, 게임물과 관계 없는 다른 영업을 경영하면서 고객의 유치 또는 광고 등을 목적으로 당해 영업소의 고객이 게임물을 이용할 수 있도록 하는 경우에 있어서 대통령령이 정하는 게임물의 종류 및 방법등에 해당하는 경우를 제외한다.
　　가. 청소년 게임장업 : 전체이용가 게임물만을 설치하여 공중의 이용에 제공하는 영업

문에 제5호 내지 제11호와 같은 형식으로 규정할 수밖에 없었다고 본다.

3. 내용 설명

게임법에 의한 '복합유통게임제공업'은 게임제공업 또는 인터넷컴퓨터게임시설제공업과 '이 법에 의한 다른 영업' 또는 '다른 법률에 의한 영업'을 동일한 장소에서 함께 영위하는 영업을 말한다. 먼저, '이 법에 의한 다른 영업'은 게임법에 의해 등록되는 다른 영업을 말하며, 예를 들면 청소년게임제공업 + 게임제작업의 조합을 들 수 있습니다. 또한, '다른 법률에 의한 영업'은 게임법이 아닌 다른 법률에 의한 행정관청의 인허가가 전제되는 영업(청소년 유해업소, 자유업 제외)을 말한다. 예를 들면, 청소년게임제공업(게임산업법) + 노래연습장(음악산업법)의 조합을 들 수 있다.

참고로 복합유통게임제공업은 전체 영업면적에서 게임제공업 또는 인터넷컴퓨터게임시설제공업의 면적 비율이 50% 이상인 경우에만 등록이 가능하다.

[제9호 게임물 관련사업자]

1. 정   의

제4호 내지 제8호의 영업을 하는 자를 말한다. 다만, 제6호 다목[43]의 영업을 하는 자는 제28조의 적용에 한하여 게임물 관련사업자로 본다.

나. 일반 게임장업: 전체이용가 게임물과 18세이용가 게임물을 구분·설치하여 공중의 이용에 제공하는 영업

10. "멀티미디어 문화컨텐츠 설비제공업"이라 함은 독립한 장소에서 컴퓨터 등 필요한 기자재를 갖추고 게임물·영상물 등을 이용하게 하거나 부수적으로 그 밖의 정보제공물을 공중이 이용할 수 있도록 하는 영업을 말한다.

11. "노래연습장업"이라 함은 연주자를 두지 아니하고 반주에 맞추어 노래를 부를 수 있도록 하는 영상 또는 무영상 반주장치 등의 시설을 갖추고 공중의 이용에 제공하는 영업을 말한다.

43) 제4호 내지 제8호에 규정한 영업 외의 영업을 하면서 고객의 유치 또는 광고 등을 목적으로 당해 영업소의 고객이 게임물을 이용할 수 있도록 하는 경우로서 대통령령이 정하는 종류 및 방법 등에 의하여 게임물을 제공하는 경우

2. 관련 사업자의 범위

게임물 관련사업자는 게임법 제2조의 제4호 내지 제8호의 영업을 하는 자로서, 각각 게임제작업, 게임배급업, 게임제공업, 인터넷컴퓨터게임시설제공업 및 복합유통게임제공업의 영업을 하는 자를 말한다. 이들은 제28조에 의하여 사업자 준수사항을 부담하게 된다.

[제10호 청소년]

1. 정　의

"청소년"이라 함은 18세 미만의 자(「초·중등교육법」 제2조의 규정에 의한 고등학교에 재학 중인 학생을 포함한다)를 말한다.

2. 연혁적 고찰

미성년의 대학생의 경우도 게임물을 이용할 수 있도록 하자는 취지라고 하겠다. 현행 게임법상 등급분류 체계는 전체이용가, 12세이용가, 15세이용가 및 청소년이용 불가(18세 미만) 등으로 구분되어 있으며, 해당 연령에 맞게 게임물을 제공할 의무가 게임물제공업자에게는 있다.

이처럼 음비게법에서 청소년에 대한 정의가 규정된 것은 2001년 전면 개정 당시라고 하겠다. 개정 음비게법[44]은 청소년을 현행 게임법과 같이 "18세 미만의 사람(초·중등교육법 제2조의 규정에 의한 고등학교에 재학 중인 자를 포함한다)"으로 정의하고 있었다.

실제 게임법 제정 당시에도 연령 불일치에 대한 논란이 있었다. 당시의 「음반·비디오물 및 게임물에 관한 법률」이 당초 정부에서 전면개정안으로 2000년 11월 23일 제출되었을 때에는 청소년의 정의가 「청소년보호법」 제2조 제1호의 규정에 의한 청소년으로 규정되어 있었으나, 문화관광위원회 심사과정에서 종전

---

44) [시행 2001.9.25] [법률 제6473호, 2001.5.24, 전부개정].

부터 규정된 18세로 수정하였는 바, 이는 18세의 대학생 및 근로자 등에 대한 문화향유권 보장 필요성과 관련문화산업계의 위축 우려 등을 고려하여 청소년 연령을 종전과 같이 18세로 수정하여 법제사법위원회에 회부하였다. 그러나 법제사법위원회 심사과정에서 다시 「청소년보호법」의 청소년 정의에 따르도록 정부 제출 원안으로 회귀하여 본회의에 부의되었다. 이에 본회의(2001.4.28)에서 문화관광위원회 수정안으로 되돌리기 위한 본회의 수정안이 제출되어 수정안이 의결되었다(재석 164, 찬성 118, 반대 40, 기권 6).

「음반·비디오물 및 게임물에 관한 법률」이 국회를 통과한 지 4년이 지난 2005년에도 청소년보호 연령을 만 18세로 입법한 상황과 다르지 않다고 볼 때, 법체계만 따져 「청소년보호법」의 연령과 일치시켜야 할 필요는 없을 것으로 보고 있다.[45]

3. 내용 검토

가. 연령 불일치에 따른 검토

게임법 제정안의 검토보고서에서도 "법에 따라서 청소년에 포함되기도 하고 제외되게 되면 청소년 본인도 혼란스러울 수 있다. 즉 18세 이상인 자로 「청소년보호법」의 규정에 의하여 청소년에 해당하는 자는 성인 게임장에 출입할 때에는 단속대상에서 제외되나, 게임을 즐긴 후 주점에 들어가게 되면 법을 위반하게 되므로 법인식에 혼란을 느낄 수 있고, 청소년 보호와 청소년 유해매체물 단속을 담당하는 공무원도 단속에 애로를 겪고 있는 현실과 청소년을 유해매체물로부터 보호하는 규정을 둔 기본법이 「청소년보호법」임을 감안할 때 제정법 시행에 충분한 유예기간을 두어 청소년의 정의를 「청소년보호법」에 의한 청소년으로 통일을 기하는 것이 바람직하다"[46]는 의견을 두기도 하였다. 즉 청소년보호법 등과의 연령 불일치가 발생하고 있다는 점이라고 하겠다. 그러나 청소년의 문화향유를 위해서 정책적으로 연령을 낮추어 규정한 것이기 때문에 연령 불일치가 청소년보호법 등과 충돌한다고 보기는 어렵다고 하겠다.

45) 국회문화관광위원회, 게임진흥법안 검토보고서, 2005.4, 15-16면.
46) 국회문화관광위원회, 게임진흥법안 검토보고서, 2005.4, 16면.

나. 청소년의 게임물 관련 제공업소의 출입 제한

게임물 관련사업자는 청소년의 출입과 관련하여 시행령 제16조에 따라 출입 시간을 청소년게임제공업자, 복합유통게임제공업자(「청소년보호법 시행령」 제5조 제1항 제2호 단서[47])에 따라 청소년의 출입이 허용되는 경우만 해당한다), 인터넷컴퓨터게임시설제공업자의 청소년 출입시간은 오전 9시부터 오후 10시까지로 한다. 다만, 청소년이 친권자·후견인·교사 또는 직장의 감독자 그 밖에 당해 청소년을 보호·감독할 만한 실질적인 지위에 있는 자를 동반한 경우에는 청소년 출입시간 외의 시간에도 청소년을 출입시킬 수 있다. 다만, 청소년게임제공업자, 복합유통게임제공업자(「청소년보호법 시행령」 제5조 제1항 제2호 단서에 따라 청소년의 출입이 허용되는 경우만 해당한다), 인터넷컴퓨터게임시설제공업자 등을 제외한 게임물 관련사업자는 청소년 출입시간의 적용을 받지 아니한다.

| 참고 조문 | 사행행위 등 규제 및 처벌 특례법 제2조(정의) ① 이 법에서 사용하는 용어의 뜻은 다음과 같다.
1. "사행행위"란 여러 사람으로부터 재물이나 재산상의 이익(이하 "재물 등"이라 한다)을 모아 우연적(偶然的) 방법으로 득실(得失)을 결정하여 재산상의 이익이나 손실을 주는 행위를 말한다.
2. "사행행위영업"이란 다음 각 목의 어느 하나에 해당하는 영업을 말한다.
　가. 복권발행업(福券發行業): 특정한 표찰(컴퓨터프로그램 등 정보처리능력을 가진 장치에 의한 전자적 형태를 포함한다)을 이용하여 여러 사람으로부터 재물 등을 모아 추첨 등의 방법으로 당첨자에게 재산상의 이익을 주고 다른 참가자에게 손실을 주는 행위를 하는 영업
　나. 현상업(懸賞業): 특정한 설문 또는 예측에 대하여 그 답을 제시하거나 예측이 적중하면 이익을 준다는 조건으로 응모자로부터 재물 등을 모아 그 정답자나 적중자의 전부 또는 일부에게 재산상의 이익을 주고 다른 참가자에게 손실을 주는 행위를 하는 영업 |

---

47) 청소년보호법 시행령 제5조(청소년 출입·고용금지업소의 범위) ① 법 제2조 제5호 가목 1)에서 "대통령령으로 정하는 것"이란 다음 각 호의 어느 하나에 해당하는 영업을 말한다.
1. 일반게임제공업
2. 복합유통게임제공업. 다만, 둘 이상의 업종(1개의 기기에서 게임, 노래연습, 영화감상 등 다양한 콘텐츠를 제공하는 경우는 제외한다)을 같은 장소에서 영업하는 경우로서 제1호의 업소 및 법 제2조 제5호 가목 2)부터 9)까지의 청소년 출입·고용금지업소가 포함되지 아니한 업소는 청소년의 출입을 허용한다.

다. 그 밖의 사행행위업: 가목 및 나목 외에 영리를 목적으로 회전판돌리기, 추첨, 경품(景品) 등 사행심을 유발할 우려가 있는 기구 또는 방법 등을 이용하는 영업으로서 대통령령으로 정하는 영업

3. "사행기구 제조업"이란 사행행위영업에 이용되는 기계, 기판(機板), 용구(用具) 또는 컴퓨터프로그램(이하 "사행기구"라 한다)을 제작·개조하거나 수리하는 영업을 말한다.

4. "사행기구 판매업"이란 사행기구를 판매하거나 수입(輸入)하는 영업을 말한다.

5. "투전기"란 동전·지폐 또는 그 대용품(代用品)을 넣으면 우연의 결과에 따라 재물 등이 배출되어 이용자에게 재산상 이익이나 손실을 주는 기기를 말한다.

6. "사행성 유기기구"란 제5호의 투전기 외에 기계식 구슬치기 기구와 사행성 전자식 유기기구 등 사행심을 유발할 우려가 있는 기계·기구 등을 말한다.

② 제1항 제2호부터 제4호까지의 영업은 대통령령으로 정하는 바에 따라 세분할 수 있다.

시행령 제1조의2(기타 사행행위업) 법 제2조 제1항 제1호 라목에서 "대통령령이 정하는 영업"이라 함은 다음 각호의 것을 말한다.

1. 회전판돌리기업: 참가자에게 금품을 걸게 한 후 그림이나 숫자 등의 기호가 표시된 회전판이 돌고 있는 상태에서 화살 등을 쏘거나 던지게 하여 회전판이 정지되었을 때 그 화살 등이 명중시킨 기호에 따라 당첨금을 교부하는 행위를 하는 영업

2. 추첨업: 참가자에게 번호를 기입한 증표를 제공하고 지정일시에 추첨 등으로 당첨자를 선정하여 일정한 지급기준에 따라 당첨금을 교부하는 행위를 하는 영업

3. 경품업: 참가자에게 등수를 기입한 증표를 제공하여 당해 증표에 표시된 등수 및 당첨금의 지급기준에 따라 당첨금을 교부하는 행위를 하는 영업

| 관련판례 | 대법원 2010.6.24. 선고 2010도3358 판결 |

제3조(게임산업진흥종합계획의 수립·시행)

법　률	제3조(게임산업진흥종합계획의 수립·시행) ① 문화체육관광부장관은 관계중앙행정기관의 장과 협의하여 게임산업의 진흥을 위한 종합계획(이하 "종합계획"이라 한다)을 수립·시행하여야 한다. ② 종합계획에는 다음 각 호의 사항이 포함되어야 한다. 1. 종합계획의 기본방향 2. 게임산업과 관련된 제도와 법령의 개선 3. 게임문화 및 창작활동의 활성화 4. 게임산업의 기반조성과 균형 발전 5. 게임산업의 국제협력 및 해외시장 진출 6. 위법하게 제작·유통되거나 이용에 제공되는 게임물의 지도·단속 7. 게임산업의 건전한 발전과 이용자보호 8. 그 밖에 게임산업의 진흥을 위하여 필요한 사항으로서 대통령령이 정하는 사항 ③ 지방자치단체의 장이 제2항 제3호 내지 제5호의 규정에 해당하는 사업을 추진하고자 하는 경우에는 미리 문화체육관광부장관과 협의하여야 한다.
시 행 령	제3조(게임산업진흥 종합계획) 법 제3조 제2항 제8호에서 "대통령령이 정하는 사항"이라 함은 다음 각 호와 같다. 1. 게임산업의 진흥을 위한 재원의 확보 및 운용 2. 게임산업의 고용창출, 수출판로 개척 및 산업활성화 촉진 3. 게임산업의 유통구조 개선 4. 게임물에 대한 감시활동을 하는 「비영리민간단체 지원법」에 따른 비영리민간단체(이하 "비영리민간단체"라 한다)에 대한 지원 5. 법 제13조에 따른 게임물의 지식재산권 보호시책 6. 게임물 이용자의 개인정보의 보호에 관한 사항 7. 그 밖에 문화체육관광부장관이 게임산업진흥을 위하여 필요하다고 인정하는 사항

■ 입법 취지

　　본조는 게임산업 진흥을 위한 종합계획을 수립함으로써 게임에 대한 산업적 지원방안을 모색하고자 하는 취지로 제정된 것이라고 하겠다.

■ **입법 연혁**

종합계획의 수립은 음비게법으로 거슬러 올라간다. 음비게법 제3조는 문화관광부장관은 음반·비디오물·게임물과 관련된 산업의 진흥을 위하여 필요한 시책(이하 "진흥시책"이라 한다)을 수립·시행하도록 규정하고 있었다. 진흥시책에는 음반·비디오물·게임물과 관련된 다음 각 호의 사항이 포함되어야 한다. 특이한 점은 진흥위원회를 설치하도록 규정하고 있었다는 점이다(음비게법 제4조). 이에 따라 음비게법은 음반, 비디오물 및 게임물에 대해 각각의 진흥위원회를 설치하여 운영하게 되었다. 다만, 진흥위원회와 관련해서는 제정 게임법에는 포함되지 않았다. 참고로, 박형준 의원안에서는 별도로 게임산업진흥위원회를 설치하도록 규정한 바 있다.

■ **내용 해설**

1. 게임산업진흥종합계획

문화부는 5개년을 주기로 게임산업의 진흥을 위한 종합계획을 수립하고 있다. 종합계획의 내용에는 기본적인 방향, 관련 제도와 법령의 개선사항, 게임문화 및 창작활동의 활성화, 게임산업의 기반조성과 균형 발전, 게임산업의 국제협력 및 해외시장 진출, 위법하게 제작·유통되거나 이용에 제공되는 게임물의 지도·단속, 게임산업의 건전한 발전과 이용자보호, 그 밖에 게임산업의 진흥을 위하여 필요한 사항으로서 대통령령이 정하는 사항을 담고 있다.

종합계획에 담겨지는 내용은 제2장 게임산업의 진흥과 제3장 게임문화의 진흥에 관한 규정을 통해서 구체화하고 있다. 따라서, 종합계획이 실제 게임산업과 게임문화의 창달에 중요한 역할을 하는 기본 정책이라고 볼 수 있겠다.

종합계획에서 특이할 만한 점은 지식재산권의 보호시책과 게임물 이용자의 개인정보의 보호에 관한 사항이라고 하겠다. 그렇지만, 지식재산권은 이미 지식재산기본법을 필두로 하여, 저작권법, 특허법 등에서 보호를 하고 있으며, 개인정보 관련 사항은 개인정보보호법 내지 정보통신망법에서 두텁게 보호하고 있기 때문에 별도의 시책을 수립할 필요성이 크지는 않다고 본다. 더욱이 게임서비스 사업자는 이용자의 개인정보 수집이 제한되기 때문에 개인정보 관련 이슈는 현격하게 줄어들 것으로 보인다.[48]

실제 문화부는 동 규정에 근거하여 2차례의 종합계획을 수립하였으며, 2013년도에는 제3차 종합계획이 수립될 것으로 보인다.

2. 지방자치단체의 협의 사항

기본적인 종합계획을 수립함에 있어서, 지방자치단체는 i) 게임문화 및 창작활동의 활성화, ii) 게임산업의 기반조성과 균형 발전, iii) 게임산업의 국제협력 및 해외시장 진출에 관한 사항에 대해서는 문화부장관과 협의하여야 한다. 이러한 협의는 실제 지방자치단체가 추진하는 사업내용에 대한 일관성 있는 정책집행을 위한 것이라고 볼 수 있다.

3. 콘텐츠산업진흥위원회

콘텐츠산업진흥법에서는 콘텐츠산업진흥위원회를 두고 있으며, 3년마다 콘텐츠산업진흥 기본계획을 수립하도록 하고 있다. 2011년도에 기본계획이 수립되었으며, 2013년도 콘텐츠산업 진흥 시행계획이 콘텐츠산업진흥위원회에서 심의·의결되었다. 아울러 위원회에서는 콘텐츠 전문인력양성 중장기 계획도 보고되었다고 한다.[49]

---

48) 정보통신망법([시행 2013.3.23] [법률 제11690호, 2013.3.23, 타법개정]) 제23조의2(주민등록번호의 사용 제한) ① 정보통신서비스 제공자는 다음 각 호의 어느 하나에 해당하는 경우를 제외하고는 이용자의 주민등록번호를 수집·이용할 수 없다.
  1. 제23조의3에 따라 본인확인기관으로 지정받은 경우
  2. 법령에서 이용자의 주민등록번호 수집·이용을 허용하는 경우
  3. 영업상 목적을 위하여 이용자의 주민등록번호 수집·이용이 불가피한 정보통신서비스 제공자로서 방송통신위원회가 고시하는 경우
  ② 제1항 제2호 또는 제3호에 따라 주민등록번호를 수집·이용할 수 있는 경우에도 이용자의 주민등록번호를 사용하지 아니하고 본인을 확인하는 방법(이하 "대체수단"이라 한다)을 제공하여야 한다.
49) 2013년 범정부 콘텐츠산업 진흥계획 논의, 문화체육관광부 보도자료, 2012.11.21.일자.

제2장_ 게임산업의 진흥

주해 「게임산업진흥에 관한 법률」

제4조(창업 등의 활성화)

법　　률	제4조(창업 등의 활성화) ① 정부는 게임산업과 관련한 창업을 활성화하고 우수 게임상품의 개발 및 게임물 관련시설의 현대화를 위하여 창업자나 우수게 임상품을 개발한 자 등에게 필요한 지원을 할 수 있다. ② 정부는 게임산업의 활성화를 위하여 비영리 목적의 아마추어 게임물 제 작자의 활동을 지원할 수 있다. ③ 제1항 및 제2항에 따른 지원의 절차와 방법에 필요한 사항은 대통령령으 로 정한다.
시 행 령	제4조(창업 및 우수게임상품 개발 등 지원의 범위 및 절차) ① 법 제4조에 따라 문화 체육관광부장관은 창업자 및 우수게임상품을 개발한 자 등과 비영리 목적 의 아마추어 게임물 제작자에게 예산의 범위 안에서 다음 각 호에 해당하는 지원을 할 수 있다. 　1. 창업자에 대한 지원 　　가. 창업비용의 지원 　　나. 게임 소프트웨어와 하드웨어 등 관련 장비의 구입비 또는 임대비의 지원 　2. 우수게임상품을 개발한 자 등에 대한 지원 　　가. 개발자금의 지원 　　나. 상품의 유통을 위한 지원 　　다. 해외시장 진출의 지원 　3. 비영리 목적의 아마추어 게임물 제작자에 대한 제작자금의 지원 ② 삭제 ③ 제1항에 따른 지원 대상의 구체적인 선정절차 및 그 밖에 필요한 사항은 문화체육관광부령으로 정한다.
시행규칙	제2조(창업자 등의 선정절차 등) ① 문화체육관광부장관은 「게임산업진흥에 관 한 법률 시행령」(이하 "영"이라 한다) 제4조 제1항에 따른 지원대상자를 선 정하려는 때에는 공개경쟁방식으로 하여야 한다. ② 영 제4조 제1항에 따른 지원을 받으려는 자는 별지 제1호서식의 지원신 청서에 다음 각 호의 자료를 첨부하여 문화체육관광부장관에게 제출하여야 한다. 　1. 창업자 　　가. 창업하려는 업종의 내역 　　나. 지원받기를 희망하는 내역 　2. 우수게임상품개발자

가. 제품의 설명서

나. 견본품

다. 제품의 평가에 필요한 참고자료

③ 문화체육관광부장관은 제2항에 따른 서류 등을 제3조에 따른 지원심사위원회에 회부하여야 한다.

④ 지원심사위원회는 다음 각 호의 사항을 평가하고, 그 결과가 우수한 자를 지원대상자로 선정하여야 한다.

1. 당해 게임의 상품화 가능성

2. 수출상품으로서의 가치

3. 문화상품으로서의 가치

4. 게임의 독창성 또는 게임관련 기술의 진보성

5. 사행성, 선정성, 폭력성 등으로 인한 청소년에 대한 유해성

⑤ 지원심사위원회는 심사를 위하여 필요하다고 인정하는 때에는 청소년, 교육 그 밖의 관계전문가를 출석하게 하여 의견을 들을 수 있다.

제3조(지원심사위원회의 구성 등) ① 제2조 제3항에 따른 지원심사위원회는 위원장 1인을 포함한 5인 이내의 위원으로 구성하며, 위원장은 위원 중에서 호선한다.

② 지원심사위원회의 위원은 게임에 관하여 학식과 경험이 풍부한 자 중에서 문화체육관광부장관이 위촉한다.

③ 위원회의 운영 등에 관하여 필요한 사항은 문화체육관광부장관이 정한다.

제4조(선정 통보 등) ① 문화체육관광부장관은 지원심사위원회의 심사를 거쳐 지원대상자로 선정된 창업자와 우수게임상품개발자에 대하여 별지 제2호 서식의 선정통지서 및 지원내역서(창업자에 한한다)를 지체 없이 교부하여야 한다.

② 제1항에 따라 선정통지서를 받은 우수게임상품개발자는 당해 우수게임상품에 별표 1에 따른 표시를 할 수 있다.

③ 문화체육관광부장관은 제1항에 지원대상자를 선정한 때에는 관보 또는 인터넷 홈페이지에 이를 공고하여야 한다.

▪ 입법 취지

게임법은 게임산업의 진흥을 위하여 독립된 법률로 제정되었으며, 시행 직전에 바다이야기 사태가 발생함으로써 게임법의 성격이 진흥법에서 규제법으로 변모하기도 하였다. 그렇기는 하나 게임법 제2장은 게임산업 전반을 진흥하기 위한 기본법으로서 역할을 할 수 있을 것으로 기대된다. 제2장 산업진흥에 관한

부분은 제4조(창업 등의 활성화) 내지 제11조(실태조사) 등 8개 조문 전반적으로 적용되기 때문에 입법취지는 게임법 제1조 목적조항인 게임산업의 진흥에 관한 기본적이고 원론적인 선언을 보다 구체화하고 있다고 볼 수 있을 것이다.

■ **입법 연혁**

2006년 제정된 게임법은 음비게법이 갖는 규제지향적인 법체계를 산업법 및 진흥법의 체계로 그 성격을 변모시킨 것이라고 하겠다. 다만, 2006년 발생한 바다이야기 사태에 따라 게임법의 성격 자체가 변화하였고, 이후 개정된 게임법에서는 산업진흥과 관련되어 큰 내용의 변화가 있었다고 보기 어렵다. 따라서 제2장의 입법연혁도 구체적으로 살펴볼 필요는 크지 않다고 하겠다. 이에 제4조 내지 제11조의 입법연혁도 구체적인 내용을 축조할 수 있다고 보기 어려워 본조의 내용으로 갈음하고자 한다.

■ **내용 해설**

1. 의 의

창업은 새정부의 국정과제에 포함될 정도로 중요한 국가 정책이라고 할 수 있다. 많은 산업법제가 갖는 특성은 창업지원에 관한 규정을 두고있다는 점이다. 게임법도 마찬가지로 게임산업의 진흥을 위한 규정으로 창업지원에 관한 규정을 본법 및 시행령, 시행규칙을 통해서 구체화하고 있다. 다만, 창업지원에 관한 실질적인 절차나 지원은 창업지원 관련 법제에서 구체적으로 시행된다는 점에서, 게임법의 창업지원에 관한 규정은 구체성을 담보하기가 쉽지 않다고 한다.

2. 창업자에 대한 지원

정부는 게임물의 제작 등과 관련된 창업을 위해 필요한 지원을 할 수 있도록 하고 있으며, 이를 위해 창업비용에 대한 지원과 SW 및 HW 등 관련 장비의 구입비 또는 임대비를 지원토록 하고 있다. 창업을 위해서 필요한 비용은 법인의 설립에 필요한 법률 비용에 포함될 수 있을 것이며, 실제 물리적인 회사를 조직하는 비용이 포함될 수 있을 것이다. 그리고 실제 게임물의 제작과 관련하여 요구되는 SW나 서버 등의 HW의 임대료에 대한 지원을 할 수 있도록 하고 있다.

물론 창업자는 실제 자신의 자본으로 회사를 설립하여, 운영할 수 있겠으나 어느 정도 사업이 구체화될 경우에는 벤처캐피털을 통해서 실제 회사의 운영자금을 투자받을 수 있을 것이다. 따라서 창업지원에 대한 내역은 운영자금의 투자는 물론 투자금을 확보하기 위한 경영컨설팅이 포함될 필요가 있을 것이다.

3. 우수게임상품 개발자 등의 지원

게임법에서는 우수게임상품의 개발을 위해 창업자나 개발자 등에게 필요한 지원을 할 수 있도록 하고 있으나, 명확하게 우수게임상품이 무엇인지에 대한 정의가 없다는 점에서 명확성이 떨어진다고 하겠다. 실제 지원대상의 전제가 불명확하기 때문에 게임법 개정을 통해서 명확하게 하는 것이 바람직하다고 본다.

다만, 시행규칙 제2조에서 창업자 등의 선정절차에서 그 기준을 정하고 있어, 이를 유추할 수 있을 것으로 보인다. 즉, 시행규칙에서는 심사위원회는 i) 당해 게임의 상품화 가능성, ii) 수출상품으로서의 가치, iii) 문화상품으로서의 가치, iv) 게임의 독창성 또는 게임관련 기술의 진보성, v) 사행성, 선정성, 폭력성 등으로 인한 청소년에 대한 유해성 등 5가지 항목에 대해 평가하도록 하고 있다. 따라서, 우수게임상품은 이러한 5가지 유형에서 우수한 가치로 평가된 결과물에 해당한다고 볼 수 있다.

기준의 평가에 있어서 고려될 수 있는 것은 게임물 자체가 갖는 상품화 가능성은 시장에서의 평가를 전제하기 때문에 가능성을 평가하는 것은 불완전한 평가가 될 수 있다는 점이다. 다만, 게임물의 정상 출시 이전인 CBT나 OBT 단계에서 이루어지는 지표를 가지고 평가기준으로 삼을 수는 있다고 본다.

또한, 게임의 독창성과 기술의 진보성은 저작권법상 창작성과 특허법상의 진보성과의 비교를 통해서 어느 정도의 수준인지를 판단할 수 있다고 본다. 다만, 게임물이 갖는 기본적인 속성은 콘텐츠이자 저작물이기 때문에 기존의 저작물을 모방하지 않는 창작의 정도라고 한다면 창작성이 있다고 하겠다. 다만, 장르별로 한정된 표현물이 나올 수밖에 없는 게임물에서의 독창성은 쉽지 않을 것이다.

또한, 기준으로서 사행성, 선정성, 폭력성 등으로 인한 청소년의 유해성은 등급분류 과정에서 심의되기는 하지만, 이와 별개로 우수게임상품의 기준 평가에서 어떻게 진행할 수 있을지는 의문이라고 하겠다. 따라서 심사위원회에서 진행하기보다는 등급분류 받은 게임물의 심의결과를 제출토록 하는 것이 더 합리적인 방법이 아닐까 생각된다.

4. 아마추어 게임물의 제작지원

아마추어 게임물의 제작을 지원할 수 있는 근거는 상업용 게임물이 아닌 게임물의 제작지원을 의미한다고 하겠다. 그렇지만, 아마추어라는 개념이 상당히 모호하다는 점이다. 비영리 목적으로 운영하는 사업자라고 하더라도 사업의 기본적인 영위를 위한 경우라면 일정한 경우 영리적 행위를 할 수 있기 때문이다. 학교 교육과정에서 제작하는 게임물도 비영리를 목적으로 제적한 게임물로 볼 수 있을 것이다. 또한 동 규정이 단순하게 인디게이머의 지원을 위한 것인지에 대한 명확한 대상을 규정하는 것이 필요하다고 하겠다. 따라서 아마추어 게임물에 대한 명확한 기준을 제시할 필요가 있다고 본다.

| 참고조문 | 문화산업진흥기본법 제7조(창업의 지원) 문화체육관광부장관은 문화산업에 관한 창업을 촉진하고 창업자의 성장·발전을 위하여 필요한 지원을 할 수 있다.
음악산업진흥에 관한 법률 제4조(창업 및 제작 등의 지원) ① 문화체육관광부장관은 음악산업에 관한 창업을 활성화하고 창업자의 안정적인 성장·발전을 위하여 필요한 지원을 할 수 있다.
② 문화체육관광부장관은 음악산업의 경쟁력을 강화하고 우수 음악상품의 개발을 촉진하기 위하여 음악창작자 및 음반·음악영상물제작자에게 필요한 재원의 전부 또는 일부를 융자하거나 그 밖의 지원을 할 수 있다.
③ 제1항 및 제2항의 규정에 따른 지원절차 등에 관하여 필요한 사항은 대통령령으로 정한다.
콘텐츠산업진흥법 제13조(창업의 활성화) ① 정부는 콘텐츠산업 분야의 창업 촉진과 창업자의 성장·발전을 위하여 창업지원계획을 수립·시행하여야 한 |

다.

② 정부는 제1항의 창업지원계획에 따라 투자 등 필요한 지원을 할 수 있다. 소프트웨어산업진흥법 제8조(소프트웨어사업 창업의 활성화) 미래창조과학부장관은 소프트웨어사업의 창업을 촉진하고 창업자의 성장·발전을 위하여 「국유재산법」 제34조 제1항 제3호에 따라 국유재산을 무상으로 사용할 수 있도록 지정받은 공공단체로 하여금 소프트웨어사업의 창업을 원하는 자 또는 그 밖에 대통령령으로 정하는 자에게 같은 법 제30조 제2항에도 불구하고 전대(轉貸)하여 사용하게 할 수 있다.

제5조(전문인력의 양성)

법 률	제5조(전문인력의 양성) ① 국가 또는 지방자치단체는 게임산업에 관한 전문인력의 양성을 위하여 다음 각 호의 사항에 관한 계획을 수립·시행하여야 한다. 1. 게임산업에 관한 전문인력의 수급분석 및 인적자원 개발 2. 게임산업에 관한 전문인력의 양성을 위한 학계, 산업체 및 공공기관과의 협력 강화 ② 정부는 게임산업 전문인력의 양성을 위하여 대통령령이 정하는 바에 따라 대학·연구기관 그 밖의 전문기관을 전문인력 양성기관으로 지정하고 교육 및 훈련에 필요한 비용의 전부 또는 일부를 지원할 수 있다.
시 행 령	제5조(전문인력의 양성) ① 법 제5조 제2항에 따라 관계중앙행정기관의 장은 다음 각 호의 어느 하나에 해당하는 기관을 게임산업 전문인력 양성기관(이하 "전문인력양성기관"이라 한다)으로 지정할 수 있다. 1. 게임관련 교육과정을 개설·운영하고 있는 대학, 게임에 관한 연구를 수행하고 있는 연구기관이나 교육기관 2. 「정부출연연구기관 등의 설립·운영 및 육성에 관한 법률」 제2조에 따른 정부출연연구기관 3. 「공익법인의 설립·운영에 관한 법률」에 따른 공익법인 4. 「민법」 제32조에 따라 게임산업의 육성을 목적으로 설립된 법인 ② 제1항에 따라 전문인력양성기관으로 지정받으려는 자는 다음 각 호의 사항을 적은 지정신청서를 관계중앙행정기관의 장에게 제출하여야 한다. 1. 전문인력 양성실적과 계획 2. 과정의 편성과 강사 등에 관한 사항 3. 전문인력양성에 필요한 시설·설비에 관한 사항 4. 운영경비의 조달계획 ③ 관계 중앙행정기관의 장은 제1항에 따라 전문인력양성기관을 지정하려는 때에는 미리 문화체육관광부장관과 협의하여야 한다. ④ 관계중앙행정기관의 장은 제1항에 따라 지정된 전문인력양성기관에 대하여 다음 각 호의 어느 하나에 해당하는 비용의 전부 또는 일부를 지원할 수 있다. 1. 강사료와 수당 2. 연수교재와 실습기자재비 3. 그 밖의 전문인력양성에 소요되는 필요경비

▪ 내용 해설

1. 의 의

게임산업의 핵심은 고급 기술을 갖춘 게임소프트웨어 개발자에 있다고 하겠다. 혹자는 게임소프트웨어 개발자를 '게임산업의 영혼이자 심장'[1]이라고 표현하기도 한다. 게임관련 기술군은 다양한 영역에 걸쳐있기 때문에 기술인력의 양성은 어느 하나의 영역이 아닌 게임관련 기술의 전반적인 인력양성에 포지셔닝이 되어야 할 것이다. 이러한 점을 고려하여, 게임법은 전문인력의 수급분석 및 인적자원의 개발에 관한 계획을 수립 및 시행토록 의무화하고 있는 것이다. 아울러, 인력양성은 정부가 추진하는 것보다는 실제 현장에서 게임을 개발하고, 게임산업을 운영하고 있는 사업자의 이해를 반영하여 협력을 강화토록 하고 있다.

2. 게임산업 인력 현황

가. 게임산업 종사자 수(2009-2011)

(단위 : 명)

구분	2009년	2010년	2011년	2010~2011 전년대비 증감률	2009~2011 연평균 증감률	구성비 (2011년)
게임 제작 및 배급	43,365	48,585	51,859	6.7%	9.4%	54.6%
PC방/아케이드게임장/ 비디오게임장	49,168	46,388	43,156	-7.0%	-6.3%	45.4%
합계	92,533	94,973	95,015	0.0%	1.3%	100.0%

*2012년 대한민국 게임백서

---

1) 허준석, 「재미의 비즈니스—경제학으로 본 게임산업」, 책세상, 2006, 53면.

나. 업무 형태별 종사자 현황

구분	총 직원 수		업체당 평균 종사자 수		구성비	
	2010	2011	2010	2011	2010	2011
게임 PD	1,550	1,765	1.4	1.7	3.2%	3.4%
게임 기획	5,057	5,092	4.6	5.0	10.4%	9.8%
웹디자인	11,327	1,968	10.4	1.9	23.3%	3.8%
그래픽디자인		10,322		10.1		19.9%
UI 디자인	-	1,425	-	1.4	-	2.8%
시스템 엔지니어링	1,778	1,937	1.6	1.9	3.7%	3.7%
게임프로그래밍개발	10,345	9,233	9.5	9.1	21.3%	17.8%
웹 서비스 개발		1,733		1.7		3.3%
사운드 제작	-	513	-	0.5	-	1.0%
게임운영자 및 QA	4,502	4,511	4.1	4.4	9.3%	8.7%
고객센터(CS)	2,618	2,677	2.4	2.6	5.4%	5.2%
마케팅/홍보		2,327		2.3		4.5%
배급(유통)	3,799	1,611	3.5	1.6	7.8%	3.1%
게임 소싱		412		0.4		0.8%
경영 관리	5,458	5,822	5.0	5.7	11.2%	11.2%
기타	2,151	511	2.0	0.5	4.4%	1.0%
전체	48,585	51,859	44.4	51.0	100.0%	100.0%

* 2012년 대한민국 게임백서

3. 전문인력 양성기관

전문인력 양성과 관련된 기관은 학교 및 전문 교육기관 등 다양하게 구성되어 있는 것으로 보인다.

가. 게임교육기관 현황

(단위 : 개)

구분		2005.4	2006.4	2007.4	2008.4	2009.4	2010.4	2011.4	2012.4
고등학교		4	5	6	6	6	6	6	6
전문대학(전문학교 포함)		36	33	33	32	29	29	29	28
대학교	일반	18	20	21	19	18	20	22	28
	원격	3	3	4	4	4	3	4	4
대학원		8	10	11	10	3	7	8	9
전체		69	71	75	71	60	65	69	75

* 2012년 대한민국 게임백서

나. 인력확보 방법 – 종사자 교육방법

구분	사내 교육 프로그램	외부 교육 기관 위탁	사내 OJT	문하생 제도 등 도제교육	개인별 자체학습	교육없이 업무 투입	기타
게임 PD	41.3	1.6	17.4	2.7	10.9	26.1	
게임 PD	42.3	1.1	14.6	2.6	11.2	27.7	0.4
웹디자인	40.6	2.3	23.4	2.3	10.2	21.1	
그래픽디자인	44.0	2.3	13.8	2.0	11.4	25.8	0.7
UI 디자인	37.4	1.9	19.6	4.7	15.0	18.7	2.8
웹 서비스 개발	35.6	1.0	26.7	4.0	7.9	23.8	1.0
시스템 엔지니어링	41.4	0.8	18.8	2.3	12.8	21.8	2.3
게임프로그래밍개발	42.5	1.9	13.4	1.9	12.7	26.4	1.2
사운드 제작	35.4		24.6	4.6	10.8	24.6	
게임운영자 및 QA	39.3	1.4	22.8	4.1	13.1	17.9	1.4
고객센터(CS)	39.3	1.1	27.0	6.7	7.9	16.9	1.1
마케팅/홍보	34.9	1.4	21.2	2.1	8.9	30.8	0.7
배급(유통)	31.5		14.1	1.1	10.9	40.2	2.2
게임 소싱	32.6		30.4	4.3	8.7	21.7	2.2
경영 관리	36.2	1.2	12.9	1.5	12.6	31.6	4.0
기타	35.0		15.0	2.5	12.5	27.5	7.5
전체	39.5	1.5	17.6	2.7	11.5	26.0	1.8

* 2012년 대한민국 게임백서

4. 타법과의 관계

게임관련 전문인력의 양성은 콘텐츠산업 전반에 있어서도 중요하다고 볼 수 있다. 다만, 콘텐츠를 포함한 문화산업진흥기본법에서도 콘텐츠 관련 전문인력의 양성을 규정하고 있기 때문에 지원기관이 중복적으로 지원을 받을 수도 있다고 본다. 다만, 동일한 과제가 아닌 형태로는 가능할 것으로 판단된다.

| 참고 조문 | 문화산업진흥기본법 제16조(전문인력의 양성) ① 국가나 지방자치단체는 문화산업 진흥에 필요한 전문인력을 양성하기 위하여 노력하여야 한다.
② 문화체육관광부장관이나 시·도지사는 제1항에 따른 전문인력을 양성하기 위하여 대통령령으로 정하는 바에 따라 연구소, 대학, 그 밖의 기관을 문화산업 전문인력 양성기관으로 지정할 수 있다.
③ 국가나 지방자치단체는 제2항에 따라 지정된 문화산업 전문인력 양성기관에 대하여 대통령령으로 정하는 바에 따라 전문인력 양성에 필요한 경비의 전부 또는 일부를 부담할 수 있다.
음악산업진흥에 관한 법률 제6조(전문인력의 양성) ① 문화체육관광부장관은 음악산업의 기반조성에 필요한 전문인력의 양성을 위하여 다음 각 호의 시책을 강구하여야 한다.
1. 음악산업 인력수급의 균형 및 우수 전문인력 확보
2. 산·학·관의 협력기능 강화
3. 전문인력의 연수·해외교류 기회 확대
4. 학계의 연구기반 및 교육역량 강화
5. 전문인력의 관련업계 진출기회 확대
6. 그 밖에 음악산업 인력의 양성에 관한 사항
② 제1항의 규정에 따른 사항을 추진하기 위하여 필요한 사항은 대통령령으로 정한다.
콘텐츠산업진흥법 제14조(전문인력의 양성) ① 정부는 콘텐츠산업의 진흥에 필요한 전문인력을 양성하기 위하여 노력하여야 한다.
② 정부는 콘텐츠 전문인력을 양성하기 위하여 「고등교육법」 제2조에 따른 학교, 「평생교육법」 제33조 제3항에 따라 설치된 원격대학형태의 평생교육시설, 「문화산업진흥 기본법」 제31조에 따른 한국콘텐츠진흥원 등을 전문인력 양성기관으로 지정하여 교육 및 훈련을 실시하게 할 수 있으며, 이에 필요한 예산을 지원할 수 있다.
③ 제2항에 따른 전문인력 양성기관의 지정에 필요한 사항은 대통령령으로 정한다.
소프트웨어산업진흥법 제10조(소프트웨어 전문인력의 양성) ① 미래창조과학부장관은 소프트웨어기술자 등 소프트웨어 전문인력의 양성과 자질 향상을 위 |

하여 교육훈련을 실시할 수 있다.

② 미래창조과학부장관은 대통령령으로 정하는 연구소나 대학, 그 밖의 기관이나 단체를 전문인력 양성기관으로 지정하여 제1항에 따른 교육훈련을 실시하게 할 수 있으며, 이에 필요한 예산을 지원할 수 있다.

③ 제1항 및 제2항에 따른 소프트웨어 전문인력의 양성 및 교육훈련에 관한 계획 수립, 전문인력 양성기관의 지정 요건 등 지정에 관한 사항은 대통령령으로 정한다.

④ 미래창조과학부장관은 제2항에 따라 전문인력 양성기관으로 지정받은 자가 다음 각 호의 어느 하나에 해당하게 된 때에는 그 지정을 취소할 수 있다.

1. 거짓이나 그 밖의 부정한 방법으로 지정을 받은 경우
2. 대통령령으로 정하는 지정 요건에 계속하여 3개월 이상 미달한 경우
3. 교육을 이수하지 아니한 사람을 이수한 것으로 처리한 경우

제6조(기술개발의 추진)

법 률	제6조(기술개발의 추진) 정부는 게임산업과 관련된 기술개발과 기술수준의 향상을 위하여 다음 각 호의 사업을 추진할 수 있다. 1. 게임산업 동향 및 수요 조사 2. 게임응용기술의 연구개발 · 평가 및 활용 3. 게임기술이전 및 정보교류

■ 내용 해설

1. 의   의

기술개발은 게임관련 기술의 개발을 목적으로 한다는 점에서, 게임산업에서 관련 기술의 육성에 관한 규정을 담고 있는 것이다. 다만, 게임산업과 관련된 기술에 대한 개발의 추진을 담고 있기 때문에 관련기술의 범위를 설정할 필요가 있다고 본다.

또한 기술개발은 자체 개발도 의미를 갖지만, 관련 기술의 이전을 통해서도 가능하기 때문에 기술개발 및 기술이전과 관련된 사항을 같이 고려하는 것이 바람직하다고 본다.

2. 기술개발의 추진 내용

게임법은 게임산업의 동향 및 수요조사, 게임응용기술의 연구개발, 평가 및 활용, 게임기술 이전 및 정보교류에 관한 사항을 담고 있다. 그렇지만 게임산업의 동향 및 수요조사가 기술개발과 관련성을 찾기는 쉽지 않다고 본다. 필요하다면 제11조 실태조사에서 산업동향 및 수요조사를 진행하는 것이 바람직하다고 본다.

실제 필요한 사항은 게임응용기술의 연구개발에 소요되는 개발비에 대한 세

제혜택을 부여하는 법개정이 필요하다고 본다. 다만, 해당 규정은 조세특례제한법에 포함되어야 하기 때문에 이에 대한 명문의 규정이 필요하다고 하겠다.

3. 기술이전

기술이전은 개발된 기술의 사업화나 또는 다른 경영상의 목적으로 기술의 내용을 이전받는 것을 말한다. 우리법은 기술이전사업화촉진법에서 구체적으로 규정하고 있다.

참고 조문	문화산업진흥기본법 제17조(기술 및 문화콘텐츠 개발의 촉진) ① 문화체육관광부장관은 문화산업과 관련된 기술 및 문화콘텐츠의 개발(이하 "기술개발사업"이라 한다)을 촉진하기 위한 정책을 수립·시행하고 기술개발사업을 수행하는 데에 드는 자금을 예산의 범위에서 지원하거나 출연할 수 있다. ② 문화체육관광부장관은 기술개발사업을 효율적으로 추진하기 위하여 다음 각 호의 어느 하나에 해당하는 법인·기관 또는 단체 중에서 기술개발사업에 관한 업무를 위탁받아 전담할 수 있는 기관(이하 "기술개발사업전담기관"이라 한다)을 지정할 수 있다. 1. 제31조에 따른 한국콘텐츠진흥원 2. 그 밖에 문화산업과 관련된 법인·기관 또는 단체 ③ 기술개발사업전담기관은 기술개발사업을 효율적으로 시행하기 위하여 업무의 일부를 문화상품 제작자나 기술개발자(이하 "기술개발사업실시기관"이라 한다)로 하여금 실시하게 할 수 있다. ④ 다음 각 호에 관하여 필요한 사항은 대통령령으로 정한다. 1. 제1항에 따라 지원을 받을 수 있는 기술개발사업의 범위 2. 제2항에 따라 기술개발사업전담기관에 위탁하는 업무의 범위 3. 제3항에 따른 기술개발사업실시기관 선정의 방법·절차 음악산업진흥에 관한 법률 제7조(기술개발의 추진) 문화체육관광부장관은 음악 관련 기술개발을 위한 중장기 기본계획을 수립하고 음악산업의 기반조성에 필요한 기술개발과 기술수준의 향상을 위하여 다음 각 호의 사항을 추진하여야 한다. 1. 기술동향 및 수요조사, 기술의 연구개발·평가·활용에 관한 사항 2. 기술협력·지도와 이전 및 기술정보의 원활한 유통에 관한 사항 3. 음악기술 관련 기관의 연계 및 효율적인 기술개발환경 조성에 관한 사항 4. 그 밖에 음악기술개발과 관련하여 문화체육관광부령으로 정하는 사항 콘텐츠산업진흥법 제15조(기술개발의 촉진) ① 정부는 콘텐츠산업에 관한 기술의 개발을 촉진하기 위하여 다음 각 호의 사업을 추진하여야 한다.

| | 1. 기술수준의 조사 및 기술의 연구 개발
2. 개발된 기술의 평가
3. 기술협력·기술이전 등 개발된 기술의 실용화
4. 기술정보의 원활한 유통
5. 그 밖에 기술개발을 위하여 필요한 사업
② 정부는 제1항에 따른 기술개발을 효율적으로 추진하기 위하여 필요한 때에는 관련 연구기관이나 민간단체에 제1항 각 호의 사업을 위탁할 수 있다.
③ 제2항에 따라 위탁하는 업무의 범위, 위탁기관의 선정 방법 및 절차 등에 필요한 사항은 대통령령으로 정한다.
소프트웨어산업진흥법 제11조(소프트웨어 기술개발의 촉진) 정부는 소프트웨어산업과 관련된 기술의 개발을 촉진하기 위하여 기술개발 사업을 하는 자에게 필요한 자금의 전부 또는 일부를 출연하거나 보조할 수 있다. |

제7조(협동개발 및 연구)

법 률	제7조(협동개발 및 연구) ① 정부는 게임물 또는 게임상품의 개발·연구를 위하여 인력·시설·기자재·자금 및 정보 등의 공동 활용을 통한 협동개발과 연구를 촉진시킬 수 있는 제도적 기반을 구축하도록 노력하여야 한다. ② 정부는 제1항의 규정에 의한 협동개발과 연구를 추진하는 자에 대하여 협동개발 및 연구에 소요되는 비용의 전부 또는 일부를 지원할 수 있다.

■ 내용 해설

1. 의   의

정부는 게임물 또는 게임상품[2]의 개발·연구를 위하여 인력·시설·기자재·자금 및 정보 등의 공동 활용을 통한 협동개발과 연구를 촉진시킬 수 있는 제도적 기반을 구축하도록 노력하여야 한다. 실제 게임물이나 게임상품의 개발 및 연구에 들어가는 비용이 작지 않기 때문에 정부는 창업지원이나 기술개발 지원 등의 사업을 추진하고 있다. 그럼에도 불구하고, 동 규정을 두는 것은 실제 산업 현장에서는 산학협력 등의 방법으로 기술개발이나 기술이전 등이 빈번하게 이루어지고 있기 때문으로 보인다. 동 규정은 공동협력을 통해서 보다 높은 가치를 창출할 수 있는 발판을 마련토록 함에 그 취지를 찾을 수 있다고 본다.

2. 협동개발의 성격

게임물 등의 개발에 있어서 결과물의 귀속을 어떻게 할 것인지는 계약내용으로 정할 수 있을 것이다. 다만, 제도적인 기반을 구축토록 하고 있다는 점에서 게임법상 실제 위와 같은 내용의 정책을 수립하여 집행할 수 있을 것으로 판단되지는 아니한다. 따라서 법률의 실효성을 담보하기 위해서라도 구체적인 제도가

---

2) 게임물 및 게임상품의 정의에 대해서는 제2조의 정의 규정을 참조하기 바란다.

무엇인지 명확하게 하거나, 관련 법령을 구체적으로 적시하는 것이 바람직하다고 본다.

참고 조문	문화산업진흥기본법 제19조(협동개발·연구의 촉진 등) ① 정부는 문화상품의 개발·연구를 위하여 인력, 시설, 기자재, 자금 및 정보 등의 공동활용을 통한 협동개발과 협동연구를 촉진시킬 수 있도록 노력하여야 한다. ② 문화체육관광부장관은 제1항에 따른 협동개발과 협동연구를 추진하는 자에 대하여 그 소요되는 비용의 전부 또는 일부를 지원할 수 있다. 음악산업진흥에 관한 법률 제8조(협동개발 및 연구) ① 문화체육관광부장관은 음반등의 개발·연구를 위하여 인력·시설·기자재·자금 및 정보 등의 공동활용을 통한 협동개발과 연구를 촉진시킬 수 있도록 노력하여야 한다. ② 문화체육관광부장관은 제1항의 규정에 따른 협동개발과 연구를 추진하는 자에 대하여 그 소요되는 경비의 전부 또는 일부를 지원할 수 있다.

제8조(표준화 추진)

법　　률	제8조(표준화 추진) ① 정부는 게임물 관련사업자에 대하여 「산업표준화법」에서 정한 것을 제외한 게임물의 규격 등 대통령령이 정하는 사항에 관하여 표준화를 권고할 수 있다. ② 부는 제1항의 규정에 의한 표준화사업을 추진하기 위하여 필요한 경우에는 게임물에 관한 전문기관 및 단체를 지정하여 표준화사업을 실시하도록 하고 당해 기관 또는 단체에 표준화사업을 위한 비용의 전부 또는 일부를 지원할 수 있다.
시 행 령	제6조(표준화의 추진) 법 제8조 제1항에서 "대통령령이 정하는 사항"이라 함은 다음 각 호와 같다. 1. 게임물의 규격 2. 게임기기 및 장치의 외관 3. 게임물의 운영에 관한 정보를 표시하는 장치 4. 게임기에 화폐 등을 투입하는 장치 및 경품 등을 인식하는 장치 5. 게임의 진행·정지 등 게임기를 작동하는 장치

■ 내용 해설

　1. 제1항

　가. 표준화의 대상

　　본조 제1항은 정부는 게임물 관련사업자에 대하여 「산업표준화법」에서 정한 것을 제외한 게임물의 규격 등 대통령령이 정하는 사항에 관하여 표준화를 권고할 수 있다고 규정한다.

　　본법에 의해 표준화의 대상이 되는 것은 첫째, 「산업표준화법」에서 정한 것이어서는 아니되며, 둘째 게임물의 규격 등 대통령령이 정하는 사항이다

1) 제외되는 사항

산업표준화법이 규정하는 "산업표준화"의 대상은 다음과 같다.

가) 광공업품의 종류·형상·치수·구조·장비·품질·등급·성분·성능· 기능·내구도·안전도

나) 광공업품의 생산방법·설계방법·제도방법(製圖方法)·사용방법·운용 방법·원단위(原單位) 생산에 관한 작업방법·안전조건

다) 광공업품의 포장의 종류·형상·치수·구조·성능·등급·방법

라) 광공업품 또는 광공업의 기술과 관련되는 시험·분석·감정·검사·검 정·통계적 기법·측정방법 및 용어·약어·기호·부호·표준수(標準 數)·단위

마) 구축물과 그 밖의 공작물의 설계·시공방법 또는 안전조건

바) 기업활동과 관련되는 물품의 조달·설계·생산·운용·보수·폐기 등 을 관리하는 정보체계 및 전자통신매체에 의한 상업적 거래

사) 산업활동과 관련된 서비스(전기통신 관련 서비스를 제외한다. 이하 "서비스" 라 한다)의 제공절차·방법·체계·평가방법 등에 관한 사항

2) 본법에 의해 표준화의 대상이 되는 사항[3)]

가) 게임물의 규격

나) 게임기기 및 장치의 외관

다) 게임물의 운영에 관한 정보를 표시하는 장치

라) 게임기에 화폐 등을 투입하는 장치 및 경품 등을 인식하는 장치

마) 게임의 진행·정지 등 게임기를 작동하는 장치

본법의 표준화의 대상에서 알 수 있는 바와 같이 본 규정은 아케이드게임물 로 한정되는 것으로 판단된다. 특히 글로벌 기업에서 제작 및 제공하고 있는 콘 솔이나 모바일 게임물 자체에 대해서는 표준을 추진할 수 있는 영역으로 보기 어 렵기 때문이다. 따라서, 게임법상 표준화는 아케이드게임기에 한정되는 것으로 보고 이는 아케이드게임물의 사행화를 방지하기 위한 정부의 강력한 정책의지로

---

3) 본법 시행령 제6조.

보여진다. 실제 게임물의 운영정보표시장치는 2개 업체로 한정되어 해당 기기를 게임물등급위원회를 통해서 납품토록 되어있다는 점에서 이를 확인할 수 있을 것이다.

그렇지만, 표준화의 목적이 기술개발이나 특허권 이슈의 해소를 위한 것이 아닌 특정 게임플랫폼의 사행화 등을 막기위한 정책적 의지라고 한다면, 이는 표준화가 지향하는 가치와 상충하는 것으로 볼 수 있다. 따라서, 시행령에서 대상으로 하고 하는 표준화의 추진내용은 게임법에서 지양(止揚)해야 할 입법방식으로 판단된다.

나. 표준화의 의의

표준화란 국어사전에 보면 "관리의 능률 증진을 꾀하기 위하여 자재 등의 종류·규격을 제한·통일하는 일"로 정의되어 있고, 우리나라 산업표준화법 제2조의 정의에는 "산업표준화"라 함은 다음 각 호의 사항을 통일하고, 단순화하는 것을 말한다고 규정한다. 이상에 비추어 볼 때 표준화란 한마디로 말하면 통일화를 의미한다.

다. 표준화의 장점 및 단점

이러한 표준화에는 다음과 같은 장점과 단점이 있다.

1) 장점: 표준화된 부품이나 제품에 응용되거나 호환될 수 있는 다양한 제품이 저렴한 비용으로 생산될 수 있고, 소비자들이 다양한 호환제품을 사용할 수 있게 된다. 컴퓨터의 운영시스템이나 인터페이스가 표준화되면 다수의 컴퓨터업체가 호환 가능한 응용프로그램이나 프린터 등의 부속기기를 보다 저렴한 가격과 우수한 품질로 경쟁적으로 생산하게 되고 소비자들은 다양한 선택과 안정된 호환성을 누릴 수 있게 된다. 특히 초고속정보통신망의 구축과 인터넷의 일반화에 따라서 그와 관련된 표준화 및 정보통신기술의 표준화는 더욱 커다란 경제적 이익을 가지게 될 것이다.[4]

2) 단점: 표준화 과정은 그 자체로 기술의 혁신을 일정한 영역에서 지연시킬

가능성을 가진다. 특정 시기에 있어 일정 영역에서의 표준화가 지나친 경우에는 장래의 기술의 변화를 수용하기 어렵게 되는 경우도 있다. 표준이 소비자들의 감옥(lock-in)이 되기도 하고 경쟁업자들로 하여금 경쟁적 기술의 개발을 주저하게 만드는 요인이 되기도 한다. 경우에 따라서는 하위(?)기술의 정착되기도 한다.[5] 또 표준이 독과점기업에 의해 통제되는 경우 기술개발을 소홀히 하게 된다.

라. 표준화와 지적재산권

표준화 과정에서 크게 문제가 되는 것은 특허 등 지적재산권과 관련된 문제이다. 왜냐하면 표준화되는 기술은 대체로 새로운 기술이고, 그 기술은 특허권 등 지적재산권으로 보호되는 경우가 대부분일 것이기 때문이다. 이렇게 특허권 등으로 보호되는 표준화 기술은 그 자체 갈등 요인을 내포하고 있다. 그것은 일반적으로 표준화된 기술은 가급적 다수의 제조자 등이 이를 이용하여야 그 효용성이 극대화됨에 반하여 특허 등 지적재산권은 권리자에게 독점을 허용하여 그 개발과 공개에 대한 대가를 보답하려고 한다. 어느 의미에서 "표준화가 사회적으로 필요한 기술 확산을 위한 원심력이라면, 지적재산권은 기술 혁신을 위한 구심력이 된다고 할 수 있다."[6] 그러므로 표준화와 지적재산권의 보호는 서로 상극 관계에 놓여 있다고도 볼 수 있을 것이다.[7] 한편 현실에 있어서는 특허권을 취득

---

4) Joseph Farrell, *Standardization and Intellectual Property*, Jurimetrics J. 제30호, 36면(정보통신연구관리단, 최종보고서, 182면에서 재인용). 또 박기식/이선화, "정보통신표준화에 있어서 지적재산권 논쟁", *Communication Review* 제6권 3호, 353면 참조.

5) 예컨대 과거 VCR 표준에 있어서 VHS와 베타 맥스, 컴퓨터 운영체계에 있어서 Apple과 MS-DOS 가 그 좋은 예이다. 이들에 있어서는 라이선스 정책 등 영업정책을 통해 상위기술을 추방시킨 경우이다.

6) 박기식/이선화, 앞의 글, 353면.

7) 오랫동안 국제표준화작업에 참가했던 일본의 松原正久 씨는 다음과 같이 말하고 있다. "국제표준은 적정한 사회이익의 증진을 목적으로 하여 만들어지는 것이며, 이것에 따르는 것에 의해 안전성, 적절한 품질 및 호환성의 확보가 도모되며, 특히 국제전기통신에 있어서는 상호접속성이 보증된다. 또 국제표준에 따른 전기통신설비의 제조는 규모의 이익을 통해 저렴한 가격으로 공급하는 것을 가능하게 한다. 그 결과 발전도상국에 있어서 사회경제의 기반으로 된 전기통신망을 경제적으로 구축할 수 있다. 이렇듯 국제표준은 공공의 재산이며, 그 적용에 있어서는 어떠한 제약도 부과해서는 안 될 것이다. 반면, 최근에 미국을 중심으로 한 선진국에 있어서 지적소유권의 보호를 강화하려는 움직임이 높다. 국제표준으로 된 것이더라도 최초로 생각해 낸 사람의 권리는 사람의 권리는 지켜지지 않으면 안 된다고 주장한

한 선발기업들은 그들의 독점적인 지위를 계속 유지하기 위하여 표준화에 소극적인 입장을 가지게 된다는 점과 또한 후발업자가 동일한 표준을 이용하여 경쟁이 치열해지는 것을 차단하기 위하여 선발업자들이 표준화에 필요한 지적소유권의 이용허락 또는 실시허락을 거절하고 때로는 지적재산권 침해의 소를 제기하여 표준화를 저지하려고 한다. 그러나 호환성, 자유경쟁의 추진, 소비자 이익의 증대라고 하는 측면에 비추어 보면 마냥 지적재산권자의 이기적 이익에 동조할 수만은 없는 일이다. 여기서 지적재산권과 표준화의 조화의 문제가 대두된다. 즉 표준화기구들은 표준특허 보유자의 기회주의적 행동을 방지하기 위하여, 표준후보 특허기술을 사전에 공개하도록 함과 동시에 참여자들이 효율적으로 표준기술을 이용할 수 있도록 자체적인 지적재산권 정책(IPR policy)을 마련하고 있다. 이를 통해 여러 가지 라이선스 조건을 부과하고 그에 대한 특허권자의 확약(commitment)을 받는 경우가 대부분이다. 그중 가장 중요한 것의 하나가 '공정하고 합리적이며 비차별적'인 조건의 지적재산권 실시의무(duty of 'fair, reasonable and nondiscriminatory' license, FRAND duty)를 준수하겠다는 확약"[8]이라고 하겠다. 기술표준화에 대한 협약을 통해서 당해 기술소유자는 라이선스 및 로열티에 대한 합리적인 제공을 하게 된다. 물론, 게임에 있어서 표준화도 관련된 기술이라면 동일하게 적용될 수 있다고 하겠다.

2. 제2항

가. 게임 표준화의 추진

본조 제2항은 정부는 제1항의 규정에 의한 표준화사업을 추진하기 위하여 필요한 경우에는 게임물에 관한 전문기관 및 단체를 지정하여 표준화사업을 실시하도록 하고 당해 기관 또는 단체에 표준화사업을 위한 비용의 전부 또는 일부

다. 이런 생각은 국제표준의 입장과는 정말 다른 것이다[同, 국제협조와 경쟁에 있어서 표준화 활동, 국제전기통신연합과 일본, 제17권 7호(1989), 9면(石黑一憲, 「情報通信・知的財産權への國際的視点」, 國際書院, 1990, 148면에서 재인용)].

8) 이황, "FRAND 확약 위반과 특허위협(Hold-up)에 대한 공정거래법상 규제의 기준", 「저스티스」 제129권, 2012.4, 194면.

를 지원할 수 있다고 규정한다.

나. 추진의 현실

현재 우리나라에서는 '게임기술표준화 포럼'을 운영하면서 게임기술의 표준화에 노력하고 있다.9) 표준화추진 체계도는 다음과 같다.10)

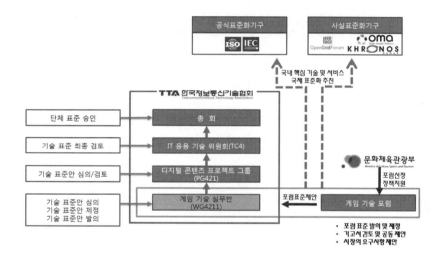

참고 조문	음악산업진흥에 관한 법률 제9조(표준화 추진) ① 문화체육관광부장관은 음반 등의 효율적인 개발·품질향상 및 범용성 확보 등을 위하여 음반 등의 표준화를 추진하며, 표준화의 범위 등에 관하여 필요한 사항을 문화체육관광부령으로 정하여 이를 권고할 수 있다. ② 문화체육관광부장관은 제1항의 규정에 따른 표준화사업을 추진하기 위하여 필요한 경우에는 음악산업에 관한 전문기관 및 단체를 지정하여 표준화사업을 실시하도록 하고, 당해 기관 또는 단체에 표준화사업을 위한 비용의 전부 또는 일부를 지원할 수 있다. 콘텐츠산업진흥법 제16조(표준화의 추진) ① 문화체육관광부장관은 효율적인 콘텐츠제작과 콘텐츠의 품질 향상, 콘텐츠 간 호환성 확보 등을 위하여 관계

---

9) 자세한 것은, (사)차세대융합콘텐츠산업협회, 「게임기술표준화 포럼운영」(2011년도 ICT표준화전략포럼 최종연구보고서), 2011.12.15. 참조.

10) 위 보고서, 9면.

중앙행정기관의 장과의 협의를 거쳐 다음 각 호의 사업을 추진하고, 관련 사업자에게는 제정된 표준을 고시하여 권고할 수 있다. 이 경우 콘텐츠의 디지털화와 관련된 사항은 미래창조과학부장관과 협의하여야 한다.

1. 콘텐츠에 관한 표준의 제정·개정·폐지 및 보급
2. 콘텐츠와 관련된 국내외 표준의 조사·연구·개발
3. 그 밖에 콘텐츠의 표준화에 필요한 사업

② 문화체육관광부장관은 제1항 각 호의 사업을 대통령령으로 정하는 바에 따라 「문화산업진흥 기본법」 제31조에 따른 한국콘텐츠진흥원이나 콘텐츠 관련 기관 또는 단체에 위탁할 수 있다.

소프트웨어산업진흥법 제12조(소프트웨어 표준화의 추진) ① 미래창조과학부장관은 소프트웨어의 효율적 개발 및 품질 향상과 호환성 확보 등을 위하여 소프트웨어 표준화를 추진하고 소프트웨어사업자에게 이를 권고할 수 있다.

② 미래창조과학부장관은 소프트웨어 표준화를 촉진하기 위하여 전문기관을 지정할 수 있으며 표준화 활동에 필요한 예산을 지원할 수 있다.

제9조(유통질서의 확립)

법　　률	제9조(유통질서의 확립) ① 정부는 게임물 및 게임상품의 건전한 유통질서 확립에 노력하여야 한다. ② 정부는 게임물 및 게임상품의 품질향상과 불법복제품 및 사행성게임물의 유통방지를 위한 시책을 수립·추진하여야 한다. ③ 시장·군수·구청장(자치구의 구청장을 말한다. 이하 같다)은 게임물 및 게임상품의 건전한 유통질서 확립과 건전한 게임문화의 조성을 위하여 게임물 관련사업자를 대상으로 연 3시간 이내의 범위에서 대통령령이 정하는 바에 따라 교육을 실시할 수 있다. ④ 시장·군수·구청장은 건전한 게임문화의 조성을 위하여 문화체육관광부령이 정하는 바에 따라 영업질서 및 영업환경 등이 우수한 게임제공영업소를 모범영업소로 지정하고 이를 지원할 수 있다.
시 행 령	제7조(게임물 관련사업자 교육) ① 법 제9조 제3항에 따른 게임물 관련사업자에 대한 교육은 연 3시간으로 한다. ② 시장·군수·구청장(자치구의 구청장을 말한다. 이하 같다)은 게임물 관련사업자가 부득이한 사유로 교육에 참석하기 어려운 때에는 그 종업원 중 각 영업장의 관리책임을 맡은 자에게 본인을 대신하여 교육을 받게 할 수 있다. ③ 제1항 및 제2항에 따른 교육의 세부실시방법 그 밖에 교육에 관하여 필요한 사항은 문화체육관광부령으로 정한다. 제23조(권한의 위탁) 시장·군수·구청장은 법 제42조 제2항에 따라 법 제9조 제3항에 따른 교육실시업무를 법 제39조에 따라 설립된 협회 또는 단체에 위탁할 수 있다.
시행규칙	제5조(게임물 관련사업자 교육) ① 시장·군수·구청장(자치구의 구청장을 말한다. 이하 같다)은 영 제7조 제3항에 따라 게임물 관련사업자에게 교육을 실시하려는 때에는 교육 시행일 7일 전까지 교육일시·장소 및 교육내용 등을 명시한 교육통지서를 교육대상자에게 통지하여야 한다. ② 영 제23조에 따라 시장·군수·구청장으로부터 게임물 관련사업자 교육에 관한 권한을 위탁받은 협회 또는 단체는 정당한 사유없이 교육에 참석하지 아니한 자에 대하여는 해당 시장·군수·구청장에게 그 사실을 통지하여야 한다. 제6조(모범 게임제공영업소의 지정) ① 「게임산업진흥에 관한 법률」(이하 "법"이라 한다) 제9조 제4항에 따라 시장·군수·구청장은 다음 각 호의 사항을 평가하여 평가결과가 우수한 영업소를 모범 게임제공영업소로 지정하여야 한다.

	1. 영업소의 법령준수 실태 2. 영업소의 쾌적성 3. 안전관리 및 위생상태 4. 고객에 대한 서비스 실태 5. 영업소종사자 교육실적 6. 그 밖에 시장·군수·구청장이 당해 시·군·구(자치구를 포함한다. 이하 같다)의 특색을 고려하여 정하는 평가기준 ② 시장·군수·구청장은 제1항에 따라 지정한 모범 게임제공영업소의 내부 또는 외부에 별표 2의 모범영업소 표지판을 붙이게 할 수 있으며 당해 영업자에 대하여는 포상 등의 지원을 할 수 있다. ③ 시장·군수·구청장은 제1항에 따라 지정한 모범 게임제공영업소가 그 평가기준에 미달하거나 영업정지 1개월 이상의 행정처분을 받은 때에는 바로 그 지정을 취소하여야 한다.

■ 내용 해설

1. 의   의

유통질서의 확립은 결국 게임물이나 게임상품의 건전한 유통을 위한 것을 말한다고 하겠다. 그렇지만, 게임물 등의 유통방법은 다양하기 때문에 건전유통의 방법을 확보하기 위한 수단을 갖추는 것이 무엇보다도 중요하다고 하겠다. 다만, 게임법은 동조의 유통질서 확립에 관한 규정 이외에 제28조 게임관련사업자의 준수사항을 규정하고 있으며, 이를 위반할 경우에는 형사 처벌하도록 하고 있기 때문에 양자는 어떠한 관계가 있는지 살펴볼 필요가 있다고 본다.

2. 불법복제 및 사행성게임물의 유통방지

유통질서의 확립을 위해 정부는 게임물 및 게임상품의 불법복제물의 유통방지를 위한 시책을 수립, 추진토록 하고 있다. 실제 게임물의 불법복제는 다양하게 이루어지고 있다. 온라인게임과 같은 경우에는 서버 자체를 복제하여 이용에 제공하는 경우도 있다. 이러한 경우는 사설서버라는 개념으로 이해될 수 있다. 즉, 상용으로 제공하는 온라인게임 서버를 복제하여 이용에 제공하는 경우를 말한다. 클라이언트 프로그램은 웹상에 공개되어 제공되기 때문에 클라이언트의 프로그램에 대한 불법복제는 해당할 수 없을 것이다. 이러한 사설 서버에 대한 정보는 포털사이트를 통해서 검색이 가능하기 때문에 게임물관리위원회나 관련 사업자가 OSP 책임원칙에 따른 게시중단 요청을 해오게 된다. 이러한 경우 OSP는 해당 게시물을 임시조치 등의 방법으로 차단하게 된다.

사행성게임물은 앞에서 살펴본 게임물의 유형을 말하나, 게임물관리위원회에서 사행성게임물에 대한 확인의무를 담당하고 있기 때문에 등급분류 신청이 들어오면 해당 게임물이 사행성게임물인지 여부를 판단하게 되고, 만약 사행성게임물로 판단될 경우에는 등급거부 결정을 통해서 시중에 유통될 수 없도록 하고 있다.

3. 게임물관련 사업자의 교육

게임물관련 사업자는 연 3시간의 관련 교육을 받도록 하고 있다. 해당 교육의 주체는 지방자치단체에 있으며, 본인이 불가능할 경우에는 해당 사업자의 종업원이 대신 교육을 이수토록 하고있다. 만약 사업자가 해당 교육을 미이수할 경우에는 제48조 과태료 규정에 따라 1천만원 이하의 과태료 처분에 취해질 수 있다.

다만, 본 규정에서는 어떠한 내용의 교육을 받아야 하는지에 대해 구체적으로 규정된 바가 없기 때문에 가급적이면 어떤 내용의 교육을 받아야 하는지 명확하게 규정할 필요가 있다고 본다.

4. 모범 게임제공업소의 지정

게임법은 영업질서나 영업환경 등이 우수한 우수게임제공업소를 모범영업소로 지정하고 지원할 수 있도록 하고 있다. 명확하게 그 기준을 규정하고 있는 것은 아니지만, 시행규칙에서 6가지 항목을 평가토록 하고 있음을 통해서 그 기준을 유추할 수 있다. 즉, 시행규칙은 법령준수 상태, 영업소의 쾌적성, 안전관리 및 위생상태, 고객에 대한 서비스 실태, 종사자의 교육실적 및 자치구의 특색을 고려하여 정하는 평가기준 등이라고 하겠다.

모범영업소는 포상 등을 지원할 수 있는 혜택이 부여되나, 만약 그 평가기준

에 미달하거나 영업정지 1개월 이상의 행정처분을 받은 때에는 그 지정을 취소
토록 하고 있다.

참고 조문	음악산업진흥에 관한 법률 제10조(유통활성화) 문화체육관광부장관은 음반 등의 유통을 건전화하기 위하여 음반 등에 식별표시를 부착하도록 하고 이에 필요한 시책을 수립·시행하여야 한다. 제11조(노래연습장업자의 교육) ① 시장·군수·구청장(자치구의 구청장을 말한다. 이하 같다)은 다음 각 호의 경우에는 대통령이 정하는 바에 따라 노래연습장업자에 대하여 준수사항, 재난예방, 제도변경사항 등에 관한 교육을 실시할 수 있다. 1. 노래연습장업을 신규등록하는 경우 2. 노래연습장업의 운영 및 재난방지방법 등 관련 제도가 변경된 경우 3. 그 밖에 시장·군수·구청장이 필요하다고 인정하는 경우 ② 시장·군수·구청장은 제1항의 규정에 불구하고 제1항 제1호의 경우에는 노래연습장업자에 대한 교육을 실시하여야 한다. 이 경우 교육은 월별 또는 분기별로 통합하여 실시할 수 있다. 영화 및 비디오물의 진흥에 관한 법률 제28조(영화의 공급 및 유통) ① 영화업자가 다른 영화업자에게 영화를 공급하는 때에는 공정하고 합리적인 시장가격으로 차별 없이 공급하여야 한다. ② 문화체육관광부장관은 영화의 유통질서가 「독점규제 및 공정거래에 관한 법률」 제3조의2 제1항·제19조 제1항·제23조 제1항·제26조 제1항 또는 제29조 제1항의 규정에 위배된다고 판단되는 경우에는 그 사실을 공정거래위원회에 통보하여야 한다. ③ 문화체육관광부장관은 영화업자의 저작재산권 및 「저작권법」에 따라 보호되는 권리가 영화의 제작·상영 및 유통 과정에서 침해되지 아니하도록 노력하여야 한다. 제88조(비디오물 유통질서에 관한 교육) 시장·군수·구청장은 비디오물의 건전한 유통질서 확립을 위하여 필요하다고 인정할 경우에는 비디오물시청제공업자에 대하여 연 3시간 이내의 범위에서 대통령령이 정하는 바에 따라 교육을 실시할 수 있다. 제89조(모범적인 비디오물영업자에 대한 지원) ① 시장·군수·구청장은 비디오물의 건전한 유통질서 확립을 위하여 필요하다고 인정할 경우에는 모범적인 비디오물시청제공업자를 지정하여 필요한 지원을 할 수 있다. ② 제1항의 규정에 의한 지정기준 및 절차 등에 관하여 필요한 사항은 문화체육관광부령으로 정한다.

제10조(국제협력 및 해외진출 지원)

법　률	제10조(국제협력 및 해외진출 지원) ① 정부는 게임물 및 게임상품의 해외시장 진출을 위하여 다음 각 호의 사업을 추진할 수 있다. 1. 국제게임전시회의 국내개최 2. 해외마케팅 및 홍보활동, 외국인의 투자유치 3. 해외진출에 관한 정보제공 ② 정부는 제1항 각 호의 사업을 추진하는 자에게 비용의 전부 또는 일부를 지원할 수 있다.

■ 내용 해설

정부는 게임물 및 게임상품의 해외시장 진출을 위해서 여러 가지 시책을 추진토록 하고 있다. 국제게임전시회의 국내개최, 해외마케팅이나 홍보활동, 외국인의 투자유치나 해외진출에 필요한 정보제공 등이 여기에 포함된다.

실제 국내에서 개최되는 국제적인 게임전시회는 '지스타'(G스타)가 대표적인 행사로 보여진다. 지스타는 문화체육관광부 주관의 행사이지만, 한국게임산업협회에서 위탁받아 진행하는 행사다. 지스타가 갖는 행사의 성격은 국제게임행사라는 점이며, 게임물등급분류의 유예대상이 되는 행사라고 하겠다.

또한 일본의 동경게임쇼나, 미국의 E3, 독일의 게임스컴 등이 대표적인 국제게임전시회라고 할 수 있다. 이러한 전시회에서 참가하는 기업체에 대해 정부는 일정한도 내에서 지원을 하고 있으며, 국내 중견기업들도 행사에 참여하여 해외마케팅에 활용하고 있다.

참고 조문	문화산업진흥기본법 제20조(국제교류 및 해외시장 진출 지원) ① 정부는 문화상품의 수출경쟁력을 촉진하고 해외시장 진출을 활성화하기 위하여 외국과의 공동제작, 방송·인터넷 등을 통한 해외마케팅·홍보활동, 외국인의 투자유치, 국제영상제·견본시장 참여 및 국내 유치, 수출 관련 협력체계의 구축 등의 사업을 지원할 수 있다. ② 문화체육관광부장관은 제1항에 따른 사업을 효율적으로 지원하기 위하

여 대통령령으로 정하는 바에 따라 기관 또는 단체에 이를 위탁하거나 대행하게 할 수 있으며 이에 필요한 비용을 보조할 수 있다.

음악산업진흥에 관한 법률 제12조(국제협력 및 해외진출 지원) ① 문화체육관광부장관은 음악산업의 국제협력 및 교류 활성화와 국제적 위상을 강화하기 위한 기반을 조성하여야 한다.

② 문화체육관광부장관은 음반 등의 해외시장 진출을 활성화하기 위하여 외국과의 공동제작, 해외마케팅·홍보활동 지원, 외국인의 투자유치, 국제음반전시회 개최 등 수출 관련 협력체계의 구축에 관한 사업을 지원할 수 있다.

③ 문화체육관광부장관은 제1항 및 제2항의 규정에 따른 사항을 효율적으로 추진하기 위하여 현지에 사무소를 설치·운영할 수 있다.

콘텐츠산업진흥법 제17조(국제협력 및 해외진출 지원) ① 정부는 콘텐츠산업의 국제협력 및 해외시장 진출을 촉진하기 위하여 다음 각 호의 사업을 추진할 수 있다.

1. 콘텐츠의 해외 마케팅 및 홍보활동 지원
2. 외국인의 투자 유치
3. 국제시상식·견본시장·전시회·시연회 등 참여 및 국내 유치
4. 콘텐츠 수출 관련 협력체계의 구축
5. 콘텐츠의 해외 현지화 지원
6. 콘텐츠의 해외 공동제작 지원
7. 국내외 기술협력 및 인적 교류
8. 콘텐츠 관련 국제표준화
9. 그 밖에 국제협력 및 해외진출을 위하여 필요한 사업

② 정부는 제1항 각 호의 사업을 대통령령으로 정하는 바에 따라 「문화산업진흥 기본법」 제31조에 따른 한국콘텐츠진흥원이나 콘텐츠 관련 기관 또는 단체에 위탁할 수 있다.

소프트웨어산업진흥법 제16조(국제협력 및 해외진출 촉진) ① 정부는 소프트웨어산업의 국제협력 및 해외시장 진출을 추진하기 위하여 관련 기술 및 인력의 국제교류, 국제전시회 참가, 국제표준화, 국제공동연구개발 등의 사업을 지원할 수 있다.

② 미래창조과학부장관은 대통령령으로 정하는 기관이나 단체로 하여금 제1항의 사업을 수행하게 할 수 있으며 필요한 예산을 지원할 수 있다.

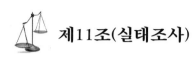

제11조(실태조사)

법 률	제11조(실태조사) ① 정부는 게임산업 관련정책의 수립·시행을 위하여 게임산업에 관한 실태조사를 실시하여야 한다. ② 제1항의 규정에 따른 실태조사의 대상·방법 등에 관하여 필요한 사항은 대통령령으로 정한다.
시 행 령	제7조의2(실태조사) ① 법 제11조 제2항에 따라 관계 중앙행정기관의 장은 매년 소관 분야별로 게임산업의 현황 및 게임이용실태를 조사하여야 한다. ② 관계 중앙행정기관의 장은 제1항의 실태조사를 위하여 지방자치단체 및 관련 기관·단체에 게임산업관련 현황자료를 요청할 수 있다.

■ 내용 해설

실태조사는 정부에서 추진하는 관련 정책의 수립과 집행을 위한 기본적인 자료 수집을 위한 것이라고 하겠다. 게임산업의 현황, 게임이용실태 등이 포함된다. 다만, 앞에서 살펴본 바와 같이 제6조의 기술개발의 추진에서 게임산업의 동향 및 수요조사는 본조의 실태조사와 유사하지만 동조의 게임산업의 동향 및 수요조사는 기술개발을 위한 것이라면 본조의 실태조사는 게임산업 관련 정책을 수행하기 위한 것이다.

한편 관계 중앙행정기관의 장은 실태조사를 위하여 지방자치단체 및 관련기관이나 단체에 게임산업 관련 현황자료를 요청할 수 있다. 다만 요청의 법적 성격이 모호하여 실효성은 의문이다. 즉 중앙행정기관으로부터 교부금 등을 받고 있는 사업자라면 행정상의 불이익을 받지 않기 위해서 자료요청에 응하겠지만, 그렇지 아니할 경우에는 이에 적극적으로 응할지 의문이다.

참고 조문	문화산업진흥기본법 제30조의3(문화산업통계의 조사) ① 문화체육관광부장관은 중·장기기본계획을 효과적으로 수립·시행하고 문화산업에 활용하는 것을 촉진하기 위하여 국내외의 실태조사를 통한 문화산업통계를 작성할 수 있다. ② 문화산업통계의 작성·관리에 필요한 사항은 대통령령으로 정한다.

제3장_ 게임문화의 진흥

주해 「게임산업진흥에 관한 법률」

제12조(게임문화의 기반조성)

법　률	제12조(게임문화의 기반조성) ① 정부는 건전한 게임문화의 기반을 조성하기 위하여 다음 각 호의 사업을 추진하여야 한다. 1. 게임과몰입이나 사행성·폭력성·선정성 조장 등 게임의 역기능을 예방하기 위한 정책개발 및 시행 2. 게임문화 체험시설 또는 상담·교육시설 등 공공목적의 게임문화시설의 설치·운영 3. 건전한 게임문화조성을 위한 사업이나 활동을 하는 단체에 대한 지원 ② 문화체육관광부장관은 청소년의 게임문화 기반을 조성하기 위하여 제21조 제2항 제4호의 청소년이용불가 게임물 외의 게임물을 제공하는 게임물 관련사업자에 대한 지원시책을 추진할 수 있다. ③ 제1항 및 제2항의 규정에 의한 사업추진 및 지원 등에 관하여 필요한 사항은 대통령령으로 정한다.
시 행 령	제8조(게임문화의 기반조성) 법 제12조 제1항에 따라 관계중앙행정기관의 장은 다음 각 호의 사업을 수행하거나 그 사업을 수행하는 기관·단체를 지원할 수 있다. 1. 게임이용 실태 조사 2. 게임과몰입 지표 개발 3. 게임과몰입의 치료 및 예방을 위한 교육과 홍보 4. 게임과몰입 치료 및 예방 상담시설 운영지원 5. 게임과몰입 치료 및 예방프로그램의 개발 및 보급 6. 게임과몰입 치료 및 예방을 위한 전문인력 양성 7. 게임문화에 대한 사회적 인식 제고 8. 게임문화에 대한 체험과 교육 프로그램 개발 및 보급 9. 게임이용자의 정보보호에 관한 사업 10. 교육용 및 기능성 게임물 제작 및 지원

■ 입법 취지

　　"제3장 게임문화의 진흥"은 2006년 「음반·비디오 및 게임물에 관한 법률」의 장르별 분법화 추진에 따라 「게임산업진흥에 관한 법률」이 독립적인 법으로 제정되면서 추가된 내용이다. 「게임산업진흥에 관한 법률」은 게임산업 지원을 위한 법적 근거를 마련하기 위하여 제정된 것으로, 기존의 단속과 규제위주의 「음반·비디오물 및 게임물에 관한 법률」에 기반조성, 기술개발, 인력양성, 유통질서 확립 등의 사항을 새로이 규정함으로써 게임산업 및 게임문화의 진흥을 위한 법체계로 정비되었다. 이러한 게임문화의 진흥을 위한 정책이 대폭 보강된 것은 이에 대한 사회적 요구가 입법화된 것으로 평가할 수 있다. 제12조는 이러한 배경하에 건전한 게임문화의 기반을 조성하기 위한 정부의 책무를 규정하면서 구체적으로 추진하여야 할 사업과 지원시책을 규정하고 있다.

■ 입법 연혁

2006.4.28. 제정된 「게임산업진흥에 관한 법률」(법률 제7941호, 2006.10.29. 시행) 제12조[1] 제1항에서는 정부가 게임문화 기반 조성사업을 "추진할 수 있다"고 규정하고 있었으나, 2007년 개정법(법률 제8247호, 2007.4.20. 시행)에서 "추진하여야 한다"고 개정하여 게임문화기반 조성사업을 정부의 추진 책무로 규정하였다.

또한 동 개정에서는 게임의 역기능으로서 게임과몰입, 사행성 조장 외에 "폭력성·선정성 조장"을 추가로 예시하였으며, 게임물의 등급 관련 규정(제21조 제2항)에서 "청소년이용불가 게임물 외의 게임물"이 "전체이용가(제1호)", "12세이용가(제2호)", "15세이용가(제3호)"로 세분화됨에 따라 문화체육관광부장관의 게임문화 기반조성 지원시책 대상자가 "전체이용가 게임물만을 제공하는 게임물 관련사업자"에서 "청소년이용불가 게임물(제4호) 외의 게임물을 제공하는 게임물 관련사업자"로 개정되었다. "청소년이용불가 게임물(제4호)을 제공하는 관련사

---

1) 게임산업진흥에 관한 법률[시행 2006.10.29] [법률 제7941호, 2006.4.28, 제정]
    제12조(게임문화의 기반조성) ① 정부는 건전한 게임문화의 기반을 조성하기 위하여 다음 각
      호의 사업을 추진할 수 있다.
      1. 게임과몰입이나 사행행위 조장 등 게임의 역기능을 예방하기 위한 정책개발 및 시행
      2. 게임문화 체험시설 또는 상담·교육시설 등 공공목적의 게임문화시설의 설치·운영
      3. 건전한 게임문화조성을 위한 사업이나 활동을 하는 단체에 대한 지원
    ② 문화관광부장관은 청소년의 게임문화 기반을 조성하기 위하여 제21조 제2항 제1호의
      전체이용가 게임물만을 제공하는 게임물 관련사업자에 대한 지원시책을 추진할 수 있
      다.

업자"가 지원시책 대상자에서 제외되는 것은 변함이 없다.

2007년 개정 이후 제12조는 2008년 정부조직법 개편에 따라 문화관광부장관이 문화체육관광부장관으로 변경된 것 이외에 현행 법률까지 변함이 없다.

■ **내용 해설**

제12조에서 게임문화 기반조성을 위해 제1항에서는 정부의 추진 책무를, 제2항에서는 문화체육관광부장관의 지원시책을 규정하고 있다.

1. 게임문화 기반 조성을 위한 정부의 책무

사회적으로 만연해 있는 게임에 대한 부정적 인식은 게임의 문화적 가치와 관련 산업의 건전한 성장을 저해하는 요소로 작용하고 있다. 따라서 게임에 대한 사회적 인식 개선을 위한 노력이 무엇보다도 선행되어야 하며, 이와 함께 게임콘텐츠의 역기능을 최소화하기 위한 노력이 계속되어야 할 것이다.[2] 이러한 취지에서 제12조 제1항에서는 건전한 게임문화의 기반 조성을 위한 사업으로, i) 게임 역기능 예방 정책개발 및 시행, ii) 게임문화시설의 설치·운영, iii) 건전한 게임문화조성 사업단체 지원을 규정하고 있다.

가. 게임 역기능 예방 정책개발 및 시행

(1) 게임의 역기능

새로운 대중여가문화로서의 게임 이용자가 급증하면서 미래 여가활동으로서의 대안문화, 특수목적형 기능성 게임으로서의 가능성, 교육적 활용가능성, 인터넷 등 정보기술에 대한 친숙감 형성 등 문화적 순기능이 크게 부각되고 있음에도 불구하고, 과도한 게임몰입(게임중독), 온라인게임 관련 사이버범죄, 불법 사행성게임물의 증가, 폭력성·선정성 조장 등 게임의 역기능에 따른 부작용도 심

---

2) 국회입법조사처, 「게임콘텐츠의 현황 및 육성 방안」(현안보고서 제69호), 2010, 42면.

각한 사회문제로 계속 지적되고 있다.

이러한 게임의 역기능이 상존하는 원인에 대하여 게임문화 환경개선을 위한 정책기반의 미흡, 게임문화 정착을 위한 업계 및 게임이용자의 자율적 노력 미흡, 게임이용자 권익보호 및 피해자 구제시스템 취약, 불건전 게임물 확산에 대한 유통방지시스템 미흡 등에 있다고 분석하고, 건전한 게임이용문화를 조성하기 위한 정책대안을 마련하고 이를 시행하기 위한 근거조항을 마련하고자 동법 제정시 새로이 도입된 규정이다.

게임의 역기능으로 최근 가장 부각되고 있는 것이 인터넷 중독의 일종인 게임과몰입(중독)이다. 한국정보화진흥원 인터넷중독예방센터에서는 인터넷중독을 "인터넷 사용에 대한 금단과 내성을 지니고 있으며 이로 인해 일상생활의 장애가 유발하는 것"으로 정의하고 있다.[3] 청소년기의 인터넷 과다 이용은 수면부족, 시력저하와 같은 건강악화 문제, 학업이나 업무에 지장을 초래하는 생활패턴 파괴, 가족간의 불화, 사이버 범죄 등의 다양한 문제를 야기하고 있기 때문이다.[4]

사회적 이슈가 되었던 또 다른 게임의 역기능으로서 사행성 문제가 있다. 2006년 4월 국회를 통과한 동법이 동년 10월에 시행되기를 기다리고 있던 중인 8월 AWP(Amusement With Prize: 게임결과물이 보상으로 이어지는 것)라는 경품을 지급하는 아케이드게임의 불법 변·개조, 상품권의 환전 등을 통해 사행성을 조장한 소위 '바다이야기' 사건이 발생함에 따라 게임의 사행성 문제가 본격적인 사회문제가 된 것이다.[5] 게임산업과 게임문화의 진흥이라는, 음반·비디오물 및

---

3) 인터넷 과다사용, 인터넷의존, 인터넷 과몰입 등의 용어와 혼용되어 사용되고 있는 인터넷 중독의 개념은 아직 학문적으로 명확하게 정의된 개념은 아니나, 상담현장에서는 이미 심각한 정신질환 현상으로 간주되고 있다. 금단(withdrawal)은 인터넷을 하지 않을 때 심각하게 불안감과 초조감을 느끼는 것을 말하며, 내성(tolerance)은 이전과 동일한 정도의 만족감을 얻기 위해 더 많은 시간동안 인터넷을 해야 하는 것을 말한다. 인터넷 중독에는 인터넷게임 중독, 인터넷채팅중독, 인터넷음란물중독, 인터넷검색중독 등 하위 유형이 있으며, 게임에는 인터넷게임, 모바일 게임, 아케이드게임 등 여러 종류가 있는데 이 중 인터넷(온라인)게임이 주로 중독을 유발하고 있다(대중문화&미디어연구회, 「게임 중독의 원인과 개선방안에 관한 연구」, 2011).

4) 박창석, "온라인게임 셧다운제의 위헌성여부에 대한 검토," 「한양법학」(제23권 제1집), 2012, 14면.

5) 김민규, "게임산업진흥에 관한 법률의 제·개정 경과와 의의," 「성신법학」(제6호), 2007, 119면.

게임물에 관한 법률과는 차별화된 입법취지를 퇴색하게 만든 사건이었다. 제정법이 시행되기도 전에 논의가 시작된 2007년 개정법(법률 제8247호, 2007.4.20. 시행)은 이러한 사행성 게임물을 차단하는 것이 주요내용이다.[6] 사행성 등 게임의 역기능에 대해 보다 강력하고 적극적인 대처가 필요하다는 인식하에 2007년 개정법에서는 정부가 게임문화 기반 조성사업을 "추진할 수 있다"를 "추진하여야 한다"고 개정하여 게임 역기능의 예방과 치료를 정부의 정책 추진 책무로 규정하면서 후술하는 제12조의2를 신설하여 수립·시행하여야 할 구체적인 정책을 제시하였다.

폭력성·선정성 조장도 게임의 역기능으로 매우 중요한 사안으로, 2007년 개정법에서 게임과몰입, 사행성 조장 외에 "폭력성·선정성 조장"이 게임의 역기능으로서 추가로 예시되었다. 이 문제에 대하여 동법은 기본적으로 "게임물내용정보"[7]를 게임물과 함께 제공하고, 이를 기초로 등급분류함으로써 게임이용자에게 선택기준을 제시하면서 연령대에 맞지 않는 게임물의 이용을 제한토록 하여 해결하고자 한다. 게임물의 폭력성과 선정성도 궁극적으로 차단하여야 할 것이지만, 그 기준을 설정하기 곤란하고, 자칫 표현의 자유를 제한하는 또 다른 문제를 야기할 수 있으며, 동법에서 이를 대처하는 것보다는 사회질서유지법에 의하여 해결할 문제이기 때문이다.

(2) 게임의 역기능 예방정책

정부는 게임과몰입이나 사행성·폭력성·선정성 조장 등 게임의 역기능을 예방하기 위한 정책을 개발하고 시행하여야 한다. 게임 역기능 문제는 제정 당시부터 그 심각성을 인식하고 정책대안 마련에 고심하였으며, 2007년 개정법에서

---

6) 게임산업진흥에 관한 법률[법률 제8247호, 2007.1.19, 일부개정] 개정이유
   사행성 게임물의 확산과 게임제공업소의 경품용 상품권의 불법 환전 등에 따른 사행심 조장 등으로 도박중독자가 양산되고 사행성 PC방 등으로 사행행위가 확산됨에 따라, 사행성 게임물을 정의하고, 게임물 등급분류를 세분화하여 사후관리를 강화하며, 사행성 게임물에 해당되는 경우 등급분류를 거부할 수 있도록 하여 시장에서 유통되지 않도록 하며, 일반게임제공업을 허가제로, 인터넷컴퓨터게임시설제공업(PC방)을 등록제로 전환하여 관리를 강화하고, 청소년이용불가 게임물의 경품 제공을 금지하며, 게임 결과물의 환전업 등을 금지함으로써 사행성 게임물을 근절하고 건전한 게임문화를 조성하려는 것임.

7) "게임물내용정보"라 함은 게임물의 내용에 대한 폭력성·선정성(煽情性) 또는 사행성(射倖性)의 여부 또는 그 정도와 그 밖에 게임물의 운영에 관한 정보를 말한다(동법 제2조 제2호).

신설한 12조의2에서 구체적인 정책을 제시하고 있다. 다만, 입법체계상 별도로 규정할 필요가 있는지 의문이다. 제12조 제1항 제1호와 제12조의2 제1항은 정책 추진 주체나 정책 목적 등이 동일하다. 제12조의2 제1항 각호에서 필요한 정책을 보다 구체적으로 제시하고 있을 뿐이다. 또한 제12조의2 제1항에서는 게임과 몰입이나 게임물의 사행성·선정성·폭력성 등을 "게임과몰입 등"이라 별도로 정의하고 있지만, 제12조 제1항 제1호에서 게임과몰입이나 사행성·폭력성·선정성 조장 등을 게임의 역기능으로 예시하고 있어, "게임과몰입 등"은 게임의 역기능과 실질적으로 같은 의미이며, 별도로 "게임과몰입 등"을 정의하여 사용할 필요가 있는지도 의문이다.

　　한편, 제12조 제1항에 따라 관계중앙행정기관이 수행할 수 있는 사업을 규정하고 있는 시행령 제8조 각호의 사항 중 게임과몰입 예방과 관련된 제1호 내지 제6호의 사업과 제12조의2 제1항 각호에서 규정하고 있는 정부의 역기능 예방정책 및 동조 동항 제6호에 따라 시행령 제8조의2 제1항 각호에서 규정하고 있는 예방정책이 어떠한 기준으로 구별되는지, 법률과 시행령에 나누어 규정하는 것이 입법체계상 문제가 없는지 검토할 필요가 있다.

　　이러한 이유에서 게임의 역기능 예방정책은 제12조의2 제1항에서 함께 자세히 설명하기로 한다.

나. 게임문화시설의 설치·운영 및 건전한 게임문화조성 사업단체 지원

　　건전한 게임문화를 조성하기 위한 중장기적 정책대안으로 가장 근원적인 처방은 건전한 게임문화에 참여하여 체험케 하고, 이를 교육하는 것이다. 이를 위해 청소년 및 학부모를 대상으로 하는 게임문화 교육교재를 개발·보급하는 한편, 자치단체·교육기관 및 시민단체 등과 공동으로 '찾아가는 게임문화교실' 등 교육프로그램을 다각적으로 확충해 나아갈 필요가 있다. '가족과 하는 게임캠프', '일반인과 함께하는 e스포츠', '이용자 커뮤니티 및 동아리 활동' 등 다양한 참여 프로그램에 대한 지원을 통해 건전한 게임이용문화 체험 및 간접교육활동이 강화될 수 있다.

　　이러한 취지에서 제12조 제1항에서는 건전한 게임문화의 기반을 조성하기 위하여 게임문화 체험시설 또는 상담·교육시설 등 공공목적의 게임문화시설을 설치·운영토록 하고, 건전한 게임문화조성을 위한 사업이나 활동을 하는 단체에 대한 지원 근거를 규정하고 있다. 또한 시행령 제8조에서는 건전한 게임문화의 기반을 조성하기 위하여 관계중앙행정기관의 장으로 하여금 게임문화에 대한 사회적 인식 제고(제7호), 게임문화에 대한 체험과 교육 프로그램 개발 및 보급(제8호), 게임이용자의 정보보호에 관한 사업(제9호), 교육용 및 기능성 게임물 제작 및 지원(제10호) 등의 사업을 수행하거나 그 사업을 수행하는 기관·단체를 지원할 수 있도록 규정하고 있다.

이러한 규정에 따라 소외계층 문화나눔운동, 실버세대의 정보문화격차 해소, 고령화 사회를 대비하여 대안문화 조성 차원에서 노인 여가활용 및 재활·치료를 목적으로 하는 실버형 게임개발·보급, 사이버범죄 관련 청소년에 대한 재활프로그램 등 사회공헌프로그램에 대한 지원도 가능하다.

2. 청소년 게임문화 기반 조성을 위한 문화체육관광부장관의 지원시책

게임문화는 각 세대별 차이가 뚜렷하다. 세대별 게임을 바라보는 기본적 시각에 분명한 차이가 있으며, 게임 이용시간이나 빈도에 있어서 청소년이 차지하는 비중이 압도적이다. 한국콘텐츠진흥원에서 발표한 2011년 게임 이용자 실태조사 보고서에 따르면, 9세에서 49세 국민 1,700명을 대상으로 설문조사를 실시한 결과, 여가 시간에 온라인 게임을 가장 많이 하는 연령층은 만 9~19세 남성(37.5%)이 단연 압도적이었다. PC방 이용 빈도 역시 이들 연령층은 한 달 평균 5.4회를 방문한다고 응답했다. 일주일에 한번 꼴로 PC방을 방문하는 셈이다. 이들이 PC방에서 주로 하는 것은 역시 '게임'이 82.4%를 차지해 이들 연령대에서의 게임문화가 얼마나 중요한지 가늠해 볼 수 있다.[8]

건전한 게임문화를 조성하기 위해서도 청소년의 게임문화에 주목할 수밖에 없다. 이러한 이유에서 제12조 제2항에서는 문화체육관광부장관이 청소년 게임문화의 기반을 조성하는 게임물 관련사업자에 대한 지원시책을 추진할 수 있도록 규정하고 있다.

---

8) http://www.issuemaker.kr/news/view.html?category=154&no=470&page=7&section=100

한편, 법 제21조 등급분류에 따르면, 게임물은 i) 누구나 이용할 수 있는 전체이용가, ii) 12세 미만은 이용할 수 없는 12세이용가, iii) 15세 미만은 이용할 수 없는 15세이용가, iv) 청소년은 이용할 수 없는 청소년이용불가로 분류되는데, 제21조 제2항 제4호의 청소년이용불가 게임물 외의 게임물을 제공하는 게임물 관련사업자만이 지원대상이다. 청소년이용가 게임물과 청소년이용불가 게임물을 함께 제공하는 사업자가 지원대상인지가 문제인데, "전체이용가 게임물'만'을 제공하는 게임물 관련사업자"를 지원대상으로 하는 제정법 취지를 고려할 때 청소년이용불가 게임물을 함께 제공하는 사업자는 지원시책 대상자에서 제외되는 것이 타당하다.

또한, 본조 제3항에서는 본조 제1항, 제2항 규정에 의한 사업추진 및 지원 등에 관하여 필요한 사항은 대통령령으로 정한다고 규정하고 있지만, 이에 대한 내용은 아직 시행령에 마련되지 않았다.

제12조의2(게임과몰입의 예방 등)

법　률	제12조의2(게임과몰입의 예방 등) ① 정부는 게임과몰입이나 게임물의 사행성·선정성·폭력성 등(이하 "게임과몰입 등"이라 한다)의 예방 등을 위해 다음 각 호의 정책을 수립·시행하여야 한다. 1. 게임과몰입 등의 예방과 치료를 위한 기본계획의 수립·시행 2. 게임과몰입 등에 대한 실태조사 및 정책대안의 개발 3. 게임과몰입 등의 예방을 위한 상담, 교육 및 홍보활동의 시행 4. 게임과몰입 등의 예방을 위한 전문인력의 양성 지원 5. 게임과몰입 등의 예방을 위한 전문기관 및 단체에 대한 지원 6. 그 밖에 게임과몰입 등의 예방을 위하여 필요한 정책으로 대통령령이 정하는 사항 ② 문화체육관광부장관은 제1항에서 정한 사항의 수행을 위하여 대통령령이 정하는 바에 따라 게임과몰입 예방 등을 위한 전문기관을 설립, 지원할 수 있다. ③ 문화체육관광부장관은 게임과몰입의 예방 등을 위해 필요한 경우 관계 중앙행정기관, 지방자치단체, 그 밖에 관련 법인 및 단체, 게임물 관련사업자 등에게 협조를 요청할 수 있으며, 협조요청을 받은 기관·단체 등은 특별한 이유가 없는 한 이에 협조하여야 한다. ④ 게임물 관련사업자는 게임과몰입의 예방 등을 위해 제1항에서 정한 정책의 수립·시행에 협력하여야 한다.
시 행 령	제8조의2(게임과몰입의 예방 등) ① 법 제12조의2 제1항 제6호에서 "대통령령이 정하는 사항"이란 다음 각 호의 사항을 말한다. 1. 게임과몰입 등의 예방·치유를 위한 연구 2. 게임과몰입 등의 예방 등과 관련된 프로그램 개발 3. 게임과몰입 예방 등의 업무를 수행하는 전문기관 또는 단체 간의 국제교류 및 협력 ② 법 제12조의2 제2항에 따라 문화체육관광부장관은 게임과몰입 예방 등의 업무를 3년 이상 수행한 실적이 있는 전문기관 또는 단체를 예산의 범위에서 지원할 수 있다.

▪ 입법 취지

　　게임의 역기능을 예방하기 위한 정책개발 및 시행은 동법 제정시부터 제12조 제1항 제1호에서 정부의 책무로 규정되어 있었지만, 게임과몰입(중독), 사행성 등 게임의 역기능으로 인한 피해가 사회적 이슈로 문제되면서 게임과몰입이나 게임물의 사행성·선정성·폭력성 등(이하 "게임과몰입 등"이라 한다)의 예방을 위하여 필요한 구체적인 정책 및 조치들을 별도의 조문을 신설하여 규정하게 되었다. 제12조의2(게임과몰입의 예방 등)에서는 게임과몰입 등의 예방 등을 위하여 정부가 시행하여야 할 정책과 게임과몰입 예방 등을 위한 전문기관의 설립 및 관련기관의 협조의무를 규정하고 있다.

▪ 입법 연혁

　　제12조의2는 2007년 개정법(법률 제8247호, 2007.4.20. 시행)에서 신설된 조항이다. 이후 2008년 정부조직법 개편에 따라 문화관광부장관이 문화체육관광부장관으로 변경된 것 이외에 현행 법률까지 변함이 없다.

▪ 내용 해설

1. 게임과몰입 등의 예방 정책

가. 게임과몰입 등

　　게임과몰입 등이란 게임과몰입이나 게임물의 사행성·선정성·폭력성 등을 의미한다(제12조의2 제1항 본문). 제12조 제1항 제1호에서 게임의 역기능으로 예시하고 있는 "게임과몰입이나 사행성·폭력성·선정성 조장 등"과 큰 차이가 없다. 선정성과 폭력성이 순서가 바뀌었으며, "조장"이란 용어가 있고 없음의 차이이다. 순서는 특별한 이유가 없다면 일치하는 것이 바람직할 것이며, "게임과몰입등"이나 "역기능" 모두 예방의 대상이라는 점에서 문자 그대로 해석하면, 사행성·폭력성·선정성 그 자체의 예방인지, 아니면 사행성·폭력성·선정성을 조장하는 것을 예방하는지 차이가 있다.

생각건대, 동법에서 게임물의 사행성·폭력성·선정성 문제는 원칙적으로 게임물내용정보와 등급분류를 통해 게임이용자에게 선택기준을 제시하면서 연령대에 맞지 않는 게임물의 이용을 제한토록 함으로써 해결하고자 하고 있다. 이는 게임물의 사행성·폭력성·선정성 여부를 일률적으로 판단할 수 없음을 의미한다. 게임물의 사행성·폭력성·선정성 여부는 연령대별로 달리 평가될 수 있으며, 유무의 문제이기보다는 정도의 문제이기 때문이다. 사행성·폭력성·선정성 그 자체를 예방하고자 한다면, 어떤 잣대로 어느 정도부터 예방하여야 하는 것인지 결정할 수 없을 것이다. 그렇다면 게임물에 의하여 사행성·폭력성·선정성이 조장되는 것을 예방하여야 할 것이며, 이러한 분명한 해석이 가능하도록 입법적 정비가 필요하다고 생각한다.

나. 예방 등을 위한 정책

제12조의2 제1항 각호에서는 정부가 게임과몰입 등의 예방 등을 위하여 수립·시행하여야 하는 구체적인 정책을 제시하고 있으며, 동조 동항 제6호에서는 그 밖에 게임과몰입 등의 예방을 위하여 필요한 정책들을 대통령령으로 정하도록 하고 있어 시행령 제8조의2 제1항에서 추가적으로 필요한 정책들을 규정하고 있다.

한편 제12조 제1항 제1호에서도 "게임과몰입이나 사행성·폭력성·선정성 조장 등 게임의 역기능을 예방하기 위한 정책개발 및 시행"을 건전한 게임문화의 기반을 조성하기 위하여 정부가 추진하여야 할 사업으로 규정하면서 시행령 제8조 각호에서는 법 제12조 제1항에 따라 수행할 수 있는 사업들을 규정하고 있는데, 이 중 상당 부분은 게임과몰입을 예방하는 데 필요한 사업들이다. 이들 모두 게임의 역기능을 예방하고 근절하기 위한 정부의 대책이라 할 수 있다. 과도한 게임몰입(게임중독), 온라인게임 관련 사이버범죄, 불법 사행성게임물(온라인, 아케이드)의 증가 등 게임의 역기능에 따른 부작용이 심각한 사회문제로 계속 지적되면서 정부의 게임역기능 예방 및 근절 대책은 점점 강화되고 있으며, 제12조의

2 신설은 이러한 정부의 의지의 표현이다.

(1) "게임과몰입 등"의 예방을 위한 정책(제12조의2 제1항)

게임과몰입 등의 예방 등을 위한 정부의 책무로서 수립·시행하여야 정책은 i) 게임과몰입 등의 예방과 치료를 위한 기본계획의 수립·시행, ii) 게임과몰입 등에 대한 실태조사 및 정책대안의 개발, iii) 게임과몰입 등의 예방을 위한 상담, 교육 및 홍보활동의 시행, iv) 게임과몰입 등의 예방을 위한 전문인력의 양성 지원, v) 게임과몰입 등의 예방을 위한 전문기관 및 단체에 대한 지원이다.

추가로 게임과몰입 등의 예방을 위하여 필요한 정책은 시행령 제8조의2 제1항에서 규정하고 있다. 이는 별도로 설명한다.

1) 게임과몰입 등의 예방과 치료를 위한 기본계획의 수립·시행

기본계획의 수립과 시행은 게임과몰입 등의 예방 등을 위한 정부의 책무로서 가장 기본적인 정책이다. 이러한 기본계획에는 이하에서 언급하는 "게임과몰입 등"의 예방을 위한 정책들에 대한 시행방안이 포함되어야 할 것이다.

2) 게임과몰입 등에 대한 실태조사 및 정책대안의 개발

"게임과몰입 등"의 예방을 위한 정책을 수립하기 위해서는 게임과몰입 등에 대한 실태조사가 바탕이 되어야 되며, 이를 바탕으로 정책대안이 개발되어야 한다.

다만, 건전한 게임문화의 기반을 조성하기 위해서는 게임이용 전반에 대한 실태조사가 필요하며, 게임이용 실태조사는 건전한 게임문화의 기반을 조성하기 위하여 정부가 추진하여야 할 사업으로 시행령 제8조 제1호에 규정되어 있다.

3) 게임과몰입 등의 예방을 위한 상담, 교육 및 홍보활동의 시행

게임과몰입은 약물치료 없이도 전문가와의 상담 및 가정·지역사회·학교 등의 연계를 통한 치료가 가능하다는 특징이 있다. 게임과몰입(중독) 진단 결과 일반 이용자군에게는 예방교육, 잠재적 위험 이용자군에게는 전문상담, 고위험 이용자군에게는 병원의 전문적 치료를 하는 것이 게임과몰입 등을 예방하고 치료하는 일반적인 방안이다. 본호에서는 게임과몰입 등의 예방을 위한 상담, 교육 및 홍보활동의 시행을 게임과몰입 등의 예방 등을 위하여 정부가 수립·시행하여야 할 정책으로 규정하고 있다.

4) 게임과몰입 등의 예방을 위한 전문인력의 양성 및 전문기관에 대한 지원

게임과몰입 등의 예방을 위한 상담, 교육 및 홍보를 위해서는 이를 수행할 수 있는 전문인력이 필요하며, 이를 행하는 전문기관이나 단체가 필요하다. 정부는 게임과몰입 등의 예방을 위한 전문인력의 양성을 지원하고, 게임과몰입 등의 예방을 위한 전문기관 및 단체를 지원하는 정책을 수립·시행하여야 한다.

(2) 게임과몰입 등의 예방을 위하여 대통령령으로 정하는 정책(시행령 제8조의2 제1항)

제12조의2 제1항에서 규정하고 있는 정책 이외에 시행령에서 추가로 규정하고 있는 게임과몰입 등의 예방을 위하여 필요한 정책은 i) 게임과몰입 등의 예방·치유를 위한 연구, ii) 게임과몰입 등의 예방 등과 관련된 프로그램 개발, iii) 게임과몰입 예방 등의 업무를 수행하는 전문기관 또는 단체 간의 국제교류 및 협력이다.

1) 게임과몰입 등의 예방·치유를 위한 연구(제1호)

먼저, 게임과몰입 등의 예방·치유를 위한 연구(제1호)는 제12조의2 제1항 제1호에서 규정하고 있는 "게임과몰입 등의 예방과 치료를 위한 기본계획의 수립"을 위하여 선행되어야 하는 것이며, 동항 제2호에서 규정하고 있는 "게임과몰입 등에 대한 실태조사"를 바탕으로 행해지며, 그 결과로써 "정책대안이 개발"될 수 있다. 다만, 법에서는 "예방과 치료," 시행령에서는 "예방·치유"로 표현하고 있어 이를 일치시킬 필요가 있다. 한편, 시행령 제8조 각호에서는 게임과몰입의 "치료 및 예방"이란 표현을 사용하고 있는데 이 또한 다른 의미로 해석할 수 없으며, 자구 정리가 필요한 부분이다.

2) 게임과몰입 등의 예방 등과 관련된 프로그램 개발(제2호)

게임과몰입 등의 예방 등과 관련된 프로그램이 개발되면, 이러한 프로그램을 통해 제12조의2 제1항 제3호에서 규정하고 있는 "게임과몰입 등의 예방을 위한 상담, 교육 및 홍보활동"에 활용할 수 있다. 게임과몰입 등의 예방 등과 관련된 프로그램 개발은 게임과몰입 등의 예방을 위한 상담, 교육 및 홍보활동의 시행에 필요한 정책으로 볼 수 있다.

3) 게임과몰입 예방 업무를 수행하는 전문기관 또는 단체 간의 국제교류 및 협력(제 3호)

제12조의2 제2항에서는 게임과몰입 예방 등을 위한 전문기관의 설립 및 지원근거를 규정하고 있고, 제12조의2 제1항 제5호에서도 게임과몰입 등의 예방을 위한 전문기관 및 단체에 대한 지원을 정부의 책무로 규정하고 있는 바, 본호에서는 더 나아가 전문기관 또는 단체 간의 국제교류 및 협력을 게임과몰입 등의 예방을 위하여 필요한 정책으로 규정하고 있다.

4) 제12조의2 제1항의 게임과몰입 등 예방정책과의 관계

게임과몰입 등의 예방을 위하여 필요한 정책을 시행령에서 추가로 규정할 수 있도록 한 취지는 사정의 변화에 따라 능동적으로 대처하기 위함이다. 그러나 시행령 제8조의2 제1항에서 규정하고 있는 정책은 2007년 개정에서 본조가 신설된 이후 변경된 바가 없다. 결국 법 제12조의 제1항 각호에서 규정하고 있는 게임과몰입 등 예방정책과 시행령 제8조의2 제1항 각호에서 규정하고 있는 예방정책은 실질적인 차이를 발견할 수 없다. 시행령에서 규정하고 있는 정책들이 한시적인 것이 아니라면 입법체계상 이를 별도로 규정할 필요가 있는지 검토할 필요가 있다.

(3) 게임과몰입 예방정책의 사업(시행령 제8조)

제12조 제1항 제1호에서도 "게임과몰입이나 사행성·폭력성·선정성 조장 등 게임의 역기능을 예방하기 위한 정책개발 및 시행"을 건전한 게임문화의 기반을 조성하기 위하여 정부가 추진하여야 할 사업으로 규정하고 있는데, 이는 제12조의2에서 말하는 "게임과몰입 등"의 예방 등을 위한 정책과 달리 볼 수 없다. 앞서 언급한 바와 같이 게임의 역기능과 "게임과몰입 등"은 실질적으로 같은 의미이기 때문이다.

시행령 제8조 각호에서는 법 제12조 제1항에 따라 정부가 수행할 수 있는 사업을 규정하고 있는데, 이 중 제1호 내지 제6호의 사업은 제12조 제1항 제1호에서 규정하고 있는 게임역기능(게임과몰입 등) 예방정책의 내용이라 할 수 있다.

1) 게임이용 실태 조사(제1호)

게임과몰입 등에 대한 실태조사는 법 제12조의2 제1항 제2호에서 별도로 규정하고 있지만, 본호의 게임이용 실태조사는 이를 포괄하는 것이다. 제12조는 건전한 게임문화의 기반조성의 일환으로 게임의 역기능을 예방하는 것이 목적이므로 건전한 게임문화를 조성하기 위해서는 게임과몰입 등에 한정되지 않는 게임이용 전반에 대한 실태조사가 필요한 것이다.

2) 게임과몰입 지표 개발(제2호)

게임과몰입의 치료 및 예방을 위해서는 게임과몰입의 정도를 진단할 수 있는 게임과몰입 지표가 필요하며, 이러한 지표 개발을 게임과몰입 예방정책의 사업으로 규정하고 있다. 또한 시행령 제8조 제2호 내지 제6호에서는 "게임과몰입 등"이 아닌 "게임과몰입"임을 유의하여야 한다. 즉, 제12조의2 제1항에서는 게임물의 사행성·선정성·폭력성 등을 포함한 "게임과몰입 등"의 예방을 위한 정책을 규정하고 있지만, 시행령 제8조 제2호 내지 제6호에서는 "게임과몰입"에 한정된 치료 및 예방을 위한 사업을 규정하고 있다는 점에서 차이가 있다.

한편, 한국정보화진흥원 인터넷중독대응센터(http://www.iapc.or.kr/main.do)에서는 이러한 지표를 개발하여 인터넷, 게임, 스마트폰의 중독 여부를 진단해 주고 있다.

3) 게임과몰입의 치료 및 예방을 위한 교육과 홍보(제3호)

제12조의2 제1항 제3호에서도 "게임과몰입 등의 예방을 위한 상담, 교육 및 홍보활동의 시행"을 "게임과몰입 등"의 예방을 위한 정책으로 규정하고 있다. 본 호에서 규정하고 있는 게임과몰입 예방정책의 사업과 일정 부분 중복되는 면이 없지 않다.

4) 게임과몰입 치료 및 예방 상담시설 운영지원(제4호)

제12조의2 제1항 제5호에서는 "게임과몰입 등의 예방을 위한 전문기관 및 단체에 대한 지원"을 "게임과몰입 등"의 예방을 위한 정책으로 규정하고 있다. 본 호에서 규정하고 있는 게임과몰입 치료 및 예방 상담시설도 게임과몰입 등의 예방을 위한 전문기관 내지 단체로 볼 수 있다면 게임과몰입 예방정책의 사업과 일정 부분 중복되는 면이 없지 않다.[9]

---

9) 한편, 이와 별개로 인터넷게임 관련사업자에게 인터넷게임중독치유부담금을 부과하여 인터넷게임중독 치유기금을 마련하고, 이를 재원으로 인터넷게임중독 예방 및 치유 등을 위한 인터넷게임중독치유센터를 설립·운영하는 것을 주요 내용으로 하는 인터넷게임중독 치유지원에 관한 법률(안)을 제정하려는 시도가 있다. 자세한 내용은 2013.1.8. 손인춘 의원이 대표 발의한 인터넷게임중독 치유지원에 관한 법률(안)[의안번호 3262] 참조.

청소년 상담센터 운영 현황

(단위 : 연인원, 명)

연도	지원예산 (천원)	게임과몰입 상담(청소년)					예방교육 (청소년 · 교사 · 학부모)
		전체	전화 상담	인터넷 상담	집단 상담	개인 상담	
2010	265,600	118,359	9,598	147	98,588	10,026	407,175
2009	228,000	71,160	18,350	667	45,476	6,667	216,518
2008	223,000	40,706	1,813	237	37,029	1,627	110,798
2007	160,000	3,440	-	-	3,440	-	-

주: 인터넷중독 상담 · 치료사업 지원(여성가족부)과 연계 협력추진에 따른 공동실적임(2008~)

5) 게임과몰입 치료 및 예방프로그램의 개발 및 보급(제5호)

제12조의2 제1항 제6호에 근거한 시행령 제8조의2 제1항 제2호에서는 "게임과몰입 등의 예방 등과 관련된 프로그램 개발"을 "게임과몰입 등"의 예방을 위한 정책으로 규정하고 있다. 본호에서 규정하고 있는 게임과몰입 치료 및 예방프로그램의 개발 및 보급과 상당부분 중복된다.

6) 게임과몰입 치료 및 예방을 위한 전문인력 양성(제6호)

제12조의2 제1항 제4호에서는 "게임과몰입 등의 예방을 위한 전문인력의 양성 지원"을 "게임과몰입 등"의 예방을 위한 정책으로 규정하고 있다. 본호에서 규정하고 있는 게임과몰입 치료 및 예방을 위한 전문인력과 상당부분 중복된다. "게임과몰입 등의 치료 · 예방을 위한 전문인력의 양성 및 지원"으로 통합하여 규정함이 타당하다.

7) 제12조의2 제1항의 게임과몰입 등 예방정책과의 관계

시행령 제8조 제1호 내지 제6호에서 규정하고 있는 사업은 제12조의2 제1항 각호에서 규정하고 있는 게임역기능(게임과몰입 등) 예방정책과 상당부분 중복된다. 엄격히 해석하면 사소한 차이를 발견할 수 있지만, 이러한 해석상 차이를 별도로 규정한 입법취지로 볼 수 없을 것이다. 2007년 개정법에서 신설된 제12조의2 규정이 2006년 제정 당시부터 있었던 시행령 제8조를 참조하여 마련된 것이 원인이라 생각한다. 입법체계상 이를 통합하여 규정하는 방안을 모색하여야 할 것이다.

2. 게임과몰입 예방 등을 위한 전문기관의 설립

제12조의2 제2항에서는 "문화체육관광부장관은 제12조의2 제1항에서 규정하고 있는 게임과몰입 등의 예방 등을 위한 정책을 시행함에 있어 그 수행을 위하여 게임과몰입 예방 등을 위한 전문기관을 설립, 지원할 수 있다."고 규정하여 건강한 게임문화 확산을 위해 설립된 게임문화재단[10] 등과 같은 단체의 지원근거를 마련하고 있다.

또한 시행령 제8조의2 제2항에서는 제12조의2 제2항에 따른 지원대상을 게임과몰입 예방 등의 업무를 3년 이상 수행한 실적이 있는 전문기관 또는 단체로 한정하고 예산의 범위에서 지원할 수 있도록 규정하고 있다. 다만, 시행령 제8조의2 제2항의 근거규정인 법 제12조의2 제2항에서는 전문기관만을 규정하고 있는 데 반하여 시행령에서는 "전문기관 또는 단체"로 규정하고 있어 단체를 추가한 이유가 무엇인지 의문이며, 시행령에서 단체를 추가한 특별한 이유가 있다면 법에서 위임한 범위를 벗어난 것은 아닌지 검토할 필요가 있다.

한편, 제12조의2 제1항 제5호에서도 게임과몰입 등의 예방을 위한 전문기관 및 단체에 대한 지원을 게임과몰입 등의 예방 등을 위하여 정부가 수립·시행하여야 하는 정책으로 규정하고 있으며, 시행령 제8조의2 제1항 제3호에서는 "게임과몰입 예방 등의 업무를 수행하는 전문기관 또는 단체 간의 국제교류 및 협력"을 정부의 게임과몰입 등 예방정책으로 규정하고 있다.

3. 관련기관의 협조의무

게임의 역기능을 예방하고 근절하기 위해서는 민·관 공동의 긴밀한 협조가 필요하다. 또한 게임산업의 주무부처인 문화체육관광부를 비롯한 범부처적인 대응도 요구된다. 이에 문화체육관광부장관은 게임과몰입의 예방 등을 위해 필요

---

10) '건강한 게임문화를 확립하자'는 취지로 2008년 설립된 게임문화재단(http://www. gameculture.or.kr)은 게임과몰입 상담치료센터 운영, 게임과몰입 예방 및 교육, 치료 등 건강한 게임문화 확산을 위한 사업을 하고 있다.

한 경우 관계 중앙행정기관, 지방자치단체, 그 밖에 관련 법인 및 단체, 게임물 관련사업자 등에게 협조를 요청할 수 있도록 근거 규정을 마련하였으며, 이러한 협조요청을 받은 기관·단체 등은 특별한 이유가 없는 한 이에 협조하여야 한다 (제12조의2 제3항).

또한 게임물 관련사업자에 대한 법적 규제에 의한 문제 해결보다는 게임업 계의 자율적인 규제시스템이 게임과몰입 등의 예방에 보다 효과적이다. 제12조 의2 제4항에서는 게임물 관련사업자는 게임과몰입의 예방 등을 위한 정책의 수 립·시행에 협력하여야 한다고 규정하고 있다. 이에 따라 한국게임산업협회를 중심으로 이러한 자율규제시스템으로써 자율적 게임이용시간 통제서비스, 피로 도 시스템[11] 제공, 과도한 게임이용에 대한 경고문구 표시제도 운영, 불법 사행 성게임물 근절을 위한 자율 모니터링반 운영, 패치심의 등 게임업계 자율심의시 스템 시범운영, 업계 자율규제시스템 구축을 위한 '자율규약(윤리강령)' 마련 등의 방안이 논의·실시되고 있었으며,[12] 이 중 일부는 제12조의3 제1항에서 과도한 게임물 이용 방지를 위한 일정한 예방조치로써 의무화되어 시행되고 있다.

---

11) 게임과몰입 대책으로 문화체육관광부가 내놓은 게임중독 예방시스템으로 온라인 게임 이 용시간을 측정하여 이용자가 일정 시간 이상 게임을 즐길 경우 획득할 수 있는 아이템이나 경험치 등을 제한하고 불이익을 줌으로써 몰입도를 떨어뜨리는 시스템을 말하는데, 이를 통 해 게임 이용시간을 조절하거나 휴식 뒤 이용하도록 하는 것을 목표로 도입되었다[최용석· 이지애·권혁인, "온라인 게임 피로도 시스템의 효과적인 도입방안에 관한 연구," 「한국컴퓨 터게임학회논문집」(22권), (사)한국컴퓨터게임학회, 2010, 140면].

12) 국내 게임업계는 2006년 이후 개별 게임의 특성에 부합하는 청소년 보호를 위해 장시간 게 임이용에 대한 경고문구 표시, 게임이용시간 알림 서비스, 자녀게임 시간관리(법정대리인에 대한 정보제공, 시간제한 등), 피로도 시스템 제공 등의 온라인게임 자율규제 조치를 시행 중 이며[한국게임산업협회 제출자료(2008.9)], 2009년에는 게임업계가 자율적으로 건강한 게임 문화(청소년 보호, 과몰입 예방교육 지원), 올바른 게임문화(불법 부정행위 방지, 사행행위 방지), 배우는 게임문화(기능성게임 보급·확대, 올바른 게임문화 유도)를 만들기 위한 그린 게임 캠페인을 추진하였다[국회입법조사처, 「게임콘텐츠의 현황 및 육성 방안」(현안보고서 제69호), 2010, 16면].

제12조의3(게임과몰입·중독 예방조치 등)

법　　률	제12조의3(게임과몰입·중독 예방조치 등) ① 게임물 관련사업자[「정보통신망 이용촉진 및 정보보호 등에 관한 법률」 제2조 제1항 제1호의 정보통신망(이하 "정보통신망"이라 한다)을 통하여 공중이 게임물을 이용할 수 있도록 서비스하는 자에 한한다. 이하 이 조에서 같다]는 게임물 이용자의 게임과몰입과 중독을 예방하기 위하여 다음 각 호의 내용을 포함하여 과도한 게임물 이용 방지 조치(이하 "예방조치"라 한다)를 하여야 한다. 1. 게임물 이용자의 회원가입 시 실명·연령 확인 및 본인 인증 2. 청소년의 회원가입 시 친권자 등 법정대리인의 동의 확보 3. 청소년 본인 또는 법정대리인의 요청 시 게임물 이용방법, 게임물 이용시간 등 제한 4. 제공되는 게임물의 특성·등급·유료화정책 등에 관한 기본적인 사항과 게임물 이용시간 및 결제정보 등 게임물 이용내역의 청소년 본인 및 법정대리인에 대한 고지 5. 과도한 게임물 이용 방지를 위한 주의문구 게시 6. 게임물 이용화면에 이용시간 경과 내역 표시 7. 그 밖에 게임물 이용자의 과도한 이용 방지를 위하여 대통령령으로 정하는 사항 ② 여성가족부장관은 「청소년 보호법」 제26조에 따라 심야시간대의 인터넷게임 제공시간 제한대상 게임물의 범위가 적절한지를 평가할 때 문화체육관광부장관과의 협의를 거쳐야 한다. ③ 제1항의 예방조치를 위한 게임물의 범위, 방법 및 절차와 제2항의 평가방법 및 절차, 그 밖에 필요한 사항은 대통령령으로 정한다. ④ 문화체육관광부장관은 대통령령으로 정하는 바에 따라 게임물 관련사업자에게 예방조치와 관련한 자료의 제출 및 보고를 요청할 수 있다. 이 경우 요청을 받은 자는 특별한 사유가 없는 한 이에 따라야 한다. ⑤ 문화체육관광부장관은 제4항에 따라 게임물 관련사업자로부터 제출 또는 보고받은 내용을 평가한 결과 예방조치가 충분하지 아니하다고 인정하면 해당 게임물 관련사업자에게 시정을 명할 수 있다. ⑥ 게임물 관련사업자는 제5항에 따른 시정명령을 받은 때에는 10일 이내에 조치결과를 문화체육관광부장관에게 보고하여야 한다. ⑦ 문화체육관광부장관은 제5항에 따라 예방조치를 평가하는 경우 관계 중앙행정기관의 장, 전문가, 청소년, 학부모 관련 단체로부터 의견을 들을 수 있으며, 평가 결과를 공표할 수 있다.
시 행 령	제8조의3(게임과몰입·중독 예방조치 등) ① 법 제12조의3 제1항에 따른 예방조

치 대상이 되는 게임물은 다음 각 호의 어느 하나에 해당하는 게임물을 제외한 게임물로 한다.

1. 법 제21조 제1항 제1호부터 제3호까지의 게임물
2. 「청소년보호법」 제10659호 부칙 제1조 단서에 따라 심야시간대 제공시간이 제한되지 않는 게임물 및 같은 법 제23조 제2항에 따른 평가 및 조치 결과 심야시간대 인터넷게임의 제공시간을 제한하지 않는 것으로 고시된 게임물
3. 「중소기업기본법」 제2조에 따른 중소기업으로서 영상, 방송통신 및 정보서비스 업종의 중소기업이 제공하는 게임물

② 제1항 제3호에도 불구하고 「중소기업기본법」 제2조에 따른 중소기업으로서 영상, 방송통신 및 정보서비스 업종의 중소기업 중 연 매출액이 50억 원 이상인 중소기업이 제공하는 게임물의 경우에는 법 제12조의3 제1항 제1호 및 제2호의 예방조치를 하여야 한다.

③ 게임물 관련사업자(법 제12조의3 제1항에 따른 게임물 관련사업자로 한정한다. 이하 이 조에서 같다)는 법 제12조의3 제1항 제1호에 따라 게임물 이용자의 회원가입 시 「전자서명법」 제2조 제10호에 따른 공인인증기관, 그 밖에 본인확인서비스를 제공하는 제3자 또는 행정기관에 의뢰하거나 대면확인 등을 통하여 게임물 이용자가 본인임을 확인할 수 있는 수단을 마련하여야 한다.

④ 게임물 관련사업자는 법 제12조의3 제1항 제2호에 따라 다음 각 호의 어느 하나에 해당하는 방법으로 법정대리인의 동의를 받아야 한다.

1. 법 제12조의3 제1항에 따른 정보통신망에 동의 내용을 게재하고 법정대리인이 동의 여부를 표시하도록 하는 방법
2. 동의 내용이 적힌 서면을 법정대리인에게 직접 발급하거나 우편 또는 팩스를 통하여 전달하고 법정대리인이 동의 내용에 대하여 서명하거나 날인한 후 제출하도록 하는 방법
3. 동의 내용이 적힌 전자우편을 발송하여 법정대리인으로부터 동의의 의사표시가 적힌 전자우편을 전송받는 방법
4. 전화를 통하여 동의 내용을 법정대리인에게 알리고 동의를 받거나 인터넷주소 등 동의 내용을 확인할 수 있는 방법을 안내하고 재차 전화를 통하여 동의를 받는 방법

⑤ 법 제12조의3 제1항 제3호에 따른 게임물 이용방법, 게임물 이용시간 등의 제한은 특정 시간이나 기간을 정하여 제한할 수 있는 서비스 또는 프로그램을 제공하는 방법으로 한다.

⑥ 게임물 관련사업자가 법 제12조의3 제1항 제4호에 따라 청소년 본인 및 법정대리인에 대하여 고지할 때에는 휴대전화에 의한 문자전송, 전자우편, 팩스, 전화 또는 문서 등의 방법으로 월 1회 이상 하여야 한다.

⑦ 게임물 관련사업자는 법 제12조의3 제1항 제5호에 따라 "과도한 게임이용은 정상적인 일상생활에 지장을 줄 수 있습니다."라는 주의문구를 게임물 이용 1시간마다 3초 이상 게임물 이용화면에 게시하여야 한다.

⑧ 게임물 관련사업자는 법 제12조의3 제1항 제6호에 따라 게임물 이용에 장애를 주지 않는 범위에서 게임물 이용시간 경과 내역을 게임물 이용 1시간마다 3초 이상 게임물 이용화면에 알아보기 쉽게 표시하여야 한다.

⑨ 문화체육관광부장관이 법 제12조의3 제4항에 따라 게임물 관련사업자에게 자료의 제출 및 보고를 요청하는 경우에는 문서(전자문서를 포함한다)로 하여야 한다.

제8조의4(평가 방법 및 절차) ① 여성가족부장관은 법 제12조의3 제2항에 따라 심야시간대의 인터넷게임 제공시간 제한대상 게임물의 범위가 적절한지를 평가(이하 이 조에서 "게임물 범위 평가"라 한다)하는 경우 다음 각 호의 사항을 포함한 게임물 범위 평가계획을 문화체육관광부장관과 협의하여 수립하고 관보에 고시하여야 한다.

1. 「청소년 보호법 시행령」 제21조 제1항 제1호 및 제2호에 따른 평가 대상 게임물 및 평가 사항
2. 게임물 범위 평가 기준
3. 게임물 범위 평가 지표 및 척도
4. 그 밖에 여성가족부장관이 게임물 범위 평가에 필요하다고 문화체육관광부장관과 협의하여 정한 사항

② 문화체육관광부장관은 게임물 범위 평가를 위하여 법 제11조에 따른 실태조사 자료, 법 제12조의2 제1항 제2호에 따른 게임과몰입 등에 대한 실태조사 자료, 그 밖에 게임물 범위 평가에 필요한 자료를 여성가족부장관에게 제공할 수 있다.

③ 여성가족부장관은 게임물 범위 평가를 위하여 필요한 경우 제2항의 게임물 범위 평가에 필요한 자료를 제공해 주도록 문화체육관광부장관에게 요청할 수 있다.

④ 여성가족부장관은 게임물 범위 평가를 하는 경우 관계 전문가, 학부모 관련 단체, 청소년 또는 게임물 관련사업자 단체 등으로부터 의견을 들을 수 있다.

⑤ 여성가족부장관은 게임물 범위 평가를 완료하기 전에 최종 게임물 범위 평가안에 대하여 문화체육관광부장관과 협의하여야 한다.

■ 입법 취지

최근 온라인게임을 비롯한 게임물 이용자 수가 급속하게 증가하면서 게임과몰입 현상 등이 심각한 사회적 문제로 대두되고 있으나, 건전한 게임이용문화 조성 차원의 게임이용문화의 교육·홍보, 게임업계의 자율적 규제 유도 등의 정책만으로는 이러한 문제를 해결하기에 역부족이라는 판단[13]하에 게임물관련사업

자에게 과도한 게임물 이용 방지를 위한 일정한 예방조치를 의무화하는 규정을 신설하게 된 것이다.

제12조의2 규정이 게임과몰입등의 예방을 위한 정부의 의무를 규정하는 것이라면, 제12조의3 규정은 게임물관련사업자의 의무를 규정한 것이다. 또한 제12조의3에서 규정한 게임물관련 사업자의 의무 이행을 확인하기 위하여 예방조치 관련 자료의 제출 및 보고를 강제할 수 있고, 예방조치가 미흡한 경우 시정명령을 할 수 있으며, 이에 따른 조치결과를 다시 보고받도록 하고 있다. 또한 이를 강제할 수 있도록 이러한 일련의 조치들이 이행되지 않는 경우 일정한 벌칙과 과태료를 부과할 수 있다.

한편, 제12조의3 규정은 게임의 역기능 전반("게임과몰입 등")에 대한 정책을 규정하고 있는 제12조의2 규정과 달리 게임물 이용자의 게임과몰입과 중독을 예방하기 위한 과도한 게임물 이용 방지 조치로 한정되며, 게임과몰입 문제만큼은 정부가 적극적으로 개입하여 게임물관련사업자의 규제를 통해 해결하고자 한다는 점에서 차이가 있다.[14] 문제 해결을 위한 이러한 접근방식은 최근까지 많은 논란을 야기하고 있다.

■ **입법 연혁**

제12조의3은 2011년 개정법(법률 제10879호, 2012.1.22. 시행)에서 신설된 조항이다. 이후 현행 법률까지 특별히 개정된 내용은 없다.

다만, 제2항에서 언급하고 있는 청소년보호법상 심야시간대의 인터넷게임 제공시간 제한 규정은 「청소년보호법」 2011년 개정(법률 제10659호, 2013.5.20. 시행)[15] 시 신설된 조항인데, 2011년 전부개정(법률 제11048호, 2012.9.16. 시행)에 의

---

13) 게임업계의 자율규제 노력의 경우에는 규제와 수익의 상충이라는 게임산업의 근본적인 속성으로 인하여 과몰입 해소에 일정한 한계를 노정하고 있다[류환민(국회문화체육관광방송통신위원회 수석전문위원), 게임산업진흥에 관한 법률 일부개정법률안(한선교의원 대표발의안) 검토보고서, 2011.4, 5면].
14) 게임과몰입은 더 이상 개인, 가족 등 사회구성원의 개별적인 문제가 아니라, 정부가 적극적으로 검토하고 풀어가야 할 사회문제이자 정책의제(policy agenda)가 되었다고 할 것이다(류환민, 위의 한선교의원 대표발의안 검토보고서, 4면).

해 조문이 제23조의3에서 제26조로 변경됨에 따라 「게임산업진흥에 관한 법률」 2011년 개정(법률 제1048호, 2012.9.16. 시행)시 제12조의3 제2항에서 이를 반영하였을 뿐이다.

한편, 2009년 4월 22일 최영희 의원 등이 발의한 「청소년보호법 일부개정법률안」에서도 i) 인터넷게임 제공자는 회원가입 시 실명과 연령을 확인할 수 있는 기술적 조치를 하고 회원으로 가입하려는 자가 청소년일 경우에는 친권자 등의 동의를 받도록 하며(안 제23조의3 신설), ii) 인터넷게임 제공자는 청소년의 인터넷게임 중독을 예방하기 위하여 이용시간, 이용방법 등 인터넷 게임이용 제한에 관한 기술적 조치를 하여야 하고, 청소년 본인 또는 친권자 등의 요청이 있는 경우에는 인터넷게임의 이용시간을 제한하도록 하며(안 제23조의4 신설), iii) 인터넷게임 제공자는 청소년 본인 또는 친권자 등의 요청이 있는 경우에는 심야시간대에 인터넷게임을 제공할 수 없도록 하며(안 제23조의5 신설), iv) 인터넷게임 제공자는 인터넷게임 중독 경고 문구를 표시하여야 하고 청소년 회원가입자의 친권자 등에게 게임의 특성·유료화 정책 등에 관한 기본적인 사항 등을 고지하도록 하는(안 제23조의6 신설) 개정안[16]이 제출된 바 있으나, 당시 국회에서 심의중인 「게

---

15) 부칙 〈법률 제10659호, 2011.5.19〉
　　① (시행일) 이 법은 공포 후 6개월이 경과한 날부터 시행한다. 다만, 제23조의3 제1항의 개정규정에 따른 인터넷게임 중 심각한 인터넷게임 중독의 우려가 없는 것으로서 대통령령으로 정하는 기기를 이용한 인터넷게임에 대한 심야시간대 제공시간 제한에 관한 부분은 공포 후 2년이 경과한 날부터 시행한다. [이하 생략]
16) 최영희의원 대표발의 청소년보호법 일부개정법률안
　　제23조의3(인터넷게임 이용자의 실명·연령 확인) ① 인터넷게임 제공자는 인터넷게임 이용자의 회원가입 시 실명 및 연령을 확인할 수 있는 기술적 조치를 하여야 한다.
　　② 인터넷게임 제공자는 제1항에 따른 확인 결과 회원으로 가입하려는 자가 청소년일 경우에는 친권자 등의 동의를 받아야 한다.
　　③ 제1항 및 제2항에 따른 기술적 조치 및 동의 등에 관하여 필요한 사항은 대통령령으로 정한다.
　　제23조의4(청소년의 인터넷게임 이용시간 등 제한) ① 인터넷게임 제공자는 청소년의 인터넷게임 중독을 예방하기 위하여 청소년의 인터넷게임 이용시간, 이용방법 등 인터넷게임 이용제한에 관한 기술적 조치를 마련하여야 하며, 청소년 본인 또는 친권자 등의 요청이 있는 때에는 이를 제공하여야 한다.
　　② 제1항에 따른 기술적 조치에 대하여는 대통령령으로 정한다.
　　제23조의5(심야시간대의 게임물 제공 제한) 인터넷게임 제공자는 청소년 본인 또는 친권자 등의 요청이 있는 때에는 오전 0시부터 오전 6시까지 인터넷게임을 청소년에게 제공하여서는 아니 된다.

임산업진흥에 관한 법률 전부개정법률안」(2008.11.28. 정부제출, 2009.2.4. 문화체육방송통신위원회 상정 및 법안심사소위회부)에 유사한 규정으로 반영되어 있으므로 청소년 보호의 취지를 감안하더라도 중복규제의 우려가 있다는 이유로 이러한 내용들을 조정하여 게임산업진흥에 관한 법률 제12조의3에 반영하기로 하였다.[17] 다만, 「게임산업진흥에 관한 법률」은 게임산업의 발전과 진흥이 주목적이므로 규제가 있더라도 최소한으로 한정되어야 하였다. 이러한 한계를 극복하기 위해서 2008년 7월 10일 김재경 의원이 대표 발의한 「청소년보호법 일부개정법률안」에서 제안된 소위 "강제적 셧다운제"는 청소년보호법(법률 제10659호)에서 제23조의3(심야시간대의 인터넷게임 제공시간 제한 등)[18] 등의 규정을 신설하여 필요한 규제를 실효적으로 할 수 있도록 하였다.

제23조의6(인터넷게임 제공자의 표시·고지 의무) ① 인터넷게임 제공자는 인터넷게임 중독 경고문구를 표시하여야 한다.

② 인터넷게임 제공자는 청소년 회원가입자의 친권자 등에게 다음 각 호의 사항을 알려야 한다.

1. 청소년에게 제공되는 게임의 특성·등급(「게임산업진흥에 관한 법률」 제21조에 따른 게임물의 등급을 말한다)·유료화정책 등에 관한 기본적인 사항
2. 청소년의 인터넷게임 이용시간
3. 청소년이 인터넷게임 이용 등에 따른 결제정보

③ 제1항에 따른 인터넷게임 중독경고문구의 내용 및 표시방법과 제2항에 따른 고지에 관한 구체적인 사항은 대통령령으로 정한다.

17) 보건복지가족위원회, 최영희의원 대표발의 청소년보호법 일부개정법률안 검토보고(2009. 12.) 및 국회문화체육관광방송통신위원회, 「청소년보호법 일부개정법률안」에 대한 의견제시의 건 검토보고서(최영희의원 대표발의안), 2010.2. 참조.

그러나 2011년 청소년보호법 전부개정시 "제3장 청소년의 인터넷게임 중독 예방"에 제24조(인터넷게임 이용자의 친권자등의 동의), 제25조(인터넷게임 제공자의 고지 의무) 규정이 추가되었다. 다만, "친권자 등의 동의나 고지에 필요한 사항은 「게임산업진흥에 관한 법률」에서 정하는 바에 따른다."고 규정하여 중복규제의 문제를 피해가려 하고 있다.

18) 현행 청소년보호법 제26조(심야시간대의 인터넷게임 제공시간 제한) ① 인터넷게임의 제공자는 16세 미만의 청소년에게 오전 0시부터 오전 6시까지 인터넷게임을 제공하여서는 아니 된다.

② 여성가족부장관은 문화체육관광부장관과 협의하여 제1항에 따른 심야시간대 인터넷게임의 제공시간 제한대상 게임물의 범위가 적절한지를 대통령령으로 정하는 바에 따라 2년마다 평가하여 개선 등의 조치를 하여야 한다.

③ 제2항에 따른 평가의 방법 및 절차 등에 필요한 사항은 「게임산업진흥에 관한 법률」에서 정하는 바에 따른다.

■ 내용 해설

1. 과도한 게임물 이용 방지조치(예방조치)

제12조의3 제1항 각호에서는 게임물 관련사업자가 게임물이용자의 과몰입[19]과 중독을 예방하기 위하여 하여야 하는 과도한 게임물 이용 방지조치(예방조치)를 규정하고 있다.

가. 게임물 관련사업자

제12조의3 제1항에서는 게임물 관련사업자를 별도로 정의하고 있다. 즉, 게임물 관련사업자는 제2조 정의 규정에서 게임제작업, 게임배급업, 게임제공업, 인터넷컴퓨터게임시설제공업, 복합유통게임제공업 등의 영업을 하는 자로 규정하고 있지만(제2조 제9호), 동조에서의 "게임물 관련사업자"는 정보통신망[20]을 통하여 공중이 게임물을 이용할 수 있도록 서비스하는 자로 제한된다. 게임제작사가 온라인게임을 직접 서비스하는 경우는 물론 게임제공업자가 제작하지 아니한 온라인 게임을 퍼블리싱 서비스하는 경우를 포함한다. 게임물 관련사업자가 제작사와 퍼블리싱 사업자로 구분되어 있는 경우 퍼블리싱 사업자가 원칙적으로 예방조치를 하여야 할 사업자이나 게임물의 구성을 변경해야 할 권한이 없기 때문에, 후술하는 선택적 셧다운제, 주의문구 및 경과내역 표시의 예방조치 등 게임 시스템의 변경 권한이 있어야 예방조치 의무를 이행할 수 있는 경우에는 게임물제작자와 협력하여 의무를 이행하여야 한다.[21] 또한 게임물의 "이용"이 채널

---

19) 게임과몰입이란 게임을 과도하게 이용하여 사회적으로 부정적인 결과를 초래하는 등 게임에 대한 의존성이 높은 상태를 의미한다. 동법에서는 "게임중독" 대신 "게임과몰입"이란 용어를 차별하여 사용하고 있는데, 이는 게임중독뿐만 아니라 그 전의 문제적 단계를 포섭하여 정책대상으로 규정하기 위한 것이다(류환민, 앞의 한선교의원 대표발의안 검토보고서, 3면.

20) 「정보통신망 이용촉진 및 정보보호 등에 관한 법률」 제2조 제1항 제1호의 정보통신망(「전기통신사업법」 제2조 제2호에 따른 전기통신설비를 이용하거나 전기통신설비와 컴퓨터 및 컴퓨터의 이용기술을 활용하여 정보를 수집·가공·저장·검색·송신 또는 수신하는 정보통신체제)을 말한다.

21) 제작사 및 퍼블리셔 일방이 대기업인 경우, 예방조치 이행을 위한 선택적 셧다운제 시스템 마련, 주의문구 및 경과내역 표시 등을 위한 협력 의무가 발생한다.

링 사업자를 통해 이루어지는 경우에는 회원가입시 본인확인(제1호) 및 법정대리인의 동의 확보(제2호), 선택적 셧다운제 시행(제3호), 고지의무 이행(제4호)을 위해서 채널링 사업자의 협조가 필요하기 때문에 채널링 사업자는 협력 의무를 부담한다.[22)

한편, 제12조의3에서의 게임물 관련사업자는 오히려 청소년 보호법에서의 "인터넷게임의 제공자"와 유사하다. 청소년보호법에서는 "인터넷게임의 제공자"를 정보통신망을 통하여 실시간으로 제공되는 게임물을 제공하는 「전기통신사업법」상 부가통신사업자로 정의하고 있다(청소년보호법 제24조).[23) 정의규정에서 포괄적으로 정의된 게임물 관련사업자를 동조에서만 인터넷게임물제공업자로 한정하는 것으로 오히려 별도의 용어를 정의하여 사용하는 것이 해석상 혼란을 피할 수 있다고 생각한다.

나. 예방조치 대상 게임물

먼저, 셧다운제가 적용되는 게임물은 전체이용가, 12세이용가, 15세이용가로 등급분류를 받은 게임물이다. 원천적으로 청소년의 접근이 제한되는 청소년이용불가 게임물은 셧다운제의 대상으로 할 이유가 없다. 또한, 동조 제1항 본문에서는 예방조치 의무 대상자를 정보통신망[24)을 통하여 공중이 게임물을 이용할 수 있도록 서비스하는 게임물 관련사업자로 한정하고 있다. 기본적으로 "인터넷게임"[25)을 대상으로 하고 있는 것이다. 시행령 제8조의3 제1항[26)에서는 예방조

---

22) 문화체육관광부 게임콘텐츠산업과, 게임과몰입 예방조치제도 운영지침(2012. 05) 참조.

23) 청소년보호법 제24조(인터넷게임 이용자의 친권자 등의 동의) ① 「게임산업진흥에 관한 법률」에 따른 게임물 중 「정보통신망 이용촉진 및 정보보호 등에 관한 법률」 제2조 제1항 제1호에 따른 정보통신망을 통하여 실시간으로 제공되는 게임물(이하 "인터넷게임"이라 한다)의 제공자(「전기통신사업법」 제22조에 따라 부가통신사업자로 신고한 자를 말하며, 같은 조 제1항 후단 및 제4항에 따라 신고한 것으로 보는 경우를 포함한다. 이하 같다)는 회원으로 가입하려는 사람이 16세 미만의 청소년일 경우에는 친권자 등의 동의를 받아야 한다.

24) 「정보통신망 이용촉진 및 정보보호 등에 관한 법률」상 정의를 따르는 것으로 규정되어 있다. 제2조(정의) ① 이 법에서 사용하는 용어의 뜻은 다음과 같다.
   1. "정보통신망"이란 「전기통신사업법」 제2조 제2호에 따른 전기통신설비를 이용하거나 전기통신설비와 컴퓨터 및 컴퓨터의 이용기술을 활용하여 정보를 수집 · 가공 · 저장 · 검색 · 송신 또는 수신하는 정보통신체제를 말한다.

25) 게임을 플랫폼에 따라 게임장에 설치된 오락실용 아케이드 게임(Arcade Game), 게임전용

치 대상에서 제외되는 게임물을 구체적으로 규정하고 있다.

(1) 법 제21조 제1항 제1호부터 제3호까지의 게임물(시행령 제8조의3 제1항 제1호)

법 제21조 제1항 각호에서는 등급분류 제외대상 게임물을 규정하고 있다. 등급분류 제외대상은 게임의 유해성 등을 고려할 때 등급분류가 불필요한 경우, 이용할 수 있는 실시기간 등이 한정되어 있어 등급분류를 유보할 필요가 있는 경우, 자체 등급분류 게임물로서 사전 등급분류가 적절하지 아니한 경우 등이다. 이 중 실시기간, 참여인원이 한정되어 있는 시험용 게임물에 대한 심각한 게임 중독은 발생하기 힘들 것이다. 또한 교육·학습·종교 또는 공익적 홍보활동 등의 용도의 게임물에 대한 중독은 오히려 긍정적 효과를 기대할 수 있다. 이러한 이유에서 등급분류 제외대상 게임물은 제12조의3 제1항의 과도한 게임물 이용 방지조치(예방조치)의 대상에서도 제외된다. 다만, 제21조 제1항 제4호에서 규정하고 있는 "게임물의 제작주체·유통과정의 특성 등으로 인하여 등급위원회를 통한 사전 등급분류가 적절하지 아니한 게임물 중에서 대통령령으로 정하는 것[27]"은 과도한 게임물 이용 방지조치(예방조치)의 대상이다. 게임물의 제작주

기기를 통해 DVD를 구동시켜서 하는 비디오 게임(Video Game), 개인용 컴퓨터에 CD 프로그램을 설치하여 사용하는 PC 게임(Personal Computer Game), PC 게임이 네트워크화 된 온라인 게임(On-line Game), 휴대폰을 활용하는 모바일 게임(Mobile Game)으로 분류할 수 있는데, 이러한 분류에 따르면, 아케이드 게임, 비디오 게임, PC 게임은 인터넷게임에서 제외된다. 따라서 '플레이스테이션'이나 '닌텐도, 위'처럼 온라인 접속이 필요 없는 콘솔 게임기는 자유롭게 이용할 수 있다.

26) 시행령 제8조의3(게임과몰입·중독 예방조치 등) ① 법 제12조의3 제1항에 따른 예방조치 대상이 되는 게임물은 다음 각 호의 어느 하나에 해당하는 게임물을 제외한 게임물로 한다.
   1. 법 제21조 제1항 제1호부터 제3호까지의 게임물
   2. 「청소년보호법」 제10659호 부칙 제1조 단서에 따라 심야시간대 제공시간이 제한되지 않는 게임물 및 같은 법 제23조 제2항에 따른 평가 및 조치 결과 심야시간대 인터넷게임의 제공시간을 제한하지 않는 것으로 고시된 게임물
   3. 「중소기업기본법」 제2조에 따른 중소기업으로서 영상, 방송통신 및 정보서비스 업종의 중소기업이 제공하는 게임물 [이하 생략]

27) 시행령 제11조의4(자체 등급분류 게임물) 법 제21조 제1항 제4호 본문에 따른 게임물은 다음 각 호의 요건을 모두 갖추어야 한다.
   1. 「전기통신사업법」에 따른 기간통신사업의 허가를 받은 자가 제공하는 기간통신역무에 의하여 제공될 것
   2. 온라인 오픈마켓 등 전자상거래중개로 제공될 것

체·유통과정의 특성 등으로 인하여 "사전" 등급분류가 적절하지 아니할 뿐 본호에 해당하는 게임물의 중독성이나 유해성과는 무관하기 때문이다.

1) 중앙행정기관의 장이 추천하는 게임대회 또는 전시회 등에 이용·전시할 목적으로 제작·배급하는 게임물

중앙행정기관의 장이 추천하는 게임대회 또는 전시회 등에 이용·전시할 목적으로 제작·배급하는 게임물이라면 게임물의 사행성·선정성·폭력성 등의 유해성은 추천과정에서 검증될 것이다.[28] 또 이러한 이유에서 등급분류의 대상에서 제외하고 있는 것이다. 다만, 게임대회 등에서 이용할 목적의 게임물의 중독성 여부는 달리 생각해 볼 필요가 있다. 본호에 해당하는 경우는 극히 이례적이겠지만, 어느 정도 중독성이 있는 게임물이 게임대회에서 이용될 수 있다는 점을 고려하면, 이러한 게임물을 과도한 게임물 이용 방지 조치(예방조치)의 대상에서 제외하는 것은 재검토할 필요가 있다.

2) 교육·학습·종교 또는 공익적 홍보활동 등의 용도로 제작·배급하는 게임물로서 대통령령이 정하는 것

i) 국가 또는 지방자치단체가 제작하거나, ii) 교육기관 또는 연수기관이 자체교육 또는 연수의 목적으로 사용하기 위하여 제작하거나 iii) 정부투자기관 또는 정부출연기관이 그 사업의 홍보에 사용하기 위하여 제작하는 게임물과 iv) 이 밖에 영리를 목적으로 하지 아니하고 제작·배급하는 것으로서 국내에서 교육·학습·종교 또는 공익적 홍보활동 등의 용도로 제작·배급하는 게임물을 말한다. 여기에 해당하는 게임물인지 여부는 등급위원회에 확인받을 수 있다(시행령 제13조). 이러한 게임물에 대한 중독은 오히려 긍정적 효과를 기대할 수 있기 때문에 과도한 게임물 이용 방지조치(예방조치)의 대상에서도 제외된다.

3) 게임물 개발과정에서 성능·안전성·이용자만족도 등을 평가하기 위한 시험용 게임물로서 대통령령이 정하는 대상·기준과 절차 등에 따른 게임물

제2조 제1호의2에서 규정하고 있는 사행성게임물은 제외되며, 시행령 별표 1 [시험용 게임물의 시험실시 기준][29]에 따른 게임물이어야 한다. 이 기준에 따

---

3. 이동통신단말기기 또는 이동통신단말기기에 구동되는 것과 같은 종류의 운영프로그램을 사용하는 무선인터넷 접속 단말기기에 의하여 제공될 것

28) 중앙행정기관의 장이 추천하는 경우에는 그 공공성을 깊이 신뢰하여 예외적으로 등급분류를 면제하도록 한 것이며, 따라서 그러한 추천은 공정성, 객관성 등이 담보될 것이 전제되어야 한다. 자세한 내용은 제21조 내용 해설 참조.

르면, 게임물을 이용할 수 있는 실시기간, 참여인원 등의 제한이 있어 시험용 게임물 자체는 심각한 게임 중독의 우려가 없는 것으로 판단하고 있는 것이다. 한편 시험용 게임물로 인정받기 위해서는 시험용 게임물 확인신청서를 등급위원회에 제출하여 시험용 게임물 확인증을 발급받아야 한다(시행령 제11조의3).

> (2) 「청소년보호법」 부칙 제1조 단서에 따라 심야시간대 제공시간이 제한되지 않는 게임물[30] 및 같은 법 제23조 제2항에 따른 평가 및 조치 결과 심야시간대 인터넷게임의 제공시간을 제한하지 않는 것으로 고시된 게임물(시행령 제8조의3 제1항 제2호)

청소년보호법상 강제적 셧다운제의 대상에서 제외되는 게임물은 게임법상

---

29) [별표1] 시험용 게임물의 시험실시 기준(제11조의3 제1항 제2호 관련)
  1. 개인용컴퓨터(PC)게임물, 온라인게임물 및 모바일 게임물은 다음 각목의 기준에 따라 시험을 실시하여야 한다.
  가. 시험실시기간을 30일 이내로 할 것
  나. 시험참여인원은 1만명 이내로 할 것
  다. 게임물의 내용이 신청등급의 기준에 현저하게 위배되지 아니할 것
  라. 시험참여자는 게임물의 신청등급에 해당하는 자로 할 것
  마. 게임이용요금은 무상으로 할 것
  바. 시험기간 중 획득한 점수, 게임아이템 등은 해당 게임물이 등급분류를 받아 유통하는 때에 사용되지 못하도록 할 것
  2. 아케이드게임물은 다음 각 목의 기준에 따라 시험을 실시하여야 한다.
  가. 시험실시기간은 15일 이내로 할 것
  나. 시험에 제공하는 게임기는 10대 이내로 할 것
  다. 시험을 실시하는 장소는 5곳 이내로 할 것
  라. 게임물의 내용이 신청등급의 기준에 현저하게 위배되지 아니할 것
  마. 시험참여자는 게임물의 신청등급에 해당하는 자로 할 것
  바. 게임이용요금은 무상으로 할 것
30) 「청소년보호법 시행령」 제22조(심각한 인터넷게임 중독의 우려가 없는 기기) 법률 제11048호 청소년보호법 전부개정법률 부칙 제1조 단서에서 "제26조 제1항의 개정규정에 따른 인터넷게임 중 심각한 인터넷게임 중독의 우려가 없는 것으로서 대통령령으로 정하는 기기"란 다음 각 호의 어느 하나에 해당하는 기기를 말한다.
  1. 「전기통신사업법」 제5조 제3항 제1호에 따른 기간통신사업자가 제공하는 이동통신 서비스를 이용하는 이동통신 단말기기
  2. 「전기통신사업법」 제5조 제3항 제1호에 따른 기간통신사업자가 무선으로 제공하는 기간통신역무를 이용할 수 있는 휴대용 정보 단말기기
  3. 「게임산업진흥에 관한 법률」 제25조 제1항 제4호에 따른 게임기기 자체만으로는 오락을 할 수 없는 기기. 다만, 「정보통신망 이용촉진 및 정보보호 등에 관한 법률」 제2조 제1항 제1호에 따른 정보통신망을 통하여 게임물을 유료로 제공받는 경우는 제외한다.

선택적 셧다운제의 대상 게임물에서도 제외된다. 그 중 2011.9.15. 전부개정된 청소년보호법(법률 제11048호) 부칙 제1조 단서에 의하여 심각한 인터넷게임 중독의 우려가 없는 것으로서 대통령령(청소년보호법 시행령 제22조)으로 정하는 기기를 이용한 인터넷게임은 2013.5.19.까지 시행이 유보되며,[31] 청소년보호법 제26조 제2항에 따른 평가 및 조치 결과 심야시간대 인터넷게임의 제공시간을 제한하지 않는 것으로 고시된 게임물은 규제조치 대상 게임물에서 제외된다.

1) 법률 제11048호 「청소년보호법」 전부개정법률 부칙 제1조[32] 단서에 심야시간대 제공시간이 제한되지 않는 게임물

법률 제11048호 「청소년보호법」 전부개정법률 부칙 제1조 단서에서 "제26조 제1항의 개정규정에 따른 인터넷게임 중 심각한 인터넷게임 중독의 우려가 없는 것으로서 대통령령으로 정하는 기기"란 다음 어느 하나에 해당하는 기기를 말한다(청소년보호법 시행령 제22조).

i) 「전기통신사업법」 제5조[33] 제3항 제1호에 따른 기간통신사업자가 제공하

---

31) 여기에 해당하는 게임물은 후술하는 여성가족부 고시 제2013-9호에 의하여 2015년 5월 19일까지 추가로 적용유예기간이 연장되었다.

32) 「청소년보호법」 제10659호 부칙 제1조 단서 규정은 2011.9.15, 청소년보호법 전부개정(법률 제11048호)으로 인하여 법률 제11048호 청소년보호법 전부개정법률 부칙 제1조 단서로 대체되었다. 게임산업진흥에 관한 법률 시행령 제8조의 3 제1항 제2호에서는 아직 이를 반영하지 못하였다.

「청소년보호법」(법률 제10659호, 2011.5.19) 부칙 ① (시행일) 이 법은 공포 후 6개월이 경과한 날부터 시행한다. 다만, 제23조의3 제1항의 개정규정에 따른 인터넷게임 중 심각한 인터넷게임 중독의 우려가 없는 것으로서 대통령령으로 정하는 기기를 이용한 인터넷게임에 대한 심야시간대 제공시간 제한에 관한 부분은 공포 후 2년이 경과한 날부터 시행한다.

「청소년보호법」(법률 제11048호, 2011.9.15) 부칙 제1조(시행일) 이 법은 공포 후 1년이 경과한 날부터 시행한다. 다만, 제26조 제1항의 개정규정에 따른 인터넷게임 중 심각한 인터넷게임 중독의 우려가 없는 것으로서 대통령령으로 정하는 기기를 이용한 인터넷게임에 대한 심야시간대 제공시간 제한에 관한 부분은 2013년 5월 20일부터 시행한다.

33) 「전기통신사업법」 제5조(전기통신사업의 구분 등) ① 전기통신사업은 기간통신사업, 별정통신사업 및 부가통신사업으로 구분한다.

② 기간통신사업은 전기통신회선설비를 설치하고, 그 전기통신회선설비를 이용하여 기간통신역무를 제공하는 사업으로 한다.

③ 별정통신사업은 다음 각 호의 어느 하나에 해당하는 사업으로 한다.

1. 제6조에 따른 기간통신사업의 허가를 받은 자(이하 "기간통신사업자"라 한다)의 전기통신회선설비 등을 이용하여 기간통신역무를 제공하는 사업

2. 대통령령으로 정하는 구내(構內)에 전기통신설비를 설치하거나 그 전기통신설비를 이용하여 그 구내에서 전기통신역무를 제공하는 사업

는 이동통신 서비스를 이용하는 이동통신 단말기기

ⅱ) 「전기통신사업법」 제5조 제3항 제1호에 따른 기간통신사업자가 무선으로 제공하는 기간통신역무를 이용할 수 있는 휴대용 정보 단말기기

ⅲ) 「게임산업진흥에 관한 법률」 제25조 제1항 제4호[34]에 따른 게임기기 자체만으로는 오락을 할 수 없는 기기. 다만, 「정보통신망 이용촉진 및 정보보호 등에 관한 법률」 제2조 제1항 제1호에 따른 정보통신망을 통하여 게임물을 유료로 제공받는 경우는 제외한다.

즉, 이동통신 단말기기, 휴대용 정보 단말기기, 게임기기 자체만으로는 오락을 할 수 없는 기기(정보통신망을 통하여 게임물을 유료로 제공받는 경우[35]는 제외)를 이용하는 인터넷 게임은 예방조치 대상에서 제외된다. 스마트폰 게임, 모바일 게임, 태블릿 PC 게임, 콘솔게임 등이 여기에 해당한다. 당시 스마트폰이나 태블릿 PC를 통한 모바일 게임의 경우 아직 청소년들이 모바일 기기를 많이 갖고 있지 않아 심각한 중독 우려가 없다는 의견이 반영되어 2013년 5월 19일까지 적용이 유예된 것이다.

2) 같은 법 제23조 제2항에 따른 평가 및 조치 결과 심야시간대 인터넷게임의 제공 시간을 제한하지 않는 것으로 고시된 게임물

같은 법이라 함은 현행법이 아닌 법률 제10659호 「청소년보호법」 일부개정 법률을 말하는 것이며, "제23조 제2항"은 심야시간대의 인터넷게임 제공시간 제한 등을 규정한 "제23조의3 제2항"[36]을 가리키는 것으로 입법미스라 할 것이다.

---

④ 부가통신사업은 부가통신역무를 제공하는 사업으로 한다.

34) 시행령 제15조(등록대상에서 제외되는 게임물 제작의 경우) 법 제25조 제1항 제4호에서 "대통령령이 정하는 경우"라 함은 다음 각 호의 어느 하나에 해당하는 경우를 말한다.

1. 게임기기 자체만으로는 오락을 할 수 없는 기기를 제작하는 경우
2. 유통·시청제공 및 오락제공의 목적이 아닌 목적으로 특정한 자만을 대상으로 한 게임물을 제작하는 경우
3. 법 제21조 제1항 각 호에 따른 등급분류 대상에 해당되지 아니하는 게임물을 제작하는 경우

35) 게임물의 이용을 위해 어떤 방식으로든 추가적인 비용이 요구되는 경우를 말한다. 「심야시간대 인터넷게임의 제공시간 제한 대상 게임물 범위」(여성가족부 고시 제2013-9호) 참조.

36) 청소년보호법 전부개정법률(법률 제11048호) 제23조의3(심야시간대의 인터넷게임 제공시간 제한 등) ① 「게임산업진흥에 관한 법률」에 따른 게임물 중 「정보통신망 이용촉진 및 정보보호 등에 관한 법률」 제2조 제1항 제1호에 따른 정보통신망을 통하여 실시간으로 제공되는 게임물(이하 "인터넷게임"이라 한다)의 제공자(「전기통신사업법」 제22조에 따라 부가통신사

이는 법률 제11048호 「청소년보호법」 전부개정법률에 의하여 조문이 재정리되어 현행 「청소년보호법」(법률 제11179호) 제26조 제2항에 해당한다.

　한편, 2013년 2월 20일 여성가족부는 「청소년 보호법」 제26조 및 같은 법 시행령 제21조[37]의 규정에 의거하여 「심야시간대 인터넷게임의 제공시간 제한 대상 게임물 범위」를 고시하였다(여성가족부 고시 제2013-9호).

　심야시간대 인터넷게임의 제공시간을 제한하지 않는 것으로 고시된 게임물 중 위에서 언급되지 않은 게임물로는 비영리를 목적으로 제공되고 개인정보를 수집 또는 이용하지 않는 게임물이 있다.

　　업자로 신고한 자를 말하며, 같은 조 제1항 후단 및 제4항에 따라 신고한 것으로 보는 경우를 포함한다. 이하 같다)는 16세 미만의 청소년에게 오전 0시부터 오전 6시까지 인터넷게임을 제공하여서는 아니 된다.
　　② 여성가족부장관은 문화체육관광부장관과 협의하여 제1항에 따른 심야시간대 인터넷게임의 제공시간 제한대상 게임물의 범위가 적절한지를 대통령령으로 정하는 바에 따라 2년마다 평가하여 개선 등의 조치를 하여야 한다. [이하 생략]
　37) 청소년보호법 시행령 제21조(인터넷게임 제공시간 제한에 관한 평가 및 개선 등 조치) ① 여성가족부장관은 법 제26조 제1항에 따른 심야시간대 제공이 제한되는 인터넷게임물의 범위가 적절한지를 평가하기 위하여 다음 각 호의 사항을 고려한 평가기준을 마련하고 그에 따른 평가 및 개선방안을 수립하여야 한다.
　　1. 게임의 유형, 내용 및 사용하는 기기 등을 고려한 평가 대상 게임물
　　2. 게임물의 과도한 이용을 유발하는 요인 등 평가 사항
　　② 여성가족부장관은 제1항에 따른 평가를 위하여 청소년 인터넷게임 중독(인터넷게임의 지나친 이용으로 인하여 인터넷게임 이용자가 일상생활에서 쉽게 회복할 수 없는 신체적·정신적·사회적 기능 손상을 입은 것을 말한다. 이하 같다) 예방에 관하여 전문지식과 식견이 있는 사람으로서 청소년·정보통신·게임·교육·상담·의료 등의 분야에 종사하는 전문가 및 문화체육관광부 소속 공무원 등 15명 이내로 구성된 평가자문단을 여성가족부에 둘 수 있다.
　　③ 여성가족부장관은 제1항 및 제2항에 따라 평가한 결과에 따라 심야시간대 인터넷게임의 제공시간 제한 대상 게임물의 범위를 조정하는 등 개선 등의 조치를 하여야 한다.
　　④ 여성가족부장관은 제1항에 따른 기준과 제3항에 따라 조치한 내용을 고시하여야 한다.

"비영리 목적", "개인정보 수집 및 이용" 관련 심야시간대 인터넷게임의 제공시간 제한제도
적용여부 판단기준38)

구분		개인정보 수집 또는 이용 여부	
		수집 또는 이용하지 않음	수집 또는 이용함
게 임 이용료	무료	제도 적용 제외	제도 적용
	유료	제도 적용	제도 적용

즉, 별도로 게임이용료를 받지 않고 "비영리 목적"으로 제공하면서 "개인정
보를 수집 또는 이용"하지 않는 게임물은 심야시간대 인터넷게임의 제공시간 제
한제도의 적용 대상에서 제외되며, 제12조의3 제1항의 과도한 게임물 이용 방지
조치(예방조치)의 대상에서도 제외된다. 개인정보를 수집·이용하지 않는 게임물
에서는 이용자가 청소년인지 여부도 판단할 수 없어 실질적인 과도한 게임물 이
용 방지 조치(예방조치)가 곤란하기 때문이다. 플래시게임이나 온라인서비스를
부수적으로 제공하는 PC 패키지 게임 등과 같이 회원가입을 위한 개인정보를 수
집하지 않는 게임과 게임이용정보가 다음 게임이용에 승계되지 않는 게임이 여
기에 해당한다.39)

한편, 「청소년보호법」 부칙 제1조(시행일) 단서에 의하여 2013년 5월 20일까
지 적용이 유예된 이동통신 단말기기, 휴대용 정보 단말기기, 게임기기 자체만으
로는 오락을 할 수 없는 기기(정보통신망을 통하여 게임물을 유료로 제공받는 경우는
제외)를 이용하는 게임물 및 비영리를 목적으로 제공되고 개인정보를 수집 또는
이용하지 않는 게임물은 이번 고시에 의하여 2015년 5월 19일까지 추가로 적용유
예기간이 연장되었다.40) 이번 고시에 의하여 적용이 제외된 게임들은 이후 2년마
다 청소년 유해성 여부를 평가하여 적용 여부를 다시 결정하게 된다.

---

38) 「심야시간대 인터넷게임의 제공시간 제한 대상 게임물 범위」(여성가족부 고시 제2013-9
호) 참조.
39) 문화체육관광부 게임콘텐츠산업과, 게임과몰입 예방조치제도 운영지침 참조.
40) 여성가족부 고시 제2013-9호 「심야시간대 인터넷게임의 제공시간 제한 대상 게임물 범위」
3. 고시 적용기간
○ 「청소년 보호법」 제26조 제2항에 심야시간대 인터넷게임의 제공시간 제한대상 게임물의
범위가 적절한지를 대통령령으로 정하는 바에 따라 2년마다 평가하여 개선 등의 조치토
록 하는 규정에 따라 동 고시는 2013년 5월 20일부터 2015년 5월 19일까지 적용

(3) 「중소기업기본법」 제2조[41])에 따른 중소기업으로서 영상, 방송통신 및 정
보서비스 업종의 중소기업이 제공하는 게임물(시행령 제8조의3 제1항 제3호)

창의적이고 자주적인 중소기업의 성장을 지원·육성하기 위한 특례규정이
다. 영상, 방송통신 및 정보서비스업은 상시 근로자 수 300명 미만 또는 매출액
300억원 이하인 경우 중소기업기본법 시행령 제3조 제1항 제1호에 따른 별표1에
의하여 중소기업으로 인정받는다.[42]) 이러한 중소기업이 (부수적으로) 제공하는
게임물은 제12조의3 제1항의 과도한 게임물 이용 방지조치(예방조치)의 대상에
서 제외된다. 다만, 이에 해당하는 중소기업이라 하여도 연 매출액이 50억원 이
상인 중소기업이 제공하는 게임물의 경우에는 게임물 이용자의 회원가입 시 실
명·연령 확인 및 본인 인증(제1호) 및 청소년의 회원가입 시 친권자 등 법정대리
인의 동의 확보(제2호)와 같은 최소한의 예방조치를 하여야 한다(시행령 제8조의3
제2항).

중소기업 해당 여부는 중소기업청에서 주관하는 중소기업현황정보시스템
(http://sminfo.smba.go.kr/)에서 확인할 수 있다.

구 분		상시근로자수	
		300명 미만	300명 이상
매출액	300억원 이하	중소기업 (매출액 50억원 이상인 경우 제1호 및 제2호 적용)	중소기업 (매출액 50억원 이상인 경우 제1호 및 제2호 적용)

---

41) 중소기업법 제2조(중소기업자의 범위) ① 중소기업을 육성하기 위한 시책(이하 "중소기업
    시책"이라 한다)의 대상이 되는 중소기업자는 다음 각 호의 어느 하나에 해당하는 기업(이하
    "중소기업"이라 한다)을 영위하는 자로 한다.
    1. 다음 각 목의 요건을 모두 갖추고 영리를 목적으로 사업을 하는 기업
    가. 업종별로 상시 근로자 수, 자본금, 매출액 또는 자산총액 등이 대통령령으로 정하는 기준
       에 맞을 것
    나. 지분 소유나 출자 관계 등 소유와 경영의 실질적인 독립성이 대통령령으로 정하는 기준
       에 맞을 것
    2. 「사회적 기업 육성법」 제2조 제1호에 따른 사회적 기업 중에서 대통령령으로 정하는 사회
       적기업
    [이하 생략]
42) 다만, 상시 근로자 수가 1천명 이상인 기업, 자산총액이 5천억원 이상인 기업, 자기자본이
    1천억원 이상인 기업, 직전 3개 사업연도의 평균 매출액이 1천 5백억원 이상인 기업은 중소
    기업기본법 시행령 제3조 제1항 제1호 단서에 의하여 제외된다.

	300억원 초과	중소기업 (제1호 및 제2호 적용)	대기업

다. 예방조치

동조 제1항 각호에서는 게임물 이용자의 게임과몰입과 중독을 예방하기 위한 과도한 게임물 이용 방지 조치(예방조치)를 규정하고 있다.

(1) 게임물 이용자의 회원가입 시 실명·연령 확인 및 본인 인증(제1호)

'본인인증'이란 이용자의 회원 가입 시 당사자 특정과 그 당사자의 실재함을 의미하며, 이에 따라 법 적용상 정보통신망법상 '본인확인'(실명인증)의 절차와 방식을 준용할 수 있다.

게임물 관련사업자는 게임물 이용자의 회원가입 시 「전자서명법」 제2조 제10호에 따른 공인인증기관, 그 밖에 본인확인서비스를 제공하는 제3자 또는 행정기관에 의뢰하거나 대면확인 등을 통하여 게임물 이용자가 본인임을 확인할 수 있는 수단을 마련하여야 한다(시행령 제8조의3 제3항). 즉, 공인인증서, 신용정보사를 통한 확인, 아이핀, 신용카드, 휴대전화 등을 활용하여 본인인증을 할 수 있으며, 청소년인 회원가입자의 본인인증이 어려운 경우 그 가입자의 법정대리인에 대한 본인인증이 있고, 법정대리인이 청소년의 회원 가입의 동의를 하였다면 이는 청소년인 회원가입자의 본인인증이 되었다고 간주할 수 있다.[43]

한편, "회원 가입 시"는 게임 이용을 위한 특정의 신규 가입 의사와 가입 행위가 일치를 이루는 시점을 의미하며, 따라서 제1호에서 규정하고 있는 예방조치는 이 규정이 신설된 2011년 개정 법률의 시행일(2012.1.22.) 이후 신규 가입한 이용자부터 적용된다.[44]

---

43) 문화체육관광부 게임콘텐츠산업과, 게임과몰입 예방조치제도 운영지침 참조.
44) 문화체육관광부 게임콘텐츠산업과, 게임과몰입 예방조치제도 운영지침 참조.

(2) 청소년45)의 회원가입 시 친권자 등 법정대리인의 동의 확보(제2호)

「청소년보호법」에서는 동법에 따른 게임물 중 정보통신망을 통하여 실시간으로 제공되는 게임물(인터넷게임)의 제공자(「전기통신사업법」 제22조46)에 따라 부가통신사업자로 신고한 자를 말하며, 같은 조 제1항 후단 및 제4항에 따라 신고한 것으로 보는 경우를 포함한다.)는 회원으로 가입하려는 사람이 16세 미만의 청소년일 경우에는 친권자 등의 동의를 받아야 한다고 규정하고 있다(「청소년보호법」 제24조 제1항).

한편 동법상 게임물 관련사업자는 다음의 어느 하나에 해당하는 방법으로 법정대리인의 동의를 받아야 한다(시행령 제8조의3 제4항).

i) 법 제12조의3 제1항에 따른 정보통신망에 동의 내용을 게재하고 법정대리인이 동의 여부를 표시하도록 하는 방법

ii) 동의 내용이 적힌 서면을 법정대리인에게 직접 발급하거나 우편 또는 팩스를 통하여 전달하고 법정대리인이 동의 내용에 대하여 서명하거나 날인한 후 제출하도록 하는 방법

---

45) 「게임산업진흥에 관한 법률」상 청소년은 "18세 미만의 자(「초·중등교육법」 제2조의 규정에 의한 고등학교에 재학 중인 학생을 포함한다)를 말한다."고 정의하고 있다(제2조 제10호).

46) 「전기통신사업법」 제22조(부가통신사업의 신고 등) ① 부가통신사업을 경영하려는 자는 대통령령으로 정하는 요건 및 절차에 따라 미래창조과학부장관에게 신고(정보통신망에 의한 신고를 포함한다)하여야 한다. 이 경우 자본금 등이 대통령령으로 정하는 기준에 해당하는 소규모 부가통신사업의 경우에는 부가통신사업을 신고한 것으로 본다.

② 제1항에도 불구하고 특수한 유형의 부가통신사업을 경영하려는 자는 다음 각 호의 사항을 갖추어 미래창조과학부장관에게 등록(정보통신망에 의한 등록을 포함한다)하여야 한다.

1. 「정보통신망 이용촉진 및 정보보호 등에 관한 법률」 제42조, 제42조의2, 제42조의3, 제45조 및 「저작권법」 제104조의 이행을 위한 기술적 조치 실시 계획

2. 업무수행에 필요한 인력 및 물적 시설

3. 재무건전성

4. 그 밖에 사업계획서 등 대통령령으로 정하는 사항

③ 미래창조과학부장관은 제2항에 따라 부가통신사업의 등록을 받는 경우에는 같은 항 제1호에 따른 계획을 이행하기 위하여 필요한 조건을 붙일 수 있다.

④ 기간통신사업자가 부가통신사업을 경영하려는 경우에는 부가통신사업을 신고한 것으로 본다.

⑤ 제1항 전단에 따라 부가통신사업을 신고한 자 및 제2항에 따라 부가통신사업을 등록한 자는 신고 또는 등록한 날부터 1년 이내에 사업을 시작하여야 한다.

⑥ 제1항 전단에 따른 신고 및 제2항에 따른 등록의 요건, 절차, 그 밖에 필요한 사항은 대통령령으로 정한다.

iii) 동의 내용이 적힌 전자우편을 발송하여 법정대리인으로부터 동의의 의사표시가 적힌 전자우편을 전송받는 방법

iv) 전화를 통하여 동의 내용을 법정대리인에게 알리고 동의를 받거나 인터넷주소 등 동의 내용을 확인할 수 있는 방법을 안내하고 재차 전화를 통하여 동의를 받는 방법

즉, 동의 확보 방법은 정보통신망에 동의내용 게재, 우편/팩스, 전자우편, 전화통화로 특정되어 있으나 이와 동등한 가치를 갖는 방법에 의한 것, 예컨대 SMS로 URL 링크를 보내 해당 웹페이지에 접속하게 하여 동의하는 것도 가능하다고 본다.[47)]

또한 문화체육관광부 게임 과몰입 예방조치제도 운영지침에 따르면, 온라인 상으로 법정대리인의 동의 확보시 법정대리인에 대한 본인 확인 의무가 발생한다고 보기는 어렵다고 한다.

한편, 「청소년보호법」상 "인터넷게임의 제공자"와 동법상 "게임물 관련사업자"는 상당 부분 일치하지만, 규제 내용에 차이가 있다. 「청소년보호법」은 청소년 중 16세 미만으로, 부가통신사업자로 한정하여 규제하고 있다. 추가로 동법이 적용될 수 있음에도 불구하고, 규제대상과 범위를 달리하여 이중으로 규제하는 것은 문제가 있어 보인다. 다만, 「청소년보호법」에서 "친권자 등의 동의에 필요한 사항은 「게임산업진흥에 관한 법률」에서 정하는 바에 따른다."고 하여 두 법의 충돌이나 중복규제의 문제를 피해가려 하고 있다.

(3) 청소년 본인 또는 법정대리인의 요청 시 게임물 이용방법, 게임물 이용시간 등 제한(제3호)

소위 "셧다운제"는 강제성 여부에 따라 "선택적 셧다운제"와 "강제적 셧다운제"로 나누어 볼 수 있는데, 청소년 본인 또는 법정대리인의 요청시 게임이용시간 등을 제한할 수 있도록 한 제12조의3 제1항 제3호는 "선택적 셧다운제"를 입법화한 것이다. 즉, 청소년 또는 법정대리인 요청 시점에 강제 접속 종료(kick-out)되는 방식을 적용하여 게임 이용을 제한하는 것이다.

---

47) 문화체육관광부 게임콘텐츠산업과, 게임과몰입 예방조치제도 운영지침 참조.

기술적으로 실시간 제어가 가능한 게임물은 시간 단위로 청소년 또는 법정
대리인이 선택할 수 있는 시간대를 정하여 요청 시간이 도래하면 접속 종료되는
방식을 적용할 수 있고, 웹게임, 팩게임 등 기타 기술적으로 실시간 제어가 불가
능한 게임물은 설정시간 도래 후 단시간 내 접속 종료 또는 로그인 차단 방식 등
을 적용할 수 있다.

청소년 본인 또는 법정대리인의 요청 시 게임물 이용방법, 게임물 이용시간
등의 제한은 특정 시간이나 기간을 정하여 제한[48]할 수 있는 서비스 또는 프로그
램을 제공하는 방법으로 한다(시행령 제8조의3 제5항).

한편, 이러한 선택적 셧다운제는 "규제의 대상과 수단은 규제의 목적 실현에
필요한 최소한의 범위에서 가장 효과적인 방법으로 객관성·투명성 및 공정성이
확보되도록 설정되어야 한다."는 행정규제기본법상 규제의 원칙(제5조)을 고려한
것이다.

셧다운제에 있어 목적의 정당성과 방법의 적절성은 인정된다고 하여도 규제
에 따른 피해의 최소성이 인정되느냐 여부가 문제된다. i) 입법목적이 게임과몰
입의 해소라고 한다면 과몰입 상태에 대한 판단을 전제로 게임이용이 제한되어
야 하는데, 일정한 시간대를 정하여 과몰입 여부에 대한 판단도 없이 게임이용을
전면적으로 제한하는 것은 게임과몰입의 해소가 아니라 야간게임금지가 1차적
목적이 되므로 규제의 목적과 선택된 수단이 상호 불일치하게 되는 문제가 있고,
ii) 본인 또는 법정대리인의 요청에 의해서 게임이용시간을 제한하여야 법적용의
구체적 타당성을 확보할 수 있으며, 법의 형식적 적용을 피할 수 있고, iii) 친권자
등 법정대리인의 요청으로 게임이용을 제한하는 것이 자녀에 대한 교육권을 가
진 친권의 개념에도 부합한다고 점에서 본호에서 규정하고 있는 선택적 셧다운
제가 보다 최소침해의 원칙에 부합하는 방식으로 평가된 것이다.[49]

---

48) 일별 접속제한, 시간별 접속제한, 요일별 접속제한, 주말·주중 접속제한 등 다양한 접근
   차단방법을 포함한다.
49) 류환민, 앞의 한선교 의원 대표발의안 검토보고서, 14-15면.

(4) 제공되는 게임물의 특성·등급·유료화정책 등에 관한 기본적인 사항과 게임물 이용시간 및 결제정보 등 게임물 이용내역의 청소년 본인 및 법정대리인에 대한 고지(제4호)

게임물 관련사업자가 청소년 본인 및 법정대리인에 대하여 제공되는 게임물의 특성·등급·유료화정책 등에 관한 기본적인 사항과 게임물 이용시간 및 결제정보[50] 등 게임물 이용내역 등을 고지할 때에는 휴대전화에 의한 문자전송, 전자우편, 팩스, 전화 또는 문서 등의 방법으로 월 1회 이상 하여야 한다(시행령 제8조의3 제6항). 반드시 개별 게임물마다 고지하여야 할 필요는 없으며 게임 포털사업자는 월 1회 해당 포털을 통해 이용한 게임물을 묶어서 한꺼번에 고지할 수 있으며, 이용 내역이 없다면 고지하지 않아도 된다.[51]

한편, 「청소년보호법」상 인터넷게임의 제공자는 16세 미만의 청소년 회원가입자의 친권자 등에게 해당 청소년과 관련된 다음의 사항을 알려야 한다(「청소년보호법」 제25조 제1항).

i) 제공되는 게임의 특성·게임물의 등급·유료화정책 등에 관한 기본적인 사항

ii) 인터넷게임 이용시간

iii) 인터넷게임 이용 등에 따른 결제정보

규제대상(부가통신사업자)과 규제범위(16세 미만의 청소년 회원가입자)에 있어 약간의 차이는 있지만, 규제내용은 사실상 동일하다. 여기서도 「청소년보호법」에서 "고지에 필요한 사항은 「게임산업진흥에 관한 법률」에서 정하는 바에 따른다."고 하여 두 법의 충돌이나 중복규제의 문제를 피해가려 하고 있다.

(5) 과도한 게임물 이용 방지를 위한 주의문구 게시(제5호)

게임물 관련사업자는 "과도한 게임이용은 정상적인 일상생활에 지장을 줄

---

50) "결제정보"라 함은 구매내역에서 구매한 품목과 구매가격, 총 구매액 등을 의미하며, 결제수단까지 별도 고지할 필요는 없다(문화체육관광부, 게임과몰입 예방조치제도 운영지침 참조).

51) 문화체육관광부 게임콘텐츠산업과, 게임 과몰입 예방조치제도 운영지침 참조.

수 있습니다."라는 주의문구를 게임물 이용 1시간마다 3초 이상 게임물 이용화면에 게시하여야 한다(시행령 제8조의3 제7항).

"주의문구 게시"(제5호) 및 아래의 "이용시간 경과 내역 표시"(제6호) 시점의 기준이 되는 "매 1시간"은 게임 클라이언트 구동에서 종료까지의 전체 시간마다 1시간을 의미하며, 주의문구 게시가 스크롤(롤링) 방식으로 구현되는 경우에는 3초 내에 경구 문구가 완전히 표기된다는 전제에서 스크롤 방식으로 구현할 수 있다. 또한 과몰입 주의문구는 시행령에서 정한 문구("과도한 게임이용은 정상적인 일상생활에 지장을 줄 수 있습니다")를 그대로 사용해야 한다.[52]

(6) 게임물 이용화면에 이용시간 경과 내역 표시(제6호)

게임물 관련사업자는 게임물 이용에 장애를 주지 않는 범위에서 게임물 이용시간 경과 내역을 게임물 이용 1시간마다 3초 이상 게임물 이용화면에 알아보기 쉽게 표시하여야 한다(시행령 제8조의3 제8항).

문화체육관광부 게임 과몰입 예방조치제도 운영지침에서는 "알아보기 쉽게"라는 표현에 대하여 구체적인 권고 기준을 제시하고 있는데, "데스크톱의 경우 17인치 모니터 기준에서 50센티미터 전방에서 그 의미를 명확하게 인식할 수 있고, 노트북 컴퓨터의 경우 13인치 기준으로 30센티미터 전방에서 그 의미를 명확히 인식할 수 있는 활자 크기"로 표시하여야 한다.

(7) 그 밖에 게임물 이용자의 과도한 이용 방지를 위하여 대통령령으로 정하는 사항(제7호)

게임물 이용자의 게임과몰입과 중독을 예방하기 위한 과도한 게임물 이용방지조치(예방조치)를 시행령에서 추가로 규정할 수 있도록 하고 있는데, 이는 사정의 변화에 따라 능동적으로 대처하기 위함이다. 다만, 아직 이에 근거한 추가적인 예방조치는 시행령에 규정되어 있지 않다.

---

52) 문화체육관광부, 게임과몰입 예방조치제도 운영지침 참조.

2. 심야시간대의 인터넷게임 제공시간 제한 조치(소위 "셧다운 제도")

최근 과도한 게임으로 청소년들의 정신건강과 학업에 부정적인 영향을 주거나, 여러 사회문제를 야기하는 등 과도한 게임이용과 이에 따른 부정적 효과가 사회적으로 논란이 되고 있다. 게임과몰입은 특히 MMORPG나 FPS 게임과 같은 온라인 게임에서 심각하게 나타나는데, 온라인 게임의 경우 일반적으로 게임이용을 위한 가입·설치비를 통하여 수익을 창출하는 것이 아니라, 이용시간에 비례한 이용료를 받거나 게임 아이템을 판매한 대가로 수익을 창출하는 구조이기 때문이다.[53]

이러한 문제를 해결하고자 청소년보호법에서는 16세 미만의 청소년을 대상으로 심야시간대 인터넷게임의 제공시간을 제한하는 소위 "강제적 셧다운제"를 입법화하여 청소년 인터넷게임 중독[54]을 예방하고자 하고 있다. 즉, 인터넷게임의 제공자는 16세 미만의 청소년에게 오전 0시부터 오전 6시까지 인터넷게임을 제공하여서는 아니 된다(「청소년보호법」 제26조 제1항).

또한 여성가족부장관은 문화체육관광부장관과 협의하여 심야시간대 인터넷게임의 제공시간 제한대상 게임물의 범위가 적절한지를 대통령령으로 정하는 바에 따라[55] 2년마다 평가하여 개선 등의 조치를 하여야 하며, 그 평가의 방

---

53) 류환민, 한선교의원 대표발의안 검토보고서, 11면. MMORPG(Massive Multiplayer Online Playing Game)은 리니지, 아이온, 월드 오브 워크래프트 등과 같이 수십 명 이상의 게임이용자가 동시에 가상공간에서 게임을 즐길 수 있는 게임 장르를 말하며, FPS(First Point Shooting)은 스페셜포스, 카르마 등과 같은 1인칭 슈팅게임을 말한다.

54) 「청소년보호법 시행령」 제21조에서는 인터넷게임 중독을 "인터넷게임의 지나친 이용으로 인하여 인터넷게임 이용자가 일상생활에서 쉽게 회복할 수 없는 신체적·정신적·사회적 기능 손상을 입은 것을 말한다."고 정의하고 있다.

55) 「청소년보호법 시행령」 제21에 따라 여성가족부장관은 심야시간대 제공이 제한되는 인터넷게임물의 범위가 적절한지를 평가하기 위하여 i) 게임의 유형, 내용 및 사용하는 기기 등을 고려한 "평가 대상 게임물"과 ii) 게임물의 과도한 이용을 유발하는 요인 등 "평가 사항"을 고려한 "평가기준"을 마련하고 그에 따른 평가 및 개선방안을 수립하여야 하며, 이러한 평가를 위하여 청소년 인터넷게임 중독 (인터넷게임의 지나친 이용으로 인하여 인터넷게임 이용자가 일상생활에서 쉽게 회복할 수 없는 신체적·정신적·사회적 기능 손상을 입은 것을 말한다) 예방에 관하여 전문지식과 식견이 있는 사람으로서 청소년·정보통신·게임·교육·상담·의료 등의 분야에 종사하는 전문가 및 문화체육관광부 소속 공무원 등 15명 이내로 구성된 평가자문단을 여성가족부에 둘 수 있다. 또한 여성가족부장관은 평가한 결과에 따라 심야시간대 인터넷게임의 제공시간 제한 대상 게임물의 범위를 조정하는 등 개선 등의 조치를 하

법 및 절차 등에 필요한 사항은 「게임산업진흥에 관한 법률」에서 정하는 바에 따른다(「청소년보호법」 제26조 2항 및 제3항).

이를 근거로 「게임산업진흥에 관한 법률」 제12조의3 제2항에서는 "여성가족 부장관은 심야시간대의 인터넷게임 제공시간 제한대상 게임물의 범위가 적절한 지를 평가할 때 문화체육관광부장관과의 협의를 거쳐야 한다."고 규정하면서 제 3항에서 "평가 방법 및 절차, 그 밖에 필요한 사항은 대통령령으로 정한다."고 규 정하고 있다.

이에 따라 「게임산업진흥에 관한 법률 시행령」 제8조의4에서는 여성가족부 장관은 심야시간대의 인터넷게임 제공시간 제한대상 게임물의 범위가 적절한지 를 평가하는 경우 i) ① 게임의 유형, 내용 및 사용하는 기기 등을 고려한 평가 대 상 게임물(「청소년 보호법 시행령」 제21조 제1항 제1호)과 ② 게임물의 과도한 이용 을 유발하는 요인(「청소년 보호법 시행령」 제21조 제1항 제2호)에 따른 평가대상 게 임물 및 평가사항, ii) 게임물 범위 평가기준, iii) 게임물 범위 평가지표 및 척도, iv) 그 밖에 여성가족부장관이 게임물 범위 평가에 필요하다고 문화체육관광부 장관과 협의하여 정한 사항을 포함한 게임물 범위 평가계획을 문화체육관광부장 관과 협의하여 수립하고 관보에 고시하여야 하며, 문화체육관광부장관은 게임물 범위 평가를 위하여 제11조에 따른 실태조사 자료, 제12조의2 제1항 제2호에 따 른 게임과몰입 등에 대한 실태조사 자료, 그 밖에 게임물 범위 평가에 필요한 자 료를 여성가족부장관에게 제공할 수 있다. 여성가족부장관은 게임물 범위 평가 를 위하여 필요한 경우 제2항의 게임물 범위 평가에 필요한 자료를 제공해 주도 록 문화체육관광부장관에게 요청할 수 있으며, 게임물 범위 평가를 하는 경우 관 계 전문가, 학부모 관련 단체, 청소년 또는 게임물 관련사업자 단체 등으로부터 의견을 들을 수 있고, 게임물 범위 평가를 완료하기 전에 최종 게임물 범위 평가 안에 대하여 문화체육관광부장관과 협의하여야 한다.

여야 하며, 그 평가기준과 대상 게임물의 범위를 조정 등 개선 조치한 내용을 고시하여야 한 다.

「청소년보호법」상 강제적 셧다운제
(심야시간대 인터넷게임의 제공시간 제한조치)
−청소년보호법 제26조−

법　률	제26조(심야시간대의 인터넷게임 제공시간 제한) ① 인터넷게임의 제공자는 16세 미만의 청소년에게 오전 0시부터 오전 6시까지 인터넷게임을 제공하여서는 아니 된다. ② 여성가족부장관은 문화체육관광부장관과 협의하여 제1항에 따른 심야시간대 인터넷게임의 제공시간 제한대상 게임물의 범위가 적절한지를 대통령령으로 정하는 바에 따라 2년마다 평가하여 개선 등의 조치를 하여야 한다. ③ 제2항에 따른 평가의 방법 및 절차 등에 필요한 사항은 「게임산업진흥에 관한 법률」에서 정하는 바에 따른다. [시행일: 2013.5.20.] 제26조 제1항의 개정규정에 따른 인터넷게임 중 심각한 인터넷게임 중독의 우려가 없는 것으로서 대통령령으로 정하는 기기를 이용한 인터넷게임에 대한 심야시간대 제공시간 제한에 관한 부분
시 행 령	제21조(인터넷게임 제공시간 제한에 관한 평가 및 개선 등 조치) ① 여성가족부장관은 법 제26조 제1항에 따른 심야시간대 제공이 제한되는 인터넷게임물의 범위가 적절한지를 평가하기 위하여 다음 각 호의 사항을 고려한 평가기준을 마련하고 그에 따른 평가 및 개선방안을 수립하여야 한다. 1. 게임의 유형, 내용 및 사용하는 기기 등을 고려한 평가 대상 게임물 2. 게임물의 과도한 이용을 유발하는 요인 등 평가 사항 ② 여성가족부장관은 제1항에 따른 평가를 위하여 청소년 인터넷게임 중독(인터넷게임의 지나친 이용으로 인하여 인터넷게임 이용자가 일상생활에서 쉽게 회복할 수 없는 신체적·정신적·사회적 기능 손상을 입은 것을 말한다. 이하 같다) 예방에 관하여 전문지식과 식견이 있는 사람으로서 청소년·정보통신·게임·교육·상담·의료 등의 분야에 종사하는 전문가 및 문화체육관광부 소속 공무원 등 15명 이내로 구성된 평가자문단을 여성가족부에 둘 수 있다. ③ 여성가족부장관은 제1항 및 제2항에 따라 평가한 결과에 따라 심야시간대 인터넷게임의 제공시간 제한 대상 게임물의 범위를 조정하는 등 개선 등의 조치를 하여야 한다. ④ 여성가족부장관은 제1항에 따른 기준과 제3항에 따라 조치한 내용을 고시하여야 한다.

참조법령	게임산업진흥에 관한 법률 제12조의3(게임과몰입·중독 예방조치 등) 　② 여성가족부장관은 「청소년 보호법」 제26조에 따라 심야시간대의 인터넷게임 제공시간 제한대상 게임물의 범위가 적절한지를 평가할 때 문화체육관광부장관과의 협의를 거쳐야 한다. 게임산업진흥에 관한 법률 시행령 제8조의4(평가 방법 및 절차) ① 여성가족부장관은 법 제12조의3 제2항에 따라 심야시간대의 인터넷게임 제공시간 제한대상 게임물의 범위가 적절한지를 평가(이하 이 조에서 "게임물 범위 평가"라 한다)하는 경우 다음 각 호의 사항을 포함한 게임물 범위 평가계획을 문화체육관광부장관과 협의하여 수립하고 관보에 고시하여야 한다. 　1. 「청소년 보호법 시행령」 제21조 제1항 제1호 및 제2호에 따른 평가 대상 게임물 및 평가 사항 　2. 게임물 범위 평가 기준 　3. 게임물 범위 평가 지표 및 척도 　4. 그 밖에 여성가족부장관이 게임물 범위 평가에 필요하다고 문화체육관광부장관과 협의하여 정한 사항 　② 문화체육관광부장관은 게임물 범위 평가를 위하여 법 제11조에 따른 실태조사 자료, 법 제12조의2 제1항 제2호에 따른 게임과몰입 등에 대한 실태조사 자료, 그 밖에 게임물 범위 평가에 필요한 자료를 여성가족부장관에게 제공할 수 있다. 　③ 여성가족부장관은 게임물 범위 평가를 위하여 필요한 경우 제2항의 게임물 범위 평가에 필요한 자료를 제공해 주도록 문화체육관광부장관에게 요청할 수 있다. 　④ 여성가족부장관은 게임물 범위 평가를 하는 경우 관계 전문가, 학부모 관련 단체, 청소년 또는 게임물 관련사업자 단체 등으로부터 의견을 들을 수 있다. 　⑤ 여성가족부장관은 게임물 범위 평가를 완료하기 전에 최종 게임물 범위 평가안에 대하여 문화체육관광부장관과 협의하여야 한다.

1. 제도의 취지 : 게임물이용자의 게임과몰입과 중독 예방

1.1 게임중독

　「청소년보호법 시행령」 제21조에서는 인터넷게임 중독을 "인터넷게임의 지나친 이용으로 인하여 인터넷게임 이용자가 일상생활에서 쉽게 회복할 수 없는 신체적·정신적·사회적 기능 손상을 입은 것을 말한다."고 정의하고 있다.

한편 인터넷 과다사용, 인터넷의존, 인터넷 과몰입 등의 용어와 혼용되어 사용되고 있는 인터넷 중독의 개념은 아직 학문적으로 명확하게 정의된 개념은 아니나, 한국정보화진흥원 인터넷중독예방센터에서는 인터넷 중독을 "인터넷 사용에 대한 금단과 내성을 지니고 있으며 이로 인해 일상생활의 장애가 유발하는 것"으로 정의하고 있으며, 상담현장에서는 이미 심각한 정신질환 현상으로 간주되고 있다. 금단(withdrawal)은 인터넷을 하지 않을 때 심각하게 불안감과 초조감을 느끼는 것을 말하며, 내성(tolerance)은 이전과 동일한 정도의 만족감을 얻기 위해 더 많은 시간동안 인터넷을 해야 하는 것을 말한다. 인터넷 중독에는 인터넷게임중독, 인터넷채팅중독, 인터넷음란물중독, 인터넷검색중독 등 하위 유형이 있으며, 게임에는 인터넷 게임, 모바일 게임, 아케이드 게임 등 여러 종류가 있는데 이 중 인터넷(온라인)게임이 주로 중독을 유발하고 있다.[56]

1.2 게임과몰입

게임과몰입이란 게임을 과도하게 이용하여 사회적으로 부정적인 결과를 초래하는 등 게임에 대한 의존성이 높은 상태를 의미한다. 「게임산업진흥에 관한 법률」에서는 "게임중독" 대신 "게임과몰입"이란 용어를 차별하여 사용하고 있는데, 이는 게임중독뿐만 아니라 그 전의 문제적 단계를 포섭하여 정책대상으로 규정하기 위한 것이라고 한다.[57]

1.3 게임중독의 원인

게임중독은 경쟁사회로부터 오는 스트레스로 인하여 현실에서의 나 자신에 만족을 못해 게임에서 채우고 싶은 욕구에서 비롯된다. 이는 우리나라 교육현실과 무관하지 않다. 적절한 놀이문화가 없어 게임 이외에 즐길 수 있는 다른 여가 활동을 찾을 수 없고, 게임보다 더 재미있고 풍요롭게 하는 취미생활을 발견할 수 없는 우리의 여가문화에서도 그 원인을 찾을 수 있다. 함께 하는 여가 문화가 아니라 혼자 놀 수밖에 없는 사회 현실의 책임이기도 하다. 즉, 게임중독이 사회적 문제를 일으키는 것이 아니라 사회적 문제가 청소년들을 게임중독이 되도록 한다는 것이다.[58]

　　한편 온라인게임의 특성에서도 게임중독의 원인을 찾을 수 있는데, 특히 MMORPG나 FPS 게임과 같은 온라인 게임에서 게임중독이 심각하게 나타나는 이유는 온라인 게임의 경우 일반적으로 게임이용을 위한 가입·설치비를 통하여 수익을 창출하는 것이 아니라, 이용시간에 비례한 이용료를 받거나 게임 아이템을 판매한 대가로 수익을 창출하는 구조이기 때문이다.[59]

1.4 인터넷 게임중독으로 인한 피해

　　청소년기의 인터넷 과다 이용은 수면부족, 시력저하와 같은 건강악화 문제,[60] 학업이나 업무에 지장을 초래하는 생활패턴 파괴,[61] 가족간의 불화,[62] 사이버 범죄[63] 내지 청소년 비행[64] 등의 다양한 문제를 야기한다.[65]

2. 「청소년보호법」상 강제적 셧다운제

2.1 셧다운제의 도입배경

　　플레이 시간에 따라 일정 시간동안 게임 접속을 차단하는 "셧다운제"는 강제성 여부에 따라 "선택적 셧다운제"와 "강제적 셧다운제"로 나누어 볼 수 있는데, 청소년 본인 또는 법정대리인의 요청시 게임이용시간 등을 제한할 수 있도록 한 「게임산업진흥에 관한 법률」 제12조의3 제1항 제3호는 선택적 셧다운제를 입법화한 것이다.[66]

　　한편 강제적 셧다운제는 2003년 7월 태국에서 처음 도입된 제도로, 우리나라 온라인게임이 선풍적인 인기를 끌면서 자국내 청소년들에 대한 온라인게임중독의 피해가 문제화되자 청소년보호차원에서 '밤10시 이후 게임이용제한 조치'라는 정부권고로 오후 10시부터 다음날 오전 6시까지 18세 미만 청소년들의 온라인게임 이용을 차단하였던 제도이며, 2개월간 시행하였으나 제대로 시행되지 않은 채 중지되었다.[67]

우리나라에서는 청소년보호위원회・기독교윤리실천운동・청소년마을 등 시민단체들이 2004.10.19. 개최한 "청소년 수면권 확보 '청소년, 잘 권리 있다'"라는 제목의 세미나에서 이 문제가 공식적으로 거론되었으며, 2005.7.18. 김재경 의원이 대표 발의한 「청소년보호법 일부개정법률안」에서 처음 입법이 제안되었다.[68] 이후 청소년보호법 2011년 개정(법률 제10659호)[69]에서 제23조의3(심야시간대의 인터넷게임 제공시간 제한 등) 규정을 신설하여 강제적 셧다운제를 도입하였으며, 2011.9.15. 전부개정(법률 제11048호)에 의하여 현행법 제26조에서 이를 규정하고 있다.

2.2 구체적 내용

「청소년보호법」에서는 16세 미만의 청소년을 대상으로 심야시간대 인터넷게임의 제공시간을 제한하는 소위 "강제적 셧다운제"를 입법화하여 청소년의 인터넷게임 중독을 예방하고자 하고 있다. 즉, 인터넷게임의 제공자는 16세 미만의 청소년에게 오전 0시부터 오전 6시까지 인터넷게임을 제공하여서는 아니 된다(「청소년보호법」 제26조 제1항).[70]

또한 여성가족부장관은 문화체육관광부장관과 협의하여 심야시간대 인터넷게임의 제공시간 제한대상 게임물의 범위가 적절한지를 대통령령으로 정하는 바에 따라[71] 2년마다 평가하여 개선 등의 조치를 하여야 하며, 그 평가의 방법 및 절차 등에 필요한 사항은 「게임산업진흥에 관한 법률」에서 정하는 바에 따른다(청소년보호법 제26조 2항 및 제3항).

(1) 인터넷 게임의 제공자

「청소년보호법」에서는 "인터넷게임의 제공자"를 정보통신망을 통하여 실시간으로 제공되는 게임물을 제공하는 「전기통신사업법」상 부가통신사업자로 정의하고 있다(「청소년보호법」 제24조).[72] 「게임산업진흥에 관한 법률」 정의규정(제2조 제9호)에서 포괄적으로 정의된 "게임물 관련사업자"와는 큰 차이가 있으며, 「게임산업진흥에 관한 법률」상 선택적 셧다운제의 적용대상으로 "정보통신망을 통하여 공중이 게임물을 이용할 수 있도록 서비스하는 자"로 별도로 정의(제12조의3 제1항)한 "게임물 관련사업자"와 유사하다. 그러나 엄밀히 비교하면, 실시간으로 제공하는지 여부,[73] 부가통신사업자에 해당하는지 여부에 따라 강제적 셧다운제에서의 "인터넷게임의 제공자"와 선택적 셧다운제에서의 "게임물 관련사업자"는 차이가 있을 수 있다.

(2) 규제조치 대상 게임물

강제적 셧다운제 규제조치 대상 게임물은 "정보통신망을 통하여 실시간으로 제공되는 게임물"이라 정의된 "인터넷게임"이다(「청소년보호법」 제24조 제1항). 다만, 2011.9.15. 전부 개정된 「청소년보호법」(법률 제11048호) 부칙 제1조 단서에 의하여 심각한 인터넷게임 중독의 우려가 없는 것으로서 대통령령(「청소년보호법 시행령」 제22조)으로 정하는 기기를 이용한 인터넷게임은 2013.5.19.까지 시행이 유보되며, 「청소년보호법」 제26조 제2항에 따른 평가 및 조치 결과 심야시간대 인터넷게임의 제공시간을 제한하지 않는 것으로 고시된 게임물은 규제조치 대상 게임물에서 제외된다.[74]

한편 선택적 셧다운제 대상 게임물은 강제적 셧다운제 대상 게임물보다 포괄적인 것이 논리적으로 보이나, 「청소년보호법」상 강제적 셧다운제의 대상에서 제외되는 게임물은 「게임산업진흥에 관한 법률」상 선택적 셧다운제의 대상 게임물에서도 제외되고, 추가적으로 시험용 게임 등 일부 「게임산업진흥에 관한 법률」상 등급분류 제외대상 게임물은 선택적 셧다운제 대상 게임물에서 제외하고 있다.

(3) 제한시간과 제한방법

강제적 셧다운제는 오전 0시부터 오전 6시까지 심야 6시간 동안 인터넷게임 제공을 제한한다. 때문에 이를 신데렐라법이라고도 한다.[75]

또한 강제적 셧다운제는 16세 미만의 청소년을 대상으로 시행한다. 청소년보호법상 청소년이 아닌 중학생 연령인 만 16세 미만으로 규정하고 있는 것이다.[76] 인터넷게임을 서비스하는 업체들은 연령과 본인 인증을 통해 심야 일정한 시간대의 청소년 게임 이용을 강제로 원천 차단해야 한다.

(4) 제재조치

강제적 셧다운제를 규정한 「청소년보호법」 제26조를 위반하여 심야시간대에 16세 미만의 청소년에게 인터넷게임을 제공한 자는 2년 이하의 징역 또는 1천만원 이하의 벌금에 처한다(「청소년보호법」 제59조 제5호).

3. 강제적 셧다운제 시행 이후 논란

3.1 실효성 논란

강제적 셧다운제가 시행된 지 1년여가 지나자 그 실효성에 대한 논란이 야기되고 있다. 지난(2012년) 10월 26일 국정감사에서 '청소년 인터넷게임 건전이용제도(셧다운) 실태조사 결과보고서'77)의 내용이 공개되었는데 이 보고서에 따르면 셧다운제 시행 이후 주로 오전 0시 이후 게임을 이용하는 청소년 비율은 0.5%에서 0.2%로 감소하였다고 한다. 이 결과에 대해 주무부처인 여성가족부는 심야시간대 주로 게임을 이용하는 청소년을 기준으로 환산할 경우 감소율은 60%에 달한다는 설명자료를 게재하며 가시적인 성과를 거뒀다고 자평한 반면, 게임업계는 청소년 전체 게임 이용률을 고려했을 때 0.3%의 감소폭은 매우 미미한 수치라고 지적했다.

또한 이 보고서에 따르면, 조사인원 600명 중 셧다운제 시행 이후 심야시간 게임이용경험이 있는 학생은 54명으로 9%를 차지했다. 이 54명의 학생 중 '부모님의 게임이용 동의하에 부모 아이디로 접속함'이라고 응답한 학생은 59% 수준이었고, 다른 40%의 학생들은 '허락없이 부모님 아이디를 개설하여 게임에 접속함'(27.8%), '가족 외 타인 주민등록번호를 이용하여 게임에 접속함'(13%)이라고 답했으며, 청소년들은 게임 중독 예방을 위해 가장 필요한 것으로 '게임외 청소년을 위한 활동 마련'(175명, 29%)과 '게임이용시간 규제'(130명, 21.6%)라 답했고, 그중 '심야시간에 이용하지 않기'는 3명(0.5%)에 불과했다. 이외에 '가족 및 교사의 관심'(81명, 13.5%), '게임중독 예방을 위한 교육프로그램 개발'(71명, 11.8%), '제도적 차원에서의 게임중독 예방책 마련'(40명, 6.7%) 등이 있었다. 「게임산업진흥에 관한 법률」상 선택적 셧다운을 시행한 이후, 이를 신청한 사람도 8,434명에 불과하며, 전체 게임을 이용하는 청소년 숫자가 400~500만 명에 달하는 것에 비하면 미미한 숫자다.[78]

한편 셧다운제가 도입된 취지는 청소년의 수면권과 학습권을 보장하고, 청소년들의 게임중독 문제를 예방·해결하기 위한 것이므로 청소년의 심야게임 제한은 이를 달성하기 위한 수단에 불과한 것이라면, 강제적 셧다운제 본래의 목적이 달성되었는지 여부를 기준으로 평가되어야 하는 것은 아닐까? 하는 의문을 제기하는 견해도 있다.[79]

3.2 규제일원화의 문제

게임중독 예방을 위한 규제조치는 「게임산업진흥에 관한 법률」과 「청소년보호법」에 규정되어 있다. 즉, 「게임산업진흥에 관한 법률」에 따르면 청소년 본인 또는 법정대리인의 요청 시 정보통신망을 통하여 공중이 게임물을 이용할 수 있도록 서비스하는 자는 게임물 이용방법, 게임물 이용시간 등을 제한하여야 하며(선택적 셧다운제), 「청소년보호법」에 따르면 정보통신망을 통하여 실시간으로 제공되는 게임물을 제공하는 부가통신사업자는 16세 미만의 청소년에게 오전 0시부터 오전 6시까지 인터넷게임을 제공해서는 안 된다.

선택적 셧다운제는 2011.7.21. 개정 「게임산업진흥에 관한 법률」(법률 제10879호, 2012.1.22. 시행)에서 신설된 조항이다. 2009.4.22. 최영희 의원 등이 발의한 「청소년보호법」 개정안에서도 선택적 셧다운제를 포함한 게임중독예방 규제조치[80]들이 제안된 바 있었으나, 당시 국회에서 심의중인 「게임산업진흥에 관한 법률」 전부개정법률안(2008.11.28. 정부제출, 2009.2.4. 문화체육방송통신위원회 상정 및 법안심사소위회부)에 유사한 규정으로 반영되어 있으므로 청소년보호의 취지를 감안하더라도 중복규제의 우려가 있다는 이유로 이러한 내용들을 조정하여 「게임산업진흥에 관한 법률」에 반영하기로 한 것이다.[81] 다만, 「게임산업진흥에 관한 법률」은 게임산업의 발전과 진흥이 주목적이므로 규제가 있더라도 최소한으로 한정되어야 하였다. 이러한 한계를 극복하기 위해서 2008.7.10. 김재경 의원이 대표 발의한 「청소년보호법」 일부개정 법률안[82]에서 제안된 소위 "강제적 셧다운제"는 2011.5.19. 개정 「청소년보호법」(법률 제

10659호)에서 제23조의3(심야시간대의 인터넷게임 제공시간 제한 등) 등의 규정을 신설하여 필요한 규제를 실효적으로 할 수 있도록 하였다.[83] 즉, 규제조치들을 이원화하여 분리한 것이다.

그러나 2011.9.15. 「청소년보호법」 전부개정(법률 제11048호)에서는 "제3장 청소년의 인터넷게임 중독 예방"을 신설하고 제24조(인터넷게임 이용자의 친권자등의 동의) 및 제25조(인터넷게임 제공자의 고지 의무) 규정을 추가함으로써 게임중독에 관한 규제조치들은 사실상 중복적으로 규정하게 되었다.

3.3 위헌성 논란

셧다운제에 대한 위헌성 논란은 「게임산업진흥에 관한 법률」상 선택적 셧다운제 도입 당시부터 제기되었던 문제이다. 당시 「게임산업진흥에 관한 법률」 개정안에 대한 국회검토보고서에서는 위헌성 문제를 고려하여 선택적 셧다운제를 도입할 수밖에 없었다고 언급하고 있다.[84] 당시 언급되었던 문제들이 바로 강제적 셧다운제의 위헌성 문제이기도 하다.[85] 이러한 문제 인식하에 2011년 말 한국게임산업협회와 문화연대는 "셧다운제가 청소년의 기본권 및 학부모의 교육권을 침해한다."며 각각 헌법소원을 제기했다(2011헌마683, 2011헌마659). 학계에서도 셧다운제의 위헌성 여부에 대한 논의가 활발하다. 주로 청소년의 행복추구권 침해 여부, 부모의 교육·양육권 침해 여부, 인터넷게임에만 국한된 평등권 위반 여부 등이 논의되고 있으나 그 결론은 일치되지 못하고 있다.[86] 여성가족부도 법률자문단의 의견서를 헌법재판소에 제출하였는데, i) '청소년의 게임 이용 권리를 침해한다.'는 주장은 "셧다운제가 '청소년의 건강한 성장'을 위한 것으로서 청소년 보호라는 헌법적 가치와 'UN아동권리협약'에서 보장하고 있는 건강권, 보호권 등을 신장하기 위한 최소한의 조치라는 것을 외면한 주장"이며, ii) '게임업체의 영업권 침해'라는 주장은 "게임업체의 수익감소에 대한 실증적인 자료가 제시되지 못하고 있는 실정으로, 셧다운제의 시행으로 달성되는 청소년 수면권, 건강권 등의 청소년 보호라는 공익이 게임업체의 사익보다 결코 작지 않다."고 반박하고 있다.[87]

이런 논란 속에 강제적 셧다운제가 청소년의 행복추구권이나 친권자의 교육권을 제약할 수 있다는 위헌성 논란을 완화 내지 해소하고자 친권자 등[88])이 인터넷게임 제공자에게 게임 제공시간 제한에 대한 해제를 요구하는 경우, 해당 청소년 아이디를 셧다운제 대상에서 제외하는 내용의 청소년보호법 개정안이 발의되었다.[89]) 하지만, 검토의견서에서는 청소년보호 측면에서 우려되는 문제를 제기하고 있는 여성가족부의 의견[90])을 제시하면서, 강제적 셧다운제는 "청소년의 인터넷게임중독 규제라는 입법 목적의 정당성이 인정되고, 게임의 유형, 내용 및 사용하는 기기 및 중독성을 평가하여 셧다운제 적용대상 게임물을 정하고 이를 2년마다 평가하고 있어, 그 결과를 통해 적용대상 게임물을 정하고 있으므로 그 규제 방법의 적절성도 인정되는 등 '과잉금지의 원칙'에 위배되는 것으로 보기는 어렵다."고 하고 있다.[91]) 결국 이 개정안은 4월 15일 국회 여성가족위원회 회의에 상정됐지만 의결에 이르지 못했고, 의결에 이르지 못한 법안은 다시 소관위원회에서 토론을 거치지만, 전병헌 의원실 관계자는 "헌법재판소에 문의한 결과 올해 안에 판결이 날 것으로 예상한다는 답변을 받아 판결 이후 다시 논의하기로 했다."고 한다.[92])

한편, 강제적 셧다운제 시행으로 발생할 수 있는 부작용으로 성인 아이디 도용의 문제도 간과할 수 문제이다.[93])

3.4 모바일 게임 규제 논란

셧다운제의 적용 게임물에 모바일 게임을 포함시킬지 여부도 셧다운제의 중요 쟁점 중의 하나이다. 청소년 게임 중독은 스마트폰 보급 확산에 따라 갈수록 심화하고 있고, 한국정보화진흥원이 지난해 발표한 '인터넷중독 실태조사'에서는 청소년 2536명 중 68%가 게임을 하기 위해 스마트폰을 이용한다고 답했다. 여성가족부가 2012년 말 기기별 게임 중독성 비율을 측정한 결과에서도 온라인 PC게임(62.8%)과 스마트폰 게임(53.6%)은 큰 차이를 보이지 않았다.[94])

사실, 중독성이 인정되는 모바일 게임, 태블릿PC 게임 및 콘솔기기 게임에 대하여 셧다운제를 전면 폐지할 경우 이는 중독성이 인정되는 인터넷 PC온라인게임에 대하여 셧다운제가 적용되는 것과 균형이 맞지 아니하고, 청소년

의 인터넷 게임중독을 막고자 하는 입법취지를 형해화할 수 있을 것이다.[95]

이러한 모바일 게임에 대해 당초 셧다운제의 적용을 유예한 표면적 이유는 스마트폰이나 태블릿 PC를 통한 모바일 게임의 경우 아직 청소년들이 모바일 기기를 많이 갖고 있지 않아 심각한 중독 우려가 없다는 것이었다.[96] 다만, 향후 PC에 의한 인터넷이 앞으로 모바일이라든지 태블릿 PC로 이전될 것으로 예상되는바 일정 기간 유예기간을 두고 유예기간이 끝나기 전에 문화관광부와 여성가족부가 지정한 전문기관이 합동으로 PC 온라인게임을 제외한 게임물의 중독성 여부를 이용 실태조사 등을 통해 평가하고 그 평가 결과에 따라 양 부처가 합의하여 시행대상 게임물의 범위와 시행 여부를 결정하기로 한 것이다. 다만, 당시 국회회의록을 살펴보면, 유예기간을 1년부터 3년의 기간 중 어떻게 결정할지 지루한 논쟁을 계속하였는데, 최종적으로는 2년으로 결정하면서 유예기간, 평가 절차 등에 관해서는 「청소년보호법」이 아닌 「게임산업진흥에 관한 법률 시행령」에 규정하기로 하였다.[97]

이러한 사정 때문에 심각한 인터넷게임 중독의 우려가 없는 것으로서 대통령령으로 정하는 기기를 이용한 인터넷게임 즉, 모바일 게임은 2011.5.19. 개정법(법률 제10659호) 부칙 제1항 단서에 따라 공포 후 2년이 경과한 날(2013년 5월 20일)부터 시행하며, 부칙 제2항에 의하여 게임물의 범위에 대한 평가는 공포 후 1년 6개월이 경과한 날(2012년 11월 20일)까지 완료하여야 하였다.[98] 또한 청소년보호법 제26조 제3항에서는 제한대상 게임물의 범위에 대한 "평가의 방법 및 절차 등에 필요한 사항은 「게임산업진흥에 관한 법률」에서 정하는 바에 따른다."고 규정하고, 「게임산업진흥에 관한 법률」 제12조의3 제3항 및 제4항과 「게임산업진흥에 관한 법률 시행령」 제8조의4에서 평가 방법 및 절차를 규정하고 있다.

한편, 이러한 절차에 따라 2012.10.31. 여성가족부가 발표한 게임평가표에서는 게임 점수·결과 등을 다른 사람에게 공개해 실력을 인정받게 하는 방식의 게임을 규제 대상에 포함시킬 수 있어 모바일 게임을 규제대상에 포함시키기 위한 것이 아니냐는 논란이 있었다.[99] 대표 스마트폰 게임인 '애니팡'에도 셧다운제가 적용될 수 있다는 것이다. 최종적으로 모바일 게임은 2013.2.20. 발표된 고시[100]에 의하여 2015년 5월 19일까지 추가로 적용-유예기간이 연장되었지만, 일관성 없이 여론에 떠밀려 인기 게임을 규제 대상에서 제외하는 등 제도의 신뢰성을 떨어뜨리는 운영 미숙 문제를 지적하는 견해도 있다.[101]

이러한 논란 속에 모바일 게임을 포함하여 중독을 유발하는 인터넷게임 전반을 규제대상으로 하는 「인터넷게임중독 예방에 관한 법률안」[102]과 청소년보호법에서 직접 모바일 게임을 명시적으로 제외하는 「청소년보호법 개정안」[103]이 동시에 국회 여성가족위원회에 상정된 바 있으며, 최근에는 인터넷 게임을 알코올, 도박, 마약 등과 함께 중독 유발 물질 및 행위로 정의하면서 이를 오·남용하여 해당 물질이나 행위에 신체적, 정신적으로 의존하고 있는 상태인 중독을 예방·치료하고 중독폐해를 방지·완화하기 위한 사항을 전반적으로 규정하고 있는 「중독 예방·관리 및 치료를 위한 법률안」[104]이 2013.12.20. 국회 보건복지위원회에 상정되어 법안심사소위에 회부되어 있다.

4. 셧다운제 개선 입법동향

셧다운제 시행 이후 셧다운제를 지지하는 단체와 반대하는 단체간의 대립이 심화되고, 거의 비슷한 시점에서 셧다운제를 완화하는 개정안과 셧다운제를 오히려 강화하는 법안이 국회에 제출되었다.

먼저 국회 여성가족위원회 소속 전병헌 의원은 2013년 2월 4일 여성가족부가 시행중인 강제적 셧다운제를 전면적으로 개선하는 「청소년보호법」 일부 개정법률안을 국회에 발의하였다.[105] 전병헌 의원은 2012년 여성가족부 국정감사에서 여성가족부가 자체 연구용역한 청소년 인터넷게임 건전이용제도(강제적 셧다운) 실태조사 보고서를 공개하면서 "심야시간 청소년 인터넷게임 이용시간은 0.3% 감소한 데 반해, 청소년들의 심야시간 게임이용을 위한 주민번호 도용은 40%에 달했다. 강제적 셧다운 제도는 여성가족부 스스로 실효성은 없고 부작용만 양산하는 제도라는 것을 증명한 것"이라고 지적하면서,[106] i) 부모 등 친권자가 인터넷 게임의 제공자에게 게임 제공시간 제한에 대한 해제를 요구하는 경우 해당 청소년 아이디를 셧다운제 대상에서 제외하고,[107] ii) 이동통신단말기기, 휴대용 정보 단말기기 등 모바일 기기를 셧다운제 대상에서 제외[108]하는 것을 주요내용으로 하는 개정안을 발의한 것이다.[109]

반면, 이에 앞서 2013년 1월 8일에는 오히려 강제적 셧다운제를 강화하는 내용을 담고 있는 「인터넷게임중독 예방에 관한 법률안」(이하 "게임중독예방법"이라 함)이 손인춘 의원 대표발의로 국회에 제출된 바 있다.[110] 전병헌 의원의 「청소년보호법 개정안」이 셧다운제를 완화하는 내용이라면, 게임중독예방법에서는 16세 미만의 청소년이 아닌 모든 청소년[111]에게 심야시간대의 인터넷게임 제공시간 제한을 현행(오전 0시부터 오전 6시까지 6시간)보다 더 강화(오후 10시부터 오전 7시까지 9시간)시키고 있다.

주요내용으로 인터넷게임은 인터넷게임 중독유발지수의 측정을 거쳐 제작·배급하도록 하고, 구조적 게임중독유발 인터넷게임은 제작·배급을 금지할 수 있도록 하였으며(안 제15조),[112] 청소년에게는 인터넷게임 시험평가를 하지 못하도록 함과 아울러 중독유발지수가 높은 인터넷게임을 제공하지 아니하도록 하고(안 제18조),[113] 청소년 인터넷게임 제공제한 시간을 오후 10시부터 다음 날 오전 7시까지로 확대하면서(안 제23조),[114] 인터넷게임 관련사업자에게 실질적인 제재의 효과가 나타날 수 있도록 형벌 규정 대신 과징금 제도를 도입하였다(안 제24조).[115]

---

56) 대중문화&미디어연구회, 「게임 중독의 원인과 개선방안에 관한 연구」, 2011.
57) 류환민(국회문화체육관광방송통신위원회 수석전문위원), 게임산업진흥에 관한 법률 일부개정법률안(한선교의원 대표발의안) 검토보고서, 2011.4, 3면.
58) 결국 중요한 것은 청소년들이 수면시간이 부족한 근본적 이유가 어디에 있는지, 그리고 청소년이 스트레스 해소를 위해 몰입할 수 있는 대상이 왜 게임인지에 대한 근본적인 고민이 필요하다[황성기, "온라인게임 셧다운제의 헌법적합성에 관한 연구," 「한림법학 포럼」(제16권), 2005, 153면].
59) 류환민, 앞의 검토보고서, 11면.
60) 시력, 신체적 허약, 비만 급증, VDT(Video Display Terminal Syndrome) 증후군(컴퓨터 단말기를 오랜 시간 사용함으로써 발생하는 질병을 의미하며, 눈의 피로, 근골격계의 통증, 안구건조증, 두통 등을 유발한다.), 거북목증후군(오랫동안 눈높이보다 낮은 모니터를 내려다보는 사람의 목이 거북이 목처럼 앞으로 구부러지는 증상이다), 테니스엘보(팔꿈치 바깥쪽 뼈가 툭 튀어나온 부위에 손목과 손가락을 굽히고 펴고 하는 근육이 붙어 있는 힘줄이 있는데, 과도하게 반복적으로 손목을 움직이면 이 근육이 당겨지고 힘줄에 손상을 주며 심하면 힘줄이 찢어지는 일이 일어날 수 있다. 테니스엘보는 이러한 경로를 통해 발생하는 통증을 말한다.) 등 신체적 통증을 유발할 수 있다.
61) 지각, 조퇴, 결석, PC방 출입이 늘어나고, 학습 흥미가 떨어져 성적이 하락하며, 학교생활을 거부하고 기존의 친구관계를 중요하게 생각하지 않는다.

[참고자료] 여성가족부 고시 제2013-9호

　　「청소년 보호법」 제26조 및 같은 법 시행령 제21조의 규정에 의한 「심야시간대 인터넷게임의 제공시간 제한 대상 게임물 범위」를 다음과 같이 고시한다.

2013년 2월 20일
여성가족부장관

심야시간대 인터넷게임의 제공시간 제한 대상 게임물 범위

1. 적용대상 게임물

○ 「게임산업진흥에 관한 법률」상 게임물로서 영리를 목적으로 정보통신망을 통해 실시간으로 제공되는 인터넷게임물
　〈 적용례 〉
　　- 기기별 : PC(노트북 포함)
　　- 게임물별 : 온라인PC게임, 웹게임, PC패키지게임 등

2. 적용제외 게임물

○ 「전기통신사업법」 제5조 제3항 제1호에 따른 기간통신사업자가 제공하는 이동통신 서비스를 이용하는 이동통신 단말기기를 이용한 게임물
○ 「전기통신사업법」 제5조 제3항 제1호에 따른 기간통신사업자가 무선으로 제공하는 기간통신역무를 이용할 수 있는 휴대용 정보 단말기기를 이용한 게임물
○ 「게임산업진흥에 관한 법률」 제25조 제1항 제4호에 따른 게임기기 자체만으로는 오락을 할 수 없는 기기를 이용한 게임물. 다만, 「정보통신망 이용

촉진 및 정보보호 등에 관한 법률」 제2조 제1항 제1호에 따른 정보통신망을 통하여 게임물을 유료로 제공받는 경우는 제외
○ 비영리를 목적으로 제공되고 개인정보를 수집 또는 이용하지 않는 게임물

※ "비영리 목적", "개인정보 수집 및 이용" 관련 심야시간대 인터넷게임의 제공시간 제한제도 적용 여부 판단기준

구 분		개인정보 수집 또는 이용 여부	
		수집 또는 이용하지 않음	수집 또는 이용함
게 임 이용료	무료	제도 적용 제외	제도 적용
	유료	제도 적용	제도 적용

○ 「게임산업진흥에 관한 법률」 제21조 제1항 제3호에 따라 등급분류를 받지 않는 게임물 중 시험용게임물
○ 「게임산업진흥에 관한 법률」 제21조 제1항 제1호 및 제2호에 따라 등급분류를 받지 않는 게임물 중 게임대회・전시회용 게임물, 교육・공익홍보용 게임물
〈 적용례 〉
- 기기별 : 스마트폰, 태블릿PC, 콘솔기기
※ 다만, 콘솔기기는 유료(게임물의 이용을 위해 어떤 방식으로든 추가적인 비용이 요구되는 경우)로 제공되는 경우는 심야시간대 인터넷게임의 제공시간 제한 대상에 포함
- 게임물별 : 플래시게임 중 일부, PC패키지게임물 중 일부

3. 고시 적용기간

○ 「청소년 보호법」 제26조 제2항에 심야시간대 인터넷게임의 제공시간 제한 대상 게임물의 범위가 적절한지를 대통령령으로 정하는 바에 따라 2년마다 평가하여 개선 등의 조치토록 하는 규정에 따라 동 고시는 2013년 5월 20일

부터 2015년 5월 19일까지 적용

〈참고〉 「청소년 보호법」상 "인터넷 게임"에 포함되지 않는 게임물
(심야시간대 인터넷게임의 제공시간 제한 미 대상)

- 인터넷 게임의 정의(「청소년 보호법」 제24조 제1항)
  - 「게임산업진흥에 관한 법률」에 따른 게임물 중 「정보통신망 이용촉진 및 정보보호 등에 관한 법률」 제2조 제1항 제1호에 따른 정보통신망을 통하여 실시간으로 제공되는 게임물

○ 「게임산업진흥에 관한 법률」상의 게임물이 아닌 것
○ 정보통신망을 통해 제공되지 않는 게임물

〈 적용례 〉
- 「게임산업진흥에 관한 법률」상의 게임물이 아닌 것

1. 사행성게임물
2. 「관광진흥법」 제3조의 규정에 의한 관광사업의 규율대상이 되는 것
3. 게임물과 게임물이 아닌 것이 혼재되어 있는 것으로 문화체육관광부장관이 정한 것
4. 외국에서 제작되어 외국인을 대상으로 제작·유통되는 게임물
5. 불법으로 제작되어 유통되는 게임물

- 정보통신망을 통해 제공되지 않는 게임물

1. 정보통신망을 통하지 않고 제공되는 컴퓨터에 저장되어 있는 게임물
   예) 지뢰찾기, 핀볼, 카드놀이 등
2. 별도의 저장장치로 다운로드 받아 개인용 컴퓨터로 이용하는 게임물
   예) 네트워크 기능이 없는 휴대기기 게임·콘솔 게임·CD게임
3. 오락실용 아케이드 게임

---

62) 부모와의 다툼과 갈등이 발생하여 가족과의 대화가 끊겨 가족이나 주변으로부터 고립되게

된다.

63) 현실에서의 친구관계에 무관심하게 되고, 가상정체성에 지나치게 빠져 게임 안의 공격성, 폭력성이 현실에서도 나타날 가능성이 크다.

64) PC방 출입을 위해 거짓말을 하며 부모님 지갑에 손을 대기 시작하고, 돈 뺏기 등 과감한 폭력적 행동이 발생할 수 있다.

65) 박창석, "온라인게임 셧다운제의 위헌성여부에 대한 검토," 「한양법학」(제23권 제1집), 2012, 14면 참조.

66) 2011.7.21. 개정법(법률 제10879호)에서 신설된 규정으로 2012.1.22.부터 시행되었다.

67) 셧다운제 도입 외국 사례(류환민 앞의 한선교의원 대표발의안) 검토보고서, 2011.4, 16면).

국 가	추 진 내 용
태 국	○ 2003년 7월 '밤10시 이후 게임이용제한 조치'를 정부권고로 2개월간 시행하였으나 제대로 시행되지 않은 채 중지 ○ 2008년 청소년의 심야시간 PC방 출입제한 권고를 하였으나 제대로 지켜지지 않고 있는 실정임
베트남	○ 2010년 10월 행정지도 형식으로 밤 10시~오전 8시까지 온라인 게임 이용제한 조치 시행 - PC온라인 게임에 한정하고 있으며 밤 10시 이후 신규접속만 제한
중 국	○ 셧다운제의 시행관련 조치는 없음 ○ 2002년 11월 미성년자 PC방 출입 금지법 시행, 2007년 7월 인터넷 게임 중독방지 시스템 개발 기준 마련 ○ 2011년 3월 '미성년자 온라인 게임 보호자 감독 프로젝트' 시행(자율규제) - 정부와 기업, 가정이 함께 참여하는 자율규제, 보호자 요청시 온라인 게임이용시간을 제한하는 탄력적 제도 운영

한편, 전병헌 의원은 "강제적 셧다운제도는 중국과 베트남 등 제도후진국에서 이미 도입했었던 제도로, 해당 국가에서도 시행 1년 만에 폐기한 정책"이라고 설명하면서 "실효성은 없고, 부작용만 양산하는 것은 물론 국내기업을 도리어 역차별하는 제도로 확인된 여성가족부의 강제적 셧다운 제도는 폐기되거나 전면 개선해야 하는 제도"라고 말했다("실효성 없고 부작용만 양산한 강제 셧다운 대신 부모 선택권 강화로 전환, 모바일 제외," newskorea 2013. 2.4.자 기사, http://www.newstown.co.kr/news/articleView.html?idxno=140257).

68) 김재경 의원 개정안(의안번호 2236)

제19조의2(게임물 제공시간 제한): 제7조 제1호에 해당하는 게임물 중 「정보통신망이용촉진 및 정보보호 등에 관한 법률」 제2조 제1항 제1호에 따른 정보통신망을 통하여 실시간으로 제공되는 것은 이용 청소년의 연령 등을 감안하여 대통령령이 정하는 심야시간에는 이를 청소년에게 제공하여서는 아니 된다.

제51조(벌칙) 다음 각호의 1에 해당하는 자는 2년 이하의 징역 또는 1천만원 이하의 벌금에 처한다.

5의2. 제19조의2를 위반하여 청소년에게 게임물을 제공한 자

69) 2011.5.19. 개정법(법률 제10659호)에서 신설된 이 규정은 공포 후 6개월이 경과한 날 즉, 2011년 11월 20일부터 시행되었으나, 계도 기간을 거쳐 2012년부터 단속을 실시하였다.

70) 「청소년보호법」상 강제적 셧다운제(심야시간대의 인터넷게임 제공시간 제한 규정)는

2011년 개정(법률 제10659호)시 신설된 조항인데, 2011년 전부개정(법률 제11048호)에 의해 조문이 제23조의3에서 제26조로 변경되었다.

71) 「청소년보호법 시행령」 제21에 따라 여성가족부장관은 심야시간대 제공이 제한되는 인터넷게임물의 범위가 적절한지를 평가하기 위하여 ⅰ) 게임의 유형, 내용 및 사용하는 기기 등을 고려한 "평가 대상 게임물"과 ⅱ) 게임물의 과도한 이용을 유발하는 요인 등 "평가 사항"을 고려한 "평가기준"을 마련하고 그에 따른 평가 및 개선방안을 수립하여야 하며, 이러한 평가를 위하여 청소년 인터넷게임 중독 예방에 관하여 전문지식과 식견이 있는 사람으로서 청소년·정보통신·게임·교육·상담·의료 등의 분야에 종사하는 전문가 및 문화체육관광부 소속 공무원 등 15명 이내로 구성된 평가자문단을 여성가족부에 둘 수 있다. 또한 여성가족부장관은 평가한 결과에 따라 심야시간대 인터넷게임의 제공시간 제한 대상 게임물의 범위를 조정하는 등 개선 등의 조치를 하여야 하며, 그 평가기준과 대상 게임물의 범위를 조정 등 개선 조치한 내용을 고시하여야 한다.

72) 「청소년보호법」 제24조(인터넷게임 이용자의 친권자 등의 동의) ① 「게임산업진흥에 관한 법률」에 따른 게임물 중 「정보통신망 이용촉진 및 정보보호 등에 관한 법률」 제2조 제1항 제1호에 따른 정보통신망을 통하여 실시간으로 제공되는 게임물(이하 "인터넷게임"이라 한다)의 제공자(「전기통신사업법」 제22조에 따라 부가통신사업자로 신고한 자를 말하며, 같은 조 제1항 후단 및 제4항에 따라 신고한 것으로 보는 경우를 포함한다. 이하 같다)는 회원으로 가입하려는 사람이 16세 미만의 청소년일 경우에는 친권자 등의 동의를 받아야 한다.

73) 정보통신망을 통한 멀티 플레이어 게임은 "실시간"으로 제공되는 게임일 것이지만, 플래시 게임과 같은 1인용 게임의 경우 실시간으로 제공되는 게임인지 판단이 어렵다. 경기기록, 아이템 등 게임 부수적 정보만이 실시간으로 제공되는 경우도 있을 것이다.

74) 자세한 내용은 「게임산업진흥에 관한 법률」상의 선택적 셧다운제(제12조의3 제1항)의 예방조치 대상 게임물 부분 참조.

75) 자정을 알리는 종소리가 울리면 신데렐라의 마법이 풀리듯, 자정이 되면 자동적으로 청소년의 게임 접속을 차단하는 내용을 담고 있어 신데렐라법이라고도 한다(네이버 시사상식사전, http://terms.naver.com/entry.nhn?cid=120&docId=1049156&mobile&categoryId=252).

76) 2011.4.27. 신지호 의원이 발의한 "청소년보호법 일부개정법률안(대안)에 대한 수정안"에서는 "중학생보다 고등학생의 게임중독 정도가 낮지 않고 또한 만 16세 미만이라는 연령은 민법상 성년연령이나 청소년보호법의 '청소년' 연령 등 법 체계상 어떠한 연령과도 관련성이 없어 중고등학생을 포괄하는 「청소년보호법」상 청소년의 연령으로 맞추려는 목적으로 "16세 미만의"를 삭제할 것을 제안하고 있다. 미성년자 전체를 보호대상으로 해야 한다는 취지에서 셧다운제 적용연령을 19세 미만까지로 확대해야 한다는 주장이다.

그러나 ⅰ) 「민법」상 미성년자는 권리침해에 대하여 그들을 보호하기 위한 제도이고, 셧다운제는 행위규제라는 점에서 그 취지가 다르며, ⅱ) 행위규제에 관해서는 19세 미만이라도 그 자율적 판단을 충분히 존중받아야 할 나이이며, ⅲ) 중독자는 청장년층에서 많이 나오며 그로 인한 2차적 범죄까지도 보도되고 있다는 점에서 19세 미만 청소년들이 게임중독에 가장 빠지기 쉬운 나이라는 주장도 그 근거가 빈약하다는 반론이 있다(정완, "청소년보호법상 게임 셧다운제 보완책 필요," http://www.lawtimes.co.kr/LawNews/News/NewsContents.aspx?serial=59785).

77) 전병헌 의원은 2012년 10월 26일 국정감사에서 여성가족부가 셧다운제도 시행 평가를 위해 600여명의 청소년을 조사해 만든 '청소년 인터넷게임 건전이용제도 실태조사 결과보고서'

의 내용을 공개하였다.

78) 셧다운 실태조사, 청소년 심야게임 이용 감소 0.3% 불과(inven 2012.10.23.자 게임뉴스), http://www.inven.co.kr/webzine/news/?news=49109 참조.

79) 셧다운제, 0.3%와 60% 사이 잃어버린 것들, 한국경제 2012.11.20. 기사, http://www. hankyung.com/news/app/newsview.php?aid=201211204213v.

80) 최영희 의원 대표발의 「청소년보호법」 일부개정법률안의 주요내용은 다음과 같다. ⅰ) 인터넷게임 제공자는 회원가입 시 실명과 연령을 확인할 수 있는 기술적 조치를 하고 회원으로 가입하려는 자가 청소년일 경우에는 친권자 등의 동의를 받도록 하며(안 제23조의3 신설), ⅱ) 인터넷게임 제공자는 청소년의 인터넷게임 중독을 예방하기 위하여 이용시간, 이용방법 등 인터넷 게임이용 제한에 관한 기술적 조치를 하여야 하고, 청소년 본인 또는 친권자 등의 요청이 있는 경우에는 인터넷게임의 이용시간을 제한하도록 하며(안 제23조의4 신설), ⅲ) 인터넷게임 제공자는 청소년 본인 또는 친권자 등의 요청이 있는 경우에는 심야시간대에 인터넷게임을 제공할 수 없도록 하며(안 제23조의5 신설), ⅳ) 인터넷게임 제공자는 인터넷게임 중독 경고 문구를 표시하여야 하고 청소년 회원가입자의 친권자 등에게 게임의 특성·유료화 정책 등에 관한 기본적인 사항 등을 고지하도록 하는(안 제23조의6 신설) 것이다.

81) 보건복지가족위원회, 최영희 의원 대표발의 「청소년보호법 일부개정법률안」 검토보고 (2009.12.), 7면 및 국회문화체육관광방송통신위원회, 「청소년보호법 일부개정법률안」에 대한 의견제시의 건 검토보고서(최영희 의원 대표발의안), 2010.2. 참조. 이 밖에 문화체육관광부의 의견으로 「청소년보호법」의 목적은 청소년에게 유해한 매체물로부터 청소년을 보호하는 것이 그 목적이나 이번 개정안은 유해매체물 결정여부와 관계없이 인터넷게임전체에 대해 과도한 규제사항을 규정하고 있고, 이러한 규제사항은 다른 매체물과의 형평성과도 맞지 않는다는 주장이 있었다.

82) 김재경 의원 개정안
제19조의2(게임물 제공시간 제한): 제7조 제1호에 해당하는 게임물 중 「정보통신망이용촉진 및 정보보호 등에 관한 법률」 제2조 제1항 제1호에 따른 정보통신망을 통하여 실시간으로 제공되는 것은 오전 0시부터 오전 6시까지는 이를 청소년에게 제공하여서는 아니 된다.
제51조(벌칙) 다음 각호의 1에 해당하는 자는 2년 이하의 징역 또는 1천만원 이하의 벌금에 처한다.
5의2. 제19조의2를 위반하여 청소년에게 게임물을 제공한 자

83) '게임중독', 그러나 이것을 문광부는 '게임과몰입'이라고 말하는, 이 심각한 문제에 대해서 문광부는 말 그대로 게임산업의 지속성장 기반을 강화하기 위한 대책 중 하나로밖에 보지 않는 것입니다. 그도 그럴 것이 문광부의 게임법은 법률명이 말해주듯이 「게임산업진흥에 관한 법률」입니다. 기본적으로 산업진흥과 청소년 보호업무, 정부에서 말하는 규제는 동시에 추진하기 어렵습니다(국회회의록, 최영희 의원 발언 내용).

84) 자세한 내용은 「게임산업진흥에 관한 법률」상의 선택적 셧다운제(제12조의3 제1항 제3호)의 예방조치부분 참조.

85) 강제적 셧다운제를 도입한 「청소년보호법」 개정안에 대한 법제사법위원회의 검토보고서에서도 "이용자의 의사나 이용자별 중독성의 여부·정도에 관계없이 일정 시간대에 일률적으로 인터넷게임을 제공하지 못하게 하는 것은 이용자의 선택권과 인터넷게임 제공업체의 영업권을 과도하게 제한하고 과잉금지의 원칙에 위배될 소지가 있다고 보여지므로, '이용자 본인이나 친권자의 요청이 있는 경우'로 한정하도록 하는 등의 방안을 검토할 필요가 있다"

고 문제를 제기하고 있다.

86) 헌법적 관점에서 볼 때 위헌이라는 견해로는 황성기, 앞의 논문; 합헌적인 것으로 해석하여야 한다는 견해로는 박창석, 앞의 논문 참조.

87) 최호경, "여가부, 셧다운제 위헌소송에 반박 '청소년 보호 위한 최소조치일 뿐,'" 게임동아 2012.1.18.자 기사, http://game.donga.com/60547/.

88) 「청소년보호법」 제3조(가정의 역할과 책임) ① 청소년에 대하여 친권을 행사하는 사람 또는 친권자를 대신하여 청소년을 보호하는 사람(이하 "친권자 등"이라 한다)은 청소년이 청소년유해환경에 접촉하거나 출입하지 못하도록 필요한 노력을 하여야 하며, 청소년이 유해한 매체물 또는 유해한 약물 등을 이용하고 있거나 유해한 업소에 출입하려고 하면 즉시 제지하여야 한다.

89) 의안번호 3587, 「청소년보호법」 일부개정법률안(2013.2.4. 전병헌 의원 대표발의) 참조.

90) 첫째, 가정마다 게임이용 지도 기준이 달라짐에 따라 청소년들이 심야시간 게임이용을 허용하는 가정과 불허하는 가정 간의 비교를 통해 부모와의 갈등이 증대하고, 부모는 자녀 지도에 곤란을 겪게 될 수 있다는 점, 둘째, 자녀의 인터넷 이용 지도에 상대적으로 어려움을 겪고 있는 저소득층, 다문화가정 및 한 부모 가정 등 취약계층 청소년의 인터넷 중독이 더욱 악화될 수 있다는 점, 셋째, 청소년들이 인터넷게임 제공시간의 제한 해제를 요청하기 위해 오히려 친권자 등의 명의 도용이 증가할 수 있다는 점, 넷째, 추후에 모바일 게임 등 중독으로 인한 사회적 문제로 다시 셧다운제 적용의 필요성이 발생할 경우 다시 법률을 개정해서 적용해야 하는 등 시의적절한 정책적 대응이 어려워질 수 있다는 점 등에서 우려된다는 것임 [수석전문위원 이용원, 「청소년보호법」 일부개정법률안(전병헌 의원 대표발의) 검토보고, 여성가족위원회, 2013.4, 6면].

91) 위 검토보고, 7면.

92) '모바일 셧다운 영구 제외', 헌법소원 판결 후 논의―헌법재판소 판결, 올해 안에 나올 것으로 예상―, 디스이즈게임 2013.4.18.자 기사, http://www.thisisgame.com/board/view.php?id=1509796&category=102.

93) 강제적 셧다운제의 시행으로 "청소년들이 부모나 친지 등 성인 명의로 게임계정을 개설하는 사례가 증가할 것이 예상되는 바, 청소년들의 성인 주민등록번호 거래나 교류 등 개인정보침해 범죄가 증가할 것이 우려된다. … 훨씬 더 많은 청소년들이 다른 사람 명의로 게임을 하게 될 것이므로 익명성에 기초한 여러 악의적 행동이나 개인정보 거래 등 문제점들이 추가적으로 발생할 가능성이 있다. 예컨대, 청소년들 사이에서 해킹툴을 이용해 개인정보를 탈취하거나 DDoS 공격을 감행하는 사례가 많이 있는데 이번 게임셧다운제 실시로 인하여 금전을 목적으로 한 사이버 공격이 훨씬 증가하지 않을까 우려되는 것이다"(정완, 앞의 글).

94) 스마트폰 게임 셧다운제 후퇴 막겠다, 세계일보 2013.5.5.자 기사, http://news.naver.com/main/read.nhn?mode=LSD&mid=sec&sid1=102&oid=022&aid=0002524713.
　이 기사에 따르면, 한국청소년단체협의회, 한국청소년연맹 등 20여개 시민단체는 지난달(4월) 12일부터 '셧다운제 모바일 적용 전국민 서명운동'을 진행 중이며, 스마트폰 게임 이용에 시간제한을 두자는 주장에 시민 6000여 명 이상이 동참했다고 한다.

95) 앞의 전병헌의원, 청소년보호법 개정안 검토보고, 7면에 소개된 법무부 검토의견(2013. 2.)이다.

96) 당시 국회회의록을 참조하면, 문화관광부 차관은 2000여 개의 모바일 게임이 있지만, 거의 99%가 간단한 캐주얼게임이고, 스마트폰 이런 것은 디바이스 자체가 중독성을 야기할 수 있

는 것이 아니며, 이용 행태도 통상 하루에 6분에서 12분 정도 이용하고 있어 심야에 게임중독의 문제 자체가 발생하기 어렵다고 주장하고 있다.

97) 문화관광부와 여성가족부의 타협의 산물이다.

98) 법률 제11048호 부칙 제1조, 제2조 및 법률 제10659호 부칙 제1항, 제2항 참조.

99) 2012.10.31. 여성가족부 보도자료인 "인터넷게임 제공시간 제한대상 게임물 평가계획 고시"의 [붙임2] 게임물평가척도에서 "게임 결과·점수·기록·게임아이디 등을 다른 사람들에게 공개해 자신의 실력을 인정받게 하는 방식과 같이 다른 사람이나 집단에 대한 경쟁심을 과도하게 유발한다."를 7개의 측정 문항 중 하나로 제시하고 있다. 또한 [참고2] 인터넷게임 제공시간 제한대상 게임물 평가계획 관련 질의 응답 자료에서도 "스마트폰의 적용유예기간이 2013.5.19. 종료됨에 따라 적용여부를 결정하기 위하여 평가를 해야 한다"고 답변하고 있다.

100) 여성가족부 고시 제2013-9호 「심야시간대 인터넷게임의 제공시간 제한 대상 게임물 범위」

101) 최근 여성부가 시행 초 규제를 유예했던 모바일 게임에 대한 '셧다운제' 적용을 추진하기 위해 게임평가표를 만들면서 이용자의 혼란이 가중됐다. 여성부가 지난달 31일 발표한 게임평가표에 따르면 게임 점수·결과 등을 다른 사람에게 공개해 실력을 인정받게 하는 방식의 게임은 규제 대상에 포함된다. 대표 스마트폰 게임 '애니팡'에도 적용될 법한 항목이다. 하지만 여성부는 평가안의 확정하기도 전에 '애니팡'은 규제대상이 아님을 밝혀 "여론을 의식해 주먹구구식으로 규제 대상을 정하는 것이 아니냐"는 비판을 받았다(셧다운제 1년 실효성 있었나?, 세계파이낸스 2012.11.19.자 기사, http://www.segyefn.com/articles/article.asp?aid=20121118022022&cid=0501000000000&OutUrl=naver 참조.

102) 의안번호 3263, 인터넷게임중독 예방에 관한 법률안(2013.1.8. 손인춘 의원 대표발의).

103) 의안번호 3587, 청소년 보호법 일부개정법률안(2013.2.4. 전병헌 의원 대표발의).

104) 의안번호 4725, 중독 예방·관리 및 치료를 위한 법률안(2013.4.30. 신의진의원 대표발의).

105) 의안번호 3587, 청소년 보호법 일부개정법률안(2013.2.4. 전병헌 의원 대표발의) 참조.

106) 실효성 없고 부작용만 양산한 강제 셧다운 대신 부모 선택권 강화로 전환, 모바일 제외(newskorea 2013.2.4. 기사), http://www.newstown.co.kr/news/articleView.html?idxno=140257.

107) 과잉금지 원칙 위반 가능성을 최소화하고 게임 이용자의 규제위반 동기를 낮추어 제도의 실효성을 확보하기 위함이라고 한다(위 개정안 제안이유 및 주요내용 참조).

108) 2010년 3월 국내 게임 사전심의 문제로 인해 애플 앱스토어, 구글 플레이 스토어 등이 한동안 국내 서비스를 중단하였지만, 국내 사용자들이 홍콩, 미국 등 제3국을 통해 콘텐츠를 다운받는 이른바 '사이버 망명'이 성행하였던 사례를 제시하면서 모바일 게임에 대한 셧다운제는 그 규제의 실효성이 떨어질 뿐만 아니라 오히려 국내 1인 개발자들의 창작활동을 위축시키는 악영향만 가져올 것이며, 외국기업의 경우 셧다운제의 대상이 아니기 때문에 국내기업에 대한 역차별이 발생할 우려가 있기 때문이라고 한다(위 개정안 제안이유 및 주요내용 참조). 또한 고시를 통해 셧다운제 대상기기에서 모바일 기기를 다시금 2년 유예하도록 했으나, 이는 고시가 아니라 법에서 대상기기를 원천적으로 제외하는 것이 법적 안정성 및 산업에 대한 예측가능성에서 적절하다고 보고 있다.

109) 신설 개정안 내용.
제26조(심야시간대의 인터넷게임 제공시간 제한) ①~③ (현행과 같음)

3. 예방조치 보고 의무 및 시정명령

제12조의3 제1항 각호에서 규정하고 있는 예방조치는 게임물 관련사업자의 의무이다.

동법에서 이러한 예방조치의 시행을 게임물 관련사업자의 자율에 맡기지 않고 적극 개입하여 게임과몰입과 중독의 문제를 해결하고자 하고 있다. 이는 결국 게임물 관련사업자의 규제의 형식으로 행해진다. 먼저 문화체육관광부장관은 게임물 관련사업자에게 예방조치의 시행 상황을 판단할 수 있는 예방조치와 관련한 자료의 제출 및 보고를 요청할 수 있고, 게임물 관련사업자는 특별한 사유가 없는 한 이에 따라야 한다(제4항). 예방조치와 관련한 자료란 예방조치의 이행실적만을 의미하는 것이 아니라 전체 이용자 및 청소년인 이용자의 게임이용 시간

---

④ 제1항에도 불구하고 다음 각 호에 해당하는 경우에는 심야시간대의 인터넷게임 제공시간을 제한하지 아니한다.
  1. 친권자 등이 인터넷게임의 제공자에게 게임 제공시간 제한에 대한 해제를 요청하는 경우
  2. 「전기통신사업법」 제5조 제3항 제1호에 따른 기간통신사업자가 제공하는 이동통신서비스를 이용하는 이동통신단말기기를 통한 인터넷 게임을 제공하는 경우
  3. 「전기통신사업법」 제5조 제3항 제1호에 따른 기간통신사업자가 무선으로 제공하는 기간통신역무를 이용할 수 있는 휴대용 정보단말기기를 통한 인터넷 게임을 제공하는 경우
  4. 「게임산업진흥에 관한 법률」 제25조 제1항 제4호에 따른 게임기기 자체만으로는 오락을 할 수 없는 기기를 이용하면서 「정보통신망 이용촉진 및 정보보호 등에 관한 법률」 제2조 제1항 제1호에 따른 정보통신망을 통하여 게임물을 유료로 제공받지 아니하는 경우

110) 의안번호 3263, 인터넷게임중독 예방에 관한 법률안(2013.1.8. 손인춘 의원 대표발의).
111) 게임중독예방법(안) 제2조(정의) 6. "청소년"이란 「청소년 보호법」 제2조 제1호의 청소년을 말한다.
112) 게임중독예방법(안) 제15조(구조적 게임중독유발 인터넷게임의 제작·배급 금지) 위원회는 제14조의 인터넷게임 중독유발지수의 측정 결과 단기간에 해당 인터넷게임에 대한 심한 정신적 의존 현상을 유발하여 인터넷게임중독을 구조적으로 야기하는 인터넷게임에 대한 제작 또는 배급을 금지할 수 있다.
113) 게임중독예방법(안) 제18조(게임중독유발 인터넷게임의 제공 금지 등) ① 누구든지 인터넷게임의 성능·안전성·이용자만족도 평가 등 어떠한 명목으로도 중독유발지수의 측정이 되지 아니한 인터넷게임을 청소년에게 제공하여서는 아니 된다.
  ② 중독유발지수가 높은 인터넷게임으로서 위원회가 정하는 인터넷게임은 청소년에게 제공하여서는 아니 된다.
114) 게임중독예방법(안) 제23조(청소년에 대한 심야시간대의 인터넷게임 제공시간 제한) 인터넷게임 제공업자는 청소년에게 오후 10시부터 다음 날 오전 7시까지 인터넷게임을 제공하여서는 아니 된다.
115) 게임중독예방법(안) 제24조(과징금).

과 내역의 변화 및 과도한 이용자 그룹의 변화 양상 등의 전반적인 게임이용의 통계치가 포함되어야 한다.116)

게임물 관련사업자에게 자료의 제출 및 보고를 요청하는 경우에는 반드시 문서(전자문서를 포함한다)로 하여야 하며(시행령 제8조의3 제9항), 문화체육관광부장관의 자료 제출 또는 보고 요청에 따르지 아니한 자에 대해서는 1천만원 이하의 과태료에 처한다(제48조 제1항 제1호). 사실상 게임물 관련사업자에게 예방조치와 관련한 자료의 제출 및 보고를 의무화한 것이다. 게임의 제작사와 퍼블리싱 사업자가 구분되어 있는 경우에는 제작사와 퍼블리싱 사업자 모두에게 보고의무가 있다.

문화체육관광부장관은 게임물 관련사업자로부터 제출 또는 보고받은 내용을 근거로 예방조치가 충분한지 여부를 평가한다. 평가내용은 게임법령의 의무 이행 여부이며, 평가기준은 구축된 시스템의 활용수준 등 실제 게임이용자의 게임중독 문제해결을 위한 기업의 의지 등도 포함된다. 이때 관계 중앙행정기관의 장, 전문가, 청소년, 학부모 관련 단체로부터 의견을 들을 수 있으며, 문화체육관광부장관은 평가 결과를 공표할 수 있다(제7항).

이러한 평가 결과 게임물 관련사업자의 예방조치가 충분하지 아니하다고 인정되면, 문화체육관광부장관은 시정명령을 할 수 있으며(제5항), 시정명령은 게임물 하나하나에 대해 내려질 수도 있고 사업자가 서비스하는 게임물 전반에 걸친 사항에 대해서도 내려질 수 있다.

이러한 시정명령을 받은 때에는 10일 이내에 조치결과를 보고하여야 한다(제6항). 조치결과를 보고하지 아니한 자에 대해서는 1천만원 이하의 과태료가 부과되며(제48조 제1항 제1호의2), 문화체육관광부장관의 시정명령을 따르지 아니한 자에 대해서는 2년 이하의 징역 또는 2천만원 이하의 벌금을 부과한다(제25조 제1호). 결국 제12조의3 제1항에서 규정하는 예방조치들을 사실상 강제하고 있는 것이다.

참고 조문	「청소년보호법」 제3장 청소년의 인터넷게임 중독 예방 제24조(인터넷게임 이용자의 친권자 등의 동의) ① 「게임산업진흥에 관한 법률」에

---

116) 문화체육관광부, 게임과몰입 예방조치제도 운영지침 참조.

따른 게임물 중 「정보통신망 이용촉진 및 정보보호 등에 관한 법률」 제2조 제1항 제1호에 따른 정보통신망을 통하여 실시간으로 제공되는 게임물(이 하 "인터넷게임"이라 한다)의 제공자(「전기통신사업법」 제22조에 따라 부 가통신사업자로 신고한 자를 말하며, 같은 조 제1항 후단 및 제4항에 따라 신고한 것으로 보는 경우를 포함한다. 이하 같다)는 회원으로 가입하려는 사람이 16세 미만의 청소년일 경우에는 친권자 등의 동의를 받아야 한다.

② 제1항의 친권자 등의 동의에 필요한 사항은 「게임산업진흥에 관한 법률」 에서 정하는 바에 따른다.

제25조(인터넷게임 제공자의 고지 의무) ① 인터넷게임의 제공자는 16세 미만의 청소년 회원가입자의 친권자 등에게 해당 청소년과 관련된 다음 각 호의 사 항을 알려야 한다.

1. 제공되는 게임의 특성·등급(「게임산업진흥에 관한 법률」 제21조에 따 른 게임물의 등급을 말한다)·유료화정책 등에 관한 기본적인 사항

2. 인터넷게임 이용시간

3. 인터넷게임 이용 등에 따른 결제정보

② 제1항에 따른 고지에 필요한 사항은 「게임산업진흥에 관한 법률」에서 정 하는 바에 따른다.

제26조(심야시간대의 인터넷게임 제공시간 제한) ① 인터넷게임의 제공자는 16세 미만의 청소년에게 오전 0시부터 오전 6시까지 인터넷게임을 제공하여서는 아니 된다.

② 여성가족부장관은 문화체육관광부장관과 협의하여 제1항에 따른 심야시 간대 인터넷게임의 제공시간 제한대상 게임물의 범위가 적절한지를 대통령 령으로 정하는 바에 따라 2년마다 평가하여 개선 등의 조치를 하여야 한다.

③ 제2항에 따른 평가의 방법 및 절차 등에 필요한 사항은 「게임산업진흥에 관한 법률」에서 정하는 바에 따른다.

[시행일: 2013.5.20] 제26조 제1항의 개정규정에 따른 인터넷게임 중 심각 한 인터넷게임 중독의 우려가 없는 것으로서 대통령령으로 정하는 기기를 이용한 인터넷게임에 대한 심야시간대 제공시간 제한에 관한 부분

「청소년 보호법 시행령」 [시행 2012.12.16] [대통령령 제24102호, 2012.9.14, 전 부개정]

제21조(인터넷게임 제공시간 제한에 관한 평가 및 개선 등 조치) ① 여성가족부장관 은 법 제26조 제1항에 따른 심야시간대 제공이 제한되는 인터넷게임물의 범위가 적절한지를 평가하기 위하여 다음 각 호의 사항을 고려한 평가기준 을 마련하고 그에 따른 평가 및 개선방안을 수립하여야 한다.

1. 게임의 유형, 내용 및 사용하는 기기 등을 고려한 평가 대상 게임물

2. 게임물의 과도한 이용을 유발하는 요인 등 평가 사항

② 여성가족부장관은 제1항에 따른 평가를 위하여 청소년 인터넷게임 중독 (인터넷게임의 지나친 이용으로 인하여 인터넷게임 이용자가 일상생활에서 쉽게 회복할 수 없는 신체적·정신적·사회적 기능 손상을 입은 것을 말한

다. 이하 같다) 예방에 관하여 전문지식과 식견이 있는 사람으로서 청소년·정보통신·게임·교육·상담·의료 등의 분야에 종사하는 전문가 및 문화체육관광부 소속 공무원 등 15명 이내로 구성된 평가자문단을 여성가족부에 둘 수 있다.

③ 여성가족부장관은 제1항 및 제2항에 따라 평가한 결과에 따라 심야시간대 인터넷게임의 제공시간 제한대상 게임물의 범위를 조정하는 등 개선 등의 조치를 하여야 한다.

④ 여성가족부장관은 제1항에 따른 기준과 제3항에 따라 조치한 내용을 고시하여야 한다.

제22조(심각한 인터넷게임 중독의 우려가 없는 기기) 법률 제11048호 청소년보호법 전부개정법률 부칙 제1조 단서에서 "제26조 제1항의 개정규정에 따른 인터넷게임 중 심각한 인터넷게임 중독의 우려가 없는 것으로서 대통령령으로 정하는 기기"란 다음 각 호의 어느 하나에 해당하는 기기를 말한다.

1. 「전기통신사업법」 제5조 제3항 제1호에 따른 기간통신사업자가 제공하는 이동통신 서비스를 이용하는 이동통신 단말기기

2. 「전기통신사업법」 제5조 제3항 제1호에 따른 기간통신사업자가 무선으로 제공하는 기간통신역무를 이용할 수 있는 휴대용 정보 단말기기

3. 「게임산업진흥에 관한 법률」 제25조 제1항 제4호에 따른 게임기기 자체만으로는 오락을 할 수 없는 기기. 다만, 「정보통신망 이용촉진 및 정보보호 등에 관한 법률」 제2조 제1항 제1호에 따른 정보통신망을 통하여 게임물을 유료로 제공받는 경우는 제외한다.

「게임산업진흥에 관한 법률」

제45조(벌칙) 다음 각 호의 어느 하나에 해당하는 자는 2년 이하의 징역 또는 2천만원 이하의 벌금에 처한다.

1. 제12조의3 제5항에 따른 문화체육관광부장관의 시정명령을 따르지 아니한 자 [이하 생략]

제48조(과태료) ① 다음 각 호의 어느 하나에 해당하는 자는 1천만원 이하의 과태료에 처한다.

1. 제12조의3 제4항에 따른 문화체육관광부장관의 자료 제출 또는 보고 요청에 따르지 아니한 자

1의2. 제12조의3 제6항에 따른 보고를 하지 아니한 자[이하 생략]

제12조의4(게임물 이용 교육 지원 등)

법　　률	제12조의4(게임물 이용 교육 지원 등) ① 정부는 게임물의 올바른 이용에 관한 교육에 필요한 지원을 할 수 있다. ② 정부는 학교교육에서 게임물의 올바른 이용을 위한 교육을 실시하도록 노력하여야 한다. ③ 문화체육관광부장관은 올바른 게임물 이용에 관한 교육의 내용을 「유아교육법」 제13조 및 「초·중등교육법」 제23조에 따른 교육과정에 포함할 수 있도록 교육과학기술부장관에게 협력을 요청할 수 있다. ④ 문화체육관광부장관은 게임물 이용에 관한 교육을 해당 사업과 관련된 기관 또는 단체에 위탁할 수 있다.

▪ 입법 취지

　　최근 온라인게임을 비롯한 게임물 이용자 수가 급속하게 증가하면서 게임과 몰입 현상 등이 사회적 문제로 대두됨에 따라 게임과몰입 예방을 위한 게임물 관련사업자와 정부의 의무를 명확하게 규정하는 한편, 게임물의 올바른 이용에 관한 교육의 지원 근거를 마련하고, 정규교육과정에 관련내용이 포함될 수 있도록 교육과학기술부장관에게 협력을 요청할 수 있도록 하는 등 건전한 게임문화를 조성하기 위해 필요한 조치를 강구하기 위하여 마련된 규정이다.

　　게임은 긍정적인 효과가 있는 여가활동의 일환이자 교육 등에 이용되는 기능성을 보유하고 있지만, 과도한 이용은 앞서 본 바와 같이 부작용을 초래하기도 한다. 이처럼 게임은 양면성을 가지고 있는데, 순기능을 증진시키고 역기능을 예방하기 위해서는 무엇보다 이용자의 게임이용 습관이나 올바른 게임이용을 위한 인식이 중요하다고 할 수 있으며, 이러한 점을 고려할 때, 교육을 통하여 올바른 게임이용을 위한 습관을 기르게 하고, 게임과몰입의 원인과 대책 등을 주지시키는 것이 게임의 순기능 증진에 무엇보다 중요하다고 할 것이다.[117]

---

117) 류환민, 앞의 한선교 의원 대표발의안 검토보고서, 19면.

■ 입법 연혁

제12조의4는 2011년 개정법(법률 제10879호, 2012.1.22. 시행)에서 신설된 조항이다. 2011년 조문 신설 이후 제12조의4는 현행 법률까지 변함이 없다.

■ 내용 해설

건전한 게임문화를 조성하기 위한 중장기적 정책대안으로 가장 근원적인 처방은 교육이다. 올바른 게임이용에 관한 교육이 학교 차원의 교육으로 이뤄진다면 건전한 게임문화 조성에 있어 법으로 강제하는 제도보다 오히려 보다 큰 효과를 기대할 수도 있을 것이다.[118]

실제로 방과 후 학교 게임문화교실 운영을 통해 지난 2008년 전국 167개 초등학교, 15,364명을 대상으로 건전한 게임문화 교육을 실시하였으며, 2009년에는 초등학생을 대상으로 게임문화 기초교육(1시간/전국 221개 초등학교, 21,220명 대상) 및 심화교육(3시간/전국 30개교, 1,065명 대상)을 실시하였다.[119]

게임과몰입 예방교육 추진 현황[120]

정 책	추진 현황
○ 게임문화교육 교재 개발 및 보급('07년~)	- 초등학생용 교재는 서울시교육감 인정도서로 승인(2010. 1.)되었으며, 2010.3. 전국 모든 초등학교에 배포
○ 찾아가는 게임문화교실	- 매년 270여개 초등학교 대상 게임 과몰입 예방교육 실시

---

118) 정부는 강제적 셧다운제, 게임시간 선택제 등 다양한 방법으로 아동·청소년들의 게임 이용을 규제하고 있으나, 그 실효성 측면에서 지속적으로 문제가 제기되고 있으며, 오히려 청소년들의 주민등록번호 도용, 성인게임의 증가 등 부작용을 일으키고 있다. 따라서 강제적인 게임이용에 대한 규제보다는 올바른 게임이용에 대한 교육을 강화하여 아동·청소년들이 자율적으로 건전한 게임이용을 할 수 있도록 유도하는 것이 게임과몰입 문제에 대한 근본적이고 실질적인 해결방안이 될 수 있다[게임산업진흥에 관한 법률 일부개정법률안(전병헌의원 대표발의), 2012.12.7. 제안이유 참조].

119) 최구식, 2009년 한국콘텐츠진흥원 국정감사 자료[국회입법조사처, 게임콘텐츠의 현황 및 육성 방안(현안보고서 제69호), 2010, 15면에서 재인용].

120) 류환민, 앞의 한선교의원 대표발의안 검토보고서, 20면.

운영('07년~)	- 교사 및 학부모 대상 게임문화교육 병행 실시 - 2011년부터 매년 1,000개 이상 학교로 사업 확대

제12조의4에서 정부는 게임물의 올바른 이용에 관한 교육에 필요한 지원을 할 수 있도록 규정하여 게임물의 올바른 이용에 관한 교육에 대한 지원 근거를 마련하고, 학교교육에서 게임물의 올바른 이용을 위한 교육을 실시하도록 노력하여야 한다고 규정하여 교육을 통한 건전한 게임문화 조성을 정부의 책무로 규정하였다.

사실 게임콘텐츠 시장의 고성장에도 불구하고 건전한 게임문화 정착을 위한 게임 리터러시(Game Literacy) 교육[121]은 아직까지 미진한 상황인 바, 향후 게임에 대한 올바른 이해와 건전한 이용을 지도할 수 있는 게임 리터러시 개념의 확장과 교육 활성화가 이루어져야 한다. 게임 리터러시는 건강한 게임 이용을 위한 향유 능력 함양, 게임 제작과정 경험을 통한 콘텐츠 생산 능력 함양 등을 통해 게임콘텐츠의 역기능을 최소화하고 게임콘텐츠에 대한 사회적 인식 개선에 기여할 수 있다.[122]

또한 교육을 통한 올바른 습관의 배양은 장시간이 소요되고 학교교육과정에서 정식으로 배울 필요가 있는데, 게임과몰입 예방관련 교육은 '방과후 학교' 등 재량활동을 통해 이루어지고 있어 교육의 효과를 제고하기에는 한계가 있었다. 이러한 문제를 해결하고자 유치원 및 초·중등학교의 정규교육과정에서 올바른 게임이용에 관한 교육이 이루어지도록 문화체육관광부장관이 교육과학기술부장관에게 협력을 요청할 수 있도록 하였으며, 게임물 이용에 관한 교육을 "해당 사업"과 관련된 기관 또는 단체에 위탁할 수 있도록 하였다. 다만, "해당 사업"이 게임물 관련 사업을 의미하는지 아니면 교육 관련 사업을 의미하는지 불명확하므

---

121) 게임 리터러시(Game Literacy)란 게임의 속성을 이해하고 이를 올바르게 사용하며, 게임을 활용하여 사회적·문화적으로 의사표현 및 의사소통 능력을 증진할 수 있도록 하는 교육이라 볼 수 있다. 국내에서 게임 리터러시의 개념은 게임산업진흥 중장기계획(2008년~2012년)에서 처음 공론화되었으며, 이에 따라 지난 2008년 한국콘텐츠진흥원이 초등학생용 게임 리터러시 교육용 교재인 「게임 안으로, 게임 밖으로」를 개발한 바 있으나, 아직 시작단계에 불과한 상황이다. 따라서 향후 게임 리터러시 제도화와 프로그램 보급 확대를 위한 지속적인 노력이 이루어져야 할 것이다(국회입법조사처, 앞의 보고서, 13면).

122) 국회입법조사처, 위의 보고서, 13-14면.

로 "게임물 이용 교육을 담당하는 기관 또는 단체"로 수정하여 이를 보다 명확히 규정할 필요가 있다는 지적이 있다.[123]

한편, 게임이용에 관한 교육과 별도로 게임물 및 게임상품의 건전한 유통질서 확립과 건전한 게임문화의 조성을 위한 게임물 관련사업자 교육이 동법 제9조 제3항[124]에 규정되어 있는데, 시장·군수·자치구의 구청장은 게임물 관련사업자를 대상으로 연 3시간 이내의 범위에서 교육을 실시할 수 있도록 하고 있다.

참고 조문	유아교육법 [시행 2012.9.22] [법률 제11382호, 2012.3.21, 일부개정] 제13조(교육과정 등) ① 유치원은 교육과정을 운영하여야 하며, 교육과정 운영 이후에는 방과후 과정을 운영할 수 있다. ② 교육과학기술부장관은 제1항에 따른 교육과정 및 방과후 과정의 기준과 내용에 관한 기본적인 사항을 정하며, 교육감은 교육과학기술부장관이 정한 교육과정 및 방과후 과정의 범위에서 지역 실정에 적합한 기준과 내용을 정할 수 있다. ③ 교육과학기술부장관은 유치원의 교육과정 및 방과후 과정 운영을 위한 프로그램 및 교재를 개발하여 보급할 수 있다. 초·중등교육법 [시행 2013.1.18] [법률 제11147호, 2012.1.17, 타법개정] 제23조(교육과정 등) ① 학교는 교육과정을 운영하여야 한다. ② 교육과학기술부장관은 제1항에 따른 교육과정의 기준과 내용에 관한 기본적인 사항을 정하며, 교육감은 교육과학기술부장관이 정한 교육과정의 범위에서 지역의 실정에 맞는 기준과 내용을 정할 수 있다. ③ 학교의 교과(教科)는 대통령령으로 정한다.

---

123) 류환민, 한선교 의원 대표발의안 검토보고서, 21면.

124) 제9조(유통질서의 확립) ① 정부는 게임물 및 게임상품의 건전한 유통질서 확립에 노력하여야 한다.

　② 정부는 게임물 및 게임상품의 품질향상과 불법복제품 및 사행성게임물의 유통방지를 위한 시책을 수립·추진하여야 한다.

　③ 시장·군수·구청장(자치구의 구청장을 말한다. 이하 같다)은 게임물 및 게임상품의 건전한 유통질서 확립과 건전한 게임문화의 조성을 위하여 게임물 관련사업자를 대상으로 연 3시간 이내의 범위에서 대통령령이 정하는 바에 따라 교육을 실시할 수 있다.[이하 생략]

제13조(지식재산권의 보호)

법　률	제13조(지식재산권의 보호) ① 정부는 게임의 창작활동을 보호하고 육성하기 위하여 게임물의 지식재산권 보호시책을 강구하여야 한다. ② 정부는 게임물의 지식재산권 보호를 위하여 다음 각 호의 사업을 추진할 수 있다. 1. 게임물의 기술적 보호 2. 게임물 및 게임물 제작자를 식별하기 위한 정보 등 권리관리정보의 표시 활성화 3. 게임분야의 저작권 등 지식재산권에 관한 교육·홍보 ③ 정부는 대통령령이 정하는 바에 따라 지식재산권 분야의 전문기관 또는 단체를 지정하여 제2항 각 호의 사업을 추진하게 할 수 있다.
시 행 령	제9조(지식재산권의 보호) 법 제13조 제3항에 따라 지식재산권 분야의 전문기관 또는 단체로 지정받을 수 있는 자는 다음 각 호와 같다. 1. 「저작권법」 제112조에 따른 한국저작권위원회 2. 「민법」 제32조에 따라 게임산업진흥을 목적으로 설립된 재단법인

■ **입법 취지**

　지식재산권은 게임산업 진흥과 밀접한 관련이 있다.[125] 사실, 국내 게임산업은 비약적인 발전을 통해 세계 게임시장에서 선도적 위상을 이룩하였지만 중국을 비롯한 주요국이 급부상함에 따라 선도적 위상을 유지하고 고수할 수 있는 경쟁력 강화를 위한 전략 수립이 필요한 시기라 할 수 있으며, 경쟁력 강화를 위한 중요한 전략 중의 하나가 바로 지식재산권의 보호이다. 중국 게임 시장의 성

---

125) 지적 재산권 보호와 투자활성화와의 함수관계에 관해서는 많은 연구가 있으나, 특히 Kamil Idris(WIPO), Intellectual Property: A Power Tool for Economic Growth(2003: http://www.mihr.org/q=filestore/download/193); Shane Ham and Robert D. Atkinson, Confronting Digital Piracy, Intellectual Property Protection in the Internet Era, October 31, 2003(http://www.ndol.org/ documents/Digital_Copyright_1003.pdf) 등을 참조(홍준형, "영상물등급위원회의 등급분류결정과 지적 재산권 보호," 「법제논단」, 법제처, 2005에서 재인용).

장, 특히 중국산 온라인 게임의 점유율 증가의 배경 뒤에는 이른바 "산자이"[126) 게임의 문제가 숨겨져 있기 때문이다.[127)

　지식재산권에 관한 교육·홍보 및 기술적 보호조치와 권리관리정보의 활용에 의하여 게임콘텐츠의 표절 분쟁을 사전에 예방하고, 지식재산권 보호를 통한 분쟁해결절차가 마련되어야 게임의 창작활동이 보호·육성될 수 있다.

▪ 입법 연혁

　제13조는 2006년 「음반·비디오물 및 게임물에 관한 법률」의 장르별 분법화 추진에 따라 「게임산업진흥에 관한 법률」이 독립적인 법으로 제정되면서 규정되었다.

　이후 2011년 「지식재산기본법」(법률 제10629호)이 제정되면서 "지적재산권"이 "지식재산권"으로 용어가 변경된 것 이외에 현행 법률까지 변함이 없다.

▪ 내용 해설

　제13조는 게임창작자의 창작활동을 보호하고 육성하기 위한 조항이다. 이를 위하여 동법은 게임물의 지식재산권 보호시책을 강구할 것을 규정하고 있는데, 게임물의 불법복제는 게임창작자의 창작의욕을 저하시키고, 게임산업의 발전을 저해하는 가장 중요한 요인 중의 하나이다. 불법복제 게임물의 제작·유통은 게임산업의 기반을 취약하게 하고, 기능성 게임 등 잠재시장의 성장을 저해하

---

126) '산자이(山寨·산적들의 소굴)'는 중국 사회 전반에 퍼져 있는 모조품(模造品) 문화를 일컫는다(http://news.chosun.com/site/data/html_dir/2009/10/05/2009100501369.html).

127) 중국내 우리 온라인 게임의 시장점유율이 급감하고 있을 뿐만 아니라 성공을 거둔 우리 온라인 게임의 대부분의 경우에 표절 의혹이 제기되고 있는 것은 주지의 사실이다. 이와 관련해 중국 업체의 시장 점유율의 3분의 1정도는 산자이 게임을 통해 거둔 성과라는 주장도 있다. 만약 중국산 게임 시장의 성장과 우리나라 온라인 게임의 점유율 감소가 공정한 시장 경쟁 원리에 따른 결과가 아니라 중국 업체의 저작권 침해로 인한 것이라면 이는 개선되어야 할 문제가 아닌가 한다[김형렬, "중국 관련 게임저작권 분쟁의 주요 쟁점 검토." 「디지털재산법연구」(제8권), 2009, 140면].

며, 해외 게임기업의 한글판 게임 출시를 지연시키는 등의 피해를 야기한다. 최근까지도 게임분야의 불법복제로 인한 피해규모는 줄어들지 않고 있으며, 게임업계에서는 게임시장 부흥을 위한 키워드로 "규제완화"와 함께 "불법복제 근절"을 내세우고 있다.[128]

한편, 2012년 10월 15일 국회 문화체육관광방송통신위원회 소속 강동원 의원은 저작권위원회 자료를 분석한 결과 지난 2009년부터 2011년까지 3년 동안 국내 불법복제 시장규모가 1조8000억 원에 이른다고 밝혔다. 특히 게임분야 불법복제 피해규모는 2010년 온라인 258억원, 오프라인 2109억원에서 2011년 온·오프라인 각각 2031억원 3340억원으로 눈에 띄게 증가했다.[129]

불법복제로 인한 피해 규모

(단위 : 억 원)

연도	구분	합법시장 규모		불법복제 시장규모			합법시장이 침해당한 규모		
		온라인	오프라인	온라인	오프라인	합계	온라인	오프라인	합계
2009년	음악	3,991	802	31	2,450	2,481	1,053	4,511	5,564
	영화	186	14,907	879	684	1,563	454	6,177	6,631
	방송	728	25,194	438	316	754	200	2,003	2,203
	게임	8,334		420	468	888	484	3,378	3,862
	출판	1,555	25,811	102	2,997	3,099	826	3,411	4,237
	합계	81,508		1,870	6,914	8,784	3,017	19,480	22,497
2010년	음악	4,328	735	17	1,058	1,075	736	4,718	5,453
	영화	223	17,264	771	347	1,118	580	6,353	6,933
	방송	1,208	28,230	579	247	826	435	2,395	2,830
	게임	8,015		194	98	292	258	2,109	2,368
	출판	2,092	27,253	97	1,693	1,790	739	2,850	3,589
	합계	89,348		1,658	3,443	5,101	2,748	18,425	21,173
2011년	음악	5,032	847	7	1,139	1,146	322	5,588	5,910
	영화	286	17,786	380	236	616	1,260	6,682	7,941
	방송	30,814		270	192	463	461	1,504	1,965
	게임	7,555		81	189	270	2,031	3,340	5,371
	출판	2,358	43,475	121	1,605	1,726	989	2,810	3,800
	합계	108,153		859	3,361	4,220	5,063	19,924	24,987

동조 제2항에서는 불법복제 게임물의 제작 및 유통을 방지하기 위하여 정부

---

128) http://www.etoday.co.kr/news/section/newsview.php?TM=news&SM=2308&idxno=557014.

129) http://news.sportsseoul.com/read/economy/1092670.htm.

가 추진하여야 할 구체적인 지식재산권 보호시책을 제시하고 있는데, 불법복제를 차단하는 기술적 보호조치와 불법 유통되는 복제물을 추적할 수 있는 권리관리정보 및 게임분야의 저작권 등 지식재산권에 관한 교육·홍보를 제2항 각호에서 규정하고 있다.

　기술적 보호와 권리관리정보는 별도의 정의 규정이 없지만, 조문의 취지상 「저작권법」상 정의규정을 그대로 원용하여도 무방하리라 생각한다.[130]

　다만, 정부가 추진하여야 할 사업으로 제1호에서 규정하고 있는 "게임물의 기술적 보호"는 그 사업의 내용이나 범위를 예측하기 힘들다. "기술적 보호조치"라 하지 않고, "기술적 보호"라 규정한 특별한 이유가 있는지 의문이며, 기술을 통한 보호 전반을 의미하는 것으로도 해석할 수 있다. 또한 기술적 보호와 관련된 사업은 관련 기술의 개발, 기술적 보호조치의 적용·부착, 표준화 사업, 기술적 보호조치 무력화 규제 등 다양하며, 기술적 보호조치에 관해서는 「저작권법」,[131] 「콘텐츠산업진흥법」,[132] 「음악산업진흥에 관한 법률」[133] 등에서도 규정하고 있

[130] 「저작권법」 제2조.
　28. "기술적 보호조치"란 다음 각 목의 어느 하나에 해당하는 조치를 말한다.
　가. 저작권, 그 밖에 이 법에 따라 보호되는 권리의 행사와 관련하여 이 법에 따라 보호되는 저작물 등에 대한 접근을 효과적으로 방지하거나 억제하기 위하여 그 권리자나 권리자의 동의를 받은 자가 적용하는 기술적 조치
　나. 저작권, 그 밖에 이 법에 따라 보호되는 권리에 대한 침해 행위를 효과적으로 방지하거나 억제하기 위하여 그 권리자나 권리자의 동의를 받은 자가 적용하는 기술적 조치
　29. "권리관리정보"는 다음 각 목의 어느 하나에 해당하는 정보나 그 정보를 나타내는 숫자 또는 부호로서 각 정보가 저작권, 그 밖에 이 법에 따라 보호되는 권리에 의하여 보호되는 저작물 등의 원본이나 그 복제물에 부착되거나 그 공연·실행 또는 공중송신에 수반되는 것을 말한다.
　가. 저작물 등을 식별하기 위한 정보
　나. 저작권, 그 밖에 이 법에 따라 보호되는 권리를 가진 자를 식별하기 위한 정보
　다. 저작물 등의 이용 방법 및 조건에 관한 정보
[131] 「저작권법」 제113조(업무) 위원회는 다음 각 호의 업무를 행한다.
　7. 기술적 보호조치 및 권리관리정보에 관한 정책 수립 지원
[132] 「콘텐츠산업 진흥법」 제10조(지식재산권의 보호) ① 정부는 사회적·경제적 환경의 변화에 따른 콘텐츠 이용방법의 다양화에 적절하게 대응하여 콘텐츠의 지식재산권 보호 시책을 강구하여야 한다.
　② 정부는 콘텐츠제작자가 이 법에 따라 보호되는 콘텐츠에 대한 기술적 보호조치를 개발할 수 있도록 지원하기 위한 시책을 마련하여야 한다.
[133] 「음악산업진흥에 관한 법률」 제14조(지식재산권의 보호) ① 문화체육관광부장관은 음반 등의 창작활동을 보호하고 육성함에 있어서 음반 등의 지식재산권 보호시책을 강구하여야

어 소관 업무의 충돌도 걱정된다.

생각건대, 제1호의 게임물의 "기술적 보호"는 기술적 보호조치를 의미하는 것이며, 같은 취지로 규정된 음악산업진흥에 관한 법률을 참조하여, 게임물의 불법복제·유통 등을 방지하기 위한 "게임물의 기술적 보호조치 및 권리관리 정보의 부착"으로 한정하여 해석함이 타당할 것이다. 입법적 보완이 필요하다고 본다.

정부가 추진하여야 할 사업으로 제2호에서는 권리관리정보의 표시활성화, 제3호에서는 지식재산권에 관한 교육·홍보를 규정하고 있다. 불법복제로 인한 게임콘텐츠의 저작권 침해 문제를 해결하기 위해서는 게임이용자가 게임콘텐츠 저작권 보호의 중요성을 인식하고 합법적인 저작물을 이용할 수 있는 사회적 분위기 조성에 보다 힘써야 하기 때문이다. 향후 다양한 교육·홍보활동을 전개하여 게임콘텐츠의 저작권 보호 필요성에 대한 사회적 관심을 고취하고 게임 이용자를 계도함으로써 합법적인 게임콘텐츠를 이용하는 사회적 분위기를 조성해야 할 것이다.[134]

한편, 제3항에서는 대통령령이 정하는 바에 따라 지식재산권 분야의 전문기관 또는 단체를 지정하여 제2항 각 호의 사업을 추진하게 할 수 있도록 하고 있다. 시행령 제9조에서는 동법 제13조 제3항에 따라 지식재산권 분야의 전문기관 또는 단체로 지정받을 수 있는 자로서 「저작권법」 제112조에 따른 한국저작권위원회와 「민법」 제32조에 따라 게임산업진흥을 목적으로 설립된 재단법인을 규정하고 있다.[135]

참고 조문	「지식재산기본법」 제3조(정의) 이 법에서 사용하는 용어의 뜻은 다음과 같다.

한다.
② 문화체육관광부장관은 음반 등의 불법복제·유통 등을 방지하기 위하여 다음 각 호의 사항을 지원할 수 있다.
1. 음반 등의 기술적 보호조치 및 권리관리 정보의 부착
2. 음반 등의 분야의 저작권 등 지식재산권 관련 교육 및 홍보
3. 그 밖에 지식재산권 보호와 관련된 사항

134) 국회입법조사처, 앞의 보고서, 30-31면.
135) 이를 근거로 과거 문화관광부 산하에 (재)한국게임산업진흥원이 설립되어 운영되었으나, 2009년 한국방송영상진흥원, 한국문화콘텐츠진흥원과 함께 한국콘텐츠진흥원으로 통합되었다.

	1. "지식재산"이란 인간의 창조적 활동 또는 경험 등에 의하여 창출되거나 발견된 지식·정보·기술, 사상이나 감정의 표현, 영업이나 물건의 표시, 생물의 품종이나 유전자원(遺傳資源), 그 밖에 무형적인 것으로서 재산적 가치가 실현될 수 있는 것을 말한다. 2. "신지식재산"이란 경제·사회 또는 문화의 변화나 과학기술의 발전에 따라 새로운 분야에서 출현하는 지식재산을 말한다. 3. "지식재산권"이란 법령 또는 조약 등에 따라 인정되거나 보호되는 지식재산에 관한 권리를 말한다.
	「콘텐츠산업 진흥법」 제10조(지식재산권의 보호) ① 정부는 사회적·경제적 환경의 변화에 따른 콘텐츠 이용방법의 다양화에 적절하게 대응하여 콘텐츠의 지식재산권 보호 시책을 강구하여야 한다. ② 정부는 콘텐츠제작자가 이 법에 따라 보호되는 콘텐츠에 대한 기술적보호조치를 개발할 수 있도록 지원하기 위한 시책을 마련하여야 한다. ③ 콘텐츠사업자는 타인의 지식재산권을 침해하지 아니하도록 필요한 조치를 하여야 한다.
	「음악산업진흥에 관한 법률」 제14조(지식재산권의 보호) ① 문화체육관광부장관은 음반 등의 창작활동을 보호하고 육성함에 있어서 음반 등의 지식재산권 보호시책을 강구하여야 한다. ② 문화체육관광부장관은 음반 등의 불법복제·유통 등을 방지하기 위하여 다음 각 호의 사항을 지원할 수 있다. 1. 음반 등의 기술적 보호조치 및 권리관리 정보의 부착 2. 음반 등의 분야의 저작권 등 지식재산권 관련 교육 및 홍보 3. 그 밖에 지식재산권 보호와 관련된 사항 ③ 문화체육관광부장관은 제2항의 규정에 따른 사항을 추진하기 위하여 대통령령이 정하는 바에 따라 관련 전문기관 또는 단체를 지정하여 위탁할 수 있다.

※ 참고 : 지식재산권(지적소유권, 지적재산권, 무체재산권)

지식재산권은 지적소유권, 지적재산권, 무체재산권과 같은 말이다. 세계지적재산권기구(WIPO)[136] 설립조약 제2조 제8항은 "지적재산권이라 함은 문학·예술 및

---

136) 세계지적재산권기구(World Intellectual Property Organization: WIPO)의 목적은, ① 국가 간의 협조를 통하여 그리고 적당한 경우에는 기타 모든 국제기구와 공동으로 전세계를 통한 지적재산권의 보호를 촉진하고, ② 제 동맹간의 행정적 협조를 확보함에 있다. WIPO 설립조약은 1967년 스웨덴의 스톡홀름에서 체결되었고, 1970년 4월 발효하였다. WIPO는 1974년 국제연합의 전문기구가 되었으며, 그 국제사무국은 스위스 제네바에 있다. 우리나라는 1979.3.1. WIPO 설립조약에 가입하였으며, 현재(2013.12.31) 186개국이 가입하고 있다.

과학적 저작물, 실연자의 실연, 음반 및 방송, 인간 노력에 의한 모든 분야에서의 발명, 과학적 발견, 디자인, 상표, 서비스표, 상호 및 기타의 명칭, 부정경쟁으로부터의 보호 등에 관련된 권리와 그 밖에 산업, 과학, 문학 또는 예술분야의 지적 활동에서 발생하는 모든 권리를 포함한다"고 규정하고 있다.

즉 저작권, 저작인접권, 특허권, 과학적 소유권, 디자인권, 상표권, 상호권이나 서비스표권, 부정경쟁방지법에 의하여 보호되는 주지상표나 영업비밀 등 일체의 것, 소위 종래 산업재산권(공업소유권)과 저작권이 모두 지적재산권에 포함된다.

게임과 관련된 지식재산권은 특허분야에서는 게임기구와 장치, 소프트웨어와 관련된 수없이 많은 특허가 존재한다.[137] 게임의 명칭은 상표법이나 부정경쟁방지법과 관련되며, 게임물 그 자체는 저작권법과 관련된다. 실로 게임물은 지적재산권의 덩어리라고 해도 과언이 아니며, 게임산업이야말로 지식재산 산업이다.[138]

참고 판례	대법원 2010.2.11. 선고 2007다63409 판결; 서울중앙지법 2007.1.17. 선고, 2005가합65093(본소), 2006가합54557(반소) 판결; 서울지방법원 2002.9.19. 선고, 2002카합1989 결정

---

137) 게임과 특허에 관해서는, 한국게임산업개발원, 「해외게임분쟁사례집」[특허편], 2007.10; 김병일, "게임의 특허법에 의한 보호", 「디지털재산법연구」(제9권), 한국디지털재산법학회, 2010.12, 19면 이하 참조.

138) 게임과 지적재산권에 관한 문헌은 무수히 많다. 특히 다음 문헌 참조: 문화관광부/한국게임산업개발원, 「게임분쟁사례집」, 2005.2; 한국게임산업개발원, 「해외게임분쟁사례집」[저작권편], 2006.3; 한국게임산업개발원, 「해외게임분쟁사례집」[특허편], 2007.10; 윤선희/신재호/이헌희/박광호, 「게임콘텐츠 저작권 침해대응을 위한 표절기준 마련 기초연구」, 한국콘텐츠진흥원, 2010; 한국디지털재산법학회, 「디지털재산법연구」 제2권 제2호(2003.5)/제9권(2010.12)/제10권(2012.1).

제14조(이용자의 권익보호)

법 률	제14조(이용자의 권익보호) 정부는 게임물을 이용하는 자의 권익을 보호하기 위하여 다음 각 호의 사업을 추진하여야 한다. 1. 건전한 게임이용문화의 정착을 위한 교육·홍보 2. 게임물의 이용자가 입을 수 있는 피해의 예방 및 구제 3. 유해한 게임물로부터의 청소년 보호

■ 입법 취지

「게임산업진흥에 관한 법률」이 모법인 「음반·비디오물 및 게임물에 관한 법률」과 가장 차이나는 점은 게임산업의 진흥(제2장)과 게임문화의 진흥(제3장)을 새로이 규정한 것이다. 제13조(지식재산권의 보호)가 게임물 창작자의 권익을 보호하기 위한 규정이라면, 제14조에서는 게임문화 진흥의 일환으로 게임물 이용자의 권익을 보호하기 위한 정부의 책무를 규정하고 있다.

■ 입법 연혁

제14조는 2006년 「음반·비디오물 및 게임물에 관한 법률」의 장르별 분법화 추진에 따라 「게임산업진흥에 관한 법률」이 독립적인 법으로 제정되면서 규정되었다.

이후 현행 법률까지 변함이 없다.

■ 내용 해설

제14조에서는 게임물 이용자의 권익을 보호하기 위한 정부의 책무를 규정하

고 있다. 정부가 추진하여야 할 사업으로 각호에서는 i) 건전한 게임이용문화의 정착을 위한 교육·홍보, ii) 게임물의 이용자가 입을 수 있는 피해의 예방 및 구제, iii) 유해한 게임물로부터의 청소년 보호를 규정하고 있다.

i) 건전한 게임이용문화의 정착을 위한 교육·홍보는 이미 제12조의4 제2항에서 "정부는 학교교육에서 게임물의 올바른 이용을 위한 교육을 실시하도록 노력하여야 한다"고 규정하여 그 연장선에서 이해할 수 있다. 즉, 학교교육뿐만 아니라 사회적으로 청소년 및 학부모를 대상으로 하는 게임문화 교육교재를 개발·보급하고, 자치단체·교육기관 및 시민단체 등과 공동으로 건전한 게임이용문화를 체험할 수 있는 체험교육프로그램 내지 참여프로그램을 운영하는 등 간접교육활동과 홍보를 포괄하는 취지로 이해할 수 있다.

ii) 유해한 게임물로부터의 청소년 보호는 제12조의2 제1항 제1호에서 정부의 책무로 규정하고 있는 "게임과몰입이나 게임물의 사행성·선정성·폭력성 등("게임과몰입 등")의 예방과 치료를 위한 기본계획의 수립 및 시행"의 연장선에서 파악할 수 있다. 유해한 게임물은 사행성·선정성·폭력성 등을 조장하는 게임물이라 할 수 있으며, 예방과 치료는 유해한 게임물로부터 가장 상처받기 쉬운 청소년을 보호하는 취지와 크게 다르지 않기 때문이다. 본호에서는 보다 구체적으로 정부의 책무를 규정하고 있다.

iii) 게임물의 이용자가 입을 수 있는 피해의 예방 및 구제도 게임의 역기능에 의한 게임이용자의 피해도 포함될 수 있기 때문에 일정 부분 중복되는 면이 없지 않다고 할 수 있으나, 게임의 역기능에 의한 피해에 대한 대책은 이미 여러 규정에 언급하고 있으므로 본호는 게임물사업자와 게임물 이용자와의 관계에서 이용자에게 부당하거나 불합리한 이용행위를 조장하는 게임물사업자에 의한 피해의 예방과 구제로 한정하여 해석함이 타당하다고 생각한다.

한편 게임물 이용자 특히 온라인 게임물 이용자는 「콘텐츠산업진흥법」 제26조에서 말하는 콘텐츠의 유통 및 거래에 관한 이용자에 해당할 수 있다. 이용자의 기본권익을 보호하기 위하여 정부가 추진하여야 할 사업을 규정하고 있는 「콘텐츠산업진흥법」 제26조 제1항 각호의 사항들도 게임분야에서 이용자의 권익보호를 위하여 정부가 함께 추진하여야 할 사업이라 할 수 있다.

또한 2009년 개정 논의 당시 이용자의 권익보호에 관한 내용으로 제14조 규정 이외에도 이용자보호지침 제정 및 게임분쟁조정위원회의 설치가 논의된 바

있었다. 즉, '이용자에게 부당하거나 불합리한 이용행위를 조장하는 게임물사업
자'에 대하여 문화체육관광부에서 제정하게 되는 '게임이용자 보호지침'을 그 기
준으로 하여 이를 위반하는 자에 대하여 개선을 권고하도록 하고, 게임의 특성을
고려하여 사업자와 이용자 간, 이용자와 이용자 간의 분쟁조정을 효과적으로 수
행될 수 있도록 게임 관련 전문가로 구성된 게임분쟁조정위원회를 신설하는 내
용이었다.[139] 이러한 다양한 제도를 도입하여 게임서비스 환경의 개선과 게임문
화에 대한 국민의 만족도 향상을 통해 게임 이용자의 권익보호를 도모하고자 하
였으나, 이러한 내용들은 결국 「콘텐츠산업진흥법」에서 통합적으로 규정되었다.
즉, 「온라인 디지털콘텐츠산업발전법」(법률 제7818호, 2006.7.1. 시행) 2005년 개
정에서 제16조의3(이용자보호지침의 제정 등)이 이미 도입되어 있었는데, 2010년
전부개정(법률 10369호, 2010.12.11. 시행)에서 이러한 의견을 반영하여 대폭 개정
하고(현행 「콘텐츠산업진흥법」 제28조), 제6장 분쟁조정 제29조 내지 제36조의 규
정을 신설하여 콘텐츠분쟁조정위원회의 설치 근거를 마련하였다.

　　2011년 4월 27일 출범한 콘텐츠분쟁조정위원회는 콘텐츠사업자 간, 콘텐츠
사업자와 이용자 간, 콘텐츠이용자 간의 콘텐츠 거래 및 이용에 관한 분쟁을 관
할하는 조정기구로 국민 누구나 콘텐츠분쟁과 관련하여 이용할 수 있으며, 조정
위원 중 당사자의 위원 기피가 가능하고 당사자간 합의를 이끌어 낸 조정안은 재
판상 화해와 같은 효력이 발생한다. 다양한 콘텐츠 분야의 분쟁 조정업무를 효율
적으로 수행하기 위하여 콘텐츠 분쟁의 빈도 및 전문성 등을 고려하여 4개 분과
(게임, 에듀테인먼트, 방송영상, 출판·음악·공연 등 기타)로 나누어 운영하고 있다.
다만, 콘텐츠분쟁조정의 85%가 게임 관련 민원이지만, 콘텐츠분쟁조정위원회의
조정위원에 게임 전문가가 부족하다는 지적이 제기되고 있다.[140]

---

139) 제282회 국회(임시회) 제5차 문화체육관광방송통신위원회, 게임산업진흥에 관한 법률 전
　　부개정법률안에 대한 공청회(2009.4.21) 자료 참조.
140) 전병헌 의원실이 콘텐츠분쟁조정위원회로부터 제출받은 자료에 따르면 지난해 4월부터
　　올해 8월까지 분쟁조정신청은 총 2,116건이다. 이 가운데 1분과 게임 분야는 1,814건이고,
　　에듀테인먼트, 방송영상, 총괄 등 타 분야는 302건에 불과하다. 즉 게임 분야 조정 업무가
　　85%에 이른다는 설명이다. 반면 이 같은 업무를 다루는 조정위원은 20명 가운데 1명이 게임
　　전문가이고 나머지 법조인이 12명, 교육전문가 2명, 음악전문가 1명, 시민사회 1명, 애니메
　　이션전문가 1명, 소설가 1명, 인문콘텐츠 전문가 1명 등으로 이루어져 있다(http://www.
　　zdnet.co.kr/news/news_view.asp?artice_id=20121023150901&type=det).

| 참고 조문 | 「콘텐츠산업진흥법」

제26조(이용자 보호시책 등) ① 정부는 콘텐츠의 유통 및 거래에 관한 이용자의 기본권익을 보호하기 위하여 다음 각 호의 사업을 추진하여야 한다.
1. 이용자에 대한 콘텐츠 정보 제공 및 교육
2. 제28조에 따른 이용자보호지침의 준수에 관한 실태조사
3. 콘텐츠사업자를 대상으로 하는 이용자 보호에 관한 교육
4. 이용자 보호를 목적으로 하는 기관 또는 단체에 대한 지원
5. 이용자 피해 예방 및 구제를 위한 조치의 마련 및 시행
6. 그 밖에 이용자의 권익 보호에 필요한 시책의 수립·시행
② 정부는 경제적·지역적·신체적 또는 사회적 여건으로 인하여 콘텐츠에 자유롭게 접근하거나 콘텐츠를 이용하기 어려운 자들이 편리하게 콘텐츠를 이용할 수 있도록 필요한 시책을 수립·시행하여야 한다.
③ 정부는 제1항과 제2항의 업무를 대통령령으로 정하는 바에 따라 「문화산업진흥 기본법」 제31조에 따른 한국콘텐츠진흥원이나 콘텐츠 관련 기관 또는 단체에 위탁할 수 있다.
제28조(이용자보호지침의 제정 등) ① 정부는 콘텐츠의 건전한 거래 및 유통질서 확립과 이용자 보호를 위하여 콘텐츠사업자가 자율적으로 준수할 수 있는 지침(이하 "이용자보호지침"이라 한다)을 관련 분야의 사업자, 기관 및 단체의 의견을 들어 정할 수 있다.
② 콘텐츠사업자는 콘텐츠를 거래할 때 이용자를 보호하기 위하여 대통령령으로 정하는 바에 따라 과오금의 환불, 콘텐츠 이용계약의 해제·해지의 권리, 콘텐츠 결함 등으로 발생하는 이용자의 피해에 대한 보상 등의 내용이 포함된 약관을 마련하여 이용자에게 알려야 한다.
③ 콘텐츠사업자는 그가 사용하는 약관이 이용자보호지침의 내용보다 이용자에게 불리한 경우 이용자보호지침과 다르게 정한 약관의 내용을 이용자가 알기 쉽게 표시하거나 고지하여야 한다.
④ 정부는 콘텐츠 거래에 관한 약관의 견본을 마련하여 콘텐츠사업자에게 그 사용을 권고할 수 있다.
⑤ 콘텐츠사업자가 제2항 또는 제3항을 위반한 경우에 대한 시정권고, 시정조치 및 벌칙에 관하여는 「전자상거래 등에서의 소비자보호에 관한 법률」 제31조, 제32조, 제40조, 제41조 및 제44조를 준용한다. 이 경우 "공정거래위원회"는 "문화체육관광부장관"으로 본다.
제29조(분쟁조정위원회의 설치) ① 콘텐츠사업자 간, 콘텐츠사업자와 이용자 간, 이용자와 이용자 간의 콘텐츠 거래 또는 이용에 관한 분쟁을 조정(調停)하기 위하여 콘텐츠분쟁조정위원회(이하 "조정위원회"라 한다)를 둔다. 다만, 저작권과 관련한 분쟁은 「저작권법」에 따르며, 방송통신과 관련된 분쟁 중 「방송법」 제35조의3에 따른 분쟁조정의 대상이 되거나 「전기통신사업법」 제45조에 따른 재정의 대상이 되는 분쟁은 각각 해당 법률의 규정에 따른다.
② 조정위원회는 위원장 1명을 포함한 10명 이상 30명 이하의 위원으로 구 |

성한다.

③ 조정위원회의 위원은 다음 각 호의 어느 하나에 해당하는 사람 중 문화체육관광부장관이 위촉하는 사람이 된다.

1. 「고등교육법」 제2조에 따른 학교의 법학 또는 콘텐츠 관련 분야의 학과에서 조교수 이상의 직에 있거나 있었던 사람

2. 판사·검사 또는 변호사의 자격이 있는 사람

3. 콘텐츠 및 콘텐츠사업에 대한 학식과 경험이 풍부한 사람

4. 이용자 보호기관 또는 단체에 소속된 사람

5. 4급 이상 공무원(고위공무원단에 속하는 일반직공무원을 포함한다) 또는 이에 상당하는 공공기관의 직에 있거나 있었던 사람으로서 콘텐츠 육성 업무 또는 소비자 보호 업무에 관한 경험이 있는 사람

④ 조정위원회의 위원장은 조정위원회 위원 중에서 호선(互選)한다.

⑤ 위원은 비상임으로 하고, 공무원이 아닌 위원의 임기는 3년으로 하되, 1회에 한하여 연임할 수 있다.

⑥ 조정위원회의 업무를 지원하기 위하여 「문화산업진흥 기본법」 제31조에 따른 한국콘텐츠진흥원에 사무국을 둔다.

⑦ 조정위원회는 콘텐츠의 종류에 따른 분과위원회를 설치할 수 있다.

⑧ 조정위원회의 조직 및 운영 등에 필요한 사항은 문화체육관광부령으로 정한다.

제4장_ 등급분류

주해 「게임산업진흥에 관한 법률」

제16조(게임물관리위원회)

법 률	제16조(게임물관리위원회) ① 게임물의 윤리성 및 공공성을 확보하고 사행심 유발 또는 조장을 방지하며 청소년을 보호하고 불법 게임물의 유통을 방지하기 위하여 게임물관리위원회(이하 "위원회"라 한다)를 둔다. ② 위원회는 다음 각 호의 사항을 심의 · 의결한다. 1. 게임물의 등급분류에 관한 사항 2. 청소년 유해성 확인에 관한 사항 3. 게임물의 사행성 확인에 관한 사항 4. 게임물의 등급분류에 따른 제작 · 유통 또는 이용제공 여부의 확인 등 등급분류의 사후관리에 관한 사항 5. 게임물의 등급분류의 객관성 확보를 위한 조사 · 연구에 관한 사항 6. 위원회규정의 제정 · 개정 및 폐지에 관한 사항 7. 제17조의2 제2항의 규정에 따른 위원의 기피신청에 관한 사항 8. 정보통신망을 통하여 제공되는 게임물 또는 광고 · 선전물 등이 제38조 제7항의 시정권고 대상이 되는지의 여부에 관한 사항 ③ 위원회는 위원장 1명을 포함한 9명 이내의 위원으로 구성하되, 위원장은 상임으로 한다. ④ 위원회의 위원은 문화예술 · 문화산업 · 청소년 · 법률 · 교육 · 언론 · 정보통신 분야에 종사하거나 「비영리민간단체 지원법」에 따른 비영리민간단체에서 활동하는 사람으로서 게임산업 · 아동 또는 청소년에 대한 전문성과 경험이 있는 사람 중에서 성별 등 대통령령으로 정하는 사항을 고려하여 대통령령으로 정하는 단체의 장이 추천하는 사람을 문화체육관광부장관이 위촉하며, 위원장은 위원 중에서 호선한다. ⑤ 위원장 및 위원의 임기는 3년으로 한다. ⑥ 위원회의 업무를 효율적으로 수행하기 위하여 필요한 경우 분과위원회를 둘 수 있다. ⑦ 위원회의 구성 · 운영에 관하여 필요한 사항은 위원회규정으로 정한다.
시 행 령	제11조(게임물관리위원회 위원의 추천) ① 법 제16조 제4항에서 "대통령령으로 정하는 단체"란 다음 각 호에 해당하는 기관 · 단체를 말한다. 1. 교육부장관이 지정하는 교육관련 단체 2. 법무부장관이 지정하는 법률관련 단체 2의2. 산업통상자원부장관이 지정하는 산업진흥관련 단체 3. 여성가족부장관이 지정하는 청소년 관련 단체 4. 「문화예술진흥법」 제20조에 따른 한국문화예술위원회 5. 「문화산업진흥 기본법」 제31조에 따른 한국콘텐츠진흥원

	6. 「방송통신위원회의 설치 및 운영에 관한 법률」 제18조에 따른 방송통신심의위원회 7. 다음 각 목의 기관 중 문화체육관광부장관이 지정하는 기관·단체 　가. 「민법」 제32조에 따라 게임산업진흥을 목적으로 설립된 법인 　나. 「민법」 제32조에 따라 언론의 발전과 언론문화 창달을 목적으로 설립된 법인 　다. 비영리민간단체 ② 제1항에 따른 기관·단체는 문화체육관광부장관의 요청이 있는 경우에는 해당 분야에서 3년 이상 종사한 사람 중 성별을 고려하여 3인의 추천 대상자를 선정하여 문화체육관광부장관에게 통보하여야 한다. ③ 문화체육관광부장관은 법 제16조에 따른 게임물관리위원회(이하 "위원회"라 한다) 위원을 위촉함에 있어서 각 분야에서 종사하는 자가 고르게 구성되도록 위촉하여야 한다.

■ 입법 취지

　본조는 게임관련 규정들이 과거 「음반·비디오물 및 게임물에 관한 법률」(이하 음비게법)에 포함되어 있어 게임산업의 특성을 제대로 반영하지 못하고 법제도적으로도 체계적이고 전문적인 대응이 어렵다는 비판에 따라 독자적으로 「게임산업진흥에 관한 법률」(이하 게임법)을 제정하고, 과거 영상물등급위원회(이하 영등위)와는 별도의 게임물 등급분류를 위한 전문기관의 설립·운영에 관한 사항을 규정한 것이다.

　그러나 게임물에 대한 등급분류를 공공기관이 담당하는 것은 표현의 자유를 제한할 수 있고, 게임물에 대한 사전등급분류제도는 게임산업의 활성화를 저해한다는 등 문제가 지속적으로 제기되고, 게임물의 민간 등급분류의 필요성이 확대됨에 따라 2013년 5월 22일 게임법 개정(동년 11월 23일 시행)을 통하여 기존의 게임물등급위원회(이하 등급위원회)를 폐지하는 대신 청소년 이용불가 게임물의 등급분류 등을 담당하는 게임물관리위원회(이하 관리위원회)를 새로이 설치하고, 그 설립·운영에 관한 사항을 규정하였다.[1]

---

1) 관리위원회는 등급위원회를 축소·폐지하여 신설되었으며, 본법 부칙에는 관리위원회가 설립될 때까지 등급위원회가 관리위원회의 업무를 대행하고(제3조), 관리위원회는 그 설립일부터 종전의 등급위원회가 가진 모든 권리·의무를 승계하며(제4조 제1항), 종전의 등급위원회

■ 입법 연혁

본조는 게임법 제정 이후 2007년 1월 19일 개정을 통하여 등급위원회의 심의·의결사항으로 사행성 확인에 관한 사항(제3항 제3호)과 기피신청에 관한 사항을 추가하였으며(제2항 제7호), 위원의 수를 위원장 1인을 포함한 15인 이내로 확대하고 위원장은 상임으로 하였다(제3항). 또한, 등급위원회의 전문성을 강화하고자 위원의 전문분야에 있어 정보통신분야와 「비영리민간단체 지원법」에 의한 아동 또는 청소년 전문가를 추가로 대통령령이 정하는 단체의 장의 추천으로 문화체육관광부장관이 위촉하도록 하였으며 위원의 선임기준은 대통령령으로 정하도록 규정하였다(제4항). 그리고 등급위원회의 업무효율성을 제고하고자 분과위원회의 설치근거를 마련하였다(제6항).

2007년 12월 21일 개정을 통해서는 등급위원회의 심의·의결사항에 정보통신망을 통하여 제공되는 게임물 또는 광고·선전물 등이 시정권고 대상이 되는지 여부에 관한 사항을 추가로 규정하였으며(제2항 제8호), 2008년에는 정부조직법이 개편됨에 따라 2008년 2월 29일 개정으로 문화관광부장관을 문화체육관광부장관으로 그 명칭을 수정하였다(제4항).

2011년 4월 5일 개정을 통해서는 등급위원회의 설치목적에 사행심 유발 또는 조장을 방지하여야 함을 추가(제1항)함으로써 게임물로 인해 발생되는 사회적 문제를 해결하고자 하는 등급위원회의 기능을 확장하였으며, 심의·의결사항에 정보통신망법 제2조 제1항 제1호의 정보통신망으로 규정되어 있던 것을 정보통신망으로 그 명칭을 약칭하였다(제2항 제8호).

2011년 12월 31일 개정을 통해서는 등급위원회의 심의·의결사항 중 등급위원회규칙의 제·개정 및 폐지에 관한 사항을 등급위원회규정으로 변경하였으며(제2항 제6호), 2007년 1월 19일 개정을 통해서 확대하였던 위원의 수를 위원장 1인을 포함한 10인 이내로 축소하였다(제3항).

2013년 5월 22일 개정을 통해서는 등급위원회를 폐지하고 관리위원회를 신설하는 내용으로 개정이 이루어졌으며, 관리위원회의 설립목적에 있어서는 불법 게임물의 유통방지를 명시하고 있으며(제1항), 위원의 자격조건에 있어서는 비영리민

에서 받은 등급분류는 관리위원회에서 받은 등급분류로 보도록 하고 있다(제4조 제2항).

간단체에서 활동하는 사람으로 그 대상을 확대하고, 구성에 있어서도 성별 등 대통령령에서 정하는 사항을 고려하여 추천되는 사람을 위촉하도록 규정하였다(제4항).

■ 내용 해설

1. 관리위원회의 설치(제1항)

게임법은 게임산업의 기반조성과 게임물의 이용에 관한 사항을 정하여 게임산업진흥 및 건전한 게임문화를 확립함으로써 국민경제발전과 문화적 삶의 질을 향상시키고자 한다.

본조는 게임법의 목적달성을 위하여 문화예술·문화산업·청소년·법률·교육·언론·정보통신 분야에 종사하거나, 「비영리민간단체 지원법」에 따라 비영리민간단체에서 활동하는 게임산업·아동 또는 청소년 관련 전문성과 경험이 있는 위원들로 구성된 관리위원회의 설치목적에 대하여 규정하고 있다.

관리위원회는 2006년 10월 설치되어 게임물의 등급분류 기능을 전담하여 오던 등급위원회가 2013년 5월 게임법 개정에 따라 실질적 기능을 축소·폐지함으로써 동년 11월에 신설되고, 등급분류 기능의 많은 부분을 민간에 위탁하여 민간 등급분류에 대한 관리·감독과 게임물 사후관리를 전담하게 되었다.

다만, 관리위원회의 설치목적의 내용에 있어서는 기존의 등급위원회와 마찬가지로 게임물의 윤리성 및 공공성을 확보하고 게임물의 사행성 유발 또는 조장을 방지하며 게임물로부터 청소년을 보호하는 것을 그대로 유지하고 있으며, 이외에 불법 게임물의 유통방지를 추가로 명시하여 민간 등급분류의 관리·감독의 역할을 명확히 하였다.

따라서 본조는 법 개정 이후에도 민간 등급분류 등을 포함하는 관리위원회의 심의·의결사항과 관리·감독, 게임물의 사후관리에 있어 기준이며, 이에 따라 관리위원회는 궁극적으로 게임법의 목적달성에 이바지하게 된다.

가. 게임물의 윤리성 및 공공성 확보

윤리성이란 원래 "사람이 지켜야 할 도리"로써 도덕규범의 원리를 말하는 것이므로 이를 게임물에 대비할 경우 게임물의 윤리성이란 "게임물이 지켜야 할 도리" 즉, 게임물의 정의규정에 따라 오락을 할 수 있게 하거나 이에 부수하여 여가선용, 학습 및 운동효과 등을 높일 수 있도록 제작된 영상물 또는 그 영상물의 이용을 주된 목적으로 제작된 기기 및 장치로써 지켜져야 할 게임물 자체의 본질적인 특성 및 내용과 관련된 것이다.

또한, 공공성이란 "개인이나 단체가 아닌 사회 구성원 전체에 관련되는 성질"을 말하는 것이므로 이를 게임물에 대비할 경우 게임물의 공공성이란 "게임물이 그 이용자만이 아니라 사회 구성원 전체에 관련되는 성질" 즉, 게임법의 목적규정에 따라 게임물이 경제·사회·문화의 향상발전에 이바지하는 것으로써 게임물 자체가 아니라 그 이용과 관련된 것이다.

따라서 게임물의 등급분류에 있어서는 게임물 자체의 본질적인 특성 및 내용과 사회전체에 미치는 영향을 종합적으로 고려하여 심의·의결하고, 등급이 결정된 게임물에 대하여는 그 본질적인 특성 및 내용에 부합되게 이용되는지, 당해 게임물이 사회전체에 부작용을 미치지는 않는지 등을 지속적으로 확인하게 된다.

다만, 게임물의 윤리성 및 공공성 여부를 판단함에 있어서 게임물개발자는 그 대상에서 제외되어야 할 것이다. 왜냐하면 본법은 게임산업종사자의 업태만을 기준으로 정의하고 있기 때문이다. 또한 게임물개발자에게 게임개발에 앞서 올바른 도덕관념을 정립할 것에 대해 요구할 수는 없으며, 게임물개발자가 게임물과 관계없이 사회전체에 어떤 영향을 주었거나 줄 가능성에 대하여 등급분류기관이 판단할 수도 없을 것이다. 이는 게임물개발자의 직업선택의 자유 등 기본권 제한이 될 수도 있기 때문이다.

따라서 게임물개발자는 게임물의 윤리성 및 공공성 여부에 대하여 양심에 따르면 될 것이고, 이에 대하여는 등급분류기관이 게임물 자체를 대상으로 등급분류 심의·의결 및 사후관리를 통해 판단하여야 할 것이다. 그리고 등급분류기관은 교육, 홍보 등을 통한 게임물개발자의 인식제고를 통해 자정노력을 할 수 있도록 노력하여여 될 것이다.

나. 사행성 유발 및 조장 방지

2006년 게임법 제정 당시에 등급위원회의 설치목적은 "게임물의 윤리성 및 공공성을 확보하고 청소년을 보호"하기 위한 것으로 규정되어 있었으나, 2011.4. 5자 개정을 통해 게임물의 사행심 유발 또는 조장을 방지하고자 하는 목적이 추가되었다.

이는 국가 경제성장을 이끌어갈 미래산업으로 각광받던 게임산업이 사행성 게임물의 범람과 게임중독, 게임물의 도박성 등으로 인해 사회적인 문제가 되고, 게임머니·게임아이템 획득을 위한 불법 프로그램(오토 프로그램)이 정상적인 게임이용을 방해하는 등 건전한 게임문화의 저해요인으로부터 게임산업의 위축을 방지하고자 이를 제재할 수 있는 근거와 방안을 마련하고 등급분류에서 사후관리까지 포괄하는 관리·감독 기능을 등급위원회에 부가하고자 한 것이다.

그러나 본래 게임물의 사행성이란 인간의 본성과 게임물 자체의 특성과의 관계에서 일정부분 게임의 한 요소로 인정되지 않을 수 없다. 즉, 인간이 요행을 바라는 것은 본성에 가깝고, 게임은 그 마음을 이용하여 인간이 게임을 통하여 흥미를 느낄 수 있도록 해야 하기 때문이다.

따라서 당해 게임물이 인간의 사행심을 얼마나 유발 또는 조장하는지에 대하여 판단하기는 매우 어려울 것이다.

다만, 그 판단에 있어서는 「사행행위 등 규제 및 처벌특례법」상 사행행위[2]가 기준은 될 수 있으나 이를 판단함에 있어서는 게임물의 정상적인 운영체제 내에 한정되어야 할 것이다. 왜냐하면 게임물은 이용자에 따라 얼마든지 정상적인 운영체제를 벗어나 사행적으로 변질되어 이용될 수 있기 때문이다.

등급위원회가 폐지되고 관리위원회가 설치되어 게임물의 등급분류를 민간에 위탁하였다 하더라도 여전히 그 목적이 게임으로 인한 사행심 유발 및 조장을 방지하는 데 있는 한 등급위원회의 관리·감독에 있어 등급분류기관 및 등급분류가 이루어진 게임물의 사행심 유발 및 조장 여부, 게임물을 통한 사행심이 전체 사회에 미치게 되는 영향을 방지할 수 있어야 할 것이므로 관리위원회는 민간 등급분류기관이나 게임물이용자에게 발생할 수 있는 문제를 사전에 예방할 수

---

2) 제2조 제1항 제1호 "사행행위"라 함은 다수인으로부터 재물 또는 재산상의 이익을 모아 우연적 방법에 의하여 득실을 결정하여 재산상의 이익 또는 손실을 주는 행위를 말한다.

있고 사후에 치유할 수 있는 시스템을 제고하여야 한다.

다. 게임물로부터 청소년 보호

관리위원회는 청소년을 보호하기 위하여 설치됨을 명시하고 있다. 다만, 청소년 보호업무의 소관부처는 여성가족부라 할 것이므로 게임물을 대상으로 한정되어야 할 것이다.

게임물로부터 청소년 보호는 게임법 제정 당시부터 명문화되어 있었으며, 기존의 등급위원회의 등급분류에 있어 게임물의 청소년 이용가부를 판단하기 위한 당연한 규정이라 할 것이다.

그러나 게임중독 및 등급분류에 반하는 이용 등으로 인한 청소년 정신건강이 저해되는 문제, 폭력적이고 사행적인 게임 등으로 인하여 청소년 범죄가 증가하는 문제 등 사회적 비판이 게임물을 대상으로 제기됨으로써 청소년 게임이용의 제한과3) 지속적인 교육 및 지도와 단속요구에 직면하게 되었다.

반면에 기존의 등급위원회는 단속지원 이외에 사실상 아무런 수단을 가지고 있지 못하고, 등급분류기관이 사실상 그 책임을 게임개발자 및 이용자에게 모두 전과하여 직접적인 조치를 취하는 것은 이치에 맞지도 않는 것이다. 또한, 청소년을 포함하여 사회적 문제를 게임물에만 전과시키는 것은 국가 기반산업으로써 발전일로에 있는 게임산업의 위축을 가져올 뿐만 아니라 문제의 원인이 축소되어 해결에 저해가 될 수 있다.

즉, 원칙적으로 청소년 보호는 정치·경제·문화·교육·복지 등 사회 전체적인 차원에서 주무부처인 여성가족부를 주체로 하여 「청소년보호법」을4) 기준으로 관련부처의 공조체계가 구축되어야 할 것이며, 게임물로부터의 청소년 보호여부는 게임산업에 미치는 영향을 고려하여 청소년 이용가부에 대한 등급분류만으로 족하고, 실질적인 게임물로부터 청소년 보호는 동법 제31조에 청소년 유해성 방지 등 사후관리로 이루어져야 할 것이다.

---

3) 2011년 4월 청소년보호법 개정으로 11월부터 게임 셧다운제 시행.

4) 제1조 이 법은 청소년에게 유해한 매체물과 약물 등이 청소년에게 유통되는 것과 청소년이 유해한 업소에 출입하는 것 등을 규제하고 청소년을 유해한 환경으로부터 보호·구제함으로써 청소년이 건전한 인격체로 성장할 수 있도록 함을 목적으로 한다.

따라서 관리위원회는 청소년 이용 게임물에 대한 민간 등급분류에 있어 그 독립성을 보장하여야 할 것이다. 다만, 기존의 등급위원회와는 달리 민간 등급분류 게임에 대한 관리책임이 발생할 수 있기 때문에 간접적인 형태의 단속지원과는 다른 청소년 유해 게임물에 대한 유통을 제재할 수 있는 직접적인 방법의 사후관리 기능도 일정부분 고려되어야 할 것이다.

라. 불법 게임물의 유통방지

게임법은 2013년 5월 개정을 통하여 관리위원회의 설치목적에 불법 게임물의 유통방지를 명시하고 있다. 이는 기존의 등급위원회와 달리 민간 등급분류와 그 등급이 분류된 게임의 유통에 있어 청소년이용불가 게임물에 대한 관리·감독과 게임물의 사전 등급분류를 축소하는 대신에 게임물로부터 발생할 수 있는 사회적 문제를 사후에 관리하고자 한 것이다.

본법은 문화체육관광부장관이 게임물의 등급분류, 유통, 영업질서 등을 위하여 문화체육관광부령이 정하는 바에 따라 주기적으로 조사·관리하도록 하고 (제31조 제1항), 관리위원회는 등급분류의 사후관리 업무에 필요한 사항은 대통령령으로 정하고 있으나(제18조 제3항) 기존의 등급위원회의 사후관리업무의 경우는 사전에 등급분류를 받은 게임물의 정상적이 유통여부에 대한 확인, 점검 및 불법게임물에 대한 단속지원에 있었으나 민간 등급분류의 경우에는 사후에 관리·감독을 통한 불법 게임물의 유통방지를 하여야 함이 2013년 5월 개정을 통하여 달라진 것이라 할 것이다.

2. 관리위원회의 심의·의결(제2항)

관리위원회는 게임물의 등급분류에 관한 사항, 청소년 유해성 확인에 관한 사항, 게임물의 사행성 확인에 관한 사항, 게임물의 등급분류에 따른 제작·유통 또는 이용제공 여부의 확인 등 등급분류의 사후관리에 관한 사항, 게임물 등급분류의 객관성 확보를 위한 조사·연구에 관한 사항, 관리위원회규정의 제정·개정 및 폐지에 관한 사항, 위원이 불공정한 의결을 할 우려가 있는 경우의 기피신청에 관한 사항, 정보통신망을 통하여 제공되는 게임물 또는 광고·선전물 등이

제38조 제7항의 시정권고 대상여부에 관한 사항을 심의·의결한다.

그 기준은 「등급분류 심의규정」으로 정하고 있으며, 게임물의 등급을 분류함에 있어 심의·의결 기준은 관리위원회의 설립목적인 게임물의 윤리성 및 공공성 확보, 게임물의 사행성 유발 또는 조장 방지, 게임물로부터 청소년 보호를 위하여 게임콘텐츠 자체의 특성과 내용을 대상으로 전체적인 맥락과 상황을 통해 판단하여야 하며, 결정된 등급분류는 사회적 통념과 범세계적인 일반성에 부합하도록 하며, 동일게임물에 대한 등급분류는 일관성이 있어야 한다.5)

또한 게임물의 선정성, 폭력성, 범죄 및 약물, 부적절한 언어, 사행행위의 모사여부가 종합적으로 고려되며, 그 세부기준은 아래와 같다.

등급분류 세부기준6)

구분	전체이용가	12세 이용가	15세 이용가	청소년 이용불가
선정성	선정적 내용없음	성적 욕구를 자극하지 않음	여성의 가슴과 둔부가 묘사되나 선정적이지 않은 경우	선정적인 노출이 직접적이고 구체적 묘사
폭력성	폭력적 요소 없음	폭력을 주제로 하나 표현이 경미한 경우	폭력을 주제로 하여 선혈, 신체 훼손이 비사실적	폭력을 주제로 하여 선혈, 신체훼손이 사실적
범죄 및 약물	범죄 및 약물 내용없음	범죄 및 약물 내용이 있으나 표현이 경미	범죄 및 약물 내용이 있으나 표현이 경미	범죄 및 약물 등 행동 조장
언어	저속어, 비속어 없음	저속어, 비속어가 있으나 표현이 경미	저속어, 비속어가 있으나 표현이 경미	언어 표현이 청소년에게 유해하다고 인정되는 경우
사행성	사행적 요소 없음	사행적 요소가 다소 있지만 경미한 경우	사행적 요소가 다소 있지만 경미한 경우	사행성이 높은 행위를 유발하는 경우

이렇게 분류된 게임물은 아래와 같이 구분되어 표시된다.

---

5) 등급분류 심의규정 제6조(원칙) 게임물을 등급분류함에 있어 다음 각 호와 같은 원칙을 준수하여야 한다.
　1. 콘텐츠 중심성: 콘텐츠 이외의 부분에 대해서는 등급분류의 대상으로 삼지 않는다.
　2. 맥락성: 전체적인 게임물의 맥락, 상황을 보고 등급을 정한다.
　3. 보편성: 사회적 통념에 부합하는 등급을 정한다.
　4. 국제적 통용성: 범세계적인 일반성을 갖는 등급을 정한다.
　5. 일관성: 동일 게임물은 심의시기, 심의주체가 달라지더라도 동일한 등급을 갖도록 한다.
6) 관리위원회 홈페이지(http://www.grb.or.kr/Institution/EtcForm01.aspx) 참조(2014.1.7 일 접속).

등급구분[7)]

- PC/온라인/모바일/비디오 게임물

등급구분	이용등급	설명
	전체이용가	누구나 이용할 수 있는 게임물
	12세이용가	12세 미만은 이용할 수 없는 게임물
	15세이용가	15세 미만은 이용할 수 없는 게임물
	청소년이용불가	청소년은 이용할 수 없는 게임물
	시험용	시험용 게임물

- 아케이드 게임물(일정한 장소에서 일정한 시설을 갖추고 게임물을 제공하는 경우/일반게임제공업·청소년게임제공업)

등급구분	이용등급	설명
	전체이용가	누구나 이용할 수 있는 게임물
	청소년이용불가	청소년은 이용할 수 없는 게임물

본조는 2007.1.19자 개정을 통해 심의·의결 사항 중 사행성게임물 결정에 관한 사항을 게임물의 사행성 확인에 관한 사항으로 하였다.

이는 사행성게임물의 결정 및 처벌 등에 관한 사항은 본법의 결정사항이 아니라 구체적으로 해당하는 개별 법률의 규정을 확인하여 심의·의결하면 될 것을 명시한 것이다(제3호).

그리고 위원의 제척·기피 및 회피에 관한 사항을 신설함으로써 심의·의결 신청 건에 대한 심의위원이 불공정한 의결을 할 우려가 있는 경우에는 신청인이 이를 소명함으로써 불이익을 피할 수 있도록 하였다(제7호).

또한 2007.12.21자 개정으로 정보통신망을 통하여 제공되는 정보가 불법 게임물에 해당하는 경우에 문화체육관광부장관이 정보통신서비스제공자나 게시판 관리·운영자에 대하여 해당 게임물의 취급을 거부하거나 정지·제한하기 이전에 해당 사업자의 자발적 협력을 유도하기 위하여 이를 심의하여 시정권고를 요청할 수 있도록 하였으며(제8호), 2011.4.5.자 개정으로 「정보통신망 이용촉진 및 정보보호 등에 관한 법률」 제2조 제1항 제1호의 정보통신망(이하 "정보통신망"이라 한다)을 정보통신망으로 약칭하고(제8호), 2011.12.31자 개정으로 등급위원회

---

7) 관리위원회 홈페이지(http://www.grb.or.kr/Institution/EtcForm01.aspx) 참조(2014.1.7 일 접속).

규칙을 등급위원회규정으로 하였다가 2013.5.22자 개정으로 등급위원회를 폐지하고 관리위원회를 신설하도록 함으로써 위원회규정으로 개정되었다(제6호). 이로 인하여 새로 신설되는 관리위원회는 청소년이용불가 게임물의 등급분류 및 게임물의 사후관리 등을 전담하게 된다.

3. 관리위원회의 구성(제3항)

2013년 5월 개정을 통하여 신설된 관리위원회는 기존의 등급위원회와 동일하게 상임위원장 1명과 8명 이내의 비상임위원으로 구성된다.

본조는 게임법 제정 당시에는 위원장 1인을 포함한 10인 이내의 위원으로 구성됨을 명시하고 있었으나, 게임물로 인한 사회문제가 발생하고, 속칭 '바다이야기' 사건 이후 등급심의의 중요성이 강조됨으로써 심의위원의 전문성 강화 및 전문분야의 다양한 목소리를 반영하고자 2007.1.19자 개정으로 위원수를 10인 이내에서 15인 이내로 확대 조정하였다.

그러나 당시 등급위원회는 국가청소년위원회가 추천한 위원의 위촉문제로 인한 반목과 뇌물수수 사건 등으로 인한 위원사태 등으로 위원정족수를 채우지 못하고 있었으며, 더욱이 법 개정 이후에도 등급위원회 운영규정 제3조에는 여전히 10인 이내의 위원으로 구성하도록 규정하고 있어 사실상 법에 반하여 운영되고 있었다.

이러한 사정으로 2007년 당시 국정감사에서 재적위원의 부족을 질타하며, 의결정족수인 재적위원 2/3이상 출석과 출석위원 과반수의 찬성을 이루어지지 못한 당시의 모든 의결사항은 무효라는 지적을 받기도 하였다. 이후 2011.12.31자 개정을 통해 위원수를 위원장 1인을 포함한 9명 이내로 축소하였으며, 2013.5.22자 개정에도 이를 유지하여 오늘에 이르고 있다.

4. 위원의 선임 및 임기(제4항~제5항)

관리위원회의 위원장은 위원 중에서 호선하고, 위원은 문화예술·문화산업·청소년·법률·교육·언론·정보통신 분야에 종사하거나 「비영리민간단체지원법」에 따른 비영리민간단체에서 활동하는 게임산업·아동 또는 청소년에 대한 전문성과 경험이 있는 자 중에서 성별 등 대통령령으로 정하는 사항을 고려하여 대통령령이 정하는 단체장의 추천에 의하여 문화체육관광부장관이 위촉하도록 규정하고 있다(제4항).

위원장 및 위원의 임기는 3년이며(제5항), 위원의 연임에 대하여는 관리위원회 운영규정으로 별도로 정하고 있다(제7항).

위원의 위촉과 관련하여 게임법 제정 당시에는 정보통신분야와 아동 또는 청소년에 대한 전문성과 경험이 있는 자는 위촉대상에서 제외되어 있었으나, 정보통신망을 이용한 게임 및 게임물의 사행성과 과몰입 등으로부터 발생하는 청소년 문제를 제고하고자 2007.1.19자 개정을 통해 오늘에 이르고 있다.

또한 위원의 선임기준 등 그 구성·운영에 관하여 필요한 사항은 게임법 제정 당시에는 등급위원회 운영규정으로 정하도록 명시하고 있었으나, 위원위촉의 공정성 및 특정분야의 편중성 등이 문제되면서 위원의 선임기준에 관한 구체적인 사항은 대통령령으로 정하도록 하고, 해당 분야에 3년 이상 종사한 자 중 3인을 추천받아(시행령 제11조 제2항) 각 분야에 종사하는 자가 고르게 구성되도록 문화체육관광부장관이 위촉하도록 하였다(시행령 제11조 제3항). 그러나 위원의 위촉에 있어 공정성 및 전문성에 대한 문제는 계속되어 왔으며, 심지어 관련분야의 위원추천 및 위촉과 관련하여 발생한 반목으로 인하여 정족수를 채우지 못하는 등 지속적 문제가 야기되었다.

이에 2013.5.22자 개정을 통해서는 「비영리민간단체지원법」에 따른 비영리민간단체 등에 종사하지 않더라도 게임산업·아동 또는 청소년에 대한 전문성과 경험을 가지고 활동하는 사람에 대하여 성별 등을 고려하여 대통령령이 정하는 단체장의 추천으로 위촉하도록 위원선임 기준을 확대하였다.

5. 분과위원회의 설치(제6항)

관리위원회는 업무효율성을 위하여 필요한 경우 분과위원회를 둘 수 있도록 규정하고 있다. 이는 2007.1.19자로 신설되었으며, 2013년 5월 게임법 개정 전의 등급위원회는 아케이드분과위를 구성하고 있었으며, 등급분류의 전문성 제고를 위하여 기능별로 특별위원회를 운영하였다.[8]

그러나 분과위원회의 설치를 통한 업무효율성에 대하여는 의문이 있다. 왜냐하면 현행 10명 이내의 위원으로 구성된 위원회를 분과로 나누어 심의하려면 최소한 각 전문분야에 위원이 복수일 경우에 가능하며, 그렇지 않은 경우 특정분야의 전문가가 제외된 상태에서 의결이 이루어지고 이는 등급위원회 전체의결로 볼 수 없기 때문이다. 아울러 이 경우 등급분류의 일관성에 있어서도 문제가 발생할 수 있다.

그리고 위원들이 서로 중복으로 사안에 따라 교차하여 심의·의결할 수밖에 없는 상황에서는 업무효율을 기대하기 어렵고, 실질적인 업무효율성 제고를 위해서는 다양한 분야의 전문위원 수의 확대가 필수라 할 것이다.

2013년 5월 개정 전 등급위원회는 조직 쇄신을 위하여 전문위원의 수 및 심의지원인력의 수를 축소하였다. 또한, 전문위원이 등급위원에게 게임물의 이용연령등급을 추천하고 있는 추천등급제를 폐지하여 등급위원회 운영상 제기되었던 도덕적 문제를 해소하고, 등급분류에 있어 전문위원이 등급위원에게 미치는 영향력 및 외부로부터의 개입가능성 등을 방지하고자 하였다.

그러나 다른 대안이 없는 상태에서 전문위원의 수와 기능을 축소하는 것은 등급분류기능만 약화되어 심의·의결의 전문성 및 신뢰성이 저해되지 않을까 우려가 있었으나 2013년 5월 개정을 통하여 등급분류의 민간위탁의 근거가 마련되고 등급분류의 민간위탁의 범위를 아케이드 게임물로 확대하는 등 게임물에 대한 공공기관의 사전 등급분류를 축소함으로써 사실상 분과위원회의 효율성은 높아졌다고 볼 수 있다. 반면 실질적으로 민간 등급분류기관이 등급분류를 위한 분과위원회의 역할을 담당하게 됨으로써 관리위원회의 등급분류에 있어 업무효율을 위한 분과위원회의 필요성은 여전히 의문으로 남게 된다.

6. 관리위원회규정(제7항)

관리위원회의 구성 및 운영에 관한 사항은 위원회규정으로 정하도록 명시하고 있다. 본조는 2007.1.19자 개정을 통해 위원의 선임기준을 대통령령으로 정하도록 규정한 것을 유지한 것이며, 2013.5.22자 개정을 통해 등급위원회를 관리위원회로 변경한 것이다.

---

8) o 기술심의특별위원회: 등급위원회의 승인을 받아 위원장이 위촉(18인)
   o 등급재분류자문위원회: 등급위원회의 추천으로 위원장이 위촉(49인)
   o 윤리위원회: 등급위원회의 추천으로 위원장이 위촉(5인)

제16조의2(위원회의 법인격 등)

법 률	제16조의2(위원회의 법인격 등) ① 위원회는 법인으로 한다. ② 위원회는 문화체육관광부 장관의 인가를 받아 주된 사무소의 소재지에서 설립등기를 함으로써 성립한다. ③ 위원회의 위원을 이사로 본다. ④ 위원회에 관한 규정 중 이 법 및 「공공기관의 운영에 관한 법률」에서 정한 것을 제외하고는 「민법」 중 재단법인에 관한 사항을 준용한다.

■ **입법 취지**

본조는 2013년 5월 게임법 개정을 통해서 기존의 등급위원회를 폐지하는 대신 새롭게 신설되는 관리위원회의 법인격을 부여한 것이다.

■ **입법 연혁**

2013년 5월 22일자 개정을 통해서 신설된 조항이다.

■ **내용 해설**

관리위원회는 법인으로 한다(제1항). 이는 제16조부터 제20조까지 기존의 등급위원회를 2013.5.22자 개정을 통해서 관리위원회로 변경하고, 그 내용에 있어서는 게임물 등급분류 업무를 담당하던 등급위원회를 폐지함과 아울러 이 법 시행일인 동년 11월 23일까지 청소년이용불가 게임물의 등급분류 및 사후관리 업무 등을 독립된 권리·의무의 주체로서 수행하는 독립 법인체인 것이다.

다만, 관리위원회는 이 법 및 「공공기관의 운영에 관한 법률」에서 정한 것을 제외하고는 민법상 재단법인에 관한 사항을 준용하는 법인체이므로(제4항) 이 법에 의하여 설립되는 특수법인으로써 기타 공공기관이라 할 것이며, 관리위원회의 위원은 게임법에 의하여 설립되는 특수법인의 이사로 보아야 할 것이다(제3항).

그 운영에 있어서는 개정 전 부칙 제5조에서 정한 국고지원시한을 삭제함으로써 안정적 운영이 담보된 것이라고 볼 수도 있겠으나, 국고보조의 의존율을 낮추는 노력이 독립된 업무를 수행하는 법인체로서의 지위를 확보하게 할 것이다.

관리위원회 주부부처인 문화체육관광부장관의 인가를 받아 주된 사무소에 설립등기 하도록 하고(제2항), 그 설립을 위하여 동법 부칙 제2조에 설립추진단을 구성하도록 하여 운영하도록 했으며, 폐지되기 전 등급위원회와 신설되는 관리위원회의 업무연속성을 위하여 등급위원회는 관리위원회의 업무를 대행하는 것으로 하고(부칙 제3조), 등급위원회에서 받은 등급분류는 개정법에 따라 관리위원회에서 받은 등급분류로 간주하도록 하였다(부칙 제4조).

제17조(감사)

법　률	제17조(감사) ① 위원회의 업무 및 회계에 관한 사항을 감사하기 위하여 위원회에 감사 1인을 둔다. ② 감사는 문화체육관광부장관이 임명하며, 상임으로 한다. ③ 감사의 임기는 3년으로 한다.

■ 입법 취지

　　본조는 관리위원회의 업무 및 운영 전반에 있어 공정한 수행을 감사·감독함으로써 비위를 방지하기 위하여 규정된 것이다.

■ 입법 연혁

　　본조는 2007년 1월 19일 개정을 통해서 문화체육관광부장관이 감사를 임명하는 것으로 하였다(제2항). 그리고 2008년 정부조직법이 개편됨에 따라 2월 29일자 개정으로 문화관광부장관을 문화체육관광부장관으로 그 명칭을 변경(제2항)하여 유지하여 오다 2013년 5월 22일 개정으로 기존에 비상임 감사를 상임감사로 변경하였다.

■ 내용 해설

　　관리위원회는 공정한 업무수행을 감사·감독하기 위하여 1인의 감사를 두며(제1항), 감사는 상임으로 문화체육관광부장관이 임명하도록 규정하고 있다(제2항). 감사의 임무는 관리위원회의 업무 및 회계에 관한 사항의 일상감사와 임직원 비위 예방 감찰 기능을 수행한다.

　　감사의 임명에 관하여 게임법 제정 당시에는 위원장이 위원회의 의결을 거쳐 임명하는 것으로 규정하였으나, 2007.1.19자 개정을 통해 이를 문화체육관광부장관이 임명하도록 하였다.

　　이후 2013.5.22자 개정을 통해 기존의 등급위원회를 폐지하고 신설되는 관리위원회의 공정한 업무수행을 감사·감독하기 위하여 비상임 감사를 상임감사로 변경하였다. 그러나 감사는 비상임 또는 상임 감사여부에 따라 실질적인 내용이 달라지는 것은 아닐 것이므로 감사의 자격기준을 명확히 하여 공정성과 신뢰성을 담보해야 할 것이다. 이를 위하여는 업무감사와 예산감사를 나누거나 상임 감사 이외에 비상임 감사(외부전문가 및 시민단체 등)의 균형을 이루는 것이 좋을 것이다.

제17조의2(위원의 제척·기피 및 회피)

법 률	제17조의2(위원의 제척·기피 및 회피) ① 위원회의 위원은 다음 각 호의 어느 하나에 해당하는 사항에 대한 심의·의결에서 제척된다. 1. 위원 또는 그 배우자나 배우자이었던 자가 제21조 제1항의 규정에 따른 게임물의 등급분류신청 등 이 법에 따라 위원회에 신청(이하 이 조에서 "신청"이라 한다)한 사항 2. 위원 또는 그 배우자나 배우자이었던 자와 공동권리자 또는 공동의무자의 관계에 있는 자가 신청한 사항 3. 위원과 친족관계에 있거나 친족관계에 있었던 자가 신청한 사항 ② 신청을 한 자는 위원이 불공정한 의결을 할 우려가 있다고 인정할 만한 상당한 이유가 있는 때에는 그 사실을 서면으로 소명하고 기피신청을 할 수 있다. ③ 위원은 제1항 각 호의 어느 하나에 해당하는 사유 또는 제2항의 규정에 따라 기피신청을 할 수 있는 사유에 해당하는 경우에는 스스로 그 사항의 심의·의결을 회피할 수 있다. ④ 제1항 내지 제3항의 규정에 따른 위원의 제척·기피 및 회피에 관하여 필요한 사항은 위원회규정으로 정한다.

▪ 입법 취지

본조는 관리위원회의 심의·의결사항 및 사후관리 등 업무의 공정성과 신뢰성을 확보하고, 등급분류에 있어 제척·기피 및 회피 사유로 인하여 발생할 수 있는 불측의 손해로부터 신청자의 이익을 보호하기 위하여 규정된 것이다.

▪ 입법 연혁

2007년 1월 19일 개정을 통해서 신설된 조항으로 2013년 5월 22일 등급위원회를 폐지하고 관리위원회를 신설하면서 등급위원회를 위원회로 그 명칭을 변경하여 규정한 것 이외에 조문상의 변함은 없다.

■ **내용 해설**

본조는 관리위원회의 심의·의결에 있어 공정성을 확보하고자 2007.1.19자로 신설되었으며, 위원의 제척·기피 및 회피에 관하여 필요한 사항은 관리위원회규정으로 정하도록 명시하고 있다(제4항).

위원회는 등급심사에 있어 위원이 제척사유에 해당하거나, 신청당사자의 기피신청이 있는 경우 해당 위원에게 이를 서면으로 통보하고 그 소명자료를 제출받은 후 위원회의 의결로써 제척·기피 결정을 하게 되며 이에 따라 해당 위원은 그 의결에서 제외된다(위원회 운영규정 제15조). 또한 해당 위원이 등급심사의 공정성을 위하여 스스로 그 의결을 회피할 수도 있다.

1. 제척사유(제1항)

제척제도는 제척사유에 해당하는 위원을 게임물등급분류의 심의·의결에서 배제하는 것을 의미하며, 이는 위원이 당해 게임물과 직·간접적인 관련성으로 인하여 심의·의결에 있어 현저하게 공정성을 잃을 수 있는 경우에 제외시키기 위한 것이다.

제척사유는 아래와 같다.

---

1. 위원 또는 그 배우자나 배우자이었던 자가 제21조 제1항의 규정에 따른 게임물의 등급
   분류신청 등 이 법에 따라 등급위원회에 신청한 사항
2. 위원 또는 그 배우자나 배우자이었던 자와 공동권리자 또는 공동의무자의 관계에 있는
   자가 신청한 사항
3. 위원과 친족관계에 있거나 친족관계에 있었던 자가 신청한 사항

제척제도는 통상적으로 공정한 분쟁해결을 위하여 일방에게 유리한 상황을 배제하기 위함이다.

그러나 게임물등급분류의 심의·의결과 같은 행정행위의 경우 제척사유가 발생하더라도 사실상 분쟁의 상대방이 없고, 이를 통해 발생할 수 있는 분쟁 등은 외부에 있으므로 등급분류신청 당사자에게 제척신청을 기대할 수는 없으므로 위원회가 직권으로 이를 배제할 수 있는 사전검증시스템이 필요하다.[9]

2. 기피사유(제2항)

게임물 등급분류를 신청한 자는 위원이 등급분류에 대하여 불공정한 의결을 할 우려가 있다고 인정할 만한 상당한 이유가 있는 경우에 그 사실을 서면으로 소명함으로써 해당 위원에 대하여 기피신청을 할 수 있다.

이는 당사자가 특정한 위원에게 공정한 심의·의결을 기대하기 어려운 경우 해당 위원의 배제를 요구하는 것으로써 위원의 성향이나 기존의 의결 또는 위원과의 개인적인 사정 등에 따라 신청당사자의 판단으로 자신에게 유리한 심의·의결을 이끌어 내기 위한 것이므로 위원회의 의결을 거치지 않고 위원장이 직권으로 기피신청의 가부를 결정함이 타당할 것이다. 왜냐하면 의원회의 의결을 통해 기피신청의 가부를 결정할 경우 기피신청만으로도 신청당사자에게는 불리할 수 있기 때문이다.

3. 회피사유(제3항)

위원은 제척사유 또는 기피사유에 해당하는 경우 스스로 해당 심의·의결을 회피할 수 있다. 이는 위원 스스로 공정한 결론을 내리기 곤란하다고 생각되는 경우 양심에 따라 당해 게임물 등급분류의 심의·의결을 피할 수 있도록 하는 것이다.

---

9) 예를 들어 사실상 제척사유로 인해 현저하게 불리한 당사자인 외부로부터 의견을 청취할 수 있는 방안이 필요하다. 다만, 악의적인 방해행위는 방지되어야 한다.

제17조의3(회의록)

법　률	제17조의3(회의록) ① 위원회는 위원회규정이 정하는 바에 따라 회의록을 작성하여야 한다. ② 제1항의 회의록은 위원회규정이 정하는 바에 따라 공개한다. 다만, 영업비밀의 보호 등 특별한 사정이 있는 경우에는 위원회의 의결로써 공개하지 아니할 수 있다. ③ 제1항 및 제2항의 규정에 따른 공개의 범위·방법과 절차 등에 관하여 필요한 사항은 위원회규정으로 정한다.

■ **입법 취지**

　본조는 관리위원회의 임무수행에 있어 투명성 및 공정성을 대내외적으로 확보하고자 한 것이다.

■ **입법 연혁**

　2007년 1월 19일 개정을 통해서 신설된 조항으로 2013년 5월 22일 등급위원회를 폐지하고 관리위원회를 신설하면서 등급위원회를 위원회로 명칭을 변경하여 규정한 것 이외에 조문상의 변함은 없다.

■ **내용 해설**

　본조는 관리위원회가 수행하는 게임물 등급분류의 심의·의결에 대한 투명성과 공정성을 대내외적으로 확보하기 위하여 2007.1.19자로 신설되었으며, 회의록의 작성과 공개의 범위·방법과 절차 등에 관하여 필요한 사항은 위원회의 운영규정으로 정한다(제3항). 회의록은 위원회 운영규정에 따라 상세히 작성하고 위원이 기명날인 또는 서명한다. 또한 필요한 경우에는 회의를 녹취 또는 녹음할 수 있다(위원회 운영규정 제17조 제1항).

관리위원회의 회의록은 공개된다. 다만, 영업비밀의 보호 등 특별한 사정이 있는 경우에는 위원회의 의결로써 공개하지 않을 수 있으며 그 사유는 아래와 같다.

---

1. 다른 법률 또는 법률이 위임한 명령에 의하여 비밀로 분류되거나 공개가 제한된 사항
2. 법인, 단체 또는 명예 및 영업비밀의 보호 등 공개될 경우 정당한 이익을 해칠 특별한 사정이 인정되는 개인의 사항
3. 감사 · 감독 · 검사 · 규제 · 입찰계약 · 인사관리 · 의사결정과정 또는 내부검토과정에 있는 사항 등으로서 공개될 경우 공정한 업무수행에 현저한 지장을 초래한다고 인정할 만한 사유가 있는 사항

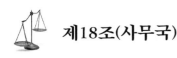

제18조(사무국)

법　률	제18조(사무국) ① 위원회의 사무 보조 및 등급분류 사후관리에 관한 사항 점검 등을 위하여 위원회에 사무국을 둔다. ② 사무국에 사무국장 1인을 두며, 위원장이 위원회의 동의를 얻어 임명한다. ③ 사무국의 등급분류의 사후관리 업무에 필요한 사항은 대통령령으로 정하고, 조직과 운영에 필요한 사항은 위원회규정으로 정한다.
시 행 령	제11조의2(사무의 사후관리업무) 등급위원회 사무국은 법 제18조 제3항에 따라 등급분류를 받은 게임물의 정상적인 유통여부에 대한 확인, 점검 및 불법 게임물에 대한 단속 업무를 수행하는 공무원을 지원하는 업무를 수행한다.

■ **입법 취지**

본조는 등급 분류된 게임물의 이용 등 게임산업의 진흥 및 게임물의 건전한 유통환경을 조성함으로써 게임을 통한 문화 및 관련 산업의 향상에 이바지하고자 설치된 관리위원회의 운영조직에 관하여 규정한 것이다.

■ **입법 연혁**

2007년 1월 19일 개정을 통해서 등급이 분류된 게임물의 건전한 이용환경 조성 및 유통을 제고하고자 사무국의 업무에 사후관리업무를 명시하고(제1항), 사후관리에 필요한 사항은 대통령령으로 정하도록 하였다(제3항). 이후 2011년 12월 31일 개정을 통해서 대통령령으로 정하던 사무국의 조직에 필요한 사항을 등급위원회 규정으로 정하도록 하여 사후관리업무에 필요한 사항은 대통령령으로, 사무국의 조직과 운영에 필요한 사항은 등급위원회 규정으로 정하도록 분리하였다(제3항). 이후 2013년 5월 22일 등급위원회를 폐지하고 관리위원회를 신설하면서 등급위원회를 위원회로 명칭을 변경하여 규정한 것 이외에 조문상의 변함은 없다.

▪ 내용 해설

관리위원회의 사무를 보조하고, 등급이 분류된 게임물의 사후관리에 관한 사항을 점검하는 등 업무를 위하여 사무국을 두고 있으며(제1항), 사무국장은 1인으로 관리위원회의 동의를 얻어 위원장이 임명한다(제2항). 사무국의 사후관리에 필요한 사항은 대통령령으로 정하며, 그 조직과 운영에 관하여 필요한 사항은 관리위원회 규정으로 정하도록 하고 있다(제3항).

관리위원회의 사후관리업무에 관한 사항은 등급이 분류된 게임물의 정상적인 유통여부에 대한 확인, 점검 및 불법게임물에 대한 단속업무를 수행하는 공무원을 지원하는 것이다(동법 시행령 제11조의2). 이를 위하여 사후관리 전담인력을 둘 수 있으며, 사무국의 조직, 정원, 직무범위와 보수 등 기타 필요한 사항은 별도로 정하고 있다(위원회 운영규정 제50조).

본조는 사행성 게임의 확산과 게임물의 불법 개·변조, 게임제공업소의 불법적인 환전 등에 따른 사행성 조장 등 사회적 문제가 야기됨으로써 등급을 받은 게임물의 건전한 이용환경 조성 및 유통을 제고하고자 2007.1.19자로 개정되었다. 그 내용은 사무국의 기능에 등급분류 사후관리에 관한 사항을 점검할 수 있도록 했으며 사후관리에 필요한 사항은 대통령령으로 정하도록 명시하였다.

2011.12.31자 개정으로는 등급분류의 사후관리 업무와 사무국의 조직과 운영에 관한 사항을 분리하였으며, 2013.5.22자 개정으로는 등급위원회가 폐지됨으로써 관리위원회 사무국으로 변경되었다.

관리위원회 사무국은 운영기획부, 심의지원부, 이용자보호부, 게임물사후관리부로 구성되어 있다.

사무국이 수행하는 사후관리업무의 목적은 등급분류를 받은 게임물의 정상적인 유통을 점검하고 불법게임물에 대한 감시활동으로 게임물의 유통 및 이용을 통한 건전한 게임산업질서의 확립에 있으며, 그 주요임무의 내용은 검찰·경찰청의 단속업무 현장지원, 게임물 감정분석, 게임제공업소 상시 확인·점검 등에 있다.

사후관리체계도[10]

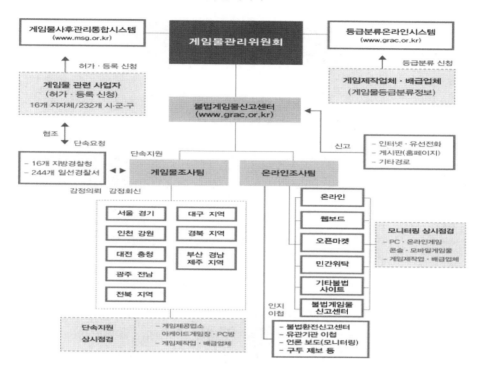

또한 전국 시·군·구의 게임물관련사업자 허가·등록 정보를 관리위원회의 등급분류온라인시스템과 연계함으로써 불법게임물 단속, 유통 중인 게임물의 상시 확인 점검, 온라인 모니터링 등 사후관리 업무 수행을 통하여 생성된 정보들을 가공하여 단속 기반 데이터 및 시정조치를 위한 자료로서 활용하고, 유관기관 간 정보공유·연계기반 구축을 통하여 문화체육관광부, 지방자치단체(시·군·구), 경찰청(서)와 등급위원회 간에 게임물의 사후관리 공조체제를 구축하고 있다.

---

10) 관리위원회 홈페이지(http://www.grb.or.kr/Institution/StaticPds01.aspx) 참조(2014.3.7. 접속).

사후관리 공조체계도[11]

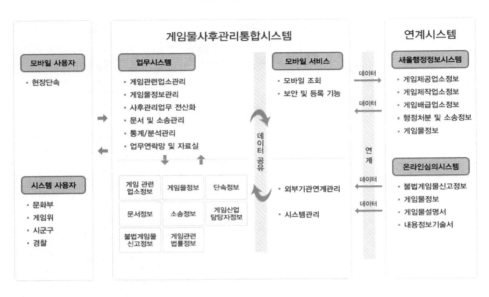

2013.5.22자 개정으로 설치된 관리위원회는 기존의 등급위원회가 폐지되기 전까지 수행하던 업무에 대한 권리·의무를 승계하고, 청소년이용불가 게임물에 대하여는 민간에 위탁되지 않으므로 사무국의 사후관리시스템에는 크게 변화가 없을 것이다. 그리고 민간위탁 등급분류 게임물의 경우에도 관리위원회의 설치 목적에 따라 유통점검, 불법감시, 단속지원 등 시스템을 적용할 수 있을 것이다.

다만, 민간 위탁기관과 사후관리시스템의 연계는 그 정보의 조사, 수집 및 관리, 이용 등에 있어 입법 취지에 따라 사전통제가 아니라 타인의 영업을 제한하지 않는 범위(영업비밀유지) 내에서 게임물의 윤리성 및 공공성 확보, 사행심 유발 또는 조장 방지, 청소년 보호, 불법 게임물의 유통 방지를 위한 목적에 부합하여야 한다.

---

11) 관리위원회 홈페이지(http://www.grb.or.kr/Institution/StaticPds02.aspx) 참조(2014.3. 7. 접속).

제19조(위원회규정의 제정과 개정 등)

법 률	제19조(위원회규정의 제정과 개정 등) ① 위원회규정을 제정 또는 개정 등을 하고자 할 때에는 제정·개정안 등을 20일 이상 관보 등에 예고하여야 하며, 그 규정을 제정·개정 등을 한 때에는 이를 관보 등에 게재·공포하여야 한다. ② 위원회는 제21조 제7항의 규정에 의하여 등급분류의 기준을 정하거나 이를 변경하고자 하는 경우에는 청소년단체, 비영리단체, 학계 또는 산업계의 의견을 수렴하여야 한다.

■ 입법 취지

본조는 게임관련 산업의 예측가능성의 확보와 등급분류기준을 정함에 있어 관련 전문분야의 의견을 반영하기 위하여 규정된 것이다.

■ 입법 연혁

2007년 1월 19일 개정을 통해서 제21조 제4항이 제7항으로 변경되었으며(제2항), 이후 2013년 5월 22일 등급위원회를 폐지하고 관리위원회를 신설하면서 등급위원회를 위원회로 명칭을 변경하여 규정한 것 이외에 조문상의 변함은 없다.

■ 내용 해설

본조는 관리위원회 규정의 제정 또는 개정 등을 하고자 할 경우 제·개정안 등을 20일 이상 관보 등에 예고하도록 하고, 제·개정된 때에는 이를 관보 등에 게재·공포하도록 한 것이다(제1항). 또한, 관리위원회는 제21조 제7항에 따라 게임물 내용 및 구분에 따른 등급분류 기준과 사행성확인 기준 등에 관하여 문화체육관광부령의 기준을 정하거나 이를 변경하려면 청소년단체, 비영리단체, 학계 또는 산업계의 의견을 수렴하도록 하였다(제2항).

　　게임물 등급분류에 대한 심의·의결 및 그 기준에 관한 사항의 제·개정은 국가의 문화 및 산업발전에 미치는 영향을 고려하여 관련 전문분야의 의견을 수렴하도록 하고, 이를 사전에 예측할 수 있게 함으로써 게임산업의 안정적인 운영을 제고하고자 한 것이다.

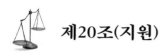

제20조(지원)

법 률	제20조(지원) ① 위원회의 운영에 필요한 경비는 국고에서 보조할 수 있다. ② 국고예산이 수반되는 위원회의 사업계획 등은 미리 문화체육관광부장관과 협의하여야 한다.

▪ 입법 취지

본조는 관리위원회의 원활한 임무수행 및 운영을 위한 국고지원의 근거를 마련하기 위한 것이다.

▪ 입법 연혁

게임법 시행 당시부터 2013년 5월 22일 개정으로 등급위원회를 폐지하고 관리위원회를 신설하면서 등급위원회를 위원회로 명칭을 변경하여 규정한 것 이외에 조문상의 변함은 없다.

다만, 2013년 5월 22일 개정 이전의 등급위원회에 대하여는 부칙 제2조를 통하여 국고지원 시한을 따로 정하고 있다.

게임법 시행당시 국고 보조시한의 경우 2008년 6월 30일까지 유지하도록 하였으나, 2007년 12월 21일 부칙 개정을 통해 그 효력을 2009년 12월 31일까지 연장하였다. 한편, 2008년 정부조직법 개편에 따라 2월 29일 개정으로 문화관광부장관이 문화체육관광부장관으로 명칭이 변경되었다(제2항).

이후 게임물 등급분류 업무의 민간자율 이관의 사회적 여건이 조성되지 못한 상황에서 동 부칙을 개정하지 않을 경우 2010년부터 등급위원회 국고지원의 법적 근거 미비로 원활한 업무수행의 어려움이 예상됨으로써 2010년 1월 1일 개정으로 국고지원 시한을 2011년 12월 31일까지 2년간 연장하였다.

그러나 게임물 등급분류 업무의 민간자율화 요구와 사후관리 등 등급위원회의 공적 기능 수행의 중요성에 따라 2011년 12월 31일 개정을 통해서 청소년이용불가 게임물 및 아케이드 게임물을 제외한 게임물의 등급분류 업무를 문화체육관광부장관이 지정하는 등급분류기관에 위탁할 것을 취지로 하여 등급위원회의 지속적인 업무수행을 위하여 국고 보조시한을 2012년 12월 31까지 연장하도록 개정하였다.

이에 2013년 5월 22일 게임법 개정으로 등급위원회를 폐지하는 대신 관리위원회를 신설하고 그 임무수행 및 운영을 위한 국고지원 근거를 명시하고 있다.

■ 내용 해설

관리위원회의 운영에 필요한 경비는 국고에서 보조할 수 있으며(제1항), 예산지원을 위하여 필요한 사업계획 등은 사전에 문화체육관광부장관과 협의하여야 한다(제2항).

본조는 게임법 제정 당시 부칙 제2조를 통해 국고지원의 기한을 정하여 등급분류 업무를 민간자율로 이관하고자 한 것이나, 등급분류 및 사후관리 업무를 수행하기 위한 재원확보의 불안, 민간이양을 위한 사회적 여건조성의 어려움, 국고지원 근거의 미비 등을 이유로 수차례 연장되어 왔다. 특히 2010.1.1.자 개정을 통해서는 국고지원 기한을 2011년 12월 31일까지 2년간 연장하는 조건으로 민간자율심의기구로의 전환추진과 불법게임물 단속지원과 관련한 예산지원에 대하여 당시 문화체육관광방송통신위원회의 업무보고시 함께 보고하도록 부대의견을 달기도 하였다.

그러나 게임산업에 대한 민간 자율성을 확대하고 등급분류의 업무효율성 증대를 위한 등급분류의 민간자율화의 요구가 지속되는 반면에 게임물의 사후관리 기능 등 공적기능의 수행의 중요성 및 필요성도 강조되었다. 이에 2011.12.31.자 개정을 통해 등급분류업무를 문화체육관광부장관이 지정하는 등급분류기관에 위탁할 수 있도록 함(법 제24조의2)과[12] 아울러 등급위원회의 지속적인 공적업무

---

12) 게임물 등급분류의 민간이양은 게임산업에 대한 민간의 자율성강화 및 등급분류업무의 효율성 제고를 위한 것으로 청소년게임제공업, 일반게임제공업 및 복합유통게임제공업에 제공

수행을 위하여 국고지원 기한을 2012년 12월 31일로 1년 더 연장하였다.

외국의 경우[13] 게임물 등급분류는 민간자율로 심의되고 있으나 우리나라의 경우 국가기관의 사전심의를 받고 있어 국가등급규제로부터 민간자율등급제로의 전환의 필요성이 오래전부터 제기되어 왔다.[14]

또한 지난 2008년과 2009년, 2011년에 걸쳐 국고지원 기한을 연장한 것은 사실상 민간자율등급제로의 이양이 전제된 것이라 할 것이다. 다만, 등급분류심사가 민간에 이양된다 하더라도 기존의 등급위원회의 설립목적에 따라 수행되어 왔던 게임물의 윤리성 및 공공성, 사행심 유발 또는 조장 방지, 청소년 보호 등을 위한 공익목적 업무수행의 경우 전적으로 민간에 기대하기란 어려울 것이다.

이에 국회 교육문화체육관광위원회는 2013년 4월 16일 법안심사소위원회를 열어 현재의 등급위원회를 폐지하며 관리위원회를 신설하여 청소년이용불가 게임물의 등급분류 및 등급분류 기준의 설정, 사후관리업무를 담당하도록 하는 법안을 통과시킴으로써 2013년 5월 개정을 통하여 청소년이용불가 게임이 아닌 게임물은 민간자율등급분류 기관으로 지정된 기관이 담당하게 되고, 기존의 등급위원회는 폐지되고 관리위원회가 신설되게 되었다.

그러나 민간자율등급분류 기관이 지정된다고 하여 등급분류 세부기준의 설정에 있어 자율성이 담보되지 않는 한 진정한 의미의 민간이양이라고 볼 수는 없으며, 여전히 국가로부터 사전규제를 받을 수밖에 없는 구조라고 할 것이다.[15] 또한, 게임물은 이용자에 따라 그 본질적인 내용이 변질될 수 있으므로 이로 인해 발생할 수 있는 문제 즉, 청소년 이용불가 게임이 아닌 게임물의 사행적 이용 및 건전한 이용질서의 방해 등을 방지할 수 없다면 청소년 이용불가 게임물과 아닌 게임물을 나눔에 의미가 없을 것이다.

되는 게임물은 제외하고 있다.

13) 미국의 경우 민간자율기관인 ESRB(Entertainment Software Rating Board)에서 등급분류를 시행하고 있으며, 일본의 경우 컴퓨터 게임회사들의 협회인 CESA(Computer Entertainment Software Association)에서 민간자율로 출범한 CERO(Computer Entertainment Rating Organization)에서 등급분류 심의를 담당하고 있으며, 유럽의 경우 PEGI(Pan European Game Indicator)에서 민간자율로 등급심의를 시행하고 있다.

14) 등급분류업무를 국고를 통해 운영되는 등급위원회에서 전담함으로써 표현의 자유에 제한이 될 수 있다는 논란이 지속적으로 제기되어 왔다.

15) 이 경우에도 청소년이용불가 게임을 제외한 등급분류 세부기준의 자율성은 보장되어야 한다.

따라서 게임물의 등급분류를 민간자율로 이양하고자 한다면 전체 게임물에 대하여 민간자율등급분류제를 시행하고, 정부는 민간에서 등급이 분류된 게임물의 정보를 총괄하고 그 사후관리를 통해서 게임법의 목적달성을 도모하는 것이 좋을 것이다.

제21조(등급분류)

법　　률	제21조(등급분류) ① 게임물을 유통시키거나 이용에 제공하게 할 목적으로 게임물을 제작 또는 배급하고자 하는 자는 당해 게임물을 제작 또는 배급하기 전에 위원회로부터 당해 게임물의 내용에 관하여 등급분류를 받아야 한다. 다만, 다음 각 호의 어느 하나에 해당하는 게임물의 경우에는 그러하지 아니하다. 1. 중앙행정기관의 장이 추천하는 게임대회 또는 전시회 등에 이용·전시할 목적으로 제작·배급하는 게임물 2. 교육·학습·종교 또는 공익적 홍보활동 등의 용도로 제작·배급하는 게임물로서 대통령령이 정하는 것 3. 게임물 개발과정에서 성능·안전성·이용자만족도 등을 평가하기 위한 시험용 게임물로서 대통령령이 정하는 대상·기준과 절차 등에 따른 게임물 4. 게임물의 제작주체·유통과정의 특성 등으로 인하여 위원회를 통한 사전 등급분류가 적절하지 아니한 게임물 중에서 대통령령으로 정하는 것. 다만, 제9항의 기준에 따른 청소년이용불가 게임물일 경우에는 그러하지 아니하다. ② 게임물의 등급은 다음 각 호와 같다. 1. 전체이용가: 누구나 이용할 수 있는 게임물 2. 12세이용가: 12세 미만은 이용할 수 없는 게임물 3. 15세이용가: 15세 미만은 이용할 수 없는 게임물 4. 청소년이용불가: 청소년은 이용할 수 없는 게임물 ③ 제2항의 규정에 불구하고 청소년게임제공업과 일반게임제공업에 제공되는 게임물은 전체이용가와 청소년이용불가 게임물로 분류한다. ④ 위원회는 등급분류를 신청한 게임물에 대하여 사행성게임물 여부를 확인하여야 한다. ⑤ 등급분류를 받은 게임물의 내용을 수정한 경우에는 문화체육관광부령이 정하는 바에 따라 24시간 이내에 이를 위원회에 신고하여야 한다. 이 경우 위원회는 신고된 내용이 등급의 변경을 요할 정도로 수정된 경우에는 신고를 받은 날부터 7일 이내에 등급 재분류 대상임을 통보하여야 하며, 통보받은 게임물은 새로운 게임물로 간주하여 위원회규정이 정하는 절차에 따라 새로이 등급분류를 받도록 조치하여야 한다. ⑥ 제5항의 규정에 따라 등급분류 변경을 요할 정도의 수정에 해당하면서 새로이 등급분류를 받지 아니하거나 등급분류를 받은 내용과 다르게 제공할 경우 위원회에서 직권으로 조사하거나 게임물제공업자 또는 게임물배급업자의 신청에 의하여 등급을 재분류할 수 있다.

	⑦ 제1항 및 제2항에 따른 등급분류 기준과 제4항에 따른 사행성 확인 기준 등에 관하여 필요한 사항은 문화체육관광부령으로 정한다. ⑧ 위원회는 게임물의 사행성 여부 등을 확인하기 위하여 대통령령이 정하는 바에 따라 기술심의를 할 수 있다. ⑨ 제1항 제4호에 따른 게임물을 이용에 제공하거나 유통시키고자 하는 자는 위원회와 협의한 별도의 기준에 따라 자체적으로 등급분류를 하여 이를 표시하여야 한다. 이 경우 제1항에 따라 등급분류를 받은 것으로 본다. ⑩ 제1항 제4호에 따른 게임물을 이용에 제공하거나 유통시키고자 하는 자는 제9항에 따른 등급 및 표시 내용을 게임물의 유통 또는 이용제공 후 1개월 이내에 위원회에 신고하여야 한다. ⑪ 제9항에 따른 등급표시가 적절하지 아니한 경우 위원회는 문화체육관광부장관의 요청 또는 직권으로 등급분류를 할 수 있다. ⑫ 제24조의2에 따라 등급분류 업무를 위탁받은 기관(이하 "등급분류기관"이라 한다)의 등급분류 결정이 제7항의 등급분류 기준에 적합하지 아니한 경우 위원회는 직권으로 등급분류를 할 수 있다.
시 행 령	제11조의3(시험용 게임물) ① 법 제21조 제1항 제3호에 따른 시험용 게임물은 다음 각 호의 요건을 모두 갖추어야 한다. 1. 법 제2조 제1호의2 가목부터 바목까지의 어느 하나에 해당하는 게임물이 아닐 것 2. 별표 1에서 정한 기준에 따를 것 ② 시험용 게임물로 게임물의 성능·안전성·이용자만족도 등을 평가하려는 게임물제작업자 또는 게임물배급업자는 시험용 게임물 확인신청서를 위원회에 제출하여야 한다. ③ 원회는 신청서를 접수한 날부터 7일 이내에 해당 게임물이 제1항의 요건을 모두 갖추었는지를 확인(1인 이상의 위원회 위원의 확인을 포함한다)하고 시험용 게임물 확인증을 발급하여야 한다. ④ 시험용 게임물을 시험에 제공하는 자는 제3항에 따른 시험용 게임물임을 표시하여 해당 게임물이 시험용 게임물임을 누구든지 알 수 있도록 하고, 그 이용방법과 주의사항을 이용자에게 고지하여야 한다 ⑤ 제3항에 따라 시험용 게임물의 확인을 받은 자가 시험기간 내에 시험의 실시를 완료하지 못한 경우에는 2회에 한하여 기간의 연장신청을 할 수 있고 위원회는 특별한 사유가 없는 한 연장하여 주어야 한다. 제11조의4(자체 등급분류 게임물) 법 제21조 제1항 제4호 본문에 따른 게임물은 다음 각 호의 요건을 모두 갖추어야 한다. 1. 「전기통신사업법」에 따른 기간통신사업의 허가를 받은 자가 제공하는 기간통신역무에 의하여 제공될 것 2. 온라인 오픈마켓 등 전자상거래중개로 제공될 것 3. 이동통신단말기기 또는 이동통신단말기기에 구동되는 것과 같은 종류의 운영프로그램을 사용하는 무선인터넷 접속 단말기기에 의하여 제공될 것

	제12조(게임물의 기술심의) ① 위원회는 법 제21조 제8항에 따라 등급분류를 신청한 게임물이 다음 각 호의 어느 하나에 해당하는 경우 해당 게임물에 대하여 기술심의를 할 수 있다. 　1. 게임제공업에 제공되는 게임물(이하 "게임제공업소용 게임물"이라 한다)로서 법 제2조 제1호의2 가목부터 바목까지의 어느 하나에 해당하는 게임물에 대하여 등급분류를 하려는 경우 　2. 법 제28조 제3호 단서에 따라 경품을 지급하는 청소년게임제공업의 전체이용가 게임물(위원회가 해당 게임물이 그 등급분류와 다르게 제작·유통 또는 이용제공될 우려가 없다고 확인한 게임물은 제외한다)로 등급분류를 하려는 경우 ② 위원회는 제1항에 따라 기술심의를 하는 경우에는 게임물이 다음 각 호의 기능을 갖추었는지를 확인하여야 한다. 　1. 게임물 운영 소프트웨어의 개조 및 변조 방지 기능 　2. 화폐의 위조 및 변조 식별 기능 　3. 법 제33조 제2항에 따라 게임물의 운영에 관한 정보를 표시하는 장치(이하 "운영정보표시장치"라 한다)의 작동 기능 ③ 제1항 및 제2항에 따른 심의의 실시방법 그 밖에 심의에 관하여 필요한 사항은 위원회의 위원장이 문화체육관광부장관과 산업통상자원부장관의 협의를 거쳐 정한다. 제13조(등급분류를 받지 아니하는 게임물) ① 법 제21조 제1항 제2호에서 "대통령령이 정하는 것"이라 함은 다음 각 호의 어느 하나에 해당하는 게임물을 말한다. 　1. 법 제25조 제1항 제1호 내지 제3호에 따라 제작·배급하는 게임물 　2. 법 제25조 제1항 제1호 내지 제3호에 해당하는 자 외의 자가 영리를 목적으로 하지 아니하고 제작·배급하는 것으로서 국내에서 교육·학습·종교 또는 공익적 홍보활동 등의 용도로 제작·배급하는 게임물 ② 게임물을 제작 또는 배급하려는 자는 당해 게임물이 제1항 제2호의 게임물에 해당되는지의 여부를 미리 위원회에 확인받을 수 있다. 제19조(게임물에 표시하는 상호 등의 표시방법) ① 운영정보표시장치를 부착하여야 하는 게임물은 게임제공업소용 게임물로서 법 제2조 제1호의2 가목부터 바목까지의 규정에 해당하는 게임물 및 법 제28조 제3호 단서에 따라 경품을 지급하는 게임물(위원회가 법 제21조에 따라 등급분류를 할 때 해당 게임물이 그 등급분류와 다르게 제작·유통 또는 이용제공될 우려가 없다고 확인한 경우는 제외한다)을 말한다. ② 법 제33조 제3항에 따라 게임물에 표시하여야 하는 상호, 등급 및 게임물내용정보의 표시와 운영정보표시장치의 표시방법 등은 별표 3과 같다. 다만, 제11조의4에 따른 게임물에 등급 및 게임물내용정보를 표시하는 경우에는 그러하지 아니하다.
시행규칙	제8조(등급분류기준) ① 법 제21조 제7항에 따른 게임물의 등급분류기준은 다

음 각 호와 같다.

1. 전체이용가 등급의 기준은 다음과 같다.

가. 주제 및 내용에 있어서 음란·폭력 등 청소년에게 유해한 표현이 없는 작품

나. 청소년들의 정서함양에 도움이 되거나 교육을 목적으로 한 내용으로 청소년에게 문제가 없는 작품

다. 일반적으로 용인되지 아니하는 특정한 사상·종교·풍속 등 청소년에게 정신적·육체적으로 유해한 표현이 없는 작품

2. 12세이용가 등급의 기준은 다음과 같다.

가. 주제 및 내용에 있어서 12세 미만의 사람에게 유해한 영향을 미칠 수 있는 음란성, 폭력성 등이 표현되어 있는 작품

나. 일반적으로 용인되지 아니하는 특정한 사상·종교·풍속 등에 관한 사항이 12세 미만의 사람에게 정신적·육체적으로 유해한 작품

2의2. 15세이용가 등급의 기준은 다음과 같다.

가. 주제 및 내용에 있어서 15세 미만의 사람에게 유해한 영향을 미칠 수 있는 음란성, 폭력성 등이 표현되어 있는 작품

나. 일반적으로 용인되지 아니하는 특정한 사상·종교·풍속 등에 관한 사항이 15세 미만의 사람에게 정신적·육체적으로 유해한 작품

3. 청소년이용불가 등급의 기준은 다음과 같다.

가. 주제 및 내용에 있어서 청소년에게 유해한 영향을 미칠 수 있는 음란성, 폭력성 등이 사실적으로 표현되어 있는 작품

나. 청소년에게 정신적, 육체적으로 영향을 미칠 수 있는 특정한 사상·종교·풍속 등에 관한 사항이 직접적이고 구체적으로 표현되어 있는 작품

② 제1항 각 호에 따른 세부적인 등급분류기준은 법 제16조 제1항에 따른 게임물등급위원회(이하 "등급위원회"라 한다)의 규정(이하 "등급위원회 규정"이라 한다)으로 정한다.

제9조(등급분류의 신청 등) ① 법 제21조 제1항에 따라 등급분류를 받으려는 자는 게임물등급분류신청서에 게임물내용설명서와 다음 각 호의 자료를 첨부하여 등급위원회에 제출하여야 한다. 다만, 제7호의 서류는 등급분류를 받은 후 등급분류필증을 교부받을 때에 제출할 수 있다.

1. 게임물의 주요 진행과정을 촬영한 동영상물 및 사진

2. 전용게임기기·장치에서 구현되는 게임물의 경우에는 당해 게임기기·장치의 사진(전·후·좌·우면을 포함하여야 한다)

3. 실행 가능한 게임물(관련 파일을 포함하며, 게임물 운영정보표시장치를 부착하여야 하는 게임물은 이를 부착하여야 한다)

4. 정보통신망을 통하여 제공되는 게임물의 경우에는 당해 게임물에 접속하여 이용할 수 있는 계정을 기재한 서류

5. 게임물내용정보를 기재한 서류

6. 삭제

7. 전기용품안전 인증서 사본(「전기용품안전관리법 시행규칙」 별표 2에 따

	른 안전인증대상 전기용품에 한한다)
	② 등급위원회는 등급분류심사를 위하여 필요하다고 인정되는 경우에는 제1항 각 호의 자료 외에 추가로 자료의 제출을 요구할 수 있다.
	③ 등급위원회는 제1항에 따른 신청을 받은 날부터 15일 이내에 등급분류 결정을 하여야 한다. 다만, 부득이한 사유로 인하여 해당 기간 내에 결정을 할 수 없는 경우에는 신청인에게 그 사유 및 심의예정일을 서면으로 통보하여야 한다.
	제9조의2(게임물의 내용수정) ① 법 제21조 제5항 전단에 따라 등급분류를 받은 게임물의 내용을 수정(등급분류받은 게임물의 내용이 수정된 경우에 한하며, 내용수정 없이 등급분류받은 게임물을 기술적으로 보완하거나 개선하는 경우를 제외한다)하려는 자는 등급위원회규정으로 정하는 신고서에 수정내용을 입증할 수 있는 자료를 첨부하여 등급위원회에 제출하여야 한다.
	② 등급위원회는 제1항에 따라 신고받은 게임물에 대하여 그 수정내용을 확인하고, 다음 각 호에서 정하는 바에 따라 조치하여야 한다.
	1. 등급유지통보: 게임물의 내용이 수정되었으나 등급의 변경을 요할 정도는 아닌 경우로서 원래 분류받은 등급을 유지하게 하는 것을 말한다.
	2. 등급재분류통보: 게임물의 내용이 등급의 변경을 요할 정도로 수정된 경우로서 법 제21조 제5항 후단에 따라 새로이 등급분류를 받게 하는 것을 말한다.
	③ 등급위원회는 내용수정으로 신고된 게임물이 그 이용방식이 현저하게 변경되거나 게임의 계정사항(특정 게임이용자의 게임이용정보 또는 내용을 말한다)이 승계되지 아니하여 법 제21조 제5항에 따른 내용수정범위를 초과하는 경우에는 지체없이 제1항에 따른 신고서를 반려하고 신고인에게 반려의 취지 등을 통보하여야 한다. 이 경우 신고인은 당해 게임물에 대하여 법 제21조 제1항에 따라 등급분류를 신청하여야 한다.

▪ 입법 취지

　게임물에 대한 등급분류는 다른 문화콘텐츠에 비해 고도의 전문성이 요구되는 동시에 공정성 등이 담보되어야 함에도 불구하고 종전의 음비게법은 이를 충분히 반영하지 못하였을 뿐만 아니라 제도의 실무적 운영에 있어서도 매끄럽지 못하였다. 이에 제정 게임법에서는 등급분류의 객관성, 예측가능성, 신속성 등을 강화하는 한편, 게임물의 특성과 개발 현실에 부합하는 등급분류체제를 마련하고자 관련 규정을 정비하였다. 무엇보다 향후 민간 자율등급분류제도의 단계적 도입을 염두에 두고 관련 규정을 신설·개정하였다는 점이 가장 의의가 크다고 하겠다.

■ 입법 연혁

주로 2007년, 2011년, 2013년에 관련 조항들이 일부 개정되거나 신설되었다. 2007년 1월 19일 개정법은 규정마다 그 시행일을 달리하고 있는데(4가지가 존재), (i) 공포 후 3개월이 경과한 날로부터 시행하는 것을 원칙으로 하되, 일부 조항은 (ii) 공포한 날부터 시행, (iii) 4월 29일부터 시행, (iv) 공포 후 9개월이 경과한 날부터 시행하도록 하였다는 점에 유의할 필요가 있다.[16]

2007.1.19. 일부 개정법(법률 제8247호)의 주요 개정 내용을 살펴보면 다음과 같다. 첫째, 게임물 등급분류의 세분화이다. 게임물의 등급을 전체이용가, 12세이용가, 15세이용가, 청소년이용불가 4단계로 분류하되, 청소년게임제공업과 일반게임제공업에 제공되는 게임물은 전체이용가와 청소년이용불가 게임물로 분류하도록 하였다. 둘째, 시험용 게임물의 등급분류 유예이다. 개발과정에 있는 시험용 게임물의 성능·안전성·이용자만족도 등을 평가하기 위하여 일정기준 및 기간에 따라 게임물의 등급심의를 유예하도록 하였다. 셋째, 게임물의 내용 수정에 대한 약식 심의 절차제도이다. 등급분류를 받은 게임물의 내용을 수정할 경우 게임물등급위원회에 신고하도록 하되, 그 정도가 경미한 경우에 약식의 절차에 의하여 수정된 내용에 대한 심의를 할 수 있도록 하였다. 다만, 등급 변경을 요할 정도로 수정된 경우에는 새로운 등급분류를 받도록 하였다. 넷째, 사행성게임물에 대한 등급분류 거부 제도이다. 종전 등급분류 결과 사행성이 지나쳐 등급을 부여할 수 없는 경우의 "이용불가" 및 "등급분류보류" 제도를 폐지하고 일정한 경우, 예를 들어 등급분류 신청한 게임물이 '사행성게임물'에 해당되는 경우 등에는 등급분류 거부결정을 할 수 있도록 하였다.

2011.4.5. 일부 개정법(법률 제10554호)의 주요 개정 내용은 오픈마켓 게임물

---

16) 부칙 제1조 (시행일) 이 법은 공포 후 3개월이 경과한 날부터 시행한다. 다만, 제32조 제1항 제7호 및 제44조 제1항 제2호의 개정규정은 공포한 날부터, 제28조 제3호의 개정규정은 2007년 4월 29일부터, 제28조 제5호 및 제6호의 개정규정은 공포 후 9개월이 경과한 날부터 각각 시행한다.

에 대한 자체등급분류 제도의 도입이다. 이는 당시 개인 콘텐츠 제작자 등이 직접 자신이 만든 애플리케이션을 고객에게 판매할 수 있는 오픈마켓 시장이 세계적으로 활성화되고 있는 추세에 있었음에도 불구하고 게임물의 경우에 등급위원회의 사전 등급분류를 거쳐야 유통할 수 있도록 규정하고 있는 기존의 게임법 체계로 인해 국내 오픈마켓 시장의 활성화에 걸림돌이 되고 있다는 문제 제기에 따라 오픈마켓 게임물 등 제작주체·유통과정의 특성상 게임물등급위원회의 사전 등급분류가 적절하지 않은 게임물은 게임물을 유통하는 자 등이 자체적으로 등급분류를 할 수 있도록 관련 규정을 신설한 것이다.

한편, 2013.5.22. 일부 개정법(법률 제11785호)은 그동안 지속적으로 문제 제기되어 왔던 공공기관에 의한 사전등급분류 제도를 축소하고 민간자율등급분류 제도로의 이행을 위한 낮은 단계의 예비 절차로서 등급분류 업무의 민간위탁 범위를 확대하는 내용을 포함하고 있는바, 공정성 등의 문제로 논란이 끊이지 않았던 기존의 게임물등급위원회를 폐지하고 대신 청소년이용불가 게임물의 등급분류와 게임물의 사후관리 등을 담당하는 게임물관리위원회를 설치(위원회의 안정적 운영을 위해 국고지원 시한 규정 삭제)하는 것을 주된 내용으로 하는 일부 개정을 하였다. 본조와 관련해서는 주로 종전에 게임물등급위원회를 지칭하던 '등급위원회'라는 용어가 신설된 게임물관리위원회를 의미하는 '위원회'로 수정되었을 뿐이어서 일부 규정을 제외하고는 형식적으로는 크게 달라진 것이 없으나 게임물관리위원회의 업무 내지는 기능이 게임물등급위원회의 그것과는 차이가 있다는 점에 실질적인 내용면에서 유의할 필요가 있다.

■ 내용 해설

1. 등급분류제도

게임물을 유통시키거나 이용에 제공하게 할 목적으로 게임물을 제작 또는 배급하고자 하는 자는 당해 게임물을 제작 또는 배급하기 전에 위원회로부터 당해 게임물의 내용에 관하여 등급분류를 받아야 한다(게임법 제21조 제1항 본문). 이를 위반하여 게임물을 유통 또는 이용제공 등을 하는 경우에는 처벌의 대상이 된다(법 제32조 제1항 제1호, 법 제44조 제1항 제2호 등 참조).

따라서 게임물 등급분류제도는 다음과 같은 특성을 가지고 있다. 첫째 사전 심의에 의한 등급분류 방식을 취하고 있다. "게임물을 제작 또는 배급'하고자' 하는 자는 당해 게임물을 '제작 또는 배급하기 전'"에 등급분류를 받아야 한다고 규정한 것이 그러하다. 즉, 게임물 등급분류제도는 사후적 관리를 목적으로 한 것이 아니라 게임물이 유통 또는 이용제공에 놓이기 전에 미리 등급분류를 받도록 함으로써 게임물 내용 정보를 제공하고 건전한 영업 질서가 확립될 수 있도록 예방적 통제를 하고 있는 것이라고 할 수 있다.

둘째, 종전의 등급위원회보다는 그 성격이 약화된 면이 있으나 여전히 관제적 성격의 등급분류제도를 운영하고 있다고 할 수 있다. 즉, 등급분류의 주체를 위원회로 규정하고 있는바, 위원회의 업무와 기능은 게임물에 관한 한 구 음비게법상의 영상물등급위원회의 그것을 그대로 승계한 것이라고 할 수 있고 설립 근거나 조직의 구성, 운영예산, 심의 규정 등에서도 양자 간 별다른 차이가 없다는 점에서 행정기관 또는 준행정기관이 주체가 된 등급분류제도라고 할 수 있다. 따라서 위원회에 의한 등급분류제도의 운영은 등급분류의 강제 및 위반 시의 처벌 규정 등과 결합해 향후 위헌성(표현의 자유 침해와 사전검열) 여부가 문제되는 경우에 커다란 부담으로 작용할 가능성이 크다고 하겠다. 다만, 민간에 등급분류업무를 위탁한 경우라면 그 범위 내에서는 당해 등급분류기관이 등급분류의 주체가 된다고 볼 수 있을 것이고 이때에는 행정기관이 주도하는 관제적 등급분류라고 단정하기 어려울 것이다. 그러나 등급분류기관의 등급분류 결정에 대해 기준에 적합하지 아니한 경우에 다시 위원회가 직권으로 등급분류를 할 수 있다는 점 등에서는 관제적 등급분류제도가 아니라고 하는 것도 일정한 한계가 있다고 본다.

셋째, 내용 심의를 기본 전제로 하는 등급분류 제도이다. 게임물의 '내용'에 관하여 등급분류를 받는다는 점에서 등급분류 심의의 직접적인 통제 대상은 외적 형식으로서의 게임물이 아닌 그 내적 구성요소인 내용으로서의 게임물이라는 점이다. 그러나 뒤에서 살펴보는 바와 같이 게임물의 '내용'이 무엇인가에 대해서는 아직도 분명하지 못한 부분이 있고 게임물의 '운영(방식)' 또는 '이용(방식)'과의 경계가 모호하여 관련 규정과 해석과 적용에 있어 혼란스러운 면이 없지 않다. 이를 명확히 할 필요가 있다고 본다.

넷째, 게임물 등급분류는 선택사항이 아니라 법령에 근거한 강제적 심의제도라는 점이다. 즉, 게임물의 유통 또는 이용제공을 목적으로 게임물을 제작 또는 배급하고자 하는 자는 누구나 의무적으로 등급분류를 받아야 한다. 그런 점에서 우리나라의 게임물 등급분류는 상당히 강력한 타율적 심의 형태로 운영되고 있다고 할 수 있다. 이 점은 개선되어야 할 사항임에 분명하다. 다행히 최근 자율적 등급분류제도의 도입을 위한 노력이 입법적으로 시도되고 있다는 점에서는 바람직한 방향으로 나아가고 있다고 본다. 다만, 순수한 의미의 자율적 등급분류제도가 정착되기 위해서는 향후에도 지속적인 법제도 개선의 노력이 필요할 것이다.

2. 등급분류를 받아야 하는 자(인적 요건)

가. 의 의

"게임물을 유통시키거나 이용에 제공하게 할 목적으로 게임물을 제작 또는 배급하고자 하는 자"는 등급분류를 받아야 한다. 즉, 의무적으로 등급분류를 받아야 하는 대상자는 첫째, 게임물을 유통시키거나 이용에 제공하게 할 목적을 가지고 있고, 둘째, (그러한 목적으로) 게임물을 제작 또는 배급하고자 하는 자에 해당하여야 한다. 이것은 등급분류의 객체[17] 중 인적 요건에 대한 것이라고 할 수 있다.

나. 등급분류를 받아야 하는 자(등급분류 대상자)

(1) 게임물을 유통시키거나 이용에 제공하게 할 목적이 있을 것

게임물을 유통시키거나 이용에 제공하게 할 목적이 있어야 하므로 단순히 사적으로 이용할 목적으로 게임물을 제작하는 경우 등은 본 규정에 해당하지 않는다고 보아야 할 것이다. 그러나 적용이 제외되는 범위가 오로지 개인적인 이용만을 전제로 하는 것인지 그에 더하여 일정 정도의 사적 범위도 포함하는 것인지

---

17) 등급분류를 중심으로 주체와 객체로 나누어 본다면 전자에 해당하는 것이 위원회이다. 후자를 다시 인적인 객체와 물적인 객체로 구분해 볼 수 있다면, 등급분류를 받아야 하는 자가 인적 객체, 등급분류를 받아야 하는 게임물이 물적 객체에 해당할 것이다.

또는 외부의 일반 공중에게 유통하거나 이용할 수 없도록 관리되고 있는 상태이면 족한 것인지는 분명하지 않다. 만약 후자와 같이 유연하게 해석할 수 있다면 학교 · 연구소 · 회사 등의 내부에서 소수의 특정 인원을 대상으로[18] 자체 교육 · 연구 · 시험 등의 목적으로만 이용하는 경우도 등급분류의 대상이 되지 않는다고 볼 여지가 있을 것이다. 이것은 제21조 제1항 제2호에 따라 등급분류 대상에서 제외되는 경우와는 별개로 당해 규정의 적용 없이도 등급분류 받지 않아도 된다는 점에서 그 실익이 있을 것이다. 그러나 이후 당해 게임물을 유통시키거나 이용에 제공하고자 한다면 당연히 등급분류를 받아야 할 것이다.

그러나 실제로 어떠한 목적을 가지고 게임물을 제작 또는 배급하고자 하였는지는 알기 어렵다. 이것은 다분히 주관적인 것이고 관련 정황을 종합적으로 고려하여 판단한다고 하더라도 이를 입증하기란 쉽지 않은 일이다. 배급의 경우보다 제작의 경우는 더욱 그러할 것이다.

(2) 게임물을 제작 또는 배급하고자 하는 자일 것

게임물을 제작 또는 배급하고자 하는 자이어야 한다. 즉, 게임물의 제작 또는 배급 전 등급분류를 받아야 한다. 이것은 당해 등급분류가 사전심의제도라는 점을 확인하는 규정이라고 할 수 있다.

그러나 게임물을 제작 또는 배급'하는 자'가 아니라[19] '하고자 하는 자'라고 하고 있어 일견 미완성(개발 중) 또는 아예 제작 · 배급 전이라도 등급분류를 받아야 하는 것으로 이해될 수 있다. 극단적으로는 등급분류할 대상이 존재하지 않거나 미확정 상태에 있음에도 제작 또는 배급 계획이 있거나 이제 막 개발에 착수한 것만으로도 등급분류 신청을 해야 한다는 의미로도 해석될 수 있는 것이다. 그러나 그렇게 이해하는 것은 현실적으로 무리가 있다. 합리적인 해석에 터 잡는다면 적어도 등급분류의 객체가 되는 게임물의 실체는 존재하여야 할 것이다. 당

---

[18] 그럼에도 불구하고 당해 규정의 취지가 몰각되지 않도록 그 범위는 가급적 엄격하게 제한적으로 해석하여야 할 것이다.

[19] 법문이 다시 '당해 게임물을 제작 또는 배급하기 전'에 등급분류를 받아야 한다고 명정하고 있으므로 굳이 게임물을 제작 또는 배급'하고자' 하는 자라고 중복적으로 언급할 필요는 없지 않았을까 한다. 만약 제작 또는 배급을 단순 의도(계획)한 자와 실제로 제작 또는 배급하는 자를 구분하여 전자만이 등급분류 의무를 진다는 점을 명확히 하고자 한 취지라면 이것은 현실과 괴리가 있을 뿐만 아니라 논리적으로도 타당하지 못하다.

해 게임물이 개발 단계에 있는 것인지 아니면 완성단계에 있는 것인지는 불문한
다고 본다. 어떤 상태의 게임물을 등급분류 신청할지는 신청자가 자유롭게 선택
할 수 있는 문제라고 본다. 다만, 개발 단계라고 하더라도 이제 막 착수단계에 불
과해 게임물의 전체적인 윤곽이 드러나 그 내용을 파악할 수 있고 어느 정도 정
상적인 작동이 가능한 상태가 아니라면 등급분류 자체가 곤란할 수 있다는 점에
서 적어도 완성 직전 단계에는 이르러야 하지 않을까 생각한다. 법문이 '제작하
고자 하는 자'라고는 하였지만 이미 완성된 게임물도 해당된다고 보는 것이 논리
적으로 타당하다.

3. 등급분류를 받아야 하는 게임물(등급분류 대상 게임물)

가. 의 의

유통 또는 이용 제공의 목적으로 제작 또는 배급하고자 하는 게임물은 일부
예외적인 경우를 제외하고는 모두 등급분류를 받아야 한다. 따라서 게임법상의
등급분류의 대상이 되는 것은 첫째, 게임법 제2조 제1호에서 정의하고 있는 '게
임물'이어야 한다. 둘째, 유통 또는 이용 제공의 목적으로 제작하거나 배급하기
위한 게임물이어야 한다. 셋째, 등급분류 대상에서 제외되는 게임물에 해당하지
아니하여야 한다. 여기서 둘째 요건은 이미 앞의 '등급분류 대상자'에서 다루었
다. 표현(구분) 형식의 차이만 있을 뿐 그 실질적인 내용은 크게 다르지 아니하므
로[20] 여기서는 다시 언급하지 않기로 한다.

한편 대법원은 "게임물에 관한 등급분류는 그 성질상 이미 제작된 개개의 게
임물에 대하여 행하여지는 것이 아니라 앞으로 제작하여 유통시킬 게임물에 대
하여 행하여지는 것으로 보아야 할 것이고, 게임설명서 등에 기재되거나 촬영되
어 있는 게임물에 대하여 등급분류 심사가 이루어지는 것이므로 그 등급분류의
대상은 게임설명서 등에 기재되거나 촬영되어 있는 게임기로 보아야" 한다고 판
시[21]한 바 있다, 이것은 등급분류의 대상이 되는 게임물은 '게임설명서 등에 기

---

20) 물론 '등급분류 대상' 요건에 포함하여 다루어도 결론에 있어서는 큰 차이가 없을 것이나,
문언의 의미상 '등급분류 대상자' 요건으로 해석하는 것이 보다 자연스러울 것으로 판단된다.
21) 대법원 2007.11.15. 선고 2007도6775 판결.

재되거나 촬영되어 있는 게임물'을 기준으로 '판단하여야 한다는 점을 밝힌 판결
이라고 할 수 있다.

나. 등급분류의 심의 대상: 게임물의 내용(콘텐츠)

등급분류를 위한 심의 대상이 되는 것은 무엇인가? 일응 '게임물'이라고도
생각할 수 있으나 보다 정확하게는 '게임물의 내용'이라고 하는 것이 타당하
다.[22] 즉, 구체적인 심의의 객체가 되는 것은 게임물 그 자체라기보다는 게임물
을 이루고 있는 내용 또는 콘텐츠라고 하는 것이 더 적절하다. 따라서 게임적 요
소는 포함하고 있지만 내용이 없는 것은 비록 게임물로 성립한다고 하더라도[23]
등급분류의 대상이 되는 게임물이라고 하기는 어렵다. 등급분류를 위한 심의의
실체적 대상이 되는 내용이 존재하지 않기 때문이다. 마찬가지로 게임물 중 내용
(콘텐츠) 이외의 요소를 심의 대상으로 하는 것 역시 원칙적으로는 등급분류의 본
래 취지 내지는 기능에 반하는 것이므로 유의를 요한다.[24] 만약 그러한 제도를
운영하고 있다면 이는 개선이 필요한 부분이다.

---

22) 그러나 이 책에서는 '등급분류의 대상'과 '등급분류를 위한 심의 대상'을 특별히 구분할 필
요가 있는 경우가 아니라면 이를 혼용하여 사용하고자 한다.

23) 그러나 현행 게임물의 정의에 따른다면 내용(콘텐츠)이 없는 게임물은 성립하기 어렵다고
본다. 다만, 기기나 장치만으로도 게임물로 성립한다는 입장이라면 이 경우는 달리 볼 수 있
을 것이나 그러한 게임물의 경우는 등급분류할 실제적 대상으로서의 내용이 존재하지 아니
하므로 문제가 없지 않다. 내용 외적인 요소에 대해 등급분류를 하는 것은 타당하지 아니하
며 직접적인 등급분류 기준으로 삼지 아니하고 참작하는 정도에 그친다고 하여도 적절한 것
은 아니다. 등급분류가 아닌 별도의 심의 또는 검사의 대상으로서 '내용 외적인 요소'를 의도
한 것이라면 이 경우는 별개의 제도로 다루어야 할 문제이지 등급분류와 관련해 다루어야 할
사안은 아니지 않은가 한다. 예컨대 '사행성이 있는 게임물'과 '게임물을 이용해 사행행위'를
하는 것은 다른 차원의 문제이며 이를 같은 기준으로 취급하는 것은 재고의 여지가 많다고
본다. 후자의 경우는 비록 내용(콘텐츠)이 없는 게임물이라고 하더라도 등급분류에 의하지
아니하더라도 충분히 규율의 대상이 될 수 있고 별개의 심의 제도를 운영하는 것도 문제될
것은 없을 것이다. 이와 관련해 기술심의제도를 살펴볼 필요가 있을 것이다.

24) 위원회의 '등급분류 규정'(제6조 제1호)이 "콘텐츠 이외의 부분에 대해서는 등급분류의 대
상으로 삼지 않는다"는 '콘텐츠 중심성'을 게임물 등급분류의 제1원칙으로 선언하고 있다는
점을 고려할 필요가 있다.

다. 등급분류의 대상이 되는 게임물

(1) 게임물에 해당할 것

등급분류의 대상은 일단 게임법상의 '게임물'에 해당하는 것이어야 한다. 이 것은 등급분류 객체로서의 성립요건이라고 할 수 있는데,[25] 무엇이 '게임물'인지에 대해서는 동법 제2조 제1호 본문에서 정의하고 있다.[26] 다만, 예외적으로 동호 단서에 해당하는 경우에는 게임물이라고 할 수 없다. 결국 등급분류의 객체가되는 '게임물'에 해당하는지는 동호 단서에서 열거하고 있는 '게임물에서 제외되는 대상'인지 여부의 문제로 귀결된다고 하겠다.[27]

---

25) 게임물의 성립요건에 대해서는 앞에서 자세히 살펴보았으므로 여기서는 다루지 아니한다.

26) 게임법 제2조 제1호 본문에 따르면 '게임물'은 요컨대 '오락할 수 있는 영상물과 그 이용을 주된 목적으로 하는 기기 및 장치'라고 할 수 있으므로 반드시 '영상물'이 전제되어야 한다. 따라서 현행법상 영상물이 포함되지 아니한 것은 게임물의 범주에서 제외되며, 그것이 처음의 입법 취지이다. 예를 들어 오프라인 보드게임이나 인형뽑기 등의 놀이기구는 적어도 현행 법하에서는 게임물이라고 보기 어렵다. 이러한 것들은 사행행위 등 규제 및 처벌특례법이나 관광진흥법 등의 영역에 있는 것으로 적어도 게임법에서 규율해야 할 대상은 아니다. 등급분류는 게임물의 내용을 심의대상으로 한다는 점에서도 기본적으로 게임법상의 등급분류 제도와는 어울리지 아니한다. 결국 입법적으로 해결하는 것이 가장 명확할 것이다.

27) 게임법 제2조 제1호 단서 규정이 기본적으로는 게임물이지만 정책적으로 일정한 경우에 게임물로 보지 않겠다는 취지인지(창설적 규정) 아니면 게임물 유사의 것을 해석의 혼란을 피하기 위해 이를 명문으로 게임물이 아니라고 열거적으로 확인한 것에 불과한 것인지(선언적 규정)는 분명하지 않다. 예컨대 동호 가목의 '사행성게임물'의 경우 일단 게임물로 성립한 것이지만 사행성이 있는 경우에는 이를 게임물에서 제외하겠다는 의미로 해석될 가능성이 높다. 그렇지 않다면 사행성'게임물'이라는 용어를 사용한 것에 대한 설명이 쉽지 않다. 처음 부터 게임물이 아니었다면 사행성'게임물'이 아닌 '사행물', '사행성기구' 등의 표현(프로그램과 영상물을 포함한 의미)을 사용하는 것이 더 적절했을 것이다. 다만, 목적론적 또는 규범적 해석을 한다면 후자의 의미로 선해할 수도 있을 것이다. 그러나 법 규정이 명문으로 사행성 '게임물'이라는 표현을 사용하고 있는 이상 여전히 해석상의 무리가 없지 않다. 제정 입법 초 안 작업 시 '사행성' 게임물과 '사행물' 내지는 게임물을 이용한 '사행행위'는 엄격히 구분하여야 하고, 이를 명확히 하기 위해서는 게임물로부터 제외되는 소위 '사행성 게임물'은 처음부 터 그러한 용어를 사용하지 않는 것은 물론 아예 게임법의 영역 밖에 있는 것으로 보아 사행 행위 등 규제 및 처벌특례법, 관광진흥법, 형법 등의 규율 대상으로 하는 방안이 논의된 바 있다. 그러나 최종 입법에서 제21조 제1항 단서에서는 사용되지 않았지만 동조 제3항 등과 하위 법령에서 '사행성 게임물'이라는 용어가 그대로 사용되었다. 한편, 게임법 제1호 나목의 「관광진흥법」 제3조의 규정에 의한 관광사업의 규율대상이 되는 것'에는 유기시설 또는 유기기구 등이 있는데, 이것은 기본적으로 동법에 의한 규율을 받으면 되는 것들이므로 선언적 규정으로서의 성격이 강하다. 다만, '인형뽑기' 등과 같은 것은 동법상의 '놀이형 유기기구' [관광진흥법 시행규칙 [별표 11] (개정 2011.2.17) 안전성검사 대상 유기시설·유기기구 및

(2) 등급분류 제외 대상 게임물이 아닐 것(소극적 요건)

게임법 제21조 제1항 단서에 따른 '등급분류 대상에서 제외되는 게임물'에 해당하지 아니하여야 한다. 즉, (i) 중앙행정기관의 장이 추천하는 게임대회 또는 전시회 등에 이용·전시할 목적으로 제작·배급하는 게임물, (ii) 교육·학습·종교 또는 공익적 홍보활동 등의 용도로 제작·배급하는 게임물로서 대통령령이 정하는 것, (iii) 게임물 개발과정에서 성능·안전성·이용자만족도 등을 평가하기 위한 시험용 게임물로서 대통령령이 정하는 대상·기준과 절차 등에 따른 게임물, (iv) 게임물의 제작주체·유통과정의 특성 등으로 인하여 위원회를 통한 사전 등급분류가 적절하지 아니한 게임물 중에서 대통령령으로 정하는 것(다만, 제9항의 기준에 따른 청소년이용불가 게임물일 경우에는 그러하지 아니하다)에 해당하는 게임물의 경우에는 등급분류 대상에서 제외된다. 한정 열거 규정이므로 위에서 언급한 4가지 경우 이외의 게임물은 모두 등급분류를 받아야 한다. 그렇다면 '사행성게임물'도 등급분류 대상에 포함되는가? '사행성게임물'은 그 명칭에도 불구하고 원래 게임물이 아니므로 처음부터 등급분류의 대상이 되지 않는다고 하여야 할 것이다.

참고로 제정 게임법에서는 (i) 중앙행정기관의 장이 추천하는 게임대회 또는 전시회 등에 이용·전시할 목적으로 제작·배급하는 게임물, (ii) 교육·학습·종교 또는 공익적 홍보활동 등의 용도로 제작·배급하는 게임물로서 대통령령이

안전성검사 항목과 안전성검사 대상이 아닌 유기시설·유기기구(제40조 제1항 관련) 참조로 규정되어 있음에도 불구하고 이를 게임법상의 게임물로 보는 학설과 판례가 존재한다는 점에서 이러한 입장에서는 본 규정이 창설적 규정으로서의 성질도 갖는 것으로 볼 수 있을 것이다. 그러나 그러한 견해에 찬성하지 않는 입장이라면 (즉, 게임법상의 게임물이 아니고 관광진흥법으로 규율하는 것으로 족하다고 보는 입장이라면) 선언적 규정에 불과할 것이다. 동호 다목 '게임물과 게임물이 아닌 것이 혼재되어 있는 것으로서 문화체육관광부장관이 정하여 고시하는 것'은 그 판단기준이 명확히 제시되어 있지 아니하고(예를 들어 혼재의 의미가 분리하여도 게임물로서 이용가능한 단순 결합을 의미하는 것인지 또는 분리하는 경우 게임물로서의 기능을 상실할 정도의 유기적 결합을 의미하는지 여부 등) 현실적으로 행정 재량에 의존하는 바가 클 수밖에 없다는 점에서 상당히 임의성이 강한 규정이라고 할 수 있다. 또한 아직까지 이와 관련해 구체적인 대상을 고시한 바가 없다는 점에서 거의 사문화되었거나 실효성이 없는 규정이라고도 할 수 있다. 다만, '인형뽑기'와 관련해 당해 규정을 원용해 볼 여지도 없지 않을 것이다. 그러나 동 규정의 취지는 게임물 여부가 불분명한 경우에는 게임물에서 제외하겠다는 것이라는 점에서 '인형뽑기'가 게임물로 될 수 있을지는 의문이다. 결론적으로 제2조 제1호 단서(각 목) 규정은 어느 하나의 성격만을 갖는 것이라고 단정하기 어려워 보인다.

정하는 것[28]만을 등급분류의 제외 대상으로 규정하고 있었고, 구 음비게법(제20조 제1항 단서 각호)에서는 (i) 문화관광부장관 또는 관계부처 장관이 추천하는 영상물 대회, 전시회 등에서 상영되거나 이용제공되는 게임물, (ii) 공공의 목적으로 제작·배급되거나 등급분류가 필요하지 아니한 경우 등 대통령이 정하는 경우에 해당되는 게임물의 경우를 등급분류의 예외로 하였다. 따라서 입법 형식적인 면에서는 현행 게임법이 종전보다 더 구체적이다. 그러나 하위법령에 위임된 사항까지 포함하여 살피면 실질적인 내용에 있어서 구 음비게법과 큰 차이가 있는 것은 아니다. 다만, 온라인 게임물이나 오픈마켓 게임물의 심의와 관련해 나름대로 의미 있는 변화가 있었다고 보인다. 그리고 음비게법의 경우 시행령에서 "그 밖에 등급분류가 필요하지 아니하다고 문화관광부장관이 인정하는 경우"도 제외 대상에 포함시킴으로써 예외 범위를 다소 포괄적으로 규정하고 있었는바, 문리적으로는 현행법보다 예외 범위가 더 넓게 해석될 여지가 없지 않았다고 하겠다. 문화관광부장관의 인정만으로 등급분류의 예외가 될 수 있도록 한 점은 위임 입법의 범위를 넘어서는 것이어서 문제의 소지가 있었다.

4. 등급분류를 받지 아니하는 게임물(등급분류 대상 제외 게임물)

등급분류의 예외와 관련해 총론적인 차원에서 다음의 문제점을 고려할 필요가 있다.

첫째 등급분류 대상에서 제외된 게임물이 사후에 예외 사유에 해당하지 아니하게 되거나 그러한 사정이 소멸한 경우에도 여전히 등급분류 없이 제작·배급할 수 있는지가 문제된다. 예를 들어 게임대회 또는 전시회가 끝난 이후에도 계속해서 당해 게임물을 제작·배급할 수 있는가이다. 생각건대 예외가 인정되는 것은 해당 게임대회 또는 전시회가 개최되고 있는 기간·장소 내에서[29] 입장

---

28) 제정 게임법 제13조(등급분류를 받지 아니하는 게임물) ① 법 제21조 제1항 제2호에서 "대통령령이 정하는 것"이라 함은 다음 각 호의 어느 하나에 해당하는 게임물을 말한다.
　　1. 법 제25조 제1항 제1호 내지 제3호에 따라 제작·배급하는 게임물
　　2. 법 제25조 제1항 제1호 내지 제3호에 해당하는 자 외의 자가 영리를 목적으로 하지 아니하고 제작·배급하는 것으로서 국내에서 교육·학습·종교 또는 공익적 홍보활동 등의 용도로 제작·배급하는 게임물
29) 온라인 게임물의 경우는 장소적 제한이 적절한 것인지 살펴볼 필요가 있다. 온라인 게임물

객에 대해 유통 또는 이용제공하는 경우만이고 행사가 종료된 이후에는 유통 또는 이용제공을 중단하여야 한다. 만약 계속하여 유통시키거나 이용에 제공할 목적으로 제작 또는 배급하는 경우에는 다른 일반 게임물과 마찬가지로 등급분류를 받아야 할 것이다. 그렇다면 등급분류 예외 기간 중에 이미 유통시킨 게임물의 경우에는 다시 회수하여야 하는가? 그러나 일단 유통시킨 게임물을 다시 회수한다는 것은 사실상 물리적으로 거의 불가능하다고 할 수 있다(다만 행사를 위해 준비해 두었던 게임물이 행사 후에도 남아 있다면 이는 회수 가능할 것이다). 따라서 그러한 게임물은 사실상 등급분류를 받지 아니하고 유통 또는 이용에 제공될 가능성이 높다고 할 수 있다. 그런데 등급을 받지 아니한 게임물을 유통 또는 이용에 제공하거나 이를 위하여 진열·보관하는 행위(제32조 제1항 제1호)는 법 제44조 제1항 제2호에 의해 벌칙(5년 이하의 징역 또는 5천만원 이하의 벌금) 대상이 된다. 따라서 이 문제에 대한 검토가 필요하다고 본다.

둘째, 등급분류 대상에 해당하지 아니하는 게임물을 제작하는 경우에는 게임제작업 등의 등록을 하지 아니하고도 당해 영업을 할 수 있다(법 제25조 제1항 단서30) 및 동항 제4호, 시행령 제15조 제3호). 따라서 등급분류 받지 아니하고 게임대회 또는 전시회에서 선보였던 게임물을 계속하여 제작을 하는 경우에 과연 등

은 그 성격상 다중이 동시 접속하여 이용해야 하는 경우가 많다는 점에서 만약 행사장 내로만 이용제공(예를 들어 시연 등)의 범위를 한정한다면 이용자(입장객) 입장에서는 온라인 게임물의 장단점을 제대로 체험할 수 없을 뿐만 아니라 참가자(게임사) 입장에서는 자사 게임물의 특성이나 기능을 충분히 알릴 수 없을 것이다. 이러한 상황은 당해 행사를 개최하는 취지를 무색하게 하는 것이다. 따라서 온라인 게임물의 경우에 장소적 범위를 한정해야 하는지 나아가 그 이용자의 인적 범위에 제한을 두는 것이 타당한 것인지에 대해서도 검토할 필요가 있다. 만약 행사장 내의 입장객에 대해서만 이용가능하도록 한다면 온라인 게임물이 본래 의도하였던 재미나 흥미를 느끼지 못할 수도 있을 것이다. 따라서 장소적 제한뿐만 아니라 인적 제한에 대해서도 함께 살펴보아야 할 것이다. 생각건대 시행령 제11조의3 제1항 제2호에 의한 [별표1] '시험용 게임물의 시험실시 기준'에 준하는 정도로 제한하되 행사의 특성을 고려하여야 할 것으로 본다.

30) 법 제25조 제1항 단서는 "다만, 다음 각 호의 어느 하나에 해당하는 경우에는 등록하지 아니하고 이를 할 수 있다."고 규정하고 있다. 여기서 '이를 할 수 있다'는 '(해당) 영업을 할 수 있다'는 의미로 해석될 수 있으므로 동항 각 호에 해당하는 경우에는 등록을 하지 않고도 게임제작업을 영위할 수 있다. 그러나 '제작을 할 수 있다'라고 새긴다면 게임제작업을 영위하기 위한 영업으로서의 제작은 할 수 없는 것으로 해석될 수 있다. 그러나 본조는 영업의 등록에 관한 규정이고, 법 제26조 제1항에서 "… 허가를 받아 영업을 할 수 있다"고 규정하고 있으므로 동조 제1항 단서의 '이를 할 수 있다'도 '영업을 할 수 있다'라고 해석하는 것이 타당하다고 본다.

록을 하지 아니하고도 당해 영업을 할 수 있는지가 문제될 수 있다. 이 역시 등급분류 예외사유에 해당하지 않게 된 때(즉, 게임대회 또는 전시회가 종료한 때)로부터 당해 게임물은 일반 게임물과 같은 취급을 하여야 할 것이므로, 이후 제작·배급에 대해서는 게임제작업 등의 등록을 하여야 할 것이다. 그렇게 이해되지 않는다면 시험용 게임물 등과의 형평에 반할 뿐만 아니라 등급분류 예외 규정의 입법취지에도 부합하지 않는 결과를 낳게 될 것이므로 타당하지 않다.

한편 해당 게임대회 또는 전시회에 출품할 것을 목적으로 게임물을 제작하는 경우에 이를 영업(게임제작업의 영위)으로 볼 수 있는지도 문제된다. 만약 영업에 해당하지 않는다면 굳이 법 제25조 제1항 단서에 의하지 아니하고도 동조의 반대해석상 처음부터 제작은 허용되는 것이라고 볼 여지가 있다. 그러나 영업에 해당한다면 그때에는 단서규정에 따라 등록하지 아니하고 게임제작을 할 수 있다고 새겨야 할 것이다.

가. 중앙행정기관장 추천 게임물

중앙행정기관의 장이 추천하는 게임대회 또는 전시회 등에 이용·전시할 목적으로 제작·배급하는 게임물(게임법 제21조 제1항 제1호)은 등급분류 대상에서 제외된다. 이것은 국가기관의 권위와 국익의 수호자로서의 역할을 고려하고 불편부당성·전문성 등을 전적으로 신뢰하여 특별히 인정한 것이다. 게임대회 또는 전시회를 개최하는 것은 게임 문화 및 관련 산업의 발전에 기여하는 바가 크고 궁극적으로 공공의 이익에 부합하는 것이다. 따라서 당해 행사에 공신력을 부여하고 이를 원활하게 진행되도록 함으로써 당해 행사가 소기의 목적을 달성할 수 있도록 지원하는 것이 필요하다. 특히 행사의 성격상 시의성이 매우 중요하므로 게임대회 또는 전시회 등에 이용·전시되는 게임물에 대해 예외 없이 일일이 등급분류 절차를 밟도록 한다면 자칫 정상적인 행사 진행에 차질을 빚게 하거나 행사 내용에 있어 적정한 정도의 질적·양적 수준을 확보할 수 없게 될 수도 있다는 측면에서 문제가 될 수 있다. 이에 중앙행정기관의 장이 추천하는 경우에는 그 공공성을 깊이 신뢰하여 예외적으로 등급분류를 면제하도록 한 것이다. 따라서 그러한 추천은 공정성, 객관성 등이 담보될 것이 전제되어야 하며 심사숙고하여 결정하여야 할 것이다. 바람직하기로는 추천 기준과 절차에 대한 보다 구체적인 법적 근거를 마련할 필요가 있다고 본다.

나. 교육용 게임물 등

교육·학습·종교 또는 공익적 홍보활동 등의 용도로 제작·배급하는 게임물로서 대통령령이 정하는 것(게임법 제21조 제1항 제2호)은 등급분류를 받지 아니하여도 된다.

(1) 교육·학습·종교 또는 공익적 홍보활동 등의 용도로 제작·배급하는 게임물

등급분류제도의 운영이나 건전한 사회질서 유지에 혼란을 주지 않는 경우라면 공공의 복리를 위해 제작·배급하는 게임물에 대해서는 일정한 범위 내에서 등급분류 대상으로부터 제외시키는 것이 오히려 게임법의 목적 달성에 기여하는 바가 클 수 있다. 이에 게임법은 '교육·학습·종교 또는 공익적 홍보활동 등'의 용도로 제작·배급하는 게임물은 등급분류의 대상으로부터 제외되도록 하였다

입법 연혁적 측면을 고려한다면 현행법상 '교육·학습·종교 또는 공익적 홍보활동 등의 용도로 제작·배급하는 게임물'은 '공공의 이익'이라는 관점에서 등급분류의 예외로 특별히 허용한 것이라고 할 수 있다. 다만, '교육·학습·종교'와는 달리 홍보활동의 경우에만 '공익적'일 것을 요하고 있어 '교육·학습·종교'의 경우는 비공익적인 경우도 포함하는 것인지 여부가 문제될 수 있다.

(2) 대통령령이 정하는 것(등급분류를 받지 아니하는 게임물)

법 제21조 제1항 제2호에서 "대통령령이 정하는 것"이라 함은 i) 법 제25조 제1항 제1호 내지 제3호에 따라 제작·배급하는 게임물, ii) 법 제25조 제1항 제1호 내지 제3호에 해당하는 자 외의 자가 영리를 목적으로 하지 아니하고 제작·배급하는 것으로서 국내에서 교육·학습·종교 또는 공익적 홍보활동 등의 용도로 제작·배급하는 게임물의 어느 하나에 해당하는 게임물을 말한다(게임법 시행령 제13조 제1항).

한편 법 제21조 제1항 제2호는 "교육 … 등의 용도로 제작·배급하는 게임물'로서' 대통령령이 정하는 것"라고 규정하고 있으므로 문리적으로만 해석한다면

"대통령령이 정하는 것"은 교육 등의 용도일 것을 전제로 한다. 이 경우 시행령에 의해 예외가 허용되는 범위는 더욱 제한적일 수밖에 없을 것이다. 그러나 예외를 넓게 허용하고자 하는 입장이라면 "교육 … 등의 용도로 제작·배급하는 게임물"과 "대통령령이 정하는 것"을 별개로 해석할 수도 있을 것이다. 따라서 "대통령령이 정하는 것"이 교육 등의 용도의 제한을 받는 것인지 여부를 명확히 할 필요가 있다고 본다. 생각건대 예외는 최소한에 그치는 것이 바람직하고 법 제21조 제1항 제2호가 특별한 경우에 대해 등급분류 예외를 인정한 규정이라는 점을 고려한다면 가급적 그 범위를 제한적으로 해석하여야 할 것이다. 그런 점에서 시행령 제13조 제1항 각호의 게임물 역시 그 용도가 교육 등에 한정되는 것으로 새기는 것이 타당하다고 본다.

다. 시험용 게임물

(1) 의 의

게임물 개발과정에서 성능·안전성·이용자만족도 등을 평가하기 위한 시험용 게임물로서 대통령령이 정하는 대상·기준과 절차 등에 따른 게임물(게임법 제21조 제1항 제3호)은 등급분류 대상에서 제외된다. 이것은 소위 '클로즈드 베타 테스트(CBT)'[31] 게임물을 염두에 둔 것으로 비공개 평가용 게임물을 시험 목적으로 시범 서비스하는 경우에 대한 예외적 취급을 규정한 것이다.[32] 법률에 처음 도입된 것은 2007년 1월 19일 개정법에서부터다(시행령에 신설된 것은 2007.5.16. 일부개정, 시행 2007.5.16). 완성된 게임물을 시장에 정식 서비스하기 위해서는 개발 중인 게임물을 대상으로 사전에 성능·안전성·이용자만족도 등을 평가하고 문제점이 있는 경우에 이를 보완하여 출시할 필요가 있을 것이다. 그런데 아직

---

31) 정식 서비스 전에 시행하는 시범 서비스이다. 시범 서비스에는 클로즈베타와 오픈베타가 있다. 클로즈베타는 정해진 사람에게만 시범 서비스를 하는 것인 데 반해, 오픈베타는 원하는 누구든지 시범 서비스를 이용할 수 있다. 이 기간 게임의 문제점을 찾아내 보완하고, 게이머들 요구를 수용해 더 나은 게임을 만든 후 비로소 상용화에 들어가게 된다(네이버 지식백과_매일경제〈http://terms.naver.com/entry.nhn?cid=2955&docId=15696&mobile&categoryId=2955〉).

32) 오픈베타 게임물도 포함하는 것으로 보아야 한다는 견해도 있을 수 있으나 [별표1]의 기준을 고려하건대 클로즈드 베타 게임물에 한하는 것으로 보아야 할 것이다.

개발 단계에 있는 시험용 게임물에 대해서까지 등급분류를 받도록 한다면 이것은 원활한 게임 개발에 저해 요소로도 작용할 가능성이 높고 게임 개발 현실을 고려하지 않은 행정 편의주의적인 규제라는 비난을 면하지 못할 수도 있다. 예컨대 게임물은 그 성격상 완성 전후에 수시로 수정과 보완이 필요한데 그때마다 매번 사전 등급분류를 받도록 한다면 이는 게임사 입장에서 시간적으로나 비용적으로 큰 부담이고 비효율적이다.[33] 특히 양질의 게임물을 제공하기 위해서는 이용자를 대상으로 한 서비스 테스트는 필수적인 개발과정이라고 할 것임에도 불구하고 일부 제한된 인원에 의한 테스트라고 하더라도 일단 공개되어 유통 또는 이용제공이 되는 이상 등급분류의 대상이 된다고 하여 사전심의 원칙을 엄격히 적용한다면, 그로 인하여 적정 수준의 시험·평가 절차를 거치지 못한 게임물은 상대적으로 완성도가 떨어질 수밖에 없고 일일이 사전 등급분류를 받는 경우에는 시장 진입이 그만큼 늦어지게 되어 결국은 경쟁력을 상실하게 될 우려도 없지 않다. 이는 이용자에게도 피해가 될 뿐만 아니라 게임 산업의 발전에도 역행하는 것이다. 따라서 시험용 게임물에 대해 일정한 경우에 한해 등급분류의 예외를 허용함으로써 게임법이 진흥법으로서의 기능을 다할 수 있도록 할 필요가 있다.

이에 등급분류를 받지 아니하고 시험용 게임물을 제공할 수 있도록 구체적인 기준과 절차를 법률과 시행령에 정하였는바, 시험용 게임물을 제공하려는 자에게 미리 위원회로부터 시험용 게임물의 확인을 받도록 하는 한편, 시험실시 기간·인원·내용·참여자·요금·아이템 등에 대한 일정한 기준을 준수하도록 하였다. 이와 같이 시험용 게임물이 갖추어야 할 요건 및 절차를 명확히 함으로써 예측가능성과 법적 안정성을 도모하고 시험용 게임물 예외 제도 활용을 통해 게임이용자들에게 양질의 게임물을 제공할 수 있는 환경을 조성하는 데 기여하도록 하였다.

당해 규정은 법 제22조 제1항 단서(등급분류 대상에서 제외) 및 시행령 제13조

---

[33] 사실 등급분류를 받지 아니한 시험용 게임물의 수정에 대한 직접적인 규정은 없다. 본 호는 단지 시험용 게임물의 시험 실시에 대한 등급분류의 예외를 규정한 것일 뿐 시험용 게임물의 내용 수정에 대해서까지 명시적으로 등급분류의 예외를 규정한 것은 아니다. 다만, 시험 실시 기간 연장을 하는 경우에 내용 수정의 여지는 있을 것이나 그러한 수정에 대한 취급을 어떻게 해야 할 것인지에 대한 해석이 분명한 것은 아니다. 그러나 등급분류를 받은 게임물의 내용 수정에 관한 것이라면 법 제21조 제5항에 따른 신고의 대상이 되고 이후 등급유지 또는 등급재분류의 조치를 받게 될 것이다.

의 조문 제목(등급분류를 받지 아니하는 게임물)에도 불구하고 실제로는 시험용 게임물에 대한 등급분류를 전부 면제시켜 주는 것은 아니다. 시험 기간 후 정식 서비스를 하기 위해서는 다시 등급분류를 받아야 한다는 점에서 완전한 의미의 등급분류 예외제도라기보다는 단지 일정기간 등급분류를 유예해 주는 제도라고 하는 것이 더 맞을 것이다. 따라서 본등급분류 전에 일종의 예비적 등급분류를 하는 것이라고도 할 수 있다.

참고로 종전에는 시험용 게임물에 대해 내용 수정 게임물에 대한 심의(이른바 '패치심의')와 동일하거나 그에 준하는 방식의 심의제도의 도입 또는 자율규제 방안을 논의한 바 있다.

(2) 요 건

법 제21조 제1항 제3호에 따른 시험용 게임물은 다음의 요건을 모두 갖추어야 한다(게임법 시행령 제11조의3 제1항).

(i) 법 제2조 제1호의2 가목부터 바목까지의 어느 하나에 해당하는 게임물이 아닐 것(시행령 제11조의3 제1항 제1호)

(ii) 별표 1에서 정한 기준에 따를 것(시행령 제11조의3 제1항 제2호)

위 요건 중 (i)에 해당하는 요건은 앞서 살펴보았으므로, (ii) [별표 1]에서 정한 기준에 따를 것에 대해서만 살펴보기로 한다.

[별표 1]은 플랫폼별로 구분된 게임물을 다시 아케이드 게임물과 비아케이드 게임물로 대별하여 기간, 장소, 참여자 인원 및 연령, 게임물의 내용, 게임기 대수, 획득 점수 등의 사후처리 등에 대해 시험실시 기준을 제시하고 있다. 다만, 비디오(콘솔) 게임물에 대한 기준은 규정하고 있지 않은데, 그 이유는 분명치 않다.34) 아마도 입법상 착오이거나 처음부터 다른 플랫폼 유형에 포함시킨 것으로도 이해할 수 있을 것이다. 비디오(콘솔) 게임물은 기술적 또는 사업적으로 PC 게임물,35) 모바일 게임물,36) 아케이드 게임물 등과도 유사한 특성을 가지고 있어

---

34) [별표 1]은 2007.5.16. 개정된 시행령에서 신설되었으며 이때에도 콘솔(비디오) 게임물에 대한 기준은 포함하고 있지 아니하였다.

35) 게임 콘텐츠가 별도의 저장 매체에 수록되어 있다는 점에서 유사하다. 예를 들어 플로피

그 분류가 쉽지 않다. 그러나 비디오(콘솔) 게임물을 시험 실시함에 있어 그 참여 인원이 1만 명까지 필요하지 않다는 점, "시험기간 중 획득한 점수, 게임아이템 등은 해당 게임물이 등급분류를 받아 유통하는 때에 사용되지 못하도록 할 것"이 라는 기준과는 어울리지 않는다는 점, 아케이드 게임물에 대해서만 '게임기'의 대 수 기준을 언급하고 있다는 점, 종래 콘솔방(예컨대 플스방)[37]을 게임제공업소로 간주해 취급하였던 점[38] 등을 고려해 보건대, 비디오(콘솔) 게임물에 대해서는 아케이드 게임물에 대한 기준을 적용해도 무방할 것으로 본다. 그러나 획일적으 로 판단할 것은 아니고 실제의 구동 방법과 구현 기능 등을 고려해 적용 기준을 정하여야 할 것이다. 예를 들어 플랫폼 융합에 따라 비디오(콘솔) 게임물이 정보 통신망(네트워크)에 연결되어 상호작용이 가능한 경우라면 이때에는 비아케이드 류 게임물로도 취급 가능할 것이다.

시험용 게임물의 시험실시 기준은 플랫폼 유형에 따라 다르지만 (i) 게임물 의 내용이 신청등급의 기준에 현저하게 위배되지 아니할 것, (ii) 시험참여자는 게임물의 신청등급에 해당하는 자로 할 것, (iii) 게임이용요금은 무상으로 할 것 의 3가지 기준은 동일하다. (i)의 경우 다음과 같은 점들이 문제될 수 있다. 첫째, 이미 신청된 등급이 있을 것을 전제로 하고 있는데, 정작 법령상에는 사전 등급 신청 제도에 대한 명시적 절차를 제시하고 있지 않다.[39] 둘째, 당해 기준에 '현저 하게' 반하지 않아야 할 것을 요하고 있지만 현저한 위반의 범위가 명확하지 않 다. 예를 들어 신청 등급을 전체이용가로 하였다면 그 내용이 12세이용가도 허용

디스켓이나 CD, DVD 등의 디스크나 롬이 내장된 카드나 팩 형태로 담겨져 있는 것이 보통 이다. 그러나 PC 게임물은 범용 PC에서도 이용가능한 반면 콘솔(비디오) 게임물은 반드시 전용 기기나 장치를 요한다는 점에서 양자는 차이가 있다.
36) 가장 공통된 특징은 휴대 가능하다는 점일 것이다.
37) '비디오콘솔게임장'이라고도 하며 종전 음비게법에서는 게임제공업으로 취급되었다.
38) 참고로 제정 게임법에 따른 시행규칙 제정안 제8조 [별표 4] '게임물의 성능 등 평가의 시행 방법 등'에서는 플랫폼을 (i) 아케이드용 게임물, (ii) 온라인용 게임물, (iii) 기타 게임물, (iv) 사전 평가대상 게임물에 해당하지 않는 경우로 나누고, 기타 게임물에 콘솔용 게임물, PC용 게임물, 모바일용 게임물을 포함시켰다. 이때 기타 게임물은 온라인 게임물에 관한 규정을 준용하도록 하였다. 다만, 영업장에 제공하여 평가하는 경우에는 게임기기 대수, 영업장 수, 평가자 수를 별도의 기준에 의하도록 하였다. 따라서 비디오(콘솔) 게임물이 영업장이라는 물리적 공간을 전제로 하는 경우에는 아케이드 게임물에 준하여 시험 실시 기준을 적용하고 자 한 것이라고 볼 수 있다.
39) 짐작건대 시험용 게임물 확인 신청 시에 신청 등급을 제시하는 방법이 있을 것이다.

되지 않는다는 의미인지 아니면 청소년이용불가 등급까지 이르는 정도가 되어야 현저성이 있다고 볼 수 있는 것인지 분명하지 않다. 법 제32조(불법게임물 등의 유통금지 등) 제1항 제2호가 "등급을 받은 내용과 다른 내용의 게임물을 유통 또는 이용에 제공하거나 이를 위하여 진열·보관하는 행위"를 금지하고 있는 것과 비교해 본다면 더욱 모호한 부분이라고 할 수 있다. 다만, 정식의 등급분류를 받은 경우가 아니고 신청 등급을 기준으로 한 것이므로 상대적으로 유동성의 범위가 넓을 수 있다는 점을 감안하여 '현저성'을 요건화한 것이라고도 볼 수는 있을 것이다.

[별표 1] 시험용 게임물의 시험실시 기준(시행령 제11조의3 제1항 제2호 관련)

게 임 물	기 준
1. 개인용·컴퓨터(PC) 게임물, 온라인게임 물, 모바일 게임물	가. 시험실시기간을 30일 이내로 할 것 나. 시험참여인원은 1만명 이내로 할 것 다. 게임물의 내용이 신청등급의 기준에 현저하게 위배되지 아니 　할 것 라. 시험참여자는 게임물의 신청등급에 해당하는 자로 할 것 마. 게임이용요금은 무상으로 할 것 바. 시험기간 중 획득한 점수, 게임아이템 등은 해당 게임물이 등 　급 분류를 받아 유통하는 때에 사용되지 못하도록 할 것
2. 아케이드게임물	가. 시험실시기간은 15일 이내로 할 것 나. 시험에 제공하는 게임기는 10대 이내로 할 것 다. 시험을 실시하는 장소는 5곳 이내로 할 것 라. 게임물의 내용이 신청등급의 기준에 현저하게 위배되지 아니 　할 것 마. 시험참여자는 게임물의 신청등급에 해당하는 자로 할 것 바. 게임이용요금은 무상으로 할 것

한편 현행 게임법상의 시험 실시 기준은 종전 음비게법상의 기준(게임물의 성능 등 평가의 시행방법)보다는 시험 대상에 있어서 그 범위가 확장되었다고 볼 수 있다. 음비게법(법 제20조 제1항 제3호) 시행령 제7조 제1항 제7호[40]에 따르면

---

40) 7. 게임물 제작업자 또는 배급업자가 새로운 게임물의 개발과정에서 성능·안전성·이용
　　자만족도 등을 평가할 목적으로 문화관광부령이 정하는 바에 따라 미리 법 제5조의 규정에

등급분류 예외에 해당하기 위해서는 '게임제공업소에 설치되는 경우'이어야 하므로 그 대상이 아케이드 게임물에 한한다고 해석되기 때문이다. 그러나 평가 방법에 있어서는 큰 변화가 없는 것으로 보인다. 즉, 음비게법 시행규칙 제2조 제2항에 따른 [별표 1][41]도 평가기간을 14일 이내, 게임물 수를 10대 이하, 영업장 수를 5개 이하로 규정하고 있어 현행 게임법상의 시험 실시 범위와 별반 다르지 아니하다. 이것은 종전 음비게법 시대에서의 아케이드 게임물에 대한 시험 평가 기준이 게임법 시대에도 여전히 적정한 수준의 것이고 특별히 변경해야 할 만한 이유가 없었기 때문이 아닌가 한다.

(3) 시험용 게임물 확인 신청
1) 확인 신청서의 제출

시험용 게임물로 게임물의 성능·안전성·이용자만족도 등을 평가하려는 게임물제작업자 또는 게임물배급업자는 시험용 게임물 확인신청서를 위원회에 제출하여야 한다(시행령 제11조의3 제2항).

① 신청자

시험용 게임물 확인 신청자는 게임물제작업자 또는 게임물배급업자이다. 이것은 등급분류 신청의 경우와 그 취지가 다르지 않다. 그러나 등급분류 신청의 경우는 그 주체가 '게임물을 제작 또는 배급하고자 하는 자'라고 규정하고 있어 이미 법 제25조 제1항에 따라 게임제작업 또는 게임배급업의 등록을 한 자로 여겨지는 '게임물제작업자 또는 게임물배급업자'의 경우와는 그 의미에 다소 차이가 있어 보인다. 즉, 아직 게임물제작업자 또는 게임물배급업자로 등록하지 못한 자는 시험용 게임물 확인 신청자로서의 적격성이 없으므로 결국 시험용 게임물에 대한 등급분류 예외의 적용을 받을 수 없게 된다. 굳이 시험용 게임물 신청에

의한 영상물등급위원회(이하 "위원회"라 한다)에 신고한 후 게임제공업소에 설치하는 경우
41) 음반·비디오물 및 게임물에 관한 법률 시행규칙 [별표 1]
　　[별표 1]게임물의 성능 등 평가의 시행방법(제2조 제2항 관련)
　　1. 평가대상 게임물의 수량: 1종당 10대 이하
　　2. 평가대상 영업장의 수: 5개 영업장 이하
　　3. 평가기간: 14일 이내
　　4. 그 밖의 사항: 게임물 제작업자(배급업자를 포함한다)는 평가대상 게임물마다 이용자가 쉽게 볼 수 있는 곳에 "등급분류 전 사전평가용 게임물"임을 표시하는 확인증을 영상물등급위원회로부터 교부받아 부착하여야 한다.

대해서 요건을 엄격히 한 이유에 대해서는 명확히 알려진 바가 없다.[42] 사소한 문구의 차이에 불과할 수도 있을 것이나 향후 해석의 혼란을 주지 않기 위해서는 용어를 통일적으로 사용하는 것이 바람직할 것이다.

② 확인신청서의 제출

시험용 게임물의 확인은 확인신청서를 위원회에 제출함으로써 절차가 개시된다. 종전 음비게법에서는 게임물 제작업자 또는 배급업자의 '신고' 후 개시되었다는 점에서 차이가 있다.[43]

2) 확인증 발급

위원회는 신청서를 접수한 날부터 7일 이내에 해당 게임물이 시행령 제11조의3 제1항의 요건을 모두 갖추었는지를 확인(1인 이상의 위원회 위원의 확인을 포함한다)하고 시험용 게임물 확인증을 발급하여야 한다(시행령 제11조의3 제3항).[44] 참고로 음비게법에서는 영상물등급위원회가 신고를 받은 때에는 바로 평가기간을 명시한 신고필증과 등급분류 사전평가용 게임물임을 표시하는 확인증을 당해 신고인에게 교부하도록 하였다(음비게법 시행규칙 제2조 제1항).

① 요건 확인

요건 확인은 신청서를 접수한 날부터 7일 이내에 하여야 한다. 이것은 확인 절차가 일정 기간 내에 이루어질 것을 강제하는 것이기는 하지만 실무적으로는 여러 사정으로 인해 7일이 경과하여 확인할 수밖에 없는 경우도 있을 것이다. 그럼에도 불구하고 만약 당해 기간이 장기화되거나 언제 확인받을 수 있을지조차 예상하기 힘들다고 한다면 신청인의 입장에서는 영업 또는 관련 서비스를 준비함에 있어 큰 차질이 생기거나 손해를 볼 수도 있는 일이다. 따라서 당해 기간은 준수되어야 한다. 그러나 확인 절차 지연에 대한 제재 규정은 없다. 위원회는 가급적 해당 기간을 준수하도록 최선의 노력을 기울이는 한편 제도적 개선책을 강

---

42) 참고로 시행령 제11조의3(시험용 게임물)은 2007.5.16. 신설된 규정이다.

43) 음비게법 시행령 제7조 제1항 제7호[7. 게임물 제작업자 또는 배급업자가 새로운 게임물의 개발과정에서 성능 · 안전성 · 이용자만족도 등을 평가할 목적으로 문화관광부령이 정하는 바에 따라 미리 법 제5조의 규정에 의한 영상물등급위원회(이하 "위원회"라 한다)에 신고한 후 게임제공업소에 설치하는 경우].

44) 시험용 게임물 확인 신청을 한 게임물은 7일 이내에 해당 요건을 검토하여 확인증 발급을 하는 것이 원칙이나 실무적으로는 시험용 게임물의 특성상 자료보완 및 발급절차가 다소 지연될 수도 있다. 따라서 원활한 발급 절차를 위해서는 테스트 시작 15일 이전에 신청을 하는 것이 권장되고 있다.

구해야 할 것이다.

확인 기간의 산정 기준도 문제된다. 7일 이내에 이행 완료해야 하는 절차가 '요건 확인'만인지 아니면 '요건 확인 및 확인증 발급'까지인지가 분명하지 않다. 만약 요건 확인만을 강제하는 것이라면 확인증 발급을 소홀히 할 수 있고 그 경우 '7일 이내'라는 규정의 취지가 몰각될 우려가 있을 것이다. 따라서 요건 확인뿐만 아니라 확인증 발급 절차까지 포함하여 7일 이내에 완료해야 한다고 보는 것이 타당하다고 생각한다.

② 확인증 발급

시험용 게임물 확인증은 제1항의 요건을 모두 갖추었는지를 확인하고 발급하여야 한다. 요건을 '모두' 갖추어야 하므로 제1요건 또는 제2요건 중 어느 하나만을 만족하는 경우에는 확인증을 발급해 줄 수 없다.

확인 과정에는 1인 이상의 위원회 위원의 확인을 포함하여야 한다. 이것은 당해 확인 절차에 공정성, 전문성, 객관성 등을 부여하는 의미도 있지만 기본적으로는 등급분류에 준하는 절차를 그 내용으로 하고 있기 때문이다. 즉, 시험용 게임물 확인을 위해서는 사행성게임물 여부를 결정하여야 하고, 시험실시 기준과 관련해 게임물의 내용 및 등급의 적합성(게임물의 내용이 신청등급의 기준에 현저하게 위배되지 아니할 것)도 심사해야 한다는 점에서 예비적 등급분류 절차에 다름 아니다. 따라서 시험용 게임물 확인에 있어서 위원회의 위원의 확인이 포함되어야 하는 것은 당연하다고 할 수 있다. '1인 이상'이어야 하므로 필요한 경우 2인 이상의 위원이 확인 절차에 참여하여도 무방하다. (등급분류 예외)시험용 게임물로 확인하는 과정에 있어 의견의 대립이 첨예하거나 그 판단이 모호한 경우에는 다수의 위원이 참여하는 것도 바람직한 방법일 것이다.

3) 시험기간 연장

시험용 게임물의 확인을 받은 자가 시험기간 내에 시험의 실시를 완료하지 못한 경우에는 2회에 한하여 기간의 연장신청을 할 수 있고 위원회는 특별한 사유가 없는 한 연장하여 주어야 한다(시행령 제11조의3 제5항).

① 연장 사유

시험기간의 연장이 허용되는 것은 시험기간 내에 시험의 실시를 완료하지 못한 경우이다. 따라서 시험기간 내에 시험의 실시를 하지 않은 경우(미실시),[45] 시험의 실시를 할 수 없었던 경우(실시불능)[46]와 시험의 실시를 하였으나 마치지 못한 경우(실시미완료)가 이에 해당할 수 있다. 그러나 시험의 미실시 또는 실시 불능의 경우(불실시)는 처음부터 시험의 실시 자체를 하지 않았다는 점에서 시험의 실시는 하였으나 완료하지 못한 경우와는 다르다. 그렇다면 양자는 모두 시험기간 연장 요건을 만족한다고 볼 수 있을 것인가? 생각건대 본 항의 취지를 고려하면[47] 연장 사유를 넓게 인정해 줄 필요가 있다고 본다. 따라서 실시미완료뿐만 아니라 불실시도 포함하는 것으로 이해하는 것이 타당하다고 생각한다. 그런데 불실시의 이유가 단순한 부주의나 태만 등으로 인한 경우에는 어떻게 하여야 할 것인가? 그 경우에도 기간 연장을 인정해 주어야 할 것이다. 다만, 실시 의사가 없거나 중대한 과실로 인한 불실시까지 인정해 주기는 곤란할 것이다.

② 연장 대상 및 범위

시험기간은 시험기간 내에 시험의 실시를 완료하지 못한 경우에는 2회에 한하여 기간의 연장을 할 수 있다.

그런데 연장 신청하고자 하는 게임물이 처음 시험용 게임물 확인 신청을 한 게임물과 그 내용이 달라진 경우에도 기간 연장을 할 수 있는지가 문제될 수 있다. 시험용 게임물은 그 성격상 시험·평가과정에서 오류를 확인·분석하고 기능 등을 개선할 필요가 있는바, 경우에 따라서는 부득이하게 일부 내용을 변경할 수도 있을 것이다. 그렇다면 이 경우에도 과연 기간 연장이 가능할 것인가? 이에 대해서는 명확한 규정이 없다. 다만, 이와 관련해 위원회가 '시험용게임물 연장 신청서' 작성과 관련해 "최초 시험용 게임물 확인신청 시의 게임 내용과 동일한 경우에만 총 2회에 걸쳐 연장신청을 할 수 있고, 최초 신청 내용 외에 추가·변경 사항이 있을 시에는 신청이 불가"[48]하다는 등급분류규정을 두고 있어 실무적으로는 허용하고 있지 않는 것으로 보인다. 그러나 게임물의 내용 변경이 신청등급의 기준에 현저하게 위배되어 등급의 변경을 요하는 정도에 이르지 않은 경우라

---

45) 예를 들어 실시 준비 미흡, 착오 등의 이유로 실시하지 아니한 경우를 말한다.

46) 예를 들어 천재지변, 사고, 고장 기타 불가항력적 사유로 인해 실시할 수 없었던 경우를 말한다.

47) 등급분류 예외 요건은 가급적 제한적으로 해석하여야 하겠지만 일단 예외 사유에 해당된 이후에는 그 의도한 목적이 원활히 달성될 수 있도록 전향적 관점에서 해석하여야 할 것이다.

48) 위원회 등급분류규정 제23조 제3항의 규정에 따른 시험용게임물 연장 신청서 [별지 제8호 서식] 상의 안내 문구.

면 연장 신청은 허용된다고 보는 것이 타당하다.[49] 연장신청조차 허용하지 않는 것은 등급분류를 받은 게임물의 내용을 수정한 경우에도 등급의 변경을 요할 정도가 아닌 경우에는 종전 등급이 유지되고 있는 것으로 취급하는 '게임물 내용수정 신고제도'와 비교해 보아도 형평에 맞지 않는다. 게임물의 내용에 대한 수정 없이 기술적으로 보완하거나 개선한 정도에 불과한 경우에는 더더욱 연장 신청이 가능하다고 보아야 할 것이다. 요컨대 아직 개발 단계에 있는 시험용 게임물에 대해 내용 변경을 이유로 시험기간 연장을 허용하지 않는 것은 특별히 시험용 게임물에 대해 등급분류 대상으로부터 제외하고자 하는 제도의 기본 취지에 반하는 것이다. 더욱이 명확한 연장 불허 기준도 두고 있지 아니한 상황에서 연장 신청 자체를 금지하는 것은 과도한 규제일 뿐만 아니라 행정 편의를 위한 재량권 남용이 될 수도 있을 것이다.

③ 연장 의무

시험 실시 기간의 연장 신청이 있는 경우에 위원회는 특별한 사유가 없는 한 연장해 주어야 한다. 따라서 '특별한 사유'가 무엇인지가 관건이다.[50] 그러나 이에 대해서는 법령에 정한 바가 없다. 가급적 연장해 주기 위한 취지라고 선해할 수 있을 것이나 여전히 해석 및 적용에 있어 논란의 여지가 남아 있는 것은 분명하다. 향후 공정성, 객관성 등의 문제가 생길 수도 있으므로 가능한 한 명확히 할 필요가 있다고 본다.

(4) 시험용 게임물 제공자의 의무

시험용 게임물을 시험에 제공하는 자는 시행령 제11조의3 제3항에 따른 시험용 게임물임을 표시하여 해당 게임물이 시험용 게임물임을 누구든지 알 수 있도록 하고, 그 이용방법과 주의사항을 이용자에게 고지하여야 한다(시행령 제11

---

49) 더 나아가 내용 변경이 신청등급의 변경을 요하는 경우라고 하더라도 연장 신청이 허용되지 못할 이유는 없다고 본다. 만약 게임물의 변경 등급에 맞춰 시험참여자의 교체를 해야 한다면 이는 연장 신청자가 비용 발생 등을 감수하고 처리해야 할 부분이지 그것이 연장 신청 금지의 이유로는 되지 않는다고 할 것이다. 시험용게임물 확인 신청 시의 희망신청등급이 변경되어야 한다면 이 또한 변경하여 신청하면 될 일이고 향후 정식 등급분류 과정에서 새롭게 등급을 결정하여도 무방할 것이다.

50) 예를 들어 연장 신청 대상 게임물이 최초 시험용 게임물 확인 신청 시의 게임물의 내용과 다른 경우 등을 생각해 볼 수 있을 것이다. 그러나 이것을 연장 불허의 특별한 사유라고 할 수 있는 것인지는 의문이다.

조의3 제4항).

라. 자체 등급분류 게임물

(1) 의   의

게임물의 제작주체·유통과정의 특성 등으로 인하여 위원회를 통한 사전 등급분류가 적절하지 아니한 게임물 중에서 대통령령으로 정하는 것은 등급분류 대상에서 제외된다(게임법 제21조 제1항 제4호 본문). 다만, 제9항의 기준에 따른 청소년이용불가 게임물일 경우에는 그러하지 아니하다(게임법 제21조 제1항 제4호 단서).

이 규정은 소위 '오픈마켓 게임물'에 대해 '자체등급분류 제도'[51]를 도입하는 데 있어서 그 근거가 되는 조항이다. 2011년 4월 5일 게임법 일부개정 시에 신설되었으며,[52] 개정 이유로는 온라인·모바일 게임분야에서 영세 콘텐츠개발자 및 개인 콘텐츠 제작자가 직접 자신이 만든 프로그램을 고객에게 서비스할 수 있는 오픈마켓 시장이 세계적으로 활성화되고 있는 추세이나, 현행 법체계하에서는 위원회의 사전 등급분류를 거쳐야 게임을 유통할 수 있어 국내의 오픈마켓 시장 활성화에도 걸림돌이 되고 있어[53] 오픈마켓 게임물 등 제작주체나 유통과정의 특성상 위원회의 사전 등급분류가 적절하지 아니한 게임물은 유통하는 자 등이 자체적으로 등급분류를 할 수 있도록 하는 등 현행 제도의 운영상 나타난 일부 미비점을 개선·보완하려는 것이라고 밝히고 있다.

참고로 오픈마켓(앱스토어)이 국내 이동통신 사업자와 게임포털에 의해 본격화된 것은 2009년부터인데, 등급위원회는 오픈마켓의 주요한 콘텐츠 공급원인 개인의 게임물 제작을 장려하기 위해 개인의 심의신청과 함께 간소화된 절차에 의한 등급분류가 가능한 오픈마켓 심의시스템을 2009년 9월부터 가동했다. 2009년에 총 147건의 오픈마켓 게임물이 등급분류 되었으며, 이 중 93%가 '전체

---

51) 시행령에서는 '자체등급분류 게임물'이라는 용어를 사용하고 있어 '자체등급분류 제도'라고 표현해도 무방할 것이다.
52) 2011.4.5. 게임법 제21조 제1항에 제4호를 신설함에 따라 2011.7.4. 시행령도 제11조의4(자체 등급분류 게임물)를 신설하였다.
53) 대안의 제안 이유(제안연월일: 2011.3.10).

이용가'등급을 부여받았고, 등급이 거부된 사례는 단 한 건도 없었다. 신청인은 대부분 오픈마켓을 서비스하는 사업자 또는 모바일 게임회사 위주였으나 개인이 심의신청한 건수도 총 11건이 있었다.[54]

한편, 본호는 형식적으로는 등급분류 대상에서 제외되는 경우를 정하고 있는 것이지만 실제로는 위원회로부터 직접 심의를 받지 아니할 뿐 오픈마켓 사업자에 의한 자체 등급분류를 한다는 점에서 등급분류 자체가 면제되는 것은 아니다. 따라서 본호는 완전한 의미의 등급분류 예외 규정이라고 하기 어렵다. 단지 '위원회로부터의 등급분류' 대상에서 제외되는 사유를 정한 것으로서 일종의 자율등급분류제도 시행의 일환으로 자체 등급분류를 제한적으로 허용한 규정이라고 보는 것이 타당할 것이다

(2) 자체 등급분류 게임물

등급분류 대상으로부터 제외되는 '자체 등급분류 게임물'에 해당하기 위해서는 다음의 요건을 갖추어야 한다. (i) 게임물의 제작주체 · 유통과정의 특성 등으로 인하여 위원회를 통한 사전 등급분류가 적절하지 아니한 게임물이어야 한다. (ii)(i)에 해당하는 게임물 중에서 대통령령으로 정하는 것은 제외된다, (iii) 법 제21조 제9항의 기준에 따른 청소년이용불가 게임물일 경우에는 그러하지 아니하다(게임법 제21조 제1항 제4호 단서).

1) 사전 등급분류가 적절하지 아니한 게임물

게임물의 제작주체 · 유통과정의 특성 등으로 인하여 위원회를 통한 사전 등급분류가 적절하지 아니한 게임물이어야 한다. "게임물의 제작주체 · 유통과정의 특성 '등'"이라고 하였으므로 이는 예시 규정이라고 할 수 있다. 따라서 위원회를 통한 사전 등급분류가 적절하지 아니한 사유는 (i) 게임물 제작주체의 특성, (ii) 게임물 유통과정의 특성으로 인한 경우에만 한정하지 아니하고 (iii) 그 이외의 경우도 얼마든지 포함될 수 있다. 다만, 기타의 부적절 사유가 존재한다고 하더라도 그 범위는 시행령 제11조의4에 의해 제한되므로 실제로 추가할 수 있는 사유는 그리 많지 않을 것으로 본다. 그리고 부적절성 여부를 가리는 기준이 명확하지 아니하다는 점에서는 향후 새로운 형태의 게임물 제작 · 유통 형태가 등

---

54) 게임물등급위원회, 2009 게임물 등급분류 현황(http://blog.naver.com/gamewereport?Redirect=Log&logNo=150078480464).

장하는 경우에 문제의 소지가 없지 않다.

부적절성은 단순히 '사전 등급분류'가 적절하지 아니한 경우가 아니라 '위원회를 통한 사전 등급분류'가 적절하지 아니한 경우를 말한다. 만약 사전 등급분류가 적절하지 아니한 경우로만 본다면 자체 등급분류 역시 사전 등급분류에 해당할 것이므로 논리적으로 타당한 결론이라고 하기 어렵다. 따라서 사전 등급분류를 위원회가 직접 하기에 부적절한 경우가 어떤 경우인가의 관점에서 살펴야 할 것이다.[55] 예컨대 물리적으로 등급분류가 불가능하거나 매우 곤란한 경우 또는 현실적으로 의무적 등급분류의 실효성을 담보하기 어려운 경우 등 등급분류제도가 정상적으로 작동하기 어려운 경우를 생각해 볼 수 있을 것이다.

2) 대통령령으로 정하는 것

위원회를 통한 사전 등급분류가 부적절한 게임물에 해당한다고 하더라도 대통령령이 정하는 요건을 갖추지 아니하는 경우에는 등급분류 대상에서 제외되지 아니한다.

그렇다면 "대통령령이 정하는 것"은 무엇인가? 이에 대해 게임법 시행령 제11조의4는 "자체 등급분류 게임물"이라는 조문 제명하에 법 제21조 제1항 제4호 본문에 따른 게임물은 다음 각 호의 요건을 모두 갖추어야 한다고 규정하고 있다.

(i) 「전기통신사업법」에 따른 기간통신사업의 허가를 받은 자가 제공하는 기간통신역무에 의하여 제공될 것

(ii) 온라인 오픈마켓 등 전자상거래중개로 제공될 것

(iii) 이동통신단말기기 또는 이동통신단말기기에 구동되는 것과 같은 종류의 운영프로그램을 사용하는 무선인터넷 접속 단말기기에 의하여 제공될 것

법문대로라면 (i) 내지 (iii)의 요건을 모두 갖추어야 '자체 등급분류 게임물'에 해당한다. 어느 하나의 요건이라도 만족하지 못한다면 위원회로부터 등급분류를 받아야 한다. 모든 요건을 만족하여 자체 등급분류를 받았다고 하더라도 그 등급표시가 적절하지 아니한 경우에는 위원회로부터 다시 등급분류를 받을 수 있다. 따라서 시행령 제11조의4의 '자체 등급분류 게임물'이 된다고 하여 등급분

---

55) 이하에서는 '사전등급분류'를 특별히 구분이 필요한 경우가 아니라면 '위원회를 통한 사전 등급분류'의 의미로 사용하기로 한다.

류로부터 완전히 면제된다거나 순수한 의미의 민간자율심의의 대상이 되는 게임
물라고 보기 어렵다. 따라서 '자체 등급분류 게임물'은 엄밀한 의미에서 '자율 등
급분류 게임물'과 동의어라고 단정지을 수 없다. 또한 법 제21조 제1항에 의한
'(위원회를 통한)등급분류 대상에서 제외되는 게임물'과도 동일한 개념으로 볼 수
없다. 시행령 제11조의4의 요건이 '자체 등급분류 게임물'이 되기 위한 필요충분
조건일 수는 있으나56) 그것만으로 '등급분류 예외 게임물'이 되기 위한 충분조건
또는 필요충분조건이라고 하기는 곤란하다. 법 제21조 제1항 제4호 본문에서 규
정하고 있는 '사전등급분류가 부적절한 게임물'일 것을 전제로 한다는 점에서, 단
지 필요조건일 뿐이라고 보는 것이 타당하다.

3) 청소년이용불가 게임물

게임법 제21조 제1항 제4호 단서는 "다만, 제9항의 기준에 따른 청소년이용
불가 게임물일 경우에는 그러하지 아니하다"고 규정함으로써, 청소년이용불가
게임물에 대해서는 자체 등급분류를 허용하고 있지 아니하다. 따라서 시행령 제
11조의4 각호의 요건을 모두 갖추었다고 하여도 자체 등급분류가 가능한 것은
전체이용가, 12세이용가, 15세이용가 등급에 해당하는 게임물의 경우만이다. 청
소년이용불가 여부는 법 제21조 제9항의 기준에 따른 것이어야 하므로 반드시
동조 제2항에서 규정하는 청소년이용불가의 기준과 일치하여야 하는 것은 아니
다. 그러나 제9항에서 규정한 바와 같이 그 기준은 위원회와 협의한 별도의 기준
에 따라 자체적으로 등급분류하여야 하는 것이므로 실제로는 법 제21조 제2항
각호의 등급의 기준 및 내용과 동일하거나 그에 준하는 것일 것이다.

청소년이용불가 게임물을 제외한 것은 청소년보호에 대해 아직은 위원회가
적극 개입할 필요성이 있다는 판단에 따른 것이라고 할 수 있다. 또한 청소년이
용불가 등급의 경우에 사행성 문제가 밀접하게 관련되어 있고 이는 사회적으로
매우 민감한 사안이므로 위원회가 직접 관리하고자 하는 취지라고 할 것이다. 적
어도 청소년이용불가 등급과 관련해서는 민간자율심의에 전적으로 맡기기에는
여전히 시기상조라는 인식이 밑바탕에 깔린 것이 아닌가 한다. 향후에도 이 부분

---

56) 법 제21조 제1항 제4호 단서에서 청소년이용불가 게임물을 제외하고 있다는 점에서 시행
령 제11조의4 각호의 요건을 모두 갖추었다고 하여 항상 '자체 등급분류 게임물'이 되는 것은
아니다. 이 경우라면 시행령 제11조의4의 요건을 전부 만족한다고 하여도 단지 '자체 등급분
류 게임물'이 되기 위한 필요조건에 불과한 것이 된다.

을 민간자율심의 대상으로 넘기기는 쉽지 않을 것으로 보인다. 민간에 맡긴다고 하여도 최종 단계에서나 비로소 이루어질 가능성이 높다.

5. 등급분류의 신청

가. 등급분류 신청절차

(1) 신청단계

신청자는 신청서 및 관련서류(게임설명서 및 게임물내용정보기술서, 동영상, 게임프로그램, 필요한 경우 게임이 탑재된 기기 등)를 갖추어서 심의수수료 납부와 함께 접수하여야 한다. 등급분류신청은 온라인으로만 신청이 가능하다.[57)]

1) 게임물등급분류신청서 등의 제출

법 제21조 제1항에 따라 등급분류를 받으려는 자는 게임물등급분류신청서에 게임물내용설명서[58)]와 다음 각 호의 자료를 첨부하여 위원회에 제출하여야 한다. 다만, 제7호의 서류는 등급분류를 받은 후 등급분류필증을 교부받을 때에 제출할 수 있다(게임법 시행규칙 제9조 제1항 본문).

1. 게임물의 주요 진행과정을 촬영한 동영상물 및 사진
2. 전용게임기기·장치에서 구현되는 게임물의 경우에는 당해 게임기기·장치의 사진 (전·후·좌·우면을 포함하여야 한다)
3. 실행 가능한 게임물(관련 파일을 포함하며, 게임물 운영정보표시장치를 부착하여야 하는 게임물은 이를 부착하여야 한다)
4. 정보통신망을 통하여 제공되는 게임물의 경우에는 당해 게임물에 접속하여 이용할 수 있는 계정을 기재한 서류
5. 게임물내용정보를 기재한 서류
6. 삭제〈2009.9.10〉
7. 전기용품안전 인증서 사본(「전기용품안전관리법 시행규칙」 별표 2에 따른 안전인증대상 전기용품에 한한다)

---

57) 등급분류신청은 온라인 신청이 원칙이다. 따라서 서류접수는 되지 않는다. 다만, 동영상, 게임실행 파일의 용량이 클 경우에는 예외적으로 우편, 택배 또는 방문으로 제출할 수 있다.
58) 게임물내용설명서에는 게임의 주요 줄거리(시나리오) 요약, 주요 캐릭터, 주요 아이템 등에 대한 설명(아이템리스트 및 아이템 조합시스템 포함), 게임조작방법, 전투장면 등 주요 게임진행장면의 설명 및 스크린샷, 대사집(스크립트 파일), Hotkey, 점수획득방법, 경품배출 및 게임종료(아케이드 게임물)에 관한 내용 등 상세한 내용이 포함되어야 한다.

2) 추가자료의 제출요구

위원회는 등급분류심사를 위하여 필요하다고 인정되는 경우에는 제1항 각 호의 자료 외에 추가로 자료의 제출을 요구할 수 있다(게임법 시행규칙 제9조 제2항).

3) 등급분류 결정 기간

위원회는 시행규칙 제9조 제1항에 따른 신청을 받은 날부터 15일 이내에 등급분류 결정을 하여야 한다. 다만, 부득이한 사유로 인하여 해당 기간 내에 결정을 할 수 없는 경우에는 신청인에게 그 사유 및 심의예정일을 서면으로 통보하여야 한다(게임법 시행규칙 제9조 제3항).

4) 게임물의 제목[59]

게임물 심의신청 시 게임물의 제목과 관련해 유의해야 할 사항은 다음과 같다.

① 외국어 제목 사용시 한글 병기

한자, 일어 등 쉽게 알 수 없는 제목을 사용하는 경우, 게임물 조회에 해당 게임의 등급분류 정보가 확인되지 않아, 이용자들에 대한 정보 제공이 어렵고, 사후관리에도 문제가 발생할 수 있다. 따라서 외국어 제목 사용시 한글을 병기하여야 한다. 예를 들어 無限十二大戰(무한십이대전), バイオハザード(바이오하자드), MoveUp(무브업) 등으로 표기하여야 한다. 만약 병기되지 않은 경우에는 철회 및 보완 대상으로 처리된다.

② 맞고, 바둑이, 포커, 세븐포커와 같은 게임의 규칙(종류)의 제목 사용 자제

맞고, 바둑이, 포커, 세븐포커와 같은 게임의 규칙(종류)을 제목으로 사용하는 경우에는 게임에 대한 식별력을 가지고 있지 않아, 정보제공 및 사후관리에 문제가 발생할 수 있다. 예를 들어 정통맞고, 신맞고, 캐릭맞고 등으로 표기하는 경우이다. 이 경우 역시 철회 및 보완 대상 처리될 수 있다.

③ 다른 회사 게임과 동일한 제목 사용 자제

다른 회사 게임과 동일한 제목을 사용하는 경우에는 부정경쟁방지법 위반에 해당할 가능성이 있어 등급거부 가능성 있으며, 게임에 대한 식별을 어렵게 하여 이용자 정보 제공 및 사후관리 문제가 발생할 수 있다. 따라서 제명 조회 후 중복되지 않은 제목으로 사용하는 것이 바람직하다.[60] 만약 다른 회사 게임과 동일한

---

59) 게임물등급위원회, 공지사항: 게임물 제목 관련 안내(2009.2.12).
60) 위원회 홈페이지에서 게임물 조회가 가능하다.

제목을 사용 시 경우에 따라 거부 또는 철회 및 보완 처리될 수 있다.

④ 심의받은 제목의 임의 변경 및 추가 금지

게임의 제목은 게임을 식별하는 가장 중요한 요소 중의 하나이므로, 임의 변경, 추가, 삭제가 금지된다.

5) 신청 철회

등급분류 신청 후 아직 심의에 상정되지 않았거나 심의 중이 아닐 경우에는 철회가 가능하다.[61]

(2) 게임물 검토 담당자(구 '전문위원')[62]의 검토 단계

신청이 완료된 경우, 위원회에서는 등급서비스부[63](구 심의지원부/전문위원실)[64]로 검토를 의뢰하며 해당 게임물 검토 담당자들은 게임에 대한 심층적인 사

---

[61] 철회신청 절차는 다음과 같다. 등급신청→등급신청 조회 → 철회 버튼(해당 게임물).

[62] 2013년 1월부터 전문위원의 대외 직명을 연구원으로 변경하였다. 이후 '게임물 검토 당당자'라는 명칭도 사용하다가 2013.12.23. 제정된 게임물관리위원회 「등급분류 규정」(제20조 제3항)에서는 '게임물 검토 담당 직원'이라는 용어를 채택하고 있다.

[63] 2013.12.23. 새로 출범한 게임물관리위원회는 종전의 전문위원실 → 심의지원부에 상응하는 부서로서 '등급서비스부'를 두고 있다[다만, 게임물관리위원회 직제규정(제정) 제8조의 조문제목과 별표 제1호의 조직도에는 '등급서비스부'라는 용어를 사용하고 있으나, 등급분류 규정(제정) 제20조(출장검토) 제3항에서는 '등급분류지원부'라는 용어를 사용하고 있어 규정 간 용어가 일치하고 있지 아니하다. 용어의 통일적 사용이 요망된다]. 등급서비스부의 주요 업무는 다음과 같다.
게임물관리위원회 「직제규정」(제정 2013.12.23) 제8조(등급서비스부) 등급서비스부는 다음 사항을 관장한다.
1. 위원회의 등급분류 회의 운영 및 업무 지원
2. 등급분류 신청 및 내용수정신고 게임물 검토·분석
3. 등급분류 결정 결과 통보 및 관보 등 공표
4. 등급분류 관련 민원 처리
5. 등급분류 통계 산출 · 관리
6. 온라인 등급분류 시스템 운용 및 지원
7. 등급분류 신청 및 결정 게임물 관리
8. 등급재분류자문회의, 기술심의특별위원회, 등급분류기준정비위원회 회의 등의 운영 지원
9. 위원회 민원실 운영
10. 등급분류 관련 소송 수행 및 법령 해석
11. 등급분류 관련 내 · 외부 법률 자문

[64] 2012년 3월부터 전문위원실을 폐지하고 심의지원부에 통합하였다. 또한 게임물 검토 업무의 개인별 책임제를 폐지하고 일반직 · 기술직 · 연구직 등 3개 직군 공동책임제 및 일원 보

전 검토작업을 한다. 이때 정보가 부족한 경우, 추가적으로 필요한 자료를 요청할 수 있다.

한편 기존의 게임물 등급분류 과정은 등급분류 신청이 접수되면 전문위원이 선정성, 폭력성, 범죄, 언어, 사행성, 공포, 약물 등의 세부항목에 대해 사전 검토한 후 추천등급을 기재한 검토의견서를 등급분류심의회의에 상정하여 결정하는 방식이었다. 위원회 위원은 등급분류심의회의에서 전문위원의 검토보고서와 게임물의 부분 시연 등을 참고해 최종적으로 등급을 결정하였다. 그러나 이와 같은 등급분류 과정에 대해 2011년 10월 국민권익위원회(이하 '권익위')는 등급분류 결정과정의 투명성 제고를 위해 전문위원의 등급추천제도를 삭제할 것을 권고하였다. 권익위는 전문위원이 추천한 등급이 등급분류심의회의에서 변경되는 확률이 약 3~5%('10년도 기준)로 낮아 전문위원의 추천등급이 기재된 검토보고서가 위원회 위원의 등급분류 결정에 실질적으로 영향을 미칠 수 있음을 지적하였다. 이에 게임물등급위원회는 등급분류 심의과정의 투명성제고를 위하여 전문위원의 등급추천제도를 폐지하고 2013년 7월 11일(제51차 등급분류심의회의)부터 개선된 등급분류시스템을 적용하고 있다.[65] 이러한 제도개선을 통해 기존에 항목별로 등급의 유·무를 표기하고 추천등급을 기재하던 방식을 폐지하고, 전문위원이 세부 항목별로 내용기술문과 함께 이용등급을 기재하되 '추천등급' 없이 등급분류 심의회에 상정하도록 변경하여 등급위원이 보다 종합적·객관적으로 게임물의 등급을 판단할 수 있도록 하였다(아래 [표] 참조).[66]

또한 등급분류 심의과정의 신뢰성과 투명성 제고를 위하여 게임물 검토담당자(구 '전문위원') 실명책임제를 시행하였다(2013.5.20). 기존에는 등급분류 검토담당자의 이름 및 전화번호를 비공개하는 폐쇄적인 업무수행 구조로 인하여 등급분류 검토과정에서 게임물의 보완 및 수정사항이 있을 경우 검토담당자와 등급

고 체계를 수립하여 검토 분석 업무의 일관성과 형평성을 유지할 수 있는 체계를 마련하였다 [이에 관해서는 게임물등급위원회 보도자료: "게임물등급위원회, 게임물 검토담당자 실명책임제 시행"(2013.5.20) 참조].

65) 위원회는 2011년 12월, 게임물 검토과정에서의 전문위원 등급추천제도 개선 계획을 수립하고, 이와 관련된 내부 업무절차 개선과 온라인등급분류시스템 개발을 2012년 3월에 착수하여 6월말까지 완료하였다.

66) 게임물등급위원회 보도자료: 게임위, 투명한 등급분류 위한 '전문위원 등급추천제도'개선 시행(2012.7.10).

기　　존		개　　선	
세부항목	등급구분	세부항목	등급구분
선 정 성	무	선 정 성	전체이용가
폭 력 성	유	폭 력 성	15세이용가
사 행 성	유	사 행 성	12세이용가
⋮		⋮	
추천등급 : 15세이용가		〈삭 제〉	

분류 신청자간에 공식적인 의사소통 경로가 없어 불필요한 민원과 오해가 야기 되었으며, 이로 인해 등급분류 결정에 대해 공정성과 투명성이 결여되어 있다는 업계의 불신과 불만이 지속적으로 제기되었다. 이에 위원회는 실명책임제 시행 을 통해 등급분류 신청자에게 게임물 검토담당자가 배정되면 SMS로 담당자의 이름, 직위, 전화번호 등을 발송하여 알리고, 홈페이지를 통해서도 담당자 정보 를 확인할 수 있도록 시스템을 개편하였다. 또한 등급분류 신청 게임물이 가능한 한 등급분류 거부 사유 없이 심의회의에 상정될 수 있도록 담당자가 전담하여 수 정 및 보완사항에 대하여 수시로 1:1 상담 서비스를 제공할 예정임을 밝히고 있 는데, 이것은 등급을 받을 수 없는 게임물을 걸러내는 기존의 적부(適否) 중심의 업무수행 구조에서 심의통과를 지원하는 민원서비스 중심으로 전환하는 등급분 류 심의업무 혁신의 일환[67]이라는 평가가 있다.

---

67) 게임물등급위원회 보도자료: 게임물등급위원회, 게임물 검토담당자 실명책임제 시행 (2013.5.20).

(3) 등급심의회의 단계

등급서비스부(구 심의지원부/전문위원실)의 검토가 끝나면 최종적으로 위원회 등급심의회의에 상정된다. 등급심의회의는 매주 2회(수/금) 정기적으로 개최된다. 최종적인 게임물의 이용등급은 등급심의회의에서 결정되며, 이후 등급분류필증 발급 및 제출한 기기 등은 반출 가능하다.

등급분류 신청 및 결정 절차[68]

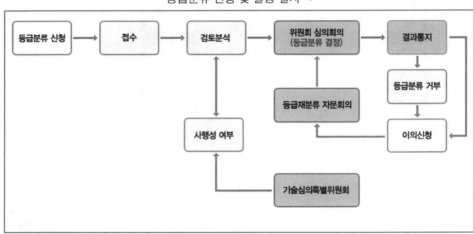

나. 등급분류 신청 시 중점 검토사항

등급분류 심의대상이 되는 게임물은 플랫폼의 유형에 따라 (i) 개인용 컴퓨터(PC) 게임물, (ii) 비디오 게임물, (iii) 모바일 게임물, (iv) 아케이드 게임물,[69] (v) 기타 게임물로 구분한다.[70] 이 중 개인용 컴퓨터(PC) 게임물과 아케이드 게

---

68) http://www.grb.or.kr/images/contents/grade_guide9.gif.
69) 제8조 제2항은 "물리적 장소에서 일정한 시설을 갖추고 게임물을 제공하는 경우"(아케이드 게임류).
70) 등급분류 규정 제3조(등급분류대상) 제2항은 게임물을 다음과 같이 구분하고 있다.
　1. 개인용 컴퓨터(PC) 게임물(PC에서 구동되는 게임물)
　2. 비디오 게임물(게임전용 기기에서 구동되는 게임물)
　3. 모바일 게임물(모바일 기기에서 작동하는 게임물)
　4. 아케이드 게임물(게임법 제2조 제6호의 규정에 의한 게임제공업용 게임물)
　5. 기타 게임물(제1호 내지 제4호에서 규정된 게임물 외에 디지털 TV를 통해 제공 되거나, 플

임물을 중심으로 등급분류 신청 시 중점 검토사항에 대해 살펴보기로 한다.

(1) 개인용 컴퓨터(PC) 게임물 중점 검토사항

위원회는 등급분류 여부를 신속히 결정하고, 사후관리 업무를 효율적으로 수행하기 위하여 '개인용 컴퓨터 게임물'의 등급분류 시 다음과 같은 사항을 중점적으로 검토하고 있다.[71][72]

1) 검토 대상 게임물

주요 검토대상이 되는 것은 ① 단순 반복적인 진행을 통해 점수, 포인트, 아이템 등의 획득을 주요내용으로 하는 게임물(2010.9.7. 공지), ② 네트워크를 통해 이용자의 게임 결과가 누적, 저장되는 경우(선물하기 포함)(2010.9.7. 공지), ③ 게임 진행시에 지속적으로 유료 아이템이 사용되는 방식(2011.7.14. 공지)이다.

2) 추가제출 서류

개인용 컴퓨터 게임물(PC환경에서 구동되는 게임물)로 등급분류받은 게임물이 등급분류받은 내용과 다르게 이용되는 사례가 자주 발생하자 위원회는 등급분류 신청 게임물에 대해서 ① 게임내 정보가 저장되는 서버 프로그램 및 서버 관리용 ID 등, ② 게임물 사후관리를 위해 세부적인 게임 설명 및 데이터 등, ③ 위 2가지 항목(①, ②) 모두 해당하는 경우 추가자료의 제출을 요구한 바 있다(2010.9.7. 공지).

3) 유의사항

유의할 것은 게임의 결과물(아이템, 포인트, 게임머니)을 이동, 저장시키는 경우 해당 기능에 대한 삭제 및 수정 요청을 받을 수 있다는 점이다.

래시 등을 이용하여 제작된 저용량 게임물 및 이용자가 직접 제작하여 배포하는 게임물 등) 그러나 제4호에서 아케이드 게임물을 "게임법 제2조 제6호의 규정에 의한 게임제공업용 게임물"이라고 규정한 것은 보완이 필요한 부분이 아닌가 한다. "게임법 제2조 제6호의2의 규정에 의한 게임제공업용 게임물"로 수정하는 것이 더 적확해 보인다. 참고로 동 규정 제8조 제2항은 "물리적 장소에서 일정한 시설을 갖추고 게임물을 제공하는 경우"를 '아케이드게임류'라고 기술하고 있다.

71) 게임물등급위원회, 개인용 컴퓨터(PC) 게임물 중점 검토사항 변경 안내(2011.7.14. 공지사항).

72) 게임물등급위원회, 개인용 컴퓨터(PC) 게임물 중점 검토사항 변경 안내(2010.9.7. 공지사항).

(2) 아케이드 게임물

1) 아케이드 게임물 등급분류 시 중점 검토사항

실무상 ① 저작권 등 정당한 권원 보유 여부가 불확실한 게임물, ② 사행성유기기구 모사 게임물, ③ 삼지선다형 게임물에 대한 등급분류 시 다음과 같은 사항이 중점 검토된다.[73][74]

① 저작권 관련

등급분류 신청 시, 저작권 및 유통권 등 정당한 권원의 보유에 대한 입증이 필요한 경우, 관련된 자료를 요청할 수 있다. 이 경우 유명 애니메이션이나 만화, 다른 게임물에 등장하는 콘텐츠 또는 일부를 수정한 콘텐츠를 사용하여 저작권 등의 침해가 의심되는 게임물에 한한다. 원저작자에게 직접 저작권을 위임받은 계약서를 첨부하거나 한국저작권위원회에 저작권을 등록한 게임물은 제외된다(일반적으로 특정인이 저작권을 소유하고 있음을 인지하고 있는 저작물을 원저작권자의 저작권 이미지 등을 모방하여 저작권등록을 한 경우 등급분류 거부될 수 있으며, 등급분류 받은 후 모방한 저작물임이 확인된 경우 등급분류결정이 취소될 수 있다). 저작권 계약서 등은 반드시 원저작권자와의 계약임을 확인할 수 있어야 한다(이상 2012.12.3. 공지사항).

② 사행성유기기구 모사 게임물

사행성유기기구를 연상시키는 표현 등은 금지된다. 예를 들어 (i) 기존의 사행성유기기구(바다이야기, 오션파라다이스, 황금성, 파친코, 슬롯머신 형태 등)에 사용된 콘텐츠를 사용한 게임물, (ii) 외형적으로 기존의 사행성 유기기구로 오인할 수 있는 게임물의 경우가 이에 해당한다(이상 2012.12.3. 공지사항).

③ 삼지선다형 게임물

전체이용가 게임물은 조작이나 결정 등의 과정상에 우연적인 요소를 제거해야 한다. 무작위적인 버튼 입력으로 정답이 입력되는 방식은 허용되지 않는다. 이용자의 선택에 대한 결과(오답 등)를 화면에 누구나 인지할 수 있는 방법 또는

---

73) 당해 공지 당시 접수된 게임물 중 공지한 내용에 따라 게임의 조작 방식이나 형태의 변경이 필요한 경우는 철회 후 다시 신청하도록 하였으며, 프로그램을 제외한 단순한 이미지 및 사운드 파일 변경이나 서류 추가 제출 사안은 게임산업진흥에 관한 법률 제22조 제1항에 따라 보완할 것이 요청되었다.

74) 게임물등급위원회, 아케이드 게임물 등급분류 중점 검토사항 안내(2012.12.3)(이하 "2012. 12.3. 공지사항"이라고 한다).

수준으로 표시해야 한다. 일반적으로 게임의 정답을 인지할 수 있는 진행 시간이 제공되어야 한다. 그리고 (i) 게임물이 단순조작 또는 이용자의 조작 없이 외부기기 등을 이용하여 게임물의 결과를 얻을 수 없다면, 해당 내용을 논리적으로 설명할 수 있는 자료(문서, 동영상 등)를 제출, (ii) 게임물이 이용요금 또는 난이도 설정의 변경이 가능하다면, 해당 설정 변경 시 게임물내용설명서에 기재된 내용 이외의 다른 변화가 있는지, (iii) 게임물내용설명서에 기재된 모든 버튼의 사용과 관련하여 그 용도 외에 다른 입력의 조합 또는 이용 방법을 통하여 게임에 달리 적용되는 부분이 있는지에 대한 내용을 게임물내용설명서에 기술하여야 한다 (이상 2012.12.3. 공지사항).

2) 아케이드 게임물 등급분류신청 시 유의사항

아케이드 게임물에 대한 등급분류 거부 사례가 다수 발생하자 당시 등급위원회는 아케이드 게임물 등급분류 신청 시 ① 매회 게임에서 동일한 조건이 주어지지 못하여 게임의 결과가 우연적으로 결정되는 경우, ② 게임물내용설명서 또는 제출한 프로그램에 없는 별도 파일을 불러오는 부분이 있거나 파일이 있으나 사용되지 않는 부분이 있는 경우, ③ 게임물내용설명서와 실제 게임물이 상이한 경우, ④ 등급분류 결정취소된 게임물과 동일한 게임물인 경우, ⑤ 비경품 청소년이용불가 아케이드 게임물 중 시간당 이용금액이 1만원을 초과하는 경우에 대한 철저한 점검을 요청한 바 있다.[75]

3) 아케이드 게임물 등급분류 가이드라인

'거짓 및 부정한 방법으로 등급분류를 신청한 게임물'과 '게임의 내용이 이용자의 조작보다 기기의 우연성에 의존하는 경우'에 대한 주요 검토 사항은 등급분류 거부 제도와 관련해 언급한 바 있으므로 여기서는 '각 분야별 중점 검토 사항'[76][77]에 대해서만 살펴보기로 한다.[78]

---

75) 게임물등급위원회, 아케이드 게임물 등급분류신청 유의사항 안내(2011.8.26. 공지사항).

76) 게임물등급위원회, 아케이드 게임물 등급분류 가이드라인 설명(2011.6.2).

77) 게임물등급위원회, 청소년게임제공업소용(전체이용가) 게임물 등급분류 신청 가이드라인 (2011.5); 이것은 전체이용가 게임물(경품, 비경품 포함) 중에서 등급분류 거부되는 사례가 자주 발생하자, 위원회에서 현행 중점 검토사항과 심의기준을 반영하여 별도의 "청소년게임 제공업소용 게임물 등급분류 신청 가이드라인"을 공지한 것이다(2011.6.21. 홈페이지 게재). 특히 주요 검토사항 및 분야별 검토사항에 하나라도 해당되는 경우에는 등급분류 거부될 가능성이 높다는 점에서 주의를 요한다고 한다.

78) 대부분 청소년게임제공업소용(전체이용가) 게임물에도 공통되는 가이드라인이나 일부 특

① 게임 프로그램 관련

(i) 제출한 기기 내 파일과 온라인 또는 CD로 제출한 파일이 동일해야 한다. (ii) 제출한 파일 및 기기 내에 신청 게임물과 무관한 타 게임물의 내용이 존재하지 아니하여야 한다(레지스트리 값 포함), (iii) 기존에 등급분류 받은 게임물과 동일한 게임물의 이미지 일부만 바꾸어 신청자를 달리하여 신청할 경우 정당한 권원을 보유하여야 한다. (iv) 게임에 사용되는 몬스터, 배경화면, 이펙트 등의 출현 조건은 일정한 조건에 의해 나타날 수 있도록 하여야 한다. (v) PCB기반으로 제작된 게임물의 경우 PCB에 부착된 칩에 대한 자세한 정보와 스위치 조작 등이 있는 경우 상세한 설명을 게임물내용설명서에 기술하여야 한다. (vi) 1회 게임의 시작과 종료의 경계가 명확하여야 한다. (vii) 바이러스에 대한 사전 방지 및 감염여부는 필수적으로 확인하여 신청하여야 한다. (viii) 정산 초기화 버튼을 누를 시 크레디트가 초기화 또는 전체 정산내역이 초기화되지 않아야 한다. (ix)게임기의 임의 재부팅 및 불시에 기기의 전원을 ON/OFF한 경우에도 크레디트가 유지되어야 한다.

② 게임기기 외관 관련

(i) 시작 버튼과 게임 진행 버튼이 반드시 분리되어야 한다. (ii) 제출 기기에 등급분류를 신청한 게임물과 동일한 제명이 부착되어 있어야 한다.

③ 게임물 내용정보기술서 작성 관련

(i) 주어진 양식의 임의 변경 및 삭제는 할 수 없다, (ii) 내용정보기술서상의 연락처, 주소 등 신청자의 인적 사항을 정확히 기재하여야 한다. 허위 기재, 연락불가, 장기간 미보완 시 등급분류 거부될 수 있다. (iii) 게임물의 저작권, 유통권, 초상권에 대해 정확히 기재하여야 한다. 특별히 저작권이나 초상권에 문제가 없는 경우는 '보유함'으로 표기하여야 한다. (iv) 내용정보기술서 상의 〈3. 5. 2. 아케이드 게임의 사행성〉 항목에 해당되는 항목은 반드시 표기하여야 한다.

④ 게임물내용설명서에 게임 내용 작성 관련

(i) 게임 개요에는 전반적인 게임방법 및 1회 게임 기준(시간, 목적 등) 기재한다.[79] (ii) 게임기 이미지는 게임기의 상, 하, 좌, 우 사진 및 기기 내부(PC, PCB,

---

유한 사항에 대해서는 별도로 언급하도록 한다.

79) 단, 게임시간은 1회 게임 기준 시간 및 1회 최단 시간을 나누어 기재함[이 내용은 청소년게임제공업소용(전체이용가) 게임물 등급분류 신청 가이드라인(2011.5)에만 포함된 사항이다.

IO보드 등) 사진을 첨부한다. (iii) 게임 설정 조건에 대해서는 1회 게임에서 출현하는 몬스터 규칙 및 배경화면 등에 사용되는 규칙에 관련된 설명 기재 및 관련된 소스코드(상세한 주석 포함)를 제출한다. (iv) 게임의 설치 경로와 프로그램명을 정확히 기재하여야 한다.[80] (v) 게임 프로그램에 사용되는 모든 파일의 명세표(폴더 속 파일의 크기, 용도 등)를 제출하여야 한다. (vi) 게임에 설치되는 파일은 아니나 게임 실행 시 생성되는 파일이 존재하는 경우 그 파일의 용도와 저장 내용을 "게임물내용설명서"에 Byte 단위로 설명하고, 이와 관련된 소스코드(상세한 주석 포함)를 제출하여야 한다.[81] (vii) IO 보드 등의 모든 버튼의 상세한 기능에 대하여 게임물내용설명서에 상세히 기술하여야 한다. (viii) 추가 기술내용을 Q&A 형식의 문서로 작성하여 게임물내용설명서 뒷부분에 추가하여 제출하여야 한다.[82] 기재한 내용이 실제 게임 내용과 상이할 경우 등급분류 되지 않을 수 있다는 점에 유의하여야 한다.

⑤ 등급분류 신청 시 제출하는 동영상 제작 관련

(i) 게임의 목적(경품 및 랭킹 등록 등)을 달성하는 영상을 반드시 포함해야 한다. (ii) 제출되는 영상은 기본 30분 이상의 분량으로 이어서 플레이되어야 하며, 기기에 이용자가 앉아 레버 및 버튼을 조작하여 진행하는 모습으로 제작하여야 한다.[83] (iii) 게임 내 몬스터나 배경화면 등의 출현 조건이 있을 경우, 이를 확인할 수 있는 영상을 첨부해야 한다.[84]

이하 '2011.5. 가이드라인'이라고만 표시하도록 한다].

80) 예) Windows 설치경로 : C:\Windows, DirectX 설치경로 : C:\Program files\DirectX, 프로그램 설치경로 : C:\Games(2011.5. 가이드라인).

81) 예) Credit.dat: 정산자료 저장에 사용함(파일크기 총12byte), 저장 경로: C:\Games\Save, 파일 내용: 코인값 4byte + 경품배출수 4byte + 총 투입 코인값 4byte(2011.5. 가이드라인).

82) o 단 (iv)번의 질의(제작사명과 연락처 등)에 대한 답변 경우, 별도의 문서파일로 기술함.
  o 이미 설명서에 있는 내용은 간단하게 기술하고, 설명서의 페이지를 기재함.
  o 설명서에 없거나 간략하게 되어 있는 경우 상세하게 기술하여야 함.
  o 질의에 대해 답변이 있는 경우 그 내용을 상세히 기술하고, 없는 경우에는 '없음'으로 기재함(2011.5. 가이드라인).

83) 편집한 영상은 접수 불가(2011.5. 가이드라인).

84) 게임물내용설명서의 내용과 실제 게임이 다른 경우 등급분류가 안 될 수 있음.
  예) 게임에 사용되는 몬스터나 배경화면 등의 패턴이 20가지인 경우 20가지의 패턴이 모두 들어간 영상을 첨부(2011.5. 가이드라인).

ⓖ 기타 유의사항

(i) 다시 새로이 등급분류를 신청 시, 기존 제출된 게임기를 사전에 출고하여
야 한다.[85] (ii) 보완사유 발생 시, 7일 이내로 보완을 완료하고 불가능할 경우 가
능일자를 통보해야 한다.[86] (iii) 기기 보완 시 변경된 사항에 대해 반드시 문서형
태로 자세히 작성하여 제출해야 한다(단, 기기 보완 시 전혀 다른 사항의 내용이 포함
되지 않아야 한다).[87]

4) 청소년이용불가 아케이드 게임물 등급분류 신청 가이드라인

① 적용범위

이 가이드라인은 「게임산업진흥에 관한 법률」 제33조 제2항에 따라 게임물
의 운영에 관한 정보를 표시하는 장치를 부착하여야 하는 일반게임제공업소용
'청소년이용불가' 아케이드 게임물(이하 '청불아케이드게임물' 이라 한다)에 적용한
다.[88]

② 사행성 확인에 관한 사항

다음 각 호에 해당하는 경우에는 등급분류 심의 대상에서 제외된다. (i) 「사
행행위 등 규제 및 처벌 특례법」에 따른 '사행성전자식유기기구'에 해당되는 경
우[89] (ii) 「관광진흥법」에 의한 규율 대상을 모사한 경우, (iii) 복권, 소싸움, 경마,
경정, 경륜 등 관련 법률의 규율 대상을 모사한 경우, (iv) 단, 고스톱, 포커 류 등
의 경우 (a) 각 콘텐츠의 통상적인 이미지와 규칙을 사용한 경우, (b) 사행심을 유
도하는 '예시', '자동진행', '연타' 등의 기능을 사용하지 않은 경우를 모두 충족하
는 경우에는 예외로 한다.[90]

---

85) 미출고 시 신규신청 접수 보류(2011.5. 가이드라인).

86) 불가능할 시 보완 가능 일자 및 시간을 보완요구 기일 만료 전에 통보해야 함(2011.5. 가이
드라인).

87) 기기 보완을 하면서 전혀 다른 사항의 내용이 포함된 경우 등급분류가 거부될 수 있음
(2011.5. 가이드라인).

88) 이하 게임물등급위원회, 공지사항: 청소년이용불가 아케이드 게임물 등급분류 신청 가이
드라인(2011.7.12.)(2011.7.14. 홈페이지 공지).

89) (a) 슬롯머신・구슬치기 류 : 릴, 파친코, 룰렛 등을 모사한 경우, (b) 레이스 류 : 경마, 경륜,
경정 등을 모사한 경우.

90) 종전 게임물등급위원회는 '사행성전자식유기기구'에 해당되는 경우(빙고 등), 콘텐츠의 통
상적인 이미지와 규칙을 사용한 경우, 사행심을 유도하는 '예시', '자동진행', '연타' 등의 기능
을 사용하지 않은 경우에 대해서 향후 새로 설립될 '게임물관리위원회'에서 추가적으로 논의
할 예정임을 공지한 바 있다(2013.11.5. 공지 "아케이드게임물 등급분류기준 적용 관련 안

③ **확률에 관한 사항**

(i) 이용금액(INPUT)이 시간당 10,000원을 초과하지 않아야 한다. (ii) 확률에 대하여는 게임물내용설명서에 명확히 기술하여야 한다.

④ **게임물 운용에 관한 사항**

화면의 특정 연출, 이벤트(Event) 등으로 이용자에게 시청각적인 효과를 제공하는 경우에는 이에 대한 명확한 규칙의 설명이 있어야 하며, 게임의 결과와 무관하여야 한다.

⑤ **기술심의 기준에 관한 사항**

(i) 기술심의는 '운영정보 표준통신규격 매뉴얼'을 기준으로 한다. (ii) 권고 표준신호규격은 다음 각 목에 따른다. (a) Start : 1회 게임 시작 신호, (b) Bet : 1회 게임 베팅 신호, (c) Pot : 사용된 금액 신호, (d) Win : 게임에 승리한 금액 신호, (e) Bank : 승리한 금액을 누적하는 신호, (f) End : 1회 게임 종료 신호 (iii) 시간 측정 기준[91]은 다음 각 목에 따른다. (a) 운영정보표시장치(OIDD)의 운영시간을 기준으로 측정한다. (b) 시간 측정은 정시를 기준으로 다음 정시까지 한 시간을 측정한다.[92]

⑥ **게임정보(User Interface) 표시창에 관한 사항**

운영정보표시장치(OIDD)에 저장이 되지 않는 정보는 표시 또는 사용하지 않는 것을 원칙으로 하며, 다음 각 목과 같은 기준으로 제작되어야 한다. (i) 게임 정보 표시창은 표준신호 규격을 따라야 한다. (ii) 모든 게임 정보 표시는 다음의 운영정보표시장치 신호를 기준으로 제작하여야 한다. · Pot(신호): Credit(투입된 누적금액 표시) · Win(신호): Win(회당 당첨된 점수 표시) · Bank(신호): Bank(당첨된 누적 점수 표시) · Bet(신호): Bet[배팅 금액(점수)표시] (iii) 획득된 누적점수(BANK)와 투입된 누적 금액(Credit)을 합산하거나 혼재하여 표시하여서는 아니된다. (iv) 표시창에 표시되는 게임물명은 등급분류 신청 시의 제명과 일치되어야 한다.

내" 참조).

91) '시간측정기준'에 대해서도 향후 논의 예정이다(2013.11.5. 공지 참조).

92) (예시) 14:00:00~14:59:59 까지 측정하며 다음 한 시간은 15:00:00~15:59:59로 측정함 단, 14:59:58 초에 게임이 시작되면 14:59:58~15:59:59 까지 한 시간으로 측정한다.

⑦ **이용금액의 투입형태 및 정산에 관한 사항**[93]

이용금액의 투입형태 및 정산은 (i) 게임 이용 시 동전투입기만 사용(통용화폐만 사용)하여야 한다. (ii) 특정 기기를 이용한 동전자동투입기가 부착되어 있지 않아야 한다. (iii) 키보드 또는 기타 입력 장치를 이용한 대체 게임이용금액 투입 기능이 없어야 한다. (iv) 당정산은 총 투입금액(CREDIT) 및 일일투입 금액에 한하며, 초기화는 일일투입 금액만 가능하여야 한다.

⑧ **유·무선 송수신 네트워크 관한 사항**[94]

네트워크에 관하여는 (i) 시리얼 통신(RS232, RS422, RS485 등)을 포함한 유·무선 LAN 카드를 이용한 네트워크 기능, (ii) 모니터 공유 등을 통한 게임진행 기능, (iii) 네트워크를 통한 중앙관리식 관리자 모드 또는 정산 기능, (iv) 무선키보드 또는 USB, Bluetooth 등을 이용한 네트워크 기능, (v) 무선 리모콘 등의 수신을 받는 수신 장치 및 기능이 없어야 한다.

⑨ **게임진행방법에 관한 사항**

(i) 점수 사용방법은 ⒜ 게임의 결과물(당첨점수)은 투입(이용)금액·점수와 교환 또는 혼용되지 아니하여야 한다. ⒝ 게임 이용에 있어서, 당첨점수가 있는 경우 투입(이용)금액·점수보다 우선 사용되어야 한다.

(ii) ⒜ 게임 내의 일체의 자동진행 기능, ⒝ 작동버튼이 연속으로 인식되는 기능(신체접촉 없이, 물체·기구 등을 이용한 자동진행 등)과 같은 자동진행 기능이 없어야 한다.

(iii) ⒜ IC카드, 아이템 카드, QR코드, USB 등 점수를 보관할 수 있는 도구 사용, ⒝ 기타 관련법과 사회 통념상 사행성이라고 판단되는 기능과 같은 사행심을 유발할 수 있는 장치(도구) 또는 기능이 없어야 한다.

⑩ **특수 기능 허용에 관한 사항**

시간당 10,000원 초과 부분을 게임기기 내에서 체크하여 10,000원을 초과하는 시점에 게임을 정지하는 기능(이하 '시간정지기능'이라 한다)의 게임물은 다음

---

93) 종전 가이드라인에는 "첨된 누적점수(BANK)가 정산되지 않아야 한다."는 내용을 포함하고 있었으나 일부 현 실정에 맞지 않는 측면이 있어 2013.6.4. 가이드라인 개정 시 삭제하였다(게임물등급위원회 공고 제2013-42호, "아케이드 게임물 등급분류 신청 가이드라인 개정", 2013.6.4. 공고 참조).

94) '유무선 송수신 네트워크 관한 사항'도 향후 논의 대상이다(2013.11.5. 공지 참조).

각 목과 같은 기준으로 제작되어야 한다. (i) 게임 화면에 '남은시간', '이용할 수 있는 금액', '게임이 정지되었을 때 오류 표시창'을 모두 표시하여야 한다. (ii) 운영정보표시장치(OIDD)의 시간을 기준으로 하여야 한다. (iii) '시간정지기능'을 이용한 게임물을 제작할 때에는 반드시 OIDD와 게임기기 간의 시간 오차를 감안하여 제작하여야 한다(등급분류심의 시 오차로 인한 불이익이 발생할 수 있으며, 이와 관련한 모든 책임은 등급분류를 신청한 자에게 있음을 유의하여야 함). (iv) 시간정지기능이 포함된 게임물은 기기의 전원이 ON/OFF 시에도 시간정지기능이 항상 유지되어야 한다.

⑪ 게임물내용설명서 필수 기재 사항

그 밖에 소정 서식의 문답서를 작성하여 반드시 게임물내용설명서에 첨부하여야 한다.

5) 아케이드 게임기 입고 시기와 접수 완료

아케이드 게임물의 경우는 (i) 신청서 및 관련서류 제출, (ii) 심의수수료 납부, (iii) 게임기 입고 3가지가 모두 확인되어야 접수가 완료된다. 등급분류신청 시 온라인 등급신청과 함께 위원회 아케이드게임기 입고장으로 기기를 입고하여야 한다.

다. 등급분류 신청 대행

종전에는 등급분류 신청 심의접수가[95] 직접 접수인지 또는 대행업체에 의한 위탁 접수인지에 상관없이 동일한 절차에 따라 동일한 기간 내에 심의절차가 진행되었으나 최근 특정인이 등급분류 신청자를 대신하여 관련 신청업무를 대행하는 것과 관련해 '전자서명법' 준수 여부가 문제되고 있다.

이에 대해 위원회는 "「전자서명법」 제23조(전자서명생성정보의 보호 등) 제5항에 의하면 '누구든지 행사하게 할 목적으로 다른 사람에게 공인인증서를 양도 또는 대여하거나 행사할 목적으로 다른 사람의 공인인증서를 양도 또는 대여받아서는 아니 된다'라고 규정하고 있으며, 같은 법 제32조(벌칙)에서는 이를 위반할 경우, '1년 이하의 징역 또는 1천만 원 이하의 벌금'에 처하도록 규정(첨부참조)하

---

95) 게임물등급위원회, 공지사항: 대행업체를 통한 심의접수관련 안내사항(2008.1.8).

고 있다. 따라서 등급분류 신청업무 대행 시 등급분류 신청자(신청업무를 대행 요
청한 게임제작업자 등)의 공인인증서를 대여받아 게임물 등급분류와 관련된 제반
업무를 대신하여 신청하거나, 반대로 이를 위해 공인인증서를 양도 또는 대여하
는 행위는 관련법에 저촉되는 것"96)이라는 입장을 밝힌 바 있다.

6. 게임물의 등급 및 등급분류기준

가. 게임물관리위원회의 「등급분류 규정」

종전 게임물등급위원회의 「등급분류 심의규정」은 2013.12.23. 게임물관리
위원회의 출범과 함께 폐지되고 새롭게 「등급분류 규정」이 제정(2013.12.23.)되
었다.97) 그러나 그 체계와 내용은 크게 달라진 것이 없어 「등급분류 심의규정」을
그대로 승계하고 있다고 볼 수 있다.

(i) 게임물등급위원회에서 게임물관리위원회로의 전환에 따른 명칭 변경,
(ii) 위원회의 부산 이전에 따른 출장검토 관련사항 변경이 제정 이유라고 할 수
있고, 그 밖의 주요 수정 내용으로는 '심의'라는 용어 대신에 '등급분류'나 '검토'
라는 용어의 사용(제1조 내지 제4조, 제20조 등),98) 제4조(등급분류 회의)에서 등급
분류 회의(심의회의)를 '주2회 개최 원칙'에서 '주1회 이상 개최 원칙'으로 수정,
의결과 관련해 "다만, 가부동수인 경우에는 부결된 것으로 본다"는 단서 규정을
삭제, 위원들에 대한 안건 및 자료의 통보를 '3일전까지'에서 '1일전까지'로 수정,
제20조 출장검토(출장심의)의 경우 '전문위원 2인, 사무국 직원 1인이 참여'하도
록 한 것을 '게임물 검토 담당 직원 2인, 등급분류지원부 직원 1인이 참여'하는 것
으로 수정, 제26조(이의신청의 절차 등)에서 '「게임물관리위원회 규정」 제23조'를
'「게임물등급위원회 운영규정」 제19조'로 수정한 것 등이 기존의 「등급분류 심의
규정」과의 차이이다.

---

96) 게임물등급위원회, 공지사항: 등급분류신청 대행관련 「전자서명법」준수 안내(2012.6.29).
97) 게임물관리위원회 규정 및 등급분류 규정 제정(안) 공포(게임물관리위원회 공고 제2014-
002호, 2014년 1월 20일).
98) 제1조(심의의 기본정신)→(등급분류의 기본정신), 제2조(심의의 원칙)→(등급분류의 원칙),
제3조(심의대상)→(등급분류 대상), 제4조(심의 회의)→(등급분류 회의), 제20조(출장심의)→
(출장검토).

나. 등급분류의 기본정신과 등급분류의 원칙

(1) 등급분류의 기본정신

위원회가 게임법 제21조에 따라 등급분류를 하고자 할 때에는 게임물의 윤리성·공공성을 확보하고 청소년을 보호하며 게임물의 창의성, 자율성을 존중하여야 한다(등급분류 규정 제1조 제1항). 또한 위원회가 등급분류 규정 및 대상물별 등급분류기준을 적용할 때에는 사회통념을 존중하여야 한다(동조 제2항).

(2) 등급분류(심의) 원칙

위원회는 공정성, 객관성, 신속성, 비밀보호의 원칙, 최소규제의 원칙을 심의의 기본으로 한다(등급분류 규정 제2조).

그런데 본조의 '등급분류의 원칙'과 동 규정 제6조의 등급분류 '원칙'과의 관계가 모호하다. 「등급분류 규정」을 제정하면서 '심의'라는 용어 대신 가급적 '등급분류'라는 용어를 사용하기 위해 기계적으로 용어를 대체하다 보니 결과적으로 제2조에서의 원칙과 제6조에서의 원칙이 용어상 중첩되어 버린 면이 없지 않아 과연 두 원칙의 차이가 무엇인지에 대한 개념상 혼란을 가져온다. 더욱이 제2조의 본문에서는 종전과 마찬가지로 '심의의 기본으로 한다'는 문구를 그대로 사용하고 있어 제6조와의 관계를 고려하면 오히려 원래대로 조문의 제목을 '심의의 원칙'이라고 해도 무방한 것이 아닌가라는 의문을 갖게 한다. 「등급분류 규정」에서 굳이 심의 대신 등급분류라는 용어를 사용해야 하는 이유에 대해 명확한 설명이 없고 양자를 구분하는 명문의 정의를 두고 있지 않은 이상 자칫 용어와 개념의 혼란만 가져올 수도 있는 현행 규정은 향후 조정이 필요할 것으로 본다.

(3) 등급분류 원칙

게임물을 등급분류함에 있어 다음과 같은 원칙을 준수하여야 한다(등급분류 규정 제6조).

원 칙	내 용
콘텐츠 중심성	콘텐츠 이외의 부분에 대해서는 등급분류의 대상으로 삼지 않는다.
맥락성	전체적인 게임물의 맥락, 상황을 보고 등급을 정한다.

보편성	사회적 통념에 부합하는 등급을 정한다.
국제적 통용성	범세계적인 일반성을 갖는 등급을 정한다.
일관성	동일 게임물은 심의시기, 심의주체가 달라지더라도 동일한 등급을 갖도록 한다.

게임물의 등급을 분류함에 있어 게임물의 내용(콘텐츠) 외적인 요소는 등급 결정에 반영하지 않는 것이 심의의 원칙이다. 그러나 게임물의 '내용'(콘텐츠)이 의미하는 바가 정확히 무엇인지[99] 또는 그 범위가 어디까지인지를 판단하기란 쉽지 않다. 해석하기에 따라서는 사행성도 내용에 포함된다고 볼 여지가 있고 이 경우 게임물의 운영방식 등도 등급분류의 심의대상에 해당될 가능성이 없지 않다. 신중한 판단을 요하는 부분이라고 하겠다.

(4) 등급분류 시 고려사항

등급을 정함에 있어 다음의 5가지 요소들과 그 각각의 구체적인 사안들이 종합적으로 고려되어야 한다(등급분류 규정 제7조).

고려 사항	구체적인 사안
선정성	키스, 포옹, 신체노출, 성행위, 훔쳐보는 행위, 나체, 성을 상기시키는 언어, 불륜, 근친상간, 강간, 배설, 매매춘 묘사 등
폭력성	출혈, 신체절단, 신체결손, 사체, 공포, 싸움 묘사 등
범죄 및 약물	범죄조장, 마약, 학대행위, 음주 및 흡연묘사
부적절한 언어	언어 및 사상과 관련한 부적절한 묘사 등
사행행위 등 모사	사행적 풍속, 사행행위 및 기기 묘사 등

다. 게임물의 등급

(1) 등급의 구분

게임물의 등급 구분은 플랫폼의 유형에 따라 다르다. PC · 온라인 · 모바일 · 비디오 게임물은 전체이용가, 12세이용가, 15세이용가, 청소년이용불가(또

---

99) 심지어 '내용'과 '콘텐츠'가 동의어인지조차도 명확하지 않다.

는 시험용을 포함하기도 함)로 등급분류되지만 아케이드 게임물은 전체이용가와 청소년이용불가 등급만으로 구분된다.

게임물의 등급[100]

등 급	내 용	비아케이드 게임물	아케이드 게임물
전체이용가	누구나 이용할 수 있는 게임물	○	○
12세이용가	12세 미만은 이용할 수 없는 게임물	○	×
15세이용가	15세 미만은 이용할 수 없는 게임물	○	×
청소년이용불가	청소년은 이용할 수 없는 게임물	○	○

청소년게임제공업과 일반게임제공업에 제공되는 게임물은 전체이용가와 청소년이용불가 게임물로 분류한다(게임법 제21조 제3항). 즉, 물리적 장소에서 일정한 시설을 갖추고 게임물을 제공하는 경우(아케이드게임류)에는 전체이용가와 청소년이용불가로만 등급을 구분하도록 하고 있다(등급분류 규정 제8조 제2항). 이 것은 아케이드 게임장의 경우 청소년의 연령을 일일이 확인하기 어렵고 더욱이 12세이용가, 15세이용가, 전체이용가 게임물을 구분하여 제공하는 것은 게임장이용 현실에 맞지 아니할 뿐만 아니라 게임장업소에게 과도한 부담을 지우는 것일 수 있다. 따라서 12세이용가, 15세이용가를 전체이용가에 흡수시켜 청소년이용불가 여부만을 따져 게임물을 제공할 수 있도록 한 것이다.

(2) 웹보드 게임물 가맹점에서의 사용자 계정 제공 금지

고스톱, 포커 등 웹보드 게임물 가맹점(PC방)에서 이용자에게 게임접속 계정(아이디, 패스워드)을 제공하는 사례가 증가하고 있다. 웹보드 게임물은 베팅을 기반으로 하여 일부 사행적 요소를 포함하고 있기에 청소년이용불가 등급이 부여되며, 주민번호당 월 이용한도를 준수해야 한다. 그러나 본인 것이 아닌 게임접속 계정을 제공할 경우 접속 가능 연령이 아닌 이용자를 보호할 수 없어 등급부여 취지에 어긋나며, 제공한 계정이 월 이용한도에 이르렀을 경우, 다른 계정을

---

100) 게임법 제21조 제2항, 등급분류 규정 제8조 제1항.

제공하는 방식으로 악용됨에 따라 사실상 무한 충전을 가능하게 하여 이용자가 사행행위를 하게 하는 것과 같다. 따라서 매장에서 임의로 계정 제공을 할 경우 단속 대상이 된다.[101]

라. 등급분류기준

(1) 등급분류기준

게임법 제21조 제7항에 따른 게임물의 등급분류기준은 다음과 같다(게임법 시행규칙 제8조 제1항).

등 급	기 준
전체 이용가	○ 주제 및 내용에 있어서 음란·폭력 등 청소년에게 유해한 표현이 없는 작품 ○ 청소년들의 정서함양에 도움이 되거나 교육을 목적으로 한 내용으로 청소년에게 문제가 없는 작품 ○ 일반적으로 용인되지 아니하는 특정한 사상·종교·풍속 등 청소년에게 정신적·육체적으로 유해한 표현이 없는 작품
12세 이용가	○ 주제 및 내용에 있어서 12세 미만의 사람에게 유해한 영향을 미칠 수 있는 음란성, 폭력성 등이 표현되어 있는 작품 ○ 일반적으로 용인되지 아니하는 특정한 사상·종교·풍속 등에 관한 사항이 12세 미만의 사람에게 정신적·육체적으로 유해한 작품
15세 이용가	○ 주제 및 내용에 있어서 15세 미만의 사람에게 유해한 영향을 미칠 수 있는 음란성, 폭력성 등이 표현되어 있는 작품 ○ 일반적으로 용인되지 아니하는 특정한 사상·종교·풍속 등에 관한 사항이 15세 미만의 사람에게 정신적·육체적으로 유해한 작품
청소년 이용 불가	○ 주제 및 내용에 있어서 청소년에게 유해한 영향을 미칠 수 있는 음란성, 폭력성 등이 사실적으로 표현되어 있는 작품 ○ 청소년에게 정신적, 육체적으로 영향을 미칠 수 있는 특정한 사상·종교·풍속 등에 관한 사항이 직접적이고 구체적으로 표현되어 있는 작품

(2) 등급분류 세부기준

법 제21조 제7항이 등급분류기준을 문화체육관광부령에 위임하여 그 구체적인 내용을 정하도록 하였으나 시행규칙 제8조 제1항 각 호에 따른 등급분류기

---

101) 게임물등급위원회 공지사항(2009.2.5).

준 역시 실제 등급분류를 하는 실무 차원에서는 여전히 포괄적이고 추상적이라고 할 수 있다. 이에 시행규칙은 보다 세부적인 등급분류기준을 다시 위원회 규정('등급분류 규정')으로 정하도록 하였다(시행규칙 제8조 제2항).

등급분류 규정 제2장 제2절은 선정성 기준(제10조), 폭력성 기준(제11조), 범죄 및 약물(제12조), 언어 기준(제13조), 사행행위 등 모사(제14조)에 대해 다시 각 등급별로 '등급분류세부기준'을 두고 있다. 그중 게임물의 사행행위 등 모사에 대한 세부기준을 살펴보면 다음과 같다(등급분류 규정 제14조).

등 급	사행행위 등의 모사에 대한 세부기준
전체이용가	사행행위 등의 모사가 없는 경우
12세 및 15세이용가	사행행위 등의 모사가 경미한 경우
청소년이용불가	사행행위 등의 모사가 존재하나 재산상의 이익이나 손실을 주지 않는 경우

이상의 내용을 정리하면 다음과 같다.

구 분	전체이용가	12세이용가	15세이용가	청소년 이용불가
선정성	선정적 내용 없음	성적 욕구를 자극하지 않음	여성의 가슴과 둔부가 묘사되나 선정적이지 않은 경우	선정적인 노출이 직접적이고 구체적 묘사
폭력성	폭력적 요소 없음	폭력을 주제로 하나 표현이 경미한 경우	폭력을 주제로 하며 선혈, 신체훼손이 비사실적	폭력을 주제로 하며 선혈, 신체훼손이 사실적
범죄 및 약물	범죄 및 약물 내용 없음	범죄 및 약물 내용이 있으나 표현이 경미	범죄 및 약물 내용이 있으나 표현이 경미	범죄행위나 마약 등 반사회적 행동 조장
언어	저속어, 비속어 없음	저속어, 비속어가 있으나 표현이 경미	저속어, 비속어가 있으나 표현이 경미	언어 표현이 청소년에게 유해하다고 인정되는 경우
사행성	사행적 요소 없음	사행적 요소가 다소 있지만 경미한 경우	사행적 요소가 다소 있지만 경미한 경우	사행성이 높은 행위를 유발하는 경우

참고로 종전에는 '범죄 및 약물' 대신 '반사회성' 요소에 대한 세부 기준을 두고 있었는데 그 내용 중 일부에 마약에 대한 언급을 포함하고 있었다.[102] 현행 세부 기준은 '반사회성'이라는 개념이 너무 포괄적이고 경우에 따라서는 남용 또는 악용의 소지가 있어 그 범위를 구체적으로 한정하여 '범죄 및 약물'로 규정한 것이라고 하겠다.

한편 2013.5.22. 개정법(법률 제11785호)에서는 제21조 제1항 및 제2항에 따른 등급분류 기준 이외에 동조 제4항에 따른 사행성 확인 기준에 관하여 필요한 사항도 문화체육부관광부령으로 정하도록 하였는데, 이것은 그간 논란의 중심이 되어 왔던 사행성 확인과 관련하여 좀 더 구체적인 기준을 제시함으로써 예측가능성을 제고하는 것은 물론 위원회의 '등급분류 (심의)규정'에 따른 사행성(게임물) 확인 규정에 대한 법적 근거를 보다 명확히 하기 위함이라고 할 수 있다.[103]

마. 등급분류 심의수수료

최근 등급위원회의 등급분류 심의 수수료 인상이 크게 문제된 바 있다.[104] 이것은 종전에는 등급위원회가 운영에 필요한 경비를 국고보조 받아오다가[105] 2013년부터 더 이상 지원받을 수 없게 되자 부득이 심의수수료 인상을 통해 운영비용을 충당하고자 한 것으로부터 비롯된 것이다.[106] 즉, 2006년부터 게임법 부

---

102) 종전 '반사회성' 요소의 세부적인 기준은 다음과 같아[자세한 것은 게임물등급위원회 홈페이지〉 참여마당〉 자주하는 질문 23번(2008.9.30) 참조].

구분	전체이용가	12세이용가	15세이용가	청소년 이용불가
반사회성	반사회적 내용 없음	반사회적 내용이 있으나 표현이 경미	반사회적 내용이 있으나 표현이 경미	범죄행위나 마약 등 반사회적 행동 조장

103) 개정법에 따른 후속 조치로서 시행규칙을 개정한다면 제8조에 사행성 확인 기준에 관한 별도의 항을 신설하는 방안과 기존의 제2항을 수정하여 '제1항 각 호에 따른 세부적인 등급분류 기준 및 (제○항 각 호에 따른 세부적인) 사행성 확인 기준은 위원회 규정으로 정한다'는 취지의 규정을 두는 방안을 고려해 볼 수 있을 것이다.

104) 물론 과거에도 심의수수료 인상이 문제되기는 하였지만 최근의 사태는 상당히 심각한 수준의 것이었다.

105) 게임법 제20조(지원) ① 등급위원회의 운영에 필요한 경비는 국고에서 보조할 수 있다.

106) 심의 및 사후 관리 등의 업무를 위해 필요한 최소 운영 비용은 월 5억 원 정도라고 한다. 그러나 2013년 1월 당시 심의수수료는 1/10 수준에 그쳤고 직원들의 임금이 체불되기에 이르렀다.

칙 규정[107]은 민간자율 심의제로의 전환을 위해 등급위원회에 대한 국고보조의
적용시한을 3차례 연장하여 2012년 12월 31일까지로 제한하고 있었는데[108] 그
적용시한을 다시 연장[109]하거나 아예 폐지하는 등의 법 개정이 이루어지지 아니
하여 결국 2013년부터 국고 지원을 받을 수 없게 되었다. 이에 따라 임금체불 등
등급위원회의 파행운영 사태가 빚어졌고 불가피하게 긴급운영자금의 투입이 필
요하게 되었다[110] 이에 정부는 한국어뮤즈먼트산업협회와의 협의와 한국콘텐츠
진흥원 경품용상품권수수료 운영위원회의 결정을 통해 경품용 상품권 수수료의
일부를 긴급 운영 자금으로 예산에 투입하도록 하는 한편 등급위원회 등급분류
심의규정을 개정함으로써 심의수수료를 인상하도록 하였다.[111]

아무튼 과도한 수수료는 게임사업자에게 재정적 부담을 주게 되고 정도의
차이는 있겠으나 이는 결국 적극적이고 지속적인 게임 개발에 걸림돌이 될 수 있
다. 따라서 합리적인 수수료 산정 기준이 마련될 필요가 있다. 참고로 등급분류
심의 수수료는 게임이 구동되는 기기별로 각각 일정한 기초가액과 계수를 곱하
여 정하여지는데, 대상 기기는 크게 아케이드와 비아케이드로 구분된다. 후자의

---

107) 부칙(법률 제7941호, 2006.4.28) 제2조(적용시한) 제20조 규정은 2012년 12월 31일까지
효력을 갖는다.〈개정 2011.12.31〉

108) 이와 같이 국고 보조의 적용시한을 제한한 것은 현행 등급위원회에 의한 등급분류제도를
2013년부터 민간에 의한 자율등급분류제도로 전환하겠다는 강한 정책적 의지를 표명한 것
이라고 할 수 있다. 그 둘째는 그 단계적 절차의 일환으로 등급분류기관에 대한 등급분류 업
무위탁을 염두에 둔 것이라고 할 수 있다.

109) 이미 3차례 국고지원 시한을 연장한 바 있으나, 2012년 다시 연장을 하지 않아 2012년 12
월 31일로 종료하게 되었다. 등급위원회에 대한 국고지원 시한 연장에 관한 부칙 연혁을 살
펴보면, (i) 2006년 4월 제정법에서는 2008년 6월 30일까지(2년), (ii) 2007년 12월 개정법에
서는 2009년 12월 31일까지(1년 6개월), (iii) 2010년 1월 개정법에서는 2011년 12월 31일까
지(2년), (iv) 2011년 12월 개정법에서는 2012년 12월 31일까지(1년)로 연장하였다.

110) 사태해결을 위해 문화체육관광부와 기획재정부 간 협의로 게임물등급위원회 등급분류 심
의규정 개정을 통해 2013년 2월 7일부터 전년 수입 대비 약 60%의 심의 수수료를 인상하도
록 하였다. 그러나 이 또한 게임법 개정안 통과 일정을 고려해 2013년 9월 30일까지만 한시
적으로 적용되도록 한 것이어서 근본적인 해결책이라고 할 수 없는 것이었다.

111) 정부는 구호 예산 투입에 반대하였던 한국어뮤즈먼트산업협회와 아케이드 산업 발전을
위해 정부가 적극 지원할 것을 약속하고 '아케이드 경품용상품권수수료' 127억 원 가운데 일
부를 긴급 구호자금으로 투입하는 데 협의하였고, 2013년 2월 18일 한국콘텐츠진흥원 경품
용상품권수수료운영위원회는 5월까지 한시적으로 매달 2억 7000만원씩 총 13억 5000만
원을 긴급 예산으로 투입하기로 결정하였다. 이로써 급한 불은 끄게 되었으나 여전히 문제는
남아 있다.

경우는 다시 PC 등(300MB 이상 다운로드 게임 포함), 콘솔, 포터블(전용게임기, 모바일), 기타(플래시게임, 다운로드 게임 등)[112]로 나누어진다. 기초가액은 대체로 기기가 클수록 높은 가액이 산정되어 있고, 계수는 이용형태 계수(네트워크 여부), 장르별 계수(3개 군으로 구분), 한글화 계수(한글 여부)로 구분하여 각각에 일정한 가중치를 부여하고 있다. 아케이드의 경우는 이용형태 계수와 한글화 계수가 적용되지 않으며, 장르별 계수도 베팅성(확률형)게임, 조작성·크레인·체련형으로 나누어 각각 별도의 계수를 부여하고 있다. 심의수수료 산정방법은 다음과 같다.

[심의수수료 = 플랫폼별 기초가액 × 이용형태계수 × 장르별계수 × 한글화 계수]

등급분류 수수료 조견표(등급분류 규정 제31조 관련)[113]

구 분		기초가액	이용형태 계수	장르별 계수		한글화[114] 계수
PC 등 (300MB이상 다운로드게임 포함)		360,000원	네트워크[115] 1.5	1군[117]	4.0	한글 1.0
콘솔		320,000원	NON 네트워크[116] 1.0			비한글 1.5
포터블	전용게임기	200,000원		2군[118]	2.0	
	모바일	60,000원				

---

112) 종전에는 기타의 범주에 IPTV, 플래시 게임, 다운로드 게임만을 한정열거하고 있었으나 2013.10.1. 개정 시부터 IPTV를 삭제하고 '등'이라는 문구를 추가함으로써 사실상 예시적 열거 방식으로 수정하였다. 따라서 해석상 IPTV를 포함하여 그 밖에 새롭게 등장할 게임도 기타의 범주에 속하는 것으로 다룰 수 있게 되었다.

113) 기타 적용사항은 다음과 같다(게임물관리위원회 「등급분류 규정」 별표 제2호 참조).
- 출장검토: 서울/경기지역 50만원, 강원/충정지역 70만원, 경상/전라/제주 90만원 심의수수료에 추가 가산(아케이드 게임물)
- 재분류심의: 심의수수료의 150%
- 시험용게임물신청: 심의수수료의 30%
- 기술심의: 심의수수료에 100만원을 추가 가산(아케이드 게임물)
- 등급분류필증 재교부 및 명의변경 수수료: 3만원
- 상시고용인 50인 미만이며 연매출액 50억원 이하의 중소기업, 제3조 제2항 제5호의 기타게임물 중 이용자가 직접 제작한 게임물(개인 제작 오픈마켓 게임물) 또는 이 게임물을 오픈마켓 운영사가 심의신청하는 경우 심의수수료의 30%를 감면(환급). 단, 사행성 모사가 포함된 경우 및 게임제공업소용 경품게임물은 감면(환급) 대상에서 제외함 (종전 "출장심의"라는 용어가 "출장 검토"로 수정되었다).

기타 (플래시 게임, 다운로드 게임 등)	10MB 미만	30,000원	3군[119]	1.0	
	10MB~ 100MB	40,000원			
	100MB~ 300MB	80,000원			
아케이드	450,000원		-	베팅성 (확률형) 게임	3.0	-
				조작성, 크레인, 체련형	1.0	

7. 사행성게임물 여부의 확인

가. 사행성 게임물 확인

위원회는 등급분류를 신청한 게임물에 대하여 사행성게임물 여부를 확인하여야 한다(게임법 제21조 제4항). 따라서 사행성게임물 여부의 확인은 선택적으로 결정할 수 있는 재량사항이 아니다. 등급분류를 받아야 하는 것이 게임물을 제작 또는 배급하고자 하는 자의 의무라면 당해 게임물이 사행성게임물에 해당하는지 여부를 확인하는 것은 위원회의 의무인 것이다.

사행성게임물 여부 확인 규정은 등급분류를 규정하고 있는 법 제21조 중 제4항에 위치하고 있다. 그리고 등급분류를 신청한 게임물은 모두 그 대상이 된다는 점에서 마치 등급분류의 일환으로서 행해지는 사전 절차인 것으로 이해될 수

---

114) 게임콘텐츠(심의신청자료 포함)의 한글화 여부.
115) 네트워크를 이용하여 대전을 통해 게임이 진행되는 경우.
116) 네트워크를 통해 부가적 기능이용(랭킹 등록 등) 또는 네트워크 기능이 지원되지 않는 경우.
117) RPG, 베팅성(고스톱, 포커 등).
118) FPS, 캐주얼액션(대전, 리듬, 격투 등), 어드벤처, 시뮬레이션.
119) 보드(퍼즐, 퀴즈, 바둑 등), 비행슈팅, 스포츠(레이싱 등), 체감형 기능성 게임, 교육용(교육을 목적으로 한 퍼즐, 퀴즈 게임 등).

있다. 그러나 사행게임물확인제도는 그 입법 연혁[120]과 취지[121]를 고려하건대 등급분류제도를 구성하는 절차로 보기 어렵다. 별개의 제도로 보는 것이 타당할 것이다. 그런 측면에서 관련 규정을 법 제21조에 포함시키는 것은 입법 체계상 재고해 볼 문제이다.

한편, 등급분류 규정 제18조는 게임법 제2조 제1호의2 가목부터 바목[122]까지 해당하는 게임물 중, 다음 중 하나에 해당하는 게임물은 사행성게임물로 확인하여 등급을 거부할 수 있다고 규정하고 있다.

(i) 이용요금이 정상적인 범위를 벗어나 사행성이 우려되는 경우
(ii) 게임의 결과로 얻은 점수 또는 게임머니를 현금화하는 경우
(iii) 게임의 결과로 현금 또는 다른 물품을 제공받거나 취득할 수 있는 경우
(iv) 게임의 결과로 얻은 점수 또는 게임머니를 직간접 유통과정을 통해 유무형의 보상으로 제공하는 경우
(v) 게임제공업소용 게임물로서 다음 각목에 해당하는 게임물
  i) 네트워크로 상호 연결되어 게임의 결과에 의해 점수 등이 상호 이체되는 경우
  ii) 게임법 제21조 제8항에서 규정된 기술심의를 통해 등급거부 권고 판정을 받은 경우

---

120) 사행성게임물확인제도의 입법 연혁을 간단히 살펴보면, 유기기구 심의제도 → 유기기구 검사제도 → 사용불가 결정제도 → 이용불가 결정제도 → 사행성게임물 결정제도 → 사행성게임물 확인제도의 형태로 진화되어 왔다고 할 수 있다.
121) 사행성게임물확인제도는 유기기구 심의/검사제도에 그 연원을 두고 있으며 그 기본적 취지는 등급분류를 통해 게임물의 이용 정보를 제공한다기보다는 사행성이 있는 게임물의 유통을 차단하고자 하는 것이 주된 목적이라고 할 수 있다.
122) 법 제2조 1의2. "사행성게임물"이라 함은 다음 각 목에 해당하는 게임물로서, 그 결과에 따라 재산상 이익 또는 손실을 주는 것을 말한다.
  가. 베팅이나 배당을 내용으로 하는 게임물
  나. 우연적인 방법으로 결과가 결정되는 게임물
  다. 「한국마사회법」에서 규율하는 경마와 이를 모사한 게임물
  라. 「경륜·경정법」에서 규율하는 경륜·경정과 이를 모사한 게임물
  마. 「관광진흥법」에서 규율하는 카지노와 이를 모사한 게임물
  바. 그 밖에 대통령령이 정하는 게임물

(vi) 온라인 게임물로서 베팅의 수단으로 사용되어 승패의 결과로 이용자간 이체될 수 있는 게임머니를 현금으로 직접구매 가능한 경우

사행성게임물은 법 제2조 제1호 단서에서 규정한 바와 같이 게임물이 아니다. 따라서 사행성게임물은 등급분류의 대상이 아니며, 등급분류를 받지 아니하였다고 하여도 법 제32조 제1항 제1호를 위반한 것으로는 되지 아니한다. 다만, 사특법상의 사행성유기기구에 해당하여 그에 따른 제재 또는 처벌의 대상이 될 수는 있을 것이다.[123] 요컨대 사행성게임물임을 확인한다고 하는 것은 게임물이 아니라는 것을 확인하는 것이고, 이는 결국 게임법의 규율 대상이 아님을 확인하는 것에 다름 아니라고 하겠다. 즉, 위원회의 심의 관할에 속하는지 여부를 확인하는 제도이기도 한 것이다.

나. 기술심의와의 관계

위원회는 게임물의 사행성 여부 등을 확인하기 위하여 대통령령이 정하는 바에 따라 기술심의를 할 수 있다(법 제21조 제8항). 따라서 기술심의를 할지 여부는 위원회의 판단에 따른다고 하겠다. 다만, 게임물의 사행성 여부 등을 확인하기 위한 경우에 한하므로 그 이외의 사유로 기술심의를 할 수는 없다. 그러나 확인의 대상 또는 사유를 '사행성 여부 등'이라고 하였으므로 문리적으로는 사행성 여부 이외의 사유(이하 기술심의와 관련해 '기타 사유'라고 부르기로 한다)도 기술심의의 대상이 될 수 있다고 새길 수 있다. 그런데 문제는 기타 사유가 무엇인지에 대해서 법령에 정한 바가 없다는 점이다. 그 범위를 분명히 하지 아니하면 기술심의 사유에 사실상 제한이 없는 것과 마찬가지라고 할 수 있다. 시행령 제12조가 '등'의 범위를 구체적으로 규정한 것이라고 볼 수도 있으나 그 연혁이나 취지 등을 종합적으로 검토해 보건대 단지 등급분류 신청한 게임제공업소용 게임물이

---

123) 참고로 대법원은 "게임물을 이용한 게임의 결과가 사용자의 능력과는 무관하게 우연성에 의하여 좌우되며, 이에 따라 사회통념상 상당하다고 인정되는 정도의 허용범위를 넘어 재산상의 이익을 취득하거나 손실을 주도록 하여 게임장을 찾는 손님들로 하여금 오락성보다 주로 또는 오직 재산상의 이익 취득만을 목적으로 게임을 하도록 하는 사행성전자식유기기구에 해당하는 것으로 보아야 한다고 판단한 것은 정당한 것으로 수긍할 수 있다"고 판시한 바 있다(대법원 2007. 11. 15. 선고 2007도6775 판결).

사행성과 관련된 기능을 갖추었는지 여부를 기술적으로 검사하기 위한 내용을 담고 있을 뿐이라고 할 것이다. 그런 점에서 법 제21조 제8항에서 굳이 사행성 여부 '등'이라고 할 필요가 있었는지는 의문이 없지 않다. 다만, 폭력성, 선정성 등을 생각해 볼 수도 있을 것이나 이것은 시행령 제12조 제2항 각 호에서 규정한 기능들과는 아무래도 거리가 있어 보인다. 따라서 사행성 이외의 기타 사유들에 대해서까지 특별히 고려했던 것은 아니고 단지 만약의 상황을 대비해 그 범위를 넓게 규정하고자 한 것으로 파악하는 것이 합리적이다. 종전 규정인 제정 시행령에서도 그 대상을 경품 제공 게임물에 한정하고 있었다는 점에서 본 규정의 취지는 아케이드 게임물의 사행성 확인을 주목적으로 한 것이라고 할 수 있다.[124] 다만, 시행령 제12조 제2항 각 호의 기능에 대한 확인을 사행성과는 관계없는 기타 사유에 대한 확인이라고 한다면 달리 볼 여지도 없지 않을 것이나 법률이 명문으로 사행성 여부 등 확인에 대해 시행령에서 구체적으로 정할 것을 위임하고 있고 그럼에도 불구하고 가장 중요한 사행성 여부는 제외하고 기타 사유에 대해서만 규정하는 것은 위임 입법의 취지에 맞지 않다. 뿐만 아니라 제정 당시의 시행령 규정과는 달리 사행성 기준 준수 기능에 대한 확인을 포함하고 있지도 않아 현행 규정 안에서 사행성 관련 기능의 확인과 기타 사유에 대한 확인을 구분하는 해석 방법도 그리 자연스럽지 않다. '사행성 등'에 있어서 '등'에 해당하는 것은 문맥상 사행성과는 구분되는 범주이지만 그와 동등의 개념 표지가 되어야 할 것이므로 예컨대 폭력성이나 선정성 등이 적절하다. 시행령 제12조 제2항 각 호는 결국 사행성 조장 방지와 관련된 기능이라고 할 것인데 이를 사행성 확인과는 무관한 것으로 보는 것 역시 상당하다고 할 수 없다.

　　게임물 기술심의제도는 법 제21조(등급분류) 중 제8항에 위치하고 있지만 순수한 의미의 등급분류제도라고 하기는 어렵다. 등급분류를 위한 내용(콘텐츠) 심

---

124) 현행과 같이 '게임물의 기술심의'라는 조문 제목으로 개정(2007.5.16)되기 전 제정 시행령 (2006.10.27. 대통령령 제19717호) 제12조에서는 다음과 같이 규정하고 있었다.
제12조(게임물 운영 소프트웨어의 개조 및 변조 방지 기능 등에 관한 심의) ① 등급위원회는 등급분류를 신청한 게임물 중 경품을 제공하는 게임물에 대하여 등급분류를 결정하기 전에 다음 각 호의 기능을 갖추었는지의 여부를 확인하기 위한 심의를 받게 할 수 있다.
1. 게임물 운영 소프트웨어의 개조 및 변조 방지 기능
2. 게임물 운영 소프트웨어의 사행성 기준 준수 기능
3. 게임이용요금 투입장치의 위조 및 변조 식별 기능
4. 게임물 운영정보 표시장치의 작동 기능

사가 아닌 내용 외적인 기술적 사항에 대한 일종의 기기 또는 기구 검사 제도에 가깝다고 할 수 있다. 법 제41조(수수료) 제2항에서 등급분류를 신청하는 자와 구분하여 기술심의를 받아야 하는 자도 별도의 수수료를 납부하도록 하고 있다는 점에서도 등급분류와 기술심의는 별개의 제도라고 보는 것이 타당하다.

한편 기술심의는 게임물의 사행성 여부 등을 확인하기 위한 절차라는 점에서 사행게임물 확인제도와의 관계가 문제될 수 있다. 통상적으로 법 제21조 제4항 소정의 사행성게임물 확인제도의 일 내용을 구성하는 것으로 이해되기도 하지만 명확하지 않다. 엄밀하게는 '사행성' 여부 등을 확인하는 것과 '사행성게임물' 여부를 확인하는 것이 정확히 일치하는 개념은 아니기 때문이다. 법 제21조 제8항을 사행성게임물 여부를 확인하기 위해 기술심의를 할 수 있다는 의미로 해석할 수 있다고 한다면 그 경우에는 기술심의가 사행성게임물확인제도의 일부를 구성하는 특수한 절차 또는 일 단계라고 볼 수도 있을 것이다. 그러나 '사행성게임물'에 한정하지 아니하고 법문 그대로 넓게 '사행성 여부 등'을 확인하기 위해 기술심의를 할 수 있다고 새기거나 '사행성게임물'과 '사행성'을 다른 개념으로 이해한다면 기술심의를 단순히 사행성게임물 확인제도의 일환에 불과하다거나 그에 부속되는 절차로만 취급하는 것은 적절하지 않을 수 있다. 더욱이 사행성게임물 확인과 달리 기술심의는 의무적 절차가 아니며, 사행성게임물 확인 시 반드시 거쳐야 하는 필수 절차도 아니다. 따라서 이와 같은 경우라면 양 제도는 상호 보완적인 관계에 있다고 보는 것이 더 타당할 것이다. 다만, 아케이드 게임의 사행성게임물 확인과 관련해서는 기술심의를 받는 것이 일반적인 절차라는 점에서 기술심의가 사행성게임물 확인제도의 일부를 구성하는 절차로 이해될 소지도 없지 않다.[125] 그럼에도 불구하고 이를 단정하기는 쉽지 않다. 예컨대 시행령 제12조 제1항 제2호에 "법 제28조 제3호 단서에 따라 경품을 지급하는 청소년게임제공업의 전체이용가 게임물(위원회가 해당 게임물이 그 등급분류와 다르게 제작·유통 또는 이용제공될 우려가 없다고 확인한 게임물은 제외한다)로 등급분류를 하려는 경우"도 기술심의를 할 수 있도록 규정하고 있는데, 해당 게임물이 사행성게임물이 아님은 분명하고, 다만 경품 지급에 따른 사행성 조장의 우려가 있어

---

125) 실제에 있어서 기술심의는 주로 아케이드 게임과 관련하여 사행성게임물 성립의 전제가 되는 게임물, 결국 사행성게임물이 될 가능성이 높은 게임물을 대상으로 기기나 장치의 기술적 요소에 대한 사전 검사 절차로 활용되고 있다.

이를 기술심의 대상에 포함시킨 것으로 이해한다면 기술심의가 반드시 사행성게임물을 확인하기 위한 제도라고 하기는 어려워 보인다. 만약 해당 게임물에 대해서도 사행성게임물 여부를 확인하고자 한 것이라면 시행령 제12조 제1항 제2호가 아니더라도 동항 제1호의 해석만으로도 충분히 가능한 문제가 아닌가 한다. 따라서 제1호 외에도 군이 제2호를 추가하여 신설한 것은 그 입법취지가 기술심의의 역할을 단순히 사행성게임물 확인에만 한정시키고자 한 것은 아니라는 해석도 가능할 것이다. 법 제21조 제4항과 동조 제8항의 관계 내지는 법적 성질을 명확히 할 필요가 있다.

8. 게임물의 기술심의

가. 의　의

위원회는 법 제21조 제8항에 따라 등급분류를 신청한 게임물이 (i) 게임제공업에 제공되는 게임물(이하 "게임제공업소용 게임물"이라 한다)로서 법 제2조 제1호의2 가목부터 바목까지의 어느 하나에 해당하는 게임물에 대하여 등급분류를 하려는 경우(시행령 제12조 제1항 제1호), (ii) 법 제28조 제3호 단서에 따라 경품을 지급하는 청소년게임제공업의 전체이용가 게임물(위원회가 해당 게임물이 그 등급분류와 다르게 제작·유통 또는 이용제공될 우려가 없다고 확인한 게임물은 제외한다)로 등급분류를 하려는 경우(시행령 제12조 제1항 제2호)의 어느 하나에 해당하는 경우 해당 게임물에 대하여 기술심의를 할 수 있다(시행령 제12조 제1항). 이 규정은 2013.11.20. 개정된 것이다.

나. 기술심의의 목적

위원회는 게임물의 사행성 여부 등을 확인하기 위하여 기술심의를 할 수 있다(법 제21조 제8항). 따라서 기술심의의 목적은 게임물의 사행성 여부 등의 확인이다. 그러나 이와 관련해 논란의 여지가 있는 몇 가지 문제가 있다. 첫째는 '사행성 여부 확인'과 '사행성게임물 여부 확인'과의 관계이다.[126] 둘째는 사행성 여부 '등'의 범위이다.

다. 기술심의 대상 게임물

기술심의의 대상이 되는 게임물은 등급분류를 신청한 게임물 중 (i) 게임제공업소용 게임물로서 법 제2조 제1호의2 가목부터 바목까지의 어느 하나에 해당하는 게임물, (ii) 경품을 지급하는 청소년게임제공업의 전체이용가 게임물(위원회가 해당 게임물이 그 등급분류와 다르게 제작·유통 또는 이용제공될 우려가 없다고 확인한 게임물은 제외)의 어느 하나에 해당하는 게임물이다.

(1) 게임제공업소용 게임물로서 법 제2조 제1호의2 가목부터 바목까지의 어느 하나에 해당하는 게임물

1) 등급분류를 신청한 게임물

기술심의를 하기 위해서는 일단 등급분류를 신청한 게임물일 것을 요한다. 따라서 아직 등급분류를 신청하지 아니한 게임물에 대해 강제적으로 기술심의를 받게 할 권한은 없다. 어차피 등급분류를 받아야 할 의무를 진다는 이유로 등급분류 신청도 하지 아니한 게임물에 대해서 기술심의를 요구하는 것은 권한의 남용이거나 권한이 없는 행위에 해당하는 것으로 허용되지 않는다고 본다.

2) 게임제공업에 제공되는 게임물(게임제공업소용 게임물)

등급분류를 신청한 게임물이 모두 기술심의의 대상이 되는 것은 아니다. 등급분류를 신청한 게임물 중 게임제공업에 제공되는 게임물, 그 중에서도 게임제공업소용 게임물에 대해서만 기술심의를 받게 할 수 있다.

한편 법문은 '등급분류를 신청한 게임물 중 게임제공업에 제공되는 게임물'을 '게임제공업소용 게임물'이라고 규정하고 있는데, 이것은 강학상의 아케이드 게임물을 의미하는 것이라고 할 수 있다. 그러나 게임제공업은 게임제공업소(환언하면 아케이드 게임장)는 물론 온라인게임제공업도 포함하는 개념이라는 점에서 과연 적절한 규정인지는 의문이다. 또한 법 제2조 제6호의2 가목 및 나목 소정의

---

126) 기술심의는 사행성 여부를 확인하기 위한 절차인데 여기서 '사행성 여부'가 '사행성게임물 여부'를 의미하는 것인지 아니면 별개의 개념인지가 명확하지 아니하다. 달리 말하면 기술심의가 법 제21조 제4항 소정의 사행게임물 확인 제도에 종속된 절차인지 아니면 별개의 독립된 절차인지가 분명하지 않다는 점이다. 결국 이 문제는 기술심의의 법적 성격에 관한 질문으로도 치환가능할 것이다. 생각건대 기술심의는 등급분류는 물론 사행성게임물 확인과도 구분되는 제도로 보는 것이 타당하다.

'청소년게임제공업'과 '일반게임제공업'과의 관계를 고려하면 오히려 개념의 혼란을 가져오는 측면이 없지 않다. 다만, '게임제공업소용 게임물'을 문언 그대로 법 제2조 제6호의 '게임제공업'에 제공되는 게임물로 해석할 여지도 없지 않으나 그 경우 온라인게임제공업 등에 제공되는 게임물도 포함되어야 할 것인데 이것은 본 규정의 입법연혁[127]이나 취지[128]에 부합하지 아니하고 관련 규정과의 정합성도 떨어진다.

3) 법 제2조 제1호의2 가목부터 바목까지의 어느 하나에 해당하는 게임물

법 제2조 제1호의2 가목부터 바목까지의 어느 하나에 해당하는 게임물이란 (i) 베팅이나 배당을 내용으로 하는 게임물, (ii) 우연적인 방법으로 결과가 결정되는 게임물, (iii) 「한국마사회법」에서 규율하는 경마와 이를 모사한 게임물, (iv) 「경륜·경정법」에서 규율하는 경륜·경정과 이를 모사한 게임물, (v) 「관광진흥법」에서 규율하는 카지노와 이를 모사한 게임물, (vi) 그 밖에 대통령령이 정하는 게임물을 말한다.

그런데 이러한 게임물은 법 제2조 제1호의2 소정의 사행성게임물이 되기 위한 요건 중 하나이기도 하다. 따라서 마치 기술심의는 사행성게임물에 대해서 이루어져야 하는 것으로 잘못 이해될 소지가 있다. 그러나 이러한 게임물은 사행성게임물로 성립하기 위한 일 조건일 뿐이라는 점에서 기술심의의 대상이 사행성게임물일 것을 요하는 것은 아니라는 점에 유의하여야 한다. 기술심의는 사행성게임물이 아니라 사행성 여부가 의심되는 게임물에 대해 그 확인을 위해 이루지는 것이다. 물론 위에서 열거한 게임물은 다른 게임물보다는 사행성게임물이 될 가능성이 높을 것이다.

(2) 경품 지급 청소년게임제공업의 전체이용가 게임물

법 제28조 제3호 단서에 따라 경품을 지급하는 청소년게임제공업의 전체이

---

127) 입법 연혁적으로 보면 종전 규정인 제정 시행령 제12조에서 심의 대상을 '경품을 제공하는 게임물'로 한정하고 있었는데 이것은 결국 아케이드 게임물을 염두에 둔 것이라는 점에서 그러하다.

128) 만약 문언 그대로 '게임제공업에 제공되는 게임물'을 의도한 것이라면 굳이 '게임제공업소용 게임물'이라는 약어를 사용할 필요가 없을 것이다. 그리고 '업소'의 개념은 종래부터 관행적으로 아케이드 게임장의 의미로 사용하였던 점에 비추어 보면 역시 일반적인 의미의 '게임제공업'에 제공되는 게임물을 의미하는 것이라고 해석하기는 어렵다고 본다.

용가 게임물로 등급분류를 하려는 경우도 기술심의를 할 수 있다. 다만, 위원회가 해당 게임물이 그 등급분류와 다르게 제작·유통 또는 이용제공될 우려가 없다고 확인한 게임물은 제외된다. 이 규정은 2013.11.20. 개정 시 신설된 것이다.

법 제28조 제3호는 게임물 관련사업자로 하여금 경품 등을 제공하여 사행성을 조장하지 아니할 것을 준수하도록 규정하고 있는데 다만, 청소년게임제공업의 전체이용가 게임물에 대하여 대통령령이 정하는 경품의 종류(완구류 및 문구류 등. 다만, 현금, 상품권 및 유가증권은 제외한다)·지급기준·제공방법 등에 의한 경우에는 예외로 하고 있다. 즉, 청소년게임제공업의 전체이용가 게임물이 일정한 요건하에 경품을 제공하는 것은 사행성 조장에 해당하지 한다고 보아 특별히 규제대상에서 제외하고 있는 것이다. 따라서 규정 간 정합성을 고려한다면 해당 게임물에 대해서는 등급분류 신청 시 굳이 사행성 여부를 확인하기 위한 기술심의를 할 필요성이 없는 것이 아닌가라는 의문이 제기될 수도 있다. 그러나 그럴 경우 본래의 취지와 달리 악용의 소지가 없지 않아 사행성 조장의 우려가 있는 것도 사실이다. 이에 관련 논란의 소지를 없애고 사행성 심사를 보다 엄격하게 하기 위해 해당 게임물이 그 등급분류와 다르게 제작·유통 또는 이용제공될 우려가 없다고 확인한 게임물을 제외하고는 원칙적으로 모두 기술심의의 대상이 될 수 있도록 하는 규정을 명문화한 것이다.

한편 시행령 부칙 제2조(게임물의 기술심의에 관한 적용례)는 "제12조의 개정규정은 이 영 시행 전에 등급분류를 신청한 게임물에 대하여 법 제28조 제3호 단서에 따라 경품을 지급하는 청소년게임제공업의 전체이용가 게임물(위원회가 해당 게임물이 그 등급분류와 다르게 제작·유통 또는 이용제공될 우려가 없다고 확인한 게임물은 제외한다)로 등급분류를 하려는 경우에 대해서도 적용한다."고 규정하고 있는데, 이것은 동영 시행(2014.2.23) 전에 이미 등급분류를 신청한 해당 게임물에 대해서는 예외적으로 개정된 규정을 소급적용하겠다는 취지로 해석된다.[129] 이것은 동영 시행일 이후에 등급분류 신청하는 게임물부터 개정된 규정을 적용

---

129) 이러한 입법은 법률불소급의 원칙에 반하는 것일 수 있다. 법적 안정성과 예측가능성을 해할 수도 있다는 점에서 소급입법은 금지되는 것이 법 일반의 원칙이기 때문이다. 다만, 신법이 구법보다 당사자에게 유리한 경우에는 이 원칙이 배제되는 경우가 있다. 즉, 신법을 적용하는 것이 합리적이며 사회의 실정 또는 정의의 관념에 합치되는 경우에는 예외적으로 소급효가 인정될 수도 있는 것이다. 그렇다면 해당 부칙 규정이 이러한 예외 사유에 부합하는지를 검토해 보아야 할 것이다.

하는 것이 원칙이겠으나 비록 동영 시행 전에 등급분류를 신청한 경우라고 하더라도 아직 등급분류 결정을 받은 것은 아니므로 소급적용을 하더라도 등급분류 신청자에게 특별히 해가 되거나 소비자의 혼란을 유발할 것은 없다는 인식에 근거한 것이 아닌가 한다. 다만, 등급분류의 마지막 결정 직전 단계에 있던 게임물의 경우 문제의 소지가 전혀 없는 것은 아니지만 이 또한 그 결과가 공식적·객관적으로 결정·공표된 것이 아니라는 점에서 회복하지 못할 정도의 불이익이 발생하는 것으로는 여겨지지 않는다는 점이 고려될 수 있을 것이다. 오히려 소비자 입장이나 공익적 차원에서는 기술심의가 추가되어 사행성 조장 가능성이 있는 게임물의 유통을 줄일 수 있다는 점에서 소급적용의 경우가 더 유익할 수도 있을 것이다.

라. 기술심의 시기

등급분류를 결정하기 전에 시행령 제12조 제1항 각 호의 기능을 갖추었는지의 여부를 확인하기 위한 심의를 받게 할 수 있다. 문제가 되는 것은 '등급분류를 결정하기 전'이 의미하는 바가 '등급분류 자체를 하기 전'을 뜻하는 것인지 아니면 문언 그대로 '등급분류 절차 중 등급 결정을 하기 전'을 뜻하는 것인지가 분명하지 않다는 점이다. 전자로 새긴다면 기술심의를 거친 후에야 비로소 등급분류 절차를 시작할 수 있게 될 것이다. 다시 말하면 등급분류 절차를 시작하기 전에 기술심의를 하여야 한다. 후자로 새긴다면 등급분류 절차를 시작하기 전 또는 등급분류를 하는 과정에서도 기술심의를 병행할 수 있으며 최종적으로 등급을 결정하기 전에만 기술심의를 마치면 될 것이다. 행정 편의나 절차의 효율성을 고려한다면 전자로 해석하는 것이 유리할 것이다. 왜냐하면 사행게임물임이 확인되는 경우에는 더 이상 게임물이 아니므로 굳이 등급분류를 진행할 필요가 없거나 등급분류 거부 대상이 되기 때문이다. 등급분류 거부 절차와의 관계를 고려하더라도 전자가 정합성이 더 높다. 그러나 이러한 논리적 측면과는 별개로 실무상으로는 등급분류와 기술심의를 함께 진행할 수도 있을 것이다.

마. 기술심의 확인 사항

기술심의는 (i) 게임물 운영 소프트웨어의 개조 및 변조 방지 기능, (ii) 화폐의 위조 및 변조 식별 기능, (iii) 게임물 운영정보 표시장치의 작동 기능을 갖추었는지의 여부를 확인하기 위한 것이다. 이는 예컨대 아케이드 게임의 사행성게임물로의 개·변조 내지는 사행성 조장 가능성을 사전에 차단하거나 해당 게임물이 등급분류와 다르게 제작·유통 또는 이용제공되지 않도록 하기 위한 것이라고 할 수 있다. 사실상 기기나 장치의 기술적 사항에 대한 검사라고 할 수 있으며 게임물의 내용 자체에 대한 심의라고 하기는 어렵다.

바. 심의의 실시방법 등 협의

시행령 제21조 제1항 및 제2항에 따른 심의의 실시방법 그 밖에 심의에 관하여 필요한 사항은 위원회의 위원장이 문화체육관광부장관과 지식경제부장관의 협의를 거쳐 정한다(시행령 제12조 제3항). 2013.11.20. 개정 시 제2항이 추가되었지만 이는 종전의 확인 대상이 되는 기능들을 항을 나누어 동일하게 규정한 것에 불과하므로 제1항 제2호로 추가된 경품 지급 청소년게임제공업의 전체이용가 게임물을 제외한다면 종전의 내용과 크게 다르지 아니하다.

사. 수수료

기술심의를 받아야 하는 자는 위원회가 문화체육관광부장관의 승인을 얻어 정하는 수수료를 납부하여야 한다(법 제41조 제2항 본문 및 동항 제3호). 이것은 등급분류 신청 수수료(동항 제1호)와는 별개이다.

9. 게임물의 내용 수정

가. 의 의

등급분류를 받은 게임물의 내용을 수정한 경우에는 문화체육관광부령이 정하는 바에 따라 24시간 이내에 이를 위원회에 신고하여야 한다. 이 경우 위원회는 신고된 내용이 등급의 변경을 요할 정도로 수정된 경우에는 신고를 받은 날부터 7일 이내에 등급 재분류 대상임을 통보하여야 하며, 통보받은 게임물은 새로운 게임물로 간주하여 위원회규정이 정하는 절차에 따라 새로이 등급분류를 받도록 조치하여야 한다(법 제21조 제5항).

　　　즉, 등급의 변경을 요할 정도로 수정된 경우에는 재심의 대상으로 결정되며, 비대상의 경우는 수정 신고한 내용으로 유통 또는 이용에 제공 등을 할 수 있다. 그러나 반드시 수정 신고한 내용으로만 유통 등을 하여야 하는지는 의문이다. 부득이하게 수정 신고 전 내용 그대로 유통 등을 하는 경우도 있을 텐데 이를 금지하는 것은 적절하지 않으며 뚜렷한 법적 근거도 없는 것이 아닌가 한다.

나. 수정 신고

　　법 제21조 제5항 전단에 따라 등급분류를 받은 게임물의 내용을 수정(등급분류받은 게임물의 내용이 수정된 경우에 한하며, 내용수정 없이 등급분류 받은 게임물을 기술적으로 보완하거나 개선하는 경우를 제외한다)하려는 자는 위원회규정으로 정하는 신고서에 수정내용을 입증할 수 있는 자료를 첨부하여 위원회에 제출하여야 한다(시행규칙 제9조의2 제1항).

(1) 신고 대상 게임물
1) 등급분류를 받은 게임물
　　신고대상이 되는 게임물은 '등급분류를 받은 게임물'의 내용을 수정한 경우이다.

　　한편 등급분류를 신청하여 이미 접수 완료된 게임물에 대해서도 내용 수정이 가능한지 여부가 문제될 수 있다. 실무는 사안에 따라 검토가 필요하다고 보는 것 같다. 그러나 법문은 '등급분류를 받은 게임물'을 전제로 한다는 점에서 아직 등급 결정을 받지 아니하고 단지 등급분류 신청 또는 접수만 된 상태인 게임물에 대해서까지 내용 수정을 막을 근거는 없어 보인다. 나아가 신고 의무도 없다고 할 것이다. 행정적으로는 번거로울 것이나 아무튼 절차적 보완이 필요할 것으로 본다.

2) 내용 수정 게임물

게임물의 내용을 수정한 경우에 한한다. 따라서 내용 외적인 부분에 대한 수정은 해당하지 않는다. 내용수정 없이 등급분류 받은 게임물을 기술적으로 보완하거나 개선하는 경우도 제외된다.

(2) 신고 기간

수정 후 24시간 이내에 이를 위원회에 신고하여야 한다. 실무적으로는 24시간 이내 신고하지 않고 비록 일시적이라고 하더라도 이벤트 등을 통해 고가의 아이템을 서비스하거나 신고한 내용과 다른 내용으로 서비스하는 것은 위법한 행위라고 해석하고 있다.

(3) 수정 내용 확인 및 조치

위원회는 내용수정 신고받은 게임물에 대하여 그 수정내용을 확인하고, (i) 등급유지통보, (ii) 등급재분류통보 조치하여야 한다(시행규칙 제9조의2 제12항). 실무적으로는 등급 재분류(재심의) '대상'과 '비대상'으로 구분하고 수정 신고의 접수일로부터 통상 7일 이내에 등급 재분류 대상 여부를 통보하여야 한다. 등급의 변경을 요할 정도로 수정된 경우에 재심의 '대상'으로 결정되며, '비대상'의 경우 등급받은 게임물을 수정한 내용(수정 신고된 사항) 그대로 유통 및 이용에 제공, 진열·보관하여야 한다.

1) 등급유지 통보

게임물의 내용이 수정되었으나 등급의 변경을 요할 정도는 아닌 경우로서 원래 분류받은 등급을 유지하게 하는 것을 말한다(시행규칙 제9조의2 제12항 제1호).

2) 등급재분류 통보

게임물의 내용이 등급의 변경을 요할 정도로 수정된 경우로서 법 제21조 제5항 후단에 따라 새로이 등급분류를 받게 하는 것을 말한다(시행규칙 제9조의2 제12항 제2호).

(4) 등급 재분류 대상 기준

① 게임의 주요 내용(시나리오, 캐릭터, 아이템 등)·영상·음향 요소 등이 등급 판정에 영향을 줄 수 있을 정도로 수정되거나 추가된 경우.

② 게임머니의 충전, 이체, 사용 등 이용방식이 수정된 경우.

③ 기타 사행성을 유발하거나, 이용자의 과몰입을 유발할 수 있는 게임의 진행 방식이 수정된 경우.

④ 아케이드 게임으로서, 게임의 내용·이용방법·프로그램의 수정이 있는 경우.

⑤ 장기간 내용수정 신고를 하지 않거나, 추가된 내용이 방대한 경우.

⑥ 그 외 등급의 변경을 요할 정도로 수정된 경우.

(5) 신고서의 반려 및 등급분류 신청

1) 의 의

위원회는 내용수정으로 신고된 게임물이 그 이용방식이 현저하게 변경되거나 게임의 계정사항(특정 게임이용자의 게임이용정보 또는 내용을 말한다)이 승계되지 아니하여 법 제21조 제5항에 따른 내용수정범위를 초과하는 경우에는 지체없이 제1항에 따른 신고서를 반려하고 신고인에게 반려의 취지 등을 통보하여야 한다. 이 경우 신고인은 당해 게임물에 대하여 법 제21조 제1항에 따라 등급분류를 신청하여야 한다(시행규칙 제9조의2 제3항).

2) 신고서 반려

① 신고서 반려요건

이용방식이 현저하게 변경되거나 게임의 계정사항이 승계되지 아니하여 법 제21조 제5항에 따른 내용수정범위를 초과하는 경우에는 신고서 반려 대상이 된다.

(i) 이용방식이 현저하게 변경되는 경우

(ii) 게임의 계정사항이 승계되지 아니한 경우

'게임의 계정사항'이란 특정 게임이용자의 게임이용정보 또는 내용을 말한다.

(iii) 내용수정범위를 초과하는 경우

'법 제21조 제5항에 따른 내용수정범위'란 신고된 내용이 등급의 변경을 요할 정도로 수정된 경우를 말한다.

② '지체 없이' 반려 및 '반려 취지' 등 통보

신고서는 '지체 없이' 반려하고 신고인에게 '반려의 취지' 등을 통보하여야 한다.

③ 내용수정신고 반려 게임물에 대한 준수사항

등급분류를 받은 게임물의 내용을 수정한 경우에는 법 제21조 제5항에 따라 위원회에 신고하여야 한다. 그러나 내용수정 신고 '반려' 처분된 게임물이 중복하여 다시 또는 다른 내용의 내용수정 사항을 신고하는 사례가 발생하고 있어 실무상 문제되고 있다. 이에 대해 위원회는 '내용수정신고 반려 게임물에 대한 준수사항'[130]을 통해 법 제21조 제5항 및 시행규칙 제9조의2 제3항에 따라 "내용수정신고 반려 게임물의 경우 반려 이후 추가적인 내용수정신고가 불가능하며, 새롭게 등급분류 신청을 해야 한다"고 공지하고 있다.

3) 등급분류 신청

신고서의 반려 및 반려의 취지 등을 통보받은 신고인은 당해 게임물에 대하여 법 제21조 제1항에 따라 등급분류를 신청하여야 한다(시행규칙 제9조의2 제3항).

다. 등급 재분류

내용수정신고대상 게임물임에도 불구하고 신고를 하지 않거나, 내용을 수정하여 등급분류를 받은 내용과 다르게 제작 또는 배포하거나 그 이용에 제공하는 경우에는 법 제32조 제1항 제2호에 해당하는 불법게임물로 간주하며, 위원회는 직권으로 조사하여 등급 재분류 대상으로 지정할 수 있다.

(1) 내용수정 신고 절차에 의한 등급 재분류

등급 재분류 대상임을 통보받은 게임물은 새로운 게임물로 간주하여 위원회 규정이 정하는 절차에 따라 새로이 등급분류를 받도록 조치하여야 한다(법 제21조 제5항).

내용수정신고 게임물의 재분류절차는 다음과 같다. 게임법 제21조 제5항의 등급재분류 대상임을 통보받은 게임물에 대하여는 그 사실을 송달받은 날로부터

---

130) 게임물등급위원회, 공지사항: 내용수정신고 반려 게임물에 대한 준수사항 안내(2012.7. 23).

7일 이내에 등급재분류신청을 하여야 한다(등급분류 규정 제22조의2 제1항). 위원회는 제1항의 신청에 따라 심의한 결과 종전 등급과 달라진 경우에는 등급변경 예정 결의를 할 수 있다(등급분류 규정 제22조의2 제2항). 등급변경 예정결의를 한 경우, 위원회는 지체없이 등급이 변경된 사유를 신청인에게 통보하여야 하고, 신청인은 위 통보서를 송달받은 날로부터 7일 이내에 소명하여야 한다(등급분류 규정 제22조의2 제3항). 위원회는 신청인의 소명을 검토하여 등급변경 여부를 확정한다. 단, 신청인이 기한 내에 소명하지 않는 경우에는 등급변경을 확정한다(등급분류 규정 제22조의2 제4항). 제4항에 따라 등급변경이 된 경우 신청인은 그 등급변경 이유를 해소하여 다시 등급분류를 신청할 수 있다(등급분류 규정 제22조의2 제5항).

(2) 직권 조사 또는 신청에 의한 등급 재분류

법 제21조 제5항의 규정에 따라 등급분류 변경을 요할 정도의 수정에 해당하면서 새로이 등급분류를 받지 아니하거나 등급분류를 받은 내용과 다르게 제공할 경우 위원회에서 직권으로 조사하거나 게임물제공업자 또는 게임물배급업자의 신청에 의하여 등급을 재분류 할 수 있다(법 제21조 제6항).

10. 오픈마켓 게임물의 등급분류(자체등급분류를 중심으로)

가. 의 의

법 제21조 제1항 제4호에 따른 게임물을 이용에 제공하거나 유통시키고자 하는 자는 위원회와 협의한 별도의 기준에 따라 자체적으로 등급분류를 하여 이를 표시하여야 한다. 이 경우 법 제21조 제1항에 따라 등급분류를 받은 것으로 본다(게임법 제21조 제9항).

이것은 오픈마켓 게임물 등 제작주체나 유통과정의 특성상 위원회를 통한 사전심의가 적절하지 않은 게임물 중 청소년이용불가 게임물을 제외한 게임물에 대해서는 게임물을 유통하는 자 등이 위원회와 협의한 별도의 기준에 따라 자체적으로 등급분류를 할 수 있도록 하기 위해 2011.4.5. 게임법 일부개정 시 신설된 규정이다. 법 제21조 제1항 제4호와 더불어 소위 오픈마켓 게임물에 대한 '자체 등급분류 제도'의 근거가 되는 규정이라고 할 수 있다.

이와 같이 오픈마켓 사업자에 의한 자체 등급분류의 예외를 인정한 것은 명목상으로는 오픈마켓 게임물을 시작으로 단계적으로 민간 자율의 등급분류 제도를 도입하고자 한 까닭이지만 실질적으로는 당시의 등급분류 제도가 현실적이지 못하였기 때문이다. 원칙적으로 모든 게임물은 사전에 위원회의 등급분류를 받아야 하지만 실무상 매달 수천, 수만 건에 달하는 오픈마켓 게임물을 일일이 사전 심의한다는 것은 물리적으로 거의 불가능하거나 심사 적체 또는 부실의 문제를 낳을 가능성이 높기 때문에 사실상 등급분류 제도가 제 기능을 하지 못하고 유명무실해 질 우려가 있었기 때문이다. 더욱이 대부분의 게임물이 애플, 구글과 같은 외국 오픈마켓 사업자에 의해 서비스되는 상황에서 사전 심의를 강제할 마땅한 방법도 찾기 어렵거니와 편법적, 불법적 서비스 · 이용 상태를 방치하거나 범법자를 양산할 우려가 있었기 때문이다. 그리고 더 이상 세계 오픈마켓 게임물 시장으로부터 우리나라가 배제되거나 도태되는 상황을 간과할 수 없었기 때문이라고 할 수 있다. 이에 시장 현실에 맞도록 게임법을 개정할 필요성이 제기되었고 결국 오픈마켓 게임물에 대해서는 위원회의 의한 사전 심의의 예외로 오픈마켓 사업자에 의한 자체 등급분류제도를 도입한 것이라고 할 수 있다.

한편 오픈마켓 게임물에 대한 등급분류가 자체등급분류만을 의미한다거나 그에 따른 절차에 의해서만 가능한 것은 아니다. 오픈마켓 게임물에 대한 등급분류는 대략 4가지의 루트를 생각해 볼 수 있다.[131] (i) 첫째는 앞에서 언급한 바와 같이 위원회와 협약을 맺은 오픈마켓 사업자에 의한 자체등급분류이다. 협의의 오픈마켓 등급분류제도라고 할 수 있다. (ii) 둘째는 위원회에 의한 오픈마켓 등급분류이다. 법 제21조 제1항 제4호가 청소년이용불가 게임물을 제외한 나머지 오픈마켓 게임물에 대해서는 의무적 등급분류 대상의 예외로 하면서 자체등급분류에 의할 것을 규정하고 있으므로 사실상 오픈마켓 게임물의 등급분류는 우선적으로 자체등급분류에 의할 것을 원칙으로 하고 있다고 할 수 있다. 따라서 위

---

131) 제4의 루트로서 민간에 의한 순수 자율적인 등급분류도 생각해 볼 수 있을 것이나 현행법상 적어도 위원회와의 협의 즉, 협약체결을 전제로 한 등급분류가 이루어져야 한다는 점에서 당해 절차 없이 민간이 독자적으로 등급분류를 하는 것은 비록 그 내용이 적절할지언정 게임법상 등급분류를 받지 아니하고 이용제공 또는 유통하는 것이 되어 처벌 대상이 될 가능성 높다. 따라서 현실적으로는 오픈마켓 게임물의 네 번째 등급분류 루트로서 인정하기는 곤란한 면이 없지 않다.

원회에 의한 직접적인 등급분류는 입법 취지상 예외적인 절차라고 할 수 있다. 예컨대 협약이 성립되지 아니한 경우 또는 자체등급분류 과정에서 청소년이용불가 게임물에 해당하는 것으로 판단되는 경우 등에는 자체등급분류가 허용되지 아니하므로 부차적으로 위원회에 의한 직접적인 등급분류에 의할 수밖에 없다. 그러나 처음부터 청소년이용불가 게임물과 그 이외의 게임물을 구분하여 전자에 대해서는 여전히 위원회에 등급분류 심의주체로서의 지위를 유보하고 있다는 점에서는 선·후 또는 원칙과 예외의 관계라기보다는 심의 영역을 나누어 일종의 2트랙 방식의 등급분류 제도를 운영하고 있다고도 볼 수 있다. 따라서 현행 오픈마켓 등급분류는 청소년이용가 게임물에 대한 민간의 자율적 심의와 청소년이용불가 게임물에 대한 행정기관(또는 그에 준하는 공적기관)에 의한 타율적 심의가 병존하고 있다고 할 수 있다. 그러나 양자 모두 게임법에 근거한 의무적 등급분류 절차임에는 차이가 없다. 그런 의미에서 자체등급분류 제도를 순수한 의미의 민간 자율적 심의제도라고 보기는 어렵다.[132) 아무튼 일반적으로 오픈마켓 등급분류라고 할 때에는 자체등급분류뿐만 아니라 위원회에 의한 직접적인 등급분류도 포함하는 것으로 이해하는 것이 타당하다고 본다. (iii) 셋째는 위원회가 지정한 등급분류기관에 의한 위탁 방식의 등급분류이다. 이것은 광의의 오픈마켓 게임물 등급분류 제도라고 할 수 있다. 그러나 해석하기에 따라서는 문제점도 없지 않다. 예를 들어 지정된 등급분류기관에 위탁되는 업무에는 법 제21조 제1항 본문에 따른 등급분류 결정이 포함되어 있으나 그 대상이 되는 것은 법 제21조 제2항 제1호부터 제3호까지에 해당하는 게임물에 한한다. 즉, 청소년이용불가 게임물은 포함되지 아니한다. 그런데 오픈마켓 게임물 중 자체등급분류에서 제외하여 위원회가 직접 등급분류하도록 한 것은 청소년이용불가 게임물인바 이것은 등급분류기관이 위탁 받아 등급분류할 수 있는 대상이 아니다. 다만, 위원회와

---

132) 더욱이 자체등급분류에 의한 등급표시가 적절하지 아니한 경우에는 위원회가 다시 등급분류를 할 수 있다는 점에서 자체등급분류는 일종의 1차적 또는 예비적 등급분류에 지나지 아니하다는 평가도 가능하다. 따라서 오픈마켓 게임물에 대한 자체등급분류가 완전히 민간 자율에 맡겨져 있다고 할 수 없다. 다만, 현재로서는 특히 외국 오픈마켓 사업자와 관련해 민간에 의한 자체등급분류를 운영하지 않으면 안 되는 현실적인 제약이 존재한다는 점과 그럼에도 불구하고 아직은 자율 심의에 대한 신뢰도나 전문성 등이 정착되지 아니한 상황에서 청소년보호나 사행성게임물 문제를 도외시 할 수 없다는 점에서 자체등급분류의 적정성에 대한 감독이나 시정조치 등의 사후관리 또한 부득이한 측면이 없지 않다. 중장기적으로 검토가 필요한 부분이다.

등급분류기관 간 협약에 의해 청소년이용가에 해당하는 오픈마켓 게임물을 등급
분류하도록 하는 방안을 생각해 볼 수도 있을 것이나 자체등급분류를 위한 협약
당사자는 기본적으로 게임물을 이용에 제공하거나 유통시키고자 하는 자, 예컨
대 오픈마켓 사업자를 대상으로 한다는 점에서 직접적인 게임물 유통업자가 아
닐 뿐만 아니라 비영리법인일 것을 요하는 등급분류기관이 위원회와의 협약을
통해 자체등급분류한다는 것은 관련 규정의 취지에 부합하지 않는다. 따라서 등
급분류기관에 의한 오픈마켓 게임물의 등급분류는 허용 범위가 아닌 것으로도
판단될 수 있다. 그러나 개인 개발자 또는 제작사, 협약을 맺지 못하였거나 맺지
아니한 오픈마켓 사업자 등[133])이 위원회가 아닌 등급분류기관에 청소년이용가
게임물에 대해 등급분류를 신청한 경우라면 이를 거부하거나 직접 위원회에만
신청하도록 강제할 명확한 법적 근거가 없으므로 이에 대해서는 등급분류기관에
의한 오픈마켓 등급분류가 가능할 수 있을 것이다. 또는 자체등급분류가 적절하
지 아니하여 위원회의 재분류 대상이 된 경우에도 이를 직접 재분류하지 아니하
고 다시 등급분류기관에 위탁하는 방안도 전혀 고려 못할 바는 아니라고 본다.
(iv) 넷째는 민간에 의한 순수 자율적인 등급분류이다. 그러나 이것은 현행법상
적어도 위원회와의 협의 즉, 협약체결을 전제로 한 등급분류가 이루어져야 한다
는 점에서 당해 절차 없이 민간이 독자적으로 등급분류를 하는 것은 비록 그 내
용이 적절할지언정 법적 테두리 밖의 일이므로 민간 자율적 규제 여부와는 별개
로 게임법상으로는 등급분류를 받지 아니하고 이용제공 또는 유통하는 것이 되
어 처벌 대상이 될 수 있다. 따라서 현실적으로는 오픈마켓 게임물의 등급분류
루트로서 인정하기에는 법적 리스크가 높아 곤란한 측면이 있다. 다만, 법적 리
스크와 관련된 부분만 해결된다면 이 또한 독립의 오픈마켓 등급분류 루트가 될
수 있을 것이다. 그러나 그러한 전제는 현행법 하에서 적어도 국내에서는(또는 국
내 오픈마켓 사업자와 관련해서는) 결국 첫 번째 방법 등으로 회귀하여야 하는 것
에 다름 아닐 것이기 때문에 현재로서는 독자적인 루트로 취급하기에는 다소 부
적절한 면이 없지 않다. 이와 관련해 특히 외국 오픈마켓 사업자에 의한 게임물
유통이 문제될 개연성이 높다. 나아가 국내 사업자와의 역차별 문제의 가능성도
배제할 수 없을 것이다.

---

133) 협약을 맺었으나 갱신되지 아니하였거나 파기 또는 해지된 경우 등도 고려할 수 있을 것이
다.

이와 같이 다양한 등급분류 루트가 존재하므로 동일한 오픈마켓 게임물에 대해 중복적인 등급분류가 이루어질 가능성은 얼마든지 있다. 특히 자체등급분류의 경우 게임 개발자 또는 제작사의 입장에서는 가급적 자신의 게임물을 다양한 오픈마켓 사업자를 통해 유통시킬 필요가 있으므로 예컨대 구글의 안드로이드마켓뿐만 아니라 애플의 앱스토어 등을 통해서도 자체등급분류를 받을 가능성이 높다. 따라서 동일 게임물이 여러 오픈마켓에서 중복적으로 등급분류를 받는 사례가 발생할 수 있다는 점에 유의할 필요가 있다.

참고로 오픈마켓용으로 등급분류를 받은 게임물은 오픈마켓에서만 제공 가능하다.

이하에서는 자체등급분류 제도를 중심으로 살펴보되, 후반부에서 위원회에 의한 오픈마켓 등급분류도 검토하도록 한다.

나. 자체 등급분류기준의 사전 협의

(1) 협의 대상자

법 제21조 제1항 제4호에 따른 게임물(자체등급분류 게임물) 즉, 오픈마켓 게임물을 자체등급분류를 통해 이용에 제공하거나 유통시키고자 하는 자는 위원회와 사전 협의하여야 한다.

1) '오픈마켓 게임물'을 이용에 제공하거나 유통시키고자 하는 자

이용에 제공하거나 유통시키고자 하는 대상이 법 제21조 제1항 제4호에 따른 게임물, 즉 '오픈마켓 게임물'이어야 한다. 따라서 모바일[134]이 아닌 다른 플랫폼을 기반으로 하는 게임물을 이용에 제공하거나 유통시키고자 하는 자는 이에 해당하지 아니한다. 다만, 다른 플랫폼을 기반으로 하는 게임물이 모바일에서 이용할 수 있는 것이라면 이 경우에는 예외로 할 수 있을 것이다.

2) 오픈마켓 게임물을 '이용에 제공하거나 유통시키고자 하는 자'

오픈마켓 게임물을 '이용에 제공하거나 유통시키고자 하는 자'이어야 하므로 단순히 당해 게임물을 제작 또는 배급하는 자도 포함되는지가 분명하지 아니하다. 생각건대 법 제21조 제1항에서 "게임물을 유통시키거나 이용에 제공하게

---

134) 온라인으로 오픈마켓 게임물의 다운, 구동 등이 가능한 모바일 게임물을 말한다. 비디오
(콘솔) 게임물과는 구분한다.

할 목적으로 게임물을 제작 또는 배급하고자 하는 자'는 당해 게임물을 제작 또는 배급하기 전에 위원회로부터 당해 게임물의 내용에 관하여 등급분류를 받아야 한다"고 규정하고 있으므로, 문리해석에 의한다면 대상이 되는 게임물의 범위를 논외로 한다면 적어도 법 제21조 제1항에서 언급하는 등급분류 대상자보다는 그 범위가 넓다고 보인다. 즉, '이용에 제공하거나 유통시키고자 하는 자'는 그러한 목적을 가지고 있는 한 게임물을 제작 또는 배급하고자 하는 자에만 한정되지 않기 때문이다. 따라서 이용에 제공 또는 유통만을 목적으로 하는 자도 협의 대상자에 포함된다. 예를 들어 오픈마켓 사업자는 그 스스로 게임물을 제작하지 아니하여도 오픈마켓용 게임물을 이용에 제공하거나 유통시키고자 하는 자이므로 본 항에 의한 협의 대상자가 될 수 있다. 그렇다면 모바일 게임물을 제작 또는 배급135)만 하는 자의 경우에는 어떠한가? 특히 게임물을 제작만하는 자가 문제된다.136) 사견으로는 본 항의 협의 대상자에 해당하지 않는다고 본다. 오픈마켓용 게임물은 기본적으로 이용에 제공하거나 유통을 전제로 하고 있다는 점에서 단순한 게임물 제작에만 그치는 경우라면 협의 대상자로 보기 어려울 것이다. 다만, 게임물을 제작하는 자가 이용에 제공하거나 유통시키고자 하는 경우에는 당연히 포함된다고 본다. 그렇다면 개인이 제작하여 이용에 제공하거나 유통시키는 경우는 어떠한가? 논리적으로는 가능하겠지만 현실적으로는 개인 각자에게 자체등급분류를 허용할 수는 없을 것이다. 개인이 이용에 제공하거나 유통시키고자 하는 경우 즉, 개인이 오픈마켓 사업자인 경우도 마찬가지이다. 개인이 모든 오픈마켓 게임물에 대해 자체등급분류를 한다는 것은 물리적으로 거의 불가능에 가까울 것이고 경제적·기술적 그 밖의 다른 모든 면에서 감당하기 어려울 것이다. 실무상으로도 기준 미달로 배제될 가능성이 높다. 다만, 개인 사업자가 완전히 배제되는 것은 아닐 것이다. 자체등급분류가 가능한 인력, 사업장, 시스

---

135) 본항의 오픈마켓 게임물은 온라인상의 모바일 기반 게임물을 의미하므로, '배급'이 게임물을 오프라인상에서 유체물의 형태로 공급하는 것을 의미하거나 게임물의 최종 이용자(게이머)에게 게임물을 직접 공급하는 것이 아니라 게임제공업자 등의 사업자에게 도매 형태로 공급하는 것을 의미하는 것이라면, 그 경우 게임물을 배급하고자 하는 자는 본항의 협의 대상자에 해당한다고 보기 어려울 것이다.

136) 실제로는 그런 경우가 많지는 않을 것이다. 기본적으로 게임물을 제작하는 이유는 게임물을 이용에 제공하거나 유통시킴으로써 이윤을 창출하고자 하는 목적을 가지고 있기 때문이다. 다른 목적을 위해 일정 기간 이용에 제공 또는 유통을 시키지 아니하는 경우가 있을 수는 있겠지만 처음부터 순수히 게임물 제작만을 목적으로 하는 경우는 거의 없을 것으로 본다.

템, 자본, 노하우, 기술, 공정성·객관성·전문성·투명성 등을 갖추고 있다면 가능성이 전혀 없다고는 할 수 없을 것이다. 그러나 이러한 요건을 갖추고 있는 개인 사업자란 찾기 힘들 것이고 사실상 일부 대규모 오픈마켓 사업자들이 담당할 가능성이 크다고 본다. 2012년 10월 10일 현재 13개사와 협의를 완료하였다 (자세한 것은 아래 표 참조).

협약체결 오픈마켓 사업자 현황(13개사, 2012.10.10. 기준)[137]

번호	사업자명	오픈마켓명
1	(주)삼성전자	삼성 애플리케이션 스토어
2	(주)에이비네트웍스	핸드앤소프트
3	LG U+	OZ스토어
4	(주)인스프리트	오션마켓
5	애플	앱스토어
6	SK플래닛	T스토어
7	구글	안드로이드마켓
8	LG전자	LG스마트월드
9	한국마이크로소프트	윈도우스토어
10	KT	올레마켓
11	㈜교원	Kyowon iStore
12	㈜팬택	VEGA APPSPLAY
13	NHN주식회사	네이버 앱스토어

※ 협약체결일 순으로 나열함

(2) 사전 협의

협의는 사전에 이루어져야 한다. 따라서 이미 자체등급분류 후 사후적으로 협의하는 것은 허용되지 아니한다. 사전 협의 없이 자체등급분류 받은 게임물을 유통 또는 이용에 제공하는 경우에는 게임법 제32조 제1항 소정의 등급을 받지 아니한 게임물을 유통 또는 이용에 제공하거나 이를 위하여 진열·보관하는 행

---

137) 게임물등급위원회, 오픈마켓 게임물 자율등급분류제도 운영 현황, 2012.10.10.

위에 해당하게 된다. 이는 불법게임물 등 유통금지 규정의 위반으로서 제44조 제1항 제2호에 해당하여 벌칙을 받을 수 있다.

(3) 협의 내용

오픈마켓 사업자는 위원회와 협의한 별도의 기준에 따라 자체적으로 등급분류를 하여야 한다. 협의 내용은 자체등급분류를 위한 별도의 등급분류 기준이다. 등급분류 기준 이외에도 다른 협의 사항이 포함되는지는 분명하지 아니하나 실무상으로는 '등급분류기준 등을 협의'하여야 한다고 하여 기타의 내용도 포함하는 것으로 보고 있는 것 같다. 그 구체적인 협의 내용이 공개된 바가 없어 명확하지 아니하나 예를 들어 등급분류 기준과 절차, 이용등급 구분, 내용수정 게임물의 확인절차, 연령 확인 절차 등 등급분류 업무 실무에 관한 협의가 이루어질 수 있을 것으로 본다.

아무튼 법문상 "위원회와 협의한 '별도의 기준'에 따라 자체적으로 등급분류"라고 하였으므로 문맥상 '별도의 기준'은 일단 등급분류기준을 의미하는 것으로 해석된다. 그러나 '별도의 기준'이 반드시 등급분류기준이라는 명문의 규정이 없는 이상 등급분류기준 이외에도 등급분류를 위한 다른 기준이 협의될 수도 있을 것이다.[138] 나아가 '위원회와 협의'한 것에는 '별도의 기준' 이외에도 다른 사항을 협의할 수 있다는 의미로도 해석가능하다. 자체등급분류를 위해 필요한 사항이라면 제한적인 범위 내에서 협의 대상에 포함시킬 수는 있을 것으로 본다. 예를 들어 자체등급분류가 적절한 수준에서 이루어지기 위해서는 최소한의 인적 요건(자체등급분류 담당자 수 또는 교육 이수 등), 업체 규모(종업원 수 또는 매출액 등)나 재정 상태(안정적 운영자금 여부 등), 시설·장비 기준 등이 요구될 수 있을 것이다. 등급분류기관의 지정 요건[139]을 참고하되, 오픈마켓 사업자의 특성과

---

138) 예를 들어 등급의 표시 기준 내지 방법, 등급 및 표시 내용의 신고 절차 등이 포함될 수 있을 것이다. 더 넓게는 게임물 제작·배급자의 상호, 게임물내용정보 등에 관한 것도 고려해 볼 수 있을 것이다. 그러나 이러한 것들은 등급분류 자체와는 직접적인 연관성이 높지 않아 애매한 점이 없지 않다.

139) 시행령 제14조의2(등급분류기관의 지정 요건) 법 제24조의2 제1항 각 호 외의 부분에서 "대통령령으로 정하는 인력 및 시설 등"이란 다음 각 호의 기준에 맞는 인력 및 시설 등을 말한다.

　1. 7명 이상의 문화예술·문화산업·청소년·법률·교육·언론·정보통신 분야에 관한 전문지식과 경험이 풍부한 사람으로 구성된 위원회 형태의 조직을 갖추되, 각 분야에서 종

업계의 실태, 자체등급분류의 취지, 다른 게임물과의 형평성 등을 종합적으로 고려해 필요 최소한도로 정하는 것이 타당할 것이다. 다만, 그러한 사항들에 대한 협의 내용 또는 기준의 범위가 명확하지 아니하므로 하위 법령에 그 구체적인 사항을 위임하여 정하도록 하는 명문의 근거 규정을 둘 필요가 있다. 적어도 위원회의 규정에는 협약의 표준적인 기준과 내용들이 제시되어야 할 것이다.

'별도 기준'이 등급분류 기준을 의미하는 것으로 좁게 보는 경우 협의로 정해질 당해 자체 등급분류기준이 법 제21조 제2항 및 제7항, 시행규칙 제8조(등급분류기준) 제1항 및 제2항(동항에 의한 위원회의 세부적인 등급분류기준)에 의한 등급분류기준과 반드시 동일하여야 하는 것은 아니다.[140] 다만, 등급분류의 통일성 내지는 일관성을 유지한다는 점에서는 적어도 당해 등급분류기준에 준하는 것이어야 할 것이다. 물론 더 강한 심의 기준을 제시할 수도 있을 것이나 이 경우 규제가 강화된다는 점에서 가급적 민간 자율로 등급분류제도를 운영하고자 하는 기본 취지와 부합하지 않을 수 있다. 반대로 너무 약한 심의기준은 국적 또는 게임물의 유형별 사업자 간 차별의 문제가 발생할 수 있다. 예를 들어 외국 오픈마켓 사업자와 국내 오픈마켓 사업자 간 역차별 문제, 오픈마켓 게임물과 그 이외의 게임물과의 형평성 문제 등이 불거져 나올 수 있을 것이다.

다. 자체분류 등급의 표시와 정식 등급분류 간주

(1) 자체분류 등급의 표시

자체적으로 등급분류를 하여 이를 표시하여야 한다(제1문). 이것은 의무조항

사하는 사람이 고르게 구성되도록 할 것
2. 「소프트웨어산업 진흥법」 제2조 제5호에 따른 소프트웨어기술자 또는 게임 분야에서 3년 이상의 실무 경험이 있는 사람 3명을 포함하여 5명 이상으로 구성된 사무조직을 갖출 것
3. 등급분류 업무의 수행을 위한 회의실 등 업무시설을 갖출 것
4. 등급분류 업무의 수행을 위한 온라인 업무처리 시스템을 구축할 것
5. 등급분류 업무의 안정적인 수행을 위한 재정적 능력을 갖출 것
6. 「민법」 제32조에 따라 문화체육관광부장관의 허가를 받아 설립된 비영리법인일 것
140) 예컨대 구글은 콘텐츠를 상, 중, 하의 3등급으로 자체 분류하고 있는데, 각각 청소년 이용불가, 12~15세이용가, 전체이용가에 해당한다. 따라서 '상'에 해당하는 게임물은 위원회의 등급분류를 받아야 한다. 그러나 최근 '언리쉬드' 사례에서 보는 바와 같이 이를 위반하는 경우가 적지 않다.

이다. 제2문에서 등급분류 간주효를 부여하기 위한 전제 요건으로서 표시를 강제한 것이라고 할 수 있다. 그러나 이러한 해석이 적절한 것인지는 의문이 없지 않다. 이에 대해서는 뒤에서 자세히 살펴본다.

이외에 본 규정과 관련해 문제될 수 있는 것으로는 다음의 3가지가 있다.

첫째, 표시의 주체가 분명하지 않다. 법문상으로만 보면 자체등급분류 게임물을 이용에 제공하거나 유통시키고자 하는 자 즉, 오픈마켓 사업자가 직접 표시하여야 하는 것으로 해석되지만 일반 게임물의 경우는 위원회가 등급 표시 의무를 지지 아니하는 것은 물론 게임물을 유통시키거나 이용에 제공할 목적으로 게임물을 제작 또는 배급하는 자가 등급 등의 표시의무를 질 뿐이어서 그러한 해석은 형평에 맞지 않아 보인다. 과연 자체등급분류를 하는 자에게 등급 표시 의무를 부과하고 이를 위반하는 경우에 등급분류 효력조차 인정하지 않도록 한 것이 이 조항의 본래의 취지인지는 의문이 없지 않다. 물론 자체등급분류를 하는 자(오픈마켓 사업자)로 하여금 자체등급분류 결정 내용을 인터넷 홈페이지 등을 통해 공표하도록 하는 의무를 지우는 방법은 충분히 고려해 볼 수 있을 것이다. 이것은 위원회의 경우도 마찬가지이다. 그러나 중요한 것은 결국 게임물 이용 시 해당 등급을 이용자가 알 수 있도록 표시하여야 하는 것이므로 이것은 당해 게임물을 제작 또는 배급하는 자가 표시하는 것이 기술적인 측면 등에서 가장 용이하고 법 제33조 표시의무 규정과도 정합성 유지라는 측면에서도 타당하다. 그러한 표시가 제대로 되었는지는 사후적으로 관리되어야 할 것이고 이 점은 일반 게임물의 경우와 다르지 아니하다. 따라서 본 규정이 자체등급분류를 하는 자(오픈마켓 사업자)에게 직접 표시의무를 부과하는 것이라는 해석은 재고의 여지가 있다고 본다.

둘째, '게임물을 이용에 제공하거나 유통시키고자 하는 자'의 의미 내지는 그 범위이다. 통상적으로 자체등급분류의 주체가 되는 자는 위원회와 협약을 맺은 이른바 오픈마켓 사업자를 의미하는 것으로 이해되지만 과연 오픈마켓 사업자가 '게임물을 이용에 제공하거나 유통시키고자 하는 자'라고 할 수 있는지 명확하지 않다. 엄밀한 의미에서 오픈마켓 사업자는 일종의 온라인 중개업자라고 할 수 있을 것인데 이를 '게임물을 이용에 제공하고자 하는 자'와 동일시하기는 어려운 측면이 있다. 게임법상 게임물을 이용에 제공하는 자는 일반적으로 게임제공업자를 의미하는 것으로 이해되고 여기서 게임제공업은 '공중이 게임물을 이용할 수

있도록 이를 제공하는 영업'을 말하기 때문이다.[141] 다만, 게임제공업자도 자체
등급분류를 할 수 있도록 허용한 규정이라고 이해한다면 그 경우에는 달리 볼 수
있을 것이다. 그러나 자체등급분류 제도 도입의 직접적인 계기는 외국 오픈마켓
사업자와 관련된 문제을 해결하기 위한 대안으로서 제시된 것이고 게임 이용 서
비스를 직접 제공하는 자에 의한 자체적 등급분류를 염두에 두었던 것은 아니라
는 점에서는 다소 설득력이 약하다. 다만, 게임제공업자가 오픈마켓 사업도 병행
하는 경우라면 이는 별개의 문제로 볼 수 있을 것이다. 그렇다면 오픈마켓 사업
자를 '게임물을 유통시키고자 하는 자'에 해당하는 것으로 보아야 하는가? 그럴
개연성은 없지 않지만 유통의 개념을 오프라인에 한정하거나 직접적으로 판매,
배포, 대여하는 경우만을 의미한다고 새기는 입장이라면 이 또한 적절한 해석은
아닐 것이다. 그러나 유통의 개념을 온라인으로 확장 가능하고 판매, 배포, 대여
이외에 중개도 포함하는 것으로 새기는 입장이라면 이 경우에는 오픈마켓 사업
자를 자체등급분류 주체로서의 적격을 인정할 수 있을 것이다. 아무튼 문리적으
로는 게임제공업자나 중개 이외의 유통업자도 자체등급분류의 주체가 될 여지를
남겨 놓고 있다는 점에서 개념을 명확히 할 필요가 있을 것이다. 법 제21조 제1
항 제4호와 시행령 제11조의4는 자체 등급분류의 대상이 되는 게임물의 요건을
정하고 있을 뿐이고 자체 등급분류의 주체의 범위를 제한하고 있지는 아니하다
는 점에서 법 제21조 제9항의 규정만으로는 자체 등급분류의 주체가 오픈마켓
사업자를 포함하고 있다거나 오픈마켓 사업자만을 의미하는 것이라고 단정하기
는 어렵다고 본다. 향후 검토가 필요한 부분이 아닌가 한다.

셋째 표시의 내용이다. 표시하여야 하는 것이 등급 그 자체만을 의미하는 것
인지 아니면 그와 더불어 자체등급분류에 의한 등급임도 표시하여야 하는지가
문제될 수 있다. 참고로 시험용 게임물의 경우는 시험용 게임물임을 표시하여 해
당 게임물이 시험용 게임물임을 누구든지 알 수 있도록 하고, 그 이용방법과 주
의사항을 이용자에게 고지하도록 하고 있다. 생각건대 자체등급분류 게임물과

---

141) 해석하기에 따라서는 개인 개발자나 제작사도 '게임물을 이용에 제공하고자 하는 자'에 포
    함된다고 할 수 있을 것이다. 더 나아가 게임물 판매업자도 이에 포함된다는 주장도 가능할
    것이다. 그러나 그 경우 결국 자체등급분류 주체에 제한이 없어지게 되고 게임제작(업), 게
    임배급(업), 게임제공(업), 판매, 유통 등의 개념을 구분하고 있는 게임법의 개념 체계와의
    정합성이 떨어지게 된다는 문제점이 있다.

시험용 게임물은 그 성격이 다르므로 반드시 동일한 취급을 하여야 하는 것은 아니라고 본다. 시험용 게임물은 본격적인 유통의 단계에 놓이기 전이기는 하지만 정규의 사전 심의를 거치지 아니하고 당해 게임물을 이용에 제공하는 것이므로 그 사실을 이용자에게 알릴 필요가 있을 것이다. 그러나 자체등급분류 제도는 위원회에 의한 등급분류는 아니지만 일정한 요건하에 그와 동등한 법적 효력을 부여하고자 하는 것이므로 굳이 일반 게임물과 차별을 두어 등급 이외에 자체 등급분류한 게임물이라는 것까지 표시할 필요는 없다고 본다. 단지 일반적인 표시의무 등을 지는 것으로 족하다고 하겠다.

(2) 위원회로부터 등급분류 받은 것으로 간주

자체 분류한 등급을 표시한 경우 법 제21조 제1항에 따라 등급분류를 받은 것으로 본다. 표시한 것으로 족하며 신고까지 요하는 것은 아니다. 문제는 간주효가 표시를 요건으로 하는지 여부이다. 2가지 견해가 가능하다. 첫째는 문리해석상 간주효를 받기 위해서는 반드시 표시가 전제되어야 한다는 견해이다(긍정설). 둘째는 법문에도 불구하고 다른 게임물과의 형평성 등을 고려하건대 표시의무의 위반은 될지 모르나 등급분류 자체를 부정하는 것은 본 제도의 근본 취지를 넘어서는 것이라는 견해이다(부정설).

먼저 긍정설을 살핀다. 등급분류 간주효의 요건으로 표시의무를 규정한 것은 자체등급분류의 예외를 인정한 사정을 고려하건대 일반적인 게임물의 경우보다는 다소 강한 의무를 부과할 필요가 있다고 보는 것이다. 즉, 오픈마켓 게임물에 대해 의무적 등급분류의 예외를 인정해 주는 대신에 위원회가 직접 등급분류한 것으로 간주할 수 있을 정도의 추가적인 안전 장치가 필요한바, 자체등급분류에 대한 신뢰성을 확보하고 무분별한 게임물의 유통 또는 이용제공을 제한하기 위해서 특별히 표시 의무를 등급분류 간주효의 요건으로 추가한 것이라고 할 수 있다. 만약 일반적인 게임물과 마찬가지로 표시를 등급분류 간주효의 전제 요건으로 하지 않는다면 굳이 명문으로 '자체등급분류를 하여 이를 표시한 경우에 등급분류를 받은 것으로 본다'는 규정을 두지는 않았을 것이다. 따라서 이것은 일반 게임물의 등급분류와는 구분되는 오픈마켓 게임물의 자체등급분류 특유의 제도라고 할 수 있다.

다음으로 부정설을 살핀다. 문리적으로만 보면 등급을 표시한 경우에 비로소 법 제21조 제1항에 따른 등급분류를 받은 것으로 간주되므로 해석상 자체등급분류 결정을 받았으나 아직 표시하지 아니한 경우에는 간주효가 발생하지 않는다. 그러나 다른 일반 게임물의 경우에는 표시의무가 있기는 하지만 그것을 위반하였다고 하여 등급분류 자체가 없었던 것으로 되는 것은 아니고 다만, 의무위반으로 처벌의 대상이 될 뿐이라는 점에서 자체등급분류의 경우만 표시를 등급분류 간주효의 요건으로 하는 것은 형평에 맞지 않는다. 물론 자체등급분류한 게임물을 유통 또는 이용제공에 놓이기 전에 표시를 강제함으로써 자체등급분류 제도의 악용과 부실화를 막는 장점도 지니고 있다고 볼 수 있으나 역시 다른 게임물의 경우보다 가혹한 기준이다. 표시를 하지 아니하였다고 하여도 자체등급분류의 결정이 정상적인 절차에 의하여 이루어졌고 그 결과를 공시 또는 공적 장부 등에 의해 객관적으로 확인이 가능하다면 표시 의무 위반에 대한 처벌을 하면 족한 것이지 등급분류 자체를 받지 아니한 것으로 간주하는 것은 타당성이 없어 보인다. 따라서 법문에 불구하고 비록 등급을 표시하지 아니하였다고 하여도 일단 자체등급분류의 결정을 받았다면 그것만으로도 법 제21조 제1항에 따라 등급분류를 받은 것으로 간주하는 것이 합리적일 뿐만 아니라 가급적 민간에 의한 자율적 등급분류를 적극적으로 보장하려는 본 제도의 취지에 부합하는 것이다. 만약 민간에 의한 자체등급분류라고 하여 그 효과를 차등적으로 인정하고자 한 것이라면 이것은 차별적 규제에 다름 아니라는 점에서도 문제의 소지가 있다. 협약에 의한 등급분류 기준과 절차를 준수하였고 결과가 적절하였다면 그 효과에 있어서도 위원회에 의한 등급분류와 동일한 취급을 해 주는 것이 타당하다. 다만, 법문상 목적론적 해석만으로는 여전히 논란의 소지가 있고 향후 당해 규정을 개정하는 것이 가장 바람직한 방안일 것이다. 그러나 본 규정에서 "이 경우"가 가리키는 대상을 "(이를) 표시"가 아니라 "(자체적으로) 등급분류"까지로 한정하고 "(이를) 표시"는 단순한 표시 의무를 규정한 것으로 새긴다면 문리적 해석만으로도 문제를 해소할 수는 있을 것으로 본다.

라. 자체 등급분류한 게임물의 등급 및 표시내용의 신고

제1항 제4호에 따른 게임물을 이용에 제공하거나 유통시키고자 하는 자는 제9항에 따른 등급 및 표시 내용을 게임물의 유통 또는 이용제공 후 1개월 이내

에 위원회에 신고하여야 한다(법 제21조 제10항). 이 조항 역시 2011.4.5. 신설된 규정이다.

(1) 신고 주체

자체 등급분류 게임물의 등급 및 표시 내용의 신고 주체는 '게임물을 이용에 제공하거나 유통시키고자 하는 자'이다. 표현 형식만을 본다면 표시 의무의 주체와 동일하다. 그 의미하는 바 또한 오픈마켓 사업자를 말하는 것으로 이해하는 경우가 일반적이다. 그러나 앞서 제9항의 해석과 관련해 오픈마켓 사업자가 자체 등급분류를 하면서 동시에 실제 등급 표시도 직접 해야 하는 것으로 해석하는 것은 적절하지 못하므로 법문에도 불구하고 자체 등급분류의 주체와 표시의 주체를 별개로 취급해야 함을 지적한 바와 같이 본 규정과 관련해서도 과연 신고의 주체를 오픈마켓 사업자로 이해해도 무방한지에 대한 검토가 필요하다. 생각건대 신고의무는 표시의무와 달리 개별 게임 개발자나 제작사에게 지우는 것이 행정 효율성 등의 차원에서 타당하지 못한 측면이 있다. 그리고 실무상으로도 매월 등급 및 표시 내용을 취합하여 신고한다는 점에서 오픈마켓 사업자가 일괄 신고하는 것을 염두에 둔 규정이라고 새기는 것이 합리적이고 현실에도 부합한다. 따라서 본 규정은 제9항과 같은 용어와 문장구조를 가지고는 있지만 표시의무의 주체와 신고의무의 주체는 그 성격이 다르므로 그 실제 의미는 달리 해석될 필요가 있다.

(2) 신고 절차

실무적으로는 오픈마켓 사업자에게 매월 1회, 직전 월에 자체적으로 등급분류한 내역을 위원회에 신고하도록 하고 있다. 등급 및 표시내용을 게임물의 유통 또는 이용제공 후 1개월 이내에 신고하여야 하므로 매번 게임물마다 신고하는 것도 가능할 것이나 대량의 게임물을 등급분류하는 경우에는 현실적으로 많은 번거로움이 존재할 것이다. 따라서 매월 그 내역을 정리하여 정기적으로 신고하는 것이 행정 편의상 더 효율적일 수 있다.

그러나 이 경우 몇 가지 유의할 점이 있다. 첫째, 신고 누락의 문제이다. 일률적으로 특정 시기를 정하여 신고하여야 하므로 어떤 게임물은 바로 신고 될 수 있겠지만 어떤 게임물은 1개월 만료 직전에 있는 것도 있을 것이다. 후자의 경우

자칫 주의를 게을리하면 신고에 누락될 가능성이 있다. 그로 인해 게임 개발자 또는 제작사 등의 입장에서는 등급미필 취급으로 인한 불측의 피해를 입을 수 있다. 둘째, 게임물의 유통 또는 이용제공의 시점을 언제로 볼 것인가의 문제이다. 이를 명확히 하지 않으면 신고의무 위반 여부를 판단하는 데 있어서 혼란이 생길 수 있다. (i) 오픈마켓 사업자가 제시하는 소정의 절차에 따라 해당 게임물을 등록한 때인지, (ii) 해당 게임물에 등급을 표시하여 오픈마켓 사이트나 홈페이지에서 판매 가능한 상태로 올려 놓은 때인지, 아니면 (iii) 이용자가 실제로 구입 또는 이용하기 시작한 때인지 여부가 분명하지 않다. 셋째, '유통 또는 이용제공'의 의미에 대한 해석 문제이다. 이것은 앞의 두 번째 문제와도 연결되어 있다고 본다. 우선 해당 개념에 대한 정립이 전제되어야 할 필요가 있다. 넷째, 신고 대상인 '등급 및 표시 내용' 중 '표시 내용'이 무엇을 의미하는지가 분명하지 아니하다. 제21조 제9항과 제11항에서는 '등급(분류) 표시'라는 용어만을 언급하고 있는 데 반해 제10항은 '등급'과 구분하여 추가로 '표시 내용'을 신고하도록 규정하고 있어 그 의미하는 바가 무엇인지 알기 어렵다. 일반 게임물의 표시의무의 대상이 되는 상호 또는 게임물내용정보를 포함하기 위한 것인지 아니면 그 이외의 표시 사항을 의미하는 것인지 애매하다. 용어를 정리하거나 그 대상이나 의미를 명확히 할 필요가 있다고 본다.

(3) 신고 의무

한편 자체 등급분류 제도에 있어서 신고 의무는 등급분류기관이 법 제24조의3에 따라 등급분류 결정 등을 10일 이내에 위원회에 통보하여야 하는 것은 물론 매년 연도별 활동보고서 제출, 매년 10시간 이내의 등급분류 업무 교육, 등급분류 관련 자료 제출과 같은 법적 의무를 부담하는 것과는 차이가 있다. 따라서 오픈마켓 사업자도 법적 의무는 아니지만 위원회와의 자체 등급분류 협약 체결 시 법 제24조의3 소정의 등급분류기관의 준수사항에 준하는 의무가 부과될 가능성이 없지 않다. 또한 자체 등급분류 제도에 있어서 신고 의무는 이를 위반한다고 하여도 그에 대한 제재 규정이 없다. 반면 등급분류기관의 경우 등급분류 결정 내용에 대한 통보 의무 등의 준수 사항을 위반한 경우에는 등급분류기관 지정을 취소하거나 6개월 이내의 업무정지 처분을 받을 수도 있다는 점에서 역시 차이가 있다. 법이 신고의무 위반에 대한 제재 규정을 두지 아니한 이유는 분명하지 아니하다. 입법상 착오로 누락된 것일 수도 있고 단순히 협약 위반의 차원에서의 제재만을 고려한 것일 수도 있을 것이다. 예컨대 신고 위반의 경우 자체 등급분류 협약을 파기하거나 해지한다면 이는 마치 등급분류기관 지정 취소에 준하는 제재 효과를 가질 수도 있을 것이다.

마. 부적절한 등급표시에 대한 재등급분류

(1) 개 설

제9항에 따른 등급표시가 적절하지 아니한 경우 위원회는 문화체육관광부 장관의 요청 또는 직권으로 등급분류를 할 수 있다(법 제21조 제11항). 2011.4.5. 신설된 조항이다.

위원회는 오픈마켓 사업자가 신고한 내용에 대해 샘플 조사를 통해 자체 등급분류의 적정성을 평가·확인하고, 필요한 경우 추가 자료를 요청하기도 한다. 등급분류가 부적절한 게임물은 해당 오픈마켓 사업자에게 당해 사실의 통보 및 시정요청 등을 하고 그 이행결과를 확인하는 절차를 거치게 된다.

한편 오픈마켓 게임물에 대한 사후관리(모니터링)는 2가지 방향에서 이루어지는데 하나는 자체 등급분류한 게임물에 대해 등급표시 등이 적절한지 여부를 확인하는 것이고 다른 하나는 오픈마켓에서 유통되고 있는 게임물을 대상으로 등급분류 받지 아니한 게임물이 있는지 여부를 확인하는 것이다. 실무적으로는 내부 모니터링 처리지침에 따른 사행성, 폭력성 등과 관련된 검색어를 통해 등급의 적정성을 검토하고 있다. 특히 인기 순위에 오른 게임물에 대해서는 상시 모니터링을 실시하고 있다. 따라서 적어도 마켓의 상위 순위에 등록되어 의미 있는 수준의 경제적 이익을 얻고 있는 게임물의 대부분은 모니터링 시스템에 의해 걸러질 수 있다고 하겠다. 이것은 향후 민간 자율 심의제로의 이행이 타당성이 있는지와 관련해 현실적인 근거가 될 수 있을 것이다. 즉, 등급분류를 받지 아니한 게임물이 상위 순위에 랭크되더라도 해당 게임물은 오픈마켓 사업자나 민간 자율심의 기구의 모니터링 시스템에 쉽게 노출될 수밖에 없고 이러한 게임물에 대해 자율적 제재가 이루어지고 사회적으로 비난 또는 기피 대상이 된다면 게임사의 입장에서 군이 등급미필의 리스크를 안고 게임물을 이용에 제공 또는 유통에 놓이게 하지는 않을 것이라는 점이다. 결국 자연스럽게 민간 자율 심의제의 선순

환 고리가 형성되게 되는 셈이다.

자체등급분류가 부적절한 경우 위원회는 시정요청, 직권 재분류, 자체 등급 분류의 제한 등의 시정조치를 취하게 되는데, 예를 들어 등급분류 및 표시가 적절치 않거나 등급미필 게임물에 대해서는 위원회가 오픈마켓 사업자에게 시정요청하거나 직권 재분류 등의 조치를 하게 된다. 구체적으로는 등급의 적정성을 검토한 후 부적합을 통보하면 48시간 안에 오픈마켓에서 게임물이 내려지고 마켓 사업자는 해당 업체에 당해 사실을 알리는 절차를 밟게 된다. 참고로 사후 관리 현황(2012.10.10. 기준)을 보면 2011.9.부터 2012.9.까지의 총 신고 건수는 23만 6천여건에 달하며, 그 중 2천여건에 대해 등급적정성 검토를 실시하였다. 그 결과 2.6%정도가 부적합한 것으로 조사되었다. 그리고 4천 3백여건에 대해 모니터링을 실시한 결과 408건에 대해 시정요청을 하였고 317건이 시정완료되었다.[142] 그런데 주목할 만한 것은 유독 구글의 경우 부적합 비율이 높다는 점이다. 애플이 2.1%에 불과한데 비해 구글은 그 3배 수준인 6.5%에 이르고 있다. 더욱이 시정요청 건수와 관련해서는 총 408건 중 398건이 구글에 대한 것이어서 문제가 지적되고 있다. 이것은 아마도 애플의 경우 게임물의 플랫폼 등록 전 사전 심사가 비교적 엄격하게 이루지는 반면 구글은 콘텐츠 유통과 관련해 다소 공개·자유적 정책을 취하여 왔고 게임물도 그 연장선상에 놓여 있기 때문이라는 분석도 가능할 것이다. 한편 등급적정성 검토는 샘플 검사를 통해 이루어지는데 대체로 전체 신고 건수의 1% 수준에서 이루어지고 그 중 2.6%(53건)가 부적합 판정을 받았다. 만약 이를 전수 검사의 형태로 등급적정성을 검토하게 된다면 부적합 건수는 수천여건에 이르게 될 것이라는 점에서 이 문제를 간과할 수 없을 것이다. 통계에 감춰진 맹점에 유의할 필요가 있다. 향후 샘플 검사의 비율을 적정 수준으로 상향 조정하거나 부적합 비율을 대폭 낮추는 방안이 검토되어야 할 필요가 있다. 당분간은 시정요청, 직권재분류, 자율등급분류 제한 또는 협약의 파기/해지 등의 사후관리 노력이 병행되어야 할 것이나 궁극적으로는 오픈마켓 사업자가 자체 등급분류의 공정성·전문성 등을 확보하는 등 스스로 신뢰를 쌓아가는 노력을 기울임으로써 민간에 의한 자정 가능을 회복하는 수밖에 없을 것으로 본다.

---

142) 게임물등급위원회 보도자료: 오픈마켓 게임물 자율등급분류제도 운영 현황(2012.10.10) 참조.

(2) 등급표시가 적절하지 아니한 경우

등급표시가 적절하지 아니한 경우로는 2가지를 상정해 볼 수 있다.

첫째는 등급 수준이 위원회와 협의한 별도의 기준에 부합하지 아니한 경우이다. 정상적인 절차에 의한다면 합리적으로 예상할 수 있는 수준보다 높거나 낮게 등급분류가 된 경우라고 할 수 있다. 만약 통상적인 경우보다 상위의 등급을 부여받았다면 등급분류 신청자에게는 불측의 피해를 입을 가능성이 있어 부당한 측면이 있을 것이고, 하위의 등급으로 결정되었다면 신청자에게는 유리할 수도 있겠으나 이용자 특히 청소년에 대한 적정한 보호가 미흡할 수 있다. 어느 경우이든 자체 등급분류의 공정성, 전문성 등에 대한 신뢰에 의문이 제기될 수 있다. 이것은 등급표시의 내용적 측면의 부적절성이라고 할 수 있으며, 입법 취지는 주로 이에 관한 것이라고 할 수 있다.

둘째는 등급의 표시가 형식적 또는 절차적 측면에서 부적절한 경우이다. 대부분의 경우는 등급표시의 내용이 문제되는 경우가 많겠으나 위원회와의 협의 기준에 등급 표시의 형식 또는 절차에 관한 특정한 내용이 포함될 가능성을 전혀 배제할 수 없고, 그렇지 아니한 경우라도 등급 표시의 형식이나 절차가 과도하게 비합리적이어서 관련 법령이나 위원회 규정에 반하거나 그 취지에 벗어나는 경우라면 이 또한 등급표시가 적절하다고는 할 수 없을 것이다. 예를 들어 형식적인 면에서는 이용자가 등급을 인식할 수 없거나 특별한 수고가 없이는 이를 파악할 수 없도록 표시하는 경우, 다른 등급으로 오인할 수 있는 방법으로 표시하는 경우, 등급 표시를 하지 않거나 생략하는 경우, 처음 등급분류한 등급과 다른 등급을 표시하는 경우 등이 그러하다. 절차적인 면에서는 신고 의무 등을 해태하는 경우가 고려될 수 있을 것이다. 이러한 경우의 대부분은 표시의무 등의 위반이 되어 처벌의 대상이 되겠으나 그에 대한 사정만으로 위원회가 직권 등에 의한 등급분류를 다시 할 수 있도록 하는 명확한 근거가 되는 것은 아니라는 점에 본 규정나름의 의의가 있다고 할 수 있다. 다만, 등급 재분류의 기본 취지는 부적절하게 분류된 등급을 정상화하는 데 있다는 점에서 등급표시의 형식이나 절차적 오류내지 흠결에 대한 시정까지 포함하는 것으로 이해하는 것이 타당한지는 의문이 없지 않다.

(3) 등급의 재분류

1) 문화체육관광부장관의 요청에 의한 재분류

문화체육관광부장관이 등급표시가 부적절한 경우를 직접 또는 간접적으로 인지한 경우에도 이에 대한 재분류를 위원회에 요청할 수 있도록 한 것이다. 문화체육관광부장관은 등급분류기관이 아니므로 그 스스로 등급분류의 주체가 될 수는 없을 뿐만 아니라 바람직하지도 않다. 형식적으로는 문화체육관광부장관의 요청에 의해서도 위원회가 다시 등급분류할 수 있다고 규정하고 있지만 실질적으로는 문화체육관광부장관에게 등급표시의 부적설성이 문제된다고 판단된 경우에 위원회로 하여금 등급분류를 요구할 수 있는 권한을 부여한 것이라고 할 수 있다. 그렇다면 등급표시가 부적절한 경우에는 반드시 위원회에 등급분류를 요청해야 하는가? 법문상으로만 본다면 그러한 의무를 부과하고 있는 것은 아니라고 하겠다. 따라서 비록 등급표시가 적절하지 않다고 의심이 갈 만한 정황이 있다고 하더라도 그 심각성이 크지 않다고 판단되는 경우라면 등급분류 요청을 하지 않을 수도 있는 것이다. 즉, 등급분류 요청 여부는 문화체육관광부장관의 선택적 문제라고 할 수 있다.

2) 위원회 직권에 의한 재분류

위원회는 자체등급분류에 의한 등급표시가 부적절한 경우에는 직권에 의해 재분류할 수 있다. "할 수 있다"고 하였으므로 등급분류 여부는 위원회의 재량에 따라 결정될 사안이다. 비록 등급표시가 부적절한 경우라고 하더라도 등급분류를 하지 않을 수도 있다는 것을 의미한다. 반대로 결정적인 하자가 존재하지 않음에도 불구하고 트집잡기식의 재분류를 하는 경우도 없지 않을 것이다. 그러나 이것은 자칫 위원회의 임무 방기 또는 재량권 남용 등의 문제를 낳을 수도 있다는 점에서 그 처리에 유의를 요한다고 하겠다. 법 해석과는 별개로 적어도 실무적 차원에서는 특별한 사정이 없는 한 등급분류의 부적절성을 인지한 이상 재등급분류를 하여야 하는 것을 원칙으로 하는 자율적 관행을 정립하는 것도 필요하다고 본다. 다만, 이의가 제기될 소지가 있는 모든 사안에 대해 반드시 등급 재분류를 하도록 법적 강제하는 것은 이론적으로는 타당할지 몰라도 현실적인 한계가 있을 것이므로 자체 등급분류의 부적절성이 현저하거나 사회적 문제를 야기할 수 있을 정도의 흠결이 있는 경우[143]가 아닌 이상 대부분의 사안은 위원회의 공공성과 신의성실을 신뢰하고 독자성을 보장하는 차원에서 위원회의 선택에 맡겨도 그... ...합리한 것은 아닐 것이다.

바. ...픈마...켓용(스마트폰용...보드게임...물 등급분류 시 중점 검토사항

최... ...이..., 안드로이드폰... ...등의 스마트폰이 보급 확대되고 더불어 오픈마켓용 보... ...게임... (맞고, 포커 등)... 증가하... 있다. 그러나 일부 온라인 보드 게임물의 경... 사행성 모사가 지나... ...거나 사... ...영업의 사례가 발생함에 따라 게임물 사행화... ...지 노...력이 촉구되었... 이에 위...회는 오픈마켓 보드게임에 대해서도 일정부... ...운영... ...식에 있어 제한... 불가피...다는 인식하에 게임물의 사행화를 방지하기... ...해 오...마켓용 보드게...임물의 등...분류 시 다음과 같은 사항을 중점 검토할 것...을 밝...고 있다.[144]

* 오픈마...용 보...게임물의 등급분... 중점 검...사항
1. 스마...폰-온...인 보드 게임 간 네...트워크를 ...한 이용자 간 연동 제한
2. 스마...폰 게...머니-간접충전 등 ...료화와 연...동 제한
  ○ 게...머니의 ...한 무료 충전
  - 기...의 경... 해당 기간 동안 ...임머니가 ...진되어도 별도의 제한 없이 계속
    지...어야...
  ○ 특...용자... 매칭 제한(랜덤...
  - 보...임머니...에 따른 등급별 ...분 입장은 ...능
  ○ 월...이용...도 10만원 이하
  ○ 아...가격 ...당 1만원 이하

---

143) ...대 문...체육관광부장관이 ...정하여 ...정한 이러한 사안에 대해서는 위원회가 등급분류...하여야 ...다'는 취지의 규정...을 두는 방...도 고려해 볼 수 있을 것이다.
144) ...물등급...원회, 공지사항: ...마트폰용 ...픈마켓 보드게임' 등급분류 검토사항 추가 및 ...안...012.2... 한편, 게임물등...위원회, 공...사항: '스마트폰용 오픈마켓 보드게임' 등급분류...사항...내(2010.11.11)에...는 (i) 스...트폰-온라인 보드 게임 간 네트워크를 통한 이용...연동...한, (ii) 스마트폰...임머니-간...충전 등 유료화와 연동 제한 여부에 대해서만 중...검토할 ...임을 밝힌 바 있... 따라서 ...012년 중점 검토사항은 종전보다 추가·구체화되...세라...할 수 있다. 이는 ...리 말해서 ...규제가 강화되는 경향에 있다고 할 수 있다.

사. 위원회의 오픈마켓 등급분류[145]

(1) 오픈마켓 대상 게임물

오픈마켓[146] 게임물이란 「게임산업진흥에 관한 법률」 시행령 제11조의4에 해당하는 것으로 개인 또는 게임제작자가 오픈마켓을 통해 자유롭게 배포 또는 판매할 수 있는 게임물을 의미한다.

위원회는 이와 같은 모바일 기반 오픈마켓 게임물에 대해 온라인 심의를 하고 있는데, 전체이용가 오픈마켓 게임물에 대해서는 제출자료 및 등급분류신청 절차를 간소화하여 운영하고 있다. 그러나 전체이용가가 아닐 경우에는 추가 자료 제출이 필요하며(정식등급분류절차) 이에 따라 처리 기간이 길어질 수 있다.

(2) 개인의 등급분류 신청 허용

오픈마켓 게임물 개인 개발자에게도 등급분류 신청을 허용하도록 하였다. 기존에 법인만 가능하던 등급분류 신청을 오픈마켓 게임물에 한정하여 개인의 등급분류 신청도 허용한 것이다. 등급분류 신청 시 공인인증서를 통한 개인 인증이 필요하며, 오픈마켓 운영사가 일괄 신청할 경우 게임 배급업자로 등록 후 대행 가능하다.

(3) 등급분류 신청 제출자료 간소화

등급분류 신청 제출자료 간소화 대상은 전체이용가 오픈마켓 게임물이다. '내용정보기술서'를 대폭 간소화한 오픈마켓 버전을 별도로 마련하였다. 상세한 '내용설명서' 대신 간편한 작성 양식을 배포하고, 게임물의 주요 진행과정을 촬영한 동영상 대신 간단한 스크린샷 첨부로 대체하도록 하였다. 게임물 내용수정 기술서도 간소화하였다. 참고로 게임물의 내용이 수정된 경우에는 게임법 제21조 제5항에 의하여 수정 후 24시간이내에 위원회에 신고하도록 규정되어 있다.

---

145) http://www.grb.or.kr/Institution/OpenMarketPlan.aspx(2013.12.31)를 주로 참고하였으며 일부 내용 수정/추가.

146) 오픈마켓이란, 개인 또는 게임제작사의 게임물을 등록하여 배포할 수 있는 플랫폼을 의미한다.

(4) 등급분류 신청 시 공통 서류

등급분류 신청을 위한 공통 서류에는 (i) 신청서(온라인 기술), (ii) 내용정보기술서(온라인 기술), (iii) 게임물 내용설명서(소정양식), (iv) 실행파일(온라인첨부),[147] (v) 기타 서류(기타 증빙 서류 및 라이센스 서류, 전용실행 기기일 경우 게임기 또는 단말기 제출, 롬팩 UMD등 전용 실행파일)가 있다.

(5) 게임내용설명서의 작성

1) 작성 시 유의 사항

게임내용설명서 작성 시 유의하여야 할 사항은 다음과 같다. (i) 자유 양식으로 작성하되, 반드시 외국어가 아닌 "한글"로 작성하여야 한다. (ii) 게임물 내용정보기술서에 폭력성, 선정성 등을 기재한 경우, 해당 내용에 대한 스크린 샷을 반드시 포함하여야 한다. (iii) 콘텐츠 내 대사집이 있는 경우에 설명서에 포함하거나 대사집만 별도로 제출하여야 한다. (iv) 유료게임인 경우, 대략적인 판매가격에 대한 정보도 기재하여야 한다.

2) 내용설명서에 포함되어야 할 내용

내용설명서에 포함되어야 할 내용은 (i) 게임 줄거리(시나리오) 요약, (ii) 게임 다운로드 및 설치, 조작방법, (iii) 게임 퀘스트, 미션 등에 대한 공략법(플레이 방법), (iv) 주요 캐릭터, 주요 아이템에 대한 설명(아이템 리스트 및 조합시스템 포함), (v) 주요 게임장면에 대한 스크린샷 및 간략한 설명(선정성, 폭력성, 공포, 언어, 범죄 및 약물, 사행성)이다. 필요시 대사집(스크립트 파일)과 유료인 경우 대략적인 판매가격(CD 타이틀, 다운로드 가격 등)도 포함될 수 있다.

(6) 등급분류 절차 신속성 제고

등급분류 절차 신속성 제고의 대상이 되는 것은 '전체이용가' 오픈마켓 게임물이다. 신속한 등급분류를 위해 오픈마켓 전용 분과위원회를 설치하고, 분과위원회는 등급위원 3인으로 구성되며, 매월 2회 개최하도록 하였다.

---

147) 아이폰, 아이팟: 오픈마켓 게임물 테스트 단말기 식별자 아이디 안내, 안드로이드: apk파일 첨부, 기타 OS 경우 게임물첨부, 위원회 보유하고 있는 PC및 단말기에서 실행이 불가능한 경우 업체 핸드폰 제출

(7) 심의수수료 감면

개인 제작 오픈마켓 게임물 및 오픈마켓 게임물을 등급분류신청 대행하는 경우에 심의수수료가 감면된다. 중소기업은 30% 감면 혜택을 받는다.

(8) 업무처리 절차 등

오픈마켓 등급분류신청은 온라인으로만 신청이 가능하다. 위원회의 오픈마켓 등급분류 처리절차는 아래와 같다.[148)]

오픈마켓 등급분류 처리 절차[149)]

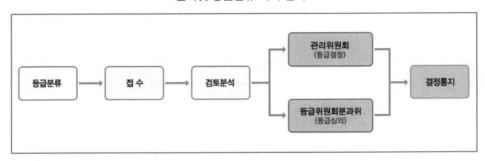

한편 2011.7.6.시행 게임법에 따라 오픈마켓 게임물에 대해서는 관련 사업자가 자체적으로 자율등급분류를 하여 게임물을 제공 또는 유통하고 있는바, 위원회는 게임법 제21조 제9항에 의해 위원회와 협약을 체결하지 않은 오픈마켓에서 제공되는 게임물에 대한 등급분류를 신속하고 원활하게 진행하기 위해 등급분류회의와는 별도로 오픈마켓분과위원회를 설치하여 운영하고 있다.[150)] 시행령 11조의4에 따라 PC기반의 게임물은 위의 범주에 포함되지 않으며, 오픈마켓 게임물이 아닌 일반 게임물로 등급분류 신청하여야 한다. 그리고 기존에 오픈마켓 게임물로 등급분류를 받았던 게임물에 대해서 내용수정신고는 가능하다.[151)]

---

148) 오픈마켓 게임물 등급분류 심의신청 단계는 아래와 같다.
   1. 위원회 홈페이지(www.grb.or.kr) → 2. 회원가입 → 3. 홈페이지 메뉴 '오픈마켓 등급신청' → 4. 신규 신청 → 5. 신청서 작성 → 6. 내용정보기술서 작성 → 7. 첨부 문서 업로드 → 8. 수수료 정산 → 9. 신청 완료
149) http://www.grb.or.kr/images/contents/grade_guide8.gif.
150) 3인의 위원으로 구성된 분과위원회를 주 2회 이상 운영하며 출석위원 과반수의 찬성으로 위원회에 등급을 추천하는 절차로 심의가 이루어지도록 하였다.

오픈마켓 등급분류 신청 시 단말기를 제출해야 하는지 여부와 관련해, 위원회가 안드로이드폰, 아이팟, 아이폰, 윈도우 모바일폰 등을 보유하고 있으므로 해당 기종에서 구동되는 게임을 제출하지 않아도 된다. 다만, 아이팟과 아이폰의 경우에는 게임 실행화일 제출 시 위원회 단말기의 UDID번호[152]를 입력하여 컴파일해서 제출해야 한다.[153)

11. 등급분류기관의 등급분류와 위원회의 직권 등급분류

제24조의2에 따라 등급분류 업무를 위탁받은 기관(이하 "등급분류기관"이라 한다)의 등급분류 결정이 제7조의 등급분류 기준에 적합하지 아니한 경우 위원회는 직권으로 등급분류를 할 수 있다(법 제21조 제12항). 2011.12.31. 신설된 조항이다.

151) 게임물등급위원회 공지사항: 오픈마켓 게임물 등급분류신청 관련 안내(2011.9.16).
152) 참고로 UDID번호는 위원회를 통해 알 수 있다.
153) 게임물등급원회 홈페이지 자주하는 질문: http://www.grb.or.kr/Board/Question.aspx).

제22조(등급분류 거부 및 통지 등)

법　　률	제22조(등급분류 거부 및 통지 등) ① 위원회는 제16조 제2항 제1호부터 제4호까지의 규정에 따른 업무의 수행을 위하여 필요한 경우에는 등급분류를 신청한 자에게 등급심사에 필요한 자료의 제출을 요구할 수 있다. ② 위원회는 「사행행위 등 규제 및 처벌특례법」, 「형법」 등 다른 법률의 규정 또는 이 법에 의하여 규제 또는 처벌대상이 되는 행위 또는 기기에 대하여 등급분류를 신청한 자, 정당한 권원을 갖추지 아니하였거나 거짓 그 밖의 부정한 방법으로 등급분류를 신청한 자 또는 사행성게임물에 해당되는 게임물에 대하여 등급분류를 신청한 자에 대하여 등급분류를 거부할 수 있다. ③ 위원회는 등급분류 결정을 한 경우에는 다음 각 호의 서류를 신청인에게 교부하고, 사행성게임물에 해당되어 등급분류를 거부결정한 경우에는 결정의 내용 및 그 이유를 기재한 서류를 지체 없이 신청인에게 교부하여야 한다. 1. 게임물의 해당등급을 기재한 등급분류필증 2. 등급분류에 따른 의무사항을 기재한 서류 3. 게임물내용정보를 기재한 서류 ④ 위원회는 등급분류를 받은 게임물이 제2항의 규정에 따른 등급분류 거부대상인 사실을 알게 된 때에는 지체 없이 등급분류 결정을 취소하여야 한다. ⑤ 제1항 내지 제3항의 규정에 의한 자료제출요구의 기준·절차·방법, 등급분류 결정, 등급분류 거부결정 및 사행성게임물 결정의 절차, 등급분류필증의 교부와 게임물내용정보에 포함될 사항 등에 관하여 필요한 사항은 문화체육관광부령으로 정한다.
시행규칙	제10조(등급분류 거부결정 절차) ① 등급위원회는 법 제22조 제2항에 따라 등급분류를 거부하려는 때에는 이를 결정하기 전에 신청인에게 의견진술의 기회를 주어야 한다. ② 등급위원회는 등급분류를 거부하려는 경우에는 거부 이유를 구체적으로 기재한 서류를 신청인에게 교부하여야 한다. ③ 제2항에 따라 등급분류를 거부받은 자는 그 거부이유를 해소하여 다시 등급분류를 신청할 수 있다. 제11조(등급분류필증 등) ① 등급위원회는 법 제22조 제3항에 따라 등급분류결정을 하는 경우에는 그 이유를 구체적으로 기재한 서류와 별지 제3호서식의 등급분류필증을 신청인에게 교부하여야 한다. ② 제1항의 등급분류필증을 잃어버렸거나 헐어 못쓰게 되어 재교부 받으려

는 때에는 못쓰게 된 등급분류필증을 첨부하여 등급위원회에 재교부신청
을 하여야 한다.
제12조(게임물내용정보에 포함될 사항) 법 제22조 제3항 제3호에 따른 게임물내
용정보를 기재한 서류에는 다음 각 호의 사항이 기재되어야 한다.
1. 폭력성 여부와 그 정도
2. 선정성 여부와 그 정도
3. 사행성 여부와 그 정도
4. 공포, 언어, 약물, 범죄 여부와 그 정도

■ **입법 취지**

　게임물의 불법 개·변조, 게임제공업소의 경품용 상품권의 불법 환전, PC방
등에서의 사행행위 확산 등에 따른 사행성 조장 및 도박중독자 양산 등의 사회적
문제가 커지자 '사행성 게임물' 자체를 '게임물'의 개념에서 제외하도록 정의하는
한편, '사행성 게임물'에 해당되는 경우 등급분류를 거부함으로써 시장에서 유통
또는 이용에 제공되지 않도록 하여 '사행성 게임물'을 근절하고 건전한 게임문화
를 조성하고자 하였다.

■ **입법 연혁**

　'등급분류 거부' 제도는 2007.1.19. 게임법 일부 개정 시 신설되었다. 종전의
'등급분류 보류' 제도를 폐지하고[154] 등급분류 신청한 게임물이 '사행성 게임물'
에 해당되는 경우 등에는 등급분류 거부결정을 할 수 있도록 하였다.

154) 그러나 사실상 등급분류보류제도를 승계한 것으로 보는 견해가 다수이다.

■ 내용 해설

1. 등급심사 자료의 제출 요구

가. 의 의

위원회는 (i) 게임물의 등급분류에 관한 사항, (ii) 청소년 유해성 확인에 관한 사항, (iii) 게임물의 사행성 확인에 관한 사항, (iv) 게임물의 등급분류에 따른 제작·유통 또는 이용제공 여부의 확인 등 등급분류의 사후관리에 관한 사항(법 제16조 제2항 제1호 내지 제4호)의 심의·의결에 따른 업무의 수행을 위하여 필요한 경우에는 등급분류를 신청한 자에게 등급심사에 필요한 자료의 제출을 요구할 수 있다(법 제22조 제1항).

위원회는 등급분류심사를 위하여 필요하다고 인정되는 경우에는 제1항 각 호의 자료 외에 추가로 자료의 제출을 요구할 수 있다(시행규칙 제9조 제2항).

나. 자료 제출의 범위

"법 제16조 제2항 제1호부터 제4호까지의 규정에 따른 업무의 수행을 위하여 필요한 경우"로 한정짓고는 있지만 위원회가 등급심사를 위해 제출을 요구할 수 있는 자료의 범위가 상당히 넓다고 할 수 있다. 예를 들어 영업비밀과 관련된 자료도 포함될 개연성이 높을 것인데 이 경우 어떻게 처리해야 하는지가 문제될 수 있을 것이다. 한편, 법문상 '제16조 제2항 제1호부터 제4호까지의 규정에 따른 업무'(A)의 수행을 위하여 필요한 경우에 '등급심사'(B)에 필요한 자료의 제출을 요구할 수 있도록 규정하고 있는데 내용상 제4호 '사후관리에 관한 사항'은 사전 심사 절차인 '등급심사'와 어울리지 않고 직접적으로 관련된 업무라고도 보기 힘들다는 점에서 명문에도 불구하고 당해 규정과 관련해서는 그 범위를 소극적으로 해석해야 할 것으로 본다. 그리고 "A의 수행을 위해 필요한 경우에는, B에 필요한 자료 제출을 요구할 수 있다"고 표현하고 있어 문맥상 오히려 A가 주된 규정인 것으로 볼 수도 있다. 이 경우 사후관리에 관한 사항을 심의·의결을 위해 필요한 경우에도 자료 제출을 요구할 수 있다는 의미로도 해석될 여지가 없지 않다. 그러나 제22조 제1항은 등급분류에 관한 규정이라는 점, 사전 등급 심사를 전제로 하고 있다는 점, 법문상 '등급분류를 신청한 자에게' 자료 제출을 요구할 수 있다고 한 점 등을 고려해 보건대 제14조 제2항 제4호 소정의 사후관리에 관해서도 본 항에 근거해 자료 제출을 요구할 수 있다고 보는 것은 타당하지 않다고 본다. 간접적인 관련성이 있다고 하더라도 그 범위는 가급적 제한적으로 해석하여야 하여야 할 것이다.

다. 적용 사례

최근 전체이용가 아케이드 게임물 중 '정답 선택' 형태(3지 선다형 등) 게임물의 등급분류 신청이 급증하자 위원회는 해당 게임물들의 검토 및 심사를 위해 추가 자료를 신청인에게 요청한 바 있다.

즉, 등급분류 신청한 '3지 선다형' 게임물이 (i) 단순조작 또는 이용자의 조작 없이 외부기기 등을 이용하여 게임의 결과를 얻을 수 없다면, 해당 내용을 논리적으로 설명할 수 있는 자료(문서, 동영상 등), (ii) 이용요금 또는 난이도 설정의 변경이 가능하다면, 해당 설정 변경 시 게임물내용설명서에 기재된 내용 이외의 다른 변화가 있는지에 대한 답변 자료, (iii) 게임물내용설명서에 기재된 모든 버튼의 사용과 관련하여, 기재된 용도 외에 다른 입력의 조합 또는 이용방법을 통하여 게임 진행에 달리 적용되는 부분이 있는지에 대한 자료를 업로드 하여 보완해 줄 것을 요청하고 있다.[155]

2. 등급분류 거부

가. 의 의

위원회는 「사행행위 등 규제 및 처벌특례법」, 「형법」 등 다른 법률의 규정 또는 이 법에 의하여 규제 또는 처벌대상이 되는 행위 또는 기기에 대하여 등급분류를 신청한 자, 정당한 권원을 갖추지 아니하였거나 거짓 그 밖의 부정한 방법

---

155) 게임물등급위원회, 전체이용가 아케이드 게임물(정답 선택 및 3지 선다형) 등급분류 관련 공지사항(2012.6.25).

으로 등급분류를 신청한 자 또는 사행성게임물에 해당되는 게임물에 대하여 등급분류를 신청한 자에 대하여 등급분류를 거부할 수 있다(게임법 제22조 제2항 및 등급분류 규정 제25조).

한편, 사후조치로서 위원회는 부정한 방법으로 등급분류를 받거나, 등급거부된 게임물 또는 등급분류 결과의 위·변조 또는 불법사용을 인지한 경우 관계기관에 즉시 통보하여야 하며(게임법 시행규칙 제30조 제1항), 이러한 사실을 통보함과 아울러 등급취소 등 필요한 조치를 할 수 있다(게임법 시행규칙 제30조 제2항).

나. 거부 사유(거부 대상자)

(1) 「사행행위 등 규제 및 처벌특례법」, 「형법」 등 다른 법률의 규정 또는 이 법에 의하여 규제 또는 처벌대상이 되는 행위 또는 기기에 대하여 등급분류를 신청한 자

1) '다른 법률의 규정'에 의하여 규제 또는 처벌대상이 되는 행위 또는 기기

「사행행위 등 규제 및 처벌특례법」, 「형법」, 「저작권법」, 「정보통신망 이용촉진 및 정보보호 등에 관한 법률」, 「전자금융거래법」, 「주민등록법」, 「전자서명법」, 「전자상거래 등에서의 소비자보호에 관한 법률」, 「청소년보호법」, 「청소년의 성보호에 관한 법률」 등에 의하여 규제 또는 처벌대상이 되는 경우를 포함한다. 이것은 예시적으로 열거한 것이다(등급분류 규정 제25조 제2항).

① 「사행행위 등 규제 및 처벌특례법」상의 사행성유기기구로 확인된 경우
② 「형법」에 의하여 규제 또는 처벌대상이 되는 경우
③ 「저작권법」에 의해 규제 또는 처벌대상이 되는 경우
④ 「정보통신망 이용촉진 및 정보보호 등에 관한 법률」 등에 정의된 이용자 실명인증절차를 충분히 갖추지 아니한 경우 또는 규제대상이 되는 경우
⑤ 「전자금융거래법」 등에 의하여 이용금액결제의 실명 확인절차가 충분치 않거나 기타 규제대상이 되는 결제수단을 사용하는 경우
⑥ 「주민등록법」에 의하여 규제 또는 처벌대상이 되는 경우
⑦ 「전자서명법」에 의하여 규제 또는 처벌대상이 되는 경우
⑧ 「전자상거래 등에서의 소비자보호에 관한 법률」에 의하여 규제 또는 처벌

대상이 되는 경우

⑨ 「청소년보호법」, 「청소년의 성보호에 관한 법률」 등에 의하여 규제 또는 처벌대상이 되는 경우

참고로 빠징고 게임기능이 있는 구슬자동판매기와 관련해 구 게임물등급위원회는 다음과 같은 공지를 하였다.

종전 사행성게임기가 구슬 자동판매기로 판매되는 사례가 있었고, 동 제품을 구입하는 경우, 선의의 피해가 발생할 수 있어 문제가 되었다. 해당 기계는 전기용품안전인증을 받은 제품에 빠징고 기능을 추가하여 사행 행위에 이용이 되고 있는, '사행행위 등 규제 및 처벌특례법' 제2조 1항에서 규제하고 있는 "사행성 유기기구"에 해당되는 기계로서, 경찰의 허가를 받지 않고 이를 유통하거나 이 기계로 영업을 하는 경우에는 5년 이하의 징역 또는 5천만원 이하의 벌금으로 처벌을 받게 된다. 전기용품안전인증은 비디오 게임기를 비롯하여 전등, 냉장고, TV등 각종 전기제품에 대해 전기적인 안전성을 확인하는 제도이며, 게임기는 전기용품안전인증과는 별도로 게임물등급심의를 반드시 받아야 한다. 또한 해당 기계는 게임물로 등급분류 신청이 되지 않은 기계로서, 등급분류 신청이 되더라도, 사특법에서 규제하는 기기이므로 등급거부의 대상이 되는 기계이다. 따라서 이와 비슷한 종류의 기계를 구입하고자 하는 경우에는 등급분류를 받았는지의 여부 및 경찰서에서 허가를 받은 기계인지를 반드시 확인해야 하고, 특히, 상기와 같은 빠징고 기능이 있는 제품은 모두 불법 기계임을 유의할 필요가 있다.[156]

2) '이 법'에 의하여 규제 또는 처벌대상이 되는 행위 또는 기기에 대하여 등급분류를 신청한 자

2013.5.22. 개정 시 '이 법'이라는 문구를 추가하였다. 「사행행위 등 규제 및 처벌특례법」, 「형법」 등 다른 법률 이외에 게임법 자체도 포함시킴으로써 등급분류 거부 대상을 더욱 확대한 것이다. 이에 대해서는 그동안 입법 불비로 누락되었던 것을 보완함으로써 제도적 공백을 메운 것이라는 점에서 등급분류 거부 제도의 실효성 확보 차원에서 바람직하다는 견해가 있을 수 있다. 반면 이는 사실상 관련법상의 모든 위법 사유가 등급분류 거부 대상에 해당할 수 있다는 의미로

---

156) 게임물등급위원회, 공지사항: 빠징고 게임기능이 있는 구슬자동판매기에 대한 주의(2007. 8.10).

도 해석 가능하므로 과도한 규제라는 문제 제기의 가능성을 배제할 수 없을 뿐만 아니라 거부 여부의 판단은 결국 위원회의 재량에 맡겨진 것이므로 자칫 위원회의 권한 남용 내지는 등급분류 거부 제도의 오용의 우려도 없지 않을 것이다. 나아가 모든 규제가 등급분류 거부제도로 흡수되어 버림으로써 다른 규제 장치의 특성이 간과되어 그 존재 의의를 상실하게 만들 수 있다는 지적도 가능할 것이다.

한편 위원회는 웹보드 게임 사행화 방지를 위해 2013.11.20. 개정 공포된 시행령(대통령령 제24865호) 별표2 제8호[157] 시행과 관련하여, 시행령 개정에 따라 기존에 서비스 중에 있는 게임물들에 대하여 게임제공업자는 2014.2.24.부터 조치의무이행을 완료한 후 서비스를 제공할 것과 만일 제도시행 이후 기존 내용의 게임물로 서비스를 할 경우에는 게임법 위반으로 등급분류 거부 또는 취소 대상(법 제22조 제2항 및 제4항)에 해당된다고 공지하고 있다.[158]

(2) 정당한 권원을 갖추지 아니하였거나 거짓 그 밖의 부정한 방법으로 등급분류를 신청한 자

1) 정당한 권원을 갖추지 아니하고 등급분류를 신청한 경우

① 정당한 권원을 갖추지 아니한 경우

정당한 권원을 갖추지 아니한 경우의 대표적인 예로는 등급분류를 신청한 자가 당해 게임물의 전부 또는 그 구성 저작물에 대한 저작권을 가지고 있지 않거나 양도·설정 또는 이용허락을 받지 아니하여 타인의 저작권을 침해하게 되는 경우이다. 구체적으로는 게임물을 유통시키거나 이용에 제공하게 할 목적으로 당해 게임물을 제작 또는 배급하는 것과 관련해 저작권 등의 정당한 권원을 가지고 있어야 한다.[159] 만약 타인의 저작권을 침해하는 게임물을 등급분류 신

---

157) 시행령 별표2 제8호의 내용을 요약하면 다음과 같다.
  - 1월 게임머니 구매한도 제한,
  - 1회 게임의 게임머니 사용한도 제한
  - 1일 게임머니 손실한도 제한
  - 게임이용 상대방 선택 금지
  - 게임의 자동진행 금지
  - 본인인증 조치 강화 등
158) 게임물관리위원회, '웹보드 게임 사행화 방지조치' 제도 시행에 따른 안내(2014.2.14).
159) 예를 들어 복제권만을 가지고 유통 또는 이용제공을 목적으로 게임물을 배급하는 경우라면 침해의 가능성이 높을 것이다. 그러나 게임물은 다양한 정보·콘텐츠·데이터 등의 복합

청하였는데 전체이용가 등의 등급을 받고 시장에서 유통 또는 서비스된다고 한다면 침해 사실을 모르는 제3자 또는 이용자 등의 입장에서는 적법한 게임물로 신뢰할 가능성이 높을 것이다. 그리고 정당한 권원을 가진 자가 후발적으로 시장에 진출하는 경우에는 오히려 표절 시비에 몰릴 수 있는 반면, 침해자는 일응 국가의 행정기관으로 보이는 위원회로부터 등급분류라는 공적 심의 절차를 밟았다는 이유를 들어 저작권 문제에 관한 한 자유롭다고 생각할 수도 있다. 이는 결국 등급분류 절차가 침해 게임물에 면죄부를 주거나 무임승차의 기회를 부여하는 것과 같은 결과를 낳을 수도 있다는 우려를 갖게 한다. 따라서 이를 처음부터 차단하기 위해서 저작권 등의 정당한 권원을 갖추지 아니하고 등급분류를 신청하는 경우에는 거부하도록 한 것이다.

② 실무상의 조치와 문제점

타인의 저작권 등 정당한 권원을 침해하는 것으로 볼 수 있는 콘텐츠가 포함된 게임물의 등급분류 신청이 증가하자 종전 등급위원회에서는 저작권 관련 등급분류 검토사항 등을 공지하고 이를 등급분류 결정에 반영한 바 있다. 예를 들어 등급분류 신청한 게임물의 콘텐츠가 타인의 저작권을 침해하는 것으로 상당히 의심될 경우, 신청인에게 당해 저작물에 대한 정당한 권원이 있는지 등의 확인 조치와 별도 전문기관을 통한 확인 절차 등을 진행할 예정임을 밝히고 있다.[160]

결국 신청인의 소명 및 확인, 외부 전문기관[161] 확인 등의 절차를 거쳐야 할 것이므로 필연적으로 등급분류 처리기간의 지연이라는 문제가 발생할 수 있을 것이다. 더욱이 타인의 저작권을 침해하는 것으로 '상당히 의심될 경우'에만 소명·확인 등의 절차를 진행한다는 점에서 '상당히 의심될 경우'에 이르지 아니한 정도에 불과한 경우에는 소명·확인 절차를 밟지 아니하고 등급분류를 받을 수도 있다는 여지를 남기므로 오히려 가벼운 저작권 침해는 용인하겠다는 신호로도 읽혀질 수 있어 신중을 기할 필요가 있다. '상당히 의심될 경우'가 과연 어떤

체이므로 경우에 따라서는 어떤 구성 요소의 어느 범위까지가 보호받는 저작물인지, 누구에게 정당한 권원이 있는지, 2차적저작물 또는 공동저작물로 성립하였는지 또는 그 경우 저작권자는 누구인지 등을 판단하기란 쉽지 않은 일이다.

160) 게임물등급위원회, 등급분류 신청 게임물의 정당한 권원확인을 위한 처리절차 공지(2012. 6.25).

161) 한국저작권위원회 등이 이에 해당할 것이다.

경우인지에 대한 판단 자체가 모호할 수 있다는 점에서 판단 기준에 대한 충분한 검토가 있어야 할 것으로 본다, 예를 들어 명백하고 현존하는 침해가 있거나 그럴 우려가 크다고 인정되는 경우에는 '상당히 의심될 경우'에 해당하는 것으로 볼 수 있을 것이다.

2) 거짓 그 밖의 부정한 방법으로 등급분류를 신청한 경우

① 거짓 그 밖의 부정한 방법

'거짓'이란 사전적인 의미로 본다면 '일반적으로 사실과 어긋난 것 또는 사실이 아닌 것을 사실처럼 꾸민 것'을 말한다. 따라서 그 개념 범위는 매우 넓다. 구체적인 기준이 제시되지 아니하는 경우에는 자칫 행정 권한의 남용으로 이어질 수 있다는 점에서 그 해석과 적용에 신중을 요한다. 예를 들어 게임물내용설명서/게임물내용정보기술서의 내용과 실제 게임물이 일부 사소하게 차이만 나도 이를 형식적으로 판단하여 '거짓'이라고 한다면 부당한 결과가 나올 수도 있다.[162] 따라서 등급분류 신청자 입장에서는 예측가능성, 객관성이 떨어질 수 있다는 문제점이 있다. 합리적인 판단 기준과 절차가 마련되어야 할 것으로 본다.

'그 밖의 부정한 방법'은 거짓 이외에도 올바르지 아니한 방법에 의해 등급분류를 신청한 경우를 포괄적으로 이르는 말이라고 할 수 있다. 따라서 이 또한 그 범위가 매우 넓은 개념이다.

② 구체적인 기준: 아케이드 게임물의 경우를 중심으로

아케이드 게임물의 경우 (i) 외부 저장장치나 네트워크 등을 이용하여 게임의 내용이 임의 변경 가능한 경우, (ii) 게임물내용설명서에 기술되지 않은 별도의 파일을 호출하는 경우, (iii) 배경 및 이미지 효과 등으로 인해 게임의 결과 및 진행 등에 영향을 미쳐 사행성을 부추기는 경우, (iv) 게임진행 횟수 및 게임내용 등을 인지하거나 기록하여 게임의 진행이나 결과에 영향을 주는 경우, (v) 제출한 기기와 게임물 내용설명서에 기술한 내용이 일치하지 않는 경우, (vi) 제출한 동영상 내용과 제출한 게임물이 일치하지 않는 경우, (vii) 게임에 별도의 모드가

---

162) 거짓 여부의 판단은 재량 사항이고 결국 위원회의 관점과 의도에 따라 얼마든지 다른 결론이 날 수도 있을 것이다. 예를 들어 게임물 자체보다는 그 외적인 요소(예를 들어 신청자와 위원회의 관계, 사회적 분위기, 정책 방향 등)에 의해 판단이 달라질 수 있다. 사실 등급분류 거부는 게임물의 내용에 대한 심사 제도라기보다는 게임물 유통과 이용에 대한 형식적·절차적 사전 규제 제도라고 보는 것이 더 맞을지 모른다. 그런 점에서 보면 등급분류 거부 여부는 게임물의 내용 외적인 요소에 좌우될 가능성을 근본적으로 내재하고 있다고 할 수 있다.

존재하는 경우(디버그, 테스트, 업장용 등), (viii) 제출한 기기 내에 별도의 파일이 존재하여 게임 실행에 연계되어 게임물내용정보기술서와 다르게 게임이 실행 또는 작동되는 경우, (ix) 사행성 유기기구를 모방한 게임물인 경우, (x) 게임에 영향을 주는 조작키 등(프로그램, 추가기판, 리모컨 수신기 등)을 숨겨서 신청하는 경우, (xi) 게임에서 획득한 점수의 초기화 없이 다음 게임을 진행하거나, 코인의 투입 없이 획득한 점수의 차감과 함께 1회 게임을 진행할 수 있는 경우, (xii) 등급분류결정 취소된 게임물과 동일하거나 유사한 게임물(콘텐츠 및 프로그램 등)인 경우, (xiii) 등급분류 거부 이후 다시 등급분류 신청 시 거부사유가 해소 되지 않은 게임물인 경우[163]가 주요 검토 사항들이다.

(3) 사행성게임물에 해당되는 게임물에 대하여 등급분류를 신청한 자

1) 사행성게임물에 해당하는 게임물

사행성게임물의 개념에 대해서는 이미 앞에서 설명하였으므로 여기서는 재론하지 않기로 한다.

2) 구체적인 기준: 아케이드 게임을 중심으로

게임의 내용이 이용자의 조작보다 기기의 우연성에 의존하는 경우에 문제될 수 있다. 구체적으로 ① 게임 진행 시 자동으로 진행되거나 외부기기에 의하여 또는 단순조작 등으로 게임의 목적을 달성(경품 및 점수 등을 획득)할 수 있는 경우, ② 게임의 시작 및 진행 조건(난이도 등)이 매 게임마다 차이가 있어 사용자의 조작이나 숙련도가 아닌 우연적인 방식에 의해 게임의 결과가 결정되는 경우 (게임 내 설정 값 등의 변화에 따라 달라지는 경우 포함),[164] ③ 게임의 결과에 영향을 미치는 몬스터 및 배경화면 등의 출현 규칙이 무작위로 결정되는 경우, ④ 이용자가 아무리 조작을 해도 1회 게임의 목적(경품, 점수 등)을 달성할 수 없는 경우, ⑤ 1회 게임에서 획득한 결과가 다음 게임에 영향을 주는 등 게임의 연속성이 존재하

---

163) 게임물등급위원회, 아케이드 게임물 등급분류 가이드라인 설명(2011.6.2) 및 청소년게임 제공업소용(전체이용가) 게임물 등급분류 신청 가이드라인(2011.5).

164) 종전에는 "게임을 진행할 때마다 1회 게임의 조건이 달라져 모든 이용자로 하여금 동일한 조건을 제공하지 못하는 경우(게임 내 설정 값 등의 변화에 따라 달라지는 경우 포함)"이라고 규정하고 있었으나 일부 현실에 맞지 않다는 지적에 따라 2013.6.4. 가이드라인을 개정하였다(게임물등급위원회 공고 제2013-42호, "아케이드 게임물 등급분류 신청 가이드라인 개정", 2013.6.4. 공고 참조).

는 경우, ⑥ 부가 게임(이벤트 게임, 게임아이템 등 포함)을 이용하여 사행성을 조장하거나 이용하도록 할 수 있는 경우가 주요 검토사항이다.[165]

3) 최근 분쟁 사례

최근 대법원이 "사행성 게임이 아니다"라고 판결한 온라인 베팅 스포츠 게임에 등급위원회(이하 '게임위')가 "게임물이 아니며 사행성 도박 성향이 있다"는 이유로 게임물등급분류결정을 거부하고 있어 논란이 되고 있다. 단골미디어㈜는 최근 2년 동안 게임위와 행정소송을 진행 중이다. 지난 2010년 2월 단골미디어가 게임위에 허가신청을 낸 온라인 스포츠 경기 게임이 사행성 게임이라는 이유로 허가(등급분류결정)가 거부되면서부터이다. 이에 대해 단골미디어는 2010년 4월 행정법원(1심)에 등급분류거부결정취소 행정소송을 제기했고 행정법원은 같은해 9월 '등급분류거부 취소'판결을 내렸다. 이에 게임위는 판결에 불복하며 2011년 4월 고등법원(2심)에, 2012년 6월(3심)에 각각 항소와 항고를 했지만 법원은 1심과 같은 이유로 기각했다. 법원은 게임위가 지적한 게임머니의 '환전 가능성'에 "게임머니가 간접 충전 방식이고 게임 내 거래 시스템이 없기 때문에 문제될게 없다"며 '등급분류거부 결정은 위법'이라고 판시했다. 판결 이후에도 게임위는 단골미디어 측에 저작권과 정당한 중계권이 없다는 이유 등을 들며 등급 거부를 계속해 왔다. 이에 단골미디어㈜는 해외 중계권 계약과 초상권 계약을 통해 등급분류를 재신청했지만, 지난 5월 게임위는 단골미디어에 다시 "게임물이 아니며 사행성 도박 성향이 있다"는 이유로 거부 예정통보를 해왔다. 게임위 관계자는 "이 게임은 국민체육진흥법 26조(복권발행과 유사한 것을 발행하는 시스템을 설계, 제작, 유통, 또는 공중이 이용할 수 있도록 제공하는 행위는 게임물로 볼 수 없다)에 저촉된다고 판단하고 있고, 또 프로그램화돼 있지 않아 게임법상 게임물이 아니다"라고 설명했다. 이에 대해 단골미디어는 온라인 스포츠 베팅 게임 허가에 엄격한 잣대를 대고 있는 문체부가 게임 등급 거부에 깊숙히 개입하고 압력을 행사하고 있다고 주장하고 있다. 단골미디어㈜ 오승환 대표는 "대법원 판결에도 불구하고 사행성 논란을 계속 주장하고 있는 게임위는 의도적으로 게임 등급 분류를 거부하고 있다"며 "대법원 판결 이후 게임법을 들며 다양한 이유로 등급분류를 거부해 오던 게임위가 문제 삼을게 없어지자 이젠 게임이 아니라고 하는 것도

---

165) 게임물등급위원회, 아케이드 게임물 등급분류 가이드라인 설명(2011.6.2) 및 청소년게임 제공업소용(전체이용가) 게임물 등급분류 신청 가이드라인(2011.5).

인정할 수 없다"고 밝혔다. 이어 오대표는 "문체부와 게임위의 회의록에 본사의 게임에 대해 등급분류를 거부할 수 있도록 모든 방법을 동원하기로 한 사실이 있다"고 밝혔다. 한편 단골미디어는 지난 4월 게임위의 사무국장을 업무방해혐의로 형사고발했으며 국가 권익위원회의 중앙행정심판위원회에 법적 판결에 따라 "의무이행'을 촉구하는 이행 심판 청구서를 제기했다.166)

3. 등급분류 거부 절차

가. 등급분류 결정 또는 거부결정

(1) 등급분류 결정

위원회는 등급분류 결정을 한 경우에는 (i) 게임물의 해당등급을 기재한 등급분류필증, (ii) 등급분류에 따른 의무사항을 기재한 서류, (iii) 게임물내용정보를 기재한 서류를 신청인에게 교부하여야 한다(게임법 제22조 제3항).

1) 게임물의 해당 등급을 기재한 등급분류필증

① 등급분류필증의 교부

위원회는 법 제22조 제3항에 따라 등급분류결정을 하는 경우에는 그 이유를 구체적으로 기재한 서류와 등급분류필증(별지 제3호 서식)을 신청인에게 교부하여야 한다(게임법 시행규칙 제11조 제1항). 등급분류필증 발급은 등급분류 받은 날로부터 1일 후에, 1회에 한정하여,167) 온라인으로만 출력 가능하다.168)

② 등급분류필증의 재교부

등급분류필증을 잃어버렸거나 헐어 못쓰게 되어 재교부받으려는 때에는 못쓰게 된 등급분류필증을 첨부하여 위원회에 재교부신청을 하여야 한다(게임법 시행규칙 제11조 제2항).

2) 등급분류에 따른 의무사항을 기재한 서류

---

166) 서울경제(2013.6.14) http://economy.hankooki.com/lpage/society/201306/e20130614102052117920.htm.

167) 다만, 컴퓨터나 프린터의 오류로 인해 등급분류필증을 발급받지 못했을 경우에는 위원회에 다시 직접 요청해야 한다.

168) 출력 순서는 다음과 같다. 로그인→ 등급 신청→ 등급신청 조회→ 게임접수번호 클릭→ 등급필증발급 버튼. 출력은 반드시 컬러프린터를 이용하여야 한다.

3) 게임물내용정보를 기재한 서류

게임물내용정보[169]에 포함될 사항은 (i) 폭력성 여부와 그 정도, (ii) 선정성 여부와 그 정도, (iii) 사행성 여부와 그 정도, (iv) 공포, 언어, 약물, 범죄 여부와 그 정도이다(게임법 시행규칙 제12조).

(2) 등급분류 거부결정

사행성게임물에 해당되어 등급분류를 거부결정한 경우에는 결정의 내용 및 그 이유를 기재한 서류를 지체 없이 신청인에게 교부하여야 한다(게임법 제22조 제3항).

(3) 기타 필요한 사항

게임법 제22조 제1항 내지 제3항의 규정에 의한 자료제출요구의 기준·절차·방법, 등급분류 결정, 등급분류 거부결정 및 사행성게임물 결정의 절차, 등급분류필증의 교부와 게임물내용정보에 포함될 사항 등에 관하여 필요한 사항은 문화체육관광부령으로 정한다(게임법 제22조 제5항).

나. 등급분류 결정 취소

(1) 결정 취소

위원회는 등급분류를 받은 게임물이 등급분류 거부 대상인 사실을 알게 된 때에는 지체 없이 등급분류 결정을 취소하여야 한다(게임법 제22조 제4항).

(2) 결정 취소 대상

등급분류 결정 취소의 대상이 되는 것은 첫째, 등급분류를 받은 게임물이어야 하고 둘째, (그러한 게임물이) 등급분류 거부 대상이어야 한다.

1) 등급분류를 받은 게임물

등급분류를 받은 게임물이어야 하므로 (i) 등급분류를 받지 아니한 게임물, (ii) 등급분류 대상이 아닌 게임물, (iii) 등급분류를 받은 것이 게임물이 아닌 경

---

169) "게임물내용정보"라 함은 게임물의 내용에 대한 폭력성·선정성(煽情性) 또는 사행성(射倖性)의 여부 또는 그 정도와 그 밖에 게임물의 운영에 관한 정보를 말한다(법 제2조 제2호).

우는 제외된다. 어떤 등급을 받았는지 여부는 묻지 아니한다. 따라서 전체이용가 게임물이라고 하더라도 등급분류 결정 취소 대상이 될 수 있음은 물론이다.[170]

2) 등급분류 거부 대상 게임물

등급분류를 받았으나 해당 게임물이 등급분류 거부 대상인 경우를 말한다. 즉, (i) 「사행행위 등 규제 및 처벌특례법」, 「형법」 등 다른 법률의 규정에 의하여 규제 또는 처벌대상이 되는 행위 또는 기기임에도 불구하고 등급분류를 받은 경우, (ii) 정당한 권원을 갖추지 아니하였거나 거짓 그 밖의 부정한 방법으로 등급분류를 받은 경우, (iii) 사행성게임물에 해당되는 게임물임에도 등급분류를 받은 경우(게임법 제22조 제2항)에는 해당 등급분류 결정을 반드시 취소하여야 한다. 따라서 이는 기속행위에 해당하는 것으로 볼 수 있을 것이다.

(3) 그러한 "사실을 알게 된 때"

1) 인식 주체와 방법

등급분류를 받은 게임물이 등급분류 거부 대상이라는 사실에 대한 인식 주체는 위원회이다. 등급분류 신청인이나 제3자가 그 사실을 알고 있었다고 하더라도 그러한 사정만으로 위원회가 인식한 것으로 볼 수 없다.

그러나 위원회가 해당 사실을 직접 인지한 경우로만 한정되는 것은 아니므로 제3자의 신고나 정보제공, 관계기관의 확인 요청 등에 의해 간접적으로 관련 사실을 알게 된 경우도 포함된다고 보아야 할 것이다.

2) 인식 시기

위원회의 인식 시기는 중요하다. 왜냐하면 해당 사실을 알게 된 때에는 지체 없이 등급분류 결정을 취소하여야 하기 때문이다. 그렇다면 언제 그러한 사실을 알게 되었다고 보아야 할 것인가? 그 시기는 사실상 위원회의 주장에 거의 전적으로 맡겨져 있다고 할 수 있다. 현실적으로 위원회의 인식 여부나 그 시기를 객관적으로 파악하기란 쉽지 않다. 위원회가 그러한 사실을 이미 인지하고도 이를 부인하거나 그 시기를 왜곡할 수도 있을 것이다. 또는 이를 방치하는 과정에서 그러한 사실 자체가 누락되어 잊혀져 버리는 경우도 있을 것이다. 사실상 위원회가 등급분류 결정 취소를 하는 때가 관련 사실을 안 때라고 짐작하는 수밖에는

---

170) 그러나 전체이용가 게임물은 실제로는 등급 변경 대상이 될 가능성이 높을 것이다.

달리 방법이 없다. 따라서 인식 시기를 객관적으로 확인할 수 있는 시스템이 갖추어져야 할 필요가 있다. 인식 후 취소 여부는 위원회의 재량 사항이 아니라는 점에서 더욱 그러하다.

(4) "지체 없이" 결정 취소

등급분류 거부 대상인 사실을 알게 된 때에는 '지체 없이' 등급분류 결정을 취소하여야 한다. 이것은 등급분류 업무의 공정성과 투명성을 담보하는 것은 물론 건전한 영업질서의 확립과 관련 사업자나 게임물 이용자를 보호하는 일과도 관련성이 있다는 점에서 그 의의가 작지 않다고 하겠다. 그러나 게임법상 '지체 없이'의 의미에 대한 언급은 없다. 이를 다룬 게임 관련 문헌도 거의 찾아보기 어렵다. 이를 사전적으로 살펴보면 '때를 늦추거나 질질 끄는 것 없이'라는 뜻을 갖는다. 저작권법 등 관련법의 입법 취지와 해석례에 비추어 보건대, 물리적인 의미의 특정한 시간이나 기간[171]을 말한다기보다는 정당한 사유 없이 절차를 지연시키는 일 없이 여건이 허락하는 한 가장 신속하게 관련 업무를 처리해야 한다는 개념으로 파악하는 것이 타당하다고 본다. 유사 용어인 '즉시'보다는 '긴급성' 내지는 '즉시성'이 다소 떨어지는 의미라고 할 수 있다. 따라서 '즉시' 취소를 요구하는 경우보다는 위원회의 실무상 부담은 적을 것이다. 한편 실제로 '지체 없이' 등급분류 결정을 취소하였는지 여부는 결국 관련 정황을 종합적으로 검토해 판단할 수밖에 없을 것이다. 만약 위원회가 이를 해태하였고 그로 인해 관련 사업자나 이용자에게 손해를 끼쳤다면 일정한 책임을 져야 하는 경우도 있을 것이다. 그러나 게임법에는 '지체'를 제재하거나 손해를 구제하는 규정이 존재하지 않는다.[172] 업무의 성질상 '지체'하였다는 점을 입증하기란 쉽지 않을 것이다.

참고로 행정안전부는 '지체없이'의 의미에 대해 다음과 같이 답변하고 있다.
"일반적으로 법령에서 사용되고 있는 "지체없이"라는 표현은 시간적 즉시성이 강하게 요구되지만 정당하거나 합리적인 이유에 따른 지체는 허용되는 것으

---

171) 예를 들어 5시간 이내, 3일 이내, 1주일 이내 등.

172) 등급분류 규정 제30조(사후조치) ① 위원회는 부정한 방법으로 등급분류를 받거나, 등급거부된 게임물 또는 등급분류 결과의 위·변조 또는 불법사용을 인지한 경우 관계기관에 즉시 통보하여야 한다.
② 위원회는 제1항의 사실을 통보함과 아울러 등급취소 등 필요한 조치를 할 수 있다.

로 사정이 허락하는 한 가장 신속하게 해야 한다는 뜻으로 사용되는 법령용어인
점, 「민원사무처리에 관한 법률 시행령」 제3조에서 민원사무의 처리기간을 "즉
시"로 정한 경우에는 정당한 사유가 있는 경우를 제외하고는 3근무시간 이내에
처리하여야 한다고 규정하는 등 「민원사무처리에 관한 법률」 및 그 하위 법령과
그에 따른 민원사무처리기준표, 민원사무처리편람에서 민원사무의 종류별 처리
기간에 관해서는 구체적인 시간 또는 기간을 정하고 있는 점 등을 고려할 때, 「민
원사무처리에 관한 법률 시행령」 제24조 제1항에서 민원사무의 처리결과를 지체
없이 통지한다고 할 때의 "지체 없이"는 몇 시간 또는 며칠과 같이 물리적인 시간
또는 기간을 의미한다기보다는 민원사무의 처리결과를 사정이 허락하는 한 가장
신속하게 처리해야 하는 기간을 의미하는 것으로 해석하는 것이 민원사무를 공정
하게 처리함으로써 국민의 권익을 보호함을 목적으로 하는 「민원사무의 처리에
관한 법률」의 입법취지에 부합하는 것이라 할 것입니다. 따라서 「민원사무처리에
관한 법률 시행령」 제24조 제1항에 규정된 '지체 없이'란 몇 시간 또는 며칠과 같
이 물리적인 시간 또는 기간을 의미하는 것은 아니라고 할 것입니다."[173]

---

173) 행정안전부 — 「민원사무처리에 관한 법률 시행령」 제21조 제1항에 따른 '동일한 내용의
　　민원'과 같은 법 시행령 제24조 제1항에 따른 '지체 없이'의 의미(「민원사무처리에 관한 법률
　　시행령」 제21조 등 관련) 안건번호 11-0134, 회신일자 2011.06.16 1.

제23조(등급의 재분류 등)

법　　률	제23조(등급의 재분류 등) ① 위원회 또는 등급분류기관의 제21조에 따른 등급분류 결정 또는 제22조에 따른 등급분류 거부결정에 대하여 이의가 있는 자는 그 결정의 통지를 받은 날부터 30일 이내에 구체적인 사유를 명시하여 위원회에 이의를 신청하여 등급분류를 다시 받을 수 있다. ② 위원회는 제1항의 규정에 의한 이의신청을 받은 때에는 이를 심사하여 그 신청에 이유가 있는 경우에는 신청서 접수일부터 15일 이내에 등급분류를 다시 하고 그 결과를 신청인 또는 대리인에게 통지하여야 하며, 이유가 없는 경우에는 이유없음을 통지하여야 한다. ③ 제1항 및 제2항의 규정에 의한 신청의 절차 및 결정통지 등에 관하여 필요한 사항은 문화체육관광부령으로 정한다.
시행규칙	제13조(이의신청의 절차 등) ① 법 제23조 제1항에 따라 이의신청을 하는 자는 이의신청서에 이의신청사유를 기재하여 등급위원회에 제출하여야 한다. ② 등급위원회는 이의신청의 심사의 공정성과 전문성 등을 확보하기 위하여 자문위원회를 둘 수 있다. ③ 등급위원회는 제1항에 따른 신청을 받은 때에는 관계 전문가 또는 자문위원회의 자문을 거쳐 심사를 하여야 한다. ④ 등급위원회는 이의신청에 대한 심사를 완료한 때에는 결정내용 및 사유가 구체적으로 기재된 서면을 신청인에게 교부하여야 한다. 이 경우 등급분류결정을 다시 한 경우에는 그 결정에 따른 새로운 등급분류필증을 함께 교부하여야 한다. ⑤ 제1항 내지 제4항에 정한 것 외에 이의신청의 절차 및 결정 통지 등에 관하여 필요한 사항은 등급위원회규정으로 정한다.

■ 입법 취지

등급 재분류 제도는 위원회나 등급분류기관에 의한 등급분류 결정 또는 등급분류 거부결정에 대해 이의가 있는 자에게 재심사의 기회를 보장함으로써 판단 착오로 인한 신청인의 부당한 피해를 구제하는 것은 물론 위원회 등의 부실한 심사를 방지함으로써 궁극적으로는 등급분류 제도의 공정성과 객관성을 담보하기 위한 것이라고 할 수 있다.

■ **입법 연혁**

등급 재분류는 음비게법 시대에도 존재하던 제도이다. 2006년 게임법 제정 시에 이를 차용하였다. 제정법에서는 등급분류 결정 또는 '사행성 게임물 결정'에 대한 이의신청을 규정하였으나 2007.1.19. 개정법에서 등급분류 결정 또는 '등급분류 거부결정'에 대한 이의신청으로 바뀌었고, 2011.12.31. 개정에서는 기존의 위원회 이외에 '등급분류기관'이 한 등급분류 결정 또는 등급분류 거부결정에 대해서도 이의신청할 수 있도록 추가되었다.

■ **내용 해설**

1. 이의신청

가. 의 의

위원회 또는 등급분류기관의 등급분류 결정 또는 등급분류 거부결정에 대하여 이의가 있을 경우에는 구체적인 사유를 명시하여 위원회에 이의를 신청할 수 있으며, 그 신청에 이유가 있는 경우에는 등급분류를 다시 받을 수 있다.

나. 이의신청 대상

이의신청의 대상이 되는 것은 위원회 또는 등급분류기관의 등급분류 결정 또는 등급분류 거부결정이다.

(1) 처분 기관

이의신청의 대상이 되는 등급분류 결정 또는 등급분류 거부결정은 위원회 또는 등급분류기관이 내린 처분인 경우이다. 다시 말해서 해당 결정 또는 거부결정의 주체는 위원회뿐만 아니라 등급분류기관도 포함된다. 문화체육관광부(장관)는 이에 해당하지 않는다. 등급분류기관이 포함된 것은 2011년 12월 31일 개정법에서 제21조 제12항 및 제24조의2(등급분류 업무의 위탁)에 따라 등급분류기관에 의한 위탁 등급분류 제도[174]를 도입함에 따른 것으로 종전 게임법에서는 위원회의 등급분류 결정 또는 등급분류 거부결정에 대해서만 이의신청 대상으로 규정하고 있었다.

(2) 처분의 내용

다. 이의신청 절차

(1) 이의신청서 제출

법 제23조 제1항에 따라 이의신청을 하는 자는 이의신청서에 이의신청사유를 기재하여 위원회에 제출하여야 한다(시행규칙 제13조 제1항).

1) 신청인 적격

이의신청을 할 수 있는 자의 인적 요건 즉, 신청인 적격이 문제될 수 있다. 명문으로 이의신청자의 자격과 관련해 구체적인 규정을 두고 있지 아니하다. 단순히 등급분류 결정 또는 등급분류 거부결정에 대해 이의가 있으면 누구나 이의신청을 할 수 있는지에 대한 의문의 여지가 있을 수 있다. 그러나 법문상 "이의가 있는 자는 그 결정의 통지를 받은 날부터"라고 규정하고 있어 일응 '결정 통지를 받은 자'일 것을 요건으로 한다고 보인다. 또한 결정 통지를 받은 날부터 30일 이내에 이의 신청을 하도록 하고 있어, 등급분류 결정 또는 거부 결정에 대해 바로 공개·공고하는 제도가 없는 현실에서는 일반인에게도 이의신청의 자격을 부여하고 있는 것으로는 보기 어렵다고 하겠다. 따라서 이의신청을 할 수 있는 자는 사실상 처음 등급분류를 신청한 자로서 등급분류 결정 또는 등급분류 거부 결정을 받은 자가 된다고 보아야 할 것이다.

---

174) '위탁 등급분류 제도'는 등급분류기관에 의한 등급분류는 등급분류 업무의 위탁에 의한 것이므로 엄밀하게는 '자율 등급분류 제도'라고 하기는 어렵다. 그러나 민간자율 심의제로 나아가기 위한 준비 단계라는 의미에서 넓은 의미의 '자율 등급분류 제도'로 이해할 수도 있을 것이다. 예를 들어 등급분류기관의 지정 요건과 관련해 시행령 제14조의2 각 호는 일부 민간단체를 염두에 둔 것 같은 요건들을 포함하고 있다는 점에서 비록 법령에 근거한 위원회의 등급분류 업무 위탁에 의한 것이기는 하지만 민간 기구에 의한 심의라는 측면이 전혀 없다고는 할 수 없을 것이다.

2) 제출 기관

이의신청서는 위원회에 제출하여야 한다. 문화체육관광부(장관)나 등급분류 기관은 본조에 따른 이의신청 및 재분류 기관이 아니다. 등급분류기관의 경우 법 제21조 제5항에 따른 내용 수정 신고 수리, 등급재분류 대상 통보 및 조치와 관련된 업무만을 위탁받는다는 점에 유의해야 할 것이다. 이와 같이 이의신청 및 재분류 기관을 위원회에 한정하고 등급분류기관을 제외한 것은 이의신청 및 재분류 제도를 마치 사법상의 2심제 구조와 같은 체계로 운영함으로써 등급분류에 있어서 보다 공정한 구제절차를 마련하기 위한 의도로 파악할 수 있을 것이다. 다만, 등급분류기관에 의한 등급분류 결정 또는 등급분류 거부 결정과 달리 위원회에 의한 등급분류 결정 또는 등급분류 거부 결정에 대해서는 같은 기관에 의해 다시 이의신청 심사 및 등급 재분류된다는 점에서 내재적 한계가 존재한다. 결국 관계전문가나 자문위원회의 역할이 관건이라고 할 것이다.

(2) 자 문

1) 자문위원회의 설치

위원회는 이의신청의 심사의 공정성과 전문성 등을 확보하기 위하여 자문위원회를 둘 수 있다(시행규칙 제13조 제2항). 자문위원회의 설치 여부는 선택사항이다.

2) 관계 전문가 또는 자문위원회의 자문

위원회는 이의신청을 받은 때에는 관계 전문가 또는 자문위원회의 자문을 거쳐 심사를 하여야 한다(시행규칙 제13조 제3항). 이는 의무조항이다. 이 규정은 해석하기에 따라서는 2가지의 의미를 부여하고 있다고 볼 수 있다. (i) 첫째, 반드시 관계 전문가 또는 자문위원회의 자문 절차를 거칠 것을 강제하고 있다는 점이다. (ii) 둘째 반드시 심사를 하도록 의무지우고 있다는 점이다.

① 자문 의무

문언대로라면 관계 전문가 또는 자문위원회의 자문 중 어느 하나는 반드시 거쳐서 심사를 하여야 하는 것으로 이해된다. 그런데 시행규칙 제13조 제2항에 따르면 자문위원회의 설치 여부는 선택사항이므로 만약 자문위원회의 자문을 반드시 거쳐야 하는 것으로 해석한다면 자문위원회가 설치되지 아니한 경우에 있어서 조문 간의 정합성이 문제될 수 있다. 다만, 시행규칙 제13조 제5항에서 "시행규칙 제13조 제1항 내지 제4항에 정한 것 외에 이의신청의 절차 및 결정 통지 등에 관하여 필요한 사항은 등급위원회규정으로 정한다"고 하고 있고, 그에 따른 등급분류 규정 제26조 제2항이 「게임물관리위원회 운영규정」 제19조에 의한 등급재분류자문위원회의 '자문을 받을 수 있다'고 규정하고 있으므로, 자문위원회의 자문 역시 선택적 절차에 불과한 것으로 새겨볼 수 있을 것이다. 그러나 이러한 해석은 자칫 이의신청 및 등급 재분류 절차의 공정성·객관성·전문성·투명성 등을 담보하기 위한 시행규칙 제13조 제3항의 취지가 몰각될 수 있어 이 또한 문제가 없지 아니하다. 따라서 자문위원회의의 자문을 거치지 아니하는 경우에는 반드시 관계 전문가의 자문을 거쳐 심사하여야 한다고 해석할 수밖에 없을 것으로 본다.

② 심사 의무

위원회는 이의신청을 받은 때에는 반드시 심사를 하여야 한다. 이것은 이의신청을 받고도 심사를 불합리하게 지연·보류[175]하거나 거부해서는 안 된다는 의미를 내포하는 것이라고 할 수 있다. 즉, 위원회로 하여금 신의성실의 자세로 이의신청 및 등급재분류 업무에 임할 것을 요구하고 있는 것이라고 하겠다. 따라서 이를 해태하는 경우에는 심의 의무를 위반하는 것이라고 할 수 있다. '불합리하게' 지연·보류하는 경우가 문제되는 것이므로 합리적인 이유로 일정 기간 지연·보류·거부되는 경우는 본 규정의 본질적인 취지에 반하지 않는 범위 내에서 허용될 수 있다고 본다. 예를 들어 이의 신청 서류의 양식 위반, 기재불비, 제출기간 도과, 심사자료의 불충분 등 방식적인 면에서 회복할 수 없는 중대한 오류가 있다면 이 경우에는 접수하지 아니하거나 반려하는 등의 조치를 취할 수는 있을 것으로 본다. 그러나 치유될 수 있는 경미한 하자라면 이를 수정·보완할 수 있는 절차가 필요할 것으로 본다. 그렇다면 일정기간의 심사절차의 지연이나 보류는 부득이할 것이다. 그러나 그 기간은 엄격히 관리될 필요가 있다. 자칫 악용 또는 남용의 소지가 있을 수 있기 때문이다.

---

175) 무기한 지연/보류한다면 사실상의 심사 거부라고 할 수 있을 것이다.

(3) 심사의 완료: 결정 서면과 등급분류필증의 교부

1) 결정 서면의 교부

위원회는 이의신청에 대한 심사를 완료한 때에는 결정내용 및 사유가 구체적으로 기재된 서면을 신청인에게 교부하여야 한다(시행규칙 제13조 제4항 제1문). 이것은 종래 이의신청인이 결정 내용만을 통지받거나 그 사유가 간략하게만 언급되어 있어 이의신청 결과에 대한 사유를 명확히 알 수 없었고 따라서 그에 대한 적절한 대처도 할 수 없었으므로 이에 대한 불만이 많아 개선의 필요성이 제기되어 왔던 것을 명문화한 것이라고 할 수 있다. 따라서 심사의 공정성, 투명성 등을 담보하고 이의신청인의 편의를 도모하기 위해 마련된 규정이라고 할 수 있다.

먼저 (i) 서면에는 결정 내용 및 사유가 '구체적으로 기재'되어 있어야 한다. 어느 정도로 구체적으로 기재되어야 하는지는 명확하지 아니하나 적어도 이의신청인이 결정 내용에 수긍할 수 있을 만큼 근거가 제시되어야 하는 것은 물론 문제가 되는 부분을 명확히 파악해 이를 용이하게 개선할 수 있을 정도로 이유가 제시되어야 할 것이다. 다음으로 (ii) 결정 내용 및 사유는 '서면으로 교부'하여야 한다. 따라서 일반적인 전화 통화나 문자 메시지만으로 결정 내용과 사유를 통지하는 것은 허용되지 아니한다. '서면'이라고 하였으므로 일단 종이 서류에 의한 전달을 생각해 볼 수 있을 것이나, 전자적 형태의 '서면'에 의하는 경우도 법문상 배제된 것은 아니라고 본다. 다만, 본 규정에서 정하는 '서면'과 같은 법적 효력을 갖기 위해서는 관련 법령(예를 들어 전자서명법 등)에서 정하는 '전자문서'[176]로서의 요건을 갖추어야 할 것으로 생각되며,[177] 그렇다면 단순히 메일을 통해 통지하는 것 역시 '서면'으로 교부한 것에 해당되기 어렵다고 본다. 다만, 첨부 파일의 형식인 경우에는 사안에 따라 달리 볼 수 있을 것이다.[178] 서면 '교부'의 의미도 생각해 보아야 할 것이다. 온라인 방식도 가능한 것인지? 언제 교부되었다고 볼 것인지? 등에 대한 검토가 있어야 할 것이다.

---

[176] "전자문서"라 함은 정보처리시스템에 의하여 전자적 형태로 작성되어 송신 또는 수신되거나 저장된 정보를 말한다(전자서명법 제2조 제1호).

[177] 전자서명법 제3조(전자서명의 효력 등) ① 다른 법령에서 문서 또는 서면에 서명, 서명날인 또는 기명날인을 요하는 경우 전자문서에 공인전자서명이 있는 때에는 이를 충족한 것으로 본다.

[178] 예를 들어 공인전자서명이 있는 전자문서 파일이 첨부된 경우라면 본 규정상의 서면과 같은 법적 효력을 갖는 것으로 볼 가능성이 높을 것이다.

2) 새로운 등급분류필증의 교부

결정 서면 교부 시 등급분류결정을 다시 한 경우에는 그 결정에 따른 새로운 등급분류필증을 함께 교부하여야 한다(시행규칙 제13조 제4항 제2문).

(4) 위원회규정

시행규칙 제13조 제1항 내지 제4항에 정한 것 외에 이의신청의 절차 및 결정통지 등에 관하여 필요한 사항은 위원회규정으로 정하도록 하였는바(시행규칙 제13조 제5항), 그 내용은 다음과 같다.

게임법 제23조 제1항에 따른 등급분류의 결정 또는 거부결정에 대하여 이의가 있는 자는 결정의 통지를 받은 날부터 30일 이내에 별지 제9호의 등급분류 이의신청서에 이의신청사유를 기재하여 위원회에 제출하여야 한다(등급분류 규정 제26조 제1항).

위원회는 이의신청서를 제출받은 경우에는 「게임물관리위원회 운영규정」 제19조에 의한 등급재분류자문위원회의 자문을 받을 수 있다(등급분류 규정 제26조 제2항).

위원회는 제2항의 자문을 거쳐 심사한 후, 신청서 접수일부터 15일 이내에 그 결정내용 및 사유가 구체적으로 기재된 서면을 신청인에게 통지하여야 한다(등급분류 규정 제26조 제3항).

2. 등급의 재분류

가. 재분류 제도

등급의 재분류는 (i) 법 제23조 제1항에 따른 이의신청 절차에 따라 개시되는 경우와 (ii) 게임물의 내용이 수정된 경우에 법 제21조 제6항[179)]에 따라 위원회의 직권 등에 의해 개시되는 경우가 있다. 여기서는 위원회 또는 등급분류기관

---

179) 등급분류 변경을 요할 정도의 수정에 해당하면서 새로이 등급분류를 받지 아니하거나 등급분류를 받은 내용과 다르게 제공할 경우 위원회에서 직권으로 조사하거나 게임물제공업자 또는 게임물배급업자의 신청에 의하여 등급을 재분류할 수 있다(법 제21조 제6항).

의 등급분류 결정 또는 등급분류 거부결정에 대하여 이의 신청하는 경우에 대해서만 살펴보도록 한다.

신청의 절차 및 결정통지 등에 관하여 필요한 사항은 문화체육관광부령으로 정하도록 하였다(법 제23조 제3항).

나. 재분류 절차

(1) 이의신청에 이유가 있는 경우

위원회는 이의신청을 받은 때에는 이를 심사하여 그 신청에 이유가 있는 경우에는 신청서 접수일부터 15일 이내에 등급분류를 다시 하고 그 결과를 신청인 또는 대리인에게 통지하여야 한다(법 제23조 제2항). 즉, 이유신청에 이유가 있는 경우에 등급 재분류 절차가 진행된다. 구체적으로는 이의신청 접수 15일 이내에 등급재분류자문회의에서 해당 안건에 대한 자문의결을 거친 후 등급분류 심의회의에서 다시 한 번 등급을 분류한다.[180)

한편, 법 제23조 제1항은 "… 위원회에 이의를 신청하여 등급분류를 다시 받을 수 있다"라고 규정하고 있어, 문언대로만 해석하면 이의를 신청만 하면 모두 등급 재분류 대상이 되는 것으로 오해될 소지가 있다. 그러나 동조 제2항에서 다시 "… 이의신청을 받은 때에는 이를 심사하여 그 신청에 이유가 있는 경우에는 … 등급분류를 다시 하고"라고 규정하고 있으므로 법 제23조 제1항은 "이의신청을 하여 '그 신청에 이유가 있는 경우에는' 등급분류를 다시 받을 수 있다"로 보충하여 이해하는 것이 타당할 것이다.

(2) 이의신청에 이의가 없는 경우

위원회는 이의신청을 받은 때에는 이를 심사하여 그 신청에 이유가 없는 경우에는 이유없음을 통지하여야 한다(법 제23조 제2항).

---

180) 등급재분류자문회의 및 등급분류 심의회의 절차를 거쳐야 하므로 최초 심의수수료의 150%를 납부하여야 한다.

다. 아케이드 게임물 등급재분류 대상 기준

(1) 전체이용가의 경우

단순 경품의 교체나 케이스의 변경의 경우는 등급재분류 대상으로 되지 않는 것이 일반적이다. 그러나 추가로 I/O보드 및 게임물 변경(레버 및 버튼 수 변경, 크레디트 리셋 기능 추가 등)을 통한 프로그램의 변경(프로그램 OS 및 PCB변경, 단순 이미지 및 사운드 추가, 확률 변경 등)이 있는 경우에는 등급재분류 대상이 된다.

(2) 청소년이용불가의 경우

전체이용가의 기준과 동일하나, 추가적으로 게임의 확률을 조정하는 내용이 포함될 경우 변경된 확률로 인해 사행적인 요소가 있는지 확인하기 위해 등급재분류 대상으로 결정된다.

제24조(등급분류의 통지 등)

법　률	제24조(등급분류의 통지 등) 위원회는 다음 각 호의 어느 하나에 해당하는 결정 또는 취소를 하거나 제24조의3 제1호에 따라 등급분류기관으로부터 등급분류 결정 또는 등급분류 취소 결정을 통보받은 경우에는 대통령령이 정한 행정기관의 장과 제39조의 규정에 의한 협회 또는 단체(이하 "협회 등"이라 한다) 그 밖에 필요하다고 인정되는 기관·단체에 서면으로 통지하고, 그 내용을 문화체육관광부령이 정하는 바에 따라 공표하여야 한다. 1. 제21조 제2항의 규정에 의한 등급분류 결정 또는 제22조 제2항의 규정에 따른 사행성게임물의 등급분류 거부결정 2. 제22조 제4항의 규정에 의한 등급분류 결정의 취소 3. 제23조 제2항의 규정에 의한 이의신청에 대한 결정
시 행 령	제14조(행정기관의 장에 대한 통지) 법 제24조에서 "대통령령이 정한 행정기관의 장"이라 함은 다음 각 호와 같다. 1. 문화체육관광부장관 2. 산업통상자원부장관 3. 방송통신위원회위원장 4. 여성가족부장관 5. 검찰총장 6. 경찰청장 7. 특별시장·광역시장·도지사(이하 "시·도지사"라 한다)
시행규칙	제14조(공표 방법) ① 등급위원회는 법 제24조 각 호에 따른 결정 또는 취소를 한 경우에는 그 내용을 인터넷 홈페이지와 관보에 게재하여야 한다. ② 등급위원회는 영 제14조 각 호의 행정기관의 장에게 제1항의 결정 및 취소의 내용을 당해 행정기관의 인터넷 홈페이지에 게재하여 줄 것을 요청할 수 있다.

■ **입법 취지**

　　게임정책 관련 행정기관의 장과 협회 또는 단체 그 밖에 필요하다고 인정되는 기관·단체에 등급분류 관련 절차의 결과를 통지하는 것은 물론 그 내용을 위원회의 인터넷 홈페이지와 관보에도 게재하여 널리 알리도록 함으로써 지도·감독·단속 권한 등이 있는 기관·단체 간 정보 공유와 원활한 협조가 가능하게 되고 이를 통해 체계적으로 관리함으로써 강력한 사후관리를 할 수 있을 뿐만 아니라 관계 기관 간 유기적인 게임 관련 정책의 수립이 가능해질 수도 있을 것이다. 또한 해당 게임물의 소비자는 정확한 이용정보를 제공받을 수 있고 관련 업계에서는 불공정한 행위 등이 개입되어 있는지 여부를 확인하거나 향후 부당한 침해가 발생하지 않도록 예방하는 데에도 기여하는 바가 있다고 하겠다.

■ **입법 연혁**

일부 변경되기는 하였으나 이 규정 또한 기본적인 내용은 음비게법으로부터 계수한 것이다. 제정 시에는 '사행성게임물 결정'이 통지·공표대상으로 규정되어 있었으나 2007.1.19. 개정에서는 '사행성게임물의 등급분류 거부결정'으로 바뀌었고, 2011.12.31. 개정에서는 위원회의 등급분류 결정 등뿐만 아니라 등급분류기관으로터 등급분류 결정 또는 등급분류 취소 결정을 통보받은 경우에도 통지·공표 대상에 포함시켰다.

■ **내용 해설**

1. 등급분류의 통지

위원회는 (i) 등급분류 결정(제21조 제2항) 또는 사행성게임물의 등급분류 거부결정(제22조 제2항), (ii) 등급분류 결정의 취소(제22조 제4항), (iii) 이의신청에 대한 결정(제23조 제2항)의 어느 하나에 해당하는 결정 또는 취소를 하거나 등급분류기관으로부터 등급분류 결정 또는 등급분류 취소 결정을 통보받은 경우(제24조의3 제1호)에는 '대통령령이 정한 행정기관의 장'과 제39조의 규정에 의한 협회 또는 단체(이하 "협회 등"이라 한다) 그 밖에 필요하다고 인정되는 기관·단체에 서면으로 통지하고, 그 내용을 문화체육관광부령이 정하는 바에 따라 공표하여야 한다(게임법 제24조).

2. 통지 대상

가. 대통령령이 정한 행정기관의 장

법 제24조에서 "대통령령이 정한 행정기관의 장"이라 함은 (i) 문화체육관광부장관, (ii) 지식경제부장관, (iii) 방송통신위원회위원장, (iv) 여성가족부장관, (v) 검찰총장, (vi) 경찰청장, (vii) 특별시장·광역시장·도지사(이하 "시·도지사"라 한다)를 말한다(게임법 시행령 제14조).

나. 기타 대상

법 제39조[181]의 규정에 의한 협회 또는 단체(이하 "협회 등"이라 한다) 그 밖에 필요하다고 인정되는 기관·단체도 통지 대상이다.

3. 공표 방법

가. 홈페이지·관보 게재

위원회는 법 제24조 각 호에 따른 결정 또는 취소를 한 경우에는 그 내용을 인터넷 홈페이지와 관보에 게재하여야 한다(시행규칙 제14조 제1항).
위원회 홈페이지에 게재되는 공고문의 형식을 간략히 살펴보면 다음과 같다.

구 분	코드 분류	기재 사항	비고 (2011년)
등급분류 결정	AR(CC-NA): 아케이드, OL(CC-NP): pc·온라인,	연번, 분류필증번호, 게임물명, 신청자(상호), 신청일자,	총 5108건

---

181) 제39조(협회 등의 설립) ① 게임물 관련사업자는 게임물에 관한 영업의 건전한 발전과 게임물 관련사업자의 공동이익을 도모하기 위하여 협회 등을 설립할 수 있다.
　② 제1항의 규정에 의한 협회 등은 법인으로 한다.
　③ 제1항의 규정에 의하여 설립된 협회 등은 게임물의 제작 및 유통질서가 건전하게 유지될 수 있도록 노력하여야 한다.

	VC(CC-NV): 비디오·콘솔, MO(CC-NM): 모바일	결정일자, 결정등급, 접수번 호	
거부 결정	DG-NA : 아케이드, DG-NP : PC·온라인, DG-NV : 비디오·콘솔, DG-NM : 모바일, DR : 재분류	연번, 접수번호, 신청자(상 호), 신청등급, 신청일자, 거 부결정일자, 결정내용	총 584건 (전체 등급 분류 게임 물의 11.4%)
결정 취소	AR(CC-NA): 아케이드, OL(CC-NP): pc·온라인, VC(CC-NV): 비디오·콘솔, MO(CC-NM): 모바일	연번, 분류필증번호, 게임물 명, 신청자(상호), 당초결정 등급, 결정취소 예정일자, 결 정취소 확정일자, 결정 내용 (예: 등급분류결정 취소예정)	총 186건

이의신청에 대한 결정[182] 또는 등급분류 받은 게임물의 내용수정신고에 대한 반려 결정에[183] 대해서도 공표하는 경우는 그리 많지 않은 것으로 보인다.

나. 홈페이지 게재 요청

위원회는 영 제14조 각 호의 행정기관의 장에게 제1항의 결정 및 취소의 내용을 당해 행정기관의 인터넷 홈페이지에 게재하여 줄 것을 요청할 수 있다(시행규칙 제14조 제2항).

4. 공표의 효력

등급분류 결정 취소가 된 게임물은 관보 게재일로부터 즉시 효력이 발생한다.

---

182) 2011년 위원회의 등급불류 결정에 대해 이의를 신청한 건수는 총 2건에 불과하다.

183) 참고로 법 제21조 제5항과 같은 법 시행규칙 제9조의2 규정에 따라 등급분류받은 게임물의 내용수정신고에 대하여 반려 결정 공표하는 경우에는 AR(CC-NA): 아케이드, OL(CC-NP): pc 온라인, VC(CC-NV): 비디오 콘솔, MO(CC-NM): 모바일의 형태로 코드가 부여되며, 연번, 신청번호/접수번호, 신청자(상호), 당초결정등급, 내용수정 신고일자, 반려결정일자, 결정 내용(예: 반려) 등이 기재된다. 2011년 기준 총 80건(아케이드 62건, PC·온라인 18건)이 있었으며, 이는 전체 접수건수 8244건에 비하면 1%도 되지 않는 매우 낮은 비율이다.

가. 관 보

관보란 일반적으로 국가가 국민들에게 널리 주지시킬 사항을 편찬하여 발행하는 국가의 공보 기관지를 의미한다. 광의로는 행정뿐만 아니라 입법, 사법에 관한 모든 사항 등을 게재하여 국가기관이 공식으로 발행하는 정기간행물을 총칭하며, 협의로는 '관보'라는 명칭으로 발간되는 기관지를 말한다. 헌법개정 · 법률 · 조약 · 대통령령 · 총리령 및 부령의 공포와 헌법개정안 · 예산 및 예산 외 국고부담계약의 공고는 관보에 게재함으로써 한다(법령 등 공포에 관한 법률 제11조 제1항).

나. 효력 발생 시기: '공포한 날'의 의미

「법령 등 공포에 관한 법률」 제12조(공포일 · 공고일)에 따르면 "제11조의 법령 등의 공포일 또는 공고일은 해당 법령 등을 게재한 관보 또는 신문이 발행된 날로 한다"고 규정하고 있다.[184] 그리고 법령의 효력 발생 시기에 대해서는 다음과 같은 기준에 따르는 것이 보통이다. (i) 부칙에 시행일자가 있으면 그에 따르고, (ii) 부칙에 시행일자가 없으면 「법령 등 공포에 관한 법률」 제13조에 따라 공포한 날로부터 20일이 경과함으로써 효력이 발생한다.[185] (iii) 그러나 부칙에

---

184) 법령 등 공포에 관한 법률[일부개정 2010.3.12 법률 제10059호]
　　제11조(공포 및 공고의 절차) ① 헌법개정 · 법률 · 조약 · 대통령령 · 총리령 및 부령의 공포와 헌법개정안 · 예산 및 예산 외 국고부담계약의 공고는 관보(官報)에 게재함으로써 한다.
　　② 「국회법」 제98조 제3항 전단에 따라 하는 국회의장의 법률 공포는 서울특별시에서 발행되는 둘 이상의 일간신문에 게재함으로써 한다.
　　③ 제1항에 따른 관보는 종이로 발행되는 관보(이하 "종이관보"라 한다)를 기본으로 하며, 이를 전자적 형태로 전환하여 제공되는 관보(이하 "전자관보"라 한다)를 보완적으로 운영할 수 있다.
　　④ 관보의 내용 해석 및 적용 시기 등은 종이관보를 우선으로 하며, 전자관보는 부차적인 효력을 가진다.
　　제12조(공포일 · 공고일) 제11조의 법령 등의 공포일 또는 공고일은 해당 법령 등을 게재한 관보 또는 신문이 발행된 날로 한다.
185) 법령 등 공포에 관한 법률 제13조(시행일) 대통령령, 총리령 및 부령은 특별한 규정이 없으면 공포한 날부터 20일이 경과함으로써 효력을 발생한다.
　　제13조의2(법령의 시행유예기간) 국민의 권리 제한 또는 의무 부과와 직접 관련되는 법률, 대통령령, 총리령 및 부령은 긴급히 시행하여야 할 특별한 사유가 있는 경우를 제외하고는

"공포한 날부터 시행한다"고 규정되어 있는 경우에는 '공포한 날'이 언제인지가 문제될 수 있는바,[186] 최초구독가능한 때에 효력이 발생한다(최초구독가능시설)고 보는 것이 통설[187]과 판례[188]이다. 따라서 '공포한 날'은 관보에 형식적으로 기재되어 있는 발행일자가 아니라 실제로 관보가 인쇄되어 정부간행물 판매 센터에 비치되거나 지방관보보급소에 발송되어 일반인이 열람 또는 구독할 수 있는 상태에 놓이게 된 최초의 시기를 의미한다고 보아야 할 것이다.

다. '종이관보'와 '전자관보'의 효력 순위

오늘날 관보는 종이관보와 전자관보의 2가지 형태로 발행되는 것이 보통인데, 만약 종이관보와 전자관보의 내용이 다를 경우에는 어느 것에 우선적 효력이 부여되는지가 문제될 수 있을 것이다. 이와 관련해 「법령 등 공포에 관한 법률」은 종이관보를 기본으로 하며, 전자관보를 보완적으로 운영할 수 있다(동법 제11조 제3항)고 하면서 관보의 내용 해석 및 적용 시기 등은 종이관보를 우선으로 하며, 전자관보는 부차적인 효력을 가진다(동조 제4항)고 규정하고 있다.[189] 따라서 전자관보보다는 종이관보가 우선한다. 이와 같이 전자관보를 보완적으로만 운영하도록 하거나 종이관보에 우선적 효력을 부여하는 이유는 관보를 인터넷을 통해 전자적 형태로만 발행하는 경우에는 해킹·바이러스 감염·디도스 공격 등으로 인한 보안상의 문제, 업로드나 다운로드 과정상의 오류 발생 문제, 기술상의

공포일부터 적어도 30일이 경과한 날부터 시행되도록 하여야 한다.

186) 앞의 (ii)의 경우도 "공포한 날로부터" 그 시점을 삼아야 함으로 '공포한 날'이 언제인지 문제될 수 있다는 점에서는 마찬가지이다.

187) 학설에는 관보일자설, 인쇄완료시설, 지방분포시설, 최초구독가능시설 등이 있다.

188) 대통령령이 1969.5.19자 관보에 수록되어 있기는 하지만 실제로 발행된 시기가 1969.5.21. 오후면 이를 효력발생의 시점으로 한다(대판 70누126), 공포한 날로부터 시행하기로 한 법령 등의 시행일은 그 법령이 수록된 관보의 발행일자가 아니고 그 관보가 정부간행물 판매 센터에 배치되거나 지방관보보급소에 발송된 날이다(대판 70누76), 관보게재일이란 관보발행 일자를 뜻하는 것이 아니고 송달문서의 내용을 게재한 관보가 인쇄된 뒤 전국의 각 관보 보급소에 발송 배포되어 이를 일반인이 열람 또는 구독할 수 있는 상태에 놓이게 된 최초의 시기를 뜻하는 것이다(대판 69누129), 국가배상법이 1967.3.3.자 관보에 게재되었다 해도 실제로는 1967.3.9에 인쇄 발행되었다면 당해 법이 공포된 날짜는 3.9이다(대판 68누1753). 판례의 소개에 대해서는 http://gwanbo.korea.go.kr/introFunction.gz.

189) 2008.3.28. 일부 개정 시 신설한 규정이다(법률 제8997호).

통신장애 문제 또는 관보 접근에 대한 정보통신 격차 문제 등으로 인해 각종 위험성에 노출될 가능성이 높을 뿐만 아니라(따라서 관보의 무결성, 공신력 등을 담보하기 어려울 수 있다) 정보접근에 대한 자유 내지는 알권리 보호에 대한 형평성 문제 등이 발생할 수 있기 때문이다.

제24조의2(등급분류 업무의 위탁)

법 률	제24조의2(등급분류 업무의 위탁 등) ① 위원회는 제21조 제2항 제1호부터 제3호까지에 해당하는 게임물에 대한 다음 각 호의 업무를 대통령령으로 정하는 인력 및 시설 등을 갖춘 법인으로서 문화체육관광부장관이 지정하는 등급분류기관에 5년 이내의 기간을 정하여 위탁할 수 있다. 1. 제21조 제1항 본문에 따른 등급분류 결정 2. 제21조 제5항에 따른 내용 수정 신고 수리, 등급 재분류 대상 통보 및 조치 3. 제22조 제1항에 따른 자료(제16조 제2항 제1호 및 제2호에 따른 업무의 수행을 위하여 필요한 자료로 한정한다) 제출 요구 4. 제22조 제2항에 따른 등급분류 거부결정(사행성게임물에 해당되는 게임물은 제외한다) 5. 제22조 제3항에 따른 등급분류 결정 관련 서류의 교부 6. 제22조 제4항에 따른 등급분류 결정 취소 ② 문화체육관광부장관은 제1항에 따른 위탁기간이 만료하기 6개월 전에 등급분류기관의 업무수행이 적정한지 여부를 대통령령으로 정하는 바에 따라 평가하여야 한다. ③ 위원회는 제2항에 따른 평가에서 적정판정을 받은 등급분류기관에 대하여 5년 이내의 기간을 정하여 업무를 재위탁할 수 있다.
시 행 령	제14조의2(등급분류기관의 지정 요건) 법 제24조의2 제1항 각 호 외의 부분에서 "대통령령으로 정하는 인력 및 시설 등"이란 다음 각 호의 기준에 맞는 인력 및 시설 등을 말한다. 1. 7명 이상의 문화예술·문화산업·청소년·법률·교육·언론·정보통신 분야에 관한 전문지식과 경험이 풍부한 사람으로 구성된 위원회 형태의 조직을 갖추되, 각 분야에서 종사하는 사람이 고르게 구성되도록 할 것 2. 「소프트웨어산업 진흥법」 제2조 제5호에 따른 소프트웨어기술자 또는 게임 분야에서 3년 이상의 실무 경험이 있는 사람 3명을 포함하여 5명 이상으로 구성된 사무조직을 갖출 것 3. 등급분류 업무의 수행을 위한 회의실 등 업무시설을 갖출 것 4. 등급분류 업무의 수행을 위한 온라인 업무처리 시스템을 구축할 것 5. 등급분류 업무의 안정적인 수행을 위한 재정적 능력을 갖출 것 6. 「민법」 제32조에 따라 문화체육관광부장관의 허가를 받아 설립된 비영리법인일 것 제14조의3(등급분류기관의 적정성 평가) 문화체육관광부장관은 법 제24조의2 제2항에 따라 등급분류기관의 업무수행이 적정한지에 대하여 등급분류 결정

> 의 적절성, 업무처리의 효율성, 고객 만족도 등을 고려한 평가 기준을 마련
> 하고, 그 기준에 따라 평가 방안을 수립하여 평가하여야 한다.

■ 입법 취지

종전 게임산업에 대한 민간의 자율성을 확대하고 게임물 등급분류 업무의 효율성을 증대시키기 위해 등급분류의 민간자율화에 대한 요구가 지속되는 한편, 불법도박 수익금 은닉 사건 등 게임물의 불법 사행화에 대한 사회적 문제 및 이에 대한 우려가 증대되어 사후관리 기능 등 게임물등급위원회의 공적 기능 수행에 대한 요구가 지속된 바 있다. 이에 게임산업에 대한 민간의 자율성을 강화하고 게임물 등급분류 업무의 효율성을 제고하기 위하여 청소년이용불가 게임물을 제외한 게임물의 등급분류 업무를 문화체육관광부장관이 지정하는 등급분류 기관에 위탁할 수 있도록 하였다.190)

■ 입법 연혁

2011.12.31. 개정에서 본조가 신설되었다.

최근(2013.4.30) 본조의 개정을 포함하여 등급분류업무의 민간위탁 범위를 확대하는 내용을 주요 골자로 하는 「게임산업진흥에 관한 법률 일부 개정 법률안(대안)」191)이 국회 본회의에서 가결되었는바, 그 내용을 간략히 살펴보도록 한다.

1. 개정안(대안)의 제안경위

정부(2012.9.25)가 제출한 「게임산업진흥에 관한 법률 일부개정법률안」과 전

---

190) 게임산업진흥에 관한 법률 일부개정법률안(대안) "2. 대안의 제안 이유"(의안번호: 14446, 제안연월일: 2011.12.30).
191) 의안번호: 1904732, 제안연원일: 2013.4.30.

병헌 의원(2012.11.22)이 대표발의한 「게임산업진흥에 관한 법률 일부개정법률안」
을 제315회 국회(임시회) 제3차 교육문화체육관광위원회(2013.4.10)에 상정한 후
법안심사소위원회에 회부하여 심사하였다.[192] 이후 제315회 국회(임시회) 제2차
법안심사소위원회(2013.4.16)에서는 2건의 「게임산업진흥에 관한 법률 일부개정
법률안」을 통합하여 위원회 대안으로 마련하고, 동 대안에 법안내용 또는 입법취
지가 반영된 정부(2012.9.25)가 제출하고, 전병헌 의원(2012.11.22)이 대표발의한
「게임산업진흥에 관한 법률 일부개정법률안」은 각각 본회의에 부의하지 아니하
기로 하였다. 제315회 국회(임시회) 제5차 교육문화체육관광위원회(2013.4.22)는
법안심사소위원회가 심사 보고한 위원회 대안을 의결하였고, 2013.4.30. 본 회의
에 상정·가결되었다.

---

192) 〈게임산업진흥에 관한 법률 개정안 비교〉

구 분		현 행	정부안 (2012.9.25.)	전병헌의원안 (2012.11.22.)
게임물 등급 위원회	조직 개편	게임물등급위원회	게임물등급위원회를 게임물위원회로 개편	게임물등급위원회 폐 지 ⇒ 문화부장관이 등급분류기관 지정
	국고지 원 시한	국고지원 시한: 2012.12.31.	국고지원 시한 폐지	-
게임물 등급분류		등급분류 민간위 탁 근거 마련(단, 아케이드 게임물 및 청소년이용불 가 게임물 제외)	플랫폼에 상관없이 민 간위탁(단, 청소년이 용불가 게임물 제외)	민간등급분류기관
등급분류기준 설정		게임물등급위원회	게임물위원회	문화체육관광부장관
게임물 사행성 확인		게임물등급위원회	게임물위원회	민간등급분류기관
사후관리		게임물등급위원회	게임물위원회	게임물특별사법경찰 관리 및 게임물관리 센터
				※문화부 내 게임물 관리센터 신설

* 게임산업진흥에 관한 법률 일부 개정 법률안(정부제출, 의안번호 1961) 검토보고서 (교육문
화체육관광위원회 전문위원 박명수, 2013.4).

2. 개정안(대안)의 제안이유

그동안 게임물에 대한 등급분류를 공공기관인 게임물등급위원회에서 담당하는 것은 표현의 자유에 대한 제한이 될 수 있다는 논란이 지속되어 왔으며, 오픈마켓 등을 통한 게임물 유통의 세계화로 게임물등급위원회의 사전등급분류가 국제적인 기준에 부합하지 않는다는 문제가 제기되었다. 이러한 문제를 해소하고자 2011년 7월 「게임산업진흥에 관한 법률」의 개정으로 모바일 게임물에 대한 자율심의 근거와 온라인 게임물에 대한 등급분류 업무의 민간위탁 근거를 마련한 바 있으나, 아케이드 게임물에 대해서는 민간위탁 근거가 마련되지 않는 등민간 등급분류의 확대 필요성이 제기되었다. 이에 등급분류업무의 민간위탁 범위를 아케이드 게임물로 확대하는 등 게임물에 대한 공공기관의 사전 등급분류를 축소하되, 폭력적 · 선정적 게임물로부터 청소년 보호를 위해 청소년이용불가 게임물에 대해서는 민간위탁 대상에서 제외하도록 하였다.[193]

3. 개정안(대안)의 주요내용

본조와 관련된 대안의 주요 내용을 보면, 등급분류 업무의 민간위탁 대상을 온라인 게임물에서 아케이드 게임물로 확대하되, 청소년이용불가 게임물은 민간위탁 대상에서 제외하였다(안 제24조의2).[194]

---

193) 한편, 게임물등급위원회는 게임물의 사전등급분류 및 사후관리 업무를 담당하는 공공기관으로 업무의 공정성 확보가 요구됨에도 불구하고 불공정한 업무로 인한 문제가 지속적으로 제기되어 온 바 있다. 이러한 업무 공정성 문제를 해소하기 위하여 게임물등급위원회를 폐지하는 대신 게임물관리위원회를 신설하였다.

194) 그 밖에 대안의 주요 내용은 다음과 같다. (i) 게임물등급위원회를 폐지하고 청소년이용불가 게임물의 등급분류 및 게임물의 사후관리 등을 전담하는 게임물관리위원회를 신설함(안 제16조). (ii) 신설되는 게임물관리위원회에 법인격을 부여함(안 제16조의2 신설). (iii) 게임물관리위원회의 공정한 업무수행을 감사 · 감독하기 위하여 현재 비상임인 감사를 상임으로 변경함(안 제17조 제2항). (iv) 등급분류 업무의 민간위탁 대상을 현행 온라인 게임물에서 아케이드 게임물로 확대하되, 청소년이용불가 게임물은 민간위탁 대상에서 제외함(안 제24조의2). (v) 문화체육관광부장관의 사후관리 권한을 위원회에 위탁할 수 있도록 법적 근거를 마련함(안 제42조 제2항). (vi) 게임물등급위원회에 대한 국고지원시한을 삭제함(안 부칙 제5조 신설).

■ 내용 해설

1. 등급분류 업무의 위탁

위원회는 제21조 제2항 제1호부터 제3호까지에 해당하는 게임물에 대한 제24조의2 제1항 각 호의 업무를 대통령령으로 정하는 인력 및 시설 등을 갖춘 법인으로서 문화체육관광부장관이 지정하는 등급분류기관에 5년 이내의 기간을 정하여 위탁할 수 있다(법 제24조의2 제1항 본문).

따라서 법적으로만 보면 등급분류 업무의 위탁 여부는 재량 사항이고 반드시 해야 하는 것은 아니다. 다만, 최근 이루어지고 있는 등급분류기관의 지정과 등급분류 업무의 위탁은 정부의 정책적 의지와 사회적 요구가 강력하게 반영된 결과라고 할 수 있다.

위탁 범위는 법령에 특별히 정한 바가 없으므로 해석상 법 제24조의2에서 정하는 범위 안에서라면 등급별·플랫폼별 게임물의 유형 또는 등급분류 업무의 유형에 따라 그 전부 또는 일부를 위탁할 수 있다. 참고로 문화체육관광부는 2011년 10월 게임물의 창의성 제고를 위해 모바일 게임에 대한 등급분류 업무를 민간에 이전한 데 이어, 2011년 12월에는 '전체·12세·15세이용가' 온라인 게임에 대한 등급분류 업무를 민간에 위탁할 수 있도록 법률을 개정하였다. 그리고 2012년부터 2013년까지 3차례의 게임물 민간등급분류기관 지정신청 공고를 하였는데, 2013년 10월 제3차 공고에서 제시된 위탁 범위는 게임법 제24조의2 규정에 의한 등급분류 업무 및 "전체이용가, 12세이용가, 15세이용가 게임물(게임제공업소용 게임물은 제외)"에 대한 등급분류 업무였다.

가. 등급분류 위탁 게임물

(1) 등급분류 위탁 대상에 해당하는 게임물

등급분류 업무가 위탁된 게임물은 게임법 제21조 제2항 제1호부터 제3호까지에 해당하는 게임물이다. 즉 (i) 전체이용가(누구나 이용할 수 있는 게임물), (ii) 12세이용가(12세 미만은 이용할 수 없는 게임물), (iii) 15세이용가(15세 미만은 이용할 수 없는 게임물(법 제24조의2 제1항 본문)에 해당하는 게임물에 대해서는 문화체육관광부장관이 지정하는 등급분류기관에서 등급분류 결정 등을 할 수 있도록 규정하고 있다. 이것은 민간의 자율성을 단계적으로 강화하고 게임물 등급분류 업무의 효율성을 높이기 위한 것이라고 할 수 있다. 그러나 청소년이용불가(청소년은 이용할 수 없는 게임물)에 대한 등급분류 결정195)은 민간위탁 대상에서 제외하여 여전히 위원회가 담당하도록 하였는데, 이는 청소년 보호에 대한 사회적 관심을 반영하는 동시에 이를 제외하였을 경우에 청소년보호법의 적용으로 인해 발생할 수 있는 문제점을 고려한 것이라고 할 수 있다. 이러한 입장은 최근 개정법(대안)에서도 그대로 유지되고 있는 것으로 보인다. 따라서 당분간 청소년이용불가 게임물과 기타 등급의 게임물에 대한 등급분류는 '게임물관리위원회'와 민간 위탁의 '등급분류기관'으로 이원화되어 운영될 수밖에 없을 것이다.

(2) 등급분류 위탁 대상에서 제외되는 게임물

종전에는 등급분류 업무의 위탁이 가능한 게임물에서 청소년게임제공업, 일반게임제공업 및 복합유통게임제공업에 제공되는 게임물은 제외되었다(2013.5. 22. 일부 개정되기 전 법 제24조의2 본문 중 괄호부분).196) 따라서 청소년게임제공업, 일반게임제공업 및 복합유통게임제공업에 제공되는 게임물에 대한 등급분류 업무는 여전히 게임물등급위원회가 직접 담당하도록 하였다. 그러나 2013.5.22. 개정법(법률 제11785호)에서는 등급분류의 민간위탁 범위를 확대하였는바, 사업자 유형 내지는 플랫폼에 제한을 두지 아니하고 청소년이용불가 게임물을 제외한 모든 게임물을 등급분류기관에 위탁할 수 있도록 규정하였다. 따라서 아케이드 게임물에 대해서도 비록 위탁의 형식이지만 민간이 등급분류할 수 있게 되었으며, 이는 민간 자율 등급분류제도를 확대 도입하기 위한 단계 중 하나라고 할 수 있을 것이다.

---

195) 사행성게임물에 해당하여 등급분류 거부 결정하는 경우도 제외된다.
196) 제24조의2(등급분류 업무의 위탁) 등급위원회는 제21조 제2항 제1호부터 제3호까지에 해당하는 게임물(청소년게임제공업, 일반게임제공업 및 복합유통게임제공업에 제공되는 게임물은 제외한다)에 대한 다음 각 호의 업무를 대통령령으로 정하는 인력 및 시설 등을 갖춘 법인으로서 문화체육관광부장관이 지정하는 등급분류기관에 위탁할 수 있다.
　〈이하 각호 생략〉

나. 위탁되는 등급분류 업무

위원회는 다음의 업무를 등급분류기관에 위탁할 수 있다(제24조의2 제1항 본문 및 각 호).

(i) 제21조 제1항 본문에 따른 등급분류 결정

(ii) 제21조 제5항에 따른 내용 수정 신고 수리, 등급 재분류 대상 통보 및 조치

(iii) 제22조 제1항에 따른 자료(제16조 제2항 제1호 및 제2호에 따른 업무의 수행을 위하여 필요한 자료로 한정한다) 제출 요구

(iv) 제22조 제2항에 따른 등급분류 거부결정(사행성게임물에 해당되는 게임물은 제외한다)

(v) 제22조 제3항에 따른 등급분류 결정 관련 서류의 교부

(vi) 제22조 제4항에 따른 등급분류 결정 취소

다. 등급분류기관의 지정 및 위탁 기간

(1) 등급분류기관의 지정

위원회는 법 제24조의2 제1항 각 호의 등급분류 업무를 대통령령으로 정하는 인력 및 시설 등을 갖춘 법인으로서 문화체육관광부장관이 지정하는 등급분류기관에 위탁할 수 있다. 따라서 등급분류 업무의 위탁은 단순히 위원회와 수탁을 희망하는 단체 간 협약만으로 이루어지는 것이 아니라 반드시 사전에 일정요건을 갖추어 문화체육관광부장관의 지정을 받아야 한다. 등급분류기관의 지정 요건을 둔 것은 등급분류기관이 위원회에 준하는 수준의 등급분류 업무를 수행할 수 있는 최소한의 인적·물적 기반을 갖추고 공정성, 전문성, 투명성, 효율성 등을 확보할 수 있도록 하기 위함이다. 또한 지정 주체를 위원회가 아닌 문화체육관광부장관으로 한 것은 등급분류 업무의 공공적 성격과 사회적 파급 효과를 고려해 국가로 하여금 직접 그 적격성 여부를 객관적이고도 엄격히 심사하도록 한 것이라고 할 수 있다.

참고로 문화체육관광부는 2013.12.12. 청소년이용가(전체이용가, 12세이용가, 15세이용가) 온라인 게임물의 민간등급분류 기관으로 '게임문화재단'을 지정했

다.197)

(2) 위탁 방법

위원회는 문화체육관광부장관이 지정한 민간등급분류기관과 사무위탁 계약을 체결한다.

(3) 위탁 기간

지정 기관에 의한 등급분류는 5년 이내의 기간을 정하여 위탁할 수 있으며, 등급분류기관 적정성 평가에서 적정 판정을 받은 경우에는 5년 이내의 기간에서 재위탁 가능하다. 그러나 부적정판정을 받은 경우에는 등급분류기관 지정 취소 또는 6개월 이내의 업무 정지 명령 대상이 될 수 있다.

2. 등급분류기관의 지정 요건

가. 지정요건

법 제24조의2 제1항 각 호 외의 부분에서 "대통령령으로 정하는 인력 및 시설 등"이란 다음 각 호의 기준에 맞는 인력 및 시설 등을 말한다(시행령 제14조의2).

(ⅰ) 7명 이상의 문화예술·문화산업·청소년·법률·교육·언론·정보통신 분야에 관한 전문지식과 경험이 풍부한 사람으로 구성된 위원회 형태의 조직을 갖추되, 각 분야에서 종사하는 사람이 고르게 구성되도록 할 것

---

197) 게임물의 창의성을 높이고 민간의 자율성 강화를 위해 추진된 이번 민간등급분류기관 지정은 2012년부터 시작되었으며, 2012년 7월과 9월 2차례에 걸친 공고와 심사 결과 적격기관을 찾지 못한 바 있다. 2013년 10월의 3차 공고 결과, 게임문화재단이 단독으로 신청하였으며, 각계 전문가로 구성된 심사위원회에서 두 차례에 걸쳐 신중하고 엄격한 심사를 실시했다. 심사위원회는 신청기관의 조직구성, 업무시설 및 시스템, 재정 등 다양한 분야를 심사하였으며 민간등급분류 업무를 제대로 수행할 수 있는지 여부 또한 주요하게 검토했다. 문체부는 2011년 10월 청소년이용가 모바일 게임물의 등급분류기능을 민간으로 위탁한 바 있다. 이번 지정으로 그 대상이 청소년이용가 온라인 게임물로 확대되어 게임물의 민간 자율등급분류가 본격 진행되는 것으로 볼 수 있다. 향후 민간등급분류기관은 곧 출범할 게임물관리위원회와 5년 이내의 기간을 정하여 위탁계약을 체결하게 되며, 빠르면 2014년 2월부터 시범적으로 그 기능을 수행할 계획이다[문화체육관광부 보도자료: "게임문화재단을 첫 민간등급분류기관으로 지정—청소년이용가 온라인게임물에 대한 등급분류 기능 수행"(2013.12.12)].

(ii) 「소프트웨어산업 진흥법」 제2조 제5호에 따른 소프트웨어기술자 또는 게임 분야에서 3년 이상의 실무 경험이 있는 사람 3명을 포함하여 5명 이상으로 구성된 사무조직을 갖출 것

(iii) 등급분류 업무의 수행을 위한 회의실 등 업무시설을 갖출 것

(iv) 등급분류 업무의 수행을 위한 온라인 업무처리 시스템을 구축할 것

(v) 등급분류 업무의 안정적인 수행을 위한 재정적 능력을 갖출 것

(vi) 「민법」 제32조에 따라 문화체육관광부장관의 허가를 받아 설립된 비영리법인일 것

(i)은 등급분류의 공정성, 형평성, 전문성, 보편성, 객관성 등의 심의 원칙 내지는 가치를 담보함에 있어서 매우 중요한 요소라고 할 수 있을 것이다. (ii)~(iv)는 등급분류 업무를 수행함에 있어서 전문성, 효율성, 안정성 등을 확보·유지함에 있어서 가장 기본이 되는 인적·물적 토대라고 할 수 있을 것이다. (vi)는 등급분류기관의 공공적 성격과 사회적 기능 등을 고려한 것이라고 할 수 있다. 나아가 공정성 등의 문제와도 연결될 수 있을 것이다. 이상의 등급분류기관 지정 요건이 모두 중요하지만 그럼에도 불구하고 현실적으로 가장 관심이 집중되는 것은 아무래도 (i), (v), (vi) 요건이라고 할 수 있을 것이다. 특히 재정 능력과 비영리법인 요건은 최근 등급분류기관 지정 과정에서 많은 고민과 논란의 대상이 된 바 있다.

나. 지정방법

문화체육관광부장관이 위촉한 전문가로 구성된 "게임물등급분류기관 지정 심사위원회"가 신청자의 자격요건 등이 법령에 충족되는지 여부를 심사(서면 및 현장 조사)하고 그 결과를 바탕으로 문화체육관광부장관이 지정한다.[198]

---

198) 문화체육관광부, 게임물 민간등급분류기관 지정신청 공고(문화체육관광부 공고 제2013-170, 2013.10.31).

3. 등급분류기관의 적정성 평가 및 재위탁

가. 등급분류기관의 적정성 평가

문화체육관광부장관은 제1항에 따른 위탁기간이 만료하기 6개월 전에 등급분류기관의 업무수행이 적정한지 여부를 대통령령으로 정하는 바에 따라 평가하여야 한다(법 제24조의2 제2항). 이 규정은 동조 제3항과 더불어 2013.5.22. 개정 시 신설되었다. 또한 이에 따라 등급분류기관의 업무수행이 적정한지에 대하여 등급분류 결정의 적절성, 업무처리의 효율성, 고객 만족도 등을 고려한 평가 기준을 마련하고, 그 기준에 따라 평가 방안을 수립하여 평가하여야 한다(시행령 제14조의3). 이 규정은 법률 개정의 후속조치로서 2013.11.20. 시행령 개정 시 신설되었다.

나. 등급분류 업무의 재위탁

한편, 위원회는 법 제24조의2 제2항에 따른 평가에서 적정판정을 받은 등급분류기관에 대하여 5년 이내의 기간을 정하여 업무를 재위탁할 수 있다(법 제24조의2 제3항).

제24조의3(등급분류기관의 준수사항)

법　　률	제24조의3(등급분류기관의 준수사항) 등급분류기관은 다음 각 호의 사항을 준수하여야 한다. 　1. 제21조 제1항 본문에 따라 등급분류 결정을 하거나 제22조 제4항에 따라 등급분류 결정을 취소한 경우 10일 이내에 그 내용을 위원회에 통보할 것 　2. 게임물 등급별 등급분류 신청 현황, 등급분류 결정과 등급분류 거부결정 현황, 등급분류 거부결정 시 그 사유 및 게임물별 등급분류 소요기간 등이 포함된 연도별 활동 보고서를 매년 2월 말까지 위원회에 제출할 것 　3. 등급분류기관의 임직원은 매년 10시간의 범위에서 위원회가 실시하는 게임물 등급분류 업무에 필요한 교육을 받을 것 　4. 등급분류 업무와 관련된 위원회의 자료요청에 특별한 사정이 없으면 따를 것

■ **입법 취지**

등급분류기관이 준수하여야 할 사항을 정한 것이다. 이것은 등급분류기관에 대한 일종의 사후관리 규정이라고 할 수 있다. 또한 등급분류기관의 전문성을 유지하고 위원회와의 등급분류 업무의 일관성을 담보하기 위한 것이기도 하다.

■ **입법 연혁**

법 제21조 제12항, 제24조의2, 제24조의4와 더불어 2011.12.31. 신설된 규정이다.

■ **내용 해설**

1. 등급분류기관의 준수사항

등급분류기관은 다음 각 호의 사항을 준수하여야 한다(게임법 제24조의3).

(i) 제21조 제1항 본문에 따라 등급분류 결정을 하거나 제22조 제4항에 따라 등급분류 결정을 취소한 경우 10일 이내에 그 내용을 위원회에 통보할 것

(ii) 게임물 등급별 등급분류 신청 현황, 등급분류 결정과 등급분류 거부결정 현황, 등급분류 거부결정 시 그 사유 및 게임물별 등급분류 소요기간 등이 포함된 연도별 활동 보고서를 매년 2월 말까지 위원회에 제출할 것

(iii) 등급분류기관의 임직원은 매년 10시간의 범위에서 위원회가 실시하는 게임물 등급분류 업무에 필요한 교육을 받을 것

(iv) 등급분류 업무와 관련된 위원회의 자료요청에 특별한 사정이 없으면 따를 것

2. 준수사항에 대한 구체적 검토

가. 결정 또는 취소 내용 통보

등급분류기관은 제21조 제1항 본문에 따라 등급분류 결정을 하거나 제22조 제4항에 따라 등급분류 결정을 취소한 경우 10일 이내에 그 내용을 위원회에 통보하여야 한다.

나. 연도별 활동 보고서 제출

등급분류기관은 게임물 등급별 등급분류 신청 현황, 등급분류 결정과 등급분류 거부결정 현황, 등급분류 거부결정 시 그 사유 및 게임물별 등급분류 소요기간 등이 포함된 연도별 활동 보고서를 매년 2월 말까지 위원회에 제출하여야 한다.

다. 교 육

등급분류기관의 임직원은 매년 10시간의 범위에서 위원회가 실시하는 게임물 등급분류 업무에 필요한 교육을 받아야 한다.

라. 자료 제출

등급분류기관은 등급분류 업무와 관련된 위원회의 자료요청에 특별한 사정이 없으면 따라야 한다.

제24조의4(등급분류기관의 지정취소)

법 률	제24조의4(등급분류기관의 지정취소) 문화체육관광부장관은 등급분류기관이 다음 각 호의 어느 하나에 해당하는 경우에는 그 지정을 취소하거나 6개월 이내의 기간을 정하여 업무정지를 명할 수 있다. 다만, 제1호에 해당하는 경우에는 지정을 취소하여야 한다. 1. 거짓이나 부정한 방법으로 지정을 받은 경우 2. 제24조의2 제1항에 따른 지정요건을 갖추지 아니한 경우 3. 제24조의2 제2항에 따른 평가에서 부적정판정을 받은 경우 4. 제24조의3에 따른 준수사항을 위반한 경우

■ 입법 취지

등급분류기관의 지정 취소 또는 업무정지 명령을 위한 사유들을 열거한 규정이다, 이것은 문화체육관광부장관의 등급분류기관에 대해 관리·감독 권한의 범위를 정한 것이다.

■ 입법 연혁

법 제21조 제12항, 제24조의2, 제24조의3과 더불어 2011.12.31. 신설된 규정이다. 이후 2013.5.22. 개정에서 제3호(등급분류기관의 적정성 평가에서 부적정판정을 받은 경우)가 지정취소 사유로 추가되었다.

■ **내용 해설**

1. 등급분류기관의 지정취소

가. 의 의

문화체육관광부장관은 등급분류기관이 (i) 거짓이나 부정한 방법으로 지정을 받은 경우(법 제24조의4 제1호), (ii) 제24조의2 제1항에 따른 지정요건을 갖추지 아니한 경우(법 제24조의4 제2호), (iii) 제24조의2 제2항에 따른 평가에서 부적정판정을 받은 경우(법 제24조의4 제3호), (iv) 제24조의3에 따른 준수사항을 위반한 경우(법 제24조의4 제4호) 중 어느 하나에 해당하는 경우에는 그 지정을 취소할 수 있다. 다만, 제1호에 해당하는 경우에는 지정을 취소하여야 한다(법 제24조의4 본문 단서).

나. 지정 취소 처분의 주체와 객체

지정 취소 처분의 주체는 문화체육부관광부장관이고, 객체는 등급분류기관이다. 위원회는 자신의 등급분류 업무를 등급분류기관에 위탁하는 당사자이기는 하지만 등급분류기관 지정은 물론 그 지정을 취소하는 주체도 아니다.

다. 지정 취소 사유

지정 취소 사유는 아래와 같이 모두 4가지가 있다. 그중 어느 하나에 해당하는 경우에는 당해 지정을 취소할 수 있다. 다만, 거짓이나 부정한 방법으로 지정을 받은 경우(법 제24조의4 제1호)에는 그 지정을 반드시 취소하여야 한다. 따라서 지정 취소는 문화체육관광부장관의 재량행위에 속하는 것이 원칙이지만 거짓이나 부정한 방법으로 지정을 받은 경우에는 예외적으로 기속행위에 해당하여 의무적 취소 대상이 된다는 점에 유의할 필요가 있다.

(1) 거짓이나 부정한 방법으로 지정을 받은 경우

부적절한 절차나 수단으로 등급분류기관 지정을 받은 경우에는 당연히 지정 주체로 하여금 그 지정을 취소할 수 있도록 하여야 할 것이다. 나아가 사안의 불공정성 내지는 위법성, 파급 효과 등을 감안하여 그 책임을 엄중하게 묻는다는 차원에서 지정 취소를 선택이 아닌 의무사항으로 강제할 필요도 있을 것이다. 이에 법은 거짓이나 부정한 방법으로 지정을 받은 경우를 예외적으로 의무적 지정 취소 사유로 정하고 있다. 예컨대 지정 신청 시 허위의 사실을 기재함으로써 지정받은 경우를 고려해 볼 수 있을 것이다.

(2) 제24조의2 제1항에 따른 지정요건을 갖추지 아니한 경우

대통령령으로 정하는 인력 및 시설 등을 갖춘 법인이어야 한다. 등급분류기관의 지정 요건은 다음과 같다(시행령 제14조의2).

(i) 7명 이상의 문화예술·문화산업·청소년·법률·교육·언론·정보통신 분야에 관한 전문지식과 경험이 풍부한 사람으로 구성된 위원회 형태의 조직을 갖추되, 각 분야에서 종사하는 사람이 고르게 구성되도록 할 것

(ii) 「소프트웨어산업 진흥법」 제2조 제5호에 따른 소프트웨어기술자 또는 게임 분야에서 3년 이상의 실무 경험이 있는 사람 3명을 포함하여 5명 이상으로 구성된 사무조직을 갖출 것

(iii) 등급분류 업무의 수행을 위한 회의실 등 업무시설을 갖출 것

(iv) 등급분류 업무의 수행을 위한 온라인 업무처리 시스템을 구축할 것

(v) 등급분류 업무의 안정적인 수행을 위한 재정적 능력을 갖출 것

(vi) 「민법」 제32조에 따라 문화체육관광부장관의 허가를 받아 설립된 비영리법인일 것

등급분류기관 지정요건을 갖추지 아니한 경우에는 당연히 처음부터 등급분류기관 지정을 받을 수 없다. 따라서 본 지정 취소 사유는 등급분류기관 지정 후 그 전제가 되었던 지정 요건을 사후적으로 만족하지 못하게 된 때를 의미한다고 보아야 할 것이다. 이는 등급분류기관으로 하여금 등급분류 업무를 공정하고도 안정적으로 수행할 수 있도록 지정 요건을 지속적으로 준수·유지할 것을 요구

하는 규정이라고 할 수 있다.

한편, 제24조의2 제1항에 따른 지정요건을 갖추지 아니하였음에도 불구하고 마치 지정요건을 갖춘 것처럼 허위로 지정 신청을 한 경우에도 본 사유에 의한 취소 대상인지 여부와 그 경우 제24조의4 제1호와의 중복 관계가 문제될 수 있다. 제1호 사유에 해당하는 경우에는 지정 취소가 기속행위이지만 제2호 사유에 해당하는 경우에는 재량행위라는 점에서 구분의 실익이 있다. 살피건대 본 규정은 사후적 관리를 위한 취소 사유로 보는 것이 타당하므로 비록 형식적으로는 '제24조의2 제1항에 따른 지정요건을 갖추지 아니한 경우'에 해당한다고 하여도 이는 등급분류기관이 지정되기 전 절차의 하자에 관한 것이므로 법 제24조의4 제2호가 아닌 동 조 제1호의 거짓이나 부정한 방법으로 지정을 받은 경우에 해당하는 것으로 보는 것이 상당하다. 그렇지 않고 본 규정이 적용된다고 본다면 제1호 사유와 중복되어 제2호 사유와 별개로 제1호 사유를 둔 취지를 잃게 될 것이다.

(3) 제24조의2 제2항에 따른 평가에서 부적정판정을 받은 경우

본 호는 새롭게 추가된 등급분류기관 지정 취소 사유로서 법 제24조의2 제2항과 더불어 2013.5.22. 개정 시 신설되었다. 문화체육관광부장관은 법 제24조의2제2항에 따라 등급분류기관의 업무수행이 적정한지에 대하여 등급분류 결정의 적절성, 업무처리의 효율성, 고객 만족도 등을 고려한 평가 기준을 마련하고, 그 기준에 따라 평가 방안을 수립하여 평가하여야 하며(시행령 제14조의3), 이에 따른 등급분류기관의 적정성 평가 결과 부적정판정을 받은 경우에는 등급분류기관 지정을 취소할 수 있도록 한 것이다. 이 역시 등급분류기관이 위탁받은 등급분류 업무를 적정하고도 효율적으로 수행할 수 있도록 사후적 관리·감독하기 위한 제도적 장치라고 할 수 있다.

한편, 본 호와 제2호 사유와의 관계가 애매할 수 있을 것이나, 제2호 사유는 등급분류기관의 등급분류 업무 수행을 위한 기본적 인적·물적 인프라에 대한 유지·관리 의무에 대한 위반이라는 측면이라면 본 호는 등급분류 업무 자체의 적절성, 효율성 등을 유지·관리할 의무에 대한 위반이라는 측면이 강하다는 점에서 양 사유는 구분된다고 하겠다.

(4) 제24조의3에 따른 준수사항을 위반한 경우

등급분류기관의 준수사항은 다음과 같다(법 제24조의3).

(i) 제21조 제1항 본문에 따라 등급분류 결정을 하거나 제22조 제4항에 따라 등급분류 결정을 취소한 경우 10일 이내에 그 내용을 위원회에 통보할 것

(ii) 게임물 등급별 등급분류 신청 현황, 등급분류 결정과 등급분류 거부결정 현황, 등급분류 거부결정 시 그 사유 및 게임물별 등급분류 소요기간 등이 포함된 연도별 활동 보고서를 매년 2월 말까지 위원회에 제출할 것

(iii) 등급분류기관의 임직원은 매년 10시간의 범위에서 위원회가 실시하는 게임물 등급분류 업무에 필요한 교육을 받을 것

(iv) 등급분류 업무와 관련된 위원회의 자료요청에 특별한 사정이 없으면 따를 것

이 규정(법 제24조의3)은 등급분류기관과 위원회 간의 원활한 업무협조를 위해 등급분류기관에게 일정한 사항을 준수하도록 의무지운 것이라고 할 수 있다. 따라서 위원회의 등급분류기관에 대한 일종의 사후관리 차원에서 마련된 것이라고도 볼 수 있다. 나아가 당해 준수사항을 위반한 경우에는 다시 문화체육관광부장관이 등급분류기관 지정을 취소할 수 있도록 함으로써 등급분류기관에 대한 사후관리를 더욱 엄격히 하고 있다. 사실상 법 제24조3이 위원회에 의한 1차적 사후관리라고 한다면 본 호는 문화체육관광부장관에 의한 2차적 사후관리라고 할 수 있을 것이다.

2. 등급분류기관의 업무정지

가. 의 의

문화체육관광부장관은 등급분류기관이 (i) 제24조의2 제1항에 따른 지정요건을 갖추지 아니한 경우(법 제24조의4 제2호), (ii) 제24조의2 제2항에 따른 평가에서 부적정판정을 받은 경우(법 제24조의4 제3호), (iii) 제24조의3에 따른 준수사항을 위반한 경우(법 제24조의4 제4호) 중 어느 하나에 해당하는 경우에는 6개월 이내의 기간을 정하여 업무정지를 명할 수 있다.

나. 업무정지 명령의 주체와 객체

업무정지를 명하는 주체는 문화체육관광부장관이며, 그 대상은 등급분류기관이다.

다. 업무정지 명령 요건

업무정지 명령을 하기 위한 요건은 지정 취소 사유와 기본적으로 다르지 아니하다. 다만, '거짓이나 부정한 방법으로 지정을 받은 경우'에는 업무정지 명령 대상이 아니며 지정 취소를 하여야 한다는 점에서 차이가 있다.

제5장_ 영업질서 확립

주해「게임산업진흥에 관한 법률」

제1절 영업의 신고 · 등록 · 운영

 ## 제25조(게임제작업 등의 등록)

법　　률	제25조(게임제작업 등의 등록) ① 게임제작업 또는 게임배급업을 영위하고자 하는 자는 문화체육관광부령이 정하는 바에 따라 시장 · 군수 · 구청장에게 등록하여야 한다. 다만, 다음 각 호의 어느 하나에 해당하는 경우에는 등록하지 아니하고 이를 할 수 있다. 1. 국가 또는 지방자치단체가 제작하는 경우 2. 법령에 의하여 설립된 교육기관 또는 연수기관이 자체교육 또는 연수의 목적으로 사용하기 위하여 제작하는 경우 3. 「정부투자기관 관리기본법」 제2조의 규정에 의한 정부투자기관 또는 정부출연기관이 그 사업의 홍보에 사용하기 위하여 제작하는 경우 4. 그 밖에 게임기기 자체만으로는 오락을 할 수 없는 기기를 제작하는 경우 등 대통령령이 정하는 경우 ② 제1항의 규정에 의하여 등록한 자가 문화체육관광부령이 정하는 중요사항을 변경하고자 하는 경우에는 변경등록을 하여야 한다. ③ 시장 · 군수 · 구청장은 제1항 또는 제2항의 규정에 의한 등록 또는 변경등록을 받은 경우에는 신청인에게 등록증을 교부하여야 한다. ④ 제1항 내지 제3항의 규정에 의한 등록 및 변경등록의 절차 및 방법, 등록증의 교부 등에 관하여 필요한 사항은 문화체육관광부령으로 정한다.
시 행 령	제15조(등록대상에서 제외되는 게임물 제작의 경우) 법 제25조 제1항 제4호에서 "대통령령이 정하는 경우"라 함은 다음 각 호의 어느 하나에 해당하는 경우를 말한다. 1. 게임기기 자체만으로는 오락을 할 수 없는 기기를 제작하는 경우 2. 유통 · 시청제공 및 오락제공의 목적이 아닌 목적으로 특정한 자만을 대상으로 한 게임물을 제작하는 경우 3. 법 제21조 제1항 각 호에 따른 등급분류 대상에 해당되지 아니하는 게임물을 제작하는 경우
시행규칙	제15조(게임제작업 및 게임배급업의 등록 등) ① 법 제25조 제1항에 따라 게임제작업 또는 게임배급업의 등록을 하려는 자는 별지 제4호서식의 게임제작업 등록신청서(전자문서로 된 신청서를 포함한다) 또는 별지 제5호서식의 게

임배급업등록신청서(전자문서로 된 신청서를 포함한다)에 다음 각 호의 서류(전자문서를 포함한다)를 첨부하여 관할 시장·군수·구청장에게 제출하여야 한다.

1. 영업소의 임대차계약서 사본(임차한 경우에 한한다)
2. 제작시설 및 장비 명세서(게임제작업에 한한다)
3. 사업계획서(게임배급업에 한한다)

② 제1항에 따른 신청서를 제출받은 담당공무원은 「전자정부법」 제36조 제1항에 따른 행정정보의 공동이용을 통하여 다음 각 호의 서류를 확인하여야 한다.

1. 법인 등기사항증명서(법인인 경우에 한한다)
2. 건물등기사항증명서(임차한 경우로서 건축물대장의 소유자와 임대차계약서의 임대인이 다른 경우에 한한다)
3. 삭제 〈2007.5.18〉

제19조(변경허가·등록 또는 신고대상 및 절차) ① 법 제25조 제2항 또는 법 제26조 제4항에서 "문화체육관광부령이 정하는 중요사항"이란 다음 각 호의 사항을 말한다.

1. 영업자의 변경(법인의 경우에는 대표자의 변경을 말하며, 법 제29조에 따른 영업의 승계에 의한 영업자의 변경의 경우는 제외한다)
2. 영업소 소재지의 변경
3. 공장소재지 또는 제작품목의 변경(게임제작업에 한한다)
4. 취급품목의 변경(게임배급업에 한한다)
5. 상호, 영업소 면적의 변경(일반게임제공업, 청소년게임제공업, 인터넷컴퓨터게임시설제공업, 복합유통게임제공업에 한한다)
5의2. 제공게임물의 변경(일반게임제공업 및 복합유통게임제공업 중 청소년이용불가게임물을 제공하는 경우와 법 제28조 제3호 단서에 따라 경품을 제공하는 경우에 한한다)
6. 업종의 변경(복합유통게임제공업자가 영업내용을 변경하는 경우에 한한다)

② 제1항 각 호의 어느 하나의 사항이 변경되어 변경허가, 변경등록 또는 변경신고를 하려는 자는 변경사유가 발생한 날부터 20일 이내에 별지 제15호 서식에 따른 변경신청서(전자문서로 된 신청서를 포함한다)를 시장·군수·구청장에게 제출하여야 한다.

③ 제2항에 따른 변경신청서에는 다음 각 호의 서류(전자문서를 포함한다)를 첨부하여야 한다.

1. 허가증, 등록증 또는 신고증
2. 영업소의 임대차계약서(영업자, 영업소 및 공장의 소재지를 변경하는 경우로서 임차한 경우에 한한다)
3. 그 밖의 변경사항을 증명하는 서류

④ 제2항 및 제3항에 따른 신청서를 제출받은 담당공무원은 「전자정부법」 제36조 제1항에 따른 행정정보의 공동이용을 통하여 다음 각 호의 서류를

확인하여야 한다. 다만, 제3호의 경우 신청인이 확인에 동의하지 아니하는 경우에는 그 서류를 첨부하도록 하여야 한다.
1. 법인 등기사항증명서(영업자를 변경하는 경우로서 법인인 경우에 한한다)
2. 건물등기사항증명서(영업소 및 공장의 소재지를 변경하는 경우로서 임차한 경우에 건축물대장의 소유자와 임대차계약서의 임대인이 다른 때에 한한다)
3. 전기안전점검확인서(영업소의 소재지 또는 면적의 변경 등으로「전기사업법」제66조의2 제1항에 따른 전기안전점검을 받아야 하는 경우로서 일반게임제공업, 청소년게임제공업, 인터넷컴퓨터게임시설제공업 또는 복합유통게임제공업의 변경허가나 변경등록 또는 변경신고의 경우만 해당한다)
⑤ 시장·군수·구청장은 게임제공업자 또는 복합유통제공업자가 제2항 및 제3항에 따라 변경신청서를 제출한 경우에는(제1항 제2호, 제5호 중 영업소 면적의 변경, 제5호의2 및 제6호의 경우에 한한다) 다음 각 호의 사항을 확인하고 미비한 사항이 있는 경우에는 신청인에게 그 내용을 통지하여야 한다.
1. 「다중이용업소의 안전관리에 관한 특별법」제9조 제5항에 따른 안전시설 등 완비증명서 발급여부
2. 삭제 〈2012.4.5〉
3. 「학교보건법」제6조 제1항의 적용대상이 되는 경우 학교환경위생정화위원회의 심의 여부
⑥ 시장·군수·구청장은 제4항에 따른 확인 결과「전기사업법」제66조의2 제1항에 따른 전기안전점검을 받지 아니한 경우에는 관계기관 및 신청인에게 그 내용을 통지하여야 한다.

▪ 입법 취지

본조는 게임제작업 또는 게임배급업(이하, '게임 제작업 등'이라 함)을 하고자 하는 자에게 등록을 요건으로 영업을 하도록 규정하고 있다. 종전 게임제작업과 배급업은 신고제였으나, 2006년 '바다 이야기' 사건 등 불법사행성 게임장이 성행함에 따라 규제강화 차원에서 등록제로 변경된 것이다.[1]

---

[1] 2005년도 말 기준 전국의 게임제공업소는 약 1만 5천 개소로 이 중 청소년게임장은 약 1천 600개소, 일반게임장은 약 1만 3,500개소에 달하였다. 이와 같이 게임제공업소의 난립은 과다한 경쟁을 야기하였고 불법적인 조작이나 딱지 상품권을 이용한 불법환전이 만연하고 있는 상황이었다(박인, "게임물등급제와 사행성 게임물에 관한 연구―새로 제정된 게임산업진

▪ 입법 연혁

　　이 법률의 모태가 되고 있는 유기장법[2](제3조)[3]과 공중위생법[4](제4조)[5]에
서는 게임물 관련업에 대해 허가제[6]를 취하고 있었다. 그러다가 "음반 · 비디오
물 및 게임물에 관한 법률"(이하, '음비게법'이라 함)이 제정[7]되면서 게임물제작업,
게임물배급업, 게임물판매업, 게임제공업은 등록제도로 바뀌게 되었다(동법 제4
조[8] 및 제7조).[9] '음비게법'은 그간 유기장법 이래, 게임물 관련업을 엄격히 관리

홍에 관한 법률을 중심으로, 「법제」, 2007.8, 82면 각주 19) 참조).

2) 유기장법은 1961년 12월 6일 법률 제810호로 제정되었다가, 타법(공중위생법) 제정으로
　1986년 5월 10일 법률 제3822호에 의해 폐지되었다.

3) 유기장법 제32조 (영업의 허가) ① 업으로서 유기장을 경영하고자 하는 자는 구청장, 시장
　또는 군수의 허가를 받아야 한다.

　② 구청장, 시장 또는 군수는 유기장의 설치장소, 구조, 시설 또는 유기의 방법이 공중위생상
　　또는 공중오락의 건전성유지상 부적당하다고 인정할 때에는 전항의 규정에 의한 허가를
　　하지 아니할 수 있다. 단, 이 경우에는 서면으로써 그 이유를 신청자에게 통지하여야 한
　　다.

　③ 영업허가의 신청, 허가사항의 변경 기타 필요한 사항은 각령으로 정한다.

4) 공중위생법은 1986년 5월 10일 법률 제3822호로 제정되었다가, 타법(음반 · 비디오물 및
　게임물에 관한 법률) 제정으로 1999년 2월 8일 법률 제5839호에 의해 폐지되었다.

5) 공중위생법 제4조(영업의 허가 및 신고) ① 위생접객업중 숙박업 · 목욕장업 또는 유기장업
　(제2항의 규정에 의하여 대통령령이 정하는 숙박업 · 목욕장업 · 유기장업을 제외한다)을 하
　고자 하는 자는 제3조의 규정에 의한 시설 및 설비를 갖추어 그 영업의 종류별로 시장 · 군
　수 · 구청장의 허가를 받아야 한다.

　② 위생접객업 중 수영장업 · 이용업 · 미용업과 대통령령이 정하는 숙박업 · 목욕장업 · 유기
　　장업을 하고자 하거나 위생관련영업을 하고자 하는 자는 제3조의 규정에 의한 시설 및 설
　　비를 갖추어 그 영업의 종류별로 시장 · 군수 · 구청장에게 신고를 하여야 한다.

　③ 시장 · 군수 · 구청장은 제1항의 규정에 의한 유기장업의 허가를 하는 경우에는 대통령령
　　이 정하는 바에 의하여 18세미만의 자에게 그 이용을 제한하는 영업(이하 "성인전용유기
　　장업"이라 한다)과 그러하지 아니하는 영업으로 구분하여 허가할 수 있다.

　④ 시장 · 군수 · 구청장은 제1항의 규정에 의한 허가를 함에 있어서 공중위생 및 영업에 필요
　　한 조건을 붙일 수 있다.

6) 허가는 법률에 의한 일반적인 상대적 금지를 특정한 경우에 해제하여 적법하게 일정한 사
　실행위 또는 법률행위를 할 수 있게 해 주는 행위를 말한다. 다만 법령상으로는 허가 · 면
　허 · 인가 · 특허 · 승인 등 여러 가지 용어가 사용되고 있다(김동희, 행정법 I, 박영사, 2005,
　271면).

7) 이 법률은 1999년 2월 8일 법률 제5925호로 제정되었다가, 타법(게임산업진흥에 관한법률)
　제정으로 2006년 4월 28일 법률 제7943호로 폐지되었다.

8) 음반 · 비디오물 및 게임물에 관한 법률 제4조(제작업자의 등록) 음반 · 비디오물 · 게임물
　제작업자(이하 "제작업자"라 한다)가 되고자 하는 자는 대통령령이 정하는 바에 의하여 문화

하던 허가제를 버리고, 등록제를 도입하여 게임 관련업을 보다 자유롭게 영위할 수 있도록 하였다. 이는 유기장법 이래 거의 40여 년 만에 일어난 변화이다.[10] 이렇게 1999년 '음비게법'을 통해 게임 관련업들이 허가제에서 등록제로 변경된 후, 이 법이 폐기되고 현행 법률인 「게임산업진흥에 관한 법률」(이하, '게임법'이라 함)[11]이 제정되면서 게임제작업과 게임배급업은 신고제로, 게임제공업은 허가제로 하는 체제로 바뀌었다. 그 후, 제1차 일부개정(2007.1.19 법률 제8247호)에서 게임제작업과 게임배급업은 다시 등록제로 변경되어 현재에 이르고 있다.

■ 내용 해설

1. 게임제작업 등의 등록

행정법상 '등록'이란 행정법상 일정한 법률사실 또는 법률관계를 행정청 등

관광부장관에게 등록하여야 한다. 다만, 다음 각호의 1에 해당하는 경우에는 그러하지 아니하다.

1. 국가 또는 지방자치단체가 제작하는 경우
2. 법령에 의하여 설립된 교육·연수기관이 자체교육·연수의 목적에 사용하기 위하여 제작하는 경우
3. 放送法에 의한 방송법인, 綜合有線放送法에 의한 종합유선방송국 및 프로그램공급업의 등록을 한 자가 방송의 목적에 사용하기 위하여 제작하는 경우
4. 政府投資機關管理基本法 제2조의 규정에 의한 정부투자기관이나 정부출연기관이 그 사업의 선전에 사용하기 위하여 제작하는 경우
5. 관혼상제, 종교의식에 관한 것 등 기념으로 남기기 위한 음반·비디오물·게임물을 제작하는 경우로서 일반에게 판매·배포·대여(이하 "유통"이라 한다), 시청제공 또는 오락제공할 목적이 아닌 경우
6. 기타 대통령령이 정하는 경우

9) 제7조(유통관련업자의 등록) ① 음반·비디오물·게임물 유통관련업자(이하 "유통관련업자"라 한다)가 되고자 하는 자는 대통령령이 정하는 바에 의하여 문화관광부장관 또는 시장·군수·자치구의 구청장에게 등록하여야 한다. 다만, 음반판매업만 영위하는 경우와 대통령령이 정하는 경우에는 그러하지 아니하다.
② 비디오물감상실업·게임제공업 또는 노래연습장업을 하고자 하는 자는 문화관광부령이 정하는 시설을 갖추고 제1항의 등록을 하여야 한다.
③ 제5조의 규정은 유통관련업자의 등록에 대하여 이를 준용한다.
10) 황승흠·안경봉(편), 「게임법 제도의 현황과 과제」, 박영사, 2009, 15면.
11) 이 법률은 2006년 4월 28일 법률 제7941호로 제정되었다.

특정한 등록기관에 비치된 장부에 기재하는 일을 말한다. 그러므로 등록은 어떤 사실이나 법률관계의 존재를 공적으로 공시 또는 증명하는 공증행위에 속하며 직접적인 효과는 공증력을 발생시키는 데 있다. 등록의 효력은 그 종류에 따라 다양하다. 예컨대 주민등록과 같이 주민이 요건이 되는 경우도 있고, 특허, 디자인 또는 상표의 등록처럼 권리발생 요건인 경우도 있으며, 어업권의 등록, 자동차의 등록과 같이 권리의 득실에 대한 제3자 대항요건이 되는 경우도 있다. 또한 건설업자의 등록, 농약제조업자 및 수입업자의 등록과 같이 일정한 영업을 하기 위한 요건인 경우도 있다. 실정법상의 영업의 등록을 규제의 강도의 측면에서 살펴보면, 허가와 신고의 중간 정도에 속한다고 볼 수 있다. 즉 약화된 허가의 정도로 볼 수 있다. 본조는 게임법에서 규정하는 다양한 영업형태 중에서 게임제작업과 게임배급업을 영위하기 위해서는 등록을 하도록 규정하고 있다.

가. 등록 주체 및 등록 관청

등록의무자는 게임제작업 및 게임배급업을 영위하려고 하는 자이다. 등록관청은 당해 게임제작업 및 게임배급업을 하려고 하는 지역의 관할 시장·군수·구청장이다.

나. 등록 절차

게임제작업 및 게임배급업의 등록을 할 때에는 소정의 사항을 기재한 서류를 제출하여야 한다. 게임제작업을 등록하려는 자는 게임제작업 등록신청서(별지 제4호 서식)와 영업소의 임대차계약서 사본(임차한 경우), 제작시설 및 장비명세서를 제출하여야 하고, 게임배급업을 등록하려는 자는 게임배급업 등록신청서(별지 제5호 서식)와 함께 영업소의 임대차계약서 사본(임차한 경우), 사업계획서(게임배급업)를 관할 시장·군청·구청장에게 제출하여야 한다(시행규칙 제15조 1호 내지 3호 참조). 이렇게 게임제작업자 등이 소정의 서류를 제출하면 담당공무원은 전자정부법 제36조 제1항에 따른 행정정보의 공동이용을 통하여 법인 등기사항증명서(법인인 경우), 건물등기사항증명서(임차한 경우로서 건축물대상의 소유자와 임대차계약서의 임대인이 다른 경우)를 확인하여야 한다.

등록업무 처리절차

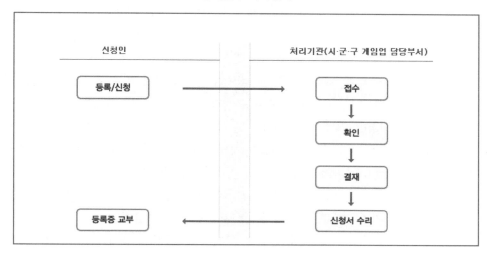

다. 등록의 예외

게임제작업 등을 영위한다고 해서 모든 제작업자가 등록해야 하는 것은 아니다. 일정한 경우 예외적으로 등록을 하지 않고도 게임제작업 등을 할 수 있도록 규정하고 있다. 이는 다시 둘로 구분할 수 있다.

하나는 국가 등이 公務를 목적으로 게임제작을 하는 경우에는 등록을 하지 않아도 되도록 규정한다. (1) 국가 또는 지방자치단체가 제작하는 경우, (2) 법령에 의하여 설립된 교육기관 또는 연수기관이 자체교육 또는 연수의 목적으로 사용하기 위하여 제작하는 경우, ③ 「정부투자기관 관리기본법」12) 제2조의 규정에 의한 정부투자기관 또는 정부출연기관이 그 사업의 홍보에 사용하기 위하여 제작하는 경우이다. 여기서 ③의 '공공기관운영에 관한 법률 제2조의 적용대상이란 동법 제4조 내지 6조에 따라 지정·고시된 공공기관13)을 말한다.

---

12) 제정 1983.12.31, 법률 3690호로 2007년 4월 1일 공공기관의 운영에 관한 법률의 제정으로 폐지됨.

13) 공공기관운영에 관한 법률 제4조(공공기관) ① 기획재정부장관은 국가·지방자치단체가 아닌 법인·단체 또는 기관(이하 "기관"이라 한다)으로서 다음 각 호의 어느 하나에 해당하는 기관을 공공기관으로 지정할 수 있다.
   1. 다른 법률에 따라 직접 설립되고 정부가 출연한 기관

다른 하나는 게임기기 자체만으로 오락을 할 수 없는 기기를 제작하는 경우 등 대통령령이 정하는 경우이다. 여기서 대통령령이 정한 경우란 다음을 의미한다(시행령 제15조).

첫째, 게임기기 자체만으로 오락을 할 수 없는 기기를 제작하는 경우. 게임법 제2조 제1호는 컴퓨터프로그램 등 정보처리 기술이나 기계장치를 이용하여 오락을 할 수 있게 하거나 이에 부수하여 여가선용, 학습 및 운동효과를 높일 수 있도록 제작된 영상물 그리고 그 영상물의 이용을 주된 목적으로 제작된 기기 및 장치를 게임물이라고 정의하고 있다. 즉 게임물에 기기를 포함하는데, 그 기기는 게임을 하는 것을 주된 목적으로 제작된 기기 및 장치를 의미한다. 그러므로 게임기기 자체만으로 오락을 할 수 없는 기기란 게임을 주된 목적으로 하지 않는 기기 및 장치를 의미한다고 해석된다. 그러나 판례는 게임법 제2조 제1호 본문 소정의 "그 영상물의 이용을 주된 목적으로 제작된 기기 및 장치"는 "그 영상물의 이용을 주된 목적으로 제작된 기기"와 "장치"를 의미하는 것으로, 당해 장치가 영상물의 이용을 주된 목적으로 제작되지 않았더라도 컴퓨터프로그램 등 정보처리 기술이나 기계장치를 이용하여 오락을 할 수 있게 하거나 이에 부수하여 여가선용, 학습 및 운동효과 등을 높일 수 있도록 제작된 것이라면 이 사건 법률 제2조 제1호의 "게임물"에 해당하는 것으로 해석하여야 할 것이다"라고 판시하여 게임물의 범위를 넓게 해석하고 있다.[14] 즉 판례는 당해 장치로 게임이 가능하다면

---

2. 정부지원액(법령에 따라 직접 정부의 업무를 위탁받거나 독점적 사업권을 부여받은 기관의 경우에는 그 위탁업무나 독점적 사업으로 인한 수입액을 포함한다. 이하 같다)이 총수입액의 2분의 1을 초과하는 기관

3. 정부가 100분의 50 이상의 지분을 가지고 있거나 100분의 30 이상의 지분을 가지고 임원임명권한 행사 등을 통하여 당해 기관의 정책 결정에 사실상 지배력을 확보하고 있는 기관

4. 정부와 제1호 내지 제3호의 어느 하나에 해당하는 기관이 합하여 100분의 50 이상의 지분을 가지고 있거나 100분의 30 이상의 지분을 가지고 임원 임명권한 행사 등을 통하여 당해 기관의 정책 결정에 사실상 지배력을 확보하고 있는 기관

5. 제1호 내지 제4호의 어느 하나에 해당하는 기관이 단독으로 또는 두개 이상의 기관이 합하여 100분의 50 이상의 지분을 가지고 있거나 100분의 30 이상의 지분을 가지고 임원 임명권한 행사 등을 통하여 당해 기관의 정책 결정에 사실상 지배력을 확보하고 있는 기관

6. 제1호 내지 제4호의 어느 하나에 해당하는 기관이 설립하고, 정부 또는 설립 기관이 출연한 기관

14) 서부지법 2010.8.19. 선고 2010노165 판결 참조.

게임물로 보므로, 본 호에서 말하는 게임기기 자체만으로 오락을 할 수 없는 기기를 제작하는 경우를 상정하기는 어렵다고 생각된다. 따라서 의미가 불명확하고 불필요한 규정이라고 생각된다.

둘째, 유통·시청제공 및 오락제공의 목적이 아닌 목적으로 특정한 자만을 대상으로 한 게임물을 제작하는 경우. 유통이란 게임물 자체를 이용자에게 판매의 방법으로 제공하는 것이며, 시청제공이란 게임물을 시청할 수 있도록 이용자에게 제공하는 것을 말한다. 그리고 오락제공이란 게임을 하도록 게임물을 제공하는 것을 의미한다. 그러므로 게임의 판매, 시청이나 오락을 위해 제공하는 것이 아니라 환자를 대상으로 한 치료목적이나 비행기 조종사를 양성하기 위한 목적 또는 지진으로 인한 피해를 예측하기 위한 연구 목적 등 특정한 자만을 대상으로 하여 게임을 제작하는 경우라고 해석된다.

셋째, 등급분류 대상에 해당되지 아니하는 게임물을 제작하는 경우. 등급분류에 해당되지 않는 게임물에 대해서는 법 제21조 제1항 제1호 내지 제4호에서 규정하고 있다. 제1호 및 제2호는 중앙행정기관의 장이 추천하는 게임대회 또는 전시회 등에 이용·전시할 목적으로 제작·배급하는 게임물과 교육·학습·종교 또는 공익적 홍보활동 등의 용도로 제작·배급하는 게임물로서 대통령령이 정하는 것이다. 이와 같이 제1호와 제2호의 게임물들은 게임물의 중독성이나 유해성과 관련이 없을 뿐만 아니라, 오히려 널리 유포되어 이용되면 유익하기 때문에 굳이 등록을 하게 할 필요가 없기 때문에 규정한 것이다. 제3호의 시험용 게임물은 게임물 개발과정에서 성능·안전성·이용자만족도 등을 평가하기 위한 시험용 게임물로서 대통령령이 정하는 대상·기준과 절차 등에 따른 게임물이다. 이러한 시험용 게임물은 등급위원회의 감독 하에 게임물의 이용시간, 참여인원의 제한 등 엄격한 기준이 부과되어 관리된다. 그리고 시험용 게임물이기 때문에 정식으로 출시되는 것도 아니어서 게임 중독의 우려도 없기 때문이다. 제4호는 전기통신사업법에 따라 기간통신사업의 허가를 받은 자가 제공하는 기간통신역무에 의해 제공되고, 온라인 오픈 마켓 등 전자상거래의 중개로 제공되어야 하며, 무선인터넷 접속 단말기기에 의해 제공되는 자체등급분류게임물이다. 동호에 적용을 받는 것은 오픈마켓(앱스토어) 게임물이며, 이에 해당된다고 하여도 청소년 이용불가 게임물이라면 적용대상에서 제외된다. 이는 정보통신기기의 발달에 따라 개인이나 영세 게임개발자들의 오픈마켓을 이용한 게임서비스제공 활성화를 도모하기 위해 마련한 제도이다. 최근에는 오픈마켓게임물에 대해서도 간소화한 절차에 따른 심의시스템이 마련되어 시행되고 있다.

2. 게임제작업자 등의 변경등록(제2항)

변경등록이란 이미 등록을 하여 영업을 하고 있는 자가 기존의 등록사항의 변경이 있을 때 그 변경내용에 대하여 등록하는 것을 말한다. 따라서 게임 제작업 등의 변경등록이란 이미 등록을 받아 게임 제작업 또는 게임 배급업을 하고 있는 자가 최초로 등록한 사항 중 중요한 사항의 변경이 있는 경우에는 변경등록을 하도록 규정하고 있다. 등록 주체, 등록 대상 영업 및 등록 관청은 최초로 등록할 때와 같다.

변경등록의 요건이 중요한 사항의 변경은 문화체육관광부령에서 정한다. 여기서 중요한 사항이란 "(1) 영업자의 변경(법인의 경우에는 대표자의 변경을 말하며, 법 제29조에 따른 영업의 승계에 의한 영업자의 변경의 경우는 제외한다), (2) 영업소 소재지의 변경, (3) 공장소재지 또는 제작품목의 변경(게임제작업에 한한다), (4) 취급품목의 변경(게임배급업에 한한다), (5) 상호, 영업소 면적의 변경(일반게임제공업, 청소년게임제공업, 인터넷컴퓨터게임시설제공업, 복합유통게임제공업에 한한다), (6) 제공게임물의 변경(일반게임제공업 및 복합유통게임제공업 중 청소년이용불가게임물을 제공하는 경우와 법 제28조 제3호 단서에 따라 경품을 제공하는 경우에 한한다), (7) 업종변경(복합유통게임제공업자가 영업내용을 변경하는 경우에 한한다)"을 말한다(시행규칙 제19조 제1항).

게임법이 등록제를 취하고 있는 것은 관할 관청으로 하여금 당해 게임 제작업체나 배급업체에 대하여 게임물의 건전한 유통질서를 확립하도록 하는 관리의 측면이 강하다. 영업자가 변경된다거나 영업소의 소재지가 변경된다면 당해 게임제작업체나 배급업체가 게임물의 건전한 유통질서를 해하고 있는지를 감독하고, 이를 시정하도록 하는 것은 곤란하다. 그러한 이유로 게임제작업과 게임배급업의 공통의 중요한 사항으로 영업자의 변경과 영업소재지의 변경 및 상호의 변경을 변경등록 사유로 규정하고 있다. 또한 게임제작업에 대해서는 공장소재지 또는 제작품목의 변경을 중요한 사항으로 규정하고 있다. 게임의 종류는 다양하다. 예컨대, 온라인게임, 비디오게임, 모바일 게임, PC게임 및 아케이드게임 등이 있다. 그러므로 게임제작업의 형태도 온라인게임 등 한 종류만을 제작하는 업체가 있을 수 있고, 여러 형태의 게임을 복합적으로 제작하는 업체도 있다. 게임제작업에서 공장소재지를 변경등록의 중요한 사항으로 한 것은 비디오게임이나 아케이드게임과 같이 게임기기 및 장치가 포함되는 게임제작업의 경우 공장소재지의 변경은 관할 관청의 감독에 있어 중요한 영향을 미친다. 한편 게임제작품목의 경우는 온라인게임만을 제작하는 것으로 등록한 제작업체가 아케이드 게임을 제작하게 되면 게임품목에 따라 게임법 제16조의 등급분류의 대상범위도 달라진다. 따라서 제작품목의 변경도 중요한 사항으로 규정하고 있다. 이러한 게임제작업에서 제작품목의 변경을 변경등록의 중요한 사항으로 규정하고 있는 취지는 게임배급업에서의 취급품목의 변경과 동일하다. 왜냐하면 기본적으로 게임제작업과 게임배급업의 게임의 종류가 유사하기 때문이다.

위 7가지 사항 중 어느 하나의 사항이 변경되어 변경등록을 신고하려는 자는 변경사유가 발생한 날로부터 20일 이내에 별지 제15호 서식에 따른 변경신청서(전자문서로 된 신청서를 포함한다)를 시장·군수·구청장에게 제출하여야 한다(시행규칙 제19조 제2항). 변경신청서를 제출할 때에는 "(1) 허가증, 등록증 또는 신고증 (2) 영업소의 임대차계약서(영업자, 영업소 및 공장의 소재지를 변경하는 경우로서 임차한 경우에 한한다), (3) 그 밖의 변경사항을 증명하는 서류"를 첨부하여야 한다(시행규칙 제19조 제3항).

3. 등록증의 교부(제3항)

시장·군수·구청장은 게임제작업자 등의 등록신청서나 변경등록신청서를 받은 경우에는 '전자정부법' 제36조 제1항에 따른 행정정보의 공동이용을 통하여 (1) 법인 등기사항증명서(영업자를 변경하는 경우로서 법인인 경우에 한한다), (2) 건물등기사항증명서(영업소 및 공장의 소재지를 변경하는 경우로서 임차한 경우에 건축물대장의 소유자와 임대차계약서의 임대인이 다른 때에 한한다), (3) 전기안전점검확인서(영업소의 소재지 또는 면적의 변경 등으로 「전기사업법」 제66조의2 제1항에 따른 전기안전점검을 받아야 하는 경우로서 일반게임제공업, 청소년게임제공업, 인터넷컴퓨터게임시설제공업 또는 복합유통게임제공업의 변경허가나 변경등록 또는 변경신고의 경우만 해당한다)를 확인하여야 한다(시행규칙 제19조 제4항). 모든 서류에 하자가 없는 경우 담당 공무원은 등록증을 교부하여야 한다.

4. 벌 칙

본조 제1항에 위반하여 게임제작업 및 게임배급업의 등록을 하지 아니하고 영업을 한 자는 2년 이하의 징역 또는 2천만원 이하의 벌금에 처하도록 하고 있으며(법 제45조 제2호), 제2항에 위반하여 변경등록을 하지 않은 자에 대해서는 1천만원 이하의 과태료에 처한다(법 제48조 제1항 1의3).

제26조(게임제공업 등의 허가 등)

법　　률	제26조(게임제공업 등의 허가 등) ① 일반게임제공업을 영위하고자 하는 자는 허가의 기준·절차 등에 관하여 대통령령이 정하는 바에 따라 시장·군수·구청장의 허가를 받아 영업을 할 수 있다. 다만, 「건축법」 제2조 제2항 제7호의 판매시설에 해당하여야 하고, 「국토의 계획 및 이용에 관한 법률」 제36조 제1항 제1호 가목의 주거지역에 위치하여서는 아니 된다. ② 청소년게임제공업 또는 인터넷컴퓨터게임시설제공업을 영위하고자 하는 자는 문화체육관광부령이 정하는 시설을 갖추어 시장·군수·구청장에게 등록하여야 한다. 다만, 정보통신망을 통하여 게임물을 제공하는 자로서 「전기통신사업법」에 따라 허가를 받거나 신고 또는 등록을 한 경우에는 이 법에 의하여 등록한 것으로 본다. ③ 복합유통게임제공업을 영위하고자 하는 자는 문화체육관광부령이 정하는 바에 따라 시장·군수·구청장에게 등록하여야 한다. 다만, 제1항 및 제2항의 규정에 따라 일반게임제공업의 허가를 받은 자와 청소년게임제공업 또는 인터넷컴퓨터게임시설제공업의 등록을 한 자가 복합유통게임제공업을 영위하고자 하는 때에는 시장·군수·구청장에게 신고하여야 한다. ④ 제1항 내지 제3항의 규정에 따라 허가를 받거나 등록 또는 신고를 한 자가 문화체육관광부령이 정하는 중요사항을 변경하고자 하는 경우에는 변경허가를 하거나 변경등록 또는 변경신고를 하여야 한다. ⑤ 시장·군수·구청장은 제1항 내지 제4항의 규정에 따른 허가·변경허가를 하거나 등록·변경등록 또는 신고·변경신고를 받은 경우에는 문화체육관광부령이 정하는 바에 따라 신청인에게 허가증 또는 등록증·신고증을 교부하여야 한다.
시 행 령	제15조의2(일반게임제공업의 허가) ① 법 제26조 제1항에 따라 일반게임제공업의 허가를 받으려는 자는 별표 1의2의 기준에 따른 시설을 갖추어야 한다. ② 제1항에 따라 일반게임제공업의 허가를 받으려는 자는 문화체육관광부령으로 정하는 허가신청서 및 첨부서류를 시장·군수·구청장에게 제출하여야 한다.
시행규칙	제15조의2(일반게임제공업의 허가) ① 법 제26조 제1항에 따라 일반게임제공업의 허가를 받으려는 자는 별지 제5호의2 서식의 일반게임제공업 허가신청서에 다음 각 호의 서류를 첨부하여 시장·군수·구청장에게 제출하여야 한다. 1. 영업소의 임대차계약서 사본(임차한 경우에 한한다) 2. 영업시설·기구 및 설비 개요서(영업소 면적과 게임기의 종류가 포함되어야 한다)

② 제1항에 따른 신청서를 제출받은 담당공무원은 「전자정부법」 제36조 제 1항에 따른 행정정보의 공동이용을 통하여 다음 각 호의 서류를 확인하여 야 한다. 다만, 제3호의 경우 신청인이 확인에 동의하지 아니하는 경우에는 그 서류를 첨부하도록 하여야 한다.

1. 법인 등기사항증명서(법인인 경우에 한한다)

2. 건물등기사항증명서(임차한 경우로서 건축물대장의 소유자와 임대차계 약서의 임대인이 다른 경우에 한한다)

3. 전기안전점검확인서

③ 시장·군수·구청장은 제1항에 따라 신청서를 제출받은 경우에는 법 제 26조 제1항 단서에 따른 요건 및 영 별표 1의2에 따른 시설을 갖추었는지를 확인한 후, 다음 각 호의 사항을 관계기관에 확인하고 미비한 사항이 있는 경우에는 신청인에게 그 내용을 통지하여야 한다.

1. 「다중이용업소의 안전관리에 관한 특별법」 제9조 제5항에 따른 안전시 설 등 완비증명서 발급여부

2. 삭제 〈2012.4.5〉

3. 「학교보건법」 제6조 제1항의 적용대상이 되는 경우 학교환경위생정화위 원회의 심의여부

④ 시장·군수·구청장은 제2항에 따른 확인 결과 「전기사업법」 제66조의2 제1항에 따른 전기안전점검을 받지 아니한 경우에는 관계기관 및 신청인에 게 그 내용을 통지하여야 한다.

제16조(청소년게임제공업·인터넷컴퓨터게임시설제공업 또는 복합유통게임제공업 의 등록) ① 법 제26조 제2항 또는 제3항에 따른 청소년게임제공업·인터넷 컴퓨터게임시설제공업 또는 복합유통게임제공업의 등록을 하려는 자는 별 지 제6호 서식에 따른 등록신청서(전자문서로 된 신청서를 포함한다) 또는 별지 제7호 서식의 복합유통게임제공업등록신청서(전자문서로 된 신청서 를 포함한다)에 다음 각 호의 서류(전자문서를 포함한다)를 첨부하여 관할 시장·군수·구청장에게 제출하여야 한다.

1. 영업소의 임대차계약서 사본(임차한 경우에 한한다)

2. 영업시설·기구 및 설비 개요서(영업소 면적과 게임기의 종류가 포함되 어야 한다)

3. 게임제공업이나 인터넷컴퓨터게임시설제공업 외의 업종에 대한 증명서 류(복합유통게임제공업에 한한다)

② 제1항에 따른 신청서를 제출받은 담당공무원은 「전자정부법」 제36조 제 1항에 따른 행정정보의 공동이용을 통하여 다음 각 호의 서류를 확인하여 야 한다. 다만, 제3호의 경우 신청인이 확인에 동의하지 아니하는 경우에는 그 서류를 첨부하도록 하여야 한다.

1. 법인 등기사항증명서(법인인 경우에 한한다)

2. 건물등기사항증명서(임차한 경우로서 건축물대장의 소유자와 임대차계 약서의 임대인이 다른 경우에 한한다)

3. 전기안전점검확인서

③ 시장·군수·구청장은 제1항에 따라 신청서를 제출받은 경우에는 별표 4에 따른 시설을 갖추었는지를 확인한 후, 다음 각 호의 사항을 관계기관에 확인하고 미비한 사항이 있는 경우에는 신청인에게 그 내용을 통지하여야 한다.

1. 「다중이용업소의 안전관리에 관한 특별법」 제9조 제5항에 따른 안전시설 등 완비증명서 발급여부

2. 삭제 〈2012.4.5〉

3. 「학교보건법」 제6조 제1항의 적용대상이 되는 경우 학교환경위생정화위원회의 심의여부

④ 시장·군수·구청장은 제2항에 따른 확인 결과 「전기사업법」 제66조의2 제1항에 따른 전기안전점검을 받지 아니한 경우에는 관계기관 및 신청인에게 그 내용을 통지하여야 한다.

제17조(복합유통게임제공업 신고) ① 법 제26조 제3항 단서에 따라 복합유통게임제공업의 신고를 하려는 일반게임제공업자, 청소년게임제공업자 또는 인터넷컴퓨터게임시설제공업자는 별지 제8호 서식의 복합유통게임제공업 신고서(전자문서로 된 신고서를 포함한다)에 다음 각 호의 서류(전자문서를 포함한다)를 첨부하여 시장·군수·구청장에게 제출하여야 한다.

1. 일반게임제공업 허가증, 청소년게임제공업 등록증 또는 인터넷컴퓨터게임시설제공업 등록증 사본

2. 일반게임제공업, 청소년게임제공업 또는 인터넷컴퓨터게임시설제공업 외의 업종에 대한 증명서류

② 제1항에 따른 신고서를 제출받은 담당 공무원은 「전자정부법」 제36조 제1항에 따른 행정정보의 공동이용을 통하여 전기안전점검확인서를 확인하여야 한다. 다만, 신고인이 전기안전점검확인서의 확인에 동의하지 아니하는 경우에는 그 서류를 첨부하도록 하여야 한다.

③ 시장·군수·구청장은 제1항에 따라 신고서를 제출받은 경우에는 다음 각 호의 사항을 확인하고 미비한 사항이 있는 경우에는 신고인에게 그 내용을 통지하여야 한다.

1. 「다중이용업소의 안전관리에 관한 특별법」 제9조 제5항에 따른 안전시설 등 완비증명서 발급여부

2. 삭제 〈2012.4.5〉

3. 「학교보건법」 제6조 제1항의 적용대상이 되는 경우 학교환경위생정화위원회의 심의 여부

④ 시장·군수·구청장은 제2항에 따른 확인 결과 「전기사업법」 제66조의2 제1항에 따른 전기안전점검을 받지 아니한 경우에는 관계기관 및 신고인에게 그 내용을 통지하여야 한다.

제19조(변경허가·등록 또는 신고대상 및 절차) ① 법 제25조 제2항 또는 법 제26조 제4항에서 "문화체육관광부령이 정하는 중요사항"이란 다음 각 호의 사항을 말한다.

1. 영업자의 변경(법인의 경우에는 대표자의 변경을 말하며, 법 제29조에

따른 영업의 승계에 의한 영업자의 변경의 경우는 제외한다)

2. 영업소 소재지의 변경

3. 공장소재지 또는 제작품목의 변경(게임제작업에 한한다)

4. 취급품목의 변경(게임배급업에 한한다)

5. 상호, 영업소 면적의 변경(일반게임제공업, 청소년게임제공업, 인터넷컴퓨터게임시설제공업, 복합유통게임제공업에 한한다)

5의2. 제공게임물의 변경(일반게임제공업 및 복합유통게임제공업 중 청소년이용불가게임물을 제공하는 경우와 법 제28조 제3호 단서에 따라 경품을 제공하는 경우에 한한다)

6. 업종의 변경(복합유통게임제공업자가 영업내용을 변경하는 경우에 한한다)

② 제1항 각 호의 어느 하나의 사항이 변경되어 변경허가, 변경등록 또는 변경신고를 하려는 자는 변경사유가 발생한 날부터 20일 이내에 별지 제15호서식에 따른 변경신청서(전자문서로 된 신청서를 포함한다)를 시장·군수·구청장에게 제출하여야 한다.

③ 제2항에 따른 변경신청서에는 다음 각 호의 서류(전자문서를 포함한다)를 첨부하여야 한다.

1. 허가증, 등록증 또는 신고증

2. 영업소의 임대차계약서(영업자, 영업소 및 공장의 소재지를 변경하는 경우로서 임차한 경우에 한한다)

3. 그 밖의 변경사항을 증명하는 서류

④ 제2항 및 제3항에 따른 신청서를 제출받은 담당공무원은 「전자정부법」 제36조 제1항에 따른 행정정보의 공동이용을 통하여 다음 각 호의 서류를 확인하여야 한다. 다만, 제3호의 경우 신청인이 확인에 동의하지 아니하는 경우에는 그 서류를 첨부하도록 하여야 한다.

1. 법인 등기사항증명서(영업자를 변경하는 경우로서 법인인 경우에 한한다)

2. 건물등기사항증명서(영업소 및 공장의 소재지를 변경하는 경우로서 임차한 경우에 건축물대장의 소유자와 임대차계약서의 임대인이 다른 때에 한한다)

3. 전기안전점검확인서(영업소의 소재지 또는 면적의 변경 등으로 「전기사업법」 제66조의2 제1항에 따른 전기안전점검을 받아야 하는 경우로서 일반게임제공업, 청소년게임제공업, 인터넷컴퓨터게임시설제공업 또는 복합유통게임제공업의 변경허가나 변경등록 또는 변경신고의 경우만 해당한다)

⑤ 시장·군수·구청장은 게임제공업자 또는 복합유통제공업자가 제2항 및 제3항에 따라 변경신청서를 제출한 경우에는(제1항 제2호, 제5호 중 영업소 면적의 변경, 제5호의2 및 제6호의 경우에 한한다) 다음 각 호의 사항을 확인하고 미비한 사항이 있는 경우에는 신청인에게 그 내용을 통지하여야 한다.

> 1. 「다중이용업소의 안전관리에 관한 특별법」 제9조 제5항에 따른 안전시설 등 완비증명서 발급여부
> 2. 삭제 〈2012.4.5〉
> 3. 「학교보건법」 제6조 제1항의 적용대상이 되는 경우 학교환경위생정화위원회의 심의 여부
> ⑥ 시장·군수·구청장은 제4항에 따른 확인 결과 「전기사업법」 제66조의2 제1항에 따른 전기안전점검을 받지 아니한 경우에는 관계기관 및 신청인에게 그 내용을 통지하여야 한다.
> 제20조(청소년게임제공업·인터넷컴퓨터게임시설제공업 또는 복합유통게임제공업 등록·신고의 시설기준) 법 제26조 제2항 또는 제3항에 따라 등록 또는 신고를 하려는 자가 갖추어야 하는 시설기준은 별표 4와 같다.

▪ 입법 취지

본조는 게임제공업을 제21조의 등급분류에 따라 규제의 범위를 허가와 등록으로 나누어 규정하고 있다. 게임제공업 중 청소년 이용불가게임물과 전체이용가 게임물을 동시에 설치하여 제공하는 일반게임제공업의 경우에는 허가제를 취하여 규제를 강화하였고, 청소년게임제공업 또는 인터넷컴퓨터게임시설제공업 및 복합유통게임제공업의 경우에는 등록제를 취하여 일반게임제공업보다 규제를 완화하고 있다.

▪ 내용 해설

1. 일반게임제공업의 허가(제1항)

일반게임제공업이란 당해 게임제공의 대상이 되는 게임의 내용에 관하여 등급분류를 받은 것 중에서 청소년이용불가게임물과 전체이용가 게임물을 함께 설치하여 공중의 이용에 제공하는 영업을 말한다. 허가란 법규에 의한 일반적인 상대적 금지를 특정한 경우에 해제하여 적법하게 일정한 사실행위 또는 법률행위를 할 수 있게 해 주는 행위를 말한다.[15] 다만, 법령상으로는 허가·면허·인가·특허 등 여러 가지 용어가 사용되고 있지만, 당해 행위가 학문상 허가인지는

관계법령의 구체적 규정이나 취지 등에 비추어 구체적으로 판단되어야 한다. 입법론적으로 살펴보면, 영업허가제도는 사전적인 규제를 받지 않고 일정한 영업을 하도록 하는 경우 공공의 안전이나 질서에 문제가 발생하는 등 공익을 해칠 우려가 상당히 클 경우에 그러한 행위에 대하여 최소한의 수단에 의한 지도·감독을 통하여 적절한 규제를 함으로써 공공의 이익을 도모할 필요가 있는 경우에 도입된다.[16]

이러한 측면에서 보면, 일반게임제공업은 청소년이용불가게임물이 포함되어 제공되는 게임제공업이며, 일정 정도 사회질서유지와 관련이 있는 영업이라고 볼 수 있다. 이러한 측면에서 일반게임제공업은 등록이나 신고제보다 엄격한 요건인 허가제를 취한 것이라고 생각된다. 허가는 일반적으로 기속행위로 보며, 허가신청이 그 기준에 맞는 경우에는 원칙적으로 허가를 하여야 하며, 기준에 맞음에도 불구하고 허가를 하지 않는 것은 개인의 자연적 자유를 제한하는 것이 된다. 그러므로 일반게임제공업을 영위하는 자가 이 법의 허가 요건을 충족한 경우에는 행정청은 허가를 하여야 할 기속을 받는다고 할 것이다.[17]

가. 허가 기준

허가기준은 구체적이고 객관적으로 정하는 것이 타당하다. 일반게임제공업의 허가기준은 영업시설에 관한 것이다. 여기에는 4가지 기준을 두고 있다(시행령 별표 1의 2). 첫째, 영업장 내에는 게임물 이용을 위한 밀실이나 밀폐된 공간을 설치하여서는 아니 되며, 투명한 유리창을 설치하여 외부에서 실내를 볼 수 있도록 하여야 한다. 둘째, 영업장 전체의 실내 조명은 40룩스 이상이 되도록 유지하여야 한다. 셋째, 청소년이용불가 게임물을 제공하는 영업장이라는 것을 일반인

---

15) 김동희, 「행정법 I」, 박영사, 2005, 271면

16) 한상우, 「정책의 법제화 실무―인·허가 영업제도를 중심으로」, 법제처, 2009, 19면[식품위생법상 식품위생업(식품첨가물제조업·식품조사처리업·단란주점영업 및 유흥주점영업)의 허가가 전형적인 예에 속한다].

17) 건축허가와 관련한 사안에서 대법원은 "건축허가신청이 법정요건에 합치하는 경우에는 특별한 사정이 없는 한 이를 허가하여야 하며, 공익상 필요가 없음에도 불구하고 요건을 갖춘 자에 대한 허가를 건축법·구도시계획법 등 관계법규에서 정한 제한사유 이외의 사유를 들어 거부할 수는 없다"(대판 1992.12.11.선고 92누3038 판결).

이 인식할 수 있는 간판 또는 영업표지물을 영업장의 입구에 표시하여야 한다. 넷째, 선량한 풍속을 해칠 우려가 있는 사진, 광고물, 장식 그 밖의 설비를 설치하여서는 아니 된다. 또한 건축물의 경우도 건축법 제2조 제2항 제7호의 판매시설에 해당하는 것으로서 제2종 근린생활시설[18]에 해당하여서는 아니 되며,[19] 주거지역(주거의 안녕과 건전한 생활환경의 보호를 위하여 필요한 지역)[20]에 위치하여서도 아니 된다. 이러한 기준을 두는 것은 일반게임제공업의 대상이 성인과 청소년을 모두 포함하고 있으므로 청소년의 유해환경을 최소화하기 위하여 마련한 기준이라고 할 수 있다(시행령 제15조의 제1항).

나. 허가 절차

일반게임제공업의 허가를 받으려는 자는 일반게임제공업 허가신청서〈별지 제5호의2 서식〉에 ① 영업소의 임대차계약서 사본(임차한 경우에 한한다), ② 영업시설·기구 및 설비 개요서(영업소 면적과 게임기의 종류가 포함되어야 한다)를 첨부하여 관할 시장·군수·구청장에게 제출하여야 한다(시행규칙 제15조의2 제1항).

2. 청소년게임제공업·인터넷 컴퓨터게임시설제공업·복합유통 게임제공업의 등록(제2항·제3항, 시행규칙 제16조)

청소년게임제공업이란 게임제공업 중 법 제21조의 규정에 따라 등급 분류된 게임물 중 전체이용가게임물을 설치하여 공중의 이용에 제공하는 영업을 말하며

---

18) 2종 근린생활시설의 예: ① 일반음식점, 기원, ② 휴게음식점, 제과점 : 바닥면적의 합계가 300㎡ 이상인 것, ③ 테니스장, 체력단련장, 에어로빅장, 볼링장, 당구장, 실내낚시터, 골프연습장: 바닥면적의 합계가 500㎡ 미만인 것, ④ 금융업소, 사무소, 부동산중개업소, 결혼상담소, 출판사: 바닥면적의 합계가 500㎡ 미만인 것, ⑤ 사진관, 표구점, 학원(자동차학원, 무도학원 제외), 장의사, 동물병원, ⑥ 단란주점 : 바닥면적의 합계가 150㎡ 미만인 것, ⑦ 안마시술소, 노래연습장.

19) 건축법 시행령 제3조의4는 건축법 제2조 제2항 각호의 용도에 속하는 건축물의 종류에 대하여 규정한다. 동시행령 제7호 다의 2)는 게임법상의 청소년 게임제공업의 시설, 일반게임제공업의 시설, 같은 인터넷 컴퓨터게임시설제공업의 시설 및 복합유통게임제공업의 시설로서 제2종 근린생활시설에 해당하지 아니할 것이라고 규정하고 있다.

20) 국토의 계획 및 이용에 관한 법률 제36조 제1항 제1호 가목에서 말하는 거주의 안녕과 건전한 생활환경의 보호를 위하여 필요한 지역인 주거지역을 말한다.

(법 제2조 제6호의 2 가목), 인터넷컴퓨터게임시설제공업이란 컴퓨터 등 필요한 기자재를 갖추고 공중이 게임물을 이용하게 하거나 부수적으로 그 밖의 정보제공물을 이용할 수 있도록 하는 영업을 말한다(제2조 7호). 복합유통게임제공업은 게임제공업 또는 인터넷컴퓨터게임시설제공업과 이 법에 의한 다른 영업 또는 다른 법률에 의한 영업을 동일한 장소에서 함께 영위하는 영업을 말한다(제2조 제8호).

판례는 '청소년게임제공업 등을 영위하는 자'란 청소년게임제공업 등을 영위함으로 인한 권리의무의 귀속주체가 되는 자를 의미한다고 한다. 그러므로 영업활동에 지배적으로 관여하지 아니한 채 단순히 영업자의 직원으로 일하거나 영업을 위하여 보조한 경우 또는 영업자에게 영업장소를 임대하고 사용대가를 받은 경우에는 본조 제2항의 청소년게임제공업 등을 영위하고자 하는 자에 해당되지 아니한다. 이러한 판례의 취지에 따르면, 게임제작업자, 게임배급업자를 비롯하여 게임법에 규정된 게임물 관련 사업을 영위하는 자를 해석함에 있어서도 마찬가지로 보아야 할 것이다.[21]

종래 게임법(2007.1.19. 법률 제8247호로 개정되고, 2008.2.29. 법률 제8852호로 개정되기 전의 것)에서는 인터넷컴퓨터게임시설제공업은 자유업종으로 규정하고 있었는데, 법개정으로 등록제로 변경되자 동조 제2항의 위헌소원 사건이 있었다. 헌법재판소는 게임이 야기하는 사회적 문제에 비추어 볼 때, 자유업에서 등록제로의 변경은 게임법의 입법목적에도 부합하고, 허가제가 아닌 등록제로 규정하였으므로 그 규제수단도 최소한에 그치고, PC방 영업을 영위하고자 하는 자가 이 사건 법률조항에 의한 의무를 이행하기 위하여 번잡한 준비나 설비를 하여야 할 의무를 부담하는 것도 아니어서 법익의 균형을 상실하고 있지도 아니하므로, 이 사건 법률조항은 과잉금지의 원칙에 위배하여 인터넷컴퓨터게임시설제공업자의 직업결정의 자유를 침해하는 것이 아니라고 하였다.[22] 그러나 인터넷컴퓨터게임제공업자가 특정 게임물을 자신의 영업장소에서만 이용할 수 있도록 제공하거나 게임물을 관리지배하는 경우 복합유통게임제공업으로 등록을 하게 한 것은 성인PC방 영업의 형태가 일반게임제공업소의 영업형태와 유사하게 게임을 이용하여 게임의 결과에 따른 수익을 배분하는 방식으로 운영되는 경우가 많아 효과적인 단속이 불가능하였기 때문이다. 따라서 성인PC방 등을 등록하게 하여

---

21) 대법원 2011.11.10. 선고 2010도11631참조.
22) 헌법재판소 2009.9.24. 자 2009헌바28 결정.

형벌부과와 동시에 행정처분이 가능토록 한 것이다.[23] 이에 따라 인터넷컴퓨터게임시설제공업은 PC방의 사행장소화 방지에 이바지하는 동시에 통계를 통한 정책자료의 활용, 행정대상의 실태파악을 통한 효율적인 법집행 등을 위해 등록제의 형태를 취하게 되었다.

청소년게임제공업 또는 인터넷컴퓨터게임시설제공업을 영위하는 자는 등록신청서(〈별지 제6호 서식〉, 전자문서로 된 신청서를 포함한다)와 함께 (1) 영업소의 임대차계약서 사본(임차한 경우에 한한다), (2) 영업시설·기구 및 설비 개요서(영업소 면적과 게임기의 종류가 포함되어야 한다)(전자문서를 포함한다)를 첨부하여 관할 시장·군수·구청장에게 제출하여야 한다(시행규칙 제15조). 다만 정보통신망을 통하여 게임물을 제공하는 자로서 '전기통신사업법'에 따라 허가를 받은 자나 신고 또는 등록을 한 자인 경우에는 별도의 등록을 요하지 않는다. 여기서 '정보통신망을 통하여 게임물을 제공하는 자'란 전기통신사업법상 전기통신사업자 중에서 부가통신역무를 제공하는 자를 말한다. 이러한 자에는 전기통신역무를 제공하면서 부가통신을 제공하는 자도 포함된다. 즉 온라인게임제공업자나 모바일게임제공업자가 이에 해당한다고 볼 수 있고, 이러한 자들은 전기통신사업법에 따라 허가나 신고함으로써 부가통신역무를 제공하는 것이 가능하다. 이때 온라인게임제공업자가 게임물 관련 영업을 할 경우에는 게임물의 등급분류 등 게임법의 적용을 받게 된다. 다만 모바일 게임물인 경우에는 자체등급분류게임물로서 간소한 심의시스템에 따르게 된다. 어쨌든 일단 전기통신사업법을 통한 허가나 신고를 하였으면 다시 게임법에서 등록을 하지 않아도 영업을 할 수 있도록 하였다고 볼 수 있다. 신고를 할 때에는 전기통신사업법복합유통게임제공업을 영위하는 자도 청소년게임제공업 또는 인터넷컴퓨터게임시설제공업자가 제출하는 서류 외에 게임제공업이나 인터넷컴퓨터게임시설제공업 외의 업종에 대한 증명서류를 첨부하여 관할 시장·군수·구청장에게 제출하여야 한다(시행규칙 제16조 제1항). 왜냐하면 복합유통게임제공업은 기본적으로 이들 영업 중 어느 하나 혹은 둘 모두를 포함하기 때문이다.

---

23) "게임산업진흥에 관한 법률 시행령·시행규칙 제정안" 신설·강화규제 심사안(의안번호 제299-1호) 2006.9.7, 92면.

3. 복합유통게임제공업의 신고

신고란 특정 사실이나 법률관계의 존부를 행정청에 알리는 행위로서 그 법적 성격은 준법률행위인 통지에 해당한다. 즉 신고는 법령의 규정에 따라 행정기관 등에 일정한 사항을 밝힌다는 의미이다. 본조는 일반게임제공업을 허가받은 자와 청소년게임제공업 또는 인터넷게임시설제공업을 등록한 자가 복합유통게임제공업을 하는 것에 대해서는 신고제를 취하고 있다. 신고제는 허가제나 등록제와 비교해 볼 때 규제의 강도가 가장 약하다. 어느 영업을 신고제로 한다는 것은 행정기관이 당해 영업에 대하여 정책수립이나 행정지도를 위하여 최소한의 정보를 획득할 필요가 있다는 것을 의미한다. 이러한 취지에서 본다면, 이미 일반게임제공업 등 허가나 등록을 한 자라면 행정당국의 규제가 미치고 있으므로, 이러한 자에 대하여 다시 허가나 등록을 하게 하는 것은 과잉규제에 해당한다. 따라서 신고만을 하게 하여 신속한 영업을 하도록 한 것이다.

이와 같이 기존에 다른 게임제공업을 하고 있는 자는 이미 허가나 등록을 받은 자이므로 이러한 자에 대해서까지 다시 등록을 받아 영업을 하도록 할 이유가 없을 것이다. 따라서 등록보다 간소한 절차인 신고를 통하여 영업을 할 수 있도록 한 것이다. 그러므로 복합유통게임제공업을 하고자 하는 자의 신고가 (1) 신고서의 기재사항에 흠이 없고, (2) 필요한 구비서류가 첨부되어 있으며, (3) 그 밖의 법령 등에 규정된 형식상의 요건에 적합하면 신고서가 접수기관에 도달된 때에 신고의무가 이행된 것으로 된다(행정절차법 제40조 제1항·제2항).

4. 변경 허가 등(제3항)

일반게임제공업의 허가를 받은 자, 청소년게임제공업·인터넷컴퓨터게임시설제공업이나 복합유통게임제공업의 등록을 받은 자, 일반게임제공업의 허가를 받은 자와 청소년게임제공업 또는 인터넷컴퓨터게임시설제공업의 등록을 한 자 중 복합유통게임제공업의 신고한 자가 중요한 사항을 변경하고자 하는 경우에는 변경허가나 변경등록 또는 변경신고를 하여야 한다. 여기서 '중요한 사항'이란 (1) 영업자의 변경(법인의 경우에는 대표자의 변경을 말하며, 법 제29조에 따른 영업의 승계에 의한 영업자의 변경의 경우는 제외한다), (2) 영업소 소재지의 변경, (3) 상호,

영업소 면적의 변경(일반게임제공업, 청소년게임제공업, 인터넷컴퓨터게임시설제공업, 복합유통게임제공업에 한한다) 및 제공게임물의 변경(일반게임제공업 및 복합유통게임제공업 중 청소년이용불가게임물을 제공하는 경우와 법 제28조 제3호 단서에 따라 경품을 제공하는 경우에 한한다), (4) 업종의 변경(복합유통게임제공업자가 영업내용을 변경하는 경우에 한한다)을 말한다(시행규칙 제19조 제1항). 여기서 변경 허가, 등록 및 신고에 있어 중요한 사항으로 규정하고 있는 사항들의 기본적 취지는 앞서 설명한 게임제작업 등에서 정한 바와 같다. 본항에서도 영업소 면적의 변경, 제공게임물의 변경이나 업종의 변경에 대하여 각 게임물 관련 영업에 따라 중요한 사항을 달리 정하고 있다. 이는 각 영업의 특성이 변경 허가, 등록 및 신고의 중요한 사항에 반영된 결과이다.

이러한 사항 중 어느 하나의 사항이 변경되어 변경허가, 변경등록 또는 변경신고를 하고자 하는 자는 변경사유가 발생한 날로부터 20일 이내에 별지 제15호 서식에 따른 변경신청서(전자문서로 된 신청서를 포함한다)를 관할 시장·군수·구청장에게 제출하여야 한다(시행규칙 제19조 제2항). 여기서 게임배급업을 영위하는 법인의 대표자가 변경되어 변경등록을 할 경우 그 변경등록신청서의 제출기간의 기산점에 대해 법제처는 '변경사유가 발생한 날'이란 대표자가 법인등기사항등명서에 등기된 날이 아니라 새로운 대표자가 해당법인에 취임한 날, 즉 업무를 개시한 날이라고 유권해석을 하고 있다.[24] 그러므로 대표자의 변경으로 인한 변경등록을 할 경우에는 대표자가 취임한 날로부터 20일 이내에 변경등록을 하여야 한다.

변경신청서와 함께, (1) 허가증, 등록증 또는 신고증, (2) 영업소의 임대차계약서(영업자, 영업소 및 공장의 소재지를 변경하는 경우로서 임차한 경우에 한한다), (3) 그 밖의 변경사항을 증명하는 서류를 첨부하여야 한다(시행규칙 제19조 제3항).

5. 허가증, 등록증, 신고증의 교부(제4항)

허가처분을 할 경우에는 허가증을 교부하게 된다. 허가증의 교부는 법률에서 정하는 경우와 대통령령에서 규정하는 경우가 있다. 허가증의 교부는 허가를

---

24) 법제처 12-0491, 2012.9.18, 서울특별시 서초구.

하였음을 증명하기 위한 서류를 신청인에게 교부하여 허가의 사실을 통지하는 의미의 준법률행위적 행정행위인 공증행위에 해당한다. 등록증과 신고증의 경우도 마찬가지이다. 따라서 게임물 관련 영업자의 허가 등의 신청이 적법하다고 판단되면 관할 시장·군수·구청장은 허가증을 발급하여야 한다.

그러므로 일반게임제공업자 등의 변경허가, 변경등록 및 변경신고신청서를 받은 경우에는 '전자정부법' 제36조 제1항에 따른 행정정보의 공동이용을 통하여 (1) 법인 등기사항증명서(영업자를 변경하는 경우로서 법인인 경우에 한한다), (2) 건물등기사항증명서(영업소 및 공장의 소재지를 변경하는 경우로서 임차한 경우에 건축물대장의 소유자와 임대차계약서의 임대인이 다른 때에 한한다)를 확인하여야 한다(시행규칙 제19조 제4항). 하자가 없는 경우에 담당 공무원은 허가증, 등록증 또는 신고증을 교부하여야 한다.

6. 벌   칙

본조 제1항의 일반게임제공업을 영위하고자 하는 자가 허가를 받지 않고 영업을 한 경우, 제2항의 청소년게임제공업 또는 인터넷게임시설제공업을 영위하는 자가 등록하지 않고 영업을 한 경우 및 제3항의 복합유통게임제공업을 영위하고자 하는 자가 등록을 하지 않고 영업을 한 경우에는 2년 이하의 징역 또는 2천만원 이하의 벌금에 처하게 된다(법 제45조 제2호). 다만, 본조 제3항 단서에서 규정하는 신고를 하여야 하는 자는 이미 허가나 등록을 받은 자이며, 신고의 경우 규제의 정도가 낮으므로 벌칙도 낮게 규정하고 있다. 즉 일반게임제공업의 허가를 받은 자와 청소년게임제공업 또는 인터넷게임시설제공업의 등록을 한 자가 복합유통게임제공업을 신고하지 않고 영업을 한 경우에는 1년 이하의 징역 또는 1천만원 이하의 벌금에 처하게 된다(법 제46조 제1호). 또한 본 조 제4항의 규정을 위반하여 변경허가를 받지 아니하거나 변경등록 또는 변경신고를 하지 아니한 자는 1천만원 이하의 과태료에 처하게 된다(법 제48조 제1항 2).

관련 판례 등	변경등록신청시 변경신청서 제출기간 산정의 기산점인 "변경사유가 발생한 날"의 의미(「게임산업진흥에 관한 법률 시행규칙」 제19조 등 관련) [12- 04912012.9.18, 서울특별시 서초구]

제27조(영업의 제한)

법 률	제27조(영업의 제한) 제25조 및 제26조의 규정에 의한 허가를 받거나 등록 또는 신고를 하고자 하는 자가 다음 각 호의 어느 하나에 해당하는 경우에는 제25조 또는 제26조의 규정에 따른 허가를 받거나 등록 또는 신고를 할 수 없다. 1. 제35조 제1항 및 제2항의 규정에 의하여 영업폐쇄명령 또는 허가·등록 취소처분을 받은 후 1년이 경과되지 아니하거나 영업정지처분을 받은 후 그 기간이 종료되지 아니한 자(법인의 경우에는 그 대표자 또는 임원을 포함한다)가 같은 업종을 다시 영위하고자 하는 경우 2. 제35조 제1항 및 제2항의 규정에 의하여 영업폐쇄명령 또는 허가·등록 취소처분을 받은 후 1년이 경과되지 아니하거나 영업정지처분을 받은 후 그 기간이 종료되지 아니한 경우에 같은 장소에서 그 영업과 같은 업종을 영위하고자 하는 경우 3. 「청소년 보호법」 제2조 제5호의 규정에 의한 청소년유해업소를 영위하는 자가 복합유통게임제공업을 하고자 하는 경우

■ 입법 취지

본조는 게임제작업 또는 게임제공업 등 게임 관련업의 허가나 등록 등을 받아 영업을 해 오던 자가 제35조 제1항 및 제2항의 취소사유에 해당하는 위법을 저질러 허가취소나 영업폐쇄 등을 당한 경우 일정기간 동안 다시 영업을 하지 못하도록 제재하고자 하는 규정이다.

■ 입법 연혁

이 법의 모태가 되는 유기장법(전부개정 1984.4.10. 법률 제3729호) 제6조와 공중위생법(제정 1986.5.10 법률 제3822호) 제11조에서 '영업의 제한'에 관한 규정을 두고 있었으나, 게임업과 관련해서는 2001년 음반·비디오물 및 게임물에 관한 법률의 전부개정[25] 시 제29조에 본조와 같은 취지의 규정이 처음 신설되었다. 당시 법도 등록취소 등 일정한 취소사유를 규정하고 이를 위반한 경우에는 영업폐쇄 또는 등록 취소처분을 받은 후 1년의 경과되지 않는 경우 등 기간의 범위를 1년으로 하고 그 기간 내에는 다시 등록이나 신고를 할 수 없도록 규정하였다. 이 규정이 현재 게임산업진흥법 제27조로 이어지고 있다.

▪ 내용 해설

1. '영업제한'의 대상이 되는 자

게임제작업·게임배급업의 등록을 받은 자, 일반게임제공업의 허가를 받은 자, 청소년게임제공업 또는 인터넷컴퓨터게임시설제공업의 등록을 받은 자, 복합유통게임제공업의 등록이나 신고를 받은 자가 '영업제한'의 대상이 되는 자에 해당한다(법 제25조 및 제26조에 해당하는 자).

2. 허가나 신고를 할 수 없는 경우

가. 인적·장소적 제한(제1호·제2호)

게임제작업 또는 게임배급업의 등록을 한 자가 (1) 거짓 그 밖의 부정한 방법으로 등록한 때, (2) 영업정지명령을 위반하여 영업을 계속한 때, (3) 변경등록 사유가 발생하였음에도 변경등록을 하지 아니한 때, (4) 게임물 관련 사업자의 준수사항(제28조)을 위반한 때, (5) 불법게임물 등의 유통금지의무 등을 위반한 때(제32조)에 해당하는 경우 시장·군수·구청장은 6개월 이내의 기간을 정하여 영업정지나 영업폐쇄를 명할 수 있다. 특히 위의 (1), (2)에 해당하는 사유가 발생한 때에는 시장·군수·구청장은 영업폐쇄를 명하도록 규정되어 있다(제35조 제1항 단서).

---

25) 전부개정 2001.5.24 법률 제6473호.

또한 게임제공업·인터넷컴퓨터게임시설제공업 또는 복합유통게임제공업의 허가를 받거나 등록 또는 신고를 한 자가 (1) 거짓 그 밖의 부정한 방법으로 허가를 받거나 등록 또는 신고를 한 때, (2) 영업정지명령을 위반하여 영업을 계속한 때, (3) 게임제공업 등의 허가·등록 기준을 갖추지 아니한 때(제26조 제1항 내지 제3항), (4) 변경허가를 받지 아니하거나 변경등록·변경신고를 하지 아니한 때(제26조 제4항), (5) 게임물 관련 사업자의 준수사항을 위반한 때(제28조), (6) 불법게임 등의 유통금지의무 등을 위반한 때에 해당할 경우에는 시장·군수·구청장은 6개월 이내의 기간을 정하여 영업정지를 명하거나 영업폐쇄를 명할 수 있다.26) 특히 위의 (1), (2)에 해당하는 경우에는 시장·군수·구청장은 영업정지를 명할 수는 없고 영업폐쇄를 명하여야 한다(제35조 제2항 단서).

이와 같이 게임법 제35조의 허가취소 등의 사유에 해당되어 6개월 이내의 영업정지나 영업폐쇄를 명받은 게임제작업자(법인의 경우에는 그 대표자 또는 임원을 포함한다) 등은 해당 행정처분(폐쇄 또는 취소처분)을 받은 후 1년이 경과하지 아니하거나 영업정지기간이 종료되지 않은 경우에는 동일한 업종을 영위하기 위하여 등록이나 신고를 할 수 없다(제27조 제1호). 이는 당해 행정처분을 받은 게임제작업자는 장소를 불문하고 어느 지역에서도 행정처분 전에 하던 영업을 하기 위해 등록이나 신고를 할 수 없다는 것을 의미한다. 여기서 게임법 제26조의 규정에 의하여 등록을 한 게임장의 영업자가 동법을 위반하여 게임장 영업정지처분이 있은 후, 당해 게임장의 영업자가 영업정지기간이 종료되기 전에 자진하여 폐업신고서를 제출한 경우 동 게임장이 영업정지기간 중에 있음을 이유로 행정청이 폐업신고서의 수리를 거부할 수 있는지 여부가 문제된다. 게임법 제30조 제1항은 영업 폐지의 사유 및 시기에 관하여 별다른 규정을 두고 있지 않다. 그러므로 비록 동법을 위반하여 영업정지처분이 내려진 게임장의 영업자라고 하더라도 영업자가 영업을 폐지하였다면 영업자는 행정청에 대하여 폐업신고를 하여야 하고, 행정청은 이러한 폐업신고가 형식적 요건을 결하지 아니하는 한 수리를 거

---

26) 게임법 제35조 제2항 제6호는 동조 제1항 제4호 및 제5호에 해당하는 때에는 영업정지를 명하거나 허가·등록 취소 또는 영업폐쇄를 명할 수 있다고 규정한다. 그런데 동조 제1항 제4호는 제28조의 규정에 의한 준수사항을 위반한 때라고 규정하고 있고, 이는 제2항 제5호의 제28조의 규정에 따른 준수사항을 위반한 때와 동일하다. 입법적 오류라고 생각되고 삭제되어야 한다.

부할 수 없다고 해석된다. 또한 영업정지 등의 행정처분을 받은 후 1년이 경과되지 아니하면 같은 장소에서 동일한 업종을 영위하기 위하여 등록 또는 신고를 할 수 없다(제27조 제2호). 즉 당해 행정처분은 받은 자의 영업을 양수한 자 등이 다시 그 영업장에서 동일한 업종을 영위하는 것을 막기 위한 규정이다. 이는 당해 행정처분을 당한 자가 새로운 자를 대표자로 세워 동일한 영업을 하는 것을 방지하기 위한 취지의 규정이라고 할 수 있다.

나. 청소년 보호법에 따른 제한(제3호)

청소년 보호법 제2조 제5호는 '청소년유해업소'에 대하여 규정한다. 청소년유해업소는 청소년의 출입과 고용이 청소년에게 유해한 것으로 인정되는 업소(청소년 출입·고용금지업소)[27]와 청소년의 출입은 가능하나 고용이 청소년에게 유해한 것으로 인정되는 업소(청소년 고용금지업소)[28]로 나뉜다. 이러한 청소년유

---

27) 청소년 보호법 제2조 제5호 가목의 청소년 출입·고용금지업소는 다음과 같다.
 1) 「게임산업진홍에 관한 법률」에 따른 일반게임제공업 및 복합유통게임제공업 중 대통령령으로 정하는 것
 2) 「사행행위 등 규제 및 처벌 특례법」에 따른 사행행위영업
 3) 「식품위생법」에 따른 식품접객업 중 대통령령으로 정하는 것
 4) 「영화 및 비디오물의 진홍에 관한 법률」에 따른 비디오물감상실업 및 제한관람가비디오물소극장업
 5) 「음악산업진홍에 관한 법률」에 따른 노래연습장업 중 대통령령으로 정하는 것
 6) 「체육시설의 설치·이용에 관한 법률」에 따른 무도학원업 및 무도장업
 7) 전기통신설비를 갖추고 불특정한 사람들 사이의 음성대화 또는 화상대화를 매개하는 것을 주된 목적으로 하는 영업. 다만, 「전기통신사업법」 등 다른 법률에 따라 통신을 매개하는 영업은 제외한다.
 8) 불특정한 사람 사이의 신체적인 접촉 또는 은밀한 부분의 노출 등 성적 행위가 이루어지거나 이와 유사한 행위가 이루어질 우려가 있는 서비스를 제공하는 영업으로서 청소년보호위원회가 결정하고 여성가족부장관이 고시한 것
 9) 청소년유해매체물 및 청소년유해약물 등을 제작·생산·유통하는 영업 등 청소년의 출입과 고용이 청소년에게 유해하다고 인정되는 영업으로서 대통령령으로 정하는 기준에 따라 청소년보호위원회가 결정하고 여성가족부장관이 고시한 것
28) 청소년 보호법 제2조 제5호 나목의 청소년고용금지업소는 다음과 같다.
 1) 「게임산업진홍에 관한 법률」에 따른 청소년게임제공업 및 인터넷컴퓨터게임시설제공업
 2) 「공중위생관리법」에 따른 숙박업, 목욕장업, 이용업 중 대통령령으로 정하는 것
 3) 「식품위생법」에 따른 식품접객업 중 대통령령으로 정하는 것

해업을 영위하는 자는 자신의 영업과 더불어 복합유통게임제공업을 등록하거나
신고할 수 없다.

관련 판례	대법원 2009.8.20. 선고 2009도4590판결; 서울행정법원 2009.7.24. 선고 2009구합17957판결; 인천지방법원 2009.5.6. 선고 2009노306판결; 헌재 2009.9.24. 선고 2008헌마433 결정

---

4) 「영화 및 비디오물의 진흥에 관한 법률」에 따른 비디오물소극장업

5) 「유해화학물질 관리법」에 따른 유독물영업. 다만, 유독물 사용과 직접 관련이 없는 영업으로서 대통령령으로 정하는 영업은 제외한다.

6) 회비 등을 받거나 유료로 만화를 빌려 주는 만화대여업

7) 청소년유해매체물 및 청소년유해약물 등을 제작·생산·유통하는 영업 등 청소년의 고용이 청소년에게 유해하다고 인정되는 영업으로서 대통령령으로 정하는 기준에 따라 청소년보호위원회가 결정하고 여성가족부장관이 고시한 것

제28조(게임물 관련사업자의 준수사항)

법 률	제28조(게임물 관련사업자의 준수사항) 게임물 관련사업자는 다음 각 호의 사항을 지켜야 한다. 1. 제9조 제3항의 규정에 의한 유통질서 등에 관한 교육을 받을 것 2. 게임물을 이용하여 도박 그 밖의 사행행위를 하게 하거나 이를 하도록 내버려 두지 아니할 것 2의2. 게임머니의 화폐단위를 한국은행에서 발행되는 화폐단위와 동일하게 하는 등 게임물의 내용구현과 밀접한 관련이 있는 운영방식 또는 기기·장치 등을 통하여 사행성을 조장하지 아니할 것 3. 경품 등을 제공하여 사행성을 조장하지 아니할 것. 다만, 청소년게임제공업의 전체이용가 게임물에 대하여 대통령령이 정하는 경품의 종류(완구류 및 문구류 등. 다만, 현금, 상품권 및 유가증권은 제외한다)·지급기준·제공방법 등에 의한 경우에는 그러하지 아니하다. 4. 제2조 제6호의2 가목의 규정에 따른 청소년게임제공업을 영위하는 자는 청소년이용불가 게임물을 제공하지 아니할 것 5. 제2조 제6호의2 나목의 규정에 따른 일반게임제공업을 영위하는 자는 게임장에 청소년을 출입시키지 아니할 것 6. 게임물 및 컴퓨터 설비 등에 문화체육관광부장관이 고시하는 음란물 및 사행성게임물 차단 프로그램 또는 장치를 설치할 것. 다만, 음란물 및 사행성게임물 차단 프로그램 또는 장치를 설치하지 아니하여도 음란물 및 사행성게임물을 접속할 수 없게 되어 있는 경우에는 그러하지 아니하다. 7. 대통령령이 정하는 영업시간 및 청소년의 출입시간을 준수할 것 8. 그 밖에 영업질서의 유지 등에 관하여 필요한 사항으로서 대통령령이 정하는 사항을 준수할 것

시 행 령	제16조의2(경품의 종류 등) 법 제28조 제3호 단서에 따라 제공할 수 있는 경품의 종류와 그 지급기준 및 방법은 다음과 같다.
	1. 경품의 종류
	  가. 완구류 및 문구류
	  나. 문화상품류 및 스포츠용품류. 다만, 「청소년보호법」 제2조에 따른 청소년유해매체물, 청소년유해약물 및 청소년유해물건을 제외한다.
	2. 경품의 지급기준
	  지급되는 경품은 소비자판매가격(일반 소매상점에서의 판매가격을 말한다) 5천원 이내의 것으로 한다
	3. 경품의 제공방법
	  등급분류 시 심의된 게임물의 경품지급장치를 통해서만 제공하여야 하

	며, 영업소관계자 등이 경품을 직접 제공하여서는 아니 된다. 제16조(영업시간 및 청소년 출입시간제한 등) 법 제28조 제7호에 따른 영업시간 및 청소년의 출입시간은 다음 각 호와 같다. 　1. 영업시간 　가. 일반게임제공업자, 복합유통게임제공업자의 영업시간은 오전 9시부터 오후 12시까지로 한다. 다만, 전체이용가 게임물만을 제공하는 영업자는 영업시간의 제한을 받지 아니한다. 　나. 청소년게임제공업자의 영업시간은 오전 9시부터 오후 12시까지로 한다. 다만, 청소년게임제공업자 중 게임 이용에 따라 획득된 결과물(법 제28조 제3호 단서에 따라 제공하는 경품을 포함한다)의 제공이 가능한 전체이용가 게임물의 대수 및 설치면적이 전체 대수 및 설치면적의 100분의 20을 초과하지 않는 경우에는 영업시간의 제한을 받지 아니한다. 　다. 가목 및 나목 외의 게임물 관련사업자는 영업시간의 제한을 받지 아니한다. 　2. 청소년의 출입시간 　가. 청소년게임제공업자, 복합유통게임제공업자(「청소년 보호법 시행령」 제5조 제1항 제2호 단서에 따라 청소년의 출입이 허용되는 경우만 해당한다), 인터넷컴퓨터게임시설제공업자의 청소년 출입시간은 오전 9시부터 오후 10시까지로 한다. 다만, 청소년이 친권자·후견인·교사 또는 직장의 감독자 그 밖에 당해 청소년을 보호·감독할 만한 실질적인 지위에 있는 자를 동반한 경우에는 청소년 출입시간 외의 시간에도 청소년을 출입시킬 수 있다. 　나. 가목 외의 게임물 관련사업자는 청소년 출입시간의 적용을 받지 아니한다. 제17조(게임물 관련사업자의 준수사항) 법 제28조 제8호에서 "대통령령이 정하는 사항"이라 함은 별표 2와 같다. 제19조(게임물에 표시하는 상호 등의 표시방법) ① 운영정보표시장치를 부착하여야 하는 게임물은 게임제공업소용 게임물로서 법 제2조 제1호의2 가목부터 바목까지의 규정에 해당하는 게임물 및 법 제28조 제3호 단서에 따라 경품을 지급하는 게임물(위원회가 법 제21조에 따라 등급분류를 할 때 해당 게임물이 그 등급분류와 다르게 제작·유통 또는 이용제공될 우려가 없다고 확인한 경우는 제외한다)을 말한다. ② 법 제33조 제3항에 따라 게임물에 표시하여야 하는 상호, 등급 및 게임물 내용정보의 표시와 운영정보표시장치의 표시방법 등은 별표 3과 같다. 다만, 제11조의4에 따른 게임물에 등급 및 게임물내용정보를 표시하는 경우에는 그러하지 아니하다.
행정규칙	음란물 및 사행성 게임물 차단프로그램[문화체육관광부고시 제2011-7호, 2011.2.17, 폐지제정]

■ **입법 취지**

　　2006년 바다이야기 사건 등 일부 업자들의 부도덕한 영업행위와 성인게임
장 이용자들의 그릇된 게임행태에 따라 사행성 게임이 만연하는 등 게임 관련 탈
법·불법행위가 사회적 문제로 대두되었다. 이러한 문제를 해소하기 위하여
2007년 개정법에서 게임물 관련사업자에게 일정한 준수의무를 부과하여 건전한
게임문화를 조성하고, 게임의 역기능을 방지하기 위하여 본 규정이 도입되었다.

■ **입법 연혁**

　　본조의 연원은 1961년 제정된 유기장업법(제정 1961.12.6 법률 제810호)이다.
당시 유기장법 제7조는 유기장업자에 대한 준수사항으로서 "(1) 유기장 내에서
도박행위를 하는 것을 조장하거나 묵인하여서는 아니된다, (2) 유기를 강요해서
는 아니된다. (3) 유기장 내의 보기 쉬운 곳에 요금표를 게시하여야 하며 요금 이
외의 금품을 청구하여서는 아니된다. (4) 유기의 종목과 유기장의 명칭을 유기장
입구 또는 보기 쉬운 곳에 게시하여야 한다"고 규정하고 있었다. 이는 유기장업
의 도박행위와 경품취급 등을 규제하여 사행성 방지를 목적으로 한 것이다. 이
규정은 1984년 유기장업법이 전부개정되면서 법령에 위반하여 제조된 유기기구
를 설치 사용해서는 안 된다는 규정, 성인전용전자유기장업의 경우만 18세 미만
의 자에 대한 출입 연령제한 규정 및 성인전용전자유기장에만 설치하는 유기기
구를 일반 전자유기장에 설치할 수 없다는 규정을 새로이 추가되었다.
　　1986년 유기장업법이 폐지되었으나 유기장업자의 준수사항에 대한 동 규정
은 공중위생법 제12조에 그대로 계승되었다. 그 후 1990년 공중위생법 일부개정
시(일부개정 1990.1.13 법률 제4217호)에 제12조에 종전 규정에 추가하여 유기장업
중 전자유기장업, 종합유원시설업 등의 유기시설에 대해서는 안전성 검사를 받
도록 하였다.
　　또한 1999년 공중위생법이 폐지되면서 같은 해 새로이 제정된 음비게법(제
정 1999.2.8 법률 제5925호) 제8조로 이어졌다. 제정 음비게법 제8조에는 기존 공
중위생법 규정에 건전한 영업질서 유지를 위한 준수사항이 추가되었고, 2001년

전부 개정시에 사행성 조장의 우려가 있거나 청소년에게 유해한 영향을 미치는 경품제공행위들을 규제하는 규정이 도입되었다. 또한 2007년 개정법(일부개정 2007.12.21 법률 제8739호)에서는 정부로 하여금 게임 유통질서를 확립하도록 노력하여야 할 책무, 게임상품의 품질향상과 불법복제물 및 사행성 게임물의 유통방지 시책 수립·추진, 게임물 관련 사업자에 대한 교육 등을 실시하도록 하는 규정을 도입하였다. 현행법률인 2011년 개정법(일부개정 2011.4.5 법률 제10554호)에서는 게임머니의 화폐단위를 한국은행에서 발행되는 화폐단위와 동일하게 하는 등 게임물의 내용구현과 밀접한 관련이 있는 운영방식 또는 기기·장치 등을 통해 사행성을 조장하지 못하도록 하고, 게임관련 사업자로 하여금 음란물 및 사행성게임물 차단 프로그램 또는 장치를 설치하는 의무와 면책규정을 신설하였다.

유기장업부터 현행법까지의 게임물 관련 사업자의 준수사항의 변천을 연혁적으로 살펴보면, 게임 문화와 환경의 변화에 따라 새로운 의무를 부과하는 형태로 진화되었다고 평가할 수 있을 것이다. 다만, 1961년 유기장법에서 규정한 "유기장 내에서 도박행위를 하는 것을 조장하거나 묵인하여서는 아니된다"는 규정은 그간의 게임 관련법의 변화에도 불구하고 현행법률에까지 그대로 이어져 온 게임 관련 사업자의 가장 중요한 의무라고 할 수 있다.

■ 내용 해설

1. 게임물 관련사업자의 교육이수 의무(제1호)

본호는 게임물 관련 제공업자의 행정처분시 법규사항의 부지로 인한 위반사례가 많아 이에 대한 사전교육 강화의 차원에서 규정된 것이다. 특히 게임제공업과 관련된 법률 및 제도 등과 관련한 사항은 전문적인 내용을 규정하고 있으므로 영업개시 전 및 등록 시에 사전교육을 통하여 법규 위반을 사전에 방지하고자 함이다.[29] 게임물 관련 사업자는 자신의 영업을 함에 있어 게임물 및 게임 상품의 건전한 유통질서 확립과 건전한 게임문화에 이바지하기 위하여 관할 시장·군

---

29) "게임산업진흥에 관한 법률 시행령·시행규칙 제정안," 신설·강화규제 심사안(의안번호 제299-1호) 2006.9.7, 122면.

수·구청장이 실시하는 교육을 연간 3시간의 범위 내에서 이수하여야 한다. 이러한 교육이수 의무를 이행하지 않은 자는 1천만원 이하의 과태료를 납부하여야 한다(법 제48조 제1항 3호).

2. 도박 등 사행행위를 방지할 의무(제2호)

가. 적용 주체

사행행위를 방지해야 하는 주체는 이 법 제2조 제9호의 게임물 관련 사업자이다. 즉 게임제작업자, 게임배급업자, 게임제공업자, 인터넷컴퓨터게임시설제공업자(PC방 업자), 복합유통게임제공업자이다. 또한 이러한 게임물 관련 영업을 하지 않는 자라도 고객의 유치나 광고 등의 목적으로 자신의 영업소에서 고객이 게임물을 이용하도록 하는 경우30)에도 본조의 게임물 관련 사업자에 해당된다(제2조 제9호 단서).

나. 적용 객체

대상물은 게임물이다. 게임물이란 "컴퓨터프로그램 등 정보처리 기술이나 기계장치를 이용하여 오락을 할 수 있게 하거나 이에 부수하여 여가선용, 학습 및 운동효과 등을 높일 수 있도록 제작된 영상물 또는 그 영상물의 이용을 주된 목적으로 제작된 기기 및 장치"를 말한다(법 제2조 제1호). 그러므로 사행성 게임물, 관광진흥법 제3조의 규정에 의한 관광사업의 규율대상이 되는 것(카지노업, 유원시설업), 게임물과 게임물이 아닌 것이 혼재되어 있는 것으로 문화관광부장관이 정하여 고시하는 것은 게임물이 아니며(법 제2조 제1호 각목), 본호의 규제대상물에 포함되지 아니한다. 그러므로 게임물이 아닌 것을 가지고 사행행위를 한

---

30) 이러한 사업자를 Shingle location 사업자라고 한다. 이 법에서는 Shingle location 사업자를 게임제공업자에 해당되지 않는다고 규정하고 있어 게임물 관련 사업자에는 포함되지 않았으나, 2007년 개정법에서 게임물 관련 사업자에 포함시켰다(황승흠·채승우, "게임산업법 제28조 제2호의 온라인 게임 적용문제에 관한 검토", 「법학논총」 제24권 제1호, 2011, 384면 각주 10) 참조).

경우에는 본호가 적용되지 않는다.

　　판례의 태도도 이와 마찬가지이다. 사행성 게임물이 본조의 적용대상이 되는 여부에 대하여 대법원은 "게임산업법 제2조 제1호는 … 사행성 게임물에 해당하는 경우에는 이를 게임물에서 제외하였으므로, 게임산업법 제28조 제2호가 규정하고 있는 '게임물을 이용하여 도박 그 밖의 사행행위를 하게 하거나 이를 하도록 내버려 주지 아니할 것'의 취지는 사행성 게임물이 아닌 게임물을 이용하여 사행행위를 조장하는 것을 금지하는 것이라고 할 것이다"라고 판단하였다.[31] 그러므로 게임물이 아닌 사행성 게임물은 본호의 적용대상이 되지 아니한다.

(1) 도박 및 그 밖의 사행행위

　　이 법에서 규정하는 게임물을 이용하는 것으로서 도박 및 그 밖의 사행행위에 해당되어야 한다. 사행행위란 여러 사람으로부터 재물이나 재산상의 이익을 모아 우연적 방법으로 득실을 결정하여 재산상의 이익이나 손실을 주는 행위를 말한다(사행행위 등 규제 및 처벌특례법 제2조 제1호). 이러한 행위는 ① 배팅(여러 사람의 재물이나 재산상의 이익을 모으는 것), ② 우연성(우연적 방법으로 득실을 결정하는 것), ③ 환전 가능한 보상(재산상의 이익이나 손실을 주는 것)으로 구성된다.[32] 그러므로 게임물 관련 사업자는 자신의 영업을 함에 있어서 사행행위와 관련된 이 3가지 요소를 모두 포함하는 행위를 하지 말아야 할 의무를 진다.

(2) 도박 그 밖의 사행행위를 하게 하거나 하도록 내버려 두지 아니할 것

　　게임물 관련 사업자는 도박 등 사행행위를 하게 하거나 하도록 내버려 두지 않을 의무를 부담한다. 여기서 '하게 하거나' 또는 '하도록 내버려 두지 않을 것'의 의미가 문제된다. 전자는 게임물 관련 사업자가 적극적으로 도박 등 사행행위를 하지 말아야 하는 부작위의무를 부담하는 것이며, 후자는 자신의 영업장에서 게임물 이용자가 도박 등 사행행위를 하고 있을 경우에 이를 하지 못하도록 해야 할 작위의무를 부담하는 것이다. 그러므로 게임물 관련 사업자가 영리를 목적으로 적극적으로 사행행위를 한 경우라면 형법 제247조의 도박개장죄[33] 및 이 법

---

31) 대법원 2010.1.28. 선고 2009도13078 판결; 대법원 2010.2.11. 선고 2009도13169 판결.

32) 황승흠·채승우, "게임산업법 제28조 제2호의 온라인 게임 적용문제에 관한 검토", 「법학논총」 제24권 제1호, 2011, 387면).

제28조 제2호를 위반에 해당되어 두 죄가 동시에 성립할 가능성이 있다. 또한 게임물 관련 사업자가 자신의 영업장에서 이용자가 사행행위를 하고 있음을 알았거나 알 수 있었음에도 이를 저지하지 않은 경우에도 동조 동호의 위반에 해당된다. 그러나 그러한 사실을 전혀 알지 못한 상황에서 이용자가 도박 등의 사행행위를 했다는 결과만을 가지고서는 동조 동호의 위반이라고는 할 수 없을 것이다. 이에 대하여 판례는 "작위의무를 지고 있는 자가 그 의무를 이행함으로써 결과발생을 쉽게 방지할 수 있었음에도 불구하고 그 결과의 발생을 용인하고 이를 방관한 채 그 의무를 이행하지 아니한 경우"를 작위의무 불이행의 판단기준으로 설시하였다.[34]

　　최근 대법원 판례[35]는 이 법 제28조 제2호의 "도박 그 밖의 사행행위를 하게 하거나 이를 하도록 방치하는 행위란 게임이용자로 하여금 게임물을 이용하여 도박 그 밖의 사행행위를 실제로 하게 하거나 도박 그 밖의 사행행위가 이루어지고 있음에도 이를 방조 또는 방치하는 것을 의미하고, 단순히 게임물을 설치하여 게임이용자로 하여금 도박 그 밖의 사행행위를 할 수 있는 상태에 두는 것은 이에 해당하지 아니 한다"고 하였다. 즉 게임물 관련 사업자가 도박 그 밖의 사행행위를 하여서는 아니 되는 부작위 의무의 범위에 대하여 판례는 실제로 도박 및 그 밖의 사행행위가 이루어져야 한다고 보고 있다. 따라서 게임 관련 사업자가 단순히 게임물을 설치해 놓고 게임이용자들이 도박 그 밖의 사행행위를 할 수 있는 여건만을 조성한 경우에는 이 법 제28조 제2호에 위반되지 않는다.

　　본호는 '게임물을 이용하여 도박을 하게 하거나 이를 하도록 내버려 두지 않을 것'이라는 게임물 관련 사업자의 준수사항을 규정하면서 이를 위반한 경우에는 5년 이하의 징역 또는 5천만원 이하의 벌금에 처하고 있다(법 제44조 제1항 제1호). 여기서 문제되는 것은 형법 제247조와의 관계이다. 판례는 도박개장죄와 게임법 제44조 제1호에서 규정하는 제28조 제2호 위반죄가 상상적 경합관계[36]에

---

33) 대법원은 "형법 제247조의 도박개장죄는 영리의 목적으로 스스로 주재자가 되어 그 지배 하에서 도박장소를 개설함으로서 성립하는 것으로서 도박죄와는 별개의 독립된 범죄"라고 판시한 바 있다(대법원 2008.9.11. 선고 2008도1667 판결).

34) 대법원 1992.2.11. 선고 91도2951 판결; 대법원 1997.3.14. 선고 96도1639 판결; 대법원 2003.12.12. 선고 2003도5027 판결; 대법원 2005.7.22. 선고 2005도3034 판결 등 참조.

35) 대법원 2012.5.24. 선고 2011도8429 판결(원심 수원지법 2011.6.15. 선고 2011노1952 판결).

있다는 입장이다.37) 그러나 이에 대하여 게임법 제44조 제1항 제1호의 벌칙규정은 형법상의 도박개장죄의 특별규정으로 보는 견해도 있다. 그 근거로서 게임법상의 준수사항의 주체가 게임제공업자를 포함한 게임물 관련사업자인 점, 게임법 제44조 제1항 제1호의 법정형이 도박개장죄의 법정형(3년 이하의 징역 또는 2천만원 이하의 벌금)보다 높은 점, 위 규정이 게임물을 이용한 도박교사 또는 방조의 개념이라면 게임물을 이용하였다는 점만으로 도박개장보다 더 중하게 처벌하는 것이 되어 과잉입법의 우려가 있다는 점, 그리고 게임법상의 도박개장은 성질상 도박을 교사하거나 준비시키는 예비행위에 해당하는 점 등을 들고 있다.38) 타당한 견해라고 생각된다.

3. 게임머니를 한국은행의 화폐단위와 동일하게 하는 등의 행위로 사행성을 조장하지 말아야 할 의무(제2호의2)

게임물의 사행성으로 인해 일부 게임이용자들의 정신 건강을 훼손하고 경제적으로 파탄에 이르게 하는 등 사회적·경제적 문제를 일으키고 있다. 본호는 베팅, 배당 또는 우연적 방법으로 그 결과에 따라 재산상의 이익을 주는 것과 같은 게임물의 사행성을 방지해야 할 의무를 사업자에게 부과하고 있다. 특히 게임머니가 한국은행의 화폐단위와 동일하다면 게임이용자들이 게임을 하면서 마치 현실세계와 동일한 착각에 빠져 더 많은 배팅을 하는 등 게임의 사행성에 휘말릴 우려가 있다. 그래서 본호는 게임머니를 한국은행 화폐와 동일하게 하지 못하도록 규정한다. 본호의 취지를 고려해 보면, 게임물에서 게임머니가 완전히 동일한 것은 물론 거의 유사하여 게임이용자들이 한국은행의 화폐단위로 착각할 정도에 이르러서는 아니 될 것으로 생각된다.

---

36) 1개의 행위가 수개의 죄에 해당되는 것을 말한다. 예를 들면 권총 1발의 탄환으로 사람을 죽이고(살인죄) 또 타인의 재물을 파손한(손괴죄) 것과 같은 경우를 말하며, 관념적 경합(觀念的 競合)이라고도 한다.

37) 대법원 2008.6.26. 선고 2008도66 판결; 대법원 2008.7.24. 선고 2008도3437 판결.

38) 김용찬, "도박·도박개장죄, 사행행위 등 규제 및 처벌특례법위반죄 및 게임산업진흥에 관한 법률위반죄의 관계에 관한 고찰", 「저스티스」 통권 제113호, 2009.10, 173면.

4. 경품 등을 제공하여 사행성을 조장하지 아니할 의무(제3호)

본호는 2001년 음비게법 전부개정 법률부터 게임 관련 사업자의 준수사항으로 도입된 규정이다. 당시 음비게법 제32조 제3호에서는 게임제공업자는 사행성을 조장하거나 청소년에게 해로운 영향을 미칠 수 있는 경품제공행위를 하지 않도록 규정하고 있었다. 다만 예외로 문화관광부장관이 정하여 고시하는 종류 외의 경품을 제공하는 행위, 문화광광부장관이 정하여 고시하는 방법에 의하지 아니하고 경품을 제공하는 행위의 경우에는 그러하지 아니한다고 규정하였었다. 이에 따라 문화부장관의 경품고시가 제정되었고, 이 고시에 따라 문제가 되었던 바다이야기나 황금성 같은 게임물들은 경품으로 상품권을 제공해 온 것이다.[39] 환가성 있는 상품권을 경품으로 제공하게 되면서 전국적으로 사행행위가 확산되고 도박중독자도 증가되는 등의 문제점에 봉착하였다. 2007년 게임산업법 개정 법률은 게임 관련 사업자에게 경품 등을 제공하지 않을 의무를 부과하고, 예외적으로 청소년게임제공업의 전체이용가 게임물에 대해서만 문화관광부 장관이 정하는 경품의 종류(완구류, 문구류 및 문화상품류, 스포츠용품류), 지급기준(소비자판매가격 5천원 이내의 것), 제공방법(등급분류시 심의된 게임물의 경품지급장치를 통해서만 제공, 영업소관계자의 직접제공 불가) 등에 의해 제공할 수 있도록 하였다(시행령 제16조의2). 그러나 경품제공행위의 사행성 조장여부와 관련이 없는 규정을 위반하여 경품을 제공한 경우에는 동호의 위반에 해당되지 않는다.[40]

한편 판례는 이와 같이 경품을 제공할 수 있는 업자를 청소년게임제공업자로 한정하고, 그 밖의 게임관련업자는 경품제공을 할 수 없도록 하여 경품으로 인한 사행성 조장 가능성은 원천적으로 차단하고 있다. 따라서 게임물 관련 사업자가 본호의 규정에 위반하여 사행성을 조장한 자에 해당할 경우 5년 이하의 징

---

39) 처음에는 경품으로 문구류나 완구류 정도였으나 2002년 2월부터 개정된 고시에서 경품용 상품권 제도가 도입 되었고, 2004년 12월에는 경품용 상품권 인증제가 도입되었다(문화관광부 고시 2004-14호), 그 후 2005년 7월에는 경품용 상품권 지정제도로 전환되었다(박인, 「게임물에 관한 법제도 현황과 연구—게임산업 진흥에 관한 법률의 중심으로—」, 한국법제연구원, 2007.5, 37면).

40) 대법원 2009.6.11. 선고 2008도10565 판결은 게임제공업자가 경품구매대장을 1년 이상 보관할 것을 요구하는 문화관광부 고시인 게임제공업소의 경품취급기준 조항에 위반하여 경품구매대장을 보관하지 않은 채 손님들에게 경품을 제공하였더라도 그러한 사정만으로는 구 게임산업진흥에 관한 법률 제28조 제3호 위반죄에 해당하지 않는다고 판단하였다.

역 또는 5천만원 이하의 벌금에 처해진다(법 제44조 제1항 1의2).

5. 청소년게임제공업자의 청소년이용불가 게임물을 제공하지 아니할 것(제4호)

등급분류된 게임물 중 전체이용가 게임물을 설치하여 공중의 이용에 제공하는 영업을 하는 자는 자신의 영업장에 청소년이용불가 게임물을 제공하여서는 아니 된다. 이는 청소년이 주된 고객이므로 동일한 영업장소에서 청소년 이용불가 게임을 설치하여 제공할 수 없도록 한 것이다. 본호에 위반한 자는 2년 이하의 징역 또는 2천만원 이하의 벌금에 처하도록 하고 있다(법 제45조 제3의2호).

6. 일반게임제공업을 영위하는 자는 게임장에 청소년을 출입시키지 아니할 것(제5호)

등급분류된 게임물 중 청소년이용불가 게임물과 전체이용가 게임물을 설치하여 공중의 이용에 제공하는 영업을 하는 자는 청소년을 출입시켜서는 아니 된다. 이 경우에도 청소년을 출입시킨다면 청소년이 이용해서는 안 되는 이용불가 게임물에 접근성이 용이해지므로 이를 원천적으로 차단하기 위함이다. 본호에 위반한 일반게임제공업자는 1천만원 이하의 과태료에 처해진다(법 제48조 제1항 제4호).

7. 음란물 및 사행성게임물 차단 프로그램 또는 장치를 설치할 것(6호)

게임물 관련 사업자는 음란물과 사행성 게임물이 유통되지 않도록 문화체육관광부의 고시에 따른 차단프로그램이나 장치를 설치하여야 한다. 문화체육관광부 고시 제2011-7호에서 지정하는 음란물 및 사행성 게임물 차단프로그램 목록은 다음과 같다.

프로그램명칭	제작회사	연락처 / 홈페이지
수호천사 Safe zone	플러스기술	02-541-0073 http://gasz.plustech.co.kr
G-클린	에이씨티소프트	1577-1452 http://www.onlineas.com
피카아이그린	미디어웹아이	1544-2552 / http://www.pcbang.com
그린웨어	네티모커뮤니케이션즈	1566-2214 / http://greenware.netimo.net
세이프모션	한국미디어정보기술	042-861-3001 / http://kmit.co.kr
지키미	이노비안	02-586-3322 / https://www.jikimi.net
이지키퍼	한국인터넷PC문화협회	02-719-3009 / http://www.ezkeeper.co.kr

이와 같이 본 호는 게임물 관련 사업자에게 음란물 및 사행성 게임물 차단프로그램을 설치토록 하는 의무를 부과하여 청소년을 보호하도록 규정하고 있다. 이 규정에 위반한 자는 1천만원 이하의 과태료에 처한다(법 제48조 제1항 제5호).

8. 영업시간 및 청소년의 출입시간을 준수할 것(제7호)

가. 영업시간 준수사항

일반게임제공업자, 복합유통게임제공업자의 영업시간은 오전 9시부터 오후 12시까지로 제한된다. 그러나 전체이용가 게임물만을 제공하는 영업자는 영업시간의 제한이 없다(시행령 제16조 제1호 가목). 청소년게임제공업자의 영업시간은 오전 9시부터 오후 12시까지이다. 다만 청소년게임제공업자 중 게임 이용에 따라 획득된 결과물(경품 포함)의 제공이 가능한 전체이용가 게임물의 대수 및 설치면적이 전체 대수 및 설치면적의 100분의 20을 초과하지 않는 경우에는 영업시간의 제한이 없다(시행령 제16조 제1호 나목). 이 외의의 게임물 관련 사업자는 영업시간의 제한을 받지 아니한다(시행령 제16조 제1호 다목).

나. 청소년 출입시간 준수사항

청소년게임제공업자, 복합유통게임제공업자(「청소년보호법 시행령」 제5조 제1항 제2호 단서에 따라 청소년의 출입이 허용되는 경우만 해당한다), 인터넷컴퓨터게임시설제공업자의 청소년 출입시간은 오전 9시부터 오후 10시로 제한된다. 그러나 청소년이 친권자·후견인·교사 또는 직장의 감독자 그 밖에 당해 청소년을 보호·감독할 만한 실질적인 지위에 있는 자를 동반한 경우에는 청소년 출입시간 외의 시간에도 청소년을 출입시킬 수 있다(시행령 제16조 제2호 가목). 이외의 게임물 사업자는 청소년 출입시간의 적용을 받지 않는다(시행령 제16조 제2호 나목).

다. 벌 칙

게임법은 청소년이 게임에 몰입되지 않고, 건전한 사회생활을 유지토록 하기 위하여 게임제공업자로 하여금 출입시간을 준수하도록 할 의무를 부과하고 있다. 그리고 이를 위반한 자에 대해서는 1년 이하의 징역 또는 1천만원 이하의 벌금에 처하도록 하고 있다(법 제46조 제2호).

9. 그 밖에 영업질서의 유지 등에 관하여 필요한 사항을 준수할 것
(8호)

게임물 관련사업자의 그 밖의 영업질서 유지와 관련된 사항은 이 법 시행령 제17조 [별표 2]에서 규정한다. 2006년 게임법 시행령 및 시행규칙 제정 시에 게임산업의 규모가 커짐에 따라 관련 부작용도 커질 것으로 예상하여 게임물 관련사업자가 준수해야 할 의무사항을 규정하게 되었다. 그 후 2013년 11월 20일 이 법 시행령 [별표 2]를 개정하면서 제8호를 추가하였다.[41] 그 이유는 정보통신망을 통하여 제공되고 있는 카드게임 및 화투놀이 등(이하, '웹보드 게임'이라 함) 게임물이 불법 환전을 통하여 사실상 도박과 같이 이용되는 사례가 많이 발생하고 있어 이를 방지하고 건전한 영업질서를 확립하고자 함이다.

이 법 시행령 [별표 2]의 게임물 관련사업자의 준수사항을 살펴보면 다음과 같다.

제1호는 게임물 사업자로 하여금 허가증, 신고증 또는 등록증을 출입자가 쉽게 볼 수 있는 곳에 게시하도록 규정한다.

---

41) 시행은 2014.2.23일부터이다.

제2호는 일반게임제공업자, 청소년게임제공업자(법 제28조 제3호 단서에 따라 경품을 제공하는 경우에만 해당한다)로 하여금 영업장 안에서 1명이 동시에 2대 이상의 게임물 등을 이용할 수 없도록 관리의무를 부과하고 있다.

제3호는 일반게임제공업자 등에게 "i) 청소년 출입여부 및 출입가능시간, ii) 음란물의 이용·제공 금지, iii) 도박·사행행위의 금지, iv) 경품취급기준의 준수, v) 영업시간"에 대한 표시를 출입자가 보기 쉬운 곳에 가로 50센티미터, 세로 50센티미터 이상의 안내문을 게시하도록 규정하고 있다.

제4호는 복합유통게임제공업자에 대하여 "i) 영업소에 주류보관 및 이용자의 주류반입 허용이나 묵인하는 행위, ii) 남녀 접대부 고용·알선 행위"를 금지토록 하고 있다.

제5호는 인터넷컴퓨터게임시설제공업자에 대하여 "i) 개별 컴퓨터별로 밀실이나 밀폐된 공간을 설치 금지(단, 흡연실의 경우 예외), ii) 개별 컴퓨터별로 바닥으로부터 높이 1.3미터를 초과하는 칸막이 설치 금지, iii) 사행성게임물로 결정된 게임물과 등급분류를 받지 않은 게임물에 대한 이용자의 접속을 차단하는 장치나 프로그램을 설치할 것, iv) 청소년이 청소년이용불가 게임물을 이용하지 않도록 할 것"이라는 5가지 의무를 준수하도록 규정하고 있다.

제6호는 청소년게임제공업자로 하여금 법 제28조 제3호 단서에 따라 경품을 제공하려는 경우에는 "i) 경품을 환전, 환전 알선, 재매입하거나 다른 물품으로 교환하여 주지 말 것, ii) 경품 외의 다른 물품을 전시·보관하여 경품으로 오인하게 하여서는 아니 될 것"이라는 의무를 준수하도록 규정하고 있다.

제7호는 일반게임제공업자·청소년게임제공업자 및 복합유통게임제공업자에 대하여 게임물의 이용을 통하여 획득한 결과물(점수 및 이와 유사한 것을 말한다)이 환전되도록 장부에 표시하여 관리하거나 그 결과물이 표시된 증표를 내주어서는 아니 된다는 의무를 부과하고 있다.

위의 게임물 관련사업자가 지켜야 할 7가지 준수사항은 2013년 11월 20일 이 법 시행령 개정 전의 내용이다. 이번 개정에서는 [별표 2] 제8호에 웹보드 게임의 사행성 방지조치에 관한 제도가 규정되었다. 이에 대하여 문화체육관광부 게임콘텐츠산업과(이하, '문화부'라 함)가 발표한 해석기준[42]을 중심으로 주요 내

---

42) 게임물관리위원회 홈페이지(https://www.grb.or.kr/) 참조.

용에 대하여 설명한다.

제8호 본문에서는 "「정보통신망 이용촉진 및 정보보호 등에 관한 법률」 제2조 제1항 제1호의 정보통신망을 통하여 베팅이나 배당의 내용을 모사한 카드게임이나 화투놀이 등의 게임물을 제공하는 게임제공업자는 다음 각 목의 사항을 준수하여야 한다"고 규정한다. 그러므로 제8호의 적용대상 게임물은 정보통신망43)을 통하여 제공되는 베팅이나 배당의 내용을 모사한 카드게임이나 화투놀이 게임물이다. 그러므로 베팅이나 배당의 내용을 모사하지 않은 바둑, 장기, 윷놀이와 같은 유형의 게임물은 적용대상이 아니며, 베팅이나 배당을 모사한 게임이라도 베팅이나 배당의 수단이 되는 것을 판매하지 않는 게임물의 경우도 적용대상에 포함되지 않는다. 수범주체는 공중이 적용대상 게임물을 이용할 수 있도록 서비스하는 자이다. 다만 채널링 사업자의 경우 게임제공업자의 준수사항 이행에 대하여 협력의무를 다한 경우에는 수범주체에서 제외된다.

가목은 게임물 이용자 1인의 1개월 게임머니 구매한도를 제한한다. 여기서 게임물 이용자 1명이란 그 자가 여러 계정을 가지고 있어도 계정과 상관없이 총 구매한도가 30만원을 초과할 수 없다는 의미이다.44)

나목에서는 1회 게임의 게임머니 사용한도를 제한한다. 한도는 가목에 따라 지급될 수 있는 게임머니의 10분의 1을 초과할 수 없다. 게임물 이용자 1명이 30만원 전부를 가상현금이나 게임아이템 등을 구매했을 때 지급될 수 있는 게임머니 총량의 최저치를 의미한다. 예컨대, 당해 게임에서 구입할 수 있는 상품이 A(금액 1만원, 게임머니 3,300골드 지급), B(금액 5천원, 게임머니 1,500골드 지급), C(금액 3천원, 게임머니 600골드 지급)가 있을 때, 30만원을 가지고 살 수 있는 게임머니 총량의 최저치는 C상품을 100개 구매했을 때 지급되는 60,000골드이며, 여기서

---

43) 여기서 정보통신망이란 전기통신설비를 이용하거나 전기통신설비와 컴퓨터 및 컴퓨터의 이용기술을 활용하여 정보를 수집·가공·저장·검색·송신 또는 수신하는 정보통신체제를 말한다.

44) 게임머니 구매한도 계산방법에 대하여 문화부 해석기준은 게임제공업자가 제공하는 베팅이나 배당을 모사하는 카드게임이나 화투놀이 등 게임물 전체를 기준으로 이를 이용하는 게임물 이용자 1명이 구매하는 가상현금(캐시 포함), 게임아이템 등의 1개월간의(매월 1일부터 말일까지) 금액을 합산하여 계산한다. 만약 채널링을 통하여 서비스되는 경우에는 채널링 사이트에서 구매한 금액도 합산하여 계산되며, 다른 게임물 이용자로부터 증여 등을 받아도 마찬가지이다. 즉 게임머니의 구매 루트에 관계없이 게임물 이용자 1명의 구매한도는 30만원으로 제한됨을 의미한다.

414 주해 「게임산업진흥에 관한 법률」

다시 10분의 1이므로 6,000골드가 1회 게임에 사용할 수 있는 게임머니 사용한 도라고 할 수 있다. 1회 게임에 사용할 수 있는 게임머니는 유·무료를 구별하지 않는다.

다목은 1일 게임머니 손실한도를 제한하는 규정이다. 즉 게임물 이용자 1인이 게임 진행을 통하여 획득하거나 상실한 게임머니를 합산한 결과 같은 날 맨 처음 게임을 시작할 때의 게임머니를 기준으로 손실액이 구매금액 30만원으로 지급될 수 있는 게임머니의 3분의 1을 초과한 경우를 말한다.[45] 이 경우에는 게임이 종료된 후부터 24시간 동안 게임제공업자가 제공하는 적용대상 게임물 전체에 대한 이용이 제한된다.

라목은 게임이용 상대방 선택을 금지하도록 규정한다. 즉 게임물 이용자가 당해 게임물 이용자 중 특정인을 선택하여 게임을 진행할 수 없도록 하여야 함을 의미한다. 즉 게임초대기능이나 특정 게임방 선택 입장 등을 금지하도록 하는 것이다. 다만, 무료로 제공하는 별도의 게임머니만을 사용하는 경우에는 예외이다.

마목은 게임의 자동베팅을 금지하도록 규정한다. 즉 게임물 이용자가 베팅을 자동으로 할 수 없도록 조치하여야 하고, 베팅 없이 게임의 결과에 따라 게임머니가 배당되는 훌라나 고스톱 등은 적용되지 않는다.

바목은 「전자서명법」 제2조 제10호의 공인인증기관, 그 밖의 본인확인서비스를 제공하는 제3자 또는 행정기관에 의뢰하거나 대면확인 등을 통하여 게임물 이용자가 본인임을 확인할 수 있는 수단을 마련하고, 분기마다 게임물 이용자에 대하여 본인확인을 하도록 규정한다. 여기서 '본인확인'이란 이용자의 특정과 실재함을 의미하며, 현재 공인인증서, 신용정보사를 통한 확인, 아이핀, 신용카드, 휴대전화 등이 일반적으로 이용된다.

제8호가 적용되는 시기는 2014년 2월 24일부터이며, 이때부터 웹보드 게임 제공업자는 각 목의 조치를 완료한 후 서비스를 제공하여야 한다. 이를 위반할 경우에는 게임법 시행규칙 [별표 5]에 따라 1회 위반시 경고, 2회 위반시 영업정

---

45) 예컨대, 구매금액 30만원으로 지급될 수 있는 게임머니 총량의 최저치가 6만 골드인 게임에서 2월 23일 19시에 처음 게임을 시작한 자가(19시 게임 접속 시 보유 게임머니 5만 골드라 가정) 첫 게임에서 1만 골드를 획득하고 두 번째 게임에서 2만 골드를 상실한 경우에는 손실액은 1만 골드로 계속 게임 진행이 가능하나, 세 번째 게임에서 1만 2천 골드를 상실한 경우 손실액은 2만 2천 골드가 된다. 이 경우 3분의 1이 초과하여 감소한 경우에 해당된다.

지 5일, 3회 위반시 영업정지 10일, 4회 위반시 영업정지 1월의 행정처분을 받게 된다.

문화체육관광부 장관은 [별표 2]의 8호에서 규정하는 웹보드 게임 사행화 방지조치에 대하여 2016년 2월 23일까지 그 타당성을 검토하여 폐지, 완화 또는 유지 등의 조치를 할 수 있다(법 시행령 제25조 제2항).

관련 판례	전주지방법원 2010.2.11. 선고 2009노890 판결; 대법원 2010.1.28. 선고 2009도11666 판결; 대법원 2010.1.28. 선고, 2009도12650, 판결; 대법원 2009.11.26. 선고 2009도9187 판결]

제29조(영업의 승계)

법　　률	제29조(영업의 승계) ① 제25조 또는 제26조의 규정에 의하여 허가를 받은 영업 자 또는 등록·신고를 한 영업자가 그 영업을 양도하거나 사망한 때 또는 그 법인의 합병이 있는 때에는 그 양수인·상속인 또는 합병 후 존속하는 법인이나 합병에 의하여 설립되는 법인은 그 영업자의 지위를 승계한다. ② 제30조의 규정에 의한 폐업신고에 의하여 허가가 취소되거나 등록 또는 신고가 말소된 자가 1년 이내에 폐업한 장소에서 같은 업종으로 다시 허가를 받거나 등록 또는 신고를 하고자 하는 경우에는 당해 영업자는 폐업신고 전의 영업자의 지위를 승계한다. ③ 「민사집행법」에 의한 경매, 「채무자 회생 및 파산에 관한 법률」에 의한 환가나 「국세징수법」·「관세법」 또는 「지방세기본법」에 의한 압류재산의 매각 그 밖에 이에 준하는 절차에 따라 영업자의 시설·기구(대통령령이 정하는 주요시설 및 기구를 말한다)의 전부를 인수한 자는 그 영업자의 지위를 승계한다. ④ 제1항 내지 제3항의 규정에 의하여 영업자의 지위를 승계받은 자는 관할 시장·군수·구청장에게 신고하여야 한다.
시 행 령	제18조(영업의 승계) 법 제29조 제3항에서 "대통령령이 정하는 주요시설 및 기구"라 함은 다음 각 호와 같다. 1. 게임제작업 및 게임배급업: 영업소, 영업설비와 기구 2. 게임제공업: 영업소, 게임물 3. 복합유통게임제공업: 영업소, 게임물, 다른 영업을 영위하는 데 필요한 설비와 기구
시행규칙	제21조(영업승계인의 신고) ① 법 제29조 제4항에 따른 영업자의 지위승계 신고를 하려는 자는 별지 제17호서식의 신고서(전자문서로 된 신고서를 포함한다)에 다음 각 호의 서류(전자문서를 포함한다)를 첨부하여 승계사유가 발생한 날부터 20일 이내에 시장·군수·구청장에게 제출하여야 한다. 1. 양도·상속 등을 한 자의 허가증, 등록증 또는 신고증 2. 지위승계를 증명할 수 있는 서류 　가. 양도의 경우에는 양도·양수를 증빙할 수 있는 서류 사본과 양도인의 주민등록증 등 공공기관이 발행한 본인 확인이 가능한 신분증의 사본 (양도·양수인이 함께 방문하여 신고하는 경우에는 제외한다) 　나. 상속의 경우에는 제적등본 또는 가족관계등록부 등 상속인임을 증빙할 수 있는 서류 　다. 그 밖에 해당사유별로 영업자의 지위를 승계하였음을 증명할 수 있는 서류

② 삭제 〈2009.12.4〉

▪ 입법 취지

본조는 게임물 관련 영업을 하는 자가 그 영업을 양도하거나 사망 또는 법인의 합병에 의해 다른 자에게로 영업이 이전될 경우와 허가나 등록의 취소에 의한 영업의 승계 등에 관하여 규정한다. 게임물 관련 업종은 다양하고, 청소년 보호문제 등과도 관계되므로 영업주체의 변경에 따른 법적 지위를 법으로 규정한 것이다.

▪ 입법 연혁

게임물 관련 업자의 영업 승계 관련 조항은 제정 음비게법(제정 1999.2.8 법률 제5925호)과 함께 도입되었다.

▪ 내용 해설

'허가 영업자의 지위 승계'란 영업자가 사망한때, 영업을 양도한 때 또는 합병(영업자가 법인인 경우)한 때에 종전 영업자의 지위가 상속인, 양수인, 합병 후 존속하는 법인 또는 합병에 의하여 설립되는 법인에게 그 지위가 승계되는 것을 말한다. 허가를 받고 영업을 하는 자가 사망하거나 불가피하게 그 영업을 계속하지 못하게 된 사정이 있는 경우 영업의 승계를 인정하지 않는다면 종전의 영업자가 받은 허가를 취소한 후, 상속인·양수인이나 합병 후의 법인이 다시 허가를 받아야 한다. 이는 절차가 복잡해지고 경제활동을 계속 유지하는 데 지장을 주는 등 영업자 개인으로서나 사회경제적으로 바람직하지 않으므로 영업의 승계를 인정하고 있다. 이는 등록이나 신고의 경우에도 마찬가지이다. 본조는 게임법 제25조와 제26조의 허가, 등록 또는 신고의 대상이 되는 게임관련업자가 그 영업을 양도하거나 사망 또는 법인의 합병이 있는 경우에 그 양수인, 상속인 또는 합병 후 존속하는 법인이나 합병에 의해 설립되는 법인에게 그 지위가 승계되도록 하고 있다(법 제29조 제1항).

원칙적으로 영업의 양도·양수는 상법의 규율 대상이지만 영업허가의 요건과 절차가 매우 복잡한 경우 새로운 영업자가 다시 영업허가를 받아야 하는 번잡함을 덜어 주기 위한 경우와 종전의 영업자에 대한 행정처분의 효과가 새로운 영업자에게 승계되도록 하기 위한 경우가 있다. 허가영업의 양도·양수를 인정할 것인지 여부는 영업허가의 성격이 무엇인지에 따라 결정된다. 일반적으로 '대인적 허가'의 경우 그 효과는 허가를 받은 자의 일신에 전속하므로 다른 사람에게 이를 양도할 수 없고, '대물적 허가'는 허가신청인이 갖추고 있는 물적 설비·지리적 여건 등 객관적 사정에 의해 부여되므로 다른 사람에게 양도할 수 있다. 그리고 '혼합적 허가'는 허가 신청인의 자격·기능 등의 인적 사항은 물론 물적 설비 등 객관적 사정을 함께 심사하여 부여되므로 법률에 규정이 있는 경우에만 다른 사람에게 양도할 수 있다.

대법원 판례는 "인터넷컴퓨터게임시설 제공업자의 영업양도, 사망, 합병의 경우뿐만 아니라 경매 등의 절차에 따라 단순히 영업자의 시설·기구(대통령령이 정하는 주요 시설 및 기구를 말한다)만의 인수가 이루어진 경우에도 인터넷컴퓨터게임시설 제공업자의 지위 승계를 인정하고 있는 점 등"을 종합적으로 고려하면 인터넷컴퓨터게임시설제공업의 영업허가의 성격은 대물적 허가라고 하였다. 이에 따라 종업원 명의로 인터넷컴퓨터게임시설영업을 등록하였다고 하더라도 실제 영업주가 인터넷컴퓨터게임시설 제공업을 영위한 것으로 보고 있다.[46] 그러므로 영업장소에 설치되어 있던 유기시설이 모두 철거되어 허가를 받은 영업상의 기능을 더 이상 수행할 수 없게 된 경우에는 이미 당초의 영업허가는 허가의 대상이 멸실된 경우와 마찬가지로 그 효력이 당연히 소멸된다.[47] 이러한 판례의 입장에 따르면 게임법에서 규정하고 있는 게임물 관련 영업은 대물적 허가, 등록 및 신고라고 할 수 있을 것이다.

이러한 영업의 승계에 있어 종전의 영업자에 대한 행정처분의 효과도 새로운 영업자에게 승계된다. 그러나 영업의 양도·양수가 인정되는 경우 양수자가

---

46) 대법원, 2009도9187, 2009.11.26 판결.
47) 대법원 1990.7.13. 선고 90누2284 판결.

종전의 영업자의 지위를 승계한다는 것이 양수자가 종전의 영업자가 저지른 위반행위에 대한 행정처분의 효과도 승계한다는 것인지에 대해서는 논란이 있다. 이 때문에 종전 영업자의 행정처분의 효과가 새로운 영업자에게 승계된다는 점을 법률에 명시하여 이를 입법적으로 해결하려는 경향이 나타나고 있다. 게임법도 이러한 경우에 해당한다.

　게임관련 영업자가 영업을 폐지한 때에는 폐지한 날로부터 7일 이내에 관할 시장·군수·구청장에게 폐업신고를 하여야 하고, 이를 위반하면 기존의 게임관련 영업의 허가가 취소되거나 등록 또는 신고가 말소된다. 이 경우 게임관련 영업자가 1년 이내에 다시 같은 업종으로 허가나 등록 또는 신고를 할 경우 폐업신고 전의 영업자의 지위를 승계한다(제29조 제2항). 이는 사업자가 위반행위를 한후 이에 따른 행정제재를 피하기 위하여 행정제재가 있기 전에 폐업을 했다가 다시 일정기간이 지난 후 다시 등록을 하는 경우가 있는데, 이를 방지하기 위하여 폐업신고를 했다가 다시 등록을 하는 사업자에 대하여 종전 사업자의 지위를 승계하도록 하는 한편, 종전의 위반행위에 따른 행정제재를 할 수 있도록 규정한 것이다. 또한 종전의 영업자가 민사집행법에 의한 경매, 채무자 회생 및 파산에 관한 법률에 의한 환가, 국제징수법·관세법 또는 지방세기본법에 의하여 압류재산의 매각 그 밖의 절차에 따라 영업자의 시설·기구의 전부를 인수한 자도 그 영업자의 지위를 승계한다(제29조 제3항). 이와 같이 종전 게임물 관련 영업자의 지위를 승계한 양수인·상속인 또는 합병 후 존속하는 법인이나 합병에 의하여 설립되는 법인 등은 관할 시장·군수·구청장에게 신고하여야 한다(제29조 제4항). 이러한 신고의무를 위반한 자는 1천만원 이하의 과태료에 처해진다(법 제48조 제1항 제6호).

| 관련 판례 | 게임산업진흥에 관한 법률위반·범인도피교사·도박개장[대법원 2009.11. 26. 선고 2009도9187 판결]
[1] 인터넷컴퓨터게임시설 제공업 등록의 성격(=대물적 허가) [2] 피고인이 종업원 명의로 관할 구청장에게 자신이 운영하는 PC방에 대한 인터넷컴퓨터게임시설 제공업 등록을 한 사안에서, 미등록 인터넷컴퓨터게임시설 제공업 영위에 의한 게임산업진흥에 관한 법률 위반죄의 성립을 부정한 사례 |

제30조(폐업 및 직권말소)

법　률	제30조(폐업 및 직권말소) ① 제25조 또는 제26조의 규정에 의하여 허가를 받거나 등록 또는 신고를 한 자가 영업을 폐지한 때에는 폐지한 날부터 7일 이내에 문화체육관광부령이 정하는 바에 따라 관할 시장·군수·구청장에게 폐업신고를 하여야 한다. ② 시장·군수·구청장은 제1항의 규정에 따라 폐업신고를 하지 아니하는 자에 대하여는 문화체육관광부령이 정하는 바에 따라 폐업한 사실을 확인한 후 허가 또는 등록·신고사항을 직권으로 말소할 수 있다.
시행규칙	제22조(폐업신고 절차) 법 제30조 제1항에 따라 폐업신고를 하려는 자는 별지 제18호서식의 폐업신고서에 허가증, 등록증 또는 신고증을 첨부하여 시장·군수·구청장에게 제출하여야 한다. 제23조(직권말소의 확인 등) ① 시장·군수·구청장이 법 제30조 제2항에 따라 폐업한 영업소의 허가·등록 또는 신고사항을 직권으로 말소하려는 때에는 다음 각 호의 어느 하나에 해당하는 사항을 확인하여야 한다. 1. 임대차계약의 종료여부 2. 영업소의 기구·기기 설치여부 3. 관할세무서에의 폐업신고 등 영업의 폐지 여부 ② 시장·군수·구청장은 제1항에 따라 직권으로 허가·등록 또는 신고사항을 말소하려는 경우에는 미리 영업자에게 통지하여야 하며, 게시판과 인터넷 홈페이지에 20일 이상 예고하여야 한다.

▪ 입법 취지

　　본조는 영업을 폐지한 자가 폐업신고를 하지 않을 경우에 대한 행정제재가 없음으로 인해 영업자가 이를 이행하지 아니하거나 또는 의도적으로 이를 악용하는 경우에 발생하는 민원을 해소하고 게임 산업계의 효율적인 관리를 위하여 둔 규정이다.

■ 내용 해설

허가 영업자가 폐업을 하는 경우 영업 이용자가 불편을 겪거나 일시적으로
해당 서비스의 공급부족 문제 등이 발생할 우려가 있다. 그래서 영업자가 폐업을
할 때에는 허가 관청에 그 사실을 신고하도록 하고 있다. 원칙적으로 폐업신고는
사전신고로 하는 것이 일반적이지만, 허가제의 목적 달성에 지장이 없다면 사후
에 신고하게 하거나 허가증을 반납하게 하는 방법도 가능하다. 게임물 관련 영업
의 경우 사후 신고제를 취하고 있다. 따라서 게임물 관련 사업자가 그 영업을 폐
지한 때에는 폐지한 날로부터 7일 이내에 관할 시장·군수·구청장에게 폐업신
고를 하여야 한다. 폐업신고를 할 때에는 폐업신고서에 허가증, 등록증 또는 신
고증을 첨부하여야 한다(시행규칙 제22조).

게임물 관련 사업자가 그 영업을 폐지했음에도 불구하고 폐업신고를 하지
않은 경우에 관할 시장·군수·구청장은 직권으로 폐업한 영업소의 허가·등록
또는 신고사항을 직권으로 말소할 수 있고, 이때에는 미리 영업자에게 통지하고
게시판과 인터넷 홈페이지에 20일 이상 게재하여야 한다. 이와 같이 관할 행정청
이 직권으로 당해 영업을 말소를 하기 위해서는 (1) 임대차계약의 종료 여부, (2)
영업소의 기구·기기 설치여부, (3) 관할세무서에의 폐업신고 등 영업의 폐지 여
부 등을 확인하여야 한다. 행정청이 위의 사항을 확인하여 사전통지 및 예고절차
를 통하여 영업자의 폐업의사를 확인하였으나 영업자가 아무런 회답이 없는 경
우 영업자의 계속적인 영업의사에도 불구하고 영업자가 일시적인 휴업상태임을
객관적으로 인정할 만한 자료로써 입증하지 못한 경우에 시장·군수·구청장은
당해 영업 허가 등을 직권으로 말소할 수 있다.[48]

관련 판례 등	「게임산업진흥에 관한 법률」 제30조 제1항 및 제2항 (허가 또는 등록·신고 사항의 직권말소) 관련[08-00722008.5.9, 문화관광부 문화산업본부 문화산업진흥단 게임산업팀]

---

48) 「게임산업진흥에 관한 법률」 제30조 제1항 및 제2항(허가 또는 등록·신고 사항의 직권말
소) 관련[08-00722008.5.9, 문화관광부 문화산업본부 문화산업진흥단 게임산업팀]

제31조(사후관리)

법 률	제31조(사후관리) ① 문화체육관광부장관은 게임물의 공정한 등급분류, 유통 및 이용제공의 건전한 영업질서 확립을 위하여 위원회, 등급분류기관 및 게임물 관련사업자에 대하여 이 법의 준수 여부에 관한 사항을 문화체육관광부령이 정하는 바에 따라 주기적으로 조사하고 관리하여야 한다. ② 문화체육관광부장관, 시·도지사 또는 시장·군수·구청장은 다음 각 호의 목적을 위하여 필요하다고 인정되는 때에는 게임물 관련사업자에 대하여 필요한 보고를 하게 하거나 관계 공무원으로 하여금 게임제공업 또는 인터넷컴퓨터게임시설제공업의 영업소 등에 출입하여 필요한 조사를 하게 하거나 서류를 열람하게 할 수 있다. 1. 게임물의 유통질서 확립 2. 게임물의 사행행위에의 이용 방지 3. 게임물의 사행성 조장 방지 ③ 시·도지사 및 시장·군수·구청장은 대통령령이 정하는 바에 따라 게임물 관련사업자 실태보고서를 문화체육관광부장관, 행정안전부장관, 경찰청장 및 대통령령에서 정하는 관계 행정기관의 장에게 주기적으로 제출하여야 한다. ④ 제2항의 규정에 따라 출입·검사를 하는 관계공무원은 그 권한을 표시하는 증표를 지니고 이를 관계인에게 내보여야 한다.
시 행 령	제18조의2(사후관리) ① 법 제31조 제3항에서 "대통령령에서 정하는 관계 행정기관의 장"이란 여성가족부장관을 말한다. ② 법 제31조 제3항에 따라 시·도지사 및 시장·군수·구청장은 다음 각 호의 사항이 포함된 게임물 관련 사업자 실태보고서를 매년 2회(반기별 1회) 제출하여야 한다. 1. 게임물관련사업자의 허가, 등록 등의 현황 및 변동 사항 2. 게임물관련사업자가 제공하는 게임물의 종류에 관한 사항 3. 게임물관련사업자에 대한 행정처분 현황 및 행정처분관련 소송현황
시행규칙	제24조(사후관리) ① 법 제31조 제1항에 따라 문화체육관광부장관은 게임물의 유통 및 이용 실태에 대한 조사를 연 1회 실시하여야 한다. ② 문화체육관광부장관은 제1항에 따른 조사를 실시하기 위하여 필요한 자료를 등급위원회에 제출할 것을 요청할 수 있으며 등급위원회는 특별한 사정이 없는 한 이에 응하여야 한다. ③ 법 제31조 제3항에 따라 출입·검사를 하는 관계공무원의 증표는 공무원증으로 한다.

■ 입법 취지

본조는 이 법의 소관부처인 문화관광부 및 당해 게임물 관련 영업의 관할 시장·군수·구청장에게 게임물의 등급분류에 따른 제작·유통 또는 이용제공 여부의 확인·점검 등 조사·관리 의무를 부과함으로써 게임산업의 건전한 유통질서를 확립하기 위한 규정이다.

■ 내용 해설

본조는 게임법의 소관 부처인 문화체육관광부로 하여금 게임물등급위원회, 등급분류기관 및 게임물 관련 사업자가 이 법을 잘 준수하고 있는지 여부에 대하여 주기적으로 조사·관리할 의무를 부과한다. 게임물의 유통 및 이용실태에 대한 조사를 연 1회 실시토록 하여 게임 산업의 전반적인 실태를 파악할 수 있도록 하고 있다. 이 조사를 위해 필요한 자료에 대해서는 게임물관리위원회에 필요한 자료의 제출을 요청할 수 있고 관리위원회는 특별한 사정이 없는 한 이에 응하도록 규정하고 있다.

또한 이 법의 소관관청인 문화체육관광부 장관 및 게임물 관련 영업의 관할 시·도지사 또는 시장·군수·구청장은 게임물의 유통질서 확립, 게임물의 사행행위의 이용방지 및 게임물의 사행성 조장방지를 위하여 게임물 관련 사업자에게 필요한 사항을 보고하게 하거나 관계공무원으로 하여금 게임제공업 또는 인터넷컴퓨터게임시설제공업의 영업소에 출입하여 조사하도록 하거나 서류를 열람할 수 있도록 규정하고 있다.

이러한 보고의무를 위반하거나 관계공무원의 출입·조사 또는 서류열람을 거부·방해 또는 기피한 자에 대해서는 1천만원 이하의 과태료에 처하도록 규정하고 있다(법 제48조 제1항 제7호).

이때 시·도지사 및 시장·군수·구청장은 게임물관련 사업자 실태보고서는 문화체육부장관, 안전행정부장관, 경찰청장 및 대통령령에서 정하는 관계기관의 장에게 주기적으로 제출하여야 한다.

제2절 게임물의 유통 및 표시

 ## 제32조(불법게임물 등의 유통금지 등)

법　　률	제32조(불법게임물 등의 유통금지 등) ① 누구든지 게임물의 유통질서를 저해하는 다음 각 호의 행위를 하여서는 아니 된다. 다만, 제4호의 경우 「사행행위 등 규제 및 처벌특례법」에 따라 사행행위영업을 하는 자를 제외한다. 1. 제21조 제1항의 규정에 의하여 등급을 받지 아니한 게임물을 유통 또는 이용에 제공하거나 이를 위하여 진열·보관하는 행위 2. 제21조 제1항의 규정에 의하여 등급을 받은 내용과 다른 내용의 게임물을 유통 또는 이용에 제공하거나 이를 위하여 진열·보관하는 행위 3. 등급을 받은 게임물을 제21조 제2항 각호의 등급구분을 위반하여 이용에 제공하는 행위 4. 제22조 제2항의 규정에 따라 사행성게임물에 해당되어 등급분류가 거부된 게임물을 유통시키거나 이용에 제공하는 행위 또는 유통·이용제공의 목적으로 진열·보관하는 행위 5. 제22조 제3항 제1호의 규정에 의한 등급분류필증을 매매·증여 또는 대여하는 행위 6. 제33조 제1항 또는 제2항의 규정을 위반하여 등급 및 게임물내용정보 등의 표시사항을 표시하지 아니한 게임물 또는 게임물의 운영에 관한 정보를 표시하는 장치를 부착하지 아니한 게임물을 유통시키거나 이용에 제공하는 행위 7. 누구든지 게임물의 이용을 통하여 획득한 유·무형의 결과물(점수, 경품, 게임 내에서 사용되는 가상의 화폐로서 대통령령이 정하는 게임머니 및 대통령령이 정하는 이와 유사한 것을 말한다)을 환전 또는 환전 알선하거나 재매입을 업으로 하는 행위 8. 게임물의 정상적인 운영을 방해할 목적으로 게임물 관련사업자가 제공 또는 승인하지 아니한 컴퓨터프로그램이나 기기 또는 장치를 배포하거나 배포할 목적으로 제작하는 행위 ② 누구든지 다음 각 호에 해당하는 게임물을 제작 또는 반입하여서는 아니 된다. 1. 반국가적인 행동을 묘사하거나 역사적 사실을 왜곡함으로써 국가의 정체성을 현저히 손상시킬 우려가 있는 것

	2. 존비속에 대한 폭행·살인 등 가족윤리의 훼손 등으로 미풍양속을 해칠 우려가 있는 것 3. 범죄·폭력·음란 등을 지나치게 묘사하여 범죄심리 또는 모방심리를 부추기는 등 사회질서를 문란하게 할 우려가 있는 것
시 행 령	제18조의3(게임머니 등) 법 제32조 제1항 제7호에서 "대통령령이 정하는 게임머니 및 대통령령이 정하는 이와 유사한 것"이란 다음 각 호의 어느 하나에 해당하는 것을 말한다. 1. 게임물을 이용할 때 베팅 또는 배당의 수단이 되거나 우연적인 방법으로 획득된 게임머니 2. 제1호에서 정하는 게임머니의 대체 교환 대상이 된 게임머니 또는 게임아이템(게임의 진행을 위하여 게임 내에서 사용되는 도구를 말한다. 이하 같다) 등의 데이터 3. 다음 각 목의 어느 하나에 해당하는 게임머니 또는 게임아이템 등의 데이터 　가. 게임제작업자의 컴퓨터프로그램을 복제, 개작, 해킹 등을 하여 생산·획득한 게임머니 또는 게임아이템 등의 데이터 　나. 법 제32조 제1항 제8호에 따른 컴퓨터프로그램이나 기기 또는 장치를 이용하여 생산·획득한 게임머니 또는 게임아이템 등의 데이터 　다. 다른 사람의 개인정보로 게임물을 이용하여 생산·획득한 게임머니 또는 게임아이템 등의 데이터 　라. 게임물을 이용하여 업으로 게임머니 또는 게임아이템 등을 생산·획득하는 등 게임물의 비정상적인 이용을 통하여 생산·획득한 게임머니 또는 게임아이템 등의 데이터

1. 제1항 제1호

제21조 제1항의 규정에 의하여 등급을 받지 아니한 게임물을 유통 또는 이용에 제공하거나 이를 위하여 진열·보관하는 행위

가. 입법취지

등급분류제도의 취지는 해당 게임물에 대한 정보를 제공하여 연령대에 적합하지 않은 게임물들로부터 게임이용자들을 보호하고, 청소년이 유해매체물에 노출되는 것을 방지함을 목적으로 하고 있다.[49] 따라서 본호는 등급분류를 받지 않은 게임물의 유통 등을 금지하여 등급분류제도의 취지가 훼손되는 것을 방지하

기 위한 것이라고 볼 수 있다.

나. 내용 해설

본호는 게임법에 따라 등급분류를 받지 않은 게임물을 유통 또는 이용에 제공하거나 게임물의 유통·이용제공을 위해 진열·보관하는 행위를 금지하고 있다. 여기서, 게임물의 "유통"은 패키지 게임이나 콘솔 게임과 같이 게임물 자체를 이용자에게 판매·배포·대여 등의 방법으로 제공하는 것을 의미한다.[50] 그리고 게임물의 "이용에 제공"은 아케이드게임이나 온라인게임과 같이 게임물 자체를 판매의 방법으로 제공하는 것이 아니라, 이용료 지불 등을 통해 게임물에 대한 정당한 이용권한을 취득한 자라면 누구나 이용할 수 있도록 게임물을 제공하는 것을 의미한다.

게임물의 유통 또는 이용제공을 이와 같이 해석하는 경우, 게임물의 "진열"이 게임물의 유통을 위한 사전행위로서의 진열 즉, 오프라인에서의 진열만을 의미하는 것인지, 아니면 인터넷(온라인)을 통한 게임물의 판매·이용권한의 부여를 위한 인터넷상에서의 광고·선전행위도 포함되는 것인지가 불분명하다. 만약, 진열을 오프라인상에서의 게임기기와 일체화 또는 분리되어 유통 가능한 게임물을 전제로 한 개념으로 보는 경우에는 인터넷(온라인)에서의 진열은 규제할 수 없게 된다. 또한 진열의 의미를 인터넷에서의 진열을 포함하는 것으로 해석하는 경우에는 법 제34조 제1항 각호에서 제한하고 있는 게임물의 광고·선전행위 제한과 진열과의 관계에 의문이 있을 수 있다.

그러나 법문상 본호는 "등급분류를 받지 아니한 게임물"을 그 규제대상으로 하고, 법 제32조 제1항 제2호 내지 제6호는 "등급분류를 받은 게임물"을 전제로 하여 금지행위를 규정하고 있다. 따라서 본호에서의 "진열"은 그 일반적인 의미

---

49) 조영기, "게임산업진흥을 위한 게임등급 심의제도의 개선방안 연구", 「사이버커뮤니케이션학보(통권 제28호 제3호)」, 2011년 9월, 58면.

50) 음반·비디오물 및 게임물에 관한 법률(법률 제7428호) 제3조 제1항 제9호에서는 "위법하게 제작되거나 <u>판매·대여·배포(이하 "유통"이라 한다)</u>·시청 또는 이용에 제공되는 음반·비디오물·게임물에 대한 지도·단속"이라고 규정하고 있었고, 게임법의 입법연혁적 측면에서 게임법 규정의 상당부분이 음비게법으로부터 차용된 것이라는 점 등을 종합적으로 고려해 본다면 이와 같이 해석하는 것이 타당하다고 생각된다.

에도 불구하고, "인터넷에서의 진열" 즉, 게임물의 판매 또는 이용제공을 위한 인터넷상에서의 광고·선전을 포함하는 것으로 해석하는 것이 타당하다고 생각된다.[51] 이와 같이 해석하여야만, "등급분류를 받지 아니한 게임물"의 인터넷상에서의 광고·선전행위 규제가 가능하기 때문이다.

"진열"을 이와 같이 "인터넷에서의 진열"을 포함하는 것으로 해석하는 경우, "보관"을 어떻게 해석해야 할 것인지도 의문이다. 만약, 보관을 일반적인 의미 즉, 오프라인에서의 보관으로 이해하는 경우, 진열과 동일하게 인터넷에의 보관(서버에 게임물을 업로드하는 경우)은 규제할 수 없게 된다. 따라서 "보관" 또한 서버에 게임물을 업로드하여 게임이용자가 당해 게임물을 다운로드 받을 수 있도록 하는 행위도 포함되는 것으로 해석하는 것이 타당하다.[52] 또한 등급분류를 받지 아니한 게임물을 "이용에 제공"한다고 하는 것은 인터넷상에서 "다운로드"할 수 있도록 등급분류를 받지 않은 게임물을 "업로드하는 행위(서버에 보관행위)"도 포함되는 것으로 해석되어야 한다. "이용에 제공"을 위한 업로드 행위 즉, "보관행위" 중 게임물의 판매를 위해 게임물의 전체를 업로드해 둔 경우에는, 이러한 경우에는 "이용에 제공"함이 아닌 게임물의 "유통"을 위한 보관이라고 보는 것이 타당할 것이다. 그러나 게임물의 전부를 완전히 이전하는 것이 아니라 그 실행·이용의 편의를 위해 특정 기능을 구현하는 일부 파일만을 다운받도록 게임이용자의 PC에 송신하는 것은 게임물의 판매라기보다는 게임물 이용서비스를 제공하기 위한 기술적 절차에 불과하다고 보아야 할 것이므로 "이용에 제공"하기 위한 "보관"이라고 보는 것이 타당할 것이다. 이와 같이 "보관"을 해석하는 것이 본호에서 규정한 "진열"과의 해석과 정합성을 가진다고 볼 수 있다.[53]

법 제21조 제5항은 등급분류를 받은 게임물의 내용을 수정한 경우에는 게임물관리위원회에 수정사항을 신고하여 재분류를 받도록 하고 있으며, 그 수정사

---

51) 김형렬, "게임산업진흥에 관한 법률의 내용과 문제점 ―온라인게임제공업을 중심으로", 「디지털재산법연구(제5권 제1호)」, 2006년 6월, 274면에서는 이와 같은 "진열"이 가지고 있는 문제를 지적하면서, "향후 온·오프라인 모두에 적용될 수 있는 표현으로 수정하거나 온라인 진열의 의미를 갖는 단어를 추가하는 것이 필요하다."고 지적하고 있다.

52) 입법론적으로는 이러한 문제점들을 해결하기 위해 게임법상의 관련 용어 등을 보다 명확하게 개정하는 것이 필요하다고 보여진다.

53) 김형렬, "게임산업진흥에 관한 법률의 내용과 문제점 ―온라인게임제공업을 중심으로", 「디지털재산법연구(제5권 제1호)」, 2006년 6월, 274면.

항이 등급분류의 변경을 요할 정도의 수정인 경우에는 새로운 게임물에 해당되어 다시 등급분류를 받아야 한다. 따라서 등급분류를 받은 후 게임물을 수정(새로운 게임물에 해당될 정도의 수정)하고, 이러한 게임물을 수정신고 내지 새로운 등급분류신청 없이 또는 신고는 하였으나 게임물관리위원회로부터 재분류 대상 게임물임을 통지받았음에도 불구하고 게임물을 유통·이용제공 등을 하는 행위가 본호에서 금지하고 있는 "등급을 받지 아니한 게임물"의 유통 등에 해당되는지 아니면, 본조 제1항 제2호에 의한 금지행위에 해당되는지가 의문이다.

먼저, 게임제작업자 또는 게임배급업자가 법 제21조 제5항에 따라 게임물의 내용에 관한 수정신고를 한 후 게임물관리위원회로부터 재분류 대상 통지를 받았음에도 불구하고, 재분류에 따른 재등급심사 없이 당해 게임물을 유통·이용제공 등을 한 경우에는 "등급분류를 받지 아니한 게임물"로 보아 본호 위반행위로 해석하는 것이 법 제21조 제5항과의 정합성을 고려할 경우 타당한 해석이라고 보여진다. 또한 게임제작업자 또는 게임배급업자가 등급분류를 받은 후 게임물을 수정(새로운 게임물에 해당될 정도의 수정)하고, 이러한 게임물을 수정신고 없이 유통·이용제공 등을 한 경우에도 수정신고 후 재분류 대상 통지를 받은 경우와 동일하게 "등급분류를 받지 아니한 게임물"을 유통·이용제공 등을 한 것으로 보는 것이 타당하다고 보여진다.

본호를 위반하여 등급분류를 받지 않은 게임물을 유통 또는 이용에 제공하거나 이를 위하여 진열·보관하는 행위를 한 자는 법 제44조 제1항 제2호에 따라 5년 이하의 징역 또는 5천만원 이하의 벌금에 처해진다. 또한 본호를 위반한 자가 소유 또는 점유하는 게임물, 그 범죄행위에 의하여 생긴 범죄수익과 범죄수익에서 유래한 재산은 몰수할 수 있고, 몰수할 수 없는 경우에는 그 가액이 추징된다. 본호 위반의 실행행위 착수 전 게임물 또는 실행행위 종료 후 게임물이라 하더라도 그것이 본호 위반 수행에 실질적으로 기여한 게임물에 해당되는 경우에는 필요적 몰수 대상에 해당된다.54)

본호는 등급분류를 받지 않은 게임물을 유통 또는 이용에 제공하거나 "이를 위하여" 진열·보관하는 행위를 한 자도 처벌하도록 하고 있다. 여기서의 "이를 위하여"라고 하는 것은 등급분류를 받지 않은 게임물을 "유통 또는 이용에 제공"

---

54) 대법원 2011.3.10. 선고 2009도70 판결.

하기 위하여 진열·보관하는 행위를 한 자라고 볼 수 있다. 본호의 기본범죄는 등급분류를 받지 않은 게임물의 유통행위 또는 이용제공행위이지만, 이를 위한 예비행위로서 등급분류를 받지 않은 게임물의 유통 내지 이용제공을 위한 진열·보관행위 즉, 기본범죄를 위한 예비행위도 그 처벌대상으로 하고 있다. 예비죄는 단순한 고의뿐만 아니라 기본범죄를 범할 목적이 있을 것을 요하는 목적범이다. 예비죄에서의 예비행위는 범죄의 실행을 목적으로 하는 준비행위로서 실행의 착수에 이르지 않은 것을 말한다. 여기서의 예비행위는 물적인 것에 한정되지 않으며 특별한 정형이 있는 것도 아니지만, 단순히 범행의 의사 또는 계획만으로는 그것이 있다고 할 수 없고, 객관적으로 보아서 기본범죄의 실현에 실질적으로 기여할 수 있는 외적 행위를 필요로 한다.[55]

관련 판례	대법원 2011.3.10. 선고 2009도70 판결; 대법원 2009.10.29. 선고 2009도7150 판결.

2. 제1항 제2호

제21조 제1항의 규정에 의하여 등급을 받은 내용과 다른 내용의 게임물을 유통 또는 이용에 제공하거나 이를 위하여 진열·보관하는 행위

가. 입법취지

본호는 제1호와 같이 등급분류를 받은 내용과 다른 내용으로 게임물을 유통 등을 하는 행위를 금지하여 등급분류제도의 취지가 훼손되는 것을 방지하기 위한 것이라고 볼 수 있다.

나. 내용 해설

본호의 "등급을 받은 내용과 다른 내용의 게임물"이란 처음 등급을 받은 게

---

55) 대법원 2009.10.29. 선고 2009도7150 판결.

임물을 개조 내지 변조하거나 임의로 게임물의 내용을 수정 내지 변경하는 것을 의미한다.

법 제21조 제5항에서는 등급분류를 받은 게임물의 내용을 수정한 경우[56]에는 24시간 이내에 이를 게임물관리위원회에 신고하도록 하고 있고, 게임물관리위원회는 신고된 내용이 등급의 변경을 요할 정도로 수정된 경우에는 신고를 받은 날부터 7일 이내에 등급 재분류 대상임을 통보하고, 통보받은 게임물은 새로운 게임물로 간주하여 새로이 등급분류를 받아야 한다. 이와 같이 게임물 내용에 관한 수정신고는 지속적으로 게임물의 내용을 변경해야 하는 온라인게임의 특성을 등급분류 체제에 부합시키기 위해 개발된 것이라 볼 수 있다.[57]

시행규칙 제9조의2에서는 수정신고된 게임물의 내용이 기존의 등급의 변경을 요할 정도가 아닌 경우에는 기존의 등급분류를 유지하되, 게임물의 내용이 등급변경을 요할 정도로 수정된 경우에는 새로이 등급분류를 받도록 하고 있다. 또한 게임물의 내용 수정과는 별도로, 게임물의 이용방식이 현저하게 변경된 경우, 또는 게임의 계정사항(특정 게임이용자의 게임이용정보 또는 내용을 말한다)이 승계되지 아니하는 방식으로 게임물이 수정된 경우에는 내용수정범위의 초과 즉, "등급을 받은 내용과 다른 내용의 게임물"로 보아 새로이 등급분류를 받아야 한다.

게임법상 게임물의 이용과 내용은 독립된 개념이다. 따라서 게임물의 이용방식의 변경이 게임물의 내용의 수정 또는 변경이라고 볼 수 있는가? 게임물의 이용은 게임이용자가 게임물과 관련하여 행하는 행위 전반을 의미하지만, 게임이용자의 게임물 이용이 게임물의 내용에 대해 어떠한 변경을 가하는 것은 아니다. 따라서 게임물의 이용방식의 변경은 원칙적으로 게임물의 내용의 변경에 해당되지 않는다고 볼 수 있다.

그러나 게임물의 이용방식의 변경은 경우에 따라서는 게임이용자에게 그 게임물이 새로운 게임물로 인식되는 경우도 존재한다.[58] 게임물 이용 플랫폼이 변

---

56) 이러한 신고 대상은 등급분류를 받은 게임물의 내용이 수정된 경우에 한하며, 내용수정 없이 등급분류받은 게임물을 기술적으로 보완하거나 개선하는 경우에는 신고대상에서 제외된다.

57) 황승흠, "게임물 등급분류 개념의 문제점: 게임물의 운영방식·이용방식과 등급분류의 대상으로서의 내용과의 법적 관계를 중심으로," 「공법학연구(제13권 제1호)」, 2012년 2월, 423면.

58) 황승흠, 위의 논문 424면에서는 이러한 예로 게임이용 플랫폼이 변경된 경우 즉, PC용 게

경된 경우 즉, PC용 게임을 모바일 게임으로 변경하거나 아케이드용 게임물을 PC용 게임물로 변경하는 경우 이러한 게임물 이용방식의 변경은 게임물 이용방식의 "현저한 변경"이라 볼 수 있다. 또한 특정 게임이용자의 게임이용정보 또는 내용인 게임물의 계정사항이 승계되지 않는 경우, 게임이용자 입장에서는 게임물을 처음부터 다시 시작하여야 하므로 당해 게임물을 새로운 게임물로 인식하게 된다. 따라서 본호에서 금지하고 있는 "등급을 받은 내용과 다른 내용의 게임물"은 결국 처음 등급을 받은 게임물을 개조 내지 변조 또는 임의로 게임물의 내용을 변경하여 유통 등을 하거나, 게임물의 내용이 등급변경을 요할 정도로 수정된 경우 또는 게임물의 이용방식이 현저하게 변경된 경우 및 게임물의 계정사항이 승계되지 아니하는 방식으로 게임물이 수정된 경우임에도 불구하고 등급분류를 받지 않고 게임물을 유통 등의 방식으로 제공한 경우로 볼 수도 있다. 그러나 본조 제1항 제1호에서 전술한 바와 같이, 등급분류를 받은 후 게임물의 내용 수정이 등급변경을 요할 정도로 수정된 경우이거나 게임물의 이용방식이 현저하게 변경된 경우 및 게임물의 계정사항이 승계되지 아니하는 방식으로 게임물이 수정된 경우에는 등급을 받은 내용과 다른 내용의 게임물이라기보다는 "등급을 받지 아니한 게임물"의 유통 등에 해당하는 것으로 해석하는 것이 법 제21조 제5항과의 정합성을 고려할 경우 타당한 해석이라고 보여진다.

법 제45조 제4호에서는 본호를 위반하여 "등급분류를 받은 게임물과 다른 내용의 게임물"을 유통 또는 이용제공 및 전시·보관한 자를 처벌하도록 규정하고 있다. 본호에서는 "등급분류를 받은 게임물과 다른 내용의 게임물"의 "진열행위"를 금지하고 있으나, 본호 위반의 벌칙 규정인 법 제45조 제4호에서는 "전시행위"를 그 처벌대상으로 하고 있다. 따라서 "진열"과 "전시"를 같은 의미로 해석하여야 하는가?

전술한 바와 같이 본호에서의 진열 또한 인터넷상에서의 진열(게임물의 판매 또는 이용제공을 위한 인터넷상에서의 광고·선전 포함)이라 볼 수 있고, 본호 위반의 벌칙규정인 법 제45조 제4호에서 규정하고 있는 "전시"는 일반적 의미로 일반인이 자유로이 관람할 수 있도록 진열하거나 게시하는 것을 의미한다. 따라서 법 제45조 제4호에서의 "전시"는 금지행위로서의 "진열"과 같은 의미라고

임을 모바일 게임으로 변경하거나 아케이드용 게임물을 PC용 게임물로 변경하는 경우로 보고 있다.

해석할 수 있을 것이다. 다만, 죄형법정주의상 본호의 "진열행위"를 "전시행위"로 개정하는 것이 타당하다고 보여진다. 또한 본호의 기본범죄는 "등급분류를 받은 게임물과 다른 내용의 게임물"을 유통 또는 이용에 제공하는 행위이지만, 이를 위하여 진열·보관하는 행위 즉, 진열·보관을 위한 예비행위도 그 처벌대상으로 하고 있다.

　　본호의 범죄구성요건인 "등급분류를 받은 게임물과 다른 내용의 게임물"의 해석과 관련하여, "등급분류를 받은 게임물과 다른 내용의 게임물"에 해당하는 경우 중 ① 게임물의 내용이 등급변경을 요할 정도로 수정된 게임물, ② 게임물의 이용방식이 현저하게 변경된 게임물, ③ 게임물의 계정사항이 승계되지 아니하는 방식의 게임물은 새로운 등급분류의 대상이 된다. 따라서 이러한 세 가지 경우의 게임물에 대한 등급분류를 받지 않고 유통 또는 이용제공 및 진열·보관하는 행위는 법 제32조 제1항 제1호에서 금지하고 있는 "등급분류를 받지 아니한 게임물"의 유통 등에 해당된다고 보는 것이 타당하다. 이와 같이 해석하여야만, 법 제21조 제5항과 시행규칙 제9조의2에 대한 해석에 대한 정합성을 가지며, 본호에 따른 벌칙조항을 적용하는 경우에는 이러한 해석이 어렵다고 보여진다.

3. 제1항 제3호

등급을 받은 게임물을 제21조 제2항 각호의 등급구분을 위반하여 이용에 제공하는 행위

가. 입법취지

　　본호는 제1호 및 제2호와 같이 등급구분을 위반하여 게임물을 이용에 제공하는 행위를 금지하여 등급분류제도의 취지가 훼손되는 것을 방지하기 위한 것이라고 볼 수 있다.

나. 내용 해설

　　법 제21조 제1항에서는 등급분류심사 신청의 주체로 게임제작업자[59] 또는

게임배급업자를 규정하고, 동조 제2항에서는 등급분류심사에 따른 당해 게임물의 등급을 전체이용가, 12세이용가, 15세이용가 또는 청소년 이용불가로 분류하고 있다. 또한 "이용에 제공"은 전술한 바와 같이, 아케이드게임이나 온라인게임과 같이 게임물 자체를 판매 등의 방법으로 제공하는 것이 아니라, 이용료 지불 등을 통해 게임물에 대한 정당한 이용권한을 취득한 자라면 누구나 이용할 수 있도록 게임물을 제공하는 것을 의미하며, 게임물의 전부를 온라인에서 완전히 이전하는 것이 아니라 그 실행·이용의 편의를 위해 특정 기능을 구현하는 일부 파일만을 다운받도록 게임이용자의 PC에 송신하는 것은 게임물의 판매 즉, 유통이라기보다 게임물이용 서비스를 받기 위한 기술적 절차에 불과하다고 보아야 할 것이므로 "이용에의 제공"에 포함된다.

이와 같이, 본호를 문언적으로 해석하는 경우, 본호에서 규율하고 있는 게임물 관련사업자에서 게임제공업을 영위하지 않으면서 게임제작업 또는 게임배급업만을 영위하는 자는 본호의 적용대상에서 제외되고, 게임제작업 또는 게임배급업을 하면서 게임제공업도 함께 영위하는 자만이 본호의 적용대상이 된다고 보아야 할 것이다. 즉, "게임제작업" 또는 "게임배급업+게임제공업"을 영위하는 자가 본호에서의 규율대상이라고 볼 수 있다.

본호는 등급구분을 위반하는 형태로 게임물을 이용에 제공하는 행위이므로 게임제공업을 영위하는 자가 본호를 위반하는 경우에는 법 제46조 제3호에 따라 1년 이하의 징역 또는 1천만원 이하의 벌금에 처해진다. 그러나 게임제작업 또는 게임배급업을 영위하면서 게임제공업도 함께 영위하는 자가 본호를 위반하는 경우는 법 제33조 제1항의 표시의무도 함께 위반하는 것으로 보아야 한다. 법 제33조 제1항을 위반하는 경우에는 법 제45조 제7호에 따라 2년 이하의 징역 또는 2천만원 이하의 법금에 처해진다. 이와 같이 하나의 행위(등급구분을 위반한 행위)가 수개의 죄(법 제32조 제1항 제3호 위반죄와 법 제33조 제1항 위반죄)에 해당되는 경우를 상상적 경합이라 하고, 상상적 경합의 경우에는 가장 중한 죄에 정한 형으로 처벌된다.[60]

---

59) 제작은 "기획 제작"은 물론 "복제 제작"의 경우도 포함한다. 법문은 "기획하거나 복제하여 제작"이라고 규정하고 있으나 이를 기획하거나 복제하여 제작으로 해석하는 것은 무리가 있고, 입법 연혁을 살펴보아도 제작은 기획 제작과 복제 제작을 의미하는 것으로 새기는 것이 타당하다.

참고 조문	형법 제40조(상상적 경합) 1개의 행위가 수개의 죄에 해당하는 경우에는 가장 중한 죄에 정한 형으로 처벌한다.

4. 제1항 제4호

제22조 제2항의 규정에 따라 사행성게임물에 해당되어 등급분류가 거부된 게임물을 유통시키거나 이용에 제공하는 행위 또는 유통·이용제공의 목적으로 진열·보관하는 행위

가. 입법취지

게임물의 사행성은 베팅·배당 또는 우연적 방법으로 그 결과에 따라 많은 재산상 이익을 주는 것처럼 현혹하여 게임이용자들을 끌어들임으로써 국민의 건전한 근로의욕을 저하시키고 일부 게임이용자들로 하여금 경제적 파탄상태에 이르게 하는 등 사회적·경제적 폐해가 문제되어 왔다. 게임법은 이러한 문제점을 해결하기 위하여 베팅·배당 또는 우연적 방법으로 그 결과에 따라 많은 재산상 이익 또는 손실을 주는 방식으로 구동되는 게임물 및 경찰허가 대상인 사행행위영업의 도구를 모방한 게임물을 사행성게임물로 규정하고, 청소년이용불가 게임물의 경우에는 일체의 경품제공을 금지하고 있다. 따라서 본호는 국민의 건전한 게임문화를 확립함으로써 국민의 문화적 삶의 질 향상에 이바지하고자 하는 게임법의 목적을 구체적으로 실행하는 사항이라고 볼 수 있다.

나. 내용 해설

게임법상 게임물은 영상물과 그 영상물의 이용을 주된 목적으로 제작된 기기 및 장치의 이원적 구조로서, 의사표현의 매개체라 할 수 있는 영상물과 그렇지 않은 기기 및 장치로 구성되어 있다.[61] 또한 법 제2조 제1호의2는 "베팅이나

---

60) 형법 제40조(상상적 경합) 1개의 행위가 수개의 죄에 해당하는 경우에는 가장 중한 죄에 정한 형으로 처벌한다; 상상적 경합은 행위가 1개인 점에서 법조경합과 같지만, 실질적으로 수죄에 해당하여 수개의 구성요건이 적용된다는 점에서 법조경합과 구별되며, 행위가 1개임을 요하는 점에서 수개의 행위를 요건으로 하는 경합범과 구별된다.

배당을 내용으로 하는 게임물, 우연적인 방법으로 결과가 결정되는 게임물, 한국마사회법에서 규율하는 경마와 이를 모사한 게임물, 경륜·경정법에서 규율하는 경륜·경정과 이를 모사한 게임물, 관광진흥법에서 규율하는 카지노와 이를 모사한 게임물, 그 밖에 대통령령이 정하는 게임물[62]로서 그 결과에 따라 재산상 이익 또는 손실을 주는 것"을 사행성게임물로 정의하면서, 사행성게임물을 게임법상 게임물에서 제외하고 있다. 또한 게임물관리위원회로 하여금 사행성게임물에 대하여는 등급분류를 거부하도록 하고 있다.[63]

본호에서 규제하려고 하는 "사행성"과 관련하여, 등급분류 심의규정에서는 이에 대한 구체적인 의미를 규정하거나 예시하지 않고 있다. 따라서 본호에서의 "사행성"의 개념에 대해서는 관련 법률 및 판례 등을 통해 그 의미를 유추해 볼 수밖에 없다.

현행 법률 중 사행행위에 대해 정의하고 있는 법률인 「사행행위 등 규제 및 처벌 특례법」(이하 "사행행위규제법"이라 한다) 제2조 제1항 제1호[64]에서는 사행행위를 "여러 사람으로부터 재물이나 재산상의 이익을 모아 우연적 방법으로 득실을 결정하여 재산상의 이익이나 손실을 주는 행위"로 정의하고 있다.

판례는 게임법상 사행성게임물과 관련하여, 게임법의 적용대상이 되는 게임물에서 제외되는 사행성게임물을 "게임의 진행이 게임법 제2조 제1호의2에서 제한적으로 열거한 내용 또는 방법에 의하여 이루어져야 할 뿐만 아니라, 게임의 결과에 따라 게임기기 또는 장치에 설치된 지급장치를 통하여 게임이용자에게

---

61) 대법원 2010.6.24. 선고 2010도3358 판결: 게임산업법 제2조 제1호 본문 소정의 '그 영상물의 이용을 주된 목적으로 제작된 기기 및 장치'는 '그 영상물의 이용을 주된 목적으로 제작된 기기'와 '장치'를 의미하는 것으로, 당해 장치가 영상물의 이용을 주된 목적으로 제작되지 않았더라도 컴퓨터프로그램 등 정보처리 기술이나 기계장치를 이용하여 오락을 할 수 있게 하거나 이에 부수하여 여가선용, 학습 및 운동효과 등을 높일 수 있도록 제작된 것이라면 게임산업법 제2조 제1호의 '게임물'에 해당하는 것으로 해석하여야 할 것이다.

62) 시행령 제1조의2에서는 「사행행위 등 규제 및 처벌 특례법」 제2조 제2호에 따른 사행행위 영업을 모사한 게임물, 「복권 및 복권기금법」 제2조 제1호에 따른 복권을 모사한 게임물, 「전통소싸움경기에 관한 법률」 제2조 제1호에 따른 소싸움을 모사한 게임물을 사행성게임물로 정하고 있다.

63) 법 제22조 제2항 참조.

64) 사행행위 등 규제 및 처벌특례법 제2조 제1항 제1호: 사행행위란 여러 사람으로부터 재물이나 재산상의 이익을 모아 우연적(偶然的) 방법으로 득실(得失)을 결정하여 재산상의 이익이나 손실을 주는 행위를 말한다.

직접 금전이나 경품 등의 재산상 이익을 제공하거나 손실을 입도록 만들어진 게임기기 또는 장치"로 보고 있다.[65] 또한 헌법재판소도 등급거부결정과 관련된 헌법소원심판청구 사건[66]에서 "베팅이나 배당을 내용으로 하는 게임물로서 그 결과에 따라 재산상 이익 또는 손실을 주는 것은 '게임의 결과에 따라 재산상 이익 또는 손실을 줄 목적으로 게임이용자로 하여금 돈을 걸게 하거나 게임이용자에게 돈을 나누어 주는 방식으로 구동되는 게임물'을 의미하고, 우연적인 방법[67]으로 결과가 결정되는 게임물로서 그 결과에 따라 재산상 이익 또는 손실을 주는 것은 '게임의 결과에 따라 재산상 이익 또는 손실을 줄 목적으로 당사자에 있어서 확실히 예견 또는 자유로이 지배할 수 없는 사실에 관하여 승패를 결정하는 방식으로 구동되는 게임물'을 의미하는 것"이라고 판시하고 있다. 이와 같이 사행행위규제법 및 판례에 비추어보면, 게임법상 "사행성"은 사행행위규제법에서 정의하고 있는 사행행위와 동일한 의미로 볼 수 있을 것이다.

사행성게임물을 이와 같이 이해한다면, 게임제공업자가 게임이용자에게 간접적인 방법으로 재산상의 이익을 제공하는 경우에도 사행성게임물로 볼 수 있는지 의문이다. 이와 관련하여, 판례[68]는 "게임제공업자가 게임이용자에게 게임 결과에 따라 시상하거나 경품을 제공하는 등 간접적인 방법에 의하여 재산상 이익이나 손실을 주는 경우에는 비록 게임내용이나 방법이 게임법 제2조 제1호의2에서 열거하고 있는 것이라고 하더라도 사행행위 등 규제 및 처벌특례법에서의 사행성 유기기구에 해당함은 별론으로 하고 이를 사행성게임물이라고 할 수는 없다."고 하여 간접적인 방법으로 재산상 이익을 제공하는 경우에는 사행성게임물에 포함되지 않는다고 보고 있다. 또한 게임법이 사행성게임물을 게임물에서 제외한 취지는 사행성게임물이 시장에서 유통되지 않도록 하여 사행성게임물을 근절함과 동시에 게임산업을 진흥시켜 국민의 건전한 게임문화를 조성하려는 데 그 목적이 있는 것이므로, 이러한 게임법의 규정들과 그 입법취지 등에 비추어

---

65) 대법원 2010.1.28. 선고 2009도12650 판결.
66) 헌법재판소 2009.4.30. 2007헌마103 결정.
67) 대법원 2008.10.23. 선고 2006도736 판결에서는 "도박이란 재물을 걸고 우연에 의하여 재물의 득실을 결정하는 것을 의미하고, 여기서 '우연'이란 주관적으로 당사자에 있어서 확실히 예견 또는 자유로이 지배할 수 없는 사실에 관하여 승패를 결정하는 것을 말하고, 객관적으로 불확실할 것을 요구하지 아니한다."고 하여, 우연성 판단의 기준을 제시하고 있다.
68) 대법원 2010.1.28. 선고 2009도11666 판결; 대법원 2010.2.25. 선고 2009도12117 판결.

볼 때 게임법에서의 게임물에는 사행성게임물에 해당하는 기기 및 장치가 포함되지 않는다고 볼 수 있다.[69]

이러한 판례의 입장과는 별도로 게임물관리위원회에서 운영하고 있는 등급분류 심의규정[70] 제18조에서는 법 제2조 제1호의2에 해당되는 사행성게임물 중 이용요금이 정상적인 범위를 벗어나 사행성이 우려되는 경우 등 특정한 요건에 해당되는 경우에는 사행성게임물에 해당되는 것으로 하여 등급분류를 거부할 수 있도록 하고 있다.

본호를 위반하여 등급분류가 거부된 사행성 게임물을 유통시키거나 이용에 제공하는 행위를 한 자 또는 유통·이용제공의 목적으로 진열·보관하는 행위를 한 자는 법 제44조 제1항 제2호에 따라 5년 이하의 징역 또는 5천만원 이하의 벌금에 처해진다. 또한, 본호를 위반한 자가 소유 또는 점유하는 게임물, 그 범죄행위에 의하여 생긴 범죄수익과 범죄수익에서 유래한 재산은 몰수할 수 있고, 몰수할 수 없는 경우에는 그 가액이 추징된다. 또한 본호 위반의 실행행위 착수 전 게임물 또는 실행행위 종료 후 게임물이더라도 본호를 위반하는 데 실질적으로 기여한 게임물에 해당되는 경우에는 필요적 몰수 대상에 해당된다.[71]

또한 본호는 본조 제1항 제1호 및 제2호와 달리 "유통·이용제공의 목적으로 진열·보관하는 행위"를 그 처벌대상으로 하고 있다. 즉, 등급분류가 거부된 사행성게임물을 유통 또는 이용에 제공하기 위한 예비행위인 진열·보관행위도

---

69) 대법원 2012.11.25. 선고 2012도10285 판결.

70) 게임물관리위원회 등급분류 규정(2013.12.23. 제정) 제18조(사행성게임물 확인) 게임법 제2조 제1호의2 가목부터 바목까지 해당하는 게임물 중, 다음 각 호에 해당하는 게임물은 사행성게임물로 확인하여 등급을 거부할 수 있다.
   1. 이용요금이 정상적인 범위를 벗어나 사행성이 우려되는 경우
   2. 게임의 결과로 얻은 점수 또는 게임머니를 현금화하는 경우
   3. 게임의 결과로 현금 또는 다른 물품을 제공받거나 취득할 수 있는 경우
   4. 게임의 결과로 얻은 점수 또는 게임머니를 직간접 유통과정을 통해 유무형의 보상으로 제공하는 경우
   5. 게임제공업소용 게임물로서 다음 각목에 해당하는 게임물
      가. 네트워크로 상호 연결되어 게임의 결과에 의해 점수 등이 상호 이체되는 경우
      나. 게임법 제21조 제8항에서 규정된 기술심의를 통해 등급거부 권고 판정을 받은 경우
   6. 온라인 게임물로서 베팅의 수단으로 사용되어 승패의 결과로 이용자간 이체될 수 있는 게임머니를 현금으로 직접구매 가능한 경우

71) 대법원 2011.3.10. 선고 2009도70 판결.

처벌대상으로 하고 있다. 예비죄는 단순한 고의뿐만 아니라 기본범죄를 범할 목적이 있을 것을 요하는 목적범이다. 예비죄에서의 예비행위는 범죄의 실행을 목적으로 하는 준비행위로서 실행에 착수에 이르지 않은 것을 말한다. 여기서의 예비행위는 물적인 것에 한정되지 않으며 특별한 정형이 있는 것도 아니지만, 단순히 범행의 의사 또는 계획만으로는 그것이 있다고 할 수 없고 객관적으로 보아서 기본범죄의 실현에 실질적으로 기여할 수 있는 외적 행위를 필요로 한다.[72]

참고 조문	사행행위 등 규제 및 처벌특례법 제2조 제1항 제1호: 사행행위란 여러 사람으로부터 재물이나 재산상의 이익을 모아 우연적(偶然的) 방법으로 득실(得失)을 결정하여 재산상의 이익이나 손실을 주는 행위를 말한다.
관련 판례	대법원 2012.11.25. 선고 2012도10285 판결; 대법원 2011.3.10. 선고 2009도70 판결; 대법원 2010.6.24. 선고 2010도3358 판결; 대법원 2010.2.25. 선고 2009도12117 판결; 대법원 2010.1.28. 선고 2009도11666 판결; 대법원 2010.1.28. 선고 2009도12650 판결; 대법원 2009.10.29. 선고 2009도7150 판결; 대법원 2008.10.23. 선고 2006도736 판결; 헌법재판소 2009.4.30. 2007헌마103 결정.

5. 제1항 제5호

제22조 제3항 제1호의 규정에 의한 등급분류필증을 매매·증여 또는 대여하는 행위

가. 입법취지

본호는 게임법의 근간이라고 할 수 있는 게임물의 등급분류의 실효성 및 등록과 유사한 공적 증명인 등급분류가 훼손되는 것을 차단하여, 게임물의 이용에 관한 사항을 정하여 게임산업의 진흥과 건전한 게임문화를 확립하고자 하는 게임법의 입법목적을 달성하기 위한 것이라고 볼 수 있다.

---

72) 대법원 2009.10.29. 선고 2009도7150 판결.

나. 내용 해설

게임물에 대한 등급분류는 게임산업의 기반을 조성하고 게임물의 이용에 관한 사항을 정하여 게임산업의 진흥 및 국민의 건전한 게임문화 확립이라고 하는 게임법의 입법목적의 근간이라고 볼 수 있다. 이러한 입법목적 달성을 위해 행하는 게임물의 등급분류 결과가 등급분류필증이라고 할 수 있다. 따라서 이러한 등급분류필증이 게임제작업자 또는 게임배급업자가 아닌 제3자에게 전전유통되는 경우, 게임물의 임의적 개조·변경, 게임물 관련사업자의 변경 등 등급분류 후 게임물의 사후관리가 어려워지고, 게임법이 추구하고자 하는 건전한 게임문화 확립에 상당한 어려움이 발생하게 된다.

게임물의 등급분류는 일정한 사실이나 법률관계를 행정기관에 갖추어둔 장부에 등재하고 이에 따라 일정한 사실이나 법률관계의 존부를 공적으로 증명하는 등록과 유사하다고 볼 수 있다. 따라서 등급분류필증의 매매 등의 제한은 이러한 게임물의 공적 증명을 훼손하는 행위에 해당되어 이를 금지하고 있는 것이다.

본호에서의 매매·증여·대여는 민법상 매매·증여·대여를 의미함으로 유·무상을 모두 포함한다고 보아야 한다. 만약 본호를 위반하는 경우에는 2년 이하의 징역 또는 2천만원 이하의 벌금에 처해진다.

6. 제1항 제6호

제33조 제1항 또는 제2항의 규정을 위반하여 등급 및 게임물내용정보 등의 표시사항을 표시하지 아니한 게임물 또는 게임물의 운영에 관한 정보를 표시하는 장치를 부착하지 아니한 게임물을 유통시키거나 이용에 제공하는 행위

가. 입법취지

게임물에 대한 등급분류제의 운영취지는 게임물에 대하여 적절한 연령별 등급을 부여하여 게임을 이용하는 게임이용자의 학부모, 교사 등에게 게임 이용시 필요한 정보를 제공하여 게임 이용에 따른 선택권을 보장하고 청소년을 유해환경으로부터 보호하기 위한 것이라 볼 수 있다. 또한 게임을 직접 이용하는 게임

이용자들에게 게임 관련 정보를 제공하고 스스로 게임에 대한 접근이나 이용 여부를 결정하는데 도움이 될 수 있도록 하기 위한 것이라고 볼 수 있다.

나. 내용 해설[73]

게임물을 유통시키거나 이용에 제공하게 할 목적으로 게임물을 제작 또는 배급하고자 하는 자는 게임물을 제작 또는 배급하기 전에 게임물관리위원회로부터 게임물의 내용에 관하여 등급분류를 받아야 한다. 또한 게임물을 유통시키거나 이용에 제공할 목적으로 게임물을 제작 또는 배급하는 자는 당해 게임물마다 제작 또는 배급하는 자의 상호,[74] 등급(이하 "등급표시"라 한다) 및 게임물내용정보를 표시하여야 한다.

이와 같은 등급표시 및 게임물내용정보를 표시하여야 하는 게임물은 크게 아케이드 게임물, 온라인 게임물 및 모바일 게임물, PC 게임물 및 비디오게임물로 분류되며, 게임물관리위원회로부터 등급분류받은 전체이용가, 12세이용가, 15세이용가 및 청소년이용불가 여부를 게임물별로 표시하여야 한다. 또한 게임내용정보 항목인 선정성, 폭력성, 공포, 언의 부적절성, 약물, 범죄, 사행성을 표시하여야 하며, 당해 게임물에 해당 항목에 대한 내용이 존재하는 경우에만 표시할 수 있다.

시행령 제19조에 제1항에 따라 게임물의 운영에 관한 정보를 표시하는 장치(Operation Information Display Device: OIDD, 이하 "운영정보표시장치"라 한다)를 부착하여야 하는 게임물은 법 제2조 제1호의2에서 정하고 있는 게임물과 법 제28조 제3호 단서에 따라 경품을 지급하는 게임물[75]들이다. 즉, 운영정보표시장치의 부착의무가 있는 게임물은 비록 사행성 게임물은 아니지만, 사행성 모사 정도가 커서 사행성을 조장할 우려가 있는 게임물들이라고 볼 수 있다.

이러한 게임물들에 대해서는 ① 1회의 게임이 진행되는 시간, ② 시간당 게임기에 투입할 수 있는 이용요금의 한도, ③ 회당 획득하는 최대점수, ④ 1인의 이

---

73) 본호에 관한 자세한 사항은 제33조 해설 참조.
74) 도서에 부수되는 게임물의 경우에는 출판사의 상호를 표시하여야 한다.
75) 게임물관리위원회가 법 제21조에 따라 등급분류를 할 때 해당 게임물이 그 등급분류와 다르게 제작·유통 또는 이용 제공될 우려가 없다고 확인한 경우는 제외된다.

용게임당 누적되는 최대점수가 표시되면서 게임물관리위원회로부터 그 성능 등을 인정받은 운영정보표시장치를 게임물에 부착하여야 한다. 또한, 운영정보표시장치는 게임 본체와 지폐 인식기, 동전투입기(코인기) 사이에서 입수신호를 제어하는 역할을 수행하며, 하나의 게임기와 인증(등록절차) 후 다른 게임기에 장착하여 사용할 수 없다.

본호를 위반하는 경우에는 법 제45조 제7호에 따라 2년 이하의 징역 또는 2천만원 이하의 벌금에 처해진다. 법 제45조 제7호는 "법 제32조 제1항 제6호 및 제33조의 규정을 위반하여 표시의무를 이행하지 아니한 게임물을 유통시키거나 이용에 제공한 자"를 규제대상으로 하고 있다. 본호 및 제33조는 그 규제대상이 이원구조로 되어 있다. 즉, "등급 및 게임물내용정보 표시"와 "운영정보표시장치 부착"의무 위반을 규제하고 있으나, 법 제45조 제7호는 "표시의무를 이행하지 아니한 게임물"이라고 하고 있어 "운영정보표시장치 부착"의무위반은 그 규제대상이 아닌 것으로 해석될 여지를 두고 있다. 따라서 법 제45조 제7호를 개정하여 운영정보표시장치 부착의무 위반도 포함됨을 보다 명확하게 하는 것이 필요하다고 보여진다.

7. 제1항 제7호

누구든지 게임물의 이용을 통하여 획득한 유·무형의 결과물(점수, 경품, 게임 내에서 사용되는 가상의 화폐로서 대통령령이 정하는 게임머니 및 대통령령이 정하는 이와 유사한 것을 말한다)을 환전 또는 환전 알선하거나 재매입을 업으로 하는 행위

가. 입법취지

현대 과학기술의 진보에 발맞추어 게임물의 종류와 기능이 급속하게 발달·증가함으로 인하여, 종전처럼 게임제공업자만을 규제하는 방법으로는 사행성게임물의 확산에 따른 사행심 조장 등으로 도박중독자가 양산되는 것을 방지하기에는 역부족이었고, 이로 인하여 게임물 관련사업자만이 아니라 모든 국민을 대상으로 직접적으로든 간접적으로든 게임물을 사행기구로 변질시키는 행위를 방지하기 위하여 환전업 및 재매입 행위를 금지할 필요성이 강력하게 요청되었다.

따라서 본호의 입법취지는 게임물 운영체계 안에서 제공되는 보상인 게임결과물이 그 운영체계 밖에서 현금 또는 이와 동등한 가치 있는 재화로 교환됨으로써 게임물이 사실상 사행기구로 변질되는 것을 방지함으로써 건전한 게임문화를 확립하여 국민의 문화적 삶의 질을 향상시키고자 한 것이라 볼 수 있다.

나. 내용 해설

(1) 게임물의 이용을 통하여 획득한 유·무형의 결과물

게임법상 사행성 게임물은 게임물의 범주에 포함되지 않는다. 또한 게임물 관련사업자는 게임물을 이용하여 도박 등 사행행위를 하거나 하도록 않도록 하여야 하며, 경품 등을 제공하여 사행성을 조장하지 않도록 하여야 한다.[76] 그럼에도 본호에서 환전업금지를 별도로 두고 있는 이유는 게임물의 이용을 통해 제공되는 점수, 경품 등의 보상이 게임시스템 밖에서 현금으로 교환된다면, 사실상 사행행위로 전환될 수 있기 때문이다.[77] 게임법은 경품제공을 원칙적으로 금지하면서, 예외적으로 허용하는 구조를 취하고 있다.

본호의 규제대상은 게임물 관련사업자가 정한 방식으로 게임물을 이용하여 획득한 유·무형의 결과물로서 게임이용자가 게임 내에서 처분이 가능한 것이어야 한다. 유·무형의 결과물은 점수,[78] 경품,[79] 게임 내에서 사용되는 가상의 화폐로서 대통령령이 정하는 게임머니 및 게임아이템 등의 데이터가 포함된다.[80]

---

76) 법 제28조 참조.

77) 황승흠, "사행성게임물 제도와 환전업금지조항," 개정 게임산업진흥에 관한 법률 설명회 자료집, 한국게임학회, 2007, 41면.

78) 점수란 게임의 결과를 나타내는 숫자 내지 데이터를 의미한다.

79) 경품이란 게임사업자가 게임 이용에 부수하여 게임 이용자에게 제공하는 경제적 이익을 의미하며, 시행령 제16조의2에서 정한 경품류는 본호의 규제대상에 해당되지 않는다.

80) 시행령 제18조의3(게임머니 등): 법 제32조 제1항 제7호에서 "대통령령이 정하는 게임머니 및 대통령령이 정하는 이와 유사한 것"이란 다음 각 호의 어느 하나에 해당하는 것을 말한다.
  1. 게임물을 이용할 때 베팅 또는 배당의 수단이 되거나 우연적인 방법으로 획득된 게임머니
  2. 제1호에서 정하는 게임머니의 대체 교환 대상이 된 게임머니 또는 게임아이템(게임의 진행을 위하여 게임 내에서 사용되는 도구를 말한다. 이하 같다) 등의 데이터
  3. 다음 각 목의 어느 하나에 해당하는 게임머니 또는 게임아이템 등의 데이터
    가. 게임제작업자의 컴퓨터프로그램을 복제, 개작, 해킹 등을 하여 생산·획득한 게임머니 또는 게임아이템 등의 데이터

게임아이템의 사전적 의미는 파일을 구성하는 데이터의 구분에서 가장 작은 단위 또는 항목을 의미하지만, 게임상에서의 아이템은 게임을 플레이하기 위해 사용되는 유형의 물품 항목이라 볼 수 있다.[81] 이러한 게임아이템은 게임의 종류에 따라 MMORPG 혹은 FPS류에서 사용되는 칼, 활, 방패, 망토, 물약, 보석 등과 같은 아이템과 보드게임류에서 사용되는 아이템 및 아바타의 의상, 포커머니, 고스톱 머니 등의 게임머니 등으로 구분해 볼 수 있다.

게임아이템의 법적 성격에 대한 논의는 크게 물권법적 접근과 채권법적 접근방법으로 나누어 볼 수 있다. 먼저, 물권법적 접근방법은 게임 아이템의 실질적인 경제적 가치를 주목하여 민법상 물건의 개념의 외연 확대 방법을 취하고 있다. 민법 제98조는 물건이란 "유체물, 전기 기타 관리할 수 있는 자연력"이라고 정의하고 있다. 통설적 견해는 물건의 성립요건을 유체물이거나 관리할 수 있는 자연력일 것,[82] 관리가 가능할 것(배타적 지배가능성이 있을 것), 외계의 일부일 것(비인격성), 독립한 물건일 것(독립성)으로 보고 있다. 게임아이템의 물건성에 대해서는 이를 부정하는 것이 다수설[83]이며, 그 근거를 게임아이템은 배타적 지배가능성이 없다거나 독립된 물건이라고 볼 수 없다는 데에 두고 있다.[84] 다만, 부정설의 입장을 취하면서도 물건의 성립성 중 관리가능성과 독립성은 성립될 수

　　나. 법 제32조 제1항 제8호에 따른 컴퓨터프로그램이나 기기 또는 장치를 이용하여 생산ㆍ획득한 게임머니 또는 게임아이템 등의 데이터

　　다. 다른 사람의 개인정보로 게임물을 이용하여 생산ㆍ획득한 게임머니 또는 게임아이템 등의 데이터

　　라. 게임물을 이용하여 업으로 게임머니 또는 게임아이템 등을 생산ㆍ획득하는 등 게임물의 비정상적인 이용을 통하여 생산ㆍ획득한 게임머니 또는 게임아이템 등의 데이터

81) 정해상, "인터넷 게임아이템 거래에 관한 법리", 「중앙법학(제5집 제3호)」, 2003, 262면.

82) 여기서, 유체물이란 공간의 일부를 차지하고 사람의 오감에 의하여 지각할 수 있는 형태를 가진 물건을 의미하며, 무체물이란 전기, 열, 빛, 음향 등과 같이 어떤 형체는 없고, 관념적으로 존재하는 물체를 의미한다.

83) 윤현석, "온라인게임 아이템거래의 과세문제", 「인터넷법률(제37호)」, 2007, 106면; 윤웅기, "MMORPG게임 아이템 현금 거래에 대한 법정책적 고찰", 게임문화연구회, 34면; 정해상, "인터넷 게임 아이템 거래에 관한 법리", 게임산업의 법ㆍ정책적 과제(KITAL 국제 심포지움 자료집), 9-10면.

84) 형법은 재물의 개념을 규정하고 있지 않으나, 해석상 거의 이론 없이 민법상 물건의 개념과 동일한 선상에서 풀이하고 있다. 따라서 절도죄의 경우에는 재물에 한정되므로 게임아이템의 경우에는 절도죄가 성립되지 않으나, 사기죄 또는 강도죄의 경우에는 재물뿐만 아니라 재산상의 이익도 그 보호법익으로 하고 있어 사기죄 또는 강도죄의 성립이 가능하다고 보고 있다.

있어 물건성을 완전하게 부정하는 것은 불가능하다는 견해85)가 있다. 이 견해는 관리가능성은 상대적 개념으로 과학기술의 발달로 관리가능성의 범위가 점차 확대되고 있고, 게임아이템의 경우 실제 세계에서 현실적으로 존재하지 않을 뿐 특정되어 관리되고 있어 관리가능한 무체물로 볼 수 있다고 한다. 또한 게임아이템이 게임프로그램의 일부로서 독립성이 없다고 볼 수도 있으나, 이용자에게는 게임프로그램과 독립된 디지털 이미지로서 존재한다는 점에서 그 독자적인 성격을 인정할 여지가 있다고 한다.

　　게임아이템의 법적 성격에 대해 다수설은 채권적 이용관계로 파악하고 있다. 즉, 게임아이템은 게임 이용자가 게임사에 대한 게임 프로그램 사용관계 중 일부로서 게임아이템을 이용할 수 있는 권리로 파악하고 있다. 이 견해는 게임이용계약 성립과정에서 게임사들의 게임약관에 규정된 게임아이템에 대한 권리귀속 관계에 근거를 두고 있다. 즉, 게임사들의 게임약관에는 게임상의 캐릭터, 아이템 등 게임 내 모든 정보에 대한 권리는 게임사에 속하며, 이용자는 단지 그 이용권만을 취득하는 것으로 정하고 있기 때문이다.

(2) 환전 또는 환전 알선 행위

　　"환전"이란 서로 종류가 다른 화폐와 화폐, 또는 화폐와 자금을 교환하는 것을 의미하며, 게임결과물을 수령하고 돈을 교부하는 행위뿐만 아니라 게임결과물을 교부하고 돈을 수령하는 행위도 포함된다.86) 본호는 게임물 운영체계 안에서 제공되는 보상인 게임결과물이 그 운영체계 밖에서 현금 또는 이와 동등한 가치를 가지는 재화로 교환되는 것을 방지하는 것을 그 입법목적으로 하고 있다. 따라서 이러한 환전행위는 게임시스템 밖에서 이루어져야 하며, 게임시스템 내에서 이루진다면, 본호의 규제대상이 아니라 법 제28조 제2호에 해당되어 형법상 도박개장죄가 성립하게 된다.87) 또한 게임제공업주가 게임이용자들로 하여금 컴퓨터에 접속하여 인터넷 도박게임을 하고 게임머니의 충전과 환전을 하도

---

85) 이권호, "게임 디지털콘텐츠의 법적 성격에 관한 연구", *Law & Technology*(제3권 제5호), 2007.9, 133-134면.

86) 대법원 2012.12.13. 선고 2012도11505 판결.

87) 이정훈, "게임아이템 거래와 형사법적 문제", 「게임법제도의 현황과 과제」, 박영사, 2009, 159면.

록 하면서 게임머니의 일정 금액을 수수료 명목으로 받은 행위도 도박개장죄에 해당된다.[88]

"알선"이란 분쟁의 해결 또는 계약의 성립을 위하여 제3자가 당사자를 매개하여 합의를 중개하는 일체의 행위를 의미한다. 즉, 게임물의 이용을 통하여 획득한 유·무형의 결과물을 수령하고 화폐를 지급하여 주거나 결과물을 교부하고 화폐를 수령하는 행위를 중개하는 일체의 행위를 의미한다. 중개의 방법에는 제한이 없으며, 웹사이트를 개설하여 양 당사자의 거래를 중개하고 일정한 수수료를 받는 영업도 알선행위에 해당된다. 본호에 따라 규제되는 "환전 알선"은 환전이 가능하도록 환전을 업으로 하는 자와 게임결과물을 소유한 자 상호간에 환전이 가능하도록 조력하는 것을 의미한다.

"재매입"이란 이미 환전된 게임결과물을 다시 매수하는 행위로서, 본호는 게임제공업자 등이 환전업자로부터 그가 환전행위로 취득한 게임결과물을 다시 매수하는 행위를 금지하고자 하는 규정이다. 재매입의 상대방은 이미 게임결과물을 환전행위로 취득한 사람으로 "환전" 부분에 의해 규제가 가능함으로 "매도"에 대하여 별도로 규정할 필요는 없다.[89]

(3) 업

헌법 제15조는 "모든 국민은 직업선택의 자유를 가진다."고 규정하고 있다. 여기에서 보장하고 있는 직업이란 생활의 기본적 수요를 충족시키기 위한 계속적인 소득활동을 의미하며, 그러한 내용의 활동인 한 그 종류나 성질을 불문한다.[90] 따라서 게임 결과물의 환전은 게임이용자로부터 게임 결과물을 매수하여 다른 게임이용자에게 이윤을 붙여 되파는 것으로, 이러한 행위를 영업으로 하는 것은 생활의 기본적 수요를 충족시키는 계속적인 소득활동이 될 수 있으므로, 게임 결과물의 환전업은 헌법 제15조가 보장하고 있는 직업에 해당한다.[91]

그러나 헌법조항들에 의하여 보호되는 재산권은 사적 유용성 및 그에 대한 원칙적 처분권을 내포하는 재산가치 있는 구체적 권리이므로 구체적인 권리가

---

88) 대법원 2008.10.23. 선고 2008도3970 판결.
89) 대법원 2012.12.13. 선고 2012도11505 판결.
90) 헌법재판소 1993.5.13. 92헌마80; 헌법재판소 2002.5.30. 2000헌마81.
91) 헌법재판소 2010.2.25. 2009헌바38.

아닌 단순한 이익이나 재화의 획득에 관한 기회 등은 재산권 보장의 대상은 아니다.[92] 게임이용자들과 그들과의 사이에서 게임 결과물의 매수 및 판매 행위, 즉 환전행위를 통하여 얻을 수 있는 재산권의 실체는 결국 게임 결과물의 환전업이라는 직업수행에 따른 단순한 이익이나 재화의 획득에 관한 기회에 불과하여 우리 헌법상 재산권 보장의 대상은 아니라고 볼 수 있다.

본호는 게임 결과물에 대한 환전·환전알선·재매입을 "업"으로 하는 행위만을 금지하고 있을 뿐이므로, "업"으로 하는 것이 아닌 단순한 환전 등의 행위를 금지하는 것은 아니라고 보아야 할 것이다.[93] 그러나 "업"으로 하는 것이 반드시 영리를 목적으로 하여야 하는 것을 의미하는 것은 아니므로 게임이용자가 본호에서 금지하고 있는 환전 등의 행위를 계속적·반복적으로 한다면, 비록 영리목적이 없다고 하더라도 본호의 위반에 해당된다고 볼 수 있을 것이다.

법 제32조는 누구든지 불법게임물 등의 유통 등의 행위를 금지하고 있다. 게임법이 이러한 불법게임물 등의 유통을 금지하고 있는 것은 게임산업의 정상적인 발전을 도모하기 위한 점임을 고려하여 보다면, 법 제32조에서 말하는 불법게임물에는 사행성 게임물도 포함된다고 볼 수 있다.[94] 그러므로 본호에 의하여 금지되는 행위에는 사행성 게임물의 이용을 통해 획득한 결과물의 환전행위도 포함된다고 할 것이고, 이러한 환전금지규정에 위반한 행위에 대해서는 법 제44조 제1항 제2호에 의하여 처벌이 가능하다.

법 제44조 제1항 제2호에서는 본호를 위반하는 행위를 한 자에게 5년 이하의 징역 또는 5천만원 이하의 벌금에 처하도록 하고 있으며, 위반행위를 한 자가 소유 또는 점유하는 게임물 등은 이를 몰수하고, 이를 몰수할 수 없는 때에는 그

---

92) 헌법재판소 1996.8.29. 95헌바36; 헌법재판소 1997.11.27. 97헌바10.

93) 과세관청이 게임아이템 중개업체의 인터넷 사이트를 통해 온라인 게임 리니지에 필요한 게임머니를 게임제공업체나 게임이용자에게서 매수한 후 다른 게임이용자에게 매도하고 대금을 중개업체를 경유하여 지급받은 甲이 사업자로서 게임머니를 판매하면서도 매출신고를 누락하였다는 이유로 甲에게 부가가치세 부과처분을 한 사안에서, 판례는 게임머니는 구 부가가치세법상의 '재화'에 해당하고, 甲의 게임머니 매도거래는 재화의 '공급'에 해당하며, 갑은 부가가치를 창출해 낼 수 있는 정도의 사업형태를 갖추고 계속적이고 반복적인 의사로 재화인 게임머니를 게임이용자에게 공급하였다고 봄이 타당하므로 구 부가가치세법상의 '사업자'에 해당한다고 보아 부가가치세 부과처분이 적법하다고 보고 있다(대법원 2012.4.13. 선고 2011두30281 판결).

94) 대법원 2010.1.28. 선고 2009도12650 판결; 대법원 2012.11.25. 선고 2012도10285 판결.

가액을 추징할 수 있도록 규정하고 있다. 따라서 본호의 규정을 위반하여 게임물의 이용을 통하여 획득한 유·무형의 결과물을 환전 또는 환전 알선하거나 재매입을 업으로 하는 행위를 한 자가 소유 또는 점유하는 게임물은 그 게임물이 그 위반행위의 수행에 실질적으로 기여하였다고 인정되는 한, 법 제44조 제2항에 규정된 필요적 몰수의 대상이 된다.[95]

관련 판례	대법원 2012.12.13. 선고 2012도11505 판결; 대법원 2012.11.25. 선고 2012 도10285 판결; 대법원 2012.4.13. 선고 2011두30281 판결; 대법원 2011.3. 10. 선고 2009도70 판결; 대법원 2008.10.23. 선고 2008도3970 판결; 대법원 2010.1.28. 선고 2009도12650 판결; 대법원 2006.9.14. 선고 2006도4075 판결; 헌법재판소 2010.2.25. 2009헌바38; 헌법재판소 2002.5.30. 2000헌마81; 헌법재판소 1997.11.27. 97헌바10; 헌법재판소 1996.8.29. 95헌바36; 헌법재판소 1993.5.13. 92헌마80.

8. 제1항 제8호

게임물의 정상적인 운영을 방해할 목적으로 게임물 관련사업자가 제공 또는 승인하지 아니한 컴퓨터프로그램이나 기기 또는 장치를 배포하거나 배포할 목적으로 제작하는 행위

가. 입법취지

본호의 입법취지는 컴퓨터게임에서 이용자들이 수많은 자동게임 프로그램을 이용하게 됨에 따라 게임의 균형을 깨뜨리게 되고 게임시스템을 황폐화시킬 뿐만 아니라, 고가의 아이템을 둘러싼 환전으로 인하여 사행성 문제와 사기 등의 범죄도 발생하는 등 여러 가지 사회문제가 야기되므로 게임머니나 게임아이템을 획득하기 위하여 자동게임 프로그램을 사용하는 행위를 금지하고 이를 처벌하는 근거를 마련하여 정상적인 게임이용을 방해하는 행위를 근절함으로써 게임산업의 진흥 및 국민의 건전한 게임문화를 확립하려는 데 있다.

---

95) 대법원 2011.3.10. 선고 2009도70 판결; 대법원 2006.9.14. 선고 2006도4075 판결.

나. 내용 해설

(1) 게임물의 정상적인 운영 방해의 의미

게임물이라 함은 컴퓨터프로그램 등 정보처리 기술이나 기계장치를 이용하여 오락을 할 수 있게 하거나 이에 부수하여 여가선용, 학습 및 운동효과 등을 높일 수 있도록 제작된 영상물 또는 그 영상물의 이용을 주된 목적으로 제작된 기기 및 장치를 말한다. 또한 그 "정상적인 운영을 방해"라 함은 이와 같은 게임물 본래의 시스템을 와해시키고, 다른 정상적인 이용자의 게임활동을 방해하며, 게임서버에 과부하를 가져오는 등 게임내용에 부정적인 영향을 주는 일체의 행위를 의미한다.

(2) 게임물 관련사업자가 제공 또는 승인하지 아니한 컴퓨터프로그램이나 기기 또는 장치의 의미

법 제2조 제9호에서는 "게임물 관련사업자"를 게임제작업, 게임배급업, 청소년게임제공업, 일반게임제공업, 인터넷컴퓨터게임시설제공업, 복합유통게임제공업의 영업을 하는 자로 규정하고 있다. 한편, 게임머니나 게임아이템을 획득하기 위하여 자동게임 프로그램을 사용하는 행위를 처벌하는 근거를 마련하여 정상적인 게임이용을 방해하는 행위의 근절이라고 하는 입법취지를 고려할 경우, "컴퓨터프로그램이나 기기 또는 장치"는 이용자가 마우스나 키보드를 조작하는 방식으로 명령하지 않더라도 자동으로 게임머니나 게임아이템을 취득함으로써 하루 24시간 지속적으로 게임을 할 수 있게 되는 프로그램 즉, 자동게임 프로그램을 의미한다. 또한 게임물 관련사업자가 "제공하지 아니한" 자동게임 프로그램이라 함은 게임물 관련사업자가 제작하거나 배포하는 자동게임 프로그램이 아닌 경우를, 게임물 관련사업자가 "승인하지 아니한" 자동게임 프로그램이라 함은 게임물 관련사업자가 타인에 의한 자동게임 프로그램의 배포나 배포 목적의 제작 행위를 정당하다고 인정하지 아니하는 경우를 의미한다고 볼 수 있다.

게임법은 게임산업의 진흥 및 건전한 게임문화에 대한 사회적 신뢰의 보호를 그 보호법익으로 하고 있다는 점에서, 그 제공·승인의 주체는 게임제작업, 게임배급업, 청소년게임제공업, 일반게임제공업, 인터넷컴퓨터게임시설제공업, 복합유통게임제공업의 영업을 하는 자 모두를 포함하는 "게임물 관련사업자"라 볼 수 있을 것이다. 즉, 당해 게임물과 관련 있는 게임물 관련사업자 중 일부라도 그 제공이나 승인을 하지 아니하는 경우에는 본호를 위반하는 행위에 해당하여 법 제46조 제3호의2에 해당된다고 보아야 할 것이다.

(3) 배포하거나 배포할 목적으로 제작하는 행위의 의미

"배포"의 사전적 의미는 "널리 나누어 주다."이며, "제작"의 사전적 의미는 "기계나 작품 따위를 일정한 재료를 사용하여 만든다."를 의미한다. 따라서 "배포하거나 배포할 목적으로 제작하는 행위"란 결국 자동게임 프로그램을 일반인이 이용할 수 있도록 제공하거나 이를 위해 자동게임 프로그램을 만드는 행위를 의미한다고 보아야 할 것이다.

(4) 벌　칙

본호를 위반하는 경우에는 법 제46조 제3호의2에 따라 1년 이하의 징역 또는 1천만원 이하의 벌금에 처해진다. 본호의 기본범죄는 게임물 관련사업자가 제공 또는 승인하지 아니한 컴퓨터프로그램이나 기기 또는 장치를 배포하는 행위를 한 자이지만, 배포를 위한 제작행위를 한 자 즉, 기본범죄를 위한 예비행위를 한 자도 처벌대상으로 하고 있다. 예비죄는 단순한 고의뿐만 아니라 기본범죄를 범할 목적이 있을 것을 요하는 목적범이다. 예비죄에서의 예비행위는 범죄의 실행을 목적으로 하는 준비행위로서 실행에 착수에 이르지 않은 것을 말한다. 여기서의 예비행위는 물적인 것에 한정되지 않으며 특별한 정형이 있는 것도 아니지만, 단순히 범행의 의사 또는 계획만으로는 그것이 있다고 할 수 없고 객관적으로 보아서 기본범죄의 실현에 실질적으로 기여할 수 있는 외적 행위를 필요로 한다.[96]

관련 판례	광주지방법원 2013.4.26. 선고 2012노2525판결 [97]

○ 공소사실 : 피고인이 게임물 관련 사업자가 승인하지 않은, 개작된 클라이언트 프로그램을 배포하여 게임 이용자들로 하여금 자신이 운영하는 사이트에

---

96) 대법원 2009.10.29. 선고 2009도7150 판결.
97) 자료출처: 한국저작권위원회, 「저작권동향 2013」, 2013.12.11, 708-709면.

접속하게 한 것은 게임산업법 제32조 제1항 제8호가 금지하고 있는 "게임물의 정
상적인 운영을 방해할 목적으로 게임물 관련사업자가 승인하지 아니한 컴퓨터프
로그램을 배포하는 행위"에 해당한다.

　ㅇ 판결 : 위 조항은 게임물 관련 사업자의 정상적인 영업을 방해할 수 있는
일체의 행위를 금지하는 규정이라기보다 정밀하게 설계된 게임 속 환경을 망치
거나 게임 전체의 관리 전략에 혼란을 주는 등 게임물의 내용 자체에 부정적인
영향을 줄 목적으로 컴퓨터 프로그램 등을 배포하거나 제작하는 행위를 금지하
는 규정으로 해석된다. 따라서 피고인이 사설 서버를 운영하면서 게임 이용자들
이 자신이 운영하는 사이트에 접속하게 할 목적으로 인터넷 온라인 게임 '뮤'의
클라이언트 서버 프로그램을 개작한 클라이언트 프로그램을 인터넷 사이트에 게
재하여 배포한 사실은 인정되지만 피고인이 게임 내용 자체에 부정적인 영향을
줄 목적으로 게임물 관련 사업자가 승인하지 않은 클라이언트 프로그램을 배포
하였다고 단정하기는 어렵다. [피고인 무죄 : 단 현재 상고중]

9. 제2항 : 누구든지 다음 각호에 해당하는 게임물을 제작 또는 반입하여서는 아니 된다.

---

1. 반국가적인 행동을 묘사하거나 역사적 사실을 왜곡함으로써 국가의 정체성을 현저히 손
상시킬 우려가 있는 것
2. 존비속에 대한 폭행·살인 등 가족윤리의 훼손 등으로 미풍양속을 해칠 우려가 있는 것
3. 범죄·폭력·음란 등을 지나치게 묘사하여 범죄심리 또는 모방심리를 부추기는 등 사회
질서를 문란하게 할 우려가 있는 것

가. 입법취지

　본항은 게임물이 다른 매체와는 달리 전파속도 및 파급효과가 빠르고 청소
년보호 등에도 취약성을 내포하고 있는 등 사회미풍양속 등을 해할 우려가 있으
므로 이를 사전에 예방하기 위해 둔 규정이라고 볼 수 있다.

나. 내용 해설

본항 각호에서 정하고 있는 제작 또는 반입금지 게임물의 내용은 선량한 풍속 및 사회질서를 위반하는 내용들의 게임물에 해당된다. 선량한 풍속이란 사회의 일반적인 도덕관념 즉, 모든 국민이 지켜야 할 최소한의 도덕률을 의미하며, 사회질서란 국가·사회의 공공적 질서 내지 일반적 이익을 의미한다.[98] 따라서 본항에서 제작 또는 반입을 금지하고 있는 게임물들 즉, 반국가적인 행동을 묘사하거나 역사적 사실을 왜곡함으로써 국가의 정체성을 현저히 손상시킬 우려가 있는 게임물은 국가질서를 훼손할 수 있고, 존비속에 대한 폭행·살인 등 가족윤리의 훼손 등으로 미풍양속을 해칠 우려가 있는 게임물은 가족질서를 위태롭게 할 수 있고, 범죄·폭력·음란 등을 지나치게 묘사하여 범죄 심리 또는 모방심리를 부추기는 등의 게임물은 사회질서의 정상적인 기능 수행을 위태롭게 할 수 있다.

게임법상 본항에서의 "반입"에 관한 명문 규정은 없으나, 이는 음비게법에서 주로 음반이나 비디오물 등의 반입금지를 목적으로 마련된 규정을 일부 차용한 것이다. 따라서 그 대상이 주로 유체물 형태의 CD, DVD, 비디오테이프, 게임팩 등의 오프라인 반입에 관한 것이었다는 점에서, 게임법상의 반입이 오프라인에만 한정되는 것인지 온라인을 포함하는 의미인지가 불분명하다. 조문의 전체적 취지를 살펴보면, 온라인 반입을 포함하는 개념이라고 볼 여지도 없지 않으나, 통념상 온라인상의 유통과는 거리가 있는 단어임에는 분명하므로 오프라인상의 반입만을 의미하는 것이 아니라면, 온·오프라인을 포괄할 수 있는 용어로 변경하거나 온라인 반입을 나타낼 수 있는 용어를 추가하는 것이 해석의 명확화를 위해 필요하다고 생각된다. 이러한 반입은 그것이 영리뿐만 아니라 비영리 목적의 반입도 포함된다고 보아야 한다.

민법 제103조에서는 공서양속에 반하는 내용으로 하는 법률행위는 무효로 하고 있다. 따라서 본항에서 금지하고 있는 게임물의 제작 또는 반입 계약을 공서양속에 반하는 법률행위로 볼 수 있는가?

공서양속에 반하는 법률행위를 무효로 하는 것은 일차적으로 법이 사회의 기본질서에 반하는 법률행위를 그대로 용인할 수 없기 때문이며, 이러한 법률행

---

98) 통상 선량한 풍속 및 사회질서를 통칭하여 공서양속이라고 한다.

위를 통해 공서양속에 반하는 목적 내지 결과를 추구하는 것을 억제하기 위해서라고 볼 수 있다. 민법 제103조는 공서양속에 반하는 사항을 "내용으로 하는 법률행위"라고 되어 있지만, 법률행위의 내용이 공서양속에 반하는지 여부는 당해 법률행위에 구속력을 부여함으로써 실제 달성될 모든 결과를 고려하여야 비로소 판단할 수 있으므로 법률행위의 내용, 그 동기, 목적 등을 모두 고려하여 전체로서 법률행위가 공서양속에 반하는지 여부를 판단하여야 한다.

　일정한 거래행위를 금지 또는 제한하는 경우 이를 위반한 법률행위가 무효인가 여부는 당해 규정이 효력규정인가 단속규정인가의 문제로 논의되어 왔다.[99] 효력규정과 단속규정에 관한 논의는 크게 두 가지 방식으로 설명되고 있다. 첫째, 단속규정을 강행규정의 일종으로 보고 강행규정을 효력규정과 단속규정으로 구분한다.[100] 둘째, 강행규정과 단속규정을 별개로 보고, 단속규정을 다시 이에 위반하는 행위를 무효로 하는 효력규정과 무효로 하지 아니하고 단지 이에 위반하는 행위에 대하여 처벌 등 불이익을 가하는 단순한 단속규정으로 구분한다.[101] 한편, 강행규정을 법률행위의 성립에 관한 효력규정과 계약내용에 관한 내용강제규정으로 구분하는 견해도 있다.[102] 판례는 대체로 형식적으로는 규정의 취지 또는 성질을 파악하여 강행규정인가 단속규정인가를 구분하는 듯이 표현하지만, 실질적으로는 무효에 의하여 달성될 공익적 질서와 그것에 의하여 야기된 사익의 불균형을 비교형량하여 무효로 할 것인가 여부를 정책적으로 결정하였다고 평가되고 있다.[103]

　그러나 어떠한 견해에 의한다 하더라도 효력규정과 단속규정의 구별기준에 관한 일반적인 원칙을 정립하기는 어려울 뿐만 아니라 그 경계가 모호하고 사회경제적 변동에 따라 그 목적의 필요성이나 그에 대한 판단기준도 달라질 수 있으므로 그 구분의 경계가 유동적일 수밖에 없다.[104] 이러한 문제의 해결을 위해서

---

99) 강행규정 및 단속규정에 관한 자세한 사항은 김재형, "법률에 위반한 법률행위: 이른바 강행규정의 판단기준을 중심으로", 「인권과 정의(제327호)」, 2003년 11월호 참조.

100) 편집대표 박준서, 「주석민법(제3판): 총칙(2)」, 한국사법행정학회, 2001, 506면.

101) 고상룡, 「민법총칙(제3판)」, 법문사, 2003, 323면; 김상용, 「민법총칙(전정판 증보)」, 법문사, 2003, 387면; 이영준, 「한국민법론(총칙편)」, 박영사, 2003, 180면.

102) 이은영, 「민법총칙(개정판)」, 박영사, 2000, 384면.

103) 이은영, 위의 책, 395면.

104) 비거주자를 위하여 거주자에게 지급하는 행위를 금지한 舊외국환관리법(1998.9.16. 제정된 외국환거래법이 1999.4.1.부터 시행됨에 따라 폐지) 제21조 제1항 제3호 규정의 성질에

제5장 영업질서 확립　453

는 공익적 요청과 사법질서에서의 이익조정 문제간의 조화를 모색한다는 측면에 서 법령의 위반행위를 사법상 무효로 할 것인가 또는 행정적·형사적 제재만을 가할 것인가 하는 법정책적인 측면을 고려하여 판단하면서 사법상 무효로 할 필요성이 큰 경우 이러한 행위를 기본적으로는 민법 제103조의 반사회질서의 법률행위로 보아 무효로 할 필요가 있다고 한다.[105]

본조 제2항에서 제작 또는 반입을 금지하고 있는 게임물은 공서양속에 반하는 게임물이다. 공서양속 위반유형을 정의관념에 반하는 행위, 인륜에 반하는 행위, 개인의 자유의 심각한 제한행위, 생존권의 위협행위, 사행행위 등으로 분류하거나[106] 공서양속의 위반유형을 공서양속이 누구의 이익을 보호하기 위한 것인가 하는 관점에서 공서양속이 ① 공공의 이익을 보호하기 위한 경우 ② 법률행위의 당사자 이외의 특정 제3자의 이익을 보호하기 위한 경우 ③ 법률행위의 당사자의 이익을 보호하기 위한 경우로 분류하기도 한다.[107] 어떠한 유형으로 분류하든 본조 본항에서 금지하고 있는 내용의 게임물은 공서양속을 위반하는 유형, 인륜에 반하는 행위 또는 공공의 이익을 보호하기 위한 경우에 해당된다. 따라서 이러한 게임물의 제작 또는 반입 계약은 공서양속 위반의 법률행위라고 볼 수 있고, 당사자간에 체결한 제작 또는 반입 계약은 민법 제103조에 반하여 무효라고 보아야 할 것이다.

본항에서 금지하고 있는 게임물을 제작 또는 반입한 자는 2년 이하의 징역 또는 2천만원 이하의 벌금에 처해진다. 본항은 게임물의 개발·제작과 유통에 있어 매우 강력한 규제조항이라고 할 수 있다. 게임물의 제작 등을 처음부터 금지하고 있어 이는 사실상 제작자·개발자의 자체 사전검열을 조장하는 것이고 결국 과도하게 창작과 표현의 자유를 침해하는 것이어서 위헌의 소지가 있다고 보여진다. 더욱이 사안의 중대성에도 불구하고 당해 조문은 매우 추상적인 규정만을 두고 있어 그 규제 범위가 명확하지 않다. 이는 죄형법정주의상 유추해석금지나 명확성의 원칙에 반하는 것이라 볼 수 있으므로 국민의 권익을 부당히 해하

관하여 대법원 1972.1.31. 선고 71다2399 판결은 이를 효력규정으로 보았으나, 그 후 대법원 1975.4.22. 선고 72다2161 전원합의체 판결로 단속규정으로 해석하여 견해를 바꾸었다.

105) 홍대식, "독점규제법상 불공정거래행위의 사법적 효력", 「사법논집(제30집)」, 법원행정처, 1999, 142-144면.

106) 편집대표 곽윤직, 「민법주해(II)」, 박영사, 2002, 219-221면.

107) 이러한 분류방식에 대한 자세한 사항은 편집대표 박준서, 앞의 책, 435-466면 참조.

는 것으로 향후 삭제 또는 수정되어야 할 것으로 보여진다.

관련 판례	대법원 2009.10.29. 선고 2009도7150 판결.

제33조(표시의무)

법　　률	제33조(표시의무) ① 게임물을 유통시키거나 이용에 제공할 목적으로 게임물을 제작 또는 배급하는 자는 당해 게임물마다 제작 또는 배급하는 자의 상호(도서에 부수되는 게임물의 경우에는 출판사의 상호를 말한다), 등급 및 게임물내용정보를 표시하여야 한다. ② 게임물을 유통시키거나 이용에 제공할 목적으로 게임물을 제작 또는 배급하는 자는 대통령령이 정하는 게임물에 대하여 게임물의 운영에 관한 정보를 표시하는 장치를 부착하여야 한다. ③ 제1항 및 제2항의 규정에 의한 표시의 방법 등에 관하여 필요한 사항은 대통령령으로 정한다.
시 행 령	제19조(게임물에 표시하는 상호 등의 표시방법) ① 법 제33조 제2항에 따라 게임물의 운영에 관한 정보를 표시하는 장치(이하 "운영정보표시장치"라 한다)를 부착하여야 하는 게임물은 게임제공업소용 게임물로서 법 제2조 제1호의2 가목부터 바목까지의 규정에 해당하는 게임물 및 법 제28조 제3호 단서에 따라 경품을 지급하는 게임물(위원회가 법 제21조에 따라 등급분류를 할 때 해당 게임물이 그 등급분류와 다르게 제작·유통 또는 이용제공될 우려가 없다고 확인한 경우는 제외한다)을 말한다. ② 법 제33조 제3항에 따라 게임물에 표시하여야 하는 상호, 등급 및 게임물내용정보의 표시와 운영정보표시장치의 표시방법 등은 별표 3과 같다. 다만, 제11조의4에 따른 게임물에 등급 및 게임물내용정보를 표시하는 경우에는 그러하지 아니하다.
시행규칙	제25조(게임물 운영정보표시장치의 인정 등) ① 삭제 〈2009.9.10〉 ② 게임물 운영정보표시장치를 제작하거나 공급하기 위하여 성능 등을 인정받으려는 자는 다음 각 호의 서류를 등급위원회에 제출하여야 한다. 1. 게임물 운영정보표시장치의 제작 및 공급 업무의 사업계획서 2. 정관(국내법인의 경우에만 해당하며, 외국법인의 경우에는 정관을 갈음하는 서류를 말한다) 3. 그 밖에 등급위원회가 정하는 서류 ③ 등급위원회는 제2항에 따라 성능 등을 인정받으려는 자에게 성능 등의 인정심사에 필요한 경비를 부담하게 할 수 있다. ④ 등급위원회의 성능 등의 심사절차 그 밖에 필요한 사항은 등급위원회가 정한다.

■ 입법 취지

게임물에 대한 등급분류의 운영취지는 게임물에 대하여 적절한 연령별 등급을 부여하여 게임을 이용하는 게임이용자의 학부모, 교사 등에게 게임 이용시 필요한 정보를 제공하여 게임 이용에 따른 선택권을 보장하고 청소년을 유해환경으로부터 보호하기 위한 것이라 볼 수 있다. 또한 게임을 직접 이용하는 게임이용자들에게 게임 관련 정보를 제공하고 스스로 게임에 대한 접근이나 이용 여부를 결정하는데 도움이 될 수 있도록 하기 위한 것이라고 볼 수 있다. 따라서 본조는 게임물 관련사업자에게 자신의 상호, 부여받은 등급 등 게임물과 관련된 정보를 표시하게 하여 이러한 목적이 달성될 수 있도록 하기 위한 것이라고 볼 수 있을 것이다.

■ 내용 해설

1. 상호, 등급 및 게임물내용정보 표시

게임물을 유통시키거나 이용에 제공하게 할 목적으로 게임물을 제작 또는 배급하고자 하는 자는 게임물을 제작 또는 배급하기 전에 게임물관리위원회로부터 게임물의 내용에 관하여 등급분류를 받아야 한다. 또한 게임물을 유통시키거나 이용에 제공할 목적으로 게임물을 제작 또는 배급하는 자는 당해 게임물마다 제작 또는 배급하는 자의 상호,[108] 등급(이하 "등급표시"라 한다) 및 게임물내용정보를 표시하여야 한다. 이와 같은 등급표시 및 게임물내용정보를 표시하여야 하는 게임물은 크게 아케이드 게임물, 온라인 게임물 및 모바일 게임물, PC 게임물 및 비디오 게임물로 분류된다.

가. 등급표시 내용 및 방법

(1) 아케이드게임물
아케이드게임물의 경우에는 게임물의 제명, 상호, 이용등급, 등급분류번호,

---

108) 도서에 부수되는 게임물의 경우에는 출판사의 상호를 표시하여야 한다.

제작 또는 배급된 게임물의 일련번호 및 제작연월일을 게임기의 외관 전면에 일정한 규격[109]으로 이용등급별로 지정된 글자체와 색채[110]로 표시하여야 한다. 또한 청소년이용불가 등급 아케이드게임물에 해당되는 경우에는 "이 게임물은 청소년이용불가 게임물로 18세 미만의 청소년은 이용할 수 없다."는 경고문을 게임이 시작하기 전에 게임이용자가 이를 볼 수 있게 표시하여야 한다.[111]

(2) 온라인 게임물 및 모바일 게임물

온라인 게임물 및 모바일 게임물의 경우에는 게임초기화면 우측 상단에 이용등급을 3초 이상 게임물의 제명, 상호, 이용등급, 등급분류번호, 제작연월일, 게임물제작업자 또는 배급업자의 신고번호 또는 등록번호를 표시하여야 한다.[112] 또한 온라인게임물의 경우에는 게임시간 1시간마다 이용등급이 3초 이상 표시되도록 하거나 이용자가 원하는 경우에는 등급을 확인할 수 있도록 하여야 한다. 다만, 전체이용가 게임물의 경우에는 초기화면이나 홈페이지 등에서 누구든지 이용등급을 알 수 있도록 표시한 때에는 등급 확인 기능을 제공하지 않아도 되며, 모바일 게임물 중 등급표시가 불가능한 게임물은 초기화면에 문자로 이용등급을 표시할 수 있다.

[이용등급 표시 방법]

전체이용가	12세이용가	15세이용가	청소년이용불가	평가용
ALL 전체이용가	12 12세이용가	15 15세이용가	18 청소년이용불가	TEST 평 가 용

---

109) 일체형 전자 게임물: 5 × 3센티미터, 일체형 게임물: 10 × 6센티미터
110) 바탕색 : 전체이용가 → 초록색 / 청소년이용불가 → 빨간색, 글씨: 검정색(명조체)
111) 기재된 내용을 쉽게 수정하지 못하도록 투명한 얇은 비닐재질 등을 이용하여 덧씌워야 하며, 기재내용을 가리지 않는 범위 내에서 도안 위에 게임물 제작업자 등의 상징이나 문양을 표시할 수 있다.
112) 이러한 표시를 함에 있어서는 등급분류에 따른 부연설명 즉, 당해 등급 미만자가 이용하기에 부적절한 게임이라는 취지가 포함된 설명을 화면의 4분의 1 크기 이상으로 표시하여야 한다.

(3) PC게임물 및 비디오게임물

PC게임물 및 비디오 게임물의 경우에는 게임물 포장의 표면에 누구든지 쉽게 인식할 수 있도록 게임물의 제명, 상호, 이용등급, 등급분류번호, 제작연월일, 게임물제작업자 또는 배급업자의 신고번호 또는 등록번호를 표시하여야 한다. 이용등급 표시는 온라인 게임물 및 모바일 게임물과 동일하다.

나. 게임내용정보 표시항목 및 표시방법[113]

법 제2조 제2호에서는 게임물내용정보를 "게임물의 내용에 대한 폭력성·선정성 또는 사행성의 여부 또는 그 정도와 그 밖에 게임물의 운영에 관한 정보"로 규정하고 있다. 이러한 게임물내용정보는 게임물의 내용을 게임이용자에게 알려주어 게임의 선택을 쉽게 할 수 있도록 숫자나 문자·부호 등으로 표시하는 것을 말하는 것으로, 연령에 따른 등급분류만으로는 게임물의 선택 정보가 불충분하다는 점에서 등급분류를 보완하고, 이용자 및 부모의 게임선택과 지도에 유용할 것으로 정보에 해당된다.

게임내용정보로 표시하여야 하는 항목은 선정성, 폭력성, 공포, 언의 부적절성, 약물, 범죄, 사행성[114]이며, 당해 게임물에 해당 항목에 대한 내용이 존재하는 경우에만 표시할 수 있다.

게임물관리위원회로부터 등급을 받은 모든 게임물은 서비스 또는 제작·배포를 할 경우에 게임물에 대한 내용정보를 표시하여야 한다. 게임물의 내용에 대한 폭력성, 선정성, 사행성 등의 여부나 정도에 관한 정보의 표시는 게임물관리위원회로부터 등급필증을 받을 때 표시되어 있는 내용 그대로 아래와 같이 표시를 하여야 한다.

---

113) 등급분류가 사행성 여부를 걸러내는 것과 별개로 실제 이용자 혹은 부모들이 적절하게 이용할 수 있도록 하는 데 보다 주력하고 있다는 점에서 게임내용에 대한 정보제공 역시 보다 자세하게 제공되어야 할 필요성이 있다.

114) 각 항목에 관한 세부기준에 관한 자세한 사항은 게임물관리위원회 등급분류 심의규정 제11조부터 제14조까지 참조.

[게임내용정보 표시항목]

선정성	폭력성	공포	언어의 부적절성	약물	범죄	사행성

해당 게임물이 아케이드게임물인 경우에는 게임기 외관 전면에 표시를 부착하여야 한다. 온라인게임물의 경우에는 게임초기화면에서 3초 이상 표시하여야 하며, 게임시간 1시간마다 게임물내용정보가 3초 이상 표시되도록 하거나 이용자가 원하는 경우에는 이를 확인할 수 있도록 하여야 한다. 다만, 전체이용가 게임물의 경우에 초기화면이나 홈페이지에서 게임물내용정보를 표시한 경우에는 확인 기능을 제공하지 않아도 된다. 모바일 게임물의 경우에는 게임 초기화면에서 3초 이상 표시하여야 하며, PC게임물 및 비디오게임물의 경우에는 게임물 포장의 표면에 누구든지 쉽게 인식할 수 있도록 표시하여야 한다.

게임물을 데이터방송을 통해 제공하는 경우 방송법 제33조에 따른 등급분류 및 표시 의무와 게임법상 등급 및 게임물내용정보 표시의무를 모두 이행하여야 하는지가 의문이다.

데이터 방송을 통하여 제공되는 게임물은 해당 콘텐츠가 노출되는 매체의 관점에서 볼 경우, 방송법상 데이터방송[115]에 해당되어 방송법의 적용대상으로 볼 수 있다. 그러나 송신되는 콘텐츠의 내용 자체만으로는 게임법상 게임물에 해당되어 게임법의 적용대상으로도 볼 수 있다. 이와 같이, 입법목적을 달리하는 법률들이 일정한 행위에 관한 요건을 각기 정하고 있는 경우, 판례는 "어느 법률이 다른 법률에 우선하여 배타적으로 적용된다고 풀이되지 아니하는 한 그 행위에 관하여 각 법률의 규정에 따른 인·허가를 받아야 할 것"이라고 하면서, "그

---

115) 방송법 제2조 제1호 다목: 데이터방송이란 방송사업자의 채널을 이용하여 데이터(문자·숫자·도형·도표·이미지 그 밖의 정보체계를 말한다)를 위주로 하여 이에 따르는 영상·음성·음향 및 이들의 조합으로 이루어진 방송프로그램을 송신하는 방송(인터넷 등 통신망을 통하여 제공하거나 매개하는 경우를 제외한다).

중 하나의 인·허가에 관한 관계 법령 등에서 다른 법령상의 인·허가에 관한 규정을 원용하고 있는 경우나 그 행위가 다른 법령에 의하여 절대적으로 금지되고 있어 그것이 객관적으로 불가능한 것이 명백한 경우 등에는 그러한 요건을 고려하여 인·허가 여부를 결정할 수 있다.”[116]라고 하여 각각의 법률에서 정하고 있는 사항이 중복 적용되는 것으로 보고 있다.

이와 같은 판례의 입장에 비추어 본다면, 방송법 및 게임법은 서로 다른 입법목적을 가지고 있어 동일한 사업자에 대한 규제라도 각기 달성하고자 하는 규제의 목적이 다르다 할 것이다. 또한 규제대상 사업자도 그 범위를 달리하고, 규제의 내용이 상이하면서도 상호 배타적으로 규정하고 있지 않고 있다. 따라서 데이터 방송을 통하여 제공되는 게임물의 경우에는 원칙적으로 방송법상의 등급분류 및 표시 의무뿐만 아니라 게임법상 등급 및 게임물내용정보를 표시할 의무를 부담하고 있다고 보는 것이 타당하다고 생각된다.

2. 게임물 운영정보표시 장치

시행령 제19조에 제1항에 따라 게임물의 운영에 관한 정보를 표시하는 장치 (Operation Information Display Device: OIDD, 이하 “운영정보표시장치”라 한다)를 부착하여야 하는 게임물은 법 제2조 제1호의2에서 정하고 있는 게임물(사행성게임물)과 법 제28조 제3호 단서에 따라 경품을 지급하는 게임물[117]들 중 게임물관리위원회가 등급분류시 해당 게임물이 그 등급분류와 다르게 제작·유통 또는 이용제공될 우려가 없다고 확인한 게임물을 제외한 모든 게임물에 부착하여야 한다. 이와 같이 법 제28조 제3호에 따라 운영정보표시장치 부착의무가 있는 게임물은 비록 사행성 게임물은 아니지만, 사행성 모사 정도가 커서 사행성을 조장할 우려가 있는 게임물들이라고 볼 수 있다.

이러한 게임물들에 대해서는 ① 1회의 게임이 진행되는 시간, ② 시간당 게임기에 투입할 수 있는 이용요금의 한도, ③ 회당 획득하는 최대점수, ④ 1인의 이용게임당 누적되는 최대점수가 표시되면서 게임물관리위원회로부터 그 성능 등

---

116) 대법원 2002.1.25. 선고 2000두5159 판결.
117) 게임물관리위원회가 법 제21조에 따라 등급분류를 할 때 해당 게임물이 그 등급분류와 다르게 제작·유통 또는 이용 제공될 우려가 없다고 확인한 경우는 제외된다.

을 인정받은 운영정보표시장치를 게임물에 부착하여야 한다.

　운영정보표시장치는 게임 본체와 지폐 인식기, 동전투입기(코인기) 사이에서 입수신호를 제어하는 역할을 수행하며, 하나의 게임기와 인증(등록절차) 후 다른 게임기에 장착하여 사용할 수 없다.

[청소년 이용불가 게임물용 운영정보표시장치 구성도]

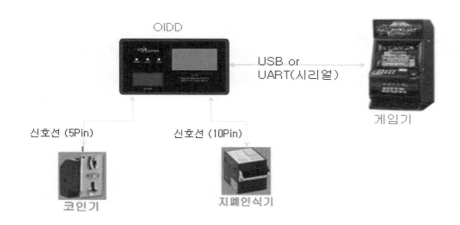

[전체이용가 경품 게임물용 운영정보표시장치 구성도]

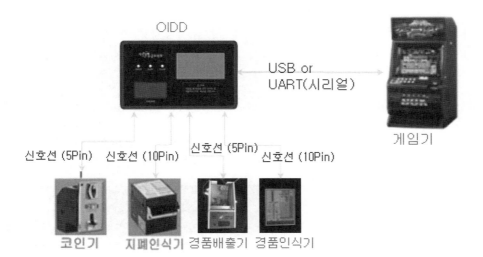

3. 게임물 유통 또는 이용제공 행위

게임물의 "유통"은 패키지 게임이나 콘솔 게임과 같이 게임물 자체를 이용자에게 판매·배포·대여 등의 방법으로 제공하는 것을 의미하며, 게임물의 "이용에 제공"은 아케이드게임이나 온라인게임과 같이 게임물 자체를 판매의 방법으로 제공하는 것이 아니라, 이용료 지불 등을 통해 게임물에 대한 정당한 이용권한을 취득한 자라면 누구나 이용할 수 있도록 게임물을 제공하는 것을 의미한다.

그러나 전술한 바와 같이 OIDD는 게임물이 구현되는 기기·장치에 부착을 전제로 하고 있다. 따라서 본호에서 의미하는 "이용에 제공"은 아케이드게임만을 의미한다고 보아야 하며, 온라인게임은 그 범주에 포함되지 않는다고 해석되는 것이 타당하다고 생각된다.

4. 벌칙 조항

본호를 위반하는 경우에는 법 제45조 제7호에 따라 2년 이하의 징역 또는 2천만원 이하의 벌금에 처해진다. 법 제45조 제7호는 "제33조의 규정을 위반하여 표시의무를 이행하지 아니한 게임물을 유통시키거나 이용에 제공한 자"를 행위규제 대상으로 하고 있다. 본조 "등급 및 게임물내용정보 표시"와 "운영정보표시장치 부착"의무 위반을 규제하고 있으나, 법 제45조 제7호는 "표시의무를 이행하지 아니한 게임물"이라고 하고 있어 "운영정보표시장치 부착"의무 위반은 그 규제대상이 아닌 것으로 해석될 여지를 두고 있다.

참고 조문	방송법 제2조 제1호 다목: 데이터방송이란 방송사업자의 채널을 이용하여 데이터(문자·숫자·도형·도표·이미지 그 밖의 정보체계를 말한다)를 위주로 하여 이에 따르는 영상·음성·음향 및 이들의 조합으로 이루어진 방송프로그램을 송신하는 방송(인터넷 등 통신망을 통하여 제공하거나 매개하는 경우를 제외한다.).

관련 판례	대법원 2002.1.25. 선고 2000두5159 판결.

제34조(광고 · 선전의 제한)

법　　률	제34조(광고 · 선전의 제한) ① 누구든지 다음 각 호의 행위를 하여서는 아니된다. 　1. 등급을 받은 게임물의 내용과 다른 내용의 광고를 하거나 그 선전물을 배포 · 게시하는 행위 　2. 등급분류를 받은 게임물의 등급과 다른 등급을 표시한 광고 · 선전물을 배포 · 게시하는 행위 　3. 게임물내용정보를 다르게 표시하여 광고하거나 그 선전물을 배포 · 게시하는 행위 　4. 게임물에 대하여 내용정보 외에 경품제공 등 사행심을 조장하는 내용을 광고하거나 선전물을 배포 · 게시하는 행위 ② 게임제공업, 인터넷컴퓨터게임시설제공업 또는 복합유통게임제공업을 하는 자는 사행행위와 도박이 이루어지는 장소로 오인할 수 있는 광고물로서 대통령령이 정하는 광고물을 설치 또는 게시하여서는 아니 된다.
시 행 령	제20조(광고 · 선전의 제한) 법 제34조 제2항에서 "대통령령이 정하는 광고물"이라 함은 다음 각 호의 매체 또는 수단을 이용한 광고물을 말한다. 　1. 「옥외광고물 등 관리법」 제2조 제1호에 따른 옥외광고물 　2. 「정보통신망 이용촉진 및 정보보호 등에 관한 법률」 제2조 제1항 제1호에 따른 정보통신망 　3. 「신문 등의 진흥에 관한 법률」 제2조 제1호 및 제2호에 따른 신문 · 인터넷신문 또는 「잡지 등 정기간행물의 진흥에 관한 법률」 제2조 제1호에 따른 정기간행물 　4. 「방송법」 제2조 제1호에 따른 방송 　5. 「전기통신기본법」 제2조 제1호에 따른 전기통신 　6. 전단지 · 견본 또는 입장권 　7. 비디오물 · 음반 · 서적 · 간행물 · 영화 또는 연극 　8. 그 밖에 문화체육관광부령이 정하는 매체 또는 수단

■ 입법 취지

　게임물의 내용은 등급분류를 위해 사전에 심사되고 있으나, 게임물의 광고 · 선전물의 경우 게임물관리위원회가 사전에 등급분류 받은 내용 및 등급 등과 동일하게 게임물이 광고·선전되고 있는지는 알 수 없다. 또한 게임물의 광고·선전물은 당해 게임물과 달리 청소년 등 일반 공중에게 쉽게 노출되는 특성을 지니고 있다. 본조는 게임물에 대한 등급분류 이후 유통되는 게임물이 심의 당시와 같은 상태로 적법하게 유통되고 있는지를 사후적으로 관리하여 자율적인 건전유통질서 확립을 유도하기 위한 것이라고 보아야 할 것이다.

■ 내용 해설

　　게임법은 게임산업 육성이라는 목적과 게임물에 대한 등급분류, 게임물 내용정보 표시, 게임물을 이용한 사행행위방지를 통해 게임산업의 발전을 목적으로 하고 있다. 게임법 제정 이전인 음비게법에서는 게임물의 광고·선전에 대해 사전심사제로 운영되어 왔으나, 게임물에 관한 법체계를 대폭적으로 개편하면서 게임물의 사전규제가 아닌 사후관리기능을 강화하여 게임법의 제정 목적인 게임산업 육성에 부합되도록 사후규제로 변경하였다. 본조에서의 게임물의 광고·선전의 제한은 게임산업이 발전하면서 게임중독이나 사행행위 조장 등의 게임의 역기능이 증가하고 있고 건전한 게임이용문화가 제대로 정착되지 못하고 있는 현실을 감안하여 건전한 게임문화의 조성을 위한 최소한의 제한이라 볼 수 있다.

　　본조는 크게 게임물의 내용에 대한 광고·선전 제한과 게임제공업자, 인터넷컴퓨터게임시설제공업자 또는 복합유통게임제공업자의 광고·선전을 제한하고 있다. 먼저, 제1항에서는 등급분류를 받은 게임물의 내용과 다른 내용의 광고를 하거나 그 선전물을 배포·개시하는 행위, 등급분류를 받은 게임물의 등급과 다른 등급을 표시한 광고·선전물을 배포·개시하는 행위, 게임물내용정보를 다르게 표시하여 광고하거나 그 선전물을 배포·개시하는 행위 및 게임물에 대하여 내용정보 외에 경품제공 등 사행심을 조장하는 내용을 광고하거나 선전물을 배포·개시하는 행위를 제한하고 있다. 즉, 제1항 제1호, 제3호 및 제4호에서는 광고행위와 그 선전물을 배포·개시하는 행위를 구분하여 금지하고 있고, 제2호에는 광고 또는 선전물을 배포·개시하는 행위를 금지하고 있다. 여기서의 광고는 온·오프라인에서 이루어지는 모든 광고를 의미하는 것이며, 게임물을 선전하기 위해 제작된 전단지 등을 배포하거나 게시하는 행위도 제한된다.

이러한 금지행위와 별도로, 법 제38조 제7항에서는 본조를 위반하여 정보통신망을 통하여 제공되는 배포·게시한 게임물의 광고·선전물에 해당되는 경우, 게임물관리위원회의 심의를 거쳐 「정보통신망 이용촉진 및 정보보호 등에 관한 법률」(이하 "정보통신망법"이라 한다) 제2조 제1항 제3호의 정보통신서비스제공자 또는 정보통신망법 제2조 제1항 제9호의 게시판[118]관리·운영자에게 이러한 게임물의 광고·선전물의 취급을 거부·정지 또는 제한하는 등의 시정권고 또는 시정명령을 할 수 있도록 하고 있다. 온라인상에서 게임물의 광고·선전물에 대해 정보통신망법이 아닌 게임법에 따라 정보통신서비스제공자 또는 게시판 관리·운영자에게 직접 그 취급 거부·정지 또는 제한할 수 있는 행정명령이 가능하도록 하는 것은 정보통신망법을 통한 취급 거부·정지 또는 제한의 한계와 정보통신망을 이용한 불법게임물 등의 전파의 용이성에 기인한 것이라고 볼 수 있다.

제2항에서는 게임제공업자(인터넷컴퓨터게임시설제공업자 또는 복합유통게임제공업자 포함)가 자신의 게임영업소를 사행행위와 도박[119]이 이루어지는 장소로 오인할 수 있는 광고물을 설치하거나 게시하는 것을 제한하고 있으며, 시행령에서는 광고가 가능한 대부분의 매체 내지 수단을 제한하고 있다. 이와 같이, 광고가 가능한 대부분의 매체 내지 수단을 제한하는 것은 게임중독이나 사행행위 조장 등으로 인하여 발생하는 게임의 역기능을 차단하여 건전한 게임이용문화가 정착되도록 한 것이라고 볼 수 있다.

본조를 위반하는 경우에는 법 제48조 제1항 제8호에 따라 1천만원 이하의 과태료에 처해진다. 행정질서벌인 과태료는 행정법규 위반 정도가 비교적 경미하여 직접적으로 행정목적이나 사회공익을 침해하는 것이 아니라 간접적으로 행정목적 달성에 장애를 줄 위험성이 있을 정도의 단순한 의무태만에 대하여 과하는 일종의 금전벌이다. 과태료는 간접적으로 행정상의 질서에 장애를 줄 우려가 있는 정도의 단순한 의무태만에 대하여 과하는 데에 반하여, 행정형벌은 직접적으로 행정목적이나 사회법익을 침해하는 경우에 과한다는 점에서 차이가 있으

---

118) "게시판"이란 그 명칭과 관계없이 정보통신망을 이용하여 일반에게 공개할 목적으로 부호·문자·음성·음향·화상·동영상 등의 정보를 이용자가 게재할 수 있는 컴퓨터 프로그램이나 기술적 장치를 말한다.

119) 도박이란 참여한 당사자가 재물을 걸고 우연한 승부에 의하여 재물의 득실을 다투는 것을 의미한다.

며, 과태료는 형벌이 아니므로 형법총칙의 규정이 자동적으로 적용되지는 않는다.[120] 또한 과태료는 전과로 되지 않으며 다른 형벌과 누범관계가 생기지 않는다. 그리고 과태료 부과에 있어서는 질서위반행위규제법에 따라 고의 또는 과실이 없는 질서위반행위는 과태료를 부과할 수 없다.

본조는 그 수범자를 "누구든지"로 하고 있어 본조에서 금지하고 있는 행위 즉, 제1항 제1호, 제3호 및 제4호에서 금지하고 있는 광고행위와 그 선전물을 배포·게시하는 행위, 제2호에서 금지하고 있는 광고 또는 선전물을 배포·게시하는 행위를 한 자 모두에게 과태료를 부과할 수 있다.

| 참고 조문 | 정보통신망 이용촉진 및 정보보호 등에 관한 법률 제2조 제1항 제3호: 정보통신서비스제공자란 「전기통신사업법」 제2조 제8호에 따른 전기통신사업자와 영리를 목적으로 전기통신사업자의 전기통신역무를 이용하여 정보를 제공하거나 정보의 제공을 매개하는 자를 말한다.
정보통신망 이용촉진 및 정보보호 등에 관한 법률 제2조 제1항 제9호: 게시판이란 그 명칭과 관계없이 정보통신망을 이용하여 일반에게 공개할 목적으로 부호·문자·음성·음향·화상·동영상 등의 정보를 이용자가 게재할 수 있는 컴퓨터 프로그램이나 기술적 장치를 말한다. |

---

120) 박균성, 「행정법 강의(제9판)」, 박영사, 2012, 414면.

제3절 등록취소 등 행정조치

 ## 제35조(허가취소 등)

법　률	제35조(허가취소 등) ① 시장·군수·구청장은 제25조 제1항의 규정에 의하여 게임제작업 또는 게임배급업의 등록을 한 자가 다음 각 호의 어느 하나에 해당하는 때에는 6월 이내의 기간을 정하여 영업정지를 명하거나 영업폐쇄를 명할 수 있다. 다만, 제1호 또는 제2호에 해당하는 때에는 영업폐쇄를 명하여야 한다. 1. 거짓 그 밖의 부정한 방법으로 등록한 때 2. 영업정지명령을 위반하여 영업을 계속한 때 3. 제25조 제2항의 규정을 위반하여 변경등록을 하지 아니한 때 4. 제28조의 규정에 의한 준수사항을 위반한 때 5. 제32조의 규정에 의한 불법게임물 등의 유통금지의무 등을 위반한 때 ② 시장·군수·구청장은 제26조의 규정에 의하여 게임제공업·인터넷컴퓨터게임시설제공업 또는 복합유통게임제공업의 허가를 받거나 등록 또는 신고를 한 자가 다음 각 호의 어느 하나에 해당하는 때에는 6월 이내의 기간을 정하여 영업정지를 명하거나 허가·등록취소 또는 영업폐쇄를 명할 수 있다. 다만, 제1호 또는 제2호에 해당하는 때에는 허가·등록취소 또는 영업폐쇄를 명하여야 한다. 1. 거짓 그 밖의 부정한 방법으로 허가를 받거나 등록 또는 신고를 한 때 2. 영업정지명령을 위반하여 영업을 계속한 때 3. 제26조 제1항 내지 제3항의 규정에 의한 허가·등록기준을 갖추지 아니한 때 4. 제26조 제4항의 규정에 의한 변경허가를 받지 아니하거나 변경등록·변경신고를 하지 아니한 때 5. 제28조의 규정에 따른 준수사항을 위반한 때 6. 제1항 제4호 및 제5호에 해당한 때 ③ 제1항 또는 제2항의 규정에 의하여 영업의 폐쇄명령 또는 허가·등록의 취소처분을 받은 자는 그 처분의 통지를 받은 날부터 7일 이내에 허가증 또는 등록증·신고증을 반납하여야 한다. ④ 제1항 및 제2항의 규정에 의한 행정처분의 세부기준은 그 위반행위의 유형과 위반의 정도 등을 고려하여 문화체육관광부령으로 정한다.

시행규칙	제26조(행정처분의 기준 등) ① 법 제35조 제4항에 따른 행정처분의 기준은 별표 5와 같다. ② 시장·군수·구청장은 행정처분을 한 때에는 그 사실 및 내용을 공고하고, 별지 제19호서식의 행정처분기록대장에 그 내용을 기록하여야 한다.

■ 입법 취지

본조는 게임물 관련사업자가 게임법상의 의무를 위반한 경우에 의무위반에 따른 제재를 가하여 간접적으로 게임법상의 의무이행을 강제하여 게임법의 실효성 담보를 그 목적으로 하고 있다.

■ 내용 해설

영업활동의 개시에 대한 규제수단으로는 신고제, 등록제, 허가제 및 특허제가 있다. 이 중 어떠한 수단을 택할 것인지는 대상 영업의 성격 및 규제의 필요를 고려하여 정하게 된다. 게임법에서는 허가제 및 등록제를 기본적으로 취하면서 예외적으로 신고제를 취하고 있다. 이하에서는 이러한 규제수단의 의미를 간략하게 분설하고, 본조를 살펴보기로 한다.

허가[121]란 법령에 의한 일반적인 상대적 금지를 일정한 요건을 갖춘 경우에 해제하여 일정한 행위를 적법하게 할 수 있게 하는 행정행위로서 상대방의 신청을 필수적 전제조건으로 한다. 허가의 법적 성질에 관한 통설 및 판례는 명령적 행위설[122]로 보고 있으나, 형성적 행위[123]라고 보는 견해가 유력해지고 있다. 허가는 인간의 자유권을 공익목적상 제한하고, 일정한 요건을 충족시키는 경우에 회복시켜 주는 행위이므로 허가요건을 충족하였는데도 불구하고, 허가를 거부하

---

121) 허가라는 개념은 실정법상으로도 사용되나, 허가 이외에 면허, 인가, 승인 등이 용어가 실무상 사용되고 있다.

122) 명령적 행위설은 허가는 권리를 설정하여 주는 행위가 아니라 인간이 본래 가지고 있는 자연적 자유를 회복시켜 주는 것에 불과한 것이라고 본다.

123) 형성적 행위설은 허가는 단순히 자연적 자유를 회복시켜주는 데 그치는 것이 아니라 적법하게 일정한 행위를 할 수 있는 법적 지위를 창설하여 주는 것이라고 본다.

는 것은 정당한 사유 없이 헌법상 자유권을 제한하는 것에 해당되므로 기속행위라고 보아야 한다. 다만, 중대한 공익의 고려가 필요한 경우가 있는 경우에는 그 한도내에서 재량권이 인정되고 있다.

허가는 일반적 금지의 해제로서 허가받지 않은 행위는 위법이고 따라서 행정형벌에 처해지는 것이 일반적이나, 등록은 등록하지 않고 하는 영업이 그 자체는 불법이지만, 등록의무를 이행하지 않은 것에 대하여 행정질서벌인 과태료가 부과되는 것이 원칙이다.

등록이란 영업개시의 규제수단으로서, 그 법적 성격은 일정한 사실 또는 법률관계의 인식의 표시인 공증행위이다. 등록은 법률에서 정한 등록요건을 갖춘 등록신청에 대하여 행정기관은 등록을 해 주어야 하는 기속행위이며, 재량이 인정되지 않는다.

신고라 함은 사인이 행정기관에게 일정한 사항에 대하여 통지하는 행위로서, 일반게임제공업의 허가를 받은 자와 청소년게임제공업 또는 인터넷컴퓨터게임시설제공업의 등록을 한 자가 복합유통게임제공업을 영위하기 위해 시장·군수·구청장에게 하는 신고행위는 의무적 신고행위이며, 행정청의 수리를 요하는 신고제로 볼 수 있다. 이러한 신고제는 허가제의 성격을 가진다.

본조 제1항은 게임제작업 및 게임배급업자의 영업정지 또는 영업폐쇄를 규정하면서, 게임제작업자 등이 제1호를 위반한 경우에는 영업폐쇄명령을 하도록 규정한 것은 제1호가 게임제작업 등록요건에 있어 중대한 사유에 해당되기 때문이다. 따라서 제1호는 당연 영업폐쇄명령사유에 해당되며, 제3호 내지 제5호는 영업정지사유에 해당되나, 게임제작업자 등이 제3호 내지 제5호를 고의로 위반한 경우에는 영업폐쇄명령이 가능하다. 본조 제2항은 게임제공업자·인터넷컴퓨터게임시설제공업자 또는 복합유통게임제공업자의 영업정지, 영업폐쇄 또는 허가·등록취소를 규정하고 있다. 본조 제2항 제1호는 중대한 위반행위로서 당연취소사유이며, 제3호 내지 제6호의 임의취소사유에 해당된다. 영업허가·등록을 취소하는 경우에는 행정절차법 제22조에 따라 게임제공업자 등의 의견을 듣는 의견제출 기회를 주어야 한다.[124]

법 제45조 제8호에서는 본조 제1항 제1호 또는 제2항 제1호의 규정에 의한

---

124) 본조 제1항 및 제2항에 따른 행정처분의 세부기준은 시행규칙 제26조 제1항에 따른 [별도 5. 행정처분의 기준] 참조.

거짓 그 밖의 부정한 방법으로 등록·허가·신고를 한 자에게 2년 이하의 징역 또는 2천만원 이하의 벌금에 처할 수 있도록 하고 있다. 또한, 법 제45조 제9호에 서는 본조 제2항 제2호의 규정에 의한 영업정지명령을 위반하여 영업을 한 자에 게 2년 이하의 징역 또는 2천만원 이하의 벌금에 처할 수 있도록 하고 있다. 이와 같이, 그 처벌규정을 달리하고 있는 것은 전술한 바와 같이 부정한 방법으로 등 록·허가·신고를 하는 행위는 게임법의 중대한 위반행위에 해당된다고 보기 때 문이다.

법 제46조 제5호에서는 본조 제1항 제2호의 규정에 의한 영업정지명령을 위 반하여 영업을 한 경우, 1년 이하의 징역 또는 1천만원 이하의 벌금에 처할 수 있 도록 하고 있으나, 본조 제2항 제2호를 위반하는 경우에는 제1항 제2호 위반행위 보다 그 형량이 높다. 이와 같이 동일하게 영업정지명령을 위반하여 영업을 계속 하는 행위에 대해 그 형량을 달리 정하고 있는 이유는 게임제공업자 등은 직접적 으로 게임이용자에게 게임물을 제공하기 때문에 게임이용자에게 미치는 영향이 더 크기 때문이다.

참고 조문	행정절차법 제22조(의견청취) ① 행정청이 처분을 할 때 다음 각 호의 어느 하 나에 해당하는 경우에는 청문을 한다. 1. 다른 법령 등에서 청문을 하도록 규정하고 있는 경우 2. 행정청이 필요하다고 인정하는 경우 ② 행정청이 처분을 할 때 다음 각 호의 어느 하나에 해당하는 경우에는 공 청회를 개최한다. 1. 다른 법령 등에서 공청회를 개최하도록 규정하고 있는 경우 2. 해당 처분의 영향이 광범위하여 널리 의견을 수렴할 필요가 있다고 행정 청이 인정하는 경우 ③ 행정청이 당사자에게 의무를 부과하거나 권익을 제한하는 처분을 할 때 제1항 또는 제2항의 경우 외에는 당사자 등에게 의견제출의 기회를 주어야 한다. ④ 제1항부터 제3항까지의 규정에도 불구하고 제21조 제4항 각 호의 어느 하나에 해당하는 경우와 당사자가 의견진술의 기회를 포기한다는 뜻을 명 백히 표시한 경우에는 의견청취를 하지 아니할 수 있다. ⑤ 행정청은 청문·공청회 또는 의견제출을 거쳤을 때에는 신속히 처분하 여 해당 처분이 지연되지 아니하도록 하여야 한다. ⑥ 행정청은 처분 후 1년 이내에 당사자 등이 요청하는 경우에는 청문·공 청회 또는 의견제출을 위하여 제출받은 서류나 그 밖의 물건을 반환하여야 한다.

제36조(과징금 부과)

법　률	제36조(과징금 부과) ① 시장·군수·구청장은 게임제공업·인터넷컴퓨터게임시설제공업 또는 복합유통게임제공업을 하는 자가 다음 각 호의 어느 하나에 해당하여 영업정지처분을 하여야 하는 때에는 대통령령이 정하는 바에 따라 그 영업정지처분에 갈음하여 2천만원 이하의 과징금을 부과할 수 있다. 1. 제26조 제1항·제2항 또는 제3항 본문의 규정에 따른 허가기준·등록기준을 갖추지 아니한 때 2. 제28조 제4호 내지 제8호의 규정에 의한 준수사항을 위반한 때 ② 시장·군수·구청장은 제1항의 규정에 의하여 과징금으로 징수한 금액에 상당하는 금액을 다음 각 호의 용도에 사용하여야 하며 매년 다음 연도의 과징금운용계획을 수립·시행하여야 한다. 1. 건전한 게임물의 제작 및 유통 2. 게임장의 건전화 및 유해환경 개선 3. 모범영업소의 지원 4. 불법게임물 및 불법영업소의 지도·단속활동에 따른 지원 5. 압수된 불법게임물의 보관장소 확보 및 폐기 ③ 시장·군수·구청장은 제1항의 규정에 의한 과징금을 납부하여야 할 자가 납부기한까지 이를 납부하지 아니하는 때에는 지방세 체납처분의 예에 따라 이를 징수한다. 　시장·군수·구청장은 제1항의 규정에 의한 과징금을 납부하여야 할 자가 납부기한까지 이를 납부하지 아니하는 때에는「지방세외수입금의 징수 등에 관한 법률」에 따라 징수한다.125) ④ 제1항의 규정에 의하여 과징금을 부과하는 위반행위의 종별·정도 등에 따른 과징금의 금액과 그 부과절차 등에 관하여 필요한 사항은 문화체육관광부령으로 정한다.
시 행 령	제21조(과징금) 법 제36조 제1항에 따른 영업정지에 갈음하는 과징금 부과처분은 해당 영업자의 영업이 건전한 게임문화의 조성에 지장을 초래하지 아니하는 경우에 한하여 부과할 수 있다.
시행규칙	제27조(과징금의 금액산정기준 등) ① 법 제36조 제1항에 따라 부과하는 과징금의 금액산정기준은 별표 6과 같다. ② 시장·군수·구청장은 위반행위의 정도·위반횟수 및 위반행위의 동기와 그 결과 등을 참작하여 제1항에 따른 과징금 금액의 2분의 1의 범위 안에서 가중 또는 경감할 수 있다. 다만, 가중하는 경우에도 과징금의 총액은 2천만원을 초과할 수 없다.

> 제28조(과징금의 부과 및 납부) ① 시장·군수·구청장은 법 제36조 제4항에 따라 과징금을 부과하려는 때에는 그 위반행위의 내용과 과징금의 금액 등을 명시하여 이를 납부할 것을 서면으로 통지하여야 한다.
> ② 제1항에 따라 통지를 받은 자는 20일 이내에 시장·군수·구청장이 정하는 수납기관에 과징금을 납부하여야 한다. 다만, 천재지변이나 그 밖의 부득이한 사유로 그 기간 내에 과징금을 납부할 수 없는 때에는 그 사유가 없어진 날부터 7일 이내에 납부하여야 한다.
> ③ 제2항에 따라 과징금을 받은 수납기관은 납부자에게 영수증을 교부하여야 한다.
> ④ 과징금의 수납기관은 제2항에 따라 과징금을 받았을 때에는 지체 없이 그 사실을 시장·군수·구청장에게 통보하여야 한다.
> ⑤ 시장·군수·구청장은 과징금의 부과·징수에 관한 사항을 기록·관리하여야 한다.
> 제29조(과징금의 운용계획) 시장·군수·구청장은 법 제36조 제2항에 따라 매년 10월 31일까지 다음 연도의 과징금 운용계획을 수립·시행하여야 한다.

▪ 입법 취지

행정의 상대방이 행정법상의 의무를 위반한 경우에 행정기관이 행정의 상대방에게 의무위반에 따른 제재를 가하여 간접적으로 행정법상의 의무이행을 강제하여 행정법규의 실효성을 담보하는 것이 필요하다. 게임법은 행정법규의 일종으로서 본조는 게임법 위반자에게 게임법상의 의무이행을 간접적으로 강제하기 위해 둔 전형적인 행정법규 실효성 담보규정이라 볼 수 있다.

▪ 내용 해설

과징금이란 행정법규의 위반이나 행정법상의 의무 위반으로 경제상의 이익을 얻게 되는 경우에 당해 위반으로 인한 경제적 이익을 박탈하기 위하여 그 이익액에 따라 행정기관이 과하는 행정상 제재금을 말한다.[126] 현행법상 과징금은 크게 경제적 이익 환수 과징금, 영업정지 대체 과징금, 순수한 금전적 제재로서

---

125) 이 규정은 2014년 8월 7일부터 시행된다.
126) 박균성, 「행정법 강의(제9판)」, 박영사, 2012, 419면.

의 과징금으로 유형을 구분할 수 있다.

과징금은 행정법규의 위반으로 발생하는 경제적 이득을 박탈함으로써 행정법규 위반행위를 방지하는 효과를 갖는다. 과징금 부과행위의 법적 성질은 침해적 행정행위이다. 따라서 과징금 부과처분에는 원칙상 행정절차법이 적용되고, 과징금 부과처분은 항고쟁송의 대상이 된다. 과징금은 형정법규상의 의무위반·불이행에 대해 가해진다는 점에서 형사벌과 다르고, 행정법규상 의무위반·불이행에 대해 가해지더라도 성질상 처벌은 아님으로 행정벌과 구별된다.

본조에서 정하고 있는 영업정지처분을 대신하는 과징금 제도는 자동차운수사업, 도시가스사업, 해운업, 유선방송업 등 영업정지처분을 할 경우 이용자인 국민이 심한 불편을 겪게 되어 오히려 공익을 해칠 우려가 있는 공익성이 강한 사업을 대상으로 하여 도입되어 운영되고 있다. 영업정지처분을 대신하는 과징금 제도의 취지는 그 사업을 이용하는 일반국민에게 불편을 끼치는 것을 막기 위한 것이고, 이를 공익성이 약한 사업 분야까지 확대하면 영업정지처분이 갖던 제재 효과를 충분히 달성하기 어려워지고 위법행위를 조장하는 측면도 있게 된다. 따라서 영업정지처분을 대신하는 과징금 제도는 이용자의 편의나 국민경제에 악영향을 초래하는 등 공익을 해칠 우려가 있는 경우에만 한정하여 도입하는 것을 원칙으로 한다.

본조 제1항 각호에서는 게임제공업·인터넷컴퓨터게임시설제공업 또는 복합유통게임제공업자가 각 영업 허가 내지 등록 후 허가기준[127]·등록기준[128]에서 정한 사항을 임의로 변경하여 허가기준·등록기준에 부합되지 않는 경우에는 영업정지에 갈음한 과징금을 부과할 수 있도록 하고 있다.[129] 이러한 영업정지에 갈음하는 과징금은 변형된 과징금으로, 통상 변형된 과징금은 행정법규 위반자인 사업자의 영업을 정지함으로써 시민 등이 큰 불편을 겪거나 국민경제에 적지 않은 피해를 주는 등 공익을 해할 우려가 있는 경우에 이러한 문제를 고려하

---

127) 시행령 제15조의2 제1항에서 정한 일반게임제공업 허가 관련 시설기준(별표 1의2) 참조.

128) 시행규칙 제20조에서 정한 시설기준(별표 4) 참조.

129) 과징금의 금액산정기준(제27조 관련)

처분대상	영업정지 1일에 해당하는 과징금 금액
일반게임제공업자, 복합유통게임제공업자	100,000원
청소년게임제공업자, 인터넷컴퓨터게임시설제공업	50,000원

※ 비고: 영업정지 1월은 30일을 기준으로 한다.

여 영업정지 대신 그 영업으로 인한 이익을 박탈하는 과징금을 부과할 수 있도록 하는 것이다.

그러나 본조 제1항 각호에서 정하고 있는 사항들 즉, 게임제공업의 허가·등록기준과 청소년 보호 관련 사항들을 위반한 게임제공업자 등에게 영업정지를 명하는 것이 국민경제에 피해를 주는 것 등 공익을 해한다고는 볼 수 없다. 즉, 법 제26조에서의 게임제공업의 허가 등은 게임제공업소에서 사행성 조장행위 내지 사행행위의 방지 등 건전한 게임문화 조성을 목적으로 하고, 법 제28조 제4호 내지 제8호에서 게임물 관련 사업자가 준수하여야 하는 사항은 청소년 보호를 그 골자로 하고 있다. 따라서 본조 제1항 각호에서 정한 사항들을 위반한 게임제공업자 등에게 영업정지에 갈음하는 변형된 과징금을 부과하기보다는 제35조에 따른 영업정지 내지 영업폐쇄를 명하는 것이 타당하다. 이러한 이유로 본조 시행령 제21조에서도 영업정지에 갈음하는 과징금 부과처분은 해당 영업자의 영업이 건전한 게임문화의 조성에 지장을 초래하지 아니하는 경우에 한하여 부과할 수 있도록 하여, 행정기관의 재량권을 제한하고 있다.

과징금 부과처분은 그것이 단독적인 금전 부과처분이든 영업정지 처분에 갈음하는 금전부과 처분이든 불이익 처분에 해당되므로 행정절차법 제22조에 따른 의견청취 절차를 거쳐야 한다. 그러나 본조의 과징금 부과처분은 영업정지처분을 대신하는 것이므로 별도의 이의신청이나 청문절차를 거치지 않는다. 과징금을 부과하는 경우에는 서면에 그 위반행위의 내용과 과징금의 금액 등을 명시하여 게임제공업자 등에게 통지하여야 하며, 통지를 받은 게임제공업자 등은 통지받은 날로부터 20일 이내에 과징금을 납부하여야 한다. 만약, 과징금 부과처분을 받은 게임제공업자 등이 기한 내에 과징금을 납부하지 않는 경우에는 지방세기본법 제5장(제91조부터 제98조까지)에서 정한 방법에 따라 게임제공업자 등의 재산의 압류 등 강제징수절차를 통하여 부과된 과징금을 징수할 수 있다. 이러한 체납처분은 행정상 강제집행의 하나에 해당된다. 과징금은 다른 공과금과 그 밖의 채권에 우선하는 최우선 변제 채권에 해당된다.

이와 같이 과징금 부과처분에 따라 징수한 과징금은 지방세에 편입되어 무계획적인 사용을 방지하기 위해 본조 제2항에서 정한 용도로만 사용할 수 있도록 제한하고 있으며, 과징금 부과처분권자인 시장·군수·구청장은 매년 과징금 운용계획을 수립하여 시행하여야 한다.

제37조(행정제재처분의 효과승계)

법　률	제37조(행정제재처분의 효과승계) ① 제29조 제1항의 규정에 의하여 영업자의 지위를 승계하는 경우 종전의 영업자에게 제35조 제1항 각 호 또는 제2항 각 호의 위반을 사유로 행한 행정제재처분의 효과는 그 행정처분일부터 1년간 영업자의 지위를 승계받은 자에게 승계되며 행정제재처분의 절차가 진행 중인 때에는 영업자의 지위를 승계받은 자에게 행정제재처분의 절차를 속행할 수 있다. 다만, 양수인·상속인 또는 합병 후 존속하는 법인이 양수 또는 합병 시에 그 처분 또는 위반사실을 알지 못한 경우에는 그러하지 아니하다. ② 제29조 제2항의 규정에 의하여 영업자의 지위를 승계하는 경우 폐업신고 전에 제35조 제1항 각 호 또는 제2항 각 호의 위반을 사유로 행한 행정제재처분의 효과는 그 행정처분일부터 1년간 영업자의 지위를 승계받은 자에게 승계되며 행정제재처분의 절차가 진행 중인 때에는 영업자의 지위를 승계받은 자에게 행정제재처분의 절차를 속행할 수 있다.

■ **입법 취지**

　　본조는 게임물 관련사업자가 등록·신고사항 등을 허위로 하거나 행정처분을 이행하지 않는 경우 또는 게임물을 제공하면서 준수하여야 하는 사항이나 불법적으로 게임물을 유통함으로 인하여 발생한 행정처분을 회피하는 것을 방지함과 아울러 행정처분의 효과가 해당 영업·장소의 양수인 또는 승계인에게 승계되도록 함으로써 행정처분의 실효성 확보를 그 목적으로 하고 있다고 볼 수 있다.

■ **내용 해설**

　　영업의 양도·양수는 본래 상법의 규율 대상이나, 행정법에서도 영업의 양도·양수에 관한 규정을 두는 경우가 있다. 이는 영업허가의 요건과 절차가 매우 복잡한 경우 새로운 영업자가 다시 영업허가를 받아야 하는 번거로움을 덜어 주기 위한 경우와 종전의 영업자에 대한 행정처분의 효과가 새로운 영업자에게 승계되도록 하기 위한 경우로 구분할 수 있다. 영업의 양도·양수를 인정할 것인지는 영업허가의 성격이 무엇인지에 따라 결정된다. 일반적으로 대인적 허가의 경우 그 효과는 허가를 받은 자의 일신전속성으로 인하여 다른 사람에게 이를 양도할 수 없으나, 대물적 허가는 허가 신청인이 갖추고 있는 물적 설비, 지리적 여건 등 객관적 사정에 의하여 부여되므로 양도가 가능하다. 혼합적 허가는 허가 신청인의 자격·기능 등과 물적 설비 등 객관적 사정을 함께 심사하여 부여되므로 법령에 규정이 있는 경우에만 다른 사람에게 양도할 수 있다.

　게임제공업 등의 허가·등록 등은 대물적 허가에 해당되어 본조에서의 행정처분 효과의 승계는 행정법상의 행정처분 효과의 승계를 규정하고 있는 것이다. 본조에서 정한 행정처분 효과의 승계 유형은 두 가지로 구분된다. 즉, 게임물 관련사업자가 자신의 영업을 양도하거나 법인간의 합병, 상속 등 법률상 지위를 포괄 승계하는 경우(이하 "포괄승계형"이라 한다)와 게임물 관련 사업자의 폐업신고로 인하여 허가가 취소되거나 등록 또는 신고가 말소된 경우(이하 "폐업신고유형"이라 한다)로 구분할 수 있다.

　포괄승계형은 종전의 영업자가 법 제35조 제1항 각호 또는 제2항 각호를 위반하여 행정기관으로부터 받은 행정처분의 효과는 그 행정처분일부터 1년간 양수인에게 승계되며, 행정처분절차 진행 중 승계된 경우 행정기관은 양수인에게 행정처분절차를 속행할 수 있다. 법 제35조 위반에 따른 허가 등의 취소는 행정행위 중 대물적 행정행위에 해당된다. 이러한 대물적 행정행위는 상대방의 주관적 사정을 고려하지 않고, 행위의 대상인 물건이나 시설의 객관적 사정에 착안하여 행해지는 행정행위이다. 대물적 행정행위가 침해적 행정행위[130]에 해당되는 경우에는 그 효과가 명문 규정 없이도 제3자에게 승계되는지 여부에 대해서는 제한적 부정설과 긍정설이 대립하고 있다.

　제한적 부정설은 행정목적의 신속한 실현 목적과 사적 거래의 안전 및 선의의 양수인이 보호의 요청을 조화시키는 해결을 하여야 하므로 승계인이 선의·무과실인 경우에는 명문 규정이 없는 한 행위의 효과가 승계되지 않는 것으로 보

---

130) 대물적 행정행위 중 그 행정행위가 수익적 행정행위인 경우에는 그 효과가 승계되며, 이에 관한 학설 대립은 없다.

고 있다. 이에 반하여, 긍정설은 침해적 처분의 이유가 된 처분대상 물건의 객관적 사정은 변함이 없기 때문에 행정기관은 행정목적의 실현을 위하여 동일한 내용의 침해적 행정처분을 하지 않을 수 없을 것이고, 동일한 행정처분을 반복하는 번거로움을 피하는 것이 바람직하다고 하여 효과의 승계를 인정하는 것이 타당하다고 보고 있다. 판례는 긍정설을 취하고 있다.131)

본조 제1항은 양수인·상속인 또는 합병 후 존속하는 법인이 양수 또는 합병 시에 그 처분 또는 위반사실을 알지 못한 경우 즉, 승계인이 선의·무과실인 경우에는 양수인에 대한 행정처분 내지 진행 중인 행정처분절차가 승계되지 않는 것으로 하고 있다. 따라서 본조 제1항은 대물적 행정행위 중 침해적 행정행위에 대한 학설 중 제한적 부정설에 따라 입법된 것으로 볼 수 있다.

폐업신고유형은 영업자가 자진하여 폐업신고를 함에 따라 허가가 취소되거나 등록 또는 신고가 말소되었음에도 동일한 장소에서 동일·유사한 게임물 관련 영업을 다시 하는 것을 방지하기 위한 목적으로 볼 수 있다. 즉, 법 제35조 제1항 각호 또는 제2항 각호의 위반으로 인하여 행정기관의 행정처분이 예상되어 영업자가 이러한 행정처분을 회피할 목적으로 폐업신고를 하고, 영업자의 명의만 변경하여 동일한 장소에서 동일·유사한 게임물 관련 영업을 하는 것을 방지하기 위한 것이다. 만약 이러한 명의변경행위에 대해 행정처분이 승계되지 않는 경우, 명의변경 영업의 실질적인 단속이 불가능한 것이 현실이므로 행정처분의 실효성 확보 측면에서 필요한 행정처분의 효과 승계라 볼 수 있다.

행정기관은 영업자가 법 제35조 제1항 각호 또는 제2항 각호를 위반하여 영업정지처분을 하였음에도 불구하고, 영업자가 영업정지처분 후 영업정지기간이 종료되기 전에 자진하여 폐업신고서를 제출하는 경우 이러한 폐업신고가 형식적 요건을 결하지 아니하는 한, 게임장이 영업정지기간 중에 있음을 이유로 폐업신고서의 수리를 거부할 수 없다.132) 왜냐하면, 법 제26조 제2항에 따른 청소년게임제공업 또는 인터넷컴퓨터게임시설제공업의 등록은 영업자의 신청에 의하여 이루어지게 되는데, 등록은 법률에서 정한 등록요건을 갖춘 등록신청에 대하여 행정기관은 등록을 해주어야 하는 기속행위이기 때문이다. 또한 영업자가 등록한 영업을 폐업한 경우 그 등록은 당연히 실효되는 것으로 영업자가 행정기관에

---

131) 박균성, 「행정법 강의(제9판)」, 박영사, 2012, 217면.
132) 법제처 법령해석례 06-0353, 2007.1.22.

법 제30조 제1항 따른 폐업신고서를 제출한 경우 당해 폐업신고는 폐업의 사실을 알리는 통지행위로서 행정기관은 폐업신고서의 제출이 형식적 요건을 갖춘 경우에는 이러한 행위를 유효한 행위로 간주하여 패업신고서를 수리하여야 한다. 그러나 제3자가 영업정지처분 등 행정처분이 내려진 동일한 장소에 종전 게임장과 동일한 업종이 아닌 별개의 업종을 영위하기 위하여 신규업종의 등록신청을 하는 경우, 종전 게임장 영업정지처분 등 행정처분은 행정행위 중 대물적 행정행위이므로 별개의 업종에 해당되는 신규업종 등록신청자에게 종전의 영업정지처분의 효력은 승계되지 않는다.

폐업신고유형도 포괄승계형과 동일하게 종전의 영업자가 법 제35조 제1항 각호 또는 제2항 각호에 위반하여 행정기관으로부터 받은 행정처분의 효과는 그 행정처분일부터 1년간 양수인에게 승계되며, 행정처분절차 진행 중 승계된 경우 행정기관은 양수인에게 행정처분절차를 속행할 수 있다.

| 법제처 법령해석례 | 06-0353, 2007.1.22. |

제38조(폐쇄 및 수거 등)

법 률	제38조(폐쇄 및 수거 등) ① 시장·군수·구청장은 제25조 또는 제26조의 규정에 따른 허가를 받지 아니하거나 등록 또는 신고를 하지 아니하고 영업을 하는 자와 제35조 제1항 또는 제2항의 규정에 의하여 영업폐쇄명령을 받거나 허가·등록 취소처분을 받고 계속하여 영업을 하는 자에 대하여는 관계공무원으로 하여금 그 영업소를 폐쇄하기 위하여 다음 각 호의 조치를 하게 할 수 있다. 1. 당해 영업 또는 영업소의 간판 그 밖의 영업표지물의 제거·삭제 2. 당해 영업 또는 영업소가 위법한 것임을 알리는 게시물의 부착 3. 영업을 위하여 필요한 기구 또는 시설물을 사용할 수 없게 하는 봉인 ② 제1항의 조치를 함에 있어서는 미리 당해 영업자 또는 그 대리인에게 서면으로 이를 알려 주어야 한다. 다만, 대통령령이 정하는 급박한 사유가 있는 경우에는 그러하지 아니하다. ③ 문화체육관광부장관, 시·도지사 또는 시장·군수·구청장은 유통되거나 이용에 제공되는 게임물 또는 광고·선전물 등이 다음 각 호의 어느 하나에 해당하는 때에는 이를 수거하거나 폐기 또는 삭제할 수 있다. 다만, 제2호의 경우 「사행행위 등 규제 및 처벌특례법」에 의한 사행행위영업을 하는 경우를 제외한다. 1. 등급분류를 받지 아니하거나 등급분류를 받은 것과 다른 내용의 게임물 1의2. 시험용 게임물로서 제21조 제1항 제3호의 대통령령이 정하는 대상·기준과 절차 등을 위반한 게임물 2. 사행성게임물에 해당되어 등급분류가 거부된 게임물 2의2. 제2조 제6호 다목의 대통령령이 정하는 종류 및 방법 등을 위반하여 제공된 게임물 3. 제25조의 규정에 의하여 등록을 하지 아니한 자가 영리의 목적으로 제작하거나 배급한 게임물 4. 제34조의 규정을 위반하여 배포·게시한 광고·선전물 5. 게임물의 기술적 보호조치를 무력하게 하기 위하여 제작된 기기·장치 및 프로그램 ④ 제3항의 규정에 의하여 관계공무원이 당해 게임물 등을 수거한 때에는 그 소유자 또는 점유자에게 수거증을 교부하여야 한다. 다만, 수거증의 인수를 거부한 경우에는 그러하지 아니하다. ⑤ 문화체육관광부장관, 시·도지사 또는 시장·군수·구청장은 제3항 각 호의 게임물 등에 대한 단속을 함에 있어서 필요한 때에는 협회 등에 협조를 요청할 수 있으며 협조요청을 받은 협회 등은 이에 따라 필요한 협조를 하여야 한다.

	⑥ 제1항 및 제3항의 규정에 의하여 게시물의 부착·봉인·수거·폐기 등의 처분을 하는 관계 공무원이나 협회 등의 임·직원은 그 권한을 표시하는 증표를 지니고 이를 관계인에게 내보여야 한다. ⑦ 문화체육관광부장관은 정보통신망을 통하여 제공되는 게임물 또는 광고·선전물 등이 제3항 각 호의 어느 하나에 해당하는 경우「정보통신망 이용촉진 및 정보보호 등에 관한 법률」제2조 제1항 제3호의 정보통신서비스제공자 또는 같은 항 제9호의 게시판을 관리·운영하는 자로 하여금 그 취급을 거부·정지 또는 제한하는 등의 시정을 명할 수 있다. 이 경우 사전에 위원회의 심의 및 시정권고의 절차를 거쳐야 한다. ⑧ 문화체육관광부장관은 제28조 제2호의2를 위반하여 게임물의 내용구현과 밀접한 관련이 있는 운영방식 또는 기기·장치 등을 통하여 사행성을 조장하는 자에 대하여 그 운영방식을 개선하거나 그 기기·장치 등을 개선 또는 삭제하도록 하는 등의 시정을 명할 수 있다. 시정명령 이전에 문화체육관광부장관은 시정 방안을 정하여 이에 따를 것을 권고할 수 있다. ⑨ 제7항 또는 제8항에 따라 시정권고나 시정명령을 받은 자는 7일 이내에 조치를 완료하고 그 결과를 게임물관리위원회위원장 또는 문화체육관광부장관에게 통보하여야 한다. ⑩ 게임물관리위원회위원장 또는 문화체육관광부장관은 제7항 또는 제8항에 따른 시정권고나 시정명령의 대상이 되는 자에게 사전에 의견제출의 기회를 주어야 한다. 다만, 다음 각 호의 어느 하나에 해당하는 경우에는 그러하지 아니하다. 1. 공공의 안전 또는 복리를 위하여 긴급한 경우 2. 의견청취가 현저히 곤란하거나 명백히 불필요한 경우 3. 명백한 의사로 의견제출을 포기하거나, 정당한 이유 없이 의견제출을 지연하는 경우
시 행 령	제22조(서면통지 예외) 법 제38조 제2항 단서에서 "대통령령이 정하는 급박한 사유"라 함은「행정절차법」제21조 제4항 각 호에 정한 사유를 말한다.
시행규칙	제30조(출입기록 등) ① 법 제38조 제1항 및 제3항에 따른 폐쇄·수거 등의 조치를 하기 위하여 영업소에 출입하는 관계공무원은 별지 제20호 서식에 따른 관계공무원 출입·조치사항기록부를 작성하고 서명·날인하여 이를 영업자에게 교부하여야 한다. ② 법 제38조 제4항에 따른 수거증은 별지 제21호 서식에 따른다. ③ 법 제38조 제6항에 따른 관계공무원의 증표는 공무원증으로 하고, 협회 등의 임직원의 권한을 표시하는 증표는 별지 제22호 서식의 게임물 단속반 원증으로 한다.

■ 입법 취지

본조는 게임법상의 의무불이행이 있는 경우, 행정기관이 의무불이행자에게 그 의무를 이행한 것과 동일한 상태를 실현시키기 위한 행정상 강제집행[133]인 대집행(제1항)과 직접강제(제2항)를 규정하여 게임법의 실효성 확보를 그 목적으로 하고 있다. 즉, 게임법 의무불이행 행위 또는 행위자들에 대한 강제집행을 통해 영업 또는 영업소 폐쇄, 불법게임물의 대량·반복 유통 차단, 광고·선전 제한 등을 함으로써 게임의 역기능을 예방하고 건전한 게임문화조성을 입법목적으로 하고 있다고 보아야 할 것이다.

■ 내용 해설

1. 영업 또는 영업소 폐쇄

행정상 대집행은 대체적 작위의무의 불이행이 있는 경우, 행정기관이 스스로 의무자가 행할 행위를 하거나 제3자로 하여금 이를 행하게 하고 그 비용을 의무자로부터 징수하는 것[134]으로, 다수설은 대체적 작위의무도 직접강제의 대상이 된다고 보고 있다.

이러한 대집행은 대체적 작위의무 불이행이 있는 경우 언제든지 인정되는 것은 아니라 행정법의 일반원칙인 비례의 원칙[135]에 따라 "다른 수단으로써 그

---

133) 행정의 실효성 확보수단으로서의 강제집행에는 대집행, 강제징수, 직접강제 및 집행벌이 있다.

134) 행정대집행법 제2조(대집행과 그 비용징수): 법률(법률의 위임에 의한 명령, 지방자치단체의 조례를 포함한다. 이하 같다)에 의하여 직접명령 되었거나 또는 법률에 의거한 행정청의 명령에 의한 행위로서 타인이 대신하여 행할 수 있는 행위를 의무자가 이행하지 아니하는 경우 다른 수단으로써 그 이행을 확보하기 곤란하고 또한 그 불이행을 방치함이 심히 공익을 해할 것으로 인정될 때에는 당해 행정청은 스스로 의무자가 하여야 할 행위를 하거나 또는 제삼자로 하여금 이를 하게 하여 그 비용을 의무자로부터 징수할 수 있다.

135) 대법원 1997.9.26. 선고 96누10096 판결: 비례의 원칙이란 어떤 행정목적을 달성하기 위한 수단은 그 목적달성에 유효·적절하고 또한 가능한 한 최소침해를 가져오는 것이어야 하며 아울러 그 수단의 도입으로 인한 침해가 의도하는 공익을 능가하여서는 아니된다는 헌법상의 원칙을 말한다; 이러한 비례의 원칙은 적합성의 원칙, 필요성의 원칙(최소침해의 원

이행을 확보하기 곤란하고 또한 그 불이행을 방치함이 심히 공익을 해할 것으로 인정될 때"에만 대집행이 가능하다.

대집행은 계고, 대집행영장에 의한 통지, 실행, 대집행비용의 징수 단계를 거쳐 행해진다. 계고는 의무를 명하는 행정처분과 별도로 행하여져야 하며, 그 법적 성질은 준법률행위적 행정행위로서 그 자체가 독립하여 항고소송의 대상이 된다. 대집행영장에 의한 통지는 대집행을 실행하겠다는 의사의 통지로서 이로 인하여 의무자에게 대집행 수인의무가 발생하고, 행정기관은 대집행실행권을 갖게 되는 법적 효과가 발생한다. 따라서 대집행영장에 의한 통지의 법적 성질은 계고와 같이 준법률행위적 행정행위이며, 그 자체가 독립하여 취소소송의 대상이 된다. 본조 제2항에서 제1항 각호의 폐쇄조치를 하기 위해서는 미리 당해 영업자 또는 그 대리인에게 서면[136]으로 이를 알려 주어야 한다고 규정한 것이 대집행의 계고를 의미하며, 행정절차법 제21조 제4항 각호에 정한 사유[137]에 해당되는 경우에는 사전 계고를 하지 않을 수 있다. 의무자가 계고를 받고 지정기한까지 그 의무를 이행하지 아니할 때에는 행정기관은 대집행영장으로써 대집행을 할 시기, 대집행을 시키기 위하여 파견하는 집행책임자의 성명과 대집행에 요하는 비용의 계산에 의한 견적액을 의무자에게 통지하여야 한다. 대집행영장 통지도 계고와 같이 행정절차법 제21조 제4항 각호에 정한 사유에 해당되는 경우에는 사전통지 없이 폐쇄조치를 취할 수 있다. 이러한 영업 또는 영업소 폐쇄는 대집행 실행으로 대체적 작위의무를 이행시키는 물리력의 행사로서 그 법적 성질은 권력적 사실행위이다.

본조는 게임물 관련사업자가 법 제25조 및 제26조에서 정한 허가 · 등록 · 신고를 하지 아니하고 영업을 하거나 영업폐쇄명령을 받거나 허가 · 등록 취소처

칙), 상당성의 원칙(협의의 비례원칙)을 포함한다.

136) 서면에는 상당한 이행기한을 정하여 그 기한까지 이행되지 아니할 때에는 대집행을 한다는 뜻이 포함되어 있어야 한다.

137) 행정절차법 제21조 제4항에서 정하고 있는 사항은 다음과 같다.

1. 공공의 안전 또는 복리를 위하여 긴급히 처분을 할 필요가 있는 경우
2. 법령 등에서 요구된 자격이 없거나 없어지게 되면 반드시 일정한 처분을 하여야 하는 경우에 그 자격이 없거나 없어지게 된 사실이 법원의 재판 등에 의하여 객관적으로 증명된 경우
3. 해당 처분의 성질상 의견청취가 현저히 곤란하거나 명백히 불필요하다고 인정될 만한 상당한 이유가 있는 경우

분을 받고 계속하여 영업을 하는 경우 게임법의 행정목적 달성을 위해 게임물 관련사업자의 영업 또는 영업소 폐쇄를 위해 필요한 조치인 영업 또는 영업소의 간판 그 밖의 영업표지물의 제거·삭제, 영업 또는 영업소가 위법한 것임을 알리는 게시물의 부착, 영업을 위하여 필요한 기구 또는 시설물[138]을 사용할 수 없게 하는 봉인을 할 수 있도록 행정상 강제집행 중 대집행을 할 수 있도록 하고 있다.

2. 게임물, 게임물의 광고·선전물 등의 수거·폐기·삭제

본조 제3항은 등급분류를 받지 않거나 등급분류를 받은 것과 다른 내용의 게임물, 사행성게임물에 해당되어 등급분류가 거부된 게임물, 게임제작업 또는 게임배급업을 등록하지 않고 영리를 목적으로 제작·배급한 게임물 등이 유통 또는 이용에 제공되는 경우 당해 게임물을 수거·폐기·삭제할 수 있도록 하고 있다. 이러한 조치는 어떤 하명도 거치지 않고 행정청이 직접 대상물에 실력을 가하는 경우로서, 행정상 즉시강제, 그중에서도 대물적 강제를 규정한 것이다.

행정상 즉시강제란 행정강제의 일종으로서 급박한 행정상 장해를 제거할 필요가 있는 경우에, 미리 의무를 명할 시간적 여유가 없을 때 또는 그 성질상 의무를 명하여 실행하는 것으로는 목적달성이 곤란할 때에, 직접 국민의 신체 또는 재산에 실력을 가하여 행정상 필요한 상태를 실현하는 작용으로 법령 또는 행정처분에 의한 선행의 구체적 의무의 존재와 그 불이행을 전제로 하는 행정상 강제집행과 구별된다.

행정강제는 법치국가적 요청인 예측가능성과 법적 안정성에 반하고, 기본권 침해의 소지가 큰 권력작용으로 어디까지나 예외적인 강제수단으로 엄격한 실정법상의 근거를 필요로 할 뿐만 아니라, 그 발동에 있어서는 법규의 범위 안에서도 다시 행정상의 장해가 급박하고 다른 수단으로는 행정목적을 달성할 수 없는 경우이어야 하며, 이러한 경우에도 그 행사는 필요 최소한도에 그쳐야 함을 내용으로 하는 조리상의 한계에 기속된다.[139]

---

138) 영업을 위하여 필요한 기구 또는 시설물에는 불법 온라인게임을 제공하는 서버가 포함된다고 보아야 할 것이다.

139) 헌법재판소 2002.10.31. 2000헌가12: 영장주의가 행정상 즉시강제에도 적용되는지에 관하여는 논란이 있으나, 행정상 즉시강제는 상대방의 임의이행을 기다릴 시간적 여유가 없을

본조 제3항에 따른 불법게임물 또는 그 광고·선전물 등의 수거·폐기·삭제가 영장주의의 배제가 용인되고, 그 성격상 사전적 절차와 친하지 아니함을 인정한다고 하더라도, 일체의 절차적 보장이 배제된다고 볼 것은 아니며, 국가권력의 남용을 방지하고 국민의 권리를 보호하기 위하여 적법절차의 관점에서 일정한 절차적 보장이 요청된다. 이러한 관점에서 본조 제4항은 관계공무원이 당해 게임물 등을 수거·폐기·삭제한 때에는 그 소유자 또는 점유자에게 수거증을 교부하도록 하고 있고, 본조 제6항은 수거 등 처분을 하는 관계공무원이나 협회 또는 단체의 임·직원은 그 권한을 표시하는 증표를 지니고 관계인에게 이를 제시하도록 하는 등의 절차적 요건을 규정하고 있는 것이다.

법 제45조 제10호에서는 제38조 제3항 제3호 또는 제4호의 규정에 해당하는 게임물 및 게임상품 등을 제작·유통·시청 또는 이용에 제공하거나 그 목적으로 전시·보관한 자에게 2년 이하의 징역 또는 2천만원 이하의 벌금에 처할 수 있도록 하고 있다. 여기서의 "등"은 제38조 제3항 제4호에서 금지하고 있는 광고·선전물을 의미하는 것으로 보아야 한다. 다만, 죄형법정주의상 벌칙조항에서 "등"이라고 표현하는 것이 타당하지 않으므로 이에 대한 개정이 필요하다고 생각된다.

또한 본조 제3항 제3호는 게임제작업 또는 게임배급업을 등록하지 않고 영리목적으로 제작하거나 배포한 게임물에 대해서만 수거·폐기·삭제가 가능하나, 본조의 벌칙조항인 제45조 제10호에서는 "게임물 및 게임상품"이라고 하여 게임물 외에 게임물과 관련된 게임상품의 제작·유통·시청 또는 이용에 제공하거나 그 목적으로 전시·보관한 자도 처벌대상으로 하고 있다. 여기서의 게임상품은 게임물을 이용하여 경제적 부가가치를 창출하는 유·무형의 재화·서비스 및 그의 복합체를 의미하므로 본조 제3항 제3호에 따른 수거·폐기·삭제의 대상에 게임상품이 포함되도록 하는 것이 필요하며, 본조 제7항에서 시정명령이 가능하도록 게임법을 개정하는 것이 필요하다고 보여진다.

때 하명 없이 바로 실력을 행사하는 것으로서, 그 본질상 급박성을 요건으로 하고 있어 법관의 영장을 기다려서는 그 목적을 달성할 수 없다고 할 것이므로, 원칙적으로 영장주의가 적용되지 않는다고 보아야 할 것이다. 만일 어떤 법률조항이 영장주의를 배제할 만한 합리적인 이유가 없을 정도로 급박성이 인정되지 아니함에도 행정상 즉시강제를 인정하고 있다면, 이러한 법률조항은 이미 그 자체로 과잉금지의 원칙에 위반되는 것으로서 위헌이라고 할 것이다.

3. 온라인상의 불법게임물 등에 대한 시정명령[140]

본조 제7항은 정보통신망을 통하여 제공되는 게임물 또는 광고·선전물 등이 본조 제3항 각호의 어느 하나에 해당하는 경우, 게임물관리위원회의 심의를 거쳐 정보통신망법 제2조 제1항 제3호의 정보통신서비스제공자 또는 정보통신망법 제2조 제1항 제9호의 게시판[141]관리·운영자에게 이러한 게임물 또는 광고·선전물의 취급을 거부·정지 또는 제한하는 등의 시정권고[142] 또는 시정명령을 할 수 있도록 하고 있다.

정보통신망법 제44조의7 제1항 제6호에서는 "법령에 따라 금지되는 사행행위에 해당하는 내용의 정보"에 대해 방송통신위원회의 심의를 거쳐 정보통신서비스제공자 또는 게시판 관리·운영자로 하여금 그 취급을 거부·정지 또는 제한하도록 시정권고 또는 시정명령을 할 수 있다. 그러나 정보통신망법상 사행행위에 해당하는 내용의 정보에 해당되어 정보통신서비스제공자 또는 게시판 관리·운영자에게 그 취급을 거부·정지 또는 제한하도록 할 수 있는 게임물은 법 제38조 제3항 제2호에서 정하고 있는 "사행성게임물에 해당되어 등급분류가 거부된 게임물" 외에는 그 거부 등에 관한 시정권고 또는 시정명령이 불가능하다. 따라서 온라인상에서 게임법상의 수거·폐기·삭제 대상이 되는 게임물 또는 게임물의 광고·선전물에 대해 정보통신망법이 아닌 게임법에 따라 정보통신서비스제공자 또는 게시판 관리·운영자에게 직접 그 취급 거부·정지 또는 제한할 수 있도록 행정명령이 가능하도록 하는 것은 정보통신망법을 통한 취급 거부·정지 또는 제한의 한계와 정보통신망을 이용한 불법게임물 등의 전파의 용이성

---

140) 시정명령이란 행정법규 위반에 의해 초래된 위법상태를 제거하는 것을 명하는 행정행위로서 작위하명에 해당된다. 시정명령을 받은 자는 시정의무를 부담하게 되며, 시정의무를 이행하지 않는 경우에는 행정강제의 대상이 될 수 있다. 시정명령의 대상은 과거의 위반행위로 야기되어 현재에도 존재하는 위법상태이나, 판례(대법원 전원합의체 2003.2.20. 선고 2001두5347 판결)는 예외적으로 장래의 위반행위도 시정명령의 대상이 된다고 보고 있다.

141) "게시판"이란 그 명칭과 관계없이 정보통신망을 이용하여 일반에게 공개할 목적으로 부호·문자·음성·음향·화상·동영상 등의 정보를 이용자가 게재할 수 있는 컴퓨터 프로그램이나 기술적 장치를 말한다.

142) 시정권고는 행정기관이 그 소관 사무의 범위에서 일정한 행정목적을 실현하기 위하여 특정인에게 일정한 행위를 하거나 하지 않도록 하는 행정작용으로서, 행정지도의 일종이다. 행정지도는 상대방의 임의적 협력을 전제로 하는 비권력적 사실행위로서 현대행정의 영역이 확대되면서 그 필요성이 커지는 새로운 행위형식이다.

에 기인한 것이라고 볼 수 있다.

정보통신망은 짧은 시간 내에 다수의 공중에게 불법게임물 등을 전파하는 데 용이한 수단이다. 정보통신망을 통한 불법게임물 등의 제공행위를 조기에 차단하는 것이 매우 중요하다. 따라서 불법 사행성 게임물 외에도 등급분류를 받지 아니하거나 등급분류를 받은 것과 다른 내용의 게임물 등이 온라인을 통하여 제공되는 경우, 게임물관리위원회의 심의를 거쳐 문화관광부장관이 직접 정보통신망에서 제공되는 불법 게임물 등의 취급을 거부·정지 또는 제한할 수 있도록 하는 것이 효율적이다.

4. 사행성 조장행위에 대한 시정명령

본조 제8항은 게임물 관련사업자가 게임물에서 사용되는 게임머니의 화폐단위를 한국은행에서 발행되는 화폐단위와 동일하게 하는 등 게임물의 내용구현과 밀접한 관련이 있는 운영방식 또는 기기·장치 등을 통하여 사행성을 조장하는 경우에는 그 운영방식을 개선하거나 그 기기·장치 등을 개선 또는 삭제하도록 하는 등의 시정권고를 할 수 있으며, 시정권고에도 불구하고 이러한 사항들에 대한 개선 등이 없는 경우에는 시정명령을 내릴 수 있다.

여기서, 사행성이란 전술한 바와 같이,[143] 사행행위규제법 제2조 제1항 제1호에서 정의하고 있는 사행행위 즉, 여러 사람으로부터 재물이나 재산상의 이익을 모아 우연적 방법으로 득실을 결정하여 재산상의 이익이나 손실을 주는 것이다. 따라서 사행성을 조장하는 경우란 게임물 자체는 사행성 게임물[144]에 해당되지 않지만, 게임물이 사행성을 모사함으로써 이를 이용하는 게임이용자가 사행행위에 몰두할 수 있도록 한다는 의미로서 사행성 모사를 내용으로 하는 게임물에서 그 내용구현과 밀접한 관련이 있는 운영방식이 적용대상이 된다고 볼 수 있다.[145] 즉, 게임사업자의 게임물 운영방식 중에서 게임이용자가 하는 게임물

---

143) 자세한 사항은 법 제32조 제1항 제4호 해설 참조.

144) 대법원 2010.1.28. 선고 2009도12650 판결: 게임법의 적용대상이 되는 게임물에서 제외되는 "사행성 게임물"은 게임의 진행이 게임법 제2조 제1호의2에서 제한적으로 열거한 내용 또는 방법에 의하여 이루어져야 할 뿐만 아니라, 게임의 결과에 따라 게임기기 또는 장치에 설치된 지급장치를 통하여 게임이용자에게 직접 금전이나 경품 등의 재산상 이익을 제공하거나 손실을 입도록 만들어진 게임기기 또는 장치를 의미한다.

에 직접적인 투입행위를 하고, 그 투입행위에 대한 결과물이 제공되는 방식으로 운영되는 것이라고 볼 수 있다. 또한 사행성 조장이 가능하도록 하는 기기·장치도 본호의 행정처분 대상이 된다.

5. 벌   칙

법 제28조 제2호의2를 위반하여 게임물의 내용구현과 밀접한 관련이 있는 운영방식 또는 기기·장치 등을 통하여 사행성을 조장하는 자에 대하여 그 운영방식을 개선하거나 그 기기·장치 등을 개선 또는 삭제하도록 하는 등의 시정권고 후 이를 이행하지 않는 경우에는 시정명령을 할 수 있다. 또한 법 제46조 제6호에 따라 게임물 관련 사업자가 시정명령을 이행하지 않는 경우 1년 이하의 징역 또는 1천만원 이하의 벌금에 처할 수 있다.

참고 조문	행정절차법 제21조(처분의 사전 통지) ① 행정청은 당사자에게 의무를 부과하거나 권익을 제한하는 처분을 하는 경우에는 미리 다음 각 호의 사항을 당사자 등에게 통지하여야 한다. 1. 처분의 제목 2. 당사자의 성명 또는 명칭과 주소 3. 처분하려는 원인이 되는 사실과 처분의 내용 및 법적 근거 4. 제3호에 대하여 의견을 제출할 수 있다는 뜻과 의견을 제출하지 아니하는 경우의 처리방법 5. 의견제출기관의 명칭과 주소 6. 의견제출기한 7. 그 밖에 필요한 사항 ② 행정청은 청문을 하려면 청문이 시작되는 날부터 10일 전까지 제1항 각 호의 사항을 당사자 등에게 통지하여야 한다. 이 경우 제1항 제4호부터 제6호까지의 사항은 청문 주재자의 소속·직위 및 성명, 청문의 일시 및 장소, 청문에 응하지 아니하는 경우의 처리방법 등 청문에 필요한 사항으로 갈음한다. ③ 제1항 제6호에 따른 기한은 의견제출에 필요한 상당한 기간을 고려하여 정하여야 한다.

---

145) 황승흠, "게임물 등급분류 개념의 문제점: 게임물의 운영방식·이용방식과 등급분류의 대상으로서의 내용과의 법적 관계를 중심으로", 「공법학연구(제13권 제1호)」, 2012년 2월, 416-417면.

④ 다음 각 호의 어느 하나에 해당하는 경우에는 제1항에 따른 통지를 하지 아니할 수 있다.

1. 공공의 안전 또는 복리를 위하여 긴급히 처분을 할 필요가 있는 경우
2. 법령 등에서 요구된 자격이 없거나 없어지게 되면 반드시 일정한 처분을 하여야 하는 경우에 그 자격이 없거나 없어지게 된 사실이 법원의 재판 등에 의하여 객관적으로 증명된 경우
3. 해당 처분의 성질상 의견청취가 현저히 곤란하거나 명백히 불필요하다고 인정될 만한 상당한 이유가 있는 경우

행정대집행법 제2조(대집행과 그 비용징수) 법률(법률의 위임에 의한 명령, 지방자치단체의 조례를 포함한다. 이하 같다)에 의하여 직접명령되었거나 또는 법률에 의거한 행정청의 명령에 의한 행위로서 타인이 대신하여 행할 수 있는 행위를 의무자가 이행하지 아니하는 경우 다른 수단으로써 그 이행을 확보하기 곤란하고 또한 그 불이행을 방치함이 심히 공익을 해할 것으로 인정될 때에는 당해 행정청은 스스로 의무자가 하여야 할 행위를 하거나 또는 제삼자로 하여금 이를 하게 하여 그 비용을 의무자로부터 징수할 수 있다.

정보통신망 이용촉진 및 정보보호 등에 관한 법률 제2조 제1항 제3호: 정보통신서비스 제공자란 「전기통신사업법」 제2조 제8호에 따른 전기통신사업자와 영리를 목적으로 전기통신사업자의 전기통신역무를 이용하여 정보를 제공하거나 정보의 제공을 매개하는 자를 말한다.

정보통신망 이용촉진 및 정보보호 등에 관한 법률 제2조 제1항 제9호: 게시판이란 그 명칭과 관계없이 정보통신망을 이용하여 일반에게 공개할 목적으로 부호·문자·음성·음향·화상·동영상 등의 정보를 이용자가 게재할 수 있는 컴퓨터 프로그램이나 기술적 장치를 말한다.

정보통신망 이용촉진 및 정보보호 등에 관한 법률 제44조의7(불법정보의 유통금지 등) ① 누구든지 정보통신망을 통하여 다음 각 호의 어느 하나에 해당하는 정보를 유통하여서는 아니 된다.

1. 음란한 부호·문언·음향·화상 또는 영상을 배포·판매·임대하거나 공공연하게 전시하는 내용의 정보
2. 사람을 비방할 목적으로 공공연하게 사실이나 거짓의 사실을 드러내어 타인의 명예를 훼손하는 내용의 정보
3. 공포심이나 불안감을 유발하는 부호·문언·음향·화상 또는 영상을 반복적으로 상대방에게 도달하도록 하는 내용의 정보
4. 정당한 사유 없이 정보통신시스템, 데이터 또는 프로그램 등을 훼손·멸실·변경·위조하거나 그 운용을 방해하는 내용의 정보
5. 「청소년 보호법」에 따른 청소년유해매체물로서 상대방의 연령 확인, 표시의무 등 법령에 따른 의무를 이행하지 아니하고 영리를 목적으로 제공하는 내용의 정보
6. 법령에 따라 금지되는 사행행위에 해당하는 내용의 정보
7. 법령에 따라 분류된 비밀 등 국가기밀을 누설하는 내용의 정보
8. 「국가보안법」에서 금지하는 행위를 수행하는 내용의 정보

9. 그 밖에 범죄를 목적으로 하거나 교사(教唆) 또는 방조하는 내용의 정보

② 방송통신위원회는 제1항 제1호부터 제6호까지의 정보에 대하여는 심의위원회의 심의를 거쳐 정보통신서비스 제공자 또는 게시판 관리·운영자로 하여금 그 취급을 거부·정지 또는 제한하도록 명할 수 있다. 다만, 제1항 제2호 및 제3호에 따른 정보의 경우에는 해당 정보로 인하여 피해를 받은 자가 구체적으로 밝힌 의사에 반하여 그 취급의 거부·정지 또는 제한을 명할 수 없다.

③ 방송통신위원회는 제1항 제7호부터 제9호까지의 정보가 다음 각 호의 모두에 해당하는 경우에는 정보통신서비스 제공자 또는 게시판 관리·운영자에게 해당 정보의 취급을 거부·정지 또는 제한하도록 명하여야 한다.

1. 관계 중앙행정기관의 장의 요청이 있었을 것

2. 제1호의 요청을 받은 날부터 7일 이내에 심의위원회의 심의를 거친 후 「방송통신위원회의 설치 및 운영에 관한 법률」 제21조 제4호에 따른 시정 요구를 하였을 것

3. 정보통신서비스 제공자나 게시판 관리·운영자가 시정 요구에 따르지 아니하였을 것

④ 방송통신위원회는 제2항 및 제3항에 따른 명령의 대상이 되는 정보통신서비스 제공자, 게시판 관리·운영자 또는 해당 이용자에게 미리 의견제출의 기회를 주어야 한다. 다만, 다음 각 호의 어느 하나에 해당하는 경우에는 의견제출의 기회를 주지 아니할 수 있다.

1. 공공의 안전 또는 복리를 위하여 긴급히 처분을 할 필요가 있는 경우

2. 의견청취가 뚜렷이 곤란하거나 명백히 불필요한 경우로서 대통령령으로 정하는 경우

3. 의견제출의 기회를 포기한다는 뜻을 명백히 표시한 경우

관련 판례	대법원 2010.1.28. 선고 2009도12650 판결; 대법원 1997.9.26. 선고 96누10096 판결; 헌법재판소 2002.10.31. 2000헌가12

제6장_ 보 칙

주해「게임산업진흥에 관한 법률」

제39조(협회 등의 설립)

법　　률	제39조(협회 등의 설립) ① 게임물 관련사업자는 게임물에 관한 영업의 건전한 발전과 게임물 관련사업자의 공동이익을 도모하기 위하여 협회 등을 설립할 수 있다. ② 제1항의 규정에 의한 협회 등은 법인으로 한다. ③ 제1항의 규정에 의하여 설립된 협회 등은 게임물의 제작 및 유통질서가 건전하게 유지될 수 있도록 노력하여야 한다.

■ 입법 취지

　게임산업진흥에 관한 법률 제39조는 "게임물 관련사업자의 게임물에 관한 영업의 건전한 발전과 게임물 관련사업자의 공동이익을 도모하기 위하여 협회를 설립할 수 있다"고 하여 협회의 설립 취지 및 근거를 규정하고 있다.

■ 입법 연혁

　1991년 「음반 및 비디오물에 관한 법률」(이하 '음비법')의 제정 당시에도 협회설립의 근거 규정(제22조)을 두고 있었으며, 동법에 게임물을 추가시킴으로써 법명(法名)을 「음반·비디오물 및 게임물에 관한 법률」(이하 '음비게법')로 1999년 2월 8일에 제정하게 되는데, 동법 제25조 제1항에 "등록업자는 음반·비디오물 또는 게임물의 제작·유통·시청제공 또는 오락제공 등의 질서를 자율적으로 유지하기 위하여 협회를 설립하거나 특정사업의 효율적 수행을 위하여 단체를 설립할 수 있다."고 하여 게임물 관련사업자의 협회설립 근거 규정을 두었다. '음비게법'의 본 규정은 폐지되기 직전에 시행되었던 법률(2006년 1월 시행) 보칙 제43조에 '음비게법' 제정 당시의 내용 그대로 규정하고 있었다.

　2006년 4월 28일 '게임법' 제정 당시 협회설립의 규정은 '음비게법'의 협회설립 근거규정과 매우 흡사하다. 다만, 2006년 4월에 새로이 제정된 '게임법' 제

39조(협회 등의 설립)상에는 '협회 등'이라고 하여 '음비게법'상의 '협회 또는 단체'라고 규정한 점과, "이 법에 규정되지 아니한 사항에 관하여는 민법중 사단법인에 관한 규정을 준용한다('음비게법' 제43조 제5항)"라는 규정이 삭제된 점이 상이할 뿐이다. 현행 '게임법' 제39조는 '게임법' 제정 당시의 협회설립에 관한 규정을 그대로 유지하고 있다.

■ **내용 해설**

1. '협회 등'의 의의 및 성질

'게임법' 제39조는 '협회 등의 설립'이라는 제하에 게임물 관련사업자가 동조 제1항의 설립취지에 부합하는 협회 등을 설립할 수 있도록 하였다. 동법 제39조 제2항에서 "협회 등은 법인으로 한다"고 규정하고 있는데 이는 성질상 민법상의 (비영리)사단법인이나 재단법인으로 이해될 수 있다. 이는 과거 '음비게법' 보칙 제43조를 보면 "협회 또는 단체는 법인으로 하며 협회 또는 단체 등에 대하여 다른 규정이 없다면 민법 중 사단법인에 관한 규정을 준용"하도록 했던 점을 고려해 보더라도 달리 볼 것은 아니다.

더욱이 현행 '게임법' 시행령 제23조의 "시장·군수·구청장은 법 제42조 제2항에 따라 법 제9조 제3항에 따른 교육실시업무를 법 제39조에 따라 설립된 협회 또는 단체에 위탁할 수 있다."는 규정을 보더라도 그러하다.

한편, '음비게법' 보칙 제43조 제3항 "협회 또는 단체를 설립하고자 하는 자는 문화관광부장관 또는 관계부처 장관의 허가를 받아야 한다"는 규정은 현행 '게임법'에 규정되어 있지 않지만, 이는 사단법인 설립의 경우 주무관청의 허가를 요구한다(민법 제432조 내지 433조)는 민법 적용의 상당성으로 삭제된 듯 보인다.

2. 협회 등의 설립목적 및 활동영역

현행 '게임법' 제39조 제2항의 '협회 등을 법인으로 한다'는 규정을 본다면 민법상의 법인을 의미한다. 따라서 협회는 비영리 사단법인이나 재단법인으로 설

립이 가능하다.[1]

가. 제39조 제1항

제39조 제1항은 "게임물 관련사업자는 게임물에 관한 영업의 건전한 발전과 게임물 관련사업자의 공동이익을 도모하기 위하여 협회 등을 설립할 수 있다"고 하여 규정하고 있다. 따라서 게임물 관련사업자는 제39조 제1항의 입법취지에 따라 협회 등의 설립자유가 보장되어 있다.[2]

나. 제39조 제2항

제39조 제2항은 "제1항의 규정에 의한 협회 등은 법인으로 한다"고 규정하고 있다. 제39조 제1항의 입법취지를 고려해 본다면 여기서의 법인의 형태는 영리법인이 아닌 비영리법인이라고 판단된다. 따라서 민법상의 비영리 사단법인이든 재단법인이든 설립주체의 자유의사에 따라 협회의 설립이 가능하다.

다. 제39조 제3항

제39조 제3항은 "제1항의 규정에 의하여 설립된 협회 등은 게임물의 제작 및 유통질서가 건전하게 유지될 수 있도록 노력하여야 한다"고 규정하고 있다. 본 규정은 연혁적으로 1999년 제정 '음비게법' 제25조 제1항에 협회나 단체의 설립목적에 규정되어 있던 사항인데, 2001년 5월 24일 동법의 전면개정으로 동법의 보칙 제43조로 이동시키면서 동조 제4항에 분리하여 규정하였다.[3] 현행 '게임법' 제39조 제3항의 규정내용은 '비디오와 음반'이라는 용어가 빠졌을 뿐 그 내용에 있어서는 동일하게 규정하고 있다.

---

[1] 현재 활동하고 있는 '한국게임산업협회'의 경우 (비영리)사단법인으로 2004년 4월 28일자로 출범하였다.

[2] 현재 한국게임산업협회는 회원사 교류협력지원, 게임산업 법·제도 개선, 정책연구 학술지원 사업, 게임산업 재도약 기반조성, 회원사 정책서비스 활동, 게임산업지원 네트워크 활동 강화 등을 주요사업으로 하여 협회를 운영하고 있다(http://www.gamek.or.kr 참조).

[3] '음비게법' 제43조 제4항: 협회 또는 단체는 음반·비디오물·게임물의 제작 및 유통질서가 건전하게 유지될 수 있도록 노력하여야 한다.

제39조의2(포상금)

법 률	제39조의2(포상금) ① 정부는 다음 각 호의 어느 하나에 해당하는 자를 관계 행정기관 또는 수사기관에 신고 또는 고발하거나 검거한 자에 대하여 예산의 범위 안에서 포상금을 지급할 수 있다. 1. 제28조 제2호의 규정을 위반하여 도박 그 밖의 사행행위를 하게 하거나 이를 하도록 방치한 자 2. 제28조 제3호의 규정을 위반하여 사행성을 조장한 자 3. 제32조의 규정에 따른 불법게임물 등의 유통금지의무 등을 위반한 자 4. 제34조 제1항 각 호의 어느 하나의 행위를 한 자 ② 제1항의 규정에 따른 포상금 지급의 기준·방법 및 절차 등에 관하여 필요한 사항은 대통령령으로 정한다.
시 행 령	제22조의2(포상금) 법 제39조의2 제2항에 따른 포상금의 지급기준은 다음 각 호와 같다. 1. 법 제32조에 따른 불법게임물 등의 유통금지의무 등을 위반한 자를 신고, 고발 또는 검거한 자: 2백만원 이하 2. 법 제28조 제2호를 위반하여 도박 그 밖의 사행행위를 하게 하거나 이를 하도록 방치한 자 및 법 제28조 제3호를 위반하여 사행성을 조장한 자를 신고, 고발 또는 검거한 자: 1백만원 이하 3. 법 제34조 제1항 각 호의 어느 하나의 행위를 한 자를 신고, 고발 또는 검거한 자: 50만원 이하

■ 입법 취지

본조는 2007년 1월 19일 신설된 조항으로, 게임물 관련사업자가 법정의 준수사항에 대해 위반행위를 하거나 위법한 게임물의 광고·선전 행위를 한 자를 신고, 고발 또는 검거한 자에 대해 포상금을 지급하여 규제대상행위에 대한 행정력의 부족을 메우면서 효과적인 규제를 위한 타법의 포상금 제도의 취지와 다르지 않다. 당시의 정부는 작은 정부를 표방하면서 공무원의 규제인력의 수적 열세와 부패를 차단할 방법으로 시민에게 경제적 유인을 제공하는 신고포상금제도를 활성화하였는데,[4] 아마도 '게임법'상의 포상금제도도 이의 영향이 아닌가 싶다.

■ **입법 연혁**

2004년 '게임법' 제정 당시에 본 규정은 없었으나 2007년 1월 19일 '게임법' 개정에서 신설되었다.

■ **내용 해설**

1. 신고포상금제도의 의의

신고포상금제도라 함은 법정(法定)의 불법행위나 불공정행위 등 위·탈법행위를 적발하여 관계기관에 신고한 자에게 법정(法定)의 포상금을 지급하는 제도이다. 요컨대, '게임법' 제39조의2의 '포상금'제도는 이와 같은 의미의 신고포상금제도이다. 한편, 동조 제1항은 "··· 행정기관 또는 수사기관에 신고 또는 고발하거나 검거한 자에 대하여 예산의 범위 안에서 포상금을 지급할 수 있다."고 규정하고 있으므로 반드시 위와 같은 행위를 한 자에 대해서 포상금을 지급해야 할 절대적 의무는 없다.

2. 제39조의2 제1항 본문

제39조의2 제1항 본문은 "정부는 다음 각 호의 어느 하나에 해당하는 자를 관계 행정기관 또는 수사기관에 신고 또는 고발하거나 검거한 자에 대하여 예산의 범위 안에서 포상금을 지급할 수 있다"고 규정하고 있다. 따라서 게임물 관련 사업자가 i) 게임물을 이용하여 도박 그 밖의 사행행위를 하게 하거나 이를 하도록 내버려 둔 경우, ii) 경품 등을 제공하여 사행성을 조장한 경우, iii) 게임물의 유통질서를 저해하는 경우, iv) 게임물의 허위 광고 및 사행심 조장의 광고·선전물을 배포·게시하는 경우 등에 있어서, 이를 적발한 자는 관계 행정기관 또는 수사기관에 이를 신고 또는 고발할 수 있으며 심지어 이러한 자를 검거할 수도

---

4) 박형준, "규제순응 정책수단으로서 신고포상금제도: 1회용품 신고포상금제도를 중심으로", 2010년 행정학 공동학술대회 한국규제학회 6월 25일 발표논문, 3면.

있다. 요컨대 위와 같은 행위를 한 자에 대해 신고자, 고발자 및 검거자는 이에 대한 포상금(보상금)을 지급받을 수 있다.

3. 제39조의2 제1항 각호

가. 제1호

제39조의2 제1항 제1호는 "제28조 제2호의 규정을 위반하여 도박 그 밖의 사행행위를 하게 하거나 이를 하도록 방치한 자"를 그 대상으로 하고 있다. 따라서 게임물 관련사업자의 일정의 준수사항 중에서 '게임물을 이용하여 도박 그 밖의 사행행위를 하게 하거나 이를 하도록 방치한 사업자'를 신고 · 고발 · 검거한 자에게 포상금을 지급할 수 있다.

나. 제2호

제39조의2 제1항 제2호는 '제28조 제3호의 규정', 즉 경품 등을 제공하여 사행성을 조장한 위법행위자를 그 대상으로 하고 있다. 한편, 제28조 제3호의 단서는 "청소년게임제공업의 전체이용가 게임물에 대하여 대통령령이 정하는 경품의 종류(완구류 및 문구류 등. 다만, 현금, 상품권 및 유가증권은 제외한다) · 지급기준 · 제공방법 등에 의한 경우에는 그러하지 아니하다"고 하여 동법 시행령 제16조에 따라 경품제공을 허용하고 있다.[5]

다. 제3호

제39조의2 제1항 제3호는 "제32조의 규정에 따른 불법게임물 등의 유통금지

---

5) 요컨대, 허용되는 경품으로는 완구류, 문구류, 그리고 문화상품류 및 스포츠용품류이며, 이 경우에도 「청소년보호법」 제2조에 따른 청소년유해매체물, 청소년유해약물 및 청소년유해 물건은 제외된다. 또한 지급되는 경품은 소비자판매가격(일반 소매상점에서의 판매가격을 말한다) 5천원 이내의 것으로 하며, 이러한 경품의 제공은 등급분류 시 심의된 게임물의 경품지급장치를 통해서만 제공하여야 하며, 영업소관계자 등이 경품을 직접 제공하여서는 아니된다(동법 시행령 제16조).

의무 등을 위반한 자"를 그 대상으로 한다. 즉, 게임물을 유통시키거나 이용에 제
공하게 할 목적으로 게임물을 제작 또는 배급하고자 하는 자는 당해 게임물을 제
작 또는 배급하기 전에 위원회로부터 당해 게임물의 내용에 관하여 등급분류를
받아야 하는데, i) 이러한 등급분류를 받지 아니하고 게임물을 유통 또는 이용에
제공하거나 이를 위하여 진열·보관하는 행위를 한 자(제32조 제1항 제1호), ii) 게
임물을 제작 또는 배급하기 전에 위원회로부터 당해 게임물의 내용에 관하여 등
급분류를 받은 내용과 다른 내용의 게임물을 유통 또는 이용에 제공하거나 이를
위하여 진열·보관하는 행위를 한 자(동항 제2호), iii) 등급을 받은 게임물에 대해
그 등급구분을 위반하여 이용에 제공하는 행위를 한 자(동항 제3호), iv) 위원회의
등급심사결과 사행성게임물에 해당되어 등급분류가 거부된 게임물을 유통시키
거나 이용에 제공하는 행위 또는 유통·이용제공의 목적으로 진열·보관하는 행
위를 한 자(동항 제4호),[6] v) 위원회의 등급결정에 따라 교부받은 등급분류필증을
매매·증여 또는 대여하는 행위를 한 자(동항 제5호), vi) 게임물을 유통시키거나
이용에 제공할 목적으로 게임물을 제작 또는 배급하는 자가 당해 게임물마다 제
작 또는 배급하는 자의 상호(도서에 부수되는 게임물의 경우에는 출판사의 상호를 말
한다), 등급 및 게임물내용정보를 표시하지 아니하거나, 게임물을 유통시키거나
이용에 제공할 목적으로 게임물을 제작 또는 배급하는 자가 대통령령이 정하는
게임물에 대하여 게임물의 운영에 관한 정보를 표시하는 장치를 부착하지 아니
한 게임물을 유통시키거나 이용에 제공하는 행위를 한 자(동항 제6호), vii) 게임
물의 이용을 통하여 획득한 유·무형의 결과물(점수, 경품, 게임 내에서 사용되는 가
상의 화폐로서 대통령령이 정하는 게임머니 및 대통령령이 정하는 이와 유사한 것을 말
한다)을 환전 또는 환전 알선하거나 재매입을 업으로 하는 행위를 한 자(동항 제7
호), viii) 게임물의 정상적인 운영을 방해할 목적으로 게임물 관련사업자가 제공
또는 승인하지 아니한 컴퓨터프로그램이나 기기 또는 장치를 배포하거나 배포할
목적으로 제작하는 행위를 한 자(동항 제8호), ix) 반국가적인 행동을 묘사하거나
역사적 사실을 왜곡함으로써 국가의 정체성을 현저히 손상시킬 우려가 있거나,
존비속에 대한 폭행·살인 등 가족윤리의 훼손 등으로 미풍양속을 해칠 우려가
있고, 범죄·폭력·음란 등을 지나치게 묘사하여 범죄심리 또는 모방심리를 부

---

6) 다만, 「사행행위 등 규제 및 처벌특례법」에 따라 사행행위영업을 하는 자를 제외한다.(동법
　제32조 제1항 단서).

추기는 등 사회질서를 문란하게 할 우려가 있는 게임물을 제작 또는 반입행위를 한 자(제2항 제1호 내지 제3호) 등을 신고·고발·검거한 자는 신고포상금을 지급받을 수 있다.

라. 제4호

제39조의2 제1항 제4호는 "제34조 제1항 각 호의 어느 하나의 행위를 한 자"를 그 대상으로 한다. 요컨대, i) 등급을 받은 게임물의 내용과 다른 내용의 광고를 하거나 그 선전물을 배포·게시하는 행위, ii) 등급분류를 받은 게임물의 등급과 다른 등급을 표시한 광고·선전물을 배포·게시하는 행위, iii) 게임물내용정보를 다르게 표시하여 광고하거나 그 선전물을 배포·게시하는 행위, iv) 게임물에 대하여 내용정보 외에 경품제공 등 사행심을 조장하는 내용을 광고하거나 선전물을 배포·게시하는 행위 등을 한 자가 이에 해당한다.

4. 제39조의2 제2항(포상금 지급의 기준·방법 및 절차 등)

가. 동법 시행령 제22조의2 각호

제39조의2 제1항 규정에 따른 포상금 지급의 기준·방법 및 절차 등에 관하여 필요한 사항은 대통령령으로 정하고 있으며, 그 위반행위에 따라 신고포상금도 각각 금액을 달리 정하고 있다.[7] 그 시행령은 다음과 같다.

(1) 제1호
동법 제32조에 따른 불법게임물 등의 유통금지의무 등을 위반한 자를 신고, 고발 또는 검거한 자에게는 2백만원 이하의 포상금을 지급할 수 있다.

(2) 제2호
동법 제28조 제2호를 위반하여 도박 그 밖의 사행행위를 하게 하거나 이를

---

7) 다만, 포상금의 액수가 차이가 있는데 이를 어떤 기준으로 분류하였는지 해당 법규정을 보아서는 이해하기 어렵다. 벌칙 규정도 기준이 된다고도 볼 수 없기 때문이다.

하도록 방치한 자 및 법 제28조 제3호를 위반하여 사행성을 조장한 자를 신고, 고발 또는 검거한 자에게는 1백만원 이하의 포상금을 지급할 수 있다.

(3) 제3호

동법 제34조 제1항 각 호의 어느 하나의 행위를 한 자를 신고, 고발 또는 검거한 자에게는 50만원 이하의 포상금을 지급할 수 있다.

5. 포상금 수수(收受) 주체

동법 제39조3과 이와 관련한 동법 시행령 제22조의2는 포상금의 대상이 되는 위법행위를 규정하면서 이러한 위법행위에 포상금을 수수할 수 있는 주체를 신고자로만 한정하지 않고, 고발자 및 검거자도 이에 포함시키고 있다. 신고포상금제도를 가지는 있는 타법률 규정을 고려해 본다면 그 포상금 수수 주체에 고발자는 그렇다 하더라도 '검거자'를 포함시킨 것에는 선뜻 이해하기 힘들다.

일반적으로 '검거'라 함은 "수사기관이 범죄의 예방, 공안의 유지 또는 범죄수사상 지목된 자를 일시 억류하는 것이다."[8] 따라서 검거행위의 주체는 사법권을 가지고 있는 행정기관이며 이러한 행정기관이라 하더라도 일정한 경우에는 이마저도 제한이 따른다는 것은 주지의 사실이다. 그렇다고 여기서 행정기관이 자신의 사법권을 행사하는 직무수행(검거)의 행위에까지 포상금을 지급하자는 취지는 아니지 않은가.

결국 본 규정의 포상금 수수 주체는 신고 및 고발자로 한정함이 타당하다고 할 것이다. 신고포상금제도를 규정하고 있는 타법[9]을 보아도 그러하다.

---

8) 오세경 편저, 「圖說 法律用語辭典」, 법원출판사, 2002.

9) 선거범죄 신고포상금 지급에 관한 규칙 제1조, 청소년보호법 제49조 및 식품위생법 제90조는 신고자에만 한정하고 있다.

제40조(청문)

법 률	제40조(청문) 시장·군수·구청장은 제35조 제1항 또는 제2항의 규정에 의하여 영업폐쇄명령, 허가취소 또는 등록취소를 하고자 하는 경우에는 청문을 실시하여야 한다.

▪ 입법 취지

본시 청문은 국민의 권익을 보장하기 위한 행정절차상의 제도이다. 따라서 게임물관련 사업자의 위법행위에 대해 행정청이 처분을 하려한다면 처분의 원인이 되는 사실 등을 당사자에게 사전에 통지하여 행정청과 당사자 간의 공격·방어를 허용하며, 증거 조사를 통해서 사실규명을 명확히 하고 법령의 해석·적용을 명확히 할 필요가 있는 것이다. 따라서 '게임법'도 이와 같은 취지를 본받아 동법 제40조와 같이 게임물관련 사업자에게 영업폐쇄명령, 허가취소 또는 등록취소와 같은 불이익한 처분을 하는 경우에는 국민의 권익을 두텁게 보호할 필요가 있으므로 청문규정을 법령에 명문화한 것이라 볼 수 있다.

▪ 입법 연혁

1999년 2월 8일 「음반·비디오 및 게임물에 관한 법률」(이하 '음비게법')의 제정 입법 제15조상에 등록사업자의 등록취소를 하고자 하는 경우에는 청문을 실시하도록 규정하고 있으며, 2001년 5월 24일 전면 개정된 '음비게법' 제41조는 등록취소 외에도 영업의 폐쇄를 할 경우에는 청문을 실시하도록 하여 청문의 범위를 보다 확장하였다. 현행 '게임법'의 제정 입법인 2006년 4월 28일 '게임법' 제40조는 2001년 5월 24일 전면 개정된 '음비게법' 제41조 청문의 규정을 본받은 것이고, 2007년 1월 19일 개정된 '게임법' 제40조에는 청문의 사유로 영업폐쇄와 등록취소 외에도 허가취소도 청문의 사유로 하고 있으며, 2013년 현행 '게임법'에 그대로 유지되고 있다.

■ 내용 해설

1. 청문의 의의

행정절차법상 "청문"이란 행정청이 어떠한 처분을 하기 전에 당사자 등의 의견을 직접 듣고 증거를 조사하는 절차를 말한다(행정절차법 제2조 제5호). 따라서 청문은 당사자의 의견을 듣는 데 그치지 아니하고 증거를 조사하는 등 재판에 준하는 절차를 거치는 의견진술절차를 의미한다.[10] 이러한 행정절차상의 청문은 행정과정에서 행정객체의 참여를 가능하게 함으로써 행정의 민주화와 행정과정의 공정성을 보장하는 자유보호와 행정능률의 향상에 기여한다고 볼 수 있다.[11]

2. 제40조(청문)

제40조는 "시장·군수·구청장은 제35조 제1항 또는 제2항의 규정에 의하여 영업폐쇄명령, 허가취소 또는 등록취소를 하고자 하는 경우에는 청문을 실시하여야 한다"고 규정하고 있다.

가. 제35조 제1항

제35조 제1항에 따르면 게임제작업 또는 게임배급업을 영위하고자 하는 자는 문화체육관광부령이 정하는 바에 따라 시장·군수·구청장에게 등록하여야 하는데, i) 거짓 그 밖의 부정한 방법으로 등록하거나(제35조 제1호), ii) 영업정지명령을 위반하여 영업을 계속하는 경우(제35조 제2호), iii) 게임제작업 또는 게임배급업을 영위하고자 하는 자가 문화체육관광부령이 정하는 중요사항을 변경등록을 하지 아니한 경우(제35조 제3호), iv) 제28조의 규정에 의한 준수사항을 위반한 때(제35조 제4호), 즉 게임물관련 사업자가 유통질서 등에 관한 교육을 받지 아니한 경우, 게임물을 이용하여 도박 그 밖의 사행행위를 하게 하거나 이를 방치

---

10) 박균성, 「제10판 행정법론」(상), 박영사, 2011, 593-594면.

11) 홍성찬, "행정상 청문제도의 법리", 「연세법학연구」 제3호, 1995, 85면; 정완, "경쟁법상 사전청문절차에 관한 고찰", 「경희법학」 제44권 제3호, 2009, 제3면.

한 경우, 게임머니의 화폐단위를 한국은행에서 발행되는 화폐단위와 동일하게 하는 등 게임물의 내용구현과 밀접한 관련이 있는 운영방식 또는 기기·장치 등을 통하여 사행성을 조장한 경우, 경품 등을 제공하여 사행성을 조장한 경우[다만, 청소년게임제공업의 전체이용가 게임물에 대하여 대통령령이 정하는 경품의 종류(완구류 및 문구류 등. 다만, 현금, 상품권 및 유가증권은 제외한다)·지급기준·제공방법 등에 의한 경우는 제외한다], 청소년게임제공업자가 청소년이용불가 게임물을 제공한 경우, 일반게임제공업을 영위하는 자가 게임장에 청소년을 출입시킨 경우, 게임물 및 컴퓨터 설비 등에 문화체육관광부장관이 고시하는 음란물 및 사행성게임물 차단 프로그램 또는 장치를 설치하지 않은 경우(다만, 음란물 및 사행성게임물 차단 프로그램 또는 장치를 설치하지 아니하여도 음란물 및 사행성게임물을 접속할 수 없게 되어 있는 경우에는 그러하지 아니하다.), 대통령령이 정하는 영업시간 및 청소년의 출입시간을 준수하지 않은 경우, 그 밖에 영업질서의 유지 등에 관하여 필요한 사항으로서 대통령령이 정하는 사항을 준수하지 않은 경우, ⅴ) 제32조의 규정, 요컨대 등급을 받지 아니한 게임물을 유통 또는 이용에 제공하거나 이를 위하여 진열·보관하는 행위를 한 경우, 등급을 받은 내용과 다른 내용의 게임물을 유통 또는 이용에 제공하거나 이를 위하여 진열·보관하는 행위를 한 경우, 등급구분을 위반하여 이용에 제공하는 행위를 한 경우, 사행성게임물에 해당되어 등급분류가 거부된 게임물을 유통시키거나 이용에 제공하는 행위 또는 유통·이용제공의 목적으로 진열·보관하는 행위를 한 경우,[12] 등급분류필증을 매매·증여 또는 대여하는 행위를 한 경우, 등급 및 게임물내용정보 등의 표시사항을 표시하지 아니한 게임물 또는 게임물의 운영에 관한 정보를 표시하는 장치를 부착하지 아니한 게임물을 유통시키거나 이용에 제공하는 행위를 한 경우, 누구든지 게임물의 이용을 통하여 획득한 유·무형의 결과물(점수, 경품, 게임 내에서 사용되는 가상의 화폐로서 대통령령이 정하는 게임머니 및 대통령령이 정하는 이와 유사한 것을 말한다)을 환전 또는 환전 알선하거나 재매입을 업으로 하는 행위를 한 경우, 게임물의 정상적인 운영을 방해할 목적으로 게임물 관련사업자가 제공 또는 승인하지 아니한 컴퓨터프로그램이나 기기 또는 장치를 배포하거나 배포할 목적으로 제작하는 행위를 한 경우, 반국가적인 행동을 묘사하거나 역사적 사실을 왜

---

12) 다만, 이 경우 「사행행위 등 규제 및 처벌특례법」에 따라 사행행위영업을 하는 자를 제외한다.

곡함으로써 국가의 정체성을 현저히 손상시킬 우려가 있는 게임물을 제작 또는 반입하는 경우, 존비속에 대한 폭행·살인 등 가족윤리의 훼손 등으로 미풍양속을 해칠 우려가 있는 게임물을 제작 또는 반입하는 경우, 범죄·폭력·음란 등을 지나치게 묘사하여 범죄심리 또는 모방심리를 부추기는 등 사회질서를 문란하게 할 우려가 있는 게임물을 제작 또는 반입하는 경우 등에 의한 불법게임물 등의 유통금지의무 등을 위반한 경우이다(제35조 제5호).

위에서 열거한 각 호의 어느 하나에 해당하는 때에는 6월 이내의 기간을 정하여 영업정지를 명하거나 영업폐쇄를 명할 수 있다. 다만, 제1호 또는 제2호에 해당하는 때에는 영업폐쇄를 명하여야 한다(제35조 제1항).

나. 제35조 제2항

제35조 제2항은, 게임제공업·인터넷컴퓨터게임시설제공업 또는 복합유통게임제공업의 허가를 받거나 등록 또는 신고를 한 자가 i) 거짓 그 밖의 부정한 방법으로 허가를 받거나 등록 또는 신고를 하거나(제35조 제2항 제1호), ii) 영업정지명령을 위반하여 영업을 계속하는 경우(제35조 제2항 제2호), iii) 일반게임제공업을 영위하고자 하는 자가 허가의 기준·절차 등에 관하여 대통령령이 정하는 바에 따라 시장·군수·구청장의 허가를 받아 영업을 할 수 있는 경우(제26조 제1항),[13] 청소년게임제공업 또는 인터넷컴퓨터게임시설제공업을 영위하고자 하는 자가 문화체육관광부령이 정하는 시설을 갖추어 시장·군수·구청장에게 등록해야 하는 경우(제26조 제2항),[14] 복합유통게임제공업을 영위하고자 하는 자가 문화체육관광부령이 정하는 바에 따라 시장·군수·구청장에게 등록해야 하는 경우(제26조 제3항)[15] 등에 있어서 허가·등록기준을 갖추지 아니한 때(제35조 제

---

13) 다만, 「건축법」 제2조 제2항 제7호의 판매시설에 해당하여야 하고, 「국토의 계획 및 이용에 관한 법률」 제36조 제1항 제1호 가목의 주거지역에 위치하여서는 아니 된다(제26조 제1항 단서).

14) 다만, 정보통신망을 통하여 게임물을 제공하는 자로서 「전기통신사업법」에 따라 허가를 받거나 신고 또는 등록을 한 경우에는 이 법에 의하여 등록한 것으로 본다(제26조 제2항 단서).

15) 다만, 제1항 및 제2항의 규정에 따라 일반게임제공업의 허가를 받은 자와 청소년게임제공업 또는 인터넷컴퓨터게임시설제공업의 등록을 한 자가 복합유통게임제공업을 영위하고자 하는 때에는 시장·군수·구청장에게 신고하여야 한다(제26조 제3항 단서).

2항 제3호), iv) 위의 제26조 제1항 내지 제3항의 규정에 따라 허가를 받거나 등록 또는 신고를 한 자가 문화체육관광부령이 정하는 중요사항을 변경하고자 하는 경우에는 변경허가를 하거나 변경등록 또는 변경신고를 하여야 하는데, 이를 하지 아니한 경우(제35조 제2항 제4호), v) 게임물 관련사업자는 제9조 제3항의 규정에 의한 유통질서 등에 관한 교육을 받을 것(제28조 제1호), 게임물 관련사업자는 게임물을 이용하여 도박 그 밖의 사행행위를 하게 하거나 이를 하도록 내버려 두지 아니할 것(제28조 제2호), 게임머니의 화폐단위를 한국은행에서 발행되는 화폐단위와 동일하게 하는 등 게임물의 내용구현과 밀접한 관련이 있는 운영방식 또는 기기·장치 등을 통하여 사행성을 조장하지 아니할 것(제28조 제2호의2), 경품 등을 제공하여 사행성을 조장하지 아니할 것(제28조 제3호)16) 등의 사항을 준수하지 아니한 경우, vi) 제35조 제1항 제4호 및 제5호 등에 해당하는 경우에, 시장·군수·구청장은 게임제공업·인터넷컴퓨터게임시설제공업 또는 복합유통게임제공업자에게 6월 이내의 기간을 정하여 영업정지를 명하거나 허가·등록취소 또는 영업폐쇄를 명할 수 있다. 다만, 제35조 제2항의 제1호 또는 제2호에 해당하는 때에는 허가·등록취소 또는 영업폐쇄를 명하여야 한다(제35조 제2항).

3. 청문의 효과

행정청이 영업정지처분을 하려면 반드시 사전에 청문절차를 거쳐야 함은 당연하다. 따라서 청문서 도달기간 등의 청문절차를 제대로 지키지 아니한 행정청의 영업정지처분은 위법이다.17)

---

16) 다만, 청소년게임제공업의 전체이용가 게임물에 대하여 대통령령이 정하는 경품의 종류(완구류 및 문구류 등. 다만, 현금, 상품권 및 유가증권은 제외한다)·지급기준·제공방법 등에 의한 경우에는 그러하지 아니하다(제28조 제3호 단서).

17) 대법원 1992.2.11. 선고 91누11575; 한편, 법원은 "행정청이 식품위생법상의 청문절차를 이행함에 있어 소정의 청문서 도달기간을 지키지 아니하였다면 이는 청문의 절차적 요건을 준수하지 아니한 것이므로 이를 바탕으로 한 행정처분은 일단 위법하다고 보아야 할 것이지만 이러한 청문제도의 취지는 처분으로 말미암아 받게 될 영업자에게 미리 변명과 유리한 자료를 제출할 기회를 부여함으로써 부당한 권리침해를 예방하려는 데에 있는 것임을 고려하여 볼 때, 가령 행정청이 청문서 도달기간을 다소 어겼다 하더라도 영업자가 이에 대하여 이의하지 아니한 채 스스로 청문일에 출석하여 그 의견을 진술하고 변명하는 등 방어의 기회를 충분히 가졌다면 청문서 도달기간을 준수하지 아니한 하자는 치유되었다고 봄이 상당하다"고 하였다(대법원 1992.10.23. 선고 92누2844 판결).

제41조(수수료)

법　률	제41조(수수료) ① 다음 각 호의 어느 하나에 해당하는 자는 시·군·구(자치구를 말한다)의 조례가 정하는 바에 의하여 수수료를 납부하여야 한다. 1. 제25조의 규정에 의하여 게임제작업 또는 게임배급업을 등록하거나 변경등록을 하는 자 2. 제26조의 규정에 의하여 게임제공업, 인터넷컴퓨터게임시설제공업 또는 복합유통게임제공업의 허가·변경허가를 받거나 등록·변경등록 또는 변경신고를 하고자 하는 자 ② 다음 각 호의 어느 하나에 해당하는 자는 위원회가 문화체육관광부장관의 승인을 얻어 정하는 수수료를 납부하여야 한다. 1. 제21조 제1항의 규정에 의한 등급분류를 신청하는 자 2. 제23조의 규정에 의한 이의신청을 하는 자 3. 제21조의 규정에 따라 기술심의를 받아야 하는 자 4. 제21조 제1항 제3호에 따른 시험용 게임물의 확인을 신청하는 자 5. 제21조 제5항에 따른 게임물의 내용수정을 신고하여 등급재분류 대상인 자 ③ 등급분류기관에 제21조 제1항에 따른 등급분류를 신청하려는 자는 등급분류기관이 문화체육관광부장관의 승인을 받아 정하는 수수료를 납부하여야 한다.

■ **입법 취지**

　　행정청의 행정행위에 대한 수수료 제도는 특정한 개인이 특정한 행정서비스를 이용함에 있어 무료로 서비스를 받아 특별한 경제적 혜택을 누리는 것은 부담의 공평성을 해칠 우려가 있기도 하고, 특정한 개인이 이용함으로써 특별한 경제적 혜택을 받는 행정서비스의 경우에는 소위 '수익자 부담의 원칙'에 따라 해당 혜택을 받는 개인에게 비용을 부담시키는 것이 공평의 원리에 타당하다는 맥락에서 자리매김 한 것이다.[18]

---

18) 김기표, "수수료제도에 관한 고찰", 「법제」(제440호), 1994.8, 법제처, 78-79면; 김원오, "특허 수수료 감면제도의 비교법적 고찰", 「산업재산권」(제13호), 75-76면.

■ 입법 연혁

현행 '게임법'상의 수수료 규정은 1999년 2월 28일 제정된 「음반·비디오물 및 게임물에 관한 법률」(이하 '음비게법') 제26조상에 처음으로 등장하게 되며, 2001년 5월 24일 '음비게법'의 전면 개정으로 동법 제46조로 이동 규정되어 동법이 폐지될 때까지 그대로 유지되었다. 게임산업의 중요성을 인식하여 '음비게법'의 폐지로 2006년 4월 28일 「게임산업진흥에 관한 법률」(이하 '게임법')이 제정되었고 동법 제41조상에 기존의 '음비게법'의 수수료 규정을 들여왔다.

한편 2007년 1월 19일 '게임법'의 개정으로 제21조의 규정에 따라 기술심의를 받아야 하는 자도 위원회가 문화관광부장관의 승인을 얻어 정한 수수료를 납부하여야 함을 추가하였고(동법 제41조 제2항 제3호), 2007년 12월 21일 '게임법'의 개정으로 i) 제21조 제1항 제3호에 따른 시험용 게임물의 확인을 신청하는 자(동법 제41조 제2항 제4호)와, ii) 제21조 제5항에 따른 게임물의 내용수정을 신고하여 등급재분류 대상인 자도 수수료의 납부대상자로 더하였으며(동법 제41조 제2항 제5호), 2011년 12월 31일 개정으로 등급분류기관에 제21조 제1항에 따른 등급분류를 신청하려는 자는 등급분류기관이 문화체육관광부장관의 승인을 받아 정하는 수수료를 납부하도록 하였다(동법 제41조 제3항). 현행 '게임법'은 이를 유지하고 있다.

2013년 5월 22일 '게임법'의 개정으로 '게임물등급위원회'를 폐지하는 대신 '게임물관리위원회'를 신설하였으므로 본조 제2항의 '등급위원회'를 '위원회'로 변경하였다.

■ 내용 해설

1. 수수료의 의의 및 법적 성격

수수료라 함은 국가나 지방자치단체 등 공공기관이 특정인을 위하여 행한 공적 서비스에 대해 그 보상으로 징수하는 요금을 말한다.[19] 원칙적으로 수수료는 이익을 얻는 특정인에 대하여 부과·징수한다는 점에서 개별적·구체적인 대

가성(代價性)이 있으므로 조세(租稅)와는 구별되지만, 수수료는 사경제적 보수와
조세의 이중적 성격을 가지고 있는 것으로 봄이 다수의 견해이다.[20]

2. 제41조 수수료

가. 제41조 제1항

'게임법' 제41조 제1항은 "i) 제25조의 규정에 의하여 게임제작업 또는 게임
배급업을 등록하거나 변경등록을 하는 자나,[21] ii) 제26조의 규정에 의하여 게임
제공업, 인터넷컴퓨터게임시설제공업 또는 복합유통게임제공업의 허가 · 변경허
가를 받거나 등록 · 변경등록 또는 변경신고를 하고자 하는 자는, 시 · 군 · 구(자
치구를 말한다)의 조례가 정하는 바에 의하여 수수료를 납부하여야 한다"고 규정
하고 있다.[22]

나. 제41조 제2항

'게임법' 제41조 제2항은, "i) 게임물을 유통시키거나 이용에 제공하게 할 목
적으로 게임물을 제작 또는 배급하고자 하는 자는 당해 게임물을 제작 또는 배급
하기 전에 위원회로부터 당해 게임물의 내용에 관하여 등급분류를 받아야 하는

19) 안경봉, 하홍준, "산업재산권활성화를 위한 세법상 지원방안", 「지적재산연구센터 연구보
    고서」(99-04), 67-68면; 김원오, 앞의 논문, 75면.
20) 김원오, 위의 논문, 76면.
21) 다만, 다음 각 호의 어느 하나에 해당하는 경우에는 등록하지 아니하고 이를 할 수 있다; 1.
    국가 또는 지방자치단체가 제작하는 경우 2. 법령에 의하여 설립된 교육기관 또는 연수기관
    이 자체교육 또는 연수의 목적으로 사용하기 위하여 제작하는 경우 3. 「정부투자기관 관리기
    본법」 제2조의 규정에 의한 정부투자기관 또는 정부출연기관이 그 사업의 홍보에 사용하기
    위하여 제작하는 경우 4. 그 밖에 게임기기 자체만으로는 오락을 할 수 없는 기기를 제작하
    는 경우 등 대통령령이 정하는 경우(제25조 제1항 단서).
22) 지방자치법 제137조(수수료): ① 지방자치단체는 그 지방자치단체의 사무가 특정인을 위한
    것이면 그 사무에 대하여 수수료를 징수할 수 있다. ② 지방자치단체는 국가나 다른 지방자
    치단체의 위임사무가 특정인을 위한 것이면 그 사무에 대하여 수수료를 징수할 수 있다. ③
    제2항에 따른 수수료는 그 지방자치단체의 수입으로 한다. 다만, 법령에 달리 정하여진 경우
    에는 그러하지 아니하다.

데, 이 경우 등급분류 신청을 한 자(동항 제1호),[23] ii) 위원회 또는 등급분류기관의 제21조에 따른 등급분류 결정 또는 제22조에 따른 등급분류 거부결정에 대하여 이의가 있는 경우 이에 대한 이의 신청을 하는 자(동항 제2호), iii) 위원회는 게임물의 사행성 여부 등을 확인하기 위하여 대통령령이 정하는 바에 따라 기술심의를 할 수 있는데, 이에 따라 기술심의를 받아야 하는 자(동항 제3호), iv) 게임물 개발과정에서 성능·안전성·이용자만족도 등을 평가하기 위한 시험용 게임물로서 대통령령이 정하는 대상·기준과 절차 등에 따른 게임물에 시험용 게임물의 확인을 신청하는 자(동항 제4호), v) 등급분류를 받은 게임물의 내용을 수정한 경우에는 문화체육관광부령이 정하는 바에 따라 24시간 이내에 이를 위원회에 신고하여야 하는데, 그 게임물의 내용수정을 신고하여 등급재분류 대상인 자(동항 제5호) 등은 위원회가 문화체육관광부장관의 승인을 얻어 정하는 수수료를 납부하여야 한다"고 규정하고 있다.

다. 제41조 제3항

'게임법' 제41조 제3항은 "등급분류기관에 제21조 제1항에 따른 등급분류를 신청하려는 자는 등급분류기관이 문화체육관광부장관의 승인을 받아 정하는 수수료를 납부하여야 한다"고 규정하고 있다. 등급위원회는 제24조의2에 따라 등급분류 업무를 위탁받은 기관(이하 '등급분류기관'이라 한다)에 위탁할 수 있으며, 위 '등급분류기관'에 등급분류를 신청하는 자는 등급분류기관이 문화체육관광부장관의 승인을 받아 정하는 수수료를 납부하여야 한다.

---

23) 다만, 다음 각 호의 어느 하나에 해당하는 게임물의 경우에는 그러하지 아니하다; 1. 중앙행정기관의 장이 추천하는 게임대회 또는 전시회 등에 이용·전시할 목적으로 제작·배급하는 게임물 2. 교육·학습·종교 또는 공익적 홍보활동 등의 용도로 제작·배급하는 게임물로서 대통령령이 정하는 것 3. 게임물 개발과정에서 성능·안전성·이용자만족도 등을 평가하기 위한 시험용 게임물로서 대통령령이 정하는 대상·기준과 절차 등에 따른 게임물 4. 게임물의 제작주체·유통과정의 특성 등으로 인하여 위원회를 통한 사전 등급분류가 적절하지 아니한 게임물 중에서 대통령령으로 정하는 것. 다만, 제9항의 기준에 따른 청소년이용불가 게임물일 경우에는 그러하지 아니하다(제21조 제1항 단서).

3. 수수료의 납부

지방자치단체가 수수료를 징수할 때에는 지방세징수의 예에 따르도록 규정하고 있다.[24] 수수료 관련 사무는 대개 사무가 행해지기 전에 납부하기 때문에 체납되는 상황은 거의 발생하지 않으나, 수수료의 징수에 관하여 강제징수 절차를 두려면 반드시 법률에 근거를 두어야 하며, 대통령령이나 총리령·부령 또는 조례로 둘 수는 없다. 강제징수 규정을 두지 않으면 수수료를 체납해도 강제징수의 방법에 의할 수 없으며 통상적인 민사상의 절차에 의하여야 한다.

---

24) 지방자치법 제140조(사용료 등의 부과·징수, 이의신청): ① 사용료·수수료 또는 분담금은 공평한 방법으로 부과하거나 징수하여야 한다. ② 사용료·수수료 또는 분담금의 징수는 지방세 징수의 예에 따른다. ③ 사용료·수수료 또는 분담금의 부과나 징수에 대하여 이의가 있는 자는 그 처분을 통지받은 날부터 90일 이내에 그 지방자치단체의 장에게 이의신청할 수 있다. ④ 지방자치단체의 장은 제3항의 이의신청을 받은 날부터 60일 이내에 이를 결정하여 알려야 한다. ⑤ 사용료·수수료 또는 분담금의 부과나 징수에 대하여 행정소송을 제기하려면 제4항에 따른 결정을 통지받은 날부터 90일 이내에 처분청을 당사자로 하여 소를 제기하여야 한다. ⑥ 제4항에 따른 결정기간 내에 결정의 통지를 받지 못하면 제5항에도 불구하고 그 결정기간이 지난 날부터 90일 이내에 소를 제기할 수 있다. ⑦ 제3항과 제4항에 따른 이의신청의 방법과 절차 등에 관하여는 「지방세기본법」 제118조와 제121조부터 제127조까지의 규정을 준용한다.

제42조(권한의 위임·위탁)

법　률	제42조(권한의 위임·위탁) ① 문화체육관광부장관 또는 시·도지사는 이 법의 규정에 의한 권한의 일부를 대통령령이 정하는 바에 따라 시·도지사 또는 시장·군수·구청장에게 위임할 수 있다. ② 이 법의 규정에 따른 문화체육관광부장관, 시·도지사 또는 시장·군수·구청장의 권한은 대통령령이 정하는 바에 의하여 위원회 및 협회 등에 위탁할 수 있다.
관련법률	제9조(유통질서의 확립) ① 시장·군수·구청장(자치구의 구청장을 말한다. 이하 같다)은 게임물 및 게임상품의 건전한 유통질서 확립과 건전한 게임문화의 조성을 위하여 게임물 관련사업자를 대상으로 연 3시간 이내의 범위에서 대통령령이 정하는 바에 따라 교육을 실시할 수 있다. 제12조의4(게임물 이용 교육 지원 등) ① 정부는 게임물의 올바른 이용에 관한 교육에 필요한 지원을 할 수 있다. ② 정부는 학교교육에서 게임물의 올바른 이용을 위한 교육을 실시하도록 노력하여야 한다. ③ 문화체육관광부장관은 올바른 게임물 이용에 관한 교육의 내용을 「유아교육법」 제13조 및 「초·중등교육법」 제23조에 따른 교육과정에 포함할 수 있도록 교육부장관에게 협력을 요청할 수 있다. ④ 문화체육관광부장관은 게임물 이용에 관한 교육을 해당 사업과 관련된 기관 또는 단체에 위탁할 수 있다. 제24조의2(등급분류 업무의 위탁 등) ① 위원회는 제21조 제2항 제1호부터 제3호까지에 해당하는 게임물에 대한 다음 각 호의 업무를 대통령령으로 정하는 인력 및 시설 등을 갖춘 법인으로서 문화체육관광부장관이 지정하는 등급분류기관에 5년 이내의 기간을 정하여 위탁할 수 있다. 1. 제21조 제1항 본문에 따른 등급분류 결정 2. 제21조 제5항에 따른 내용 수정 신고 수리, 등급 재분류 대상 통보 및 조치 3. 제22조 제1항에 따른 자료(제16조 제2항 제1호 및 제2호에 따른 업무의 수행을 위하여 필요한 자료로 한정한다) 제출 요구 4. 제22조 제2항에 따른 등급분류 거부결정(사행성게임물에 해당되는 게임물은 제외한다) 5. 제22조 제3항에 따른 등급분류 결정 관련 서류의 교부 6. 제22조 제4항에 따른 등급분류 결정 취소
시 행 령	제23조(권한의 위탁 등) ③ 시장·군수·구청장은 법 제42조 제2항에 따라 법 제9조 제3항에 따른 교육실시업무를 법 제39조에 따라 설립된 협회 또는 단

	체에 위탁할 수 있다.
관 련 시 행 령	제7조(게임물 관련사업자 교육) ① 법 제9조 제3항에 따른 게임물 관련사업자에 대한 교육은 연 3시간으로 한다. ② 시장·군수·구청장(자치구의 구청장을 말한다. 이하 같다)은 게임물 관련사업자가 부득이한 사유로 교육에 참석하기 어려운 때에는 그 종업원 중 각 영업장의 관리책임을 맡은 자에게 본인을 대신하여 교육을 받게 할 수 있다. ③ 제1항 및 제2항에 따른 교육의 세부실시방법 그 밖에 교육에 관하여 필요한 사항은 문화체육관광부령으로 정한다. 제14조의2(등급분류기관의 지정 요건) 법 제24조의2 제1항 각 호 외의 부분에서 "대통령령으로 정하는 인력 및 시설 등"이란 다음 각 호의 기준에 맞는 인력 및 시설 등을 말한다. 1. 7명 이상의 문화예술·문화산업·청소년·법률·교육·언론·정보통신 분야에 관한 전문지식과 경험이 풍부한 사람으로 구성된 위원회 형태의 조직을 갖추되, 각 분야에서 종사하는 사람이 고르게 구성되도록 할 것 2. 「소프트웨어산업 진흥법」 제2조 제5호에 따른 소프트웨어기술자 또는 게임 분야에서 3년 이상의 실무 경험이 있는 사람 3명을 포함하여 5명 이상으로 구성된 사무조직을 갖출 것 3. 등급분류 업무의 수행을 위한 회의실 등 업무시설을 갖출 것 4. 등급분류 업무의 수행을 위한 온라인 업무처리 시스템을 구축할 것 5. 등급분류 업무의 안정적인 수행을 위한 재정적 능력을 갖출 것 6. 「민법」 제32조에 따라 문화체육관광부장관의 허가를 받아 설립된 비영리법인일 것

■ 입법 취지

「행정권한의 위임 및 위탁에 관한 규정」은 제1조의 목적에서 밝히고 있듯이, 「정부조직법」 제6조 제3항 및 그 밖의 법령에 따라 행정 간여(干與)의 범위를 축소하여 민간의 자율적인 행정 참여의 기회를 확대하기 위하여 법률에 규정된 행정기관의 소관 사무 중 지방자치단체가 아닌 법인·단체 또는 그 기관이나 개인에게 위탁할 사무를 정함을 목적으로 한다. 따라서 본조 또한 이러한 취지에 그 근거를 두고 있다.

요컨대, 사회가 발전함에 따라서 행정업무도 확대되는 것은 당연한 이치이므로 이를 행정청이 모두 처리하는 것은 한계가 있다. 따라서 민간위탁제도를 도입하게 되었고 '게임법' 제42조 제2항은 이를 본받은 것이라 할 수 있다. 따라서 「행정권한의 위임 및 위탁에 관한 규정」 제11조(민간위탁의 기준)는 "행정기관은 법령으로 정하는 바에 따라 그 소관 사무 중 조사·검사·검정·관리 사무 등 국민의 권리·의무와 직접 관계되지 아니하는 i) 단순 사실행위인 행정작용 ii) 공익성보다 능률성이 현저히 요청되는 사무 iii) 특수한 전문지식 및 기술이 필요한 사무 iv) 그 밖에 국민생활과 직결된 단순 행정사무 등의 각각의 사무에 대하여 민간위탁의 필요성 및 타당성 등을 정기적·종합적으로 판단하여 필요할 때에는 민간위탁을 하여야 하며, 각각의 사무를 민간위탁하였을 때에는 필요한 사무처리지침을 시달하고, 그 처리에 필요한 적절한 조치를 하여야 한다."고 규정하고 있다.

■ **입법 연혁**

게임과 관련한 위임·위탁에 관한 규정은 '음비게법' 제정 당시의 입법(법률 제5925호, 1999.2.8, 제정) 제27조에 처음으로 규정되었으며, 이는 현행 '게임법' 제42조가 이어받은 것이라고 할 수 있다.

2013년 5월 22일 '게임법'의 개정으로, 문화체육관광부장관의 사후관리 권한을 위원회에 위탁할 수 있도록 법적 근거를 마련하기 위하여 본조 제2항에 위탁기관으로 '위원회'를 포함시켰다.

■ **내용 해설**

1. **위임·위탁의 의의**

「행정권한의 위임 및 위탁에 관한 규정」 제2조 제1호 및 제2호는 "위임이란 법률에 규정된 행정기관의 장의 권한 중 일부를 그 보조기관 또는 하급행정기관의 장이나 지방자치단체의 장에게 맡겨 그의 권한과 책임 아래 행사하도록 하는 것을 말한다."고 규정하고 있고, "위탁이란 법률에 규정된 행정기관의 장의 권한 중 일부를 다른 행정기관의 장에게 맡겨 그의 권한과 책임 아래 행사하도록 하는 것을 말한다."고 규정하고 있다.

한편, '위임'과 '위탁'을 구분하고 있으나 그 실질에 있어서는 아무런 차이가 없다는 것이 일반적이다. 제42조에서도 보듯이 지휘계통에 따른 차이가 있을 뿐이다.

2. 본조에 따른 위임 및 위탁

가. 위 임

본조 제1항은 "문화체육관광부장관 또는 시·도지사는 이 법의 규정에 의한 권한의 일부를 대통령령이 정하는 바에 따라 시·도지사 또는 시장·군수·구청장에게 위임할 수 있다"고 규정하고 있다. 여기서 대통령령이 정하는 바는 동법 제9조 제3항에 따른 교육실시업무를 말한다. 즉, 시장·군수·구청장은 게임물 및 게임상품의 건전한 유통질서 확립과 건전한 게임문화의 조성을 위하여 게임물 관련사업자를 대상으로 연 3시간 이내 범위에서의 교육실시이며, 이를 시·도지사 또는 시장·군수·구청장에게 위임할 수 있는 것이다.

나. 위 탁

본조 제2항은 "이 법의 규정에 따른 문화체육관광부장관, 시·도지사 또는 시장·군수·구청장의 권한은 대통령령이 정하는 바에 의하여 협회 등에 위탁할 수 있다"고 규정하고 있다. 본조에 따른 대통령령이 정하는 바는, 동법 제9조 제3항에 따른 교육실시업무라고 규정하고 있다. 따라서 위임사무의 내용과 다르지 않다. 그러나 이외에도 본법은 몇 가지의 민간위탁을 하고 있다. 이는 다음과 같다.

(1) 제12조의4 제4항(게임물 이용 교육 지원 등)

본조는 2011년 7월 11일 신설된 규정이다. 제12조의4 제4항에 따르면 "문화체육관광부장관은 게임물 이용에 관한 교육을 해당 사업과 관련된 기관 또는 단체에 위탁할 수 있다"고 규정하고 있다. 여기서 이에 대한 교육의 담당자로 게임

관련 사업과 관련된 기관 또는 단체라고 규정하고 있는데, 이는 제39조에 따라 설립된 기관이나 단체, 즉 '협회 등'에 포섭되는 것은 당연할 것이다. 따라서 문화체육관광부장관은 이러한 단체나 기관에 게임물 이용자에 대한 올바른 게임물 이용 방법에 대한 교육을 위탁할 수 있는 것이다.

(2) 제24조의2(등급분류 업무의 위탁)

본조는 2011년 12월 31일 신설된 규정이다. 본조에 따르면 "위원회는 제21조 제2항 제1호부터 제3호까지[25]에 해당하는 게임물에 대한 다음 각 호의 업무를 대통령령으로 정하는 인력 및 시설 등을 갖춘 법인으로서 문화체육관광부장관이 지정하는 등급분류기관에 5년 이내의 기간을 정하여 위탁할 수 있다"고 규정하고 있다. 그 업무로는 i) 게임물을 유통시키거나 이용에 제공하게 할 목적으로 게임물을 제작 또는 배급하고자 하는 자는 당해 게임물을 제작 또는 배급하기 전에 위원회로부터 당해 게임물의 내용에 관하여 등급분류를 받아야 하는데, 이에 따른 등급분류 결정(동조 제1호), ii) 등급분류를 받은 게임물의 내용을 수정한 경우에는 문화체육관광부령이 정하는 바에 따라 24시간 이내에 이를 위원회에 신고하여야 하고, 이 경우 위원회는 신고된 내용이 등급의 변경을 요할 정도로 수정된 경우에는 신고를 받은 날부터 7일 이내에 등급 재분류 대상임을 통보하여야 하며, 통보받은 게임물은 새로운 게임물로 간주하여 위원회규정이 정하는 절차에 따라 새로이 등급분류를 받도록 조치하여야 하는데, 이에 따른 내용 수정 신고 수리, 등급 재분류 대상 통보 및 조치 업무(동조 제2호), iii) 게임물을 유통시키거나 이용에 제공하게 할 목적으로 게임물을 제작 또는 배급하고자 하는 자는 당해 게임물을 제작 또는 배급하기 전에 위원회로부터 당해 게임물의 내용에 관하여 등급분류를 받아야 하는데, 이에 따른 자료 제출 요구(제16조 제2항 제1호 및 제2호[26]에 따른 업무의 수행을 위하여 필요한 자료로 한정한다)(동조 제3호), iv) 게임물의 등급에 따른 등급분류 거부결정(사행성게임물에 해당되는 게임물은 제외한다)

---

25) 제21조 제2항: 게임물의 등급은 다음 각 호와 같다; 1. 전체이용가: 누구나 이용할 수 있는 게임물 2. 12세이용가: 12세 미만은 이용할 수 없는 게임물 3. 15세이용가: 15세 미만은 이용할 수 없는 게임물 4. 청소년이용불가: 청소년은 이용할 수 없는 게임물.

26) 제16조 제2항 제1호 및 제2호: ② 위원회는 다음 각 호의 사항을 심의·의결한다; 1. 게임물의 등급분류에 관한 사항, 2. 청소년 유해성 확인에 관한 사항 ….

(동조 제4호), v) 위원회는 등급분류 결정을 한 경우에는 다음 각 호의 서류를 신청인에게 교부하고, 사행성게임물에 해당되어 등급분류를 거부결정한 경우에는 결정의 내용 및 그 이유를 기재한 서류를 지체 없이 신청인에게 교부하여야 하는데, 이에 따른 등급분류 결정 관련 서류의 교부(동조 제5호), vi) 위원회는 등급분류를 받은 게임물 「사행행위 등 규제 및 처벌특례법」, 「형법」 등 다른 법률의 규정에 의하여 규제 또는 처벌대상이 되는 행위 또는 기기에 대하여 등급분류를 신청한 자, 정당한 권원을 갖추지 아니하였거나 거짓 그 밖의 부정한 방법으로 등급분류를 신청한 자 또는 사행성게임물에 해당되는 게임물에 대하여 등급분류를 신청한 자에 대하여 등급분류를 거부할 수 있는데, 이에 따른 등급분류 결정 취소(동조 제6호) 등의 각각의 업무를 대통령령으로 정하는 인력 및 시설 등을 갖춘 법인으로서 문화체육관광부장관이 지정하는 등급분류기관에 위탁할 수 있다.

여기서 대통령령이 정하는 인력 및 시설을 갖춘 법인이란, i) 7명 이상의 문화예술·문화산업·청소년·법률·교육·언론·정보통신 분야에 관한 전문지식과 경험이 풍부한 사람으로 구성된 위원회 형태의 조직을 갖추되, 각 분야에서 종사하는 사람이 고르게 구성되도록 할 것, ii) 「소프트웨어산업 진흥법」 제2조 제5호에 따른 소프트웨어기술자 또는 게임 분야에서 3년 이상의 실무 경험이 있는 사람 3명을 포함하여 5명 이상으로 구성된 사무조직을 갖출 것, iii) 등급분류 업무의 수행을 위한 회의실 등 업무시설을 갖출 것, iv) 등급분류 업무의 수행을 위한 온라인 업무처리 시스템을 구축할 것, v) 등급분류 업무의 안정적인 수행을 위한 재정적 능력을 갖출 것, vi) 민법 제32조에 따라 문화체육관광부장관의 허가를 받아 설립된 비영리법인일 것 등이 등급분류기관의 지정요건이다(시행령 제14조의2: 등급분류기관의 지정 요건).

제43조(벌칙 적용에서의 공무원 의제)

법 률	제43조(벌칙 적용에서의 공무원 의제) 제16조부터 제18조까지의 규정에 따른 위원회 및 사무국의 임직원, 제24조의2와 제42조 제2항에 따라 위탁한 업무에 종사하는 등급분류기관 및 협회 등의 임직원은 「형법」 제129조부터 제132조까지의 규정에 따른 벌칙의 적용에서는 공무원으로 본다.

■ 입법 취지

　　행정기관으로부터 위탁받은 업무를 수행하는 법인이나 단체의 임직원과 개인 등은 공무원이 아니지만, 업무와 관련하여 불법행위를 한 경우에 이들을 공무원과 같이 다루어 처벌할 수 있도록 하는 것을 '벌칙 적용에서의 공무원 의제(擬制)'라고 한다. 이처럼 공무원이 아닌 자를 공무원으로 의제하여 처벌할 수 있도록 하는 것은 그 업무의 공공성을 확보하여 그 업무수행에 객관성과 공정성을 담보하기 위한 것이다.[27]

　　따라서 본조는 위원회의 위원 및 사무국 임직원과, 위원회가 위탁한 업무에 종사하는 등급분류기관 및 협회 등의 임직원에 대하여 그 업무수행에 있어 금품 수수와 같은 불법행위를 한 경우에 형법상 공무원으로 의제하도록 한 것이다.

■ 입법 연혁

　　본조는 1999년 2월 8일 제정된 「음반·비디오물 및 게임물에 관한 법률」 제35조에 신설된 규정으로, 동법 제27조(권한의 위임·위탁)에 따른 영상물등급위원회의 위원 및 제25조(협회 등)의 규정에 의한 협회 또는 단체 등의 임직원에 대하여 그 적용이 있었다.

　　본조는 게임물관련 업무의 공공성 담보의 필요에 따라 2006년 4월 28일 제

---

27) 윤장근, "법령입안심사기준[보칙규정 입안심사 기준(2)]", 16-17면.

정된 게임산업진흥에 관한 법률 보칙 제43조에 규정되었고, 2011년 12월 31일 개정으로 제24조의2의 등급분류기관의 임직원도 그 업무의 공익성 및 중요성을 인식하여 본 규정이 적용되도록 하였다.

본조는 2013년 5월 22일 '게임법' 개정으로 제43조 본문의 '등급위원회'를 '위원회'로 변경하였다. 또한 게임물관리위원회 설립추진위원에 대하여도 벌칙 적용에 있어서 공무원 의제 규정을 두었다(부칙 제2조 제5항).

■ 내용 해설

본조에 의하여 공무원 신분으로 의제되는 범죄는 다음과 같다;

1. 형법 제129조(수뢰, 사전수뢰)

공무원 또는 중재인이 그 직무에 관하여 뇌물을 수수, 요구 또는 약속하거나 공무원 또는 중재인이 될 자가 그 담당할 직무에 관하여 청탁을 받고 뇌물을 수수, 요구 또는 약속한 후 공무원 또는 중재인이 된 경우에 해당한다. 따라서 위원회의 위원 및 사무국 임직원과, 위원회가 위탁한 업무에 종사하는 등급분류기관 및 협회 등의 임직원 등이 이와 같은 행위를 하였을 경우에 공무원으로 의제되어 처벌되는 것이다.

2. 형법 제130조(제3자뇌물제공)

공무원 또는 중재인이 그 직무에 관하여 부정한 청탁을 받고 제3자에게 뇌물을 공여하게 하거나 공여를 요구 또는 약속한 경우에 해당하는 범죄이다. 따라서 위원회의 위원 및 사무국 임직원과, 위원회가 위탁한 업무에 종사하는 등급분류기관 및 협회 등의 임직원 등이 이와 같은 행위를 하였을 경우에 공무원으로 의제되어 처벌을 받게 된다.

3. 형법 제131조(수뢰후부정처사, 사후수뢰)

공무원 또는 중재인이 위에서의 수뢰, 사전 수뢰나 제삼자 뇌물제공죄를 범하여 부정한 행위를 한 경우, 혹은 그 직무상 부정한 행위를 한 후 뇌물을 수수, 요구 또는 약속하거나 제3자에게 이를 공여하게 하거나 공여를 요구 또는 약속하거나, 그 재직 중에 청탁을 받고 직무상 부정한 행위를 한 후 뇌물을 수수, 요구 또는 약속한 경우가 이에 해당한다.

4. 형법 제132조(알선수뢰)

공무원이 그 지위를 이용하여 다른 공무원의 직무에 속한 사항의 알선에 관하여 뇌물을 수수, 요구 또는 약속한 경우가 이에 해당한다.

요컨대, 게임물등급위원 및 임직원, 등급분류기관 및 협회 등의 임직원이 비록 공무원은 아니지만 위와 같은 행위시 본조에 의하여 공무원의 신분으로 의제되어 처벌을 받게 되는 것이다.

참고 조문 (형법 제129조 내지 132조)	제129조(수뢰, 사전수뢰) ① 공무원 또는 중재인이 그 직무에 관하여 뇌물을 수수, 요구 또는 약속한 때에는 5년 이하의 징역 또는 10년 이하의 자격정지에 처한다. ② 공무원 또는 중재인이 될 자가 그 담당할 직무에 관하여 청탁을 받고 뇌물을 수수, 요구 또는 약속한 후 공무원 또는 중재인이 된 때에는 3년 이하의 징역 또는 7년 이하의 자격정지에 처한다. 제130조(제삼자뇌물제공) 공무원 또는 중재인이 그 직무에 관하여 부정한 청탁을 받고 제3자에게 뇌물을 공여하게 하거나 공여를 요구 또는 약속한 때에는 5년 이하의 징역 또는 10년 이하의 자격정지에 처한다. 제131조(수뢰후부정처사, 사후수뢰) ① 공무원 또는 중재인이 전2조의 죄를 범하여 부정한 행위를 한 때에는 1년 이상의 유기징역에 처한다. ② 공무원 또는 중재인이 그 직무상 부정한 행위를 한 후 뇌물을 수수, 요구 또는 약속하거나 제삼자에게 이를 공여하게 하거나 공여를 요구 또는 약속한 때에도 전항의 형과 같다. ③ 공무원 또는 중재인이었던 자가 그 재직중에 청탁을 받고 직무상 부정한 행위를 한 후 뇌물을 수수, 요구 또는 약속한 때에는 5년 이하의 징역 또는 10년 이하의 자격정지에 처한다. ④ 전3항의 경우에는 10년 이하의 자격정지를 병과할 수 있다.

	제132조(알선수뢰) 공무원이 그 지위를 이용하여 다른 공무원의 직무에 속한 사항의 알선에 관하여 뇌물을 수수, 요구 또는 약속한 때에는 3년 이하의 징역 또는 7년 이하의 자격정지에 처한다.

관련 판례	영상물등급위원회의 임직원에 대해 허위공문서작성 및 동 행사죄로 공소제기한 사안에서, 구 음반·비디오물 및 게임물에 관한 법률 제48조를 대체한 영화 및 비디오물의 진흥에 관한 법률 제91조가 영상물등급위원회 임직원이 공무원으로 의제되는 형법 등의 조문을 뇌물 관련 범죄로 축소한 이상, 형법 제1조 제2항 및 형사소송법 제326조 제4호에 해당한다고 보아 면소판결을 선고한 원심의 판단을 수긍하였다(대법원 2009.9.24. 선고 2009도6443 판결).

제7장_ 벌 칙

주해「게임산업진흥에 관한 법률」

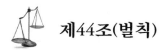

제44조(벌칙)

법　률	제44조(벌칙) ① 다음 각 호의 어느 하나에 해당하는 자는 5년 이하의 징역 또는 5천만원 이하의 벌금에 처한다. 1. 제28조 제2호의 규정을 위반하여 도박 그 밖의 사행행위를 하게 하거나 이를 하도록 방치한 자 1의2. 제28조 제3호의 규정을 위반하여 사행성을 조장한 자 2. 제32조 제1항 제1호·제4호 또는 제7호에 해당하는 행위를 한 자 3. 제38조 제1항 각 호의 규정에 의한 조치를 받고도 계속하여 영업을 하는 자 ② 제1항의 규정에 해당하는 자가 소유 또는 점유하는 게임물, 그 범죄행위에 의하여 생긴 수익(이하 이 항에서 "범죄수익"이라 한다)과 범죄수익에서 유래한 재산은 몰수하고, 이를 몰수할 수 없는 때에는 그 가액을 추징한다. ③ 제2항에서 규정한 범죄수익 및 범죄수익에서 유래한 재산의 몰수·추징과 관련되는 사항은 「범죄수익은닉의 규제 및 처벌 등에 관한 법률」 제8조 내지 제10조의 규정을 준용한다.

▪ 입법취지

　　본조에서 규정하고 있는 행위들은 사행성 게임물의 근절 및 건전한 게임문화의 조성이라는 이 법의 입법취지 달성에 가장 심각하게 영향을 미치는 행위들이라고 볼 수 있다. 따라서 본조에서는 이러한 행위들에 대해 다른 위반행위들보다 그 양형을 높게 하고, 징벌적 성격의 몰수 또는 추징제도를 함께 부과하여 이 법의 입법목적 달성에 심각한 영향을 미치는 행위들을 규제하려고 하는 것이라고 볼 수 있다.

▪ 내용 해설

1. 몰수·추징의 개념

몰수는 범죄반복의 방지나 범죄에 의한 이득의 금지를 목적으로 범죄행위와 관련된 재산을 박탈하는 것을 내용으로 하는 재산형이며, 다른 형에 부가하여 과해지는 부가형이다.[1] 몰수가 부가형이라는 점에서 그 실효성을 위하여 추징제도를 두고 있다. 몰수·추징은 전적으로 법관의 재량에 맡겨져 있는 임의적 몰수·추징과 요건이 있는 한 반드시 몰수·추징을 선고하여야 하는 필요적 몰수·추징으로 구분된다.[2] 몰수의 법적 성질에 대하여, 다수설[3]은 형법이 이를 재산형으로 규정하고 있으므로 형식적으로는 형벌이지만, 실질적으로는 대물적 보안처분으로 보고 있다. 추징은 몰수 대상물의 전부 또는 일부가 몰수하기 불가능할때에 몰수에 갈음하여 그 가액 상당의 납부를 명하는 부수처분으로서 몰수의 취지를 관철하기 위한 제도이다. 판례[4]는 "외국환관리법상의 몰수와 추징은 일반 형사법의 경우와 달리 범죄사실에 대한 징벌적 제재의 성격을 띠고 있다."고 하여 몰수·추징이 이익박탈적 성격외에 징벌적 성격을 지니고 있다고 보고 있다. 징벌적 성격의 몰수·추징은 불이익의 박탈 즉, 이익박탈적 성격을 지닌 형법상 몰수·추징과 구별하고 있다. 이러한 징벌적 성격의 몰수·추징은 범죄와 관련된 모든 물건(이익)에 대해 관여한 피고 전원에 대한 공동의 연대추징이 가능하고, 반대로 이익박탈적인 성격만을 갖고 있다면 실제로 이익이 귀속된 피고에게 개별적으로 몰수·추징할 수 있는 입장을 보이고 있다.[5]

　　본조 제1항 제1호 및 제1호의2는 게임물 관련 사업자가 작위·부작위적 행위를 통해 또는 경품제공 행위를 통해 사행성을 조장하는 행위를, 제2호는 등급분류는 받지 않거나 사행성 게임물의 유통 행위 및 사행성을 조장하는 환전 등을, 제3호는 영업폐쇄 등의 불이행 행위를 범죄행위로 규정하고 있다. 이러한 행

---

1) 형법 제48조 및 제49조 참조.
2) 헌법재판소 2011.12.29, 2010헌바117: 몰수·추징을 임의적으로 할지 아니면 필요적으로 할지는 기본적으로는 입법정책에 관한 사항으로서 광범위한 입법재량 내지 형성의 자유가 인정되어야 할 분야이다. 따라서 필요적 몰수·추징이 형벌 본래의 기능과 목적을 달성함에 필요한 정도를 일탈함으로써 헌법 제37조 제2항의 과잉금지원칙에 반하는 등 입법재량권이 헌법규정이나 헌법상의 제 원리에 반하여 자의적으로 행사된 경우가 아닌 한 필요적 몰수·추징을 규정한 법률조항은 단순한 입법정책의 당부의 문제에 불과하고 헌법위반의 문제는 아니다.
3) 이재상, 「형법총론」, 박영사, 2007, 561면; 정성근·박광민, 「형법총론」, 법지사, 2008, 663면.
4) 대법원 1998.5.21. 95도2002 전원합의체 판결; 대법원 2008.4.24. 선고 2007도10717 판결; 대법원 2001.12.27. 선고 2001도5304 판결.
5) 이영한, "징벌적 개념의 몰수·추징에 대한 몇 가지 문제", 재판실무연구, 2005.1, 124면.

위들은 법 제45조 및 제46조에서 규정하고 있는 범죄행위와 비교할 경우, 사행성 게임물의 근절 및 건전한 게임문화의 조성이라는 게임법의 입법취지 달성에 가장 심각하게 영향을 미치는 행위들이라고 볼 수 있다. 따라서 본조의 몰수·추징은 단순히 경제적 이득을 목적으로 하는 범죄로 보아 그 경제적 동기를 제거하고 계속적 범죄활동의 수행을 불가능하도록 이들 범죄의 근원인 범죄수익을 박탈하고 그 보유·운용을 용이하게 하는 일체의 행위를 처벌하는 등 범죄수익을 철저히 규제하는 것 외에 게임법의 입법목적인 사행성 게임물의 근절 및 건전한 게임문화의 조성을 방해하는 행위자에 대한 징벌적 성질도 함께 가지고 있다고 볼 수 있을 것이다.

2. 몰수·추징의 대상 및 대상물

형법상 "범죄행위에 제공한 물건"은 범죄의 실행행위 자체에 사용한 물건에만 한정되는 것이 아니며, 실행행위 착수 전 행위 또는 실행행위 종료 후 행위에 사용한 물건이더라도 그것이 범죄행위의 수행에 실질적으로 기여하였다고 인정되는 한 범죄행위에 제공한 물건에 포함된다. 또한 몰수의 대상물은 범죄행위와 관련된 것이면 족하고, 그것이 적법한 절차에 따라 압수되었을 것을 요하지 않는다. 따라서 피고에게 환부한 물건도 몰수할 수 있다.[6]

범인에는 그 행위자뿐만 아니라 공범도 포함되며, 공범에는 공동정범과 교사범, 방조범 외에 필요적 공범도 포함된다. 이 경우 공범이 반드시 유죄의 판결을 받은 자일 것을 요하지 않고 공범의 기소여부를 묻지 않는다.[7] 소유권의 귀속은 판결 선고시를 기준으로 하고, 소유권의 귀속은 공부상의 명의가 아니라 권리의 실질적인 귀속관계에 따라 판단한다.[8]

본조에 따른 몰수의 대상물은 본조 제1항 각호를 위반한 자가 소유 또는 점유하고 있는 게임물, 그 범죄행위에 의하여 생긴 수익(범죄수익) 및 범죄수익에서 유래한 재산이다. 따라서 사행행위 조장에 사용된 게임물 및 경품과 이를 통해 얻은 경제적 이익, 등급을 받지 아니한 게임물 또는 사행성게임물에 해당되어 등

---

6) 대법원 2003.5.30. 선고 2003도705 판결.
7) 대법원 2006.11.23. 선고 2006도5586 판결.
8) 대법원 1999.12.1. 선고 99도3478 판결.

급분류가 거부된 게임물과 이를 통해 얻은 경제적 이익, 게임물의 이용을 통하여 획득한 유·무형의 결과물을 환전 또는 환전 알선하거나 재매입하여 얻은 경제적 이익이 몰수의 대상물에 해당된다. 또한 기판과 본체가 서로 물리적으로 결합되어야만 비로소 그 기능을 발휘할 수 있는 게임기기의 경우에는 본체를 포함한 그 전부가 범죄행위에 제공된 물건으로서 몰수의 대상물이 된다.[9]

그러나 법 제2조 제1호 본문에 규정된 영상물의 이용에 활용될 수 있지만 이를 주된 목적으로 하여 제작되었다고 할 수 없는 기기 및 장치는 법 제2조 제1호 본문의 게임물에 포함되지 않으므로 이러한 기기 및 장치는 몰수의 대상물에 해당되지 않는다.[10]

3. 제1항 각호 해설

가. 제1항 제1호

제28조 제2호의 규정을 위반하여 도박 그 밖의 사행행위를 하게 하거나 이를 하도록 방치한 자

법 제28조 제2호는 게임물 관련 사업자로 하여금 게임물을 이용하여 도박 그 밖의 사행행위를 하거나 이를 하도록 방치하는 행위를 금지하도록 하는 의무를 부과하고 있다. 여기서 사행행위란 여러 사람으로부터 재물이나 재산상의 이익을 모아 우연적 방법으로 득실을 결정하여 재산상의 이익이나 손실을 주는 행위를 말한다. 그러므로 본호는 게임물 관련사업자가 직접 도박 그 밖의 사행행위에 개입하는 적극적 행위와 게임이용자의 도박 그 밖의 사행행위를 그대로 방치하는 소극적 행위를 처벌토록 하고 있다.

본호는 정범과 방조범의 양형을 동일하게 한 점과 형법상의 도박 관련죄보다 양형이 높은 점에 대하여 문제점이 지적된다. 형법상 교사 또는 방조행위에

---

9) 대법원 2006.12.8. 선고 2006도6400 판결.
10) 대법원 2010.4.29. 선고 2009도13435 판결: 본 사건은 인터넷컴퓨터게임시설제공업 등록 후 PC방에서 사행성게임물을 제공한 것이 문제가 된 사건으로 대법원은 압수물인 컴퓨터 본체, 모니터, 키보드 및 마우스 그 자체는 게임법상 "그 영상물의 이용을 주된 목적으로 제작된 기기 및 장치"에 해당되지 않는다고 보아 몰수대상에 해당되지 않는다고 보았다.

대하여 별도의 처벌 조항을 두고 있지 않아도 형법 제32조와 제33조에 의한 처벌이 가능하다. 특히, 교사범은 정범과 동일한 형으로 처벌하는 것이 통례이나 방조범의 경우에는 정범보다 형을 감한다.[11] 그러나 본호에서는 게임물 관련사업자가 정범에 해당하거나 또는 방조범에 해당될 경우의 벌칙을 동일하게 규정하고 있다. 또한 본호의 양형이 형법상의 상습도박죄(제246조 제2항) 또는 도박개장죄(제247조)보다 높다. 그 이유에 대하여 게임물 관련 사업자의 도박 조력행위를 방지하고자 하는 형사정책의 반영이라고 보는 견해가 있다.[12]

나. 제1항 제1호의2

제28조 제3호의 규정을 위반하여 사행성을 조장한 자

법 제28조 제3호는 게임물 관련사업자가 경품 등을 제공하여 사행성을 조장하지 않아야 할 의무를 규정하고 있다. 여기서 사행성이란 우연적인 방법으로 재산상의 이익이나 손실을 주는 것이라는 의미로 해석된다. 그러므로 게임물 관련 사업자가 게임물 이용자에게 경품 등의 수단을 이용하여 재산상의 이익이나 손실을 주는 행위를 조장하는 경우가 이에 해당된다. 본호는 이를 위반한 경우에 5년 이하의 징역 또는 5천만원 이하의 벌금에 처하고 있다.

다. 제1항 제2호

제32조 제1항 제1호 · 제4호 또는 제7호에 해당하는 행위를 한 자

법 제32조 제1항 제1호는 등급을 받지 않은 게임물을 유통 · 이용에 제공하거나 이를 위하여 진열 · 보관하는 행위를 금지하고 있다. 여기서의 게임물의 유통은 패키지 게임이나 콘솔 게임과 같이 게임물 자체를 이용자에게 판매 · 배포 · 대여 등의 방법으로 제공하는 것을 의미하며,[13] 게임물의 이용에 제공은 아케이

---

11) 황승흠 · 채승우, "게임산업법 제28조 제2호의 온라인 게임 적용문제에 관한 검토", 「법학논총」 제24권 제1호, 2011, 379면.
12) 황승흠 · 채승우, 위의 논문, 379면.

드게임이나 온라인게임과 같이 게임물 자체를 판매의 방법으로 제공하는 것이 아니라, 이용료 지불 등을 통해 게임물에 대한 정당한 이용권한을 취득한 자라면 누구나 이용할 수 있도록 게임물을 제공하는 것을 의미한다. 또한 진열은 그 일반적인 의미에도 불구하고, 인터넷에서의 진열 즉, 게임물의 판매 또는 이용제공을 위한 인터넷상에서의 광고를 포함하는 것으로 해석되며, 보관 또한 서버에 게임물을 업로드하여 게임이용자가 당해 게임물을 다운로드 받을 수 있도록 하는 행위도 포함되는 것으로 해석하는 것이 타당하다. 본호에 따른 범죄행위는 등급분류를 받지 않은 게임물의 유통행위 또는 이용제공행위라는 기본범죄 외에 기본범죄를 위한 예비행위로서 등급분류를 받지 않은 게임물의 유통 내지 이용제공을 위한 진열·보관행위 즉, 기본범죄를 위한 예비행위도 그 처벌대상으로 하고 있다.

　　법 제32조 제1항 제4호는 사행성게임물에 해당되어 등급분류가 거부된 게임물을 유통시키거나 이용에 제공하는 행위 또는 유통·이용제공의 목적으로 진열·보관하는 행위를 금지하고 있다. 게임법상 사행성에 관한 정의규정이 없어 그 의미는 불명확하나, 관련 법률 및 판례에 비추어보면, 게임법상 사행성은 여러 사람으로부터 재물이나 재산상의 이익을 모아 우연적 방법으로 득실을 결정하여 재산상의 이익이나 손실을 주는 행위를 조장하도록 하는 것이라고 볼 수 있을 것이다. 따라서 본호는 사행성 게임물에 해당되어 등급분류가 거부되었음에도 불구하고, 이러한 게임물을 유통·이용제공하거나 유통·이용제공 목적으로 진열·보관하는 행위를 규제하고 있다. 본호는 제32조 제1항 제1호와 같이 기본범죄 외에 예비행위도 그 처벌대상으로 하고 있다.

　　법 제32조 제1항 제7호는 게임물의 이용을 통하여 획득한 유·무형의 결과물을 환전 또는 환전 알선하거나 재매입을 업으로 하는 행위를 금지하고 있다. 본호의 규제대상은 게임이용자가 게임물 관련사업자가 정한 방식으로 게임물을 이용하여 획득한 유·무형의 결과물로서 게임이용자가 게임 내에서 처분이 가능한 것이어야 한다. 유·무형의 결과물은 점수, 경품, 게임 내에서 사용되는 가상

---

13) 음반·비디오물 및 게임물에 관한 법률(법률 제7428호) 제3조 제1항 제9호에서는 "위법하게 제작되거나 <u>판매·대여·배포(이하 "유통"이라 한다)</u>·시청 또는 이용에 제공되는 음반·비디오물·게임물에 대한 지도·단속"이라고 규정하고 있었고, 게임법의 입법연혁적 측면에서 게임법 규정의 상당부분이 음비게임법으로부터 차용된 것이라는 점 등을 종합적으로 고려해 본다면 이와 같이 해석하는 것이 타당하다고 생각된다.

의 화폐로서 대통령령이 정하는 게임머니 및 게임아이템 등의 데이터가 포함된다. 이러한 유·무형의 결과물의 환전이란 게임결과물을 수령하고 돈을 교부하는 행위뿐만 아니라 게임결과물을 교부하고 돈을 수령하는 행위도 포함된다. 그리고 알선이란 게임물의 이용을 통하여 획득한 유·무형의 결과물을 수령하고 화폐를 지급하여 주거나 결과물을 교부하고 화폐를 수령하는 행위를 중개하는 일체의 행위를 의미한다.

본호는 게임결과물에 대한 환전·환전알선·재매입을 "업"으로 하는 행위만을 금지하고 있을 뿐이므로, "업"으로 하는 것이 아닌 단순한 환전 등의 행위를 금지하는 것은 아니라고 보아야 할 것이다. 그러나 "업"으로 하는 것이 반드시 영리를 목적으로 하여야 하는 것을 의미하는 것은 아니므로 게임이용자가 본호에서 금지하고 있는 환전 등의 행위를 계속적이며 반복적으로 한다면, 비록 영리목적이 없다고 하더라도 본호의 위반에 해당된다고 볼 수 있을 것이다.

라. 제1항 제3호

제38조 제1항 각호의 규정에 의한 조치를 받고도 계속하여 영업을 하는 자

법 제38조 제1항 각호는 게임물 관련사업자가 법 제25조 및 제26조에서 정한 허가·등록·신고를 하지 아니하고 영업을 하거나 영업폐쇄명령을 받거나 허가·등록 취소처분을 받고 계속하여 영업을 하는 경우 게임법의 행정목적 달성을 위해 게임물 관련사업자의 영업 또는 영업소 폐쇄를 위해 필요한 조치인 영업 또는 영업소의 간판 그 밖의 영업표지물의 제거·삭제, 영업 또는 영업소가 위법한 것임을 알리는 게시물의 부착, 영업을 위하여 필요한 기구 또는 시설물을 사용할 수 없게 하는 봉인을 할 수 있도록 행정상 강제집행 중 대집행을 할 수 있도록 하고 있다. 행정상 대집행은 대체적 작위의무의 불이행이 있는 경우, 행정기관이 스스로 의무자가 행할 행위를 하거나 제3자로 하여금 이를 행하게 하고 그 비용을 의무자로부터 징수하는 것으로서 이러한 행정상 대집행이 이루어졌음에도 불구하고, 게임물 관련사업자가 계속하여 영업을 하는 경우 행정형벌을 통해 이를 강제적으로 금지시키는 것이라고 볼 수 있다.

제45조(벌칙)

법 률	제45조(벌칙) 다음 각 호의 어느 하나에 해당하는 자는 2년 이하의 징역 또는 2천만원 이하의 벌금에 처한다. 1. 제12조의3 제5항에 따른 문화체육관광부장관의 시정명령을 따르지 아니한 자 1의2. 제22조 제4항의 규정에 의한 정당한 권원을 가지지 아니하거나 거짓 그 밖의 부정한 방법으로 게임물의 등급분류를 받은 자 2. 제25조 또는 제26조 제1항·제2항·제3항 본문의 규정을 위반하여 허가를 받지 아니하거나 등록을 하지 아니하고 영업을 한 자 3. 삭제 〈2007.1.19〉 3의2. 제28조 제4호의 규정을 위반하여 청소년이용불가 게임물을 제공한 자 4. 제32조 제1항 제2호의 규정을 위반하여 등급분류를 받은 게임물과 다른 내용의 게임물을 유통 또는 이용제공 및 전시·보관한 자 5. 제32조 제1항 제5호의 규정을 위반하여 등급분류필증을 매매·증여 또는 대여한 자 6. 제32조 제2항 각 호의 규정을 위반하여 게임물을 제작 또는 반입한 자 7. 제32조 제1항 제6호 및 제33조의 규정을 위반하여 표시의무를 이행하지 아니한 게임물을 유통시키거나 이용에 제공한 자 8. 제35조 제1항 제1호·제2항 제1호의 규정에 의한 거짓 그 밖의 부정한 방법으로 허가를 받거나 등록 또는 신고를 한 자 9. 제35조 제2항 제2호의 규정에 의한 영업정지명령을 위반하여 영업한 자 10. 제38조 제3항 제3호 또는 제4호의 규정에 해당하는 게임물 및 게임상품 등을 제작·유통·시청 또는 이용에 제공하거나 그 목적으로 전시·보관한 자

■ **입법취지**

본법에서는 강제할 필요성이 있는 행정적 규제에 대하여 벌칙 규정을 마련하면서, 양형에 따라 최대 5년 이하의 징역 또는 5천만원 이하 벌금에서 1년 이하의 징역 또는 1천만원 이하의 벌금까지 3단계로 나눠 규정하고 있다. 이러한 벌칙 중 본조 각 호의 어느 하나에 해당하는 자는 2년 이하의 징역 또는 2천만원 이하의 벌금에 처한다.

■ 내용 해설[14]

가. 제1호

제12조의3 제5항에 따른 문화체육관광부장관의 시정명령을 따르지 아니한 자

법 제12조의3 제1항 각호에서 규정하고 있는 예방조치[15]는 게임물 관련사업자의 의무이다. 동법에서는 이러한 예방조치의 시행을 게임물 관련사업자의 자율에 맡기지 않고 적극 개입하여 게임과몰입과 중독의 문제를 해결하고자 하고 있다. 이는 결국 게임물 관련사업자의 규제의 형식으로 행해진다.

즉, 문화체육관광부장관은 게임물 관련사업자에게 예방조치의 시행 상황을 판단할 수 있는 자료의 제출 및 보고를 요청할 수 있고, 게임물 관련사업자는 특별한 사유가 없는 한 이에 따라야 한다. 문화체육관광부장관은 게임물 관련사업자로부터 제출 또는 보고받은 내용을 근거로 예방조치가 충분한지 여부를 평가하고, 이러한 평가 결과 게임물 관련사업자의 예방조치가 충분하지 아니하다고 인정되면 시정명령을 할 수 있으며, 문화체육관광부장관의 시정명령을 따르지 아니한 자에 대해서는 본호에 따라 2년 이하의 징역 또는 2천만원 이하의 벌금을 부과한다. 예방조치가 충분하지 아니한 경우 시정명령과 불이행시 벌칙 적용을 통해 제12조의3 제1항 각호에서 규정하는 예방조치들을 사실상 강제하고 있는 것이다.

나. 제1호의2

제22조 제4항의 규정에 의한 정당한 권원을 가지지 아니하거나 거짓 그 밖의 부정한 방법으로 게임물의 등급분류를 받은 자

법 제22조 제4항에 따르면, 위원회는 등급분류를 받은 게임물이 동 조 제2항의 규정에 따른 등급분류 거부 대상인 사실을 알게 된 때에는 지체 없이 등급분류

---

14) 본조 각호의 요건에 관해서는 해당 조항의 해설 참조.
15) 법 제12조의3 제1항 각호에서 규정하고 있는 예방조치의 내용에 대해서는 해당 규정의 내용 해설부분 참조.

결정을 취소하여야 한다. 이는 간접적으로 등급분류결정 취소 사유를 정한 것이라고도 할 수 있다. 등급분류 거부 대상인 사실을 알게 된 때에 취소하여야 하므로 결국 등급분류 거부 사유는 등급분류결정 취소 사유이기도 한 셈이다. 한편 동조 제2항은 게임물관리위원회가 정당한 권원을 갖추지 아니하였거나 거짓 그 밖의 부정한 방법으로 등급분류를 신청한 자 등에 대하여 등급분류를 거부할 수 있다고 규정하고 있다. 따라서 이 조항은 등급분류 거부 사유를 열거한 규정이다. 요컨대 제4항이 사후관리적 측면의 규제 조항이라고 한다면 제2항은 예방적 차원의 사전 규제 조항이라고 할 수 있다. 다만, 등급분류 취소 요건이 등급분류 거부 사유를 전제로 한다는 점에서 두 조항은 매우 유기적인 관계라고 할 수 있다.

그런데 본호는 정당한 권원을 가지지 아니하거나 거짓 그 밖의 부정한 방법으로 '게임물의 등급분류를 받은 자'에 대하여 2년 이하의 징역 또는 2천만원 이하의 벌금에 처한다고 규정하고 있으므로, 이것은 이미 부정하게 등급분류를 받은 자를 처벌하고자 하는 것이고 그 점에서 법 제22조 제4항과 마찬가지로 일종의 사후규제 장치라고 할 수 있을 것이다. 다만, 법문이 "'제22조 제4항의 규정에 의한' 정당한 권원을 가지지 아니하거나 거짓 그 밖의 부정한 방법으로 게임물의 등급분류를 받은 자"라고 한정적 표현을 쓰고 있어 해석상 다소 혼란의 소지가 없지 않다. 즉, '정당한 권원을 가지지 아니하거나 거짓 그 밖의 부정한 방법으로 등급분류를 받은 자'로 족한 것인지 아니면 '제22조 제4항의 규정에 의한' 해당 게임물의 등급분류결정 취소까지 포함하는 것으로 새겨야 하는지가 문제될 수 있다. 생각건대 비록 법문에서 '제22조 제4항의 규정에 의한'이라는 표현을 쓰고 있지만 등급분류 결정 취소까지 받은 자일 것을 요하는 것은 아니고 단지 정당한 권원을 가지지 아니하거나 거짓 그 밖의 부정한 방법으로 '등급분류를 받은 자'인 것으로 족하다고 보아야 할 것이다. 이후의 결정 취소 여부는 별개의 문제로 다루어야 할 것이다. 또한 앞서 언급한 바와 같이 제2항은 사전규제적인 조항이고 제4항은 사후규제적 조항이라는 점, 제4항에 의한 취소 요건에도 제2항의 거부 사유가 포함되어 있다는 점 등을 고려하건대 '제22조 제2항'이 아닌 '제22조 제4항'으로 규정하는 것이 더 적절하다는 판단도 가능하였을 것이다. 아무튼 향후 개정을 통해 본호의 문구를 명확히 정리하는 것이 논란의 소지를 차단하는 가장 간결하고도 바람직한 방법일 것이다. 본호가 형사처벌 규정이라는 점에서도 더욱 그러하다.

다. 제2호

제25조 또는 제26조 제1항·제2항·제3항 본문의 규정을 위반하여 허가를 받지 아니하거나 등록을 하지 아니하고 영업을 한 자

법 제25조는 게임제작업 및 게임배급업을 영위하고자 하는 자는 등록을 받아야 영업을 할 수 있다고 규정하고 있다. 또한 법 제26조 제1항은 일반게임제공업을 영위하려는 자는 허가를, 청소년게임제공업 또는 인터넷컴퓨터게임시설제공업을 영위하는 자는 등록을, 제3항 본문은 복합유통게임제공업을 영위하고자 하는 자는 등록하도록 규정하고 있다. 이와 같이 본법은 게임 관련 사업을 하고자 하는 자에게 그들이 하고자 하는 영업 형태별로 등록이나 허가 또는 신고를 하도록 하고 있다. 본호는 게임물 관련사업자가 자신의 영업을 영위하기 위하여 등록, 신고 등을 하지 않은 경우에 대한 처벌 조항이다.

라. 제3호의2

제28조 제4호의 규정을 위반하여 청소년이용불가 게임물을 제공한 자

법 제28조 제4호는 청소년 게임제공업을 영위하는 자는 게임장에 청소년이용불가 게임물을 제공하지 않을 의무를 부과하고 있다. 청소년 게임제공업자란 등급분류된 게임물 중 전체이용가 게임물을 설치하여 공중의 이용에 제공하는 영업을 하는 자를 의미한다. 그러므로 전체이용가 게임물만을 제공하여야할 청소년게임제공업자가 이를 위반하여 청소년이용불가 게임물을 제공하면 과태료 부과 처분의 대상이 된다.

마. 제4호

제32조 제1항 제2호의 규정을 위반하여 등급분류를 받은 게임물과 다른 내용의 게임물을 유통 또는 이용제공 및 전시·보관한 자

법 제32조 제1항 제2호에서의 "등급을 받은 내용과 다른 내용의 게임물"이란 처음 등급을 받은 게임물을 개조 내지 변조하거나 임의로 게임물의 내용을 수정 내지 변경하는 것을 의미한다. 따라서 본호의 처벌대상이 되는 "등급을 받은 내용과 다른 내용의 게임물"은 처음 등급을 받은 게임물을 개조 내지 변조하거나 임의로 게임물의 내용을 변경하여 유통 등을 하거나, 게임물의 내용이 등급변경을 요할 정도로 수정된 경우 또는 게임물의 이용방식이 현저하게 변경된 경우 및 게임의 계정사항이 승계되지 아니하는 방식으로 게임물이 수정된 경우임에도 불구하고 등급분류 받지 않고 게임물 유통 등의 방식으로 제공한 경우로 볼 수도 있다. 그러나 등급분류를 받은 후 게임물의 수정이 게임물의 내용의 등급변경을 요할 정도로 수정된 경우이거나 게임물의 이용방식이 현저하게 변경된 경우 및 게임의 계정사항이 승계되지 아니하는 방식으로 게임물이 수정된 경우에는 등급을 받은 내용과 다른 내용의 게임물이라기보다는 "등급을 받지 아니한 게임물"의 유통 등에 해당된다고 해석하는 것이 법 제21조 제5항과의 정합성을 고려할 경우 타당한 해석이라 볼 수 있으므로 이러한 경우에는 제44조 제1항 제2호를 적용하는 것이 타당하다고 생각된다.

바. 제5호

제32조 제1항 제5호의 규정을 위반하여 등급분류필증을 매매·증여 또는 대여한 자

게임물에 대한 등급분류는 국민의 건전한 게임문화 확립이라고 하는 게임법의 입법목적의 근간이고, 이러한 입법목적 달성을 위해 행하는 게임물 등급분류의 결과가 등급분류필증이라고 할 수 있다. 따라서 이러한 등급분류필증이 게임제작업자 또는 게임배급업자가 아닌 제3자에게 전전유통되는 경우, 게임물의 임의적 개조·변경, 게임물 관련사업자의 변경 등 등급분류 후 게임물의 사후관리가 어려워지고, 게임법이 추구하고자 하는 건전한 게임문화 확립에 상당한 어려움이 발생하게 된다. 게임물의 등급분류는 일정한 사실이나 법률관계를 행정기관에 갖추어둔 장부에 등재하고 이에 따라 일정한 사실이나 법률관계의 존부를 공적으로 증명하는 등록과 유사하다고 볼 수 있다. 따라서 등급분류필증의 매매 등의 제한은 이러한 게임물의 공적 증명을 훼손하는 행위에 해당되어 이를 금지

하고 있는 것이다.

사. 제6호

제32조 제2항 각호의 규정을 위반하여 게임물을 제작 또는 반입한 자

게임물은 다른 매체와는 달리 전파속도 및 파급효과가 빠르고 청소년보호 등에도 취약성을 내포하고 있는 등 사회미풍양속 등을 해할 우려가 있으므로 이를 사전에 예방하기 위하여 공서양속에 반하는 게임물의 제작 또는 해외에서의 반입을 금지하고 있는 것이다.

아. 제7호

제32조 제1항 제6호 및 제33조의 규정을 위반하여 표시의무를 이행하지 아니한 게임물을 유통시키거나 이용에 제공한 자

게임물을 제작 또는 배급하고자 하는 자는 게임물에 등급분류 시 부여받은 등급표시 및 게임물내용정보를 표시하여야 한다. 이러한 등급표시 및 게임물 내용정보를 표시하여야 하는 게임물은 크게 아케이드 게임물, 온라인 게임물 및 모바일 게임물, PC 게임물 및 비디오 게임물로 분류된다. 게임물별로 게임물관리위원회로부터 등급분류받은 전체이용가, 12세이용가, 15세이용가 및 청소년이용불가 여부를 표시하여야 한다. 또한 게임내용정보 항목인 선정성, 폭력성, 공포, 언어의 부적절성, 약물, 범죄, 사행성을 표시하여야 하며, 당해 게임물에 해당 항목에 대한 내용이 존재하는 경우에만 표시할 수 있다. 또한 법 제2조 제1호의2에서 정하고 있는 게임물과 법 제28조 제3호 단서에 따라 경품을 지급하는 게임물16)들 즉, 운영정보표시장치의 부착 의무가 있는 게임물은 비록 사행성 게임물은 아니지만, 사행성 모사 정도가 커서 사행성을 조장할 우려가 있는 게임물들이다.

---

16) 게임물관리위원회가 법 제21조에 따라 등급분류를 할 때 해당 게임물이 그 등급분류와 다르게 제작·유통 또는 이용 제공될 우려가 없다고 확인한 경우는 제외된다.

이와 같이 등급표시 및 게임물내용정보 또는 운영정보표시장치의 부착의무를 부과하는 것은 게임물에 대하여 적절한 연령별 등급을 부여하여 게임을 이용하는 게임이용자의 학부모, 교사 등에게 게임 이용시 필요한 정보를 제공하여 게임 이용에 따른 선택권을 보장하고 청소년을 유해환경으로부터 보호하기 위한 것이라 볼 수 있다.

자. 제8호

제35조 제1항 제1호·제2항 제1호의 규정에 의한 거짓 그 밖의 부정한 방법으로 허가를 받거나 등록 또는 신고를 한 자

법 제35조 제1항 제1호 및 제2항 제1호의 요건인 "거짓 그 밖의 부정한 방법으로 등록"은 게임물 관련사업자의 등록요건에 있어 중대한 사유에 해당되어 이를 금지하고 있는 것이며, 행정기관은 게임물 관련사업자가 거짓 그 밖의 부정한 방법으로 등록 등을 한 경우에는 당연영업폐쇄명령을 하여야 한다.

차. 제9호

---

9. 제35조 제2항 제2호의 규정에 의한 영업정지명령을 위반하여 영업한 자

본호는 행정기관이 이 법을 위반한 게임제공업·인터넷컴퓨터게임시설제공업 또는 복합유통게임제공업자에게 영업정지라고 하는 행정행위를 발동하였음에도 불구하고, 계속하여 영업을 하는 경우 행정행위의 실효성을 담보하기 위해 둔 처벌규정에 해당된다.

카. 제10호

제38조 제3항 제3호 또는 제4호의 규정에 해당하는 게임물 및 게임상품 등을 제작·유통·시청 또는 이용에 제공하거나 그 목적으로 전시·보관한 자

본호는 기본적으로 미등록 게임제작업 또는 게임배급업자의 영리목적의 게임물 제작 또는 배포와 등급을 받은 게임물의 내용과 다른 내용의 광고나 등급분류를 받은 게임물의 등급과 다른 등급을 표시한 광고 · 선전물을 배포 · 게시하는 행위 등을 처벌할 수 있도록 하고 있다.

법 제25조에서는 게임제작업 또는 게임배급업이라고 하는 영업활동의 개시를 규제하기 위해 게임제작업 또는 게임배급업을 영위하고자 하는 자를 등록하도록 하고 있다. 이러한 영업의 등록제는 행정기관이 영업활동 즉, 게임제작업 또는 개임배급업자의 영업활동을 파악하기 위한 것이다. 만약 게임제작업 또는 게임배급업을 등록하지 아니한 자가 제작 또는 배급하게 되는 게임물은 게임물등급심사를 받지 않고 유통될 위험이 높다. 따라서 이러한 미등록 제작 또는 배급업자들이 영리를 목적으로 제작 또는 배급하게 되는 게임물 및 게임상품을 규제하는 것은 건전한 게임문화 정착을 위한 것이라고 볼 수 있을 것이다.

법 제34조는 크게 게임물의 내용에 대한 광고 · 선전 제한과 게임제공업자, 인터넷컴퓨터게임시설제공업자 또는 복합유통게임제공업자의 광고 · 선전을 제한하고 있다. 등급분류를 받은 게임물의 내용과 다른 내용의 광고를 하거나 그 선전물, 등급분류를 받은 게임물의 등급과 다른 등급을 표시한 광고 · 선전물, 게임물내용정보를 다르게 표시하여 광고하거나 그 선전물 및 게임물에 대하여 내용정보 외에 경품제공 등 사행심을 조장하는 내용을 광고하거나 선전물을 배포 · 게시하는 행위를 제한하고 있다. 즉, 법 제34조 제1항 제1호, 제3호 및 제4호에서는 광고행위와 그 선전물을 배포 · 게시하는 행위를 구분하여 금지하고 있고, 제2호에는 광고 또는 선전물을 배포 · 게시하는 행위를 금지하고 있다. 여기서의 광고는 온 · 오프라인에서 이루어지는 모든 광고를 의미하는 것이며, 게임물을 선전하기 위해 제작된 전단지 등을 배포하거나 게시하는 행위도 제한된다.

법 제34조는 그 수범자를 "누구든지"로 하고 있어 제1항 제1호, 제3호 및 제4호에서 금지하고 있는 광고행위와 그 선전물을 배포 · 게시하는 행위, 제2호에서 금지하고 있는 광고 또는 선전물을 배포 · 게시하는 행위를 한 자 모두에게 제48조 제1항 제8호에 따라 과태료가 병과된다. 또한 본호는 등급분류를 받지 않은 게임물의 유통행위 또는 이용제공행위라는 기본범죄 외에 기본범죄를 위한 예비행위로서 등급분류를 받지 않은 게임물의 유통 내지 이용제공을 위한 진열 · 보관행위 즉, 기본범죄를 위한 예비행위도 그 처벌대상으로 하고 있다.

제46조(벌칙)

법 률	제46조(벌칙) 다음 각호의 어느 하나에 해당하는 자는 1년 이하의 징역 또는 1천만원 이하의 벌금에 처한다. 1. 제26조 제3항 단서의 규정을 위반하여 신고를 하지 아니하고 영업을 한 자 2. 제28조 제7호의 규정에 의한 청소년의 출입시간을 위반하여 청소년을 출입시킨 자 3. 제32조 제1항 제3호의 규정에 의한 등급구분을 위반하여 게임물을 제공한 자 3의2. 제32조 제1항 제8호를 위반하여 게임물 관련사업자가 제공 또는 승인하지 아니한 컴퓨터프로그램이나 기기 또는 장치를 배포하거나 배포할 목적으로 제작하는 행위를 한 자 4. 삭제 〈2007.1.19〉 5. 제35조 제1항 제2호의 규정에 의한 영업정지명령을 위반하여 영업한 자 6. 제38조 제7항 및 제8항에 따른 문화체육관광부장관의 명령을 이행하지 아니한 자

▪ 입법취지

법 제44조 및 제45조와 달리 제46조를 위반할 경우에는 1년 이하 징역 또는 1천만원 이하의 벌금형에 처하도록 규정하고 있다. 법 제45조와 중첩되는 부분도 있으나, 법 제46조는 전반적으로 법 제44조 및 제45조와의 비교형량을 통해 위반에 따른 내용이 상대적으로 중하지 않기 때문에 벌칙의 정도를 완화한 것으로 보인다.

▪ 내용 해설[17]

가. 제1호

제26조 제3항 단서의 규정을 위반하여 신고를 하지 아니하고 영업을 한 자

---

17) 본조 각호의 요건에 관해서는 해당 조항의 해설 참조.

법 제26조 제3항 단서는 일반게임제공업의 허가를 받은 자와 청소년게임제 공업 또는 인터넷컴퓨터게임시설제공업의 등록을 한 자가 복합유통게임제공업을 영위하고자 하는 관할 시장·군수·구청장에게 신고하도록 하고 있다. 이미 일반 게임제공업 등 허가나 등록을 한 자라면 행정당국의 규제가 미치고 있으므로 신 고를 하도록 한 것이다. 본호는 이에 위반한 경우에 대한 처벌 조항이다.

나. 제2호

제28조 제7호의 규정에 의한 청소년의 출입시간을 위반하여 청소년을 출입시킨 자

법 제28조 제7호는 게임물 관련사업자에게 청소년의 출입시간을 준수할 의 무를 부과하고 있다. 특히, 청소년 게임제공업자, 복합유통게임제공업자(「청소년 보호법 시행령」 제5조 제1항 제2호 단서에 따라 청소년의 출입이 허용되는 경우만 해당 한다), 인터넷컴퓨터게임시설제공업자의 청소년 출입시간은 오전 9시부터 오후 10시로 제한된다. 따라서 이들 게임 관련 사업자들은 청소년 출입시간을 준수하 여야 한다.

다. 제3호

제32조 제1항 제3호의 규정에 의한 등급구분을 위반하여 게임물을 제공한 자

법 제21조 제1항에서는 등급분류심사 신청의 주체로 게임제작업자 또는 게 임배급업자로 규정하고, 등급분류심사에 따른 당해 게임물의 등급은 전체이용 가, 12세이용가, 15세이용가 또는 청소년 이용불가로 등급분류된다. 법 제32조 제1항 제3호를 문언적으로 해석하는 경우, 제3호에서 규율하고 있는 게임물 관 련사업자에서 게임제공업을 영위하지 않으면서 게임제작업 또는 게임배급업만 을 영위하는 자는 제3호의 적용대상에서 제외되고, 게임제작업 또는 게임배급업 을 하면서 게임제공업도 함께 영위하는 자만이 제3호의 적용대상이 된다고 보아 야 할 것이다. 즉, "게임제작업" 또는 "게임배급업 + 게임제공업"을 영위하는 자 가 본호에서의 규율대상이라고 볼 수 있다.

라. 제3호의2

제32조 제1항 제8호를 위반하여 게임물 관련사업자가 제공 또는 승인하지 아니한 컴퓨터 프로그램이나 기기 또는 장치를 배포하거나 배포할 목적으로 제작하는 행위를 한 자

법 제2조 제1호에서는 게임물이란 컴퓨터프로그램 등 정보처리 기술이나 기계장치를 이용하여 오락을 할 수 있게 하거나 이에 부수하여 여가선용, 학습 및 운동효과 등을 높일 수 있도록 제작된 영상물 또는 그 영상물의 이용을 주된 목적으로 제작된 기기 및 장치를 말한다. 또한 그 "정상적인 운영을 방해"한다 함은 이와 같은 게임물 본래의 시스템을 와해시키고, 다른 정상적인 이용자의 게임활동을 방해하며, 게임서버에 과부하를 가져오는 등 게임내용에 부정적인 영향을 주는 일체의 행위를 의미한다.

"컴퓨터프로그램이나 기기 또는 장치"는 이용자가 마우스나 키보드를 조작하는 방식으로 명령하지 않더라도 자동으로 게임머니나 게임아이템을 취득함으로써 하루 24시간 지속적으로 게임을 할 수 있게 되는 프로그램 즉, 자동게임 프로그램을 의미한다. 또한 게임물 관련사업자가 "제공하지 아니한" 자동게임 프로그램이라 함은 게임물 관련사업자가 제작하거나 배포하는 자동게임 프로그램이 아닌 경우를, 게임물 관련사업자가 "승인하지 아니한" 자동게임 프로그램이라 함은 게임물 관련사업자가 타인에 의한 자동게임 프로그램의 배포나 배포 목적의 제작행위를 정당하다고 인정하지 아니하는 경우를 각 의미한다고 볼 수 있다. 따라서 "배포하거나 배포할 목적으로 제작하는 행위"란 결국 자동게임 프로그램을 일반인이 이용할 수 있도록 제공하거나 이를 위해 자동게임 프로그램을 만드는 행위를 의미한다고 보아야 할 것이다.

마. 제5호

제35조 제1항 제2호의 규정에 의한 영업정지명령을 위반하여 영업한 자

본호는 행정기관이 이 법을 위반한 게임제작업자 또는 게임배급업자에게 당해 영업정지라고 하는 행정행위를 발동하였음에도 불구하고, 계속하여 영업을

하는 경우 행정행위의 실효성을 담보하기 위해 둔 처벌규정에 해당된다.

바. 제6호

제38조 제7항 및 제8항에 따른 문화체육관광부장관의 명령을 이행하지 아니한 자

본호는 정보통신망을 통하여 사행성 게임물, 등급분류를 받지 않는 게임물 또는 이러한 게임물 등의 광고·선전물이 정보통신망을 통해 유통 내지 게재됨으로 인해 정보통신서비스제공자에게 이에 대한 임시조치 또는 삭제 등의 시정명령을 하거나, 게임머니의 화폐단위를 한국은행에서 발행되는 화폐단위와 동일하게 하는 등 게임물의 내용구현과 밀접한 관련이 있는 운영방식 또는 기기·장치 등을 통하여 사행성을 조장하는 게임물 관련사업자에게 이에 대한 시정명령을 하였음에도 이를 이행하지 않는 경우, 이러한 행정행위의 실효성을 담보하기 위해 둔 처벌 규정에 해당된다.

제47조(양벌규정)

법　률	제47조(양벌규정) 법인의 대표자나 법인 또는 개인의 대리인 · 사용인 그 밖의 종업원이 그 법인 또는 개인의 업무에 관하여 제44조 내지 제46조의 규정에 의한 위반행위를 한 때에는 행위자를 벌하는 외에 그 법인 또는 개인에 대하여도 각 해당 조의 벌금형을 과한다. 다만, 법인 또는 개인이 그 위반행위를 방지하기 위하여 해당 업무에 관하여 상당한 주의와 감독을 게을리하지 아니한 경우에는 그러하지 아니하다.

■ **입법취지**

　　양벌규정은 일신전속적인 형벌체계에 대한 예외적인 규정이다. 원래 범죄능력과 형벌능력은 일치할 것을 요하는 것이 원칙이다. 형벌은 범죄행위의 주체에게 그 행위를 이유로 과하는 법률효과이기 때문이다. 그런데 본조과 같은 각종 행정형법에서는 행위자 이외에 법인이나 그 대표자에게 책임을 지우는 규정을 두고 있다. 이를 양벌규정이라고 한다. 그러니까 양벌규정은 행정형벌법규에서 행위자 이외의 자에 대해서도 책임을 지우는 것이며, 행정형법에서는 법인도 형벌능력을 가진다고 보는 것이다.[18] 행정형법은 고유한 형법에 비하여 윤리적 색채가 약하고 행정목적 달성을 위한 기술적 · 합목적적 요소가 강조되는 것이므로 행정단속 기타 행정적 필요에 따라 실제로 행위를 한 자 외에도 그 자에게 영향을 미칠 수 있는 법인이나 사용자도 처벌함으로써 행정법규의 실효성을 확보하고자 하는 것이다.[19]

■ **입법연혁**

　　본조는 '2011.4.5, 법률 제10554호'로 일부개정되기 전에는 "법인의 대표자

---

18) 이재상, 「형법총론」(제7판), 박영사, 2011, 97면.
19) *Ibid.*

나 법인 또는 개인의 대리인·사용인 그 밖의 종업원이 그 법인 또는 개인의 업무에 관하여 제44조 내지 제46조의 규정에 의한 위반행위를 한 때에는 행위자를 벌하는 외에 그 법인 또는 개인에 대하여도 각 해당 조의 벌금형을 과한다"라고 되어 있었다. 그런데 헌법재판소는 본조 중 "개인의 대리인·사용인 그 밖의 종업원이 그 개인의 업무에 관하여 제46조 제2호의 규정에 의한 위반행위를 한 때에는 그 개인에 대하여도 각 해당 조의 벌금형을 과한다."라는 부분은 헌법에 위반된다고 결정하였다.[20] 이러한 위헌결정에 따라 '2011.4.5, 법률 제10554호'로 일부개정이 이루어졌다. 즉, "다만, 법인 또는 개인이 그 위반행위를 방지하기 위하여 해당 업무에 관하여 상당한 주의와 감독을 게을리하지 아니한 경우에는 그러하지 아니하다."라는 단서조항을 추가함으로써, 위헌요소를 배제토록 한 것이다.

■ 내용 해설

1. 법인 등을 처벌하기 위한 요건

법인 등의 처벌은 "법인의 대표자나 법인 또는 개인의 대리인·사용인 그 밖의 종업원이 그 법인 또는 개인의 업무에 관하여 제44조 내지 제46조의 규정에 의한 위반행위를 한 때"에 행해진다.

첫째, 법인 등을 처벌하기 위해서는 종업원 등이 본법 제44조 내지 제46조의 규정에 위반하는 행위를 하여야 한다.

둘째, 법인 등을 처벌하기 위해서는 종업원 등의 행위가 법인 등의 업무에 관한 것이어야 한다. 종업원 등의 행위가 '법인 또는 개인의 업무에 관하여' 행한 것으로 보기 위해서는 객관적으로 법인 등의 업무를 위하여 하는 것으로 인정할 수 있는 행위가 있어야 하고, 주관적으로는 종업원 등이 법인 등의 업무를 위하여 한다는 의사를 가지고 행위함을 요한다.[21]

---

20) 헌법재판소 2010.7.29. 2010헌가4, 5, 34(병합) 결정.
21) 대법원 2006.6.15. 선고 2004도1639 판결 참조. 또 대법원 1983.3.22. 선고 80도1591 판결; 대법원 1997.2.14. 선고 96도2699 판결 참조.

2. 책임의 성질

양벌규정은 일신전속적인 형벌체계에 대한 예외적인 규정이나 종래 양벌규정에 의하여 처벌되는 자의 형사책임의 성질 내지 그 근거가 무엇인가에 대해서는 견해가 나뉘어져 있었다.[22]

(1) 무과실책임설: 형법의 일반원칙 또는 책임주의 원칙에 대한 예외로서 행정단속의 목적을 위하여 정책상 무과실책임을 인정한 것이다.

(2) 과실책임설: 법인의 처벌규정은 종업원의 선임·감독에 있어서 법인의 과실책임을 인정한 것이다. 이러한 과실책임설에는 ① 사용자나 법인에게 과실이 없었음을 증명하지 못하면 과실이 추정된다는 과실추정설, ② 법인 등의 처벌은 자신의 행위에 기인하는 과실책임이므로 법인 등의 과실이 있음을 요한다는 과실책임설, ③ 종업원의 위반행위가 법인 등의 감독의무 해태(懈怠)로 인한 법인 등에게 귀속되는 자기책임이며, 종업원에 대한 관리·감독의무 위반에 기초한 부작위책임이라고 하는 부작위감독책임설로 나누어진다.

행정형벌법규에서 양벌규정을 두는 경우에 행위자 이외의 자가 지는 책임의 본질은 타인의 책임을 대신하여 지는 대위책임(代位責任)이나 무과실책임이 아니고, 자기의 지배범위 내에 있는 자에 대하여 위법행위를 하지 않도록 하여야 할 주의의무·감독의무를 해태한 과실책임이다.

3. 책임형식

행정형법에서는 법인의 형벌능력을 인정하지만 이때 법인의 책임 형식은 양벌규정에 의한 재산형인 것이 일반적이다. 본법도 "각 해당 조의 벌금형을 과한다"고 규정하고 있다.

4. 관련문제

(1) 양벌규정이 없는 경우에도 행위자 이외의 자에 대한 처벌을 할 수 있는

---

22) 자세한 것은, 이재상, 앞의 책, 99면 이하 참조.

가에 대하여 견해의 대립이 있으나, 이는 죄형법정주의의 원칙상 인정되지 않는다고 본다.

(2) 행정형법상 벌칙규정의 적용대상이 사업주인 경우에는 신분범의 성격을 갖게 되는데, 이때 벌칙규정의 적용대상이 아닌 실제 위반행위자를 양벌규정을 근거로 처벌할 수 있는지가 문제된다. 법문이 범행의 주체로 사업주로 한정하고 있는 이상, 사업주 이외의 자는 여기에 포함되지 않아 처벌할 수 없다는 부정설과, 법문이 범행의 주체를 사업주로 한정하고 있을지라도 양벌규정에 근거하여 즉, "행위자를 벌하는 외에"라는 규정에 근거하여 사업주 이외의 실제행위자도 처벌할 수 있다는 긍정설이 대립하고 있다. 판례는 긍정설이다. 즉 "양벌규정은 업무주가 아니면서 당해 업무를 실제로 집행하는 자가 있는 때에 위 벌칙규정의 실효성을 확보하기 위하여 그 적용대상자를 당해 업무를 실제로 집행하는 자에게까지 확장함으로써 그러한 자가 당해 업무집행과 관련하여 위 벌칙규정의 위반행위를 한 경우 위 양벌규정에 의하여 처벌할 수 있도록 한 행위자의 처벌규정임과 동시에 그 위반행위의 이익귀속주체인 업무주에 대한 처벌규정이라고 할 것"이라고 본다.[23)

헌법재판소 2010.7.29, 2010헌가4 · 5 · 34(병합) 결정

[심판대상]
2010헌가4 · 5 · 34 각 사건의 심판대상은 게임산업진흥에 관한 법률 제47조 중 "개인의 대리인 · 사용인 그 밖의 종업원이 그 개인의 업무에 관하여 제46조 제2호의 규정에 의한 위반행위를 한 때에는 그 개인에 대하여도 각 해당 조의 벌금형을 과한다."라는 부분이 헌법에 위반되는지 여부이다.

[주 문]
게임산업진흥에 관한 법률 제47조 중 "개인의 대리인 · 사용인 그 밖의 종업원이 그 개인의 업무에 관하여 제46조 제2호의 규정에 의한 위반행위를 한 때에는 그 개인에 대하여도 각 해당 조의 벌금형을 과한다."라는 부분은 헌법에 위반된다.

---

23) 대법원 1999.7.15. 선고 95도2870 전원합의체 판결[건축법위반]. 반대: 이재상, 위의 책, 99면. 이 교수는 "형법이나 행정형법에 실제 행위자를 처벌하는 규정이 없는 이상 양벌규정에 의한 수범자 확대기능은 인정될 수 없다"고 한다.

▪ 참고 헌법재판소 결정

헌법재판소 2009.7.30. 선고 2008헌가16 【의료법 제91조 제1항 위헌제청】

이 사건 법률조항은 법인이 고용한 종업원 등이 업무에 관하여 의료법 제87조 제1항 제2호 중 제27조 제1항의 규정에 따른 위반행위를 저지른 사실이 인정되면, 법인이 그와 같은 종업원 등의 범죄에 대해 어떠한 잘못이 있는지를 전혀 묻지 않고 곧바로 그 종업원 등을 고용한 법인에게도 종업원 등에 대한 처벌조항에 규정된 벌금형을 과하도록 규정하고 있는바, 오늘날 법인의 반사회적 법익침해활동에 대하여 법인 자체에 직접적인 제재를 가할 필요성이 강하다 하더라도, 입법자가 일단 '형벌'을 선택한 이상, 형벌에 관한 헌법상 원칙, 즉 법치주의와 죄형법정주의로부터 도출되는 책임주의원칙이 준수되어야 한다. 그런데 이 사건 법률조항에 의할 경우 법인이 종업원 등의 위반행위와 관련하여 선임·감독상의 주의의무를 다하여 아무런 잘못이 없는 경우까지도 법인에게 형벌이 부과될 수밖에 없게 되어 법치국가의 원리 및 죄형법정주의로부터 도출되는 책임주의원칙에 반하므로 헌법에 위반된다.

제48조(과태료)

법　률	제48조(과태료) ① 다음 각 호의 어느 하나에 해당하는 자는 1천만원 이하의 과태료에 처한다. 1. 제12조의3 제4항에 따른 문화체육관광부장관의 자료 제출 또는 보고 요청에 따르지 아니한 자 1의2. 제12조의3 제6항에 따른 보고를 하지 아니한 자 1의3. 제25조 제2항의 규정을 위반하여 변경등록을 하지 아니한 자 2. 제26조 제4항의 규정을 위반하여 변경허가를 받지 아니하거나 변경등록 또는 변경신고를 하지 아니한 자 2의2. 제21조 제5항의 규정을 위반하여 변경신고를 하지 아니한 자 3. 제28조 제1호의 규정을 위반하여 교육을 받지 아니한 자 4. 제28조 제5호의 규정을 위반하여 일반게임장에 청소년을 출입시킨 자 5. 제28조 제6호의 규정을 위반하여 음란물 및 사행성게임물 차단 프로그램 또는 장치를 설치하지 아니한 자 6. 제29조 제4항의 규정을 위반하여 신고를 하지 아니한 자 7. 제31조 제2항의 규정에 의한 보고를 하지 아니하거나 관계공무원의 출입·조사 또는 서류열람을 거부·방해 또는 기피한 자 8. 제34조의 규정을 위반한 자 ② 제1항의 규정에 의한 과태료는 대통령령이 정하는 바에 따라 문화체육관광부장관, 시·도지사 또는 시장·군수·구청장(이하 "부과권자"라 한다)이 부과·징수한다. ③ 제2항의 규정에 의한 과태료 처분에 불복이 있는 자는 그 처분의 고지를 받은 날부터 30일 이내에 부과권자에게 이의를 제기할 수 있다. ④ 제3항의 규정에 의하여 과태료 처분에 이의를 제기한 때에는 부과권자는 지체없이 관할법원에 그 사실을 통보하여야 하며 그 통보를 받은 법원은 「비송사건절차법」에 의한 과태료의 재판을 한다. ⑤ 제3항의 규정에 의한 기간 이내에 이의를 제기하지 아니하고 과태료를 납부하지 아니한 때에는 국세 또는 지방세 체납처분의 예에 의하여 이를 징수한다.
시 행 령	제24조(과태료의 부과기준) ① 법 제48조 제1항에 따른 과태료의 부과기준은 별표 4와 같다. ② 문화체육관광부장관, 시·도지사 또는 시장·군수·구청장은 제1항에 따라 과태료를 부과하는 경우 위반행위의 정도, 위반횟수, 위반행위의 동기와 그 결과 등을 고려하여 별표 4에 따른 과태료 금액의 2분의 1의 범위에서 그 금액을 경감하거나 가중할 수 있다. 다만, 가중하는 경우에는 법 제48조 제1항에 따른 과태료 금액의 상한을 초과할 수 없다.

▪ 입법취지

본조의 입법취지는 게임법의 목적달성에 지장이 적은 경미한 의무위반행위라 볼 수 있는 행위들에 대해 금전벌 성격의 과태료를 부과함으로써 지나친 형사처벌을 억제하여 다수 국민이 전과자가 되는 것을 막기 위한 것이라고 볼 수 있다.

▪ 내용 해설

1. 과태료의 개념

행정질서벌인 과태료는 행정법규 위반 정도가 비교적 경미하여 직접적으로 행정목적이나 사회공익을 침해하는 것이 아니라 간접적으로 행정목적 달성에 장애를 줄 위험성이 있을 정도의 단순한 의무태만에 대하여 과하는 일종의 금전벌이다. 과태료는 간접적으로 행정상의 질서에 장애를 줄 우려가 있는 정도의 단순한 의무태만에 대하여 과하는 데에 반하여, 행정형벌[24]은 직접적으로 행정목적이나 사회법익을 침해하는 경우에 과한다는 점에서 차이가 있다. 과태료는 형벌이 아니므로 형법총칙의 규정이 자동적으로 적용되지는 않는다.[25] 또한 과태료는 전과로 되지 않으며 다른 형벌과 누범관계가 생기지 않는다.

동일한 행위에 대하여 행정형벌과 행정질서벌을 동시에 부과할 수 있는지와 관련하여, 학설은 행정형벌과 행정질서벌은 그 목적이나 성질이 다르다고 볼 수 있으므로 과태료 부과처분 후 행정형벌을 과하여도 일사부재리의 원칙에 반하지 않는다고 하는 긍정설과 양벌은 모두 행정벌이므로 동일 법규 위반행위에 대하여 병과할 수 없다고 보는 부정설이 대립한다. 이에 대해 판례[26]는 "행정법상의 질서벌인 과태료의 부과처분과 형사처벌은 그 성질이나 목적을 달리하는 별개의 것이므로 행정법상의 질서벌인 과태료를 납부한 후에 형사처벌을 한다고 하여 이를 일사부재리의 원칙에 반하는 것이라고 할 수는 없다."고 하여 긍정설을 취

---

24) 행정형벌은 형법상의 형벌인 사형, 징역 등의 형벌을 과하는 행정벌을 의미한다.

25) 박균성, 「행정법 강의(제9판)」, 박영사, 2012, 414면.

26) 대법원 1996.4.12. 선고 96도158 판결; 대법원 2000.10.27. 선고 2000도3874 판결.

하고 있다.

2. 과태료 부과·징수절차

과태료를 부과함에 있어서는 질서위반행위규제법에 따라 고의 또는 과실이 없는 질서위반행위에 부과할 수 없으며, 위법성 착오에 정당한 이유가 있는 경우, 또는 14세 미만자 또는 심신장애인의 질서위반행위는 면책된다. 행정기관이 본조 제1항 각호의 행위자에게 과태료를 부과하는 경우에는 사전에 질서위반행위규제법 시행령 제3조 제1항 각호[27]의 사항을 기재하여 부과하여야 하며, 10일 이상의 기간을 정하여 당사자에게 의견을 제출할 기회를 주어야 한다.[28] 과태료 부과처분을 한 행정기관은 당사자가 제출한 의견(서면 또는 구두)에 상당한 이유가 있는 경우에는 과태료를 부과하지 아니하거나 통지한 내용을 변경할 수 있다.

행정기관은 의견제출 기간이 경과 한 이후 서면으로 과태료 부과처분 통지를 하여야 하며, 과태료 부과처분을 받은 당사자는 부과처분의 고지를 받은 날부터 30일 이내에 과태료를 부과한 행정기관에 서면으로 이의를 제기할 수 있다. 이와 같이 당사자가 과태료 부과처분에 이의를 제기하는 경우 행정기관의 과태료 부과처분은 그 효력을 상실한다.[29]

과태료 부과처분에 대해 이의제기를 받은 행정기관은 지체없이[30] 당사자의

---

27) 질서위반행위규제법 시행령 제3조 제1항 각호는 다음과 같다.
   1. 당사자의 성명(법인인 경우에는 명칭과 대표자의 성명)과 주소
   2. 과태료 부과의 원인이 되는 사실, 과태료 금액 및 적용 법령
   3. 과태료를 부과하는 행정청의 명칭과 주소
   4. 당사자가 의견을 제출할 수 있다는 사실과 그 제출기한
   5. 법 제18조에 따라 자진 납부하는 경우 과태료를 감경받을 수 있다는 사실(감경액이 결정된 경우에는 그 금액을 포함한다)
   6. 제2조의2에 따라 과태료를 감경받을 수 있다는 사실(감경액이 결정된 경우에는 그 금액을 포함한다)
   7. 그 밖에 과태료 부과에 관하여 필요한 사항
28) 당사자가 지정된 기일까지 의견 제출을 하지 않는 경우에는 의견이 없는 것으로 본다.
29) 과태료 부과의 제척기간은 질서위반행위가 종료한 날부터 5년이다.
30) 게임법에서는 관할법원에 지체없이 과태료 부과처분에 대한 이의제기 사실을 통지하도록 하고 있으나, 질서위반행위규제법 제21조 제1항에서는 행정기관이 이의제기를 받은 날부터 14일 이내에 관할법원에 통보하도록 정하고 있다.

주소지 지방법원 또는 지원에 이의제기 사실과 증빙서류를 첨부하여 통보하여야 하며, 그 통지사실을 관할 검찰청 검사에게도 통지하여야 한다. 관할법원은 비송 사건절차법에 의한 과태료의 재판을 한다.

과태료의 부과기준(제24조 제1항 관련)

위 반 행 위	해 당 조 항	과태료 금액
1. 법 제12조의3 제4항에 따른 문화체육관광부 장관의 자료 제출 또는 보고 요청에 따르지 않은 자	법 제48조 제1항 제1호	100만원
2. 법 제12조의3 제6항에 따른 보고를 하지 않은 자	법 제48조 제1항 제1호의2	200만원
3. 법 제25조 제2항을 위반하여 변경등록을 하지 아니한 자	법 제48조 제1항 제1호의3	100만원
4. 법 제26조 제4항을 위반하여 변경허가를 받지 아니하거나 변경등록 또는 변경신고를 하지 아니한 자	법 제48조 제1항 제2호	100만원
5. 법 제21조 제5항을 위반하여 변경신고를 하지 아니한 자	법 제48조 제1항 제2호의2	100만원
6. 법 제28조 제1호를 위반하여 교육을 받지 아니한 자	법 제48조 제1항 제3호	30만원
7. 법 제28조 제5호를 위반하여 일반게임장에 청소년을 출입시킨 자	법 제48조 제1항 제4호	1,000만원
8. 법 제28조 제6호를 위반하여 음란물 및 사행성게임물 차단 프로그램 또는 장치를 설치하지 아니한 자	법 제48조 제1항 제5호	300만원
9. 법 제29조 제4항을 위반하여 신고를 하지 아니한 자	법 제48조 제1항 제6호	100만원
10. 법 제31조 제2항에 따른 보고를 하지 아니하거나 관계 공무원의 출입·조사 또는 서류 열람을 거부·방해 또는 기피한 자	법 제48조 제1항 제7호	1,000만원
11. 법 제34조를 위반한 자	법 제48조 제1항 제8호	500만원

3. 과태료 부과대상

가. 법 제12조의3 제4항에 따른 문화체육관광부장관의 자료 제출 또는 보고 요청에 따르지 아니하거나, 법 제12조의3 제6항에 따른 보고를 하지 아니한 자

법 제45조 벌칙규정에서는 제12조의3 제1항 각호에서 규정하고 있는 예방 조치들을 강제하기 위해 예방조치의 시행 상황을 판단할 수 있는 자료의 제출 및 보고를 받아 이를 근거로 예방조치가 충분하지 아니하다고 인정되면 시정명령을 하고, 시정명령을 따르지 아니한 자에 대해서는 2년 이하의 징역 또는 2천만원 이하의 벌금을 부과하고 있다. 동조에서는 그 실효성을 확보하기 위하여, 먼저 게임물 관련사업자가 예방조치의 시행 상황을 판단할 수 있는 자료 제출 또는 보고 요청에 따르지 아니한 자에 대해서는 1천만원 이하의 과태료에 처한다. 사실상 게임물 관련사업자에게 예방조치와 관련한 자료의 제출 및 보고를 의무화한 것이다.

또한 문화체육관광부장관은 게임물 관련사업자로부터 제출 또는 보고받은 내용을 근거로 예방조치가 충분한지 여부를 평가하고, 이러한 평가 결과에 따라 시정명령을 하게 되는데, 시정명령 이행 여부를 확인하고 그 이행을 강제하기 위하여 이러한 시정명령을 받은 때에는 10일 이내에 조치결과를 보고하도록 하고, 이러한 조치결과를 보고하지 아니한 자에 대해서는 1천만원 이하의 과태료가 부과한다. 시행명령 불이행에 따른 벌칙을 적용하기 위해서는 조치결과를 확인하여야 하므로 일정 기간 이내의 조치결과 보고를 강제하고 있는 것이다.

나. 법 제26조 제4항의 규정을 위반하여 변경허가를 받지 아니하거나 변경등록 또는 변경신고를 하지 아니한 자

법 제26조 제4항은 허가를 받은 일반게임제공업자, 등록을 받은 청소년게임 제공업자·인터넷컴퓨터게임시설제공업자·복합유통게임제공업자 그리고 복합유통게임제공업을 하고자 신고한 청소년게임제공업자 또는 인터넷컴퓨터시설 제공업자가 중요사항을 변경하고자 하는 경우 변경허가, 변경등록 또는 변경신고를 관할 시장·군수·구청장에게 하도록 규정하고 있다. 게임물 관련사업자가 이러한 주요 행정사항을 해태한 경우에는 과태료에 처하도록 규정하고 있다.

다. 법 제28조 제1호의 규정을 위반하여 교육을 받지 아니한 자

법 제28조 제1호는 게임물 관련사업자에게 자신의 영업을 함에 있어 게임물 및 게임 상품의 건전한 유통질서 확립과 건전한 게임문화에 이바지하기 위하여 관할 시장·군수·구청장이 실시하는 교육을 연간 3시간의 범위 내에서 이수하도록 하는 의무를 부과하고 있다. 이러한 의무를 위반한 자에게는 과태료가 부과된다.

라. 법 제28조 제5호의 규정을 위반하여 일반게임장에 청소년을 출입시킨 자

법 제28조 제5호는 일반게임제공업을 영위하는 자는 자신이 운영하는 게임장에 청소년을 출입시키지 말아야 할 의무를 부과하고 있다. 일반게임제공업은 청소년 이용불가 게임물과 전체이용가 게임물을 동시에 공중의 이용에 제공할 수 있는 영업이므로 청소년을 출입시키지 못하도록 규정하고 있다. 이러한 의무를 위반하면 과태료 처분의 대상이 된다.

마. 법 제28조 제6호의 규정을 위반하여 음란물 및 사행성게임물 차단 프로그램 또는 장치를 설치하지 아니한 자

제28조 제6호는 게임물 관련사업자에게 음란물과 사행성 게임물이 유통되지 않도록 문화체육관광부의 고시에 따른 차단프로그램이나 장치의 설치를 의무화하고 있다. 그러므로 차단프로그램이나 장치를 설치하지 않은 게임물 관련사업자 및 이를 설치하였더라도 문화체육관광부의 고시에서 정한 것이 아닌 다른 것을 설치한 게임물 관련사업자는 과태료 처분에 처해진다.

바. 제29조 제4항의 규정을 위반하여 신고를 하지 아니한 자

제29조 제4항은 게임물 관련 사업자가 그 영업을 양도하거나 사망 또는 법인의 합병에 따라 영업자의 지위를 승계받은 자, 또는 폐업신고에 의해 허가가 취소되거나 등록 또는 신고가 말소된 자가 1년 이내에 다시 동일한 업종으로 허가를 받거나 등록 또는 신고를 한 경우의 영업자의 지위를 승계받은 자 또는 경매 등으로 인해 영업자의 지위를 승계받은 자는 관할 시장·군수·구청장에게 신고하도록 규정한다. 이를 위반한 자는 과태료가 부과된다.

사. 법 제31조 제2항의 규정에 의한 보고를 하지 아니하거나 관계공무원의 출입·조사 또는 서류열람을 거부·방해 또는 기피한 자

법 제31조 제2항은 문화체육관광부장관, 시·도지사 또는 시장·군수·구청장은 게임물 유통질서의 확립, 게임물의 사행행위에의 이용방지, 게임물의 사행성 조장방지를 위하여 필요하다고 인정되는 때에는 게임물 관련사업자에 대하여 필요한 보고를 하게 하거나 관계 공무원으로 하여금 게임제공업 또는 인터넷컴퓨터게임시설제공업의 영업소 등에 출입하여 필요한 조사를 하게 하거나 서류를 열람하게 할 수 있게 하고 있다. 즉 관계공무원이 PC방 등의 영업소에 출입하여 조사하거나 또는 관련 서류의 열람을 청구한 경우에 당해 영업소가 이를 거부, 방해 또는 기피를 하면 과태료를 부과할 수 있다.

아. 법 제34조를 위반한 자

법 제34조는 게임물관리위원회로부터 부여받은 등급의 게임물의 내용과 다른 내용의 광고를 하거나 그 선전물을 배포·게시하는 행위, 등급분류를 받은 게임물의 등급과 다른 등급을 표시한 광고·선전물을 배포·게시하는 행위, 게임물내용정보를 다르게 표시하여 광고하거나 그 선전물을 배포·게시하는 행위 및 게임물에 대하여 내용정보 외에 경품제공 등 사행심을 조장하는 내용을 광고하거나 선전물을 배포·게시하는 행위를 금지하고 있다. 그리고 그 수범자를 "누구든지"로 하고 있어 법 제34조에서 금지하고 있는 행위를 한 자 모두에게 과태료를 부과할 수 있다. 또한 게임제공업, 인터넷컴퓨터게임시설제공업 또는 복합유통게임제공업자가 사행행위와 도박이 이루어지는 장소로 오인할 수 있는 광고물을 설치 또는 게시하는 경우에도 과태료를 부과할 수 있다.

제8장_ 부 칙

주해「게임산업진흥에 관한 법률」

부칙 〈법률 제7941호, 2006.4.28〉 1)

법　　률	제1조(시행일) 이 법은 공포 후 6개월이 경과한 날부터 시행한다.
시 행 령	제1조(시행일) 이 영은 2006년 10월 29일부터 시행한다(대통령령 제19717호, 2006.10.27. 제정, 시행 2006.10.29). 제2조(다른 법령의 폐지) 음반·비디오물 및 게임물에 관한 법률 시행령은 폐지한다.
시행규칙	제1조(시행일) 이 규칙은 2006년 10월 29일부터 시행한다(문화관광부령 제151호, 2006.10.27). 제2조(다른 법령의 폐지) 「음반·비디오물 및 게임물에 관한 법률 시행규칙」은 폐지한다.

■ 내용 해설

1. 경과규정

　　본조는 이 법률의 시행일에 관하여 규정한다. 무릇 법률은 특단의 사정이 없는 한 법이 제정되자마자 바로 시행할 수는 없으며, 국민이 이를 알고 준수할 수 있도록 일정한 유예기간이 필요하다. 이 법은 공포 후 6개월이 경과한 날부터 시행한다고 규정한다.

　　이 법은 2006년 4월 6일 국회를 통과하였고, 4월 14일 정부에 이송, 같은 달 28일 공포되었다. 초일 불산입(初日不算入)의 원칙에 따라 공포 다음날인 4월 29일부터 6월이 되는 날은 10월 28일이다. 따라서 이 법은 6월이 경과한 2006년 10월 29일부터 시행되었다. 이에 시행령이나 시행규칙 모두 10월 29일부터 시행되었다.2)

　　한편 구법인 「음반·비디오물 및 게임물에 관한 법률」 자체는 「영화 및 비디오물의 진흥에 관한 법률」3) 부칙 제3조에 의해 폐지되었고,4) 시행령, 시행규칙

---

1) 부칙이란 법령의 말미에 붙여 그 부수적인 사항을 규정하고 있는 부분이다. 보통 당해 법령의 시행기일, 관계법령의 개폐, 경과적 조치 등 이른바 경과규정을 정하고 있다.
2) 시행령 제1조, 시행규칙 제1조 참조.
3) 법률 제7943호(2006.4.28.).

은 본법 시행령, 시행규칙을 통해 폐지되었다.

2. 일부개정의 효과와 부칙

　　기존 법령의 일부를 개정하는 법령은 하나의 독립한 법령5)으로서 제정되거나 혹은 새로운 법의 시행에 수반해서 관계법령의 정비가 필요하게 되었기 때문에 동법의 부칙6) 등을 통해 개정된다. 이러한 일부 개정 법률은 설사 독립한 법령이라고 하더라도 이것이 시행되면 개정부분이 원래의 법령에 포섭되어 본칙은 없어진다. 즉 하나가 되는 것이다. 그러나 부칙은 남아서 원래 법령의 부칙의 뒤에 계속 이어지게 된다. 그러므로 수없이 개정되어도 본칙은 하나이나 부칙은 개정순서에 따라 이어지게 되며, 바로 개정의 역사가 된다. 그런 의미에서 부칙의 구체적 내용을 차례로 살펴보기 전에 그 사이의 게임진흥법 제·개정사를 요약하면 다음 표와 같다. 그 사이 우리는 14차례의 개정을 거쳤다. 그중 6번은 타법의 개정에 따른 개정이다.

제정	법률 제7941호, 2006.4.28	제정
1차	법률 제8247호, 2007.1.19	사행성게임물의 규제
2차	법률 제8739호, 2007.12.21	온라인상에서 성행하고 있는 사행성 불법게임물의 규제
3차	법률 제8852호, 2008.2.29	타법(정부조직법) 개정

---

4) 제3조 (다른 법률의 폐지 등) 「영화진흥법」 및 「음반·비디오물 및 게임물에 관한 법률」은 각각 이를 폐지한다. 다만, 「음반·비디오물 및 게임물에 관한 법률」 제42조 제3항 내지 제6항, 제50조 내지 제52조의 규정 중 정당한 권리를 가지지 아니한 자가 영리를 목적으로 복제 제작한 음반·비디오물·게임물의 수거·폐기 및 그 벌칙에 관한 규정은 2006년 12월 31일까지 이를 적용한다.

5) 예컨대 '게임산업진흥에 관한 법률 일부개정법률'은 그 예이다.

6) 예컨대 2013년 정부조직법 제6조(다른법률의 개정) 제251항은

> "게임산업진흥에 관한 법률 일부를 다음과 같이 개정한다.
> 제12조의4 제3항 중 "교육과학기술부장관"을 "교육부장관"으로 한다.
> 제31조 제3항 중 "행정안전부장관"을 "안전행정부장관"으로 한다.
> 제46조 제6호 중 "문화관광부장관"을 "문화체육관광부장관"으로 한다.

로 되어 있다.

4차	법률 제9928호, 2010.1.1	게임물등급위원회에 대한 국고지원 시한 연장
5차	법률 제10219호, 2010.3.31	타법(지방세기본법) 개정
6차	법률 제10554호, 2011.4.5	게임물의 사행적 운영방식과 불법프로그램 등을 통한 정상적인 게임이용 방해 행위에 대한 제재
7차	법률 제10629호, 2011.5.19	타법(지식재산 기본법) 개정
8차	법률 제10879호, 2011.7.21	게임과몰입과 중독예방을 위한 법규정 마련
9차	법률 제11048호, 2011.9.15	타법(청소년 보호법) 개정
10차	법률 제11139호, 2011.12.31	게임물등급위원회에 대한 국고지원 시한 연장
11차	법률 제11315호, 2012.2.17	제15조(이스포츠(전자스포츠)활성화) 규정 폐지
12차	법률 제11690호, 2013.3.23	타법(정부조직법) 개정
13차	법률 제11785호, 2013.5.22[7)	게임물등급위원회의 폐지와 게임물관리위원회를 신설
14차	법률 제11998호, 2013.8.6	타법(지방세 외 수입금의 징수 등에 관한 법률) 제정

법　률	제2조(적용시한) 제20조의 규정은 2012년 12월 31일까지 효력을 갖는다.

■ 내용 해설

　　제20조는 '게임물등급위원회'의 운영에 필요한 경비는 국고에서 보조할 수 있다고 규정한 조문이다. '게임물등급위원회'의 지원에 관한 동조의 규정은 제정법에서는 2008년 6월 30일까지 효력을 갖는다고 규정되어 있었다. 그러나 계속 개정되었고, 이에 따라 '게임물등급위원회'에 대한 지원은 연장되었다.

　　그러나 2013년 5월 22일 법률 제11785호에 의해 기간연장과 관련된 부칙 제2조는 폐지되었다(후술 법률 제11785호 부칙 참조).

법　률	제3조(등급분류기관 등급위원회 변경에 따른 준비) 문화관광부장관은 이 법 시행 전에 등급위원회 설립 등 등급분류업무 체제의 변경에 따른 준비에 필요한 사무를 행할 수 있다.

---

7) 2013.11.23. 시행.

■ **내용 해설**

이 법은 공포 후 6개월이 경과한 날부터 시행되며, 이 법이 원활하게 시행되기 위해서는 등급위원회 설립 등이 되어 있어야 한다. 이를 위하여 시행 전에라도 그 준비작업을 할 수 있는 근거규정을 마련한 것이다.

법 률	제4조(멀티미디어 문화콘텐츠 설비제공업에 관한 경과조치) 이 법 시행당시 종전의 「음반·비디오물 및 게임물에 관한 법률」의 규정에 의한 멀티미디어 문화콘텐츠 설비제공업은 이 법에 의한 인터넷컴퓨터게임시설제공업으로 본다.

■ **내용 해설**

「음반·비디오물 및 게임물에 관한 법률」 제2조 제10호는 "'멀티미디어 문화콘텐츠 설비제공업'이라 함은 독립한 장소에서 컴퓨터 등 필요한 기자재를 갖추고 게임물·영상물 등을 이용하게 하거나 부수적으로 그 밖의 정보제공물을 공중이 이용할 수 있도록 하는 영업을 말한다"고 규정하고 있었다. 또 제32조 5호, 제6호 등에서는 이들의 준수사항에 대하여 규정하였고, 제50조와 제51조에 대해서는 벌칙 조항을 두고 있었다. 또 그 부칙 제3조에는 신고 및 등록에 대해서 규정하고 있었다.

이 법이 제정되면서 「음반·비디오물 및 게임물에 관한 법률」은 폐지되었으므로 이에 따라 업무의 계속성을 위하여 본 규정을 둔 것이다.

법 률	제5조(게임물의 등급분류에 관한 경과조치) ① 이 법 시행 당시 종전의 「음반·비디오물 및 게임물에 관한 법률」의 규정에 의하여 12세이용가 또는 15세이용가 등급을 부여받은 게임물은 이 법 제21조 제2항의 개정규정에 따른 12세이용가 또는 15세이용가 등급을 부여받은 것으로 본다. 다만, 18세이용가 등급을 부여받은 게임물은 이 법 시행 후 6개월 이내에 제16조의 규정에 따른 등급위원회에서 등급분류를 받아야 한다. ② 등급위원회는 제1항의 규정에 따라 등급의 재분류를 신청하는 자에게 재분류에 필요한 소정의 수수료를 부과할 수 있다.
시 행 령	제3조(등급결정 등의 통지에 관한 적용례) 제14조는 이 영 시행 이후 등급결정 및

	취소결정을 받은 게임물부터 적용한다.

■ 내용 해설

1. 법 부칙 제5조

원래 제정법인 2006년법에서는 "이 법 시행당시 종전의 「음반·비디오물 및 게임물에 관한 법률」의 규정에 의하여 전체이용가, 12세이용가 및 15세이용가 등급을 부여받은 게임물은 이 법 제21조 제2항 제1호의 개정규정에 의한 전체이용가 등급을 부여받은 것으로 본다. 다만, 18세이용가 등급을 부여받은 게임물은 이 법 시행 후 6개월 이내에 제16조의 규정에 의한 등급위원회에서 등급분류를 받아야 한다."고 규정하고 있었다. 그러나 12세이용가 및 15세이용가 등급을 부여받은 게임물은 이 법 제21조 제2항 제1호의 개정규정에 의한 전체이용가 등급을 부여받은 것으로 본다는 것은 사리에 맞지 아니하므로 2007.1.19 위와 같이 전문 개정되었다.

2. 영 부칙 제3조

부칙 제3조는 "제14조는 이 영 시행 이후 등급결정 및 취소결정을 받은 게임물부터 적용한다"고 규정한다. 영 제14조는 "법 제24조에서 "대통령령이 정한 행정기관의 장"이라 함은" ① 문화관광부장관, ② 산업자원부장관, ③ 정보통신부장관, ④ 국가청소년위원회 위원장 ⑤ 검찰총장, ⑥ 경찰청장, ⑦ 특별시장·광역시장·도지사를 가리킨다고 규정한다. 결국 법 제24조의 등급분류와 관련된 사항을 이들과 관련 단체에 통지하고, 등급위원회는 이러한 사항을 공표하여야 한다는 것인데, 통지 및 공표 대상 게임물은 "이 영 시행 이후 등급결정 및 취소결정을 받은 게임물"이다.

	제6조(신고·등록영업에 관한 경과조치) ① 이 법 시행당시 종전의 「음반·비디오물 및 게임물에 관한 법률」의 규정에 의하여 게임물제작업 및 배급업의 신고를 한 자는 이 법에 의하여 신고한 것으로 본다. 다만, 이 법 시행 후 3개
법 률	

	월 이내에 문화관광부령이 정하는 바에 의하여 신고증을 재교부받아야 한다. ② 이 법 시행당시 종전의 「음반·비디오물 및 게임물에 관한 법률」의 규정에 의하여 등록한 게임제공업자 및 복합유통제공업자는 이 법에 의하여 등록한 것으로 본다. 다만, 이 법 시행 후 3개월 이내에 문화관광부령이 정하는 바에 의하여 등록증을 재교부받아야 한다.
시 행 령	제3조(신고증 또는 등록증 교부 등에 관한 경과조치) ① 법 부칙 제6조 제1항 단서에 따라 신고증을 재교부받으려는 자는 별지 제4호 서식 또는 별지 제5호서식의 신고서(당해 신고서에 첨부하는 서류를 제외한다)를 시·도지사에게 제출하여야 한다. ② 법 부칙 제6조 제2항 단서에 따라 등록증을 재교부받으려는 자는 별지 제6호 서식 또는 별지 제7호서식의 신청서에 영업시설·기구 및 설비 개요서를 첨부하여 시장·군수·구청장에게 제출하여야 한다.

▪ 내용 해설

기존에 교부받은 신고증과 등록증을 3월 이내에 재교부받도록 의무지운 경과조치이다. 이에 따라 시행규칙은 신고증을 재교부받으려는 자는 별지 제4호 서식 또는 별지 제5호 서식의 신고서를 시·도지사에게 제출하여야 하며, 등록증을 재교부받으려는 자는 별지 제6호 서식 또는 별지 제7호 서식의 신청서에 영업시설·기구 및 설비 개요서를 첨부하여 시장·군수·구청장에게 제출하여야 한다고 규정한다. 별지 제4호-제7호 서식은 생략한다.[8]

별지 [서식 4] 게임제작업신고서

별지 [서식 5] 게임배급업신고서

별지 [서식 6] 게임제공업등록신청서

별지 [서식 7] 복합유통게임제공업등록신청서

법 률	제7조(게임물의 운영에 관한 정보표시 장치에 관한 경과조치) 이 법 시행당시 종전의 「음반·비디오물 및 게임물에 관한 법률」의 규정에 의하여 등급을 부여받은 모든 게임물은 이 법 시행 후 6개월 이내에 제33조 제2항에 의한 게임물의 운영에 관한 정보표시 장치를 부착하여야 한다.

---

8) 모두 http://www.law.go.kr/lsSc.do?menuId=0&subMenu=2&query=%EC%9D%8C%EB%B0%98 #AJAX 참조.

시 행 령	제4조(상호, 등급 및 게임물내용정보 표시에 관한 적용례) 별표 3 중 상호, 등급 및 게임물내용정보의 표시에 관한 규정은 이 영 시행 이후 제작 또는 배급하는 게임물부터 적용한다.

■ 내용 해설

　　종전 법인 「음반·비디오물 및 게임물에 관한 법률」의 규정에 의하여 등급을 부여받은 모든 게임물은 이 법 시행 후 6개월 이내에 정보표시 장치를 부착하도록 경과규정을 두고 있다. 또 정보표시 장치와 관련해서는 이 책 제33조 부분 참조. 또 법률 공포로부터 6월 후에 시행되는 시행령에서는 "이 영 시행 이후 제작 또는 배급하는 게임물부터 적용한다"고 규정한다.

법　률	제8조(행정처분 및 영업 등의 제한에 관한 경과조치) 이 법 시행당시 종전의 「음반·비디오물 및 게임물에 관한 법률」의 규정에 의하여 행정처분, 과징금처분 또는 영업의 제한을 받았거나 받고 있는 자는 이 법의 규정에 의하여 행정처분, 과징금처분 또는 영업의 제한을 받았거나 받고 있는 것으로 본다.
시 행 령	제5조(게임물 관련사업자 교육에 관한 경과조치) 이 영 시행당시 「음반·비디오물 및 게임물에 관한 법률 시행령」에 따라 유통관련사업자교육을 받은 게임물 관련사업자나 그 종업원은 제7조에 따른 게임물 관련사업자 교육을 받은 것으로 본다.

■ 내용 해설

　　법 제8조는 행정처분 및 영업 등의 제한에 관한 경과조치이며, 시행령 제5조는 게임물 관련사업자 교육에 관한 경과조치이다. 종전 법에 의해 받은 행정처분 및 영업 등의 제한은 이 법의 규정에 의해 받은 행정처분 및 영업 등의 제한으로 본다고 규정한다. 그렇지 않으면 근거법령이 폐지됨으로써 자칫 이 법의 시행과 더불어 종전 법에 의해 받은 행정처분 및 영업 등의 제한이 실효될 우려가 있기 때문이다.

　　반대로 시행령 제5조는 이 시행령에 의해 교육받은 것으로 보지 않으면, 자칫 사업자가 이중으로 교육받을 의무를 지게 될 위험을 배제하기 위한 것이다.

법　　률	제9조(벌칙 등에 관한 경과조치) 이 법 시행 전의 행위에 대한 벌칙 또는 과태료의 적용에 있어서는 종전의 「음반·비디오물 및 게임물에 관한 법률」의 규정에 의한다.
시 행 령	제6조(인터넷컴퓨터게임시설제공업자의 컴퓨터칸막이에 관한 경과조치) 이 영 시행 당시 인터넷컴퓨터게임시설제공업을 영위하는 자 중 별표 2 제5호 나목에 따른 설치기준에 맞지 아니하게 칸막이를 설치한 자는 이 영 시행일부터 3월 이내에 동 기준에 맞게 설치하여야 한다.
시행규칙	제4조(게임제공업 및 복합유통게임제공업자의 시설기준에 관한 경과조치) 이 규칙 시행당시 종전의 「음반·비디오물 및 게임물에 관한 법률 시행규칙」에 따라 등록한 게임제공업자 또는 복합유통게임제공업자는 이 규칙 시행일부터 6개월 이내에 별표 4의 시설기준에 적합한 시설을 갖추어야 한다. 제5조(행정처분기준에 관한 경과조치) 이 규칙 시행 전의 행위에 대한 행정처분기준의 적용에 있어서는 별표 5의 개정규정에 불구하고 종전의 「음반·비디오물 및 게임물에 관한 법률 시행규칙」에 따른다.

■ 내용 해설

　　법 위반행위에 대한 제재는 행위시법에 의한다는 형벌 불소급의 원칙을 천명한 당연한 규정이다. 또 시행규칙 제5조는 행정처분에 있어서도 종전의 규정을 따르도록 하고 있다.

　　반면 시행령 제6조 및 시행규칙 제4조는 일정한 행정목적을 위하여 새로운 시설기준이 마련된 경우, 이 기준에 업자가 따라야 함은 당연하나 즉시 준수하기는 어려우므로 3월의 유예기간을 두고 있다.

[시행령 별표 2 제5호 나목에 따른 설치기준]

5. 인터넷컴퓨터게임시설제공업자는 다음 각 목의 사항을 준수하여야 한다.
　가. (생략)
　나. 개별 컴퓨터별로 바닥으로부터 높이 1.3미터를 초과하는 칸막이를 설치하여서는 아니 된다.
　다. (이하 생략)

[시행규칙 별표 4]
　게임제공업 시설기준(시행규칙 제20조 관련)

1. 게임제공업(공통사항)

시 설 기 준
가. 전체이용가 게임물과 청소년이용불가 게임물을 함께 제공하는 경우 청소년이용불가 게임물이 차지하는 면적은 게임제공업소 전체 면적 중 게임물이용에 제공되는 면적의 100분의 40을 초과할 수 없으며, 전체이용가 게임물의 설치비율은 100분의 50 이상이어야 한다. 이 경우 전체이용가 게임물과 청소년이용불가 게임물의 이용공간을 구획하고 전체이용가 게임물과 청소년이용불가 게임물 사이에 바닥으로부터 높이 2.0미터 이상의 고정칸막이를 설치하여야 한다.
나. 다른 용도의 영업장과 완전히 구획되어야 하며, 전용출입문(실내출입문을 제외한다)을 설치하여야 한다.
다. 영업장 내에는 게임물 이용을 위한 밀실이나 밀폐된 공간을 설치하여서는 아니되며, 투명한 유리창을 설치하여 외부에서 실내를 볼 수 있도록 하여야 한다.
라. 영업장 전체의 실내 조명은 40룩스 이상이 되도록 유지하여야 한다.
마. 전체이용가 게임물은 전용주출입문에 가장 인접하여 설치하여야 한다.
바. 청소년이용불가 게임물을 제공하는 경우 청소년이용불가 게임물을 제공하는 영업장이라는 것을 일반인이 인식할 수 있도록 간판 또는 영업표지물을 청소년이용불가 게임물 장소 입구에 명확히 표시하여야 한다.
사. 선량한 풍속을 해치는 우려가 있는 사진, 광고물, 장식 그 외의 설비를 마련하여서는 아니된다.
아. 소음, 조명 또는 진동으로 인하여 게임제공업소 주변의 평온을 해치지 아니하여야 한다.
자. 하나 또는 그 이상의 기기를 이용하여 게임물 및 그 밖의 영업(노래, 비디오 또는 영화감상 등)이 동일한 공간에서 이루어질 경우에도 게임제공업(공통사항)의 시설기준에 따른다.

2. 복합유통게임제공업(추가사항)

시 설 기 준
가. 복합유통제공업자는 기기 및 시설의 설치에 있어서 전체이용가 시설과 청소년이용불가 시설을 구분하여 바닥으로부터 높이 2미터 이상의 고정식 칸막이를 설치하여야 한다. 이때 구획이 불가능할 경우에는 전체이용가게임물만을 설치하여야 한다.
나. 게임제공업과 이 법에 의한 다른 영업 또는 다른 법률에 의한 영업을 동일한 공간 내에서 함께 영위하거나 1개 게임기에서 게임·노래·영화감상 등을 제공하는 등 영업장을 구획하기 어려운 경우에는 투명한 유리창을 설치하여 외부에서 실내를 볼 수 있도록 하여야 한다.
다. 각 영업장의 시설기준은 각 업종별 시설기준을 따르며, 게임을 제공하는 영업장의 경우 제1호의 게임제공업의 시설기준을 준수하여야 한다.

3. 「전기통신사업법」에 따라 허가를 받거나 신고 또는 등록을 한 경우에는 「전기통신사업법」에서 정하는 바에 따른다

법 률	제10조(다른 법률의 개정) ① 출판 및 인쇄진흥법 일부를 다음과 같이 개정한다. 제3조 제1호를 다음과 같이 신설한다. 1. 「음악산업진흥에 관한 법률」 제2조 제4호의 규정에 의한 음반, 「영화 및 비디오물의 진흥에 관한 법률」 제2조 제12호에 의한 비디오물 및 「게임산업진흥에 관한 법률」 제2조 제1호의 규정에 의한 게임물 ② 풍속영업의 규제에 관한 법률을 다음과 같이 개정한다. 제2조 제4호를 다음과 같이 신설한다. 4. 「영화 및 비디오물의 진흥에 관한 법률」에 의한 비디오감상실업, 「음악산업진흥에 관한 법률」에 의한 노래연습장업 및 「게임산업진흥에 관한 법률」에 의한 게임제공업 및 복합유통게임공업 ③ 청소년활동진흥법 일부를 다음과 같이 개정한다. 제33조 제2항 제4호를 삭제한다. ④ 범죄수익은닉의 규제 및 처벌 등에 관한 법률 일부를 다음과 같이 개정한다. 별표 제14호를 다음과 같이 한다. 14. 「게임산업진흥에 관한 법률」 제44조 제1항의 죄
시 행 령	제7조(다른 법령의 개정) ① 검사직무대리운영규정 일부를 다음과 같이 개정한다. 제5조 제2항 제8호 중 "음반·비디오물 및 게임물에 관한 법률"을 "「게임산업진흥에 관한 법률」"로 한다. ② 소방시설 설치유지 및 안전관리에 관한 법률 시행령 일부를 다음과 같이 개정한다. 제13조 제2호 본문을 다음과 같이 한다. 「영화 및 비디오물의 진흥에 관한 법률」 제2조 제16호 가목과 나목에 따른 비디오물감상실업과 비디오물소극장업, 「음악산업진흥에 관한 법률」 제2조 제13호에 따른 노래연습장업 및 「게임산업진흥에 관한 법률」 제2조 제6호와 동조 제8호에 따른 게임제공업과 복합유통게임제공업 ③ 청소년보호법 시행령 일부를 다음과 같이 개정한다. 제3조 제6항 각 호 외의 부분중 "복합유통·제공업"을 "복합유통게임제공업"으로 하고, 동항 제2호 및 제3호를 각각 다음과 같이 한다. 2. 「게임산업진흥에 관한 법률」 제2조 제6호에 따른 게임제공업 3. 「게임산업진흥에 관한 법률」 제2조 제8호에 따른 복합유통게임제공업 ④ 학교보건법 시행령 일부를 다음과 같이 개정한다. 제4조의2 제1호 및 제9호를 각각 다음과 같이 한다. 1. 「게임산업진흥에 관한 법률」 제2조 제6호에 따른 게임제공업 시설 및 동조 제7호에 따른 인터넷컴퓨터게임시설제공업 시설

9. 「게임산업진홍에 관한 법률」 제2조 제8호에 따른 복합유통게임제공업
시설
⑤ 학원의 설립·운영 및 과외교습에 관한 법률 시행령 일부를 다음과 같이
개정한다.
제4조 제2항 중 "음반·비디오물 및 게임물에 관한 법률 제2조 제10호의 규
정에 의한 멀티미디어 문화콘텐츠 설비제공업"을 "「게임산업진홍에 관한
법률」 제2조 제7호에 따른 인터넷컴퓨터게임시설제공업"으로 한다.

■ 내용 해설

본법인 「게임산업진홍에 관한 법률」의 제정으로 종전의 「음반·비디오물 및
게임물에 관한 법률」이 폐지되었으므로 그에 따른 다른 법령의 개정이 필요하
다. 본 부칙은 그 내용을 규정한 것이다.

법 률	제11조(다른 법령과의 관계) 이 법 시행당시 다른 법령에서 종전의 「음반·비디오물 및 게임물에 관한 법률」이나 그 규정을 인용하고 있는 경우에 이 법 중 그에 해당하는 규정이 있는 때에는 종전의 규정에 갈음하여 이 법 또는 이 법의 해당조항을 인용한 것으로 본다.
시 행 령	제8조(다른 법령과의 관계) 이 법 시행당시 다른 법령에서 「음반·비디오물 및 게임물에 관한 법률 시행령」의 규정을 인용하고 있는 경우에 이 영 중 그에 해당하는 규정이 있는 때에는 종전의 규정에 갈음하여 이 영 또는 이 영의 해당규정을 인용한 것으로 본다.
시행규칙	제6조(다른 법령과의 관계) 이 규칙 시행당시 다른 법령에서 「음반·비디오물 및 게임물에 관한 법률 시행규칙」의 규정을 인용하고 있는 경우에 이 규칙 중 그에 해당하는 규정이 있는 때에는 종전의 규정에 갈음하여 이 규칙 또는 이 규칙의 해당규정을 인용한 것으로 본다.

■ 내용 해설

본법인 「게임산업진홍에 관한 법률」의 제정으로 종전의 「음반·비디오물 및
게임물에 관한 법률」이 폐지되었으므로 그에 따른 다른 법령의 조정이 필요하
다. 본 부칙은 그 내용을 규정한 것이다.

부칙 〈법률 제8247호, 2007.1.19, 시행 2007.4.20〉

법　률	제1조(시행일) 이 법은 공포 후 3개월이 경과한 날부터 시행한다. 다만, 제32조 제1항 제7호 및 제44조 제1항 제2호의 개정규정은 공포한 날부터, 제28조 제3호의 개정규정은 2007년 4월 29일부터, 제28조 제5호 및 제6호의 개정규정은 공포 후 9개월이 경과한 날부터 각각 시행한다.
시행령9)	제1조(시행일) 이 영은 공포한 날부터 시행한다.
시행규칙10)	제1조(시행일) 이 규칙은 공포한 날부터 시행한다.

▪ 내용 해설

법률 제정후 2007.1.19. 제1차 개정이 있었다. 그 이유는 다음과 같다.

1. 개정이유

사행성 게임물의 확산과 게임제공업소의 경품용 상품권의 불법 환전 등에 따른 사행심 조장 등으로 도박중독자가 양산되고 사행성 PC방 등으로 사행행위가 확산됨에 따라, 사행성 게임물을 정의하고, 게임물 등급분류를 세분화하여 사후관리를 강화하며, 사행성 게임물에 해당되는 경우 등급분류를 거부할 수 있도록 하여 시장에서 유통되지 않도록 하며, 일반게임제공업을 허가제로, 인터넷컴퓨터게임시설제공업(PC방)을 등록제로 전환하여 관리를 강화하고, 청소년이용불가 게임물의 경품 제공을 금지하며, 게임 결과물의 환전업 등을 금지함으로써 사행성 게임물을 근절하고 건전한 게임문화를 조성하려는 것임.

2. 개정법의 시행

2007년 1월 19일 공포된 본 개정법은 그 3개월 후인 2007년 4월 20일부터 시행되었다. 그러나 제32조 제1항 제7호 및 제44조 제1항 제2호의 개정규정은

---

9) 대통령령 제20058호, 2007.5.16.
10) 문화관광부령 제163호, 2007.5.18.

공포한 날부터, 제28조 제3호의 개정규정은 2007년 4월 29일부터, 제28조 제5호 및 제6호의 개정규정은 공포 후 9개월이 경과한 2007년 10월 20일부터 각각 시행하였다. 그런데 여기서 하나 유의해야 할 점은 공포에 관한 원칙이다. 원래 법령과 조례·규칙은 그 시행에 관하여 특별한 규정이 없으면 공포한 날로부터 20일이 경과함으로써 효력을 발생한다(헌법 제53조 제7항). 그런데 이 법과 같이 공포한 날부터 효력을 발생한다는 규정을 두는 경우도 있다. 「법령 등 공포에 관한 법률」은 "법령 등의 공포일 또는 공고일은 해당 법령 등을 게재한 관보 또는 신문이 발행된 날로 한다"고 규정한다(제12조). 종래의 판례는 '관보의 발행일자로 인쇄되어 있는 날'로 보았으나 이것은 국민이 새 법령의 내용을 알 시간적 여유가 없어 공포제도의 취지에 어긋난다고 보아 '관보가 서울의 중앙보급소에 도달하여 국민이 구독 가능한 상태에 놓인 최초의 시점'으로 보는 견해가 통설적 지위를 점하고 있다. 이하는 본조에서 언급한 법령의 내용을 편의를 위하여 기재한다.

가. 제32조 제1항 제7호

누구든지 게임물의 이용을 통하여 획득한 유·무형의 결과물(점수, 경품, 게임 내에서 사용되는 가상의 화폐로서 대통령령이 정하는 게임머니 및 대통령령이 정하는 이와 유사한 것을 말한다)을 환전 또는 환전 알선하거나 재매입을 업으로 하는 행위

나. 제44조 제1항 제2호

제32조 제1항 제1호·제4호 또는 제7호에 해당하는 행위를 한 자[11]

---

11) 제32조(불법게임물 등의 유통금지 등) ① 누구든지 게임물의 유통질서를 저해하는 다음 각 호의 행위를 하여서는 아니 된다. 다만, 제4호의 경우 「사행행위 등 규제 및 처벌특례법」에 따라 사행행위영업을 하는 자를 제외한다.
  1. 제21조 제1항의 규정에 의하여 등급을 받지 아니한 게임물을 유통 또는 이용에 제공하거나 이를 위하여 진열·보관하는 행위
  4. 제22조 제2항의 규정에 따라 사행성게임물에 해당되어 등급분류가 거부된 게임물을 유통시키거나 이용에 제공하는 행위 또는 유통·이용제공의 목적으로 진열·보관하는 행위

다. 제28조 제3호

제28조(게임물 관련사업자의 준수사항) 게임물 관련사업자는 다음 각 호의 사항을 지켜야 한다.
　3. 경품 등을 제공하여 사행성을 조장하지 아니할 것. 다만, 청소년게임제공업의 전체이용가 게임물에 대하여 대통령령이 정하는 경품의 종류(완구류 및 문구류 등. 다만, 현금, 상품권 및 유가증권은 제외한다)·지급기준·제공방법 등에 의한 경우에는 그러하지 아니하다.

라. 제28조 제5호

제28조(게임물 관련사업자의 준수사항) 게임물 관련사업자는 다음 각 호의 사항을 지켜야 한다.
　5. 제2조 제6호의2 나목의 규정에 따른 일반게임제공업을 영위하는 자는 게임장에 청소년을 출입시키지 아니할 것

* 제2조 제6호의2 나목
제6호의 게임제공업 중 일정한 물리적 장소에서 필요한 설비를 갖추고 게임물을 제공하는 영업은 다음 각 호와 같다. 　나. 일반게임제공업: 제21조의 규정에 따라 등급분류된 게임물 중 청소년이용불가 게임물과 전체이용가 게임물을 설치하여 공중의 이용에 제공하는 영업

마. 제28조 제6호

제28조(게임물 관련사업자의 준수사항) 게임물 관련사업자는 다음 각 호의 사항을 지켜야 한다.
　6. 게임물 및 컴퓨터 설비 등에 문화관광부장관이 고시하는 음란물 및 사행성게임물 차단 프로그램 또는 장치를 설치할 것. 다만, 음란물 및 사행성게임물

---

7. 누구든지 게임물의 이용을 통하여 획득한 유·무형의 결과물(점수, 경품, 게임 내에서 사용되는 가상의 화폐로서 대통령령이 정하는 게임머니 및 대통령령이 정하는 이와 유사한 것을 말한다)을 환전 또는 환전 알선하거나 재매입을 업으로 하는 행위

차단 프로그램 또는 장치를 설치하지 아니하여도 음란물 및 사행성게임물을 접속할 수 없게 되어 있는 경우에는 그러하지 아니하다.

법　률	제2조(등록 등에 관한 경과조치) ① 이 법 시행 당시 종전의 제25조의 규정에 따라 신고한 게임제작업자 또는 게임배급업자는 제25조의 개정규정에 따른 게임제작업자 또는 게임배급업자로 등록한 것으로 본다. 다만, 이 법 시행 후 6개월 이내에 제25조의 개정규정에 따라 등록증을 교부받아야 한다. ② 이 법 시행 당시 종전의 제26조의 규정에 따라 등록한 게임제공업자 중 제26조의 개정규정에 따라 일반게임제공업자로 허가를 받고자 하는 자는 그 기준을 갖추어 이 법 시행 후 1년 이내에 허가를 받아야 한다. ③ 이 법 시행 당시 종전의 제26조의 규정에 따라 등록한 게임제공업자 중 제26조의 개정규정에 따라 청소년게임제공업자로 등록을 하고자 하는 자는 그 기준을 갖추어 이 법 시행 후 6개월 이내에 등록을 하여야 한다. ④ 이 법 시행 당시 종전의 규정에 따라 인터넷컴퓨터게임시설제공업을 영위하는 자는 그 기준을 갖추어 이 법 시행 후 6개월 이내에 등록을 하여야 한다.
시 행 령	제2조(상호, 등급 및 게임물내용정보 표시에 관한 경과조치) ① 이 영 시행 이전에 제작 또는 배급된 게임물(이하 "개정전 게임물"이라 한다)의 상호·등급 및 내용정보 표시는 별표 3 제1호 및 제2호의 개정규정에 불구하고 종전의 규정에 따른다. ② 제1항에 불구하고 개정전 게임물의 제작자 또는 배급자는 별표 3 제1호 및 제2호의 개정규정에 따라 상호·등급 및 내용정보 표시를 할 수 있다. 제3조(다른 법령의 개정) 주택법 시행령 일부를 다음과 같이 개정한다. 별표 12 부표 제17호 중 "「음반·비디오물 및 게임물에 관한 법률」에 의한 게임제공업의 신고 및 등록"을 "「게임산업진흥에 관한 법률」에 따른 게임제공업의 허가 및 등록"으로 한다.
시행규칙	제2조(복합유통게임제공업 등록의 시설기준에 관한 경과조치) 이 규칙 시행당시 종전의 규정에 따라 등록한 복합유통게임제공업자는 이 규칙 시행일부터 6개월 이내에 별표 4의 개정규정에 따른 시설기준에 적합한 시설을 갖추어야 한다. 제3조(행정처분기준 및 과징금의 금액산정기준에 관한 경과조치) 이 규칙 시행 전의 위반행위에 대한 행정처분 및 과징금처분에 관하여는 별표 5 및 별표 6의 개정규정에 불구하고 종전의 규정에 따른다.

■ 내용 해설

1. 법 률

제정법에서는 신고사항으로 되어 있던 게임제작업 또는 게임배급업이 개정법에서는 등록사항이 됨에 따라 종전의 제25조의 규정에 따라 신고한 게임제작업자 또는 게임배급업자는 제25조의 개정규정에 따른 게임제작업자 또는 게임배급업자로 등록한 것으로 보되 다만, 6개월 이내에 개정규정에 따라 등록증을 교부받도록 한 것이다. 참고로 제정법과 개정법의 제25조 규정은 다음과 같다.

제25조	
제 정 법	개 정 법
제25조(게임제작업 등의 신고) ① 게임제작업 또는 게임배급업을 영위하고자 하는 자는 특별시장·광역시장·도지사(이하 "시·도지사"라 한다)에게 신고하여야 한다. 다만, 다음 각 호의 어느 하나에 해당하는 경우에는 신고하지 아니하고 이를 할 수 있다.	제25조(게임제작업 등의 등록) ① 게임제작업 또는 게임배급업을 영위하고자 하는 자는 문화관광부령이 정하는 바에 따라 시장·군수·구청장에게 등록하여야 한다. 다만, 다음 각 호의 어느 하나에 해당하는 경우에는 등록하지 아니하고 이를 할 수 있다.
1. 국가 또는 지방자치단체가 제작하는 경우	1. 국가 또는 지방자치단체가 제작하는 경우
2. 법령에 의하여 설립된 교육기관 또는 연수기관이 자체교육 또는 연수의 목적으로 사용하기 위하여 제작하는 경우	2. 법령에 의하여 설립된 교육기관 또는 연수기관이 자체교육 또는 연수의 목적으로 사용하기 위하여 제작하는 경우
3. 「정부투자기관 관리기본법」제2조의 규정에 의한 정부투자기관 또는 정부출연기관이 그 사업의 홍보에 사용하기 위하여 제작하는 경우	3. 「정부투자기관 관리기본법」제2조의 규정에 의한 정부투자기관 또는 정부출연기관이 그 사업의 홍보에 사용하기 위하여 제작하는 경우
4. 그 밖에 게임기기 자체만으로는 오락을 할 수 없는 기기를 제작하는 경우 등 대통령령이 정하는 경우	4. 그 밖에 게임기기 자체만으로는 오락을 할 수 없는 기기를 제작하는 경우 등 대통령령이 정하는 경우
② 제1항의 규정에 의하여 신고한 자가 문화관광부령이 정하는 중요사항을 변경하고자 하는 경우에는 변경신고를 하여야 한다.	② 제1항의 규정에 의하여 등록한 자가 문화관광부령이 정하는 중요사항을 변경하고자 하는 경우에는 변경등록을 하여야 한다.
③ 시·도지사는 제1항 또는 제2항의 규정	③ 시장·군수·구청장은 제1항 또는 제2

에 의한 <u>신고 또는 변경신고를 받은 경우</u>에는 신청인에게 신고증을 교부하여야 한다. ④ 제1항 내지 제3항의 규정에 의한 <u>신고 및 변경신고</u>의 절차 및 방법, <u>신고증</u>의 교부 등에 관하여 필요한 사항은 문화관광부령으로 정한다.	항의 규정에 의한 <u>등록 또는 변경등록을 받은 경우</u>에는 신청인에게 등록증을 교부하여야 한다. ④ 제1항 내지 제3항의 규정에 의한 <u>등록 및 변경등록</u>의 절차 및 방법, <u>등록증</u>의 교부 등에 관하여 필요한 사항은 문화관광부령으로 정한다.

2. 시행령

대통령령으로 별표 3 제1호 및 제2호의 개정이 있었다. 그러나 기존에 제작 또는 배급된 게임물(이하 "개정전 게임물"이라 한다)의 상호·등급 및 내용정보 표시는 종전의 규정에 따라도 무방하도록 함(제2조 제1항)과 아울러 사업자가 원하면 새 규정으로 표시할 수도 있도록 하였다(제2조 제2항).

3. 시행규칙

규칙 제2조는 적합한 시설을 갖출 수 있는 6개월의 유예기간을 부여한 것이고, 제3조는 시행 전의 행위에 대해서는 형벌이나 불이익의 소급효를 제한한 것이다.

[문화예술진흥법 시행령의 개정(대통령령 제20252호, 2007.9.10.)]
문화예술진흥법 시행령의 개정에 따라 본법 시행령이 다음과 같이 개정되었다.

제2조(다른 법령의 개정) 게임산업진흥에 관한 법률 시행령 일부를 다음과 같이 개정한다.
　제11조 제1항 제4호 중 "제23조"를 "제20조"로 한다.

부칙 〈법률 제8739호, 2007.12.21〉

법　률	제1조(시행일) 이 법은 공포 후 3개월이 경과한 날부터 시행한다. 다만, 부칙 제2조는 2007년 10월 20일부터 적용한다.

▪ 내용 해설

제2차 개정이며, 2008.3.22부터 시행되었다. 그 개정이유는 다음과 같다.

▪ 개정이유

현재 온라인상에서 성행하고 있는 사행성 불법게임물과 등급분류를 받지 아니한 게임물, 등급분류를 받은 내용과 다른 게임물이 제공되는 경우 등을 차단할 수 있는 법적 근거를 마련하고, 게임물등급심의위원회의 심의 수수료 납부대상에 등급분류 후 내용수정 사항에 대한 신고와 성능·안전성 등의 시험용 게임물의 신청을 포함하며, 원활한 등급심의와 사후관리 업무수행을 위하여 국고보조금 지원기간을 2009년까지 연장하려는 것임.

제20조(지원) ① 등급위원회의 운영에 필요한 경비는 국고에서 보조할 수 있다.
② 국고예산이 수반되는 등급위원회의 사업계획 등은 미리 문화관광부장관과 협의하여야 한다.
[법률 제7941호(2006.4.28) 부칙 제2조의 규정에 의하여 이 조는 2009년 12월 31일까지 유효함]

법　률	제2조 (청소년게임제공업 등의 등록에 관한 특례) ① 법률 제7943호로 폐지된 「음반·비디오물 및 게임물에 관한 법률」 제26조 제2항에 따라 신고한 청소년게임장업자 또는 법률 제8247호 게임산업진흥에 관한 법률 일부개정법률 시행 당시 종전의 법률(법률 제8247호 게임산업진흥에 관한 법률 일부개정법률에 따라 개정되기 전의 것을 말한다. 이하 같다)에 따라 등록한 게임제공업자는 같은 개정법률 제26조 및 부칙 제2조 제3항에도 불구하고 이 법

시행 후 2008년 5월 17일까지 그 기준을 갖추어 청소년게임제공업의 등록을 할 수 있다.

② 법률 제8247호 게임산업진흥에 관한 법률 일부개정법률 시행 당시 종전의 법률에 따라 인터넷컴퓨터게임시설제공업을 영위하는 자는 같은 개정법률 부칙 제2조 제4항에도 불구하고 이 법 시행 후 2008년 5월 17일까지 그 기준을 갖추어 등록을 할 수 있다.

■ **내용 해설**

원래 청소년게임제공업자로 등록을 하고자 하는 자는 그 기준을 갖추어 이 법 시행 후 6개월 이내에 등록을 하여야 한다고 하여 2007년 10월 19일까지 등록하여야 하였으나(이에 따라 본 부칙 제1조에서 부칙 제2조는 2007년 10월 20일부터 적용한다고 규정하기에 이르렀다), 이번 개정을 통하여 2008년 5월 17일까지로 그 기간이 연장되었다. 또 인터넷컴퓨터게임시설제공업을 영위하는 자 역시 마찬가지이다.

부칙 〈법률 제8852호, 2008.2.29〉

법 률12)	제1조(시행일) 이 법은 공포한 날부터 시행한다. 다만, …〈생략〉…, 부칙 제6조에 따라 개정되는 법률 중 이 법의 시행 전에 공포되었으나 시행일이 도래하지 아니한 법률을 개정한 부분은 각각 해당 법률의 시행일부터 시행한다.
시행령13)	제1조(시행일) 이 영은 공포한 날부터 시행한다.
시행규칙14)	제1조(시행일) 이 규칙은 공포한 날부터 시행한다.

■ 내용 해설

제3차 개정이다. 이것은 정부조직법이 개정됨에 따라 종전 법상의 "문화관광부장관"이 "문화체육관광부장관"으로, "문화관광부령"이 "문화체육관광부령"으로, "행정자치부장관"이 "행정안전부장관"으로 각각 변경되었다. 또 이에 따라 문화체육관광부와 그 소속기관 직제 및 문화체육관광부와 그 소속기관 직제 시행규칙이 변경되었다.

법 률	제6조(다른 법률의 개정) ①부터 〈241〉까지 생략 〈242〉게임산업진흥에 관한 법률 일부를 다음과 같이 개정한다. 　제2조 제1호 다목, 제3조 제1항·제3항, 제12조 제2항, 제12조의2 제2항·제3항, 제15조 제1항·제2항 각 호외의 부분·제3항, 제16조 제4항, 제17조 제2항, 제20조 제2항, 제28조 제6호 본문, 제31조 제1항부터 제3항까지, 제38조 제3항 각 호 외의 부분 본문·제5항, 제41조 제2항 각 호 외의 부분, 제42조 제1항·제2항 및 제48조 제2항 중 "문화관광부장관"을 각각 "문화체육관광부장관"으로 한다. 　제9조 제4항, 제21조 제5항·제7항, 제22조 제5항, 제23조 제3항, 제24조 각 호 외의 부분, 제25조 제1항 각 호 외의 부분 본문·제2항·제4항, 제26조 제2항 본문·제3항 본문·제4항·제5항, 제30조 제1항·제2항, 제31조 제1항, 제35조 제4항 및 제36조 제4항 중 "문화관광부령"을 각각 "문화체육관광부령"으로 한다. 　제31조 제3항 중 "행정자치부장관"을 "행정안전부장관"으로 한다.

---

12) 정부조직법.
13) 문화체육관광부와 그 소속기관 직제(대통령령 제20676호, 2008.2.29).
14) 문화체육관광부와 그 소속기관 직제 시행규칙(문화체육관광부령 제1호, 2008.3.6).

	〈243〉부터 〈760〉까지 생략
시 행 령	제5조(다른 법령의 개정) ① 게임산업진흥에 관한 법률 시행령 일부를 다음과 같이 개정한다. 제3조 제7호, 제4조 제1항 각 호 외의 부분·제2항, 제5조 제3항, 제8조의2 제2항, 제11조 제1항 제7호 각 목 외의 부분·제2항·제3항, 제12조 제2항, 제14조 제1호, 제24조 제1항 중 "문화관광부장관"을 각각 "문화체육관광부장관"으로 한다. 제4조 제3항, 제7조 제3항, 제15조의2 제2항, 제20조 제8호, 제24조 제4항, 별표 3 제3호 다목(2) 중 "문화관광부령"을 각각 "문화체육관광부령"으로 한다. 별표 3 제3호 다목(1) 중 "문화관광부장관 및 산업자원부장관"을 "문화체육관광부장관 및 지식경제부장관"으로 한다. 제11조 제1항 제1호 중 "교육인적자원부장관"을 "교육과학기술부장관"으로 한다. 제11조 제1항 제2호의2, 제12조 제2항, 제14조 제2호 중 "산업자원부장관"을 각각 "지식경제부장관"으로 한다. 제14조 제4호, 제18조의2 제1항 중 "국가청소년위원회 위원장"을 각각 "보건복지가족부장관"으로 한다. 제11조 제1항 제3호 중 "국가청소년위원회(이하 "국가청소년위원회"라 한다) 위원장"을 "보건복지가족부장관"으로 한다. ②부터 〈37〉까지 생략
시행규칙	제3조(다른 법령의 개정) ① 게임산업진흥에 관한 법률 시행규칙 일부를 다음과 같이 개정한다. 제2조 제1항·제2항 각 호 외의 부분·제3항, 제3조 제2항·제3항, 제4조 제1항·제3항, 제24조 제1항·제2항 중 "문화관광부장관"을 각각 "문화체육관광부장관"으로 한다. 제19조 제1항 각 호 외의 부분, 제25조 제1항 중 "문화관광부령"을 각각 "문화체육관광부령"으로 한다. 별지 제1호서식 앞쪽, 제2호서식, 제22호서식 뒤쪽 중 "문화관광부장관"을 각각 "문화체육관광부장관"으로 한다. 별지 제1호서식 뒤쪽, 제22호서식 앞쪽 중 "문화관광부"를 각각 "문화체육관광부"로 한다. ②부터 〈24〉까지 생략

▪ 내용 해설

직제의 변경에 따른 명칭의 변경이다.

법 률	제7조 생략

◆ 관련 대통령령 개정 내용

1. 잡지 등 정기간행물의 진흥에 관한 법률 시행령(대통령령 제21148호, 2008.12.3)

[부칙]
제1조(시행일) 이 영은 2008년 12월 6일부터 시행한다.
제2조(다른 법령의 개정) ① 게임산업진흥에 관한 법률 시행령 일부를 다음 과 같이 개정한다.

제20조 제3호를 다음과 같이 한다.
  3. 「신문 등의 자유와 기능보장에 관한 법률」 제2조 제1호 및 제2호에 따른 신문·인터 넷신문 또는 「잡지 등 정기간행물의 진흥에 관한 법률」 제2조 제1호에 따른 정기간행 물
  ②부터 ⑭까지 생략

제3조 생략

2. 행정안전부와 그 소속기관 직제(대통령령 제21214호, 2008.12.31)

[부칙]
제1조(시행일) 이 영은 공포한 날부터 시행한다. 〈단서 생략〉
제2조부터제4조까지 생략
제5조(다른 법령의 개정) ①부터 〈90〉까지 생략
〈91〉 게임산업진흥에 관한 법률 시행령 일부를 다음과 같이 개정한다.

> 제14조 제3호를 다음과 같이 한다.
> 3. 방송통신위원회위원장

〈92〉부터 〈175〉까지 생략

3. 저작권법 시행령(대통령령 제21634호, 2009.7.22)

[부칙]

제1조(시행일) 이 영은 2009년 7월 23일부터 시행한다. 〈단서 생략〉

제2조 생략

제3조(다른 법령의 개정) ① 게임산업진흥에 관한 법률 시행령 일부를 다음과 같이 개정한다.

> 제9조 각 호를 다음과 같이 한다.
> 1.「저작권법」제112조에 따른 한국저작권위원회
> 2.「민법」제32조에 따라 게임산업진흥을 목적으로 설립된 재단법인
> ②부터 ⑨까지 생략

제4조 생략

4. 게임산업진흥에 관한 법률 시행령[15] 및 시행규칙[16]

시 행 령	제1조(시행일) 이 영은 공포한 날부터 시행한다.
시행규칙	제1조(시행일) 이 규칙은 공포한 날부터 시행한다.

▪ 내용 해설

대통령령 제21722호로 '게임산업진흥에 관한 법률 시행령'이 2009.9.10. 일부 개정되었고 공포와 함께 시행되었다. 개정이유는 "건전한 게임 이용문화의 조

---

15) 대통령령 제21722호, 2009.9.10. 일부개정.
16) 문화체육관광부령 제40호, 2009.9.10.

성을 위하여 청소년게임제공업의 전체이용가 게임물에서 제공하는 경품의 환전이 성행하는 것을 방지할 수 있도록 청소년게임제공업자의 영업시간을 제한하고, 복합유통게임제공업 중 1대의 기기에서 다양한 콘텐츠를 제공하는 경우 해당 사업자의 준수사항을 보완하는 등 현행 제도의 운영상 나타난 일부 미비점을 개선·보완하려는 것"이었다.

시 행 령	제2조(규제의 존속기한) 청소년게임제공업자에 대한 영업시간의 규제에 관한 제16조 제1호 나목의 개정규정은 이 영이 시행된 날부터 1년간 효력을 가진다.
시행규칙	제2조(시설기준에 관한 경과조치) 이 규칙 시행 당시 종전의 규정에 따라 등록한 청소년게임제공업자, 인터넷컴퓨터게임시설제공업자 및 복합유통게임제공업자는 이 규칙 시행일부터 1년 이내에 별표 4의 개정규정에 따른 시설기준에 적합한 시설을 갖추어야 한다.
	제3조(행정처분에 관한 경과조치) 이 규칙 시행 전의 위반행위에 대한 행정처분에 관하여는 별표 5의 개정규정에도 불구하고 종전의 규정에 따른다.

■ 내용 해설

1. 시행령

시행령 제16조 제1호 나목의 내용은 다음과 같다.

> 나. 청소년게임제공업자의 영업시간은 오전 9시부터 오후 12시까지로 한다. 다만, 청소년게임제공업자 중 게임 이용에 따라 획득된 결과물(법 제28조 제3호 단서에 따라 제공하는 경품을 포함한다)의 제공이 가능한 전체이용가 게임물의 대수 및 설치면적이 전체 대수 및 설치면적의 100분의 20을 초과하지 않는 경우에는 영업시간의 제한을 받지 아니한다.

이러한 영업시간의 규제를 1년간 한시적으로 효력을 가짐을 규정한 것이다.

2. 시행규칙

가. 시행규칙 부칙 제2조

시행규칙 부칙 제2조는 시설기준에 관한 경과조치이다. 이 규칙 시행 당시 종전의 규정에 따라 등록한 청소년게임제공업자, 인터넷컴퓨터게임시설제공업자 및 복합유통게임제공업자는 이 규칙 시행일부터 1년 이내에 별표 4의 개정규정에 따른 시설기준에 적합한 시설을 갖추도록 규정한다. 즉 1년의 유예기간을 허여한 것이다. 별표 4는 다음과 같다.

[별표 4] 〈개정 2009.9.10〉

시설기준(제20조 관련)

1. 공통사항

시 설 기 준
가. 영업장 내에는 게임물 이용을 위한 밀실이나 밀폐된 공간을 설치하여서는 아니된다.
나. 영업장 전체의 실내 조명은 40룩스 이상이 되도록 유지하여야 한다.
다. 투명한 유리창을 설치하여 외부에서 실내를 볼 수 있도록 하여야 한다.
라. 선량한 풍속을 해치고 청소년에게 유해할 우려가 있는 사진, 광고물, 장식 그 밖의 설비를 하여서는 아니된다.
마. 소음, 조명 또는 진동으로 인하여 게임제공업소 주변의 평온을 해치지 아니하여야 한다.
바. 별도의 흡연구역을 설치하여야 한다. 다만, 영업장내에서 흡연을 금지한 경우에는 그러하지 아니하다.
사. 업소 명칭과 간판에는 시장·군수·구청장에게 등록하거나 신고한 상호를 표시하여야 한다.

2. 복합유통게임제공업(추가사항)

　가. 2개 이상의 업종을 동일한 장소에서 하는 경우

　　1) 전체 영업면적에서 게임제공업 또는 인터넷컴퓨터게임시설제공업의 면적 비율이 50퍼센트 이상이어야 한다.

　　2) 각 영업장(출입문 시설은 제외한다)의 시설기준은 업종별 시설기준을 준수하여야 한다.

　　3) 각 영업장은 영업장별로 구획되어야 하며, 각 영업장을 구획하기 어려운 경우에는 투명한 유리창을 설치하여 외부에서 실내를 볼 수 있도록 하여야 한다.

　나. 1개의 기기에서 게임, 노래연습, 영화감상 등 다양한 콘텐츠를 제공하는 경우

　　1) 통로를 접한 면 중 하나의 면에는 바닥으로부터 0.8미터부터 1미터까지의 부분에 1 제곱미터 이상의 투명유리창을 설치하여 외부에서 실내를 볼 수 있도록 하여야 한다.

　　2) 청소년실은 영업자가 잘 볼 수 있는 곳에 배치하되, 통로를 접한 면 중 하나의 면에는 바닥으로부터 1미터부터 2미터까지의 부분(또는 0.8미터부터 1.8미터까지의 부분으로 낮추어 설치할 수 있다)에 2분의 1 이상의 면적을 투명유리창을 설치하여 외부에서 실내를 볼 수 있도록 하여야 한다.

　　3) 영업소의 출입구에는 "청소년 출입가능업소" 표시판을, 청소년실 출입문에는 "청소

> 년실" 표시판을 각각 부착하여야 한다(청소년실을 설치한 경우에만 해당한다).
> 다. 청소년이용불가 게임물을 제공하는 경우에는 별도의 출입문 등을 설치하여 구획하
> 여야 한다.
> 3. 인터넷컴퓨터게임시설제공업 (추가사항)
>
> | 시　설　기　준 |
> | --- |
> | 독립된 장소에서 컴퓨터시설을 이용할 수 있도록 하여야 하되, 공공시설내에서 제공하는 경우에는 그러하지 아니하다. |
>
> 4. 「전기통신사업법」에 따라 허가를 받거나 신고 또는 등록을 하여야 하는 영업자는 「전기통신사업법」에서 정하는 기준을 갖추어야 한다.

나. 시행규칙 부칙 제3조

시행규칙 부칙 제3조는 법 제35조 제4항 관련 위반행위에 대한 행정처분[17]이 변경되었지만[18] 변경 전의 위반행위에 관하여는 처분의 개정규정에도 불구하고 종전의 규정에 따르도록 불소급효를 규정한다.

[게임산업진흥에 관한 법률 시행규칙 추가 개정]

시행규칙은 [문화체육관광부령 제50호]로 2009.12.4. 일부개정이 있었다. 개정이유 및 주요내용은 다음과 같다.

2009.7.29. 국가경쟁력강화위원회가 국민의 편의를 도모하기 위하여 신원확인에 사용되던 인감의 대체수단을 마련하는 인감증명제도 개편 사업을 정부정책으로 채택함에 따라 게임제작업 등의 영업자 지위 승계를 신고할 때의 첨부서류 중 양도의 경우에 제출하는 증빙서류인 양도인의 인감증명서를 주민등록증 등 공공기관이 발행한 신분증의 사본으로 대체하고, 제적등본과 가족관계등록부는 행정정보의 공동이용을 통하여 공무원이 확인할 수 없는 정보이므로 상속의 경우에 제적등본 및 가족관계등록부 등 상속인임을 증빙하는 서류를 제출하도록 하며, 행정정보의 공동이용을 통하여 담당 공무원이 이를 확인하도록 한 규정은 삭제한 것이다.

부칙과 관련해서는 "이 규칙은 공포한 날부터 시행한다"는 내용밖에 없으므로 설명을 생략한다.

---

17) 시행규칙 제26조 참조.
18) 변경 내용에 대해서는, http://www.law.go.kr/lsSc.do?menuId=0&subMenu=2&p=&query=%EA%B2%8C%EC%9E%84%EC%82%B0%EC%97%85#AJAX 참조.

부칙 〈법률 제9928호, 2010.1.1〉

법　　률	제1조 이 법은 공포한 날부터 시행한다.

■ 내용 해설

제4차 개정이며, 주된 목적은 본법 제20조와 관련된 것이었다.

법　　률	제2조(적용시한) 제20조의 규정은 2011년 12월 31일까지 효력을 갖는다.

■ 내용 해설

제4차 개정에서 법 제20조가 개정되었다. 그 개정이유 및 주요내용은 다음과 같다.

당시 「게임산업진흥에 관한 법률」은 게임물등급위원회에 대한 국고지원 시한을 2009년 12월 31일까지로 정하고 있었다.

이는 게임물 등급분류 업무를 민간자율로 이관하고자 하는 취지이나, 당시 이를 위한 사회적 여건이 조성되지 못한 상황이며, 동 부칙 규정 미개정시 2010년 이후 게임물등급위원회에 대한 국고 지원의 법적 근거 미비로 인하여 원활한 게임물 등급분류 및 사후관리 업무 수행의 어려움이 예상되었다. 이에 게임물등급위원회에 대한 국고지원 시한을 규정한 게임산업진흥에 관한 법률 부칙(제7941호, 2006.4.28) 제2조를 개정하여 게임물등급위원회의 국고지원 시한을 2년간 연장하려는 것이다.

한편 국회 문화체육관광 방송통신위원회는 게임물등급위원회에 대한 국고지원 시한을 연장하는 조건으로 다음과 같은 부대의견을 첨부하기로 결정하였다.

※ 게임물등급위원회에 대한 국고지원 시한 연장관련 부대의견
정부는 게임물등급위원회의 민간자율심의기구로의 전환추진 관련 사항 및 불법게임물 단속지원 관련 예산지원 사항에 관하여 우리 위원회에 업무보고시 함께 보고할 것

[타법 개정에 따른 시행령 개정]

1. 신문 등의 진흥에 관한 법률 시행령에 따른 시행령 개정[19]

[부칙]

제1조(시행일) 이 영은 2010년 2월 1일부터 시행한다.

제2조 및 제3조 생략

제4조(다른 법령의 개정) ① 생략

② 게임산업진흥에 관한 법률 시행령 일부를 다음과 같이 개정한다.

제20조 제3호 중 "「신문 등의 자유 및 기능보장에 관한 법률」"을 "「신문 등의
진흥에 관한 법률」"로 한다.

③부터 〈45〉까지 생략

제5조 생략

2. [여성가족부 직제] 개정에 따른 시행령 개정[20]

[부칙]

제1조(시행일) 이 영은 2010년 3월 19일부터 시행한다.

제2조 생략

제3조(다른 법령의 개정) ①부터 ⑤까지 생략

⑥ 게임산업진흥에 관한 법률 시행령 일부를 다음과 같이 개정한다.

제11조 제1항 제3호 및 제18조의2 제1항 중 "보건복지가족부장관"을 각각 "여성가족부장관"으로 한다.
제14조 제4호를 다음과 같이 한다.
 4. 여성가족부장관

⑦부터 〈26〉까지 생략

---

19) 대통령령 제22003호, 2010.1.27.
20) 대통령령 제22076호, 2010.3.15.

부칙 〈법률 제10219호, 2010.3.31〉

법 률	제1조(시행일) 이 법은 2011년 1월 1일부터 시행한다.

■ 내용 해설

제5차 개정이며, 지방세법이 '지방세기본법'으로 변경됨에 따라 용어를 변경한 것이다.

법 률	제2조부터 제10조까지 생략

법 률	제11조(다른 법률의 개정) ①부터 ③까지 생략 ④ 게임산업진흥에 관한 법률 일부를 다음과 같이 개정한다. 　제29조 제3항 중 "「지방세법」"을 "「지방세기본법」"으로 한다. ⑤부터 〈61〉까지 생략

법 률	제12조 생략

[게임산업진흥에 관한 법률 시행령 개정][21)]

[부칙]

시 행 령	제1조(시행일) 이 영은 공포한 날부터 시행한다.

▪ 내용 해설

이 시행령은 2010년 12월 21일부터 시행되었다.

시 행 령	제2조(규제의 존속기간) 청소년게임제공업자에 대한 영업시간 규제에 관한 제16조 제1호 나목의 개정규정은 이 영이 시행된 날부터 2년간 효력을 가진다.

▪ 내용 해설

영업시간 규제에 관한 제16조 제1호 나목의 개정규정은 다음과 같다.

시행령 제16조 제1호 나목
청소년게임제공업자의 영업시간은 오전 9시부터 오후 12시까지로 한다. 다만, 청소년게임제공업자 중 게임 이용에 따라 획득된 결과물(법 제28조 제3호 단서에 따라 제공하는 경품을 포함한다)의 제공이 가능한 전체이용가 게임물의 대수 및 설치면적이 전체 대수 및 설치면적의 100분의 20을 초과하지 않는 경우에는 영업시간의 제한을 받지 아니한다.

---

21) 게임산업진흥에 관한 법률 시행령[대통령령 제22541호, 2010.12.21, 일부개정].

부칙 〈법률 제10554호, 2011.4.5〉

법 률	이 법은 공포 후 3개월이 경과한 날부터 시행한다.
시행령22)	이 영은 2011년 7월 6일부터 시행한다.

■ 내용 해설

제6차 개정이다. 개정법은 3개월이 지난 2011년 7월 6일부터 시행되었다. 개정이유는 다음과 같다.

■ 개정이유

오픈마켓 게임물 등 제작주체나 유통과정의 특성상 게임물등급위원회의 사전 등급분류가 적절하지 아니한 게임물은 유통하는 자 등이 자체적으로 등급분류를 할 수 있도록 하고, 게임물의 사행적 운영방식과 불법프로그램 등을 통한 정상적인 게임이용 방해 행위에 대한 제재의 근거를 마련하며, 영업주가 종업원 등에 대한 관리·감독상 주의의무를 다한 경우에는 처벌을 면하게 하여 양벌규정에도 책임주의 원칙이 관철되도록 하는 등 현행 제도의 운영상 나타난 일부 미비점을 개선·보완하려는 것임. 양벌규정에도 책임주의 원칙이 관철되도록 된 것은 헌법재판소의 결정에 따른 것이다.

---

22) 대통령령 제23017호, 2011.7.4.

부칙 〈법률 제10629호, 2011.5.19〉

법 률	제1조(시행일) 이 법은 공포 후 2개월이 경과한 날부터 시행한다. 〈단서 생략〉
시행령[23]	제1조(시행일) 이 영은 공포한 날부터 시행한다.

■ 내용 해설

제7차 개정이며, 지식재산 기본법의 제정에 따른 것이다. 이에 따라 "지적재산권"을 "지식재산권"으로 변경하였다. 이 법률 및 시행령은 2011년 7월 19일부터 시행되었다.

법 률	제2조(다른 법률의 개정) ① 게임산업진흥에 관한 법률 일부를 다음과 같이 개정한다. 제13조의 제목 "(지적재산권의 보호)"를 "(지식재산권의 보호)"로 하고, 같은 조 제1항, 제2항 각 호 외의 부분, 같은 항 제3호 및 같은 조 제3항 중 "지적재산권"을 각각 "지식재산권"으로 한다. ②부터 〈22〉까지 생략
시 행 령	제2조(생략) 제3조(다른 법령의 개정) ① 게임산업진흥에 관한 법률 시행령 일부를 다음과 같이 개정한다. 제3조 제5호 중 "지적재산권"을 "지식재산권"으로 한다. 제9조의 제목 "(지적재산권의 보호)"를 "(지식재산권의 보호)"로 하고, 같은 조 각 호 외의 부분 중 "지적재산권"을 "지식재산권"으로 한다. ②부터 ⑭까지 생략

---

23) 대통령령 제23036호, 2011.7.19.

부칙 〈법률 제10879호, 2011.7.21〉

법　　　률	이 법은 공포 후 6개월이 경과한 날부터 시행한다.
시행령24)	이 영은 2012년 1월 22일부터 시행한다.

▪ 내용 해설

제8차 개정이다. 이 법은 6개월이 경과한 2012.1.22.부터 시행되었다. 따라서 시행령도 2012년 1월 22일부터 시행되었다.

▪ 개정이유

최근 온라인게임을 비롯한 게임물 이용자 수가 급속하게 증가하면서 청소년의 게임과몰입과 중독 현상이 사회적 문제로 대두되고 있음에 따라 게임과몰입과 중독예방을 위한 게임물관련 사업자와 정부의 의무를 명확하게 규정하고, 게임물의 올바른 이용에 관한 교육 지원 근거를 마련하는 등 건전한 게임문화를 조성하려는 것임.

이에 따라 시행령도 과도한 게임물 이용 방지 조치의 대상이 되는 게임물의 범위, 조치의 방법 및 절차를 정하고, 심야시간대 제공이 제한되는 게임물 범위의 적절성 평가의 방법 및 절차를 마련하는 등 법률에서 위임된 사항과 그 시행에 필요한 사항을 정하려고 개정되었다.

---

24) 대통령령 제23523호, 2012.1.20.

부칙 〈법률 제11048호, 2011.9.15〉

법 률	제1조(시행일) 이 법은 공포 후 1년이 경과한 날부터 시행한다. 〈단서 생략〉
시행령25)	제1조(시행일) 이 영은 2012년 9월 16일부터 시행한다.

■ 내용 해설

제9차 개정이다. 청소년 보호법 전부 개정법률이 2011년 9월 15일 공포되고 이 법은 공포 후 1년 후에 시행되었다. 따라서 청소년 보호법 개정에 따른 게임 산업진흥법의 개정 규정도 1년 후인 2012년 9월 16일부터 시행되었다. 법령의 명칭도 띄어쓰기에 따라 '청소년보호법'이 '청소년 보호법'으로 되었다.

법 률	제2조 및 제3조 생략
시 행 령	제2조 생략

법 률	제4조(다른 법률의 개정) ① 게임산업진흥에 관한 법률 일부를 다음과 같이 개정한다. 제12조의3 제2항 중 "「청소년보호법」 제23조의3"을 "「청소년 보호법」 제26조"로 하고, 제27조 제3호 중 "「청소년보호법」"을 "「청소년 보호법」"으로 한다. ②부터 〈17〉까지 생략
시 행 령	제3조(다른 법령의 개정) ① 생략 ② 게임산업진흥에 관한 법률 시행령 일부를 다음과 같이 개정한다. 제8조의4 제1항 제1호 중 "「청소년보호법 시행령」 제18조의2 제1항 제1호 및 제2호"를 "「청소년 보호법 시행령」 제21조 제1항 제1호 및 제2호"로 한다. 제16조의2 제1호 나목 단서 중 "「청소년보호법」"을 "「청소년 보호법」"으로 한다. ③부터 ⑧까지 생략

---

25) 대통령령 제24102호, 2012.9.14.

■ **내용 해설**

법령의 명칭도 띄어쓰기에 따라 「청소년보호법」이 「청소년 보호법」으로 되었다.

법 률	제5조 생략
시 행 령	제4조 생략

[시행령 개정][26]

[부칙]

이 영은 공포한 날부터 시행한다.

■ **내용 해설**

[행정기관 소속 위원회의 정비를 위한 공무원 인사기록·통계 및 인사사무처리 규정 등 일부개정령]에 따라 「게임산업진흥에 관한 법률 시행령」 제4조 제2항을 삭제하고, 같은 조 제3항 중 "제2항에 따른 지원대상"을 "제1항에 따른 지원대상"으로, "선정절차, 심사위원회의 구성 그 밖에"를 "선정절차 및 그 밖에"로 한다로 개정되었고, 이 개정령은 공포일인 2011년 12월 6일부터 시행되었다.

---

26) 대통령령 제23348호, 2011.12.6.

부칙 〈법률 제11139호, 2011.12.31〉

법　률	제1조(시행일) 이 법은 공포 후 6개월이 경과한 날부터 시행한다. 다만, 법률 제7941호 게임산업진흥에 관한 법률 부칙 제2조의 개정규정은 공포한 날부터 시행한다.
시행령27)	제1조(시행일) 이 영은 2012년 7월 1일부터 시행한다. 다만, 제18조의3, 제19조 및 별표 2의 개정규정은 공포 후 1개월이 경과한 날부터 시행한다.

▪ 내용 해설

제10차 개정이며, 6개월이 경과한 2012.7.1.부터 시행되었다. 개정이유 및 주요내용은 다음과 같다.

▪ 개정이유 및 주요내용

게임산업을 활성화하기 위하여 비영리 목적의 아마추어게임물 제작자의 활동을 지원할 수 있도록 하고, 게임산업에 대한 민간의 자율성을 강화하고 게임물 등급분류 업무의 효율성을 제고하기 위하여 청소년게임제공업 등에 제공되는 게임물을 제외한 게임물의 등급분류 업무를 문화체육관광부장관이 지정하는 등급분류기관에 위탁할 수 있도록 하며, 등급분류기관이 준수해야 하는 사항, 등급분류기관의 지정취소에 관한 사항 등을 정하고, 게임물등급위원회의 지속적인 공적 업무 수행을 위하여 2011년 12월 31일까지인 게임물등급위원회에 대한 국고지원 시한을 2012년 12월 31일까지로 연장하려는 것이다.

법　률	제2조(위원의 위촉 및 임기에 관한 경과조치) ① 문화체육관광부장관은 제16조 제4항에 따라 제16조 제3항의 개정규정에 따른 위원정수에 해당하는 위원을 이 법 시행 후 3개월 이내에 새로 위촉하여야 한다. ② 이 법 시행 당시 제16조 제4항에 따라 위촉된 위원의 임기는 같은 조 제5항에도 불구하고 제1항에 따라 새로 위촉된 날의 전날까지로 한다.

---

27) 대통령령 제23863호, 2012.6.19.

시 행 령	제2조(운영정보표시장치의 부착에 관한 적용례) 제19조 제1항의 개정규정은 이 영 시행 후 등급분류를 신청한 게임물부터 적용한다.

▪ 내용 해설

시행령 제19조 제1항은 다음과 같다.

제19조(게임물에 표시하는 상호 등의 표시방법) ① 법 제33조 제2항에 따라 게임물의 운영에 관한 정보를 표시하는 장치(이하 "운영정보표시장치"라 한다)를 부착하여야 하는 게임물은 게임제공업소용 게임물로서 법 제2조 제1호의2 가목부터 바목까지의 규정에 해당하는 게임물 및 법 제28조 제3호 단서에 따라 경품을 지급하는 게임물(등급위원회가 법 제21조에 따라 등급분류를 할 때 해당 게임물이 그 등급분류와 다르게 제작·유통 또는 이용제공될 우려가 없다고 확인한 경우는 제외한다)을 말한다.

시행령 부칙 제2조는 이러한 '표시방법'은 이 영 시행 후 등급분류를 신청한 게임물부터 적용한다고 규정한다.

법 률	제3조(업무의 위탁에 관한 경과조치) ① 이 법 시행 당시 신청된 게임물 등급분류의 처리에 관하여는 제24조의2의 개정규정에도 불구하고 종전의 규정에 따른다. ② 이 법 시행 당시 게임물의 내용 수정을 신고한 게임물의 처리에 관하여는 제24조의2의 개정규정에도 불구하고 종전의 규정에 따른다.

▪ 내용 해설

법 부칙 제3조는 '개정규정에도 불구하고 종전의 규정에 따른다'고 규정한다. 종래 경과규정에서 잘 사용되는 용어가 [종전의 예에 의한다], [종전의 규정에 따른다]라는 표현이다. 이것은 법령의 시행직전의 제도(법률의 경우라면 그에 대한 시행령이나 규칙 등도 포함한다)를 그대로 동결한 상태에서 그대로 그 대상에 적용시킨다는 뜻이다. 구법령 자체는 폐지되어 효력이 없게 되었지만 [종전의 규정에 따른다]는 규정을 통해 구법령이 그 대상에 적용되게 된다. 그러므로 폐지된 구법령을 새로이 규정할 필요는 없다.

더 나아가 [종전의 규정에 따른다]고 한 경우는 후에 개정하는 것이 불가능하다.

[시행규칙 개정][28]

[부칙]

이 영은 공포한 날부터 시행한다.

■ **내용 해설**

전기안전점검확인서가 공동이용 대상 행정정보에 포함됨에 따라 일반게임제공업, 청소년게임제공업 등의 허가 · 등록 또는 신고 시 담당 공무원이 행정정보 공동이용을 통하여 전기안전점검 여부를 확인하도록 하는 한편, 그 밖에 현행 제도의 운영상 나타난 일부 미비점을 개선 · 보완하려는 것이다. 이 규칙은 2012년 4월 5일부터 시행되었다.

---

28) 문화체육관광부령 제110호, 2012.4.5.

부칙 〈법률 제11315호, 2012.2.17〉

법　　률	제1조(시행일) 이 법은 공포 후 6개월이 경과한 날부터 시행한다.
시행령[29]	제1조(시행일) 이 영은 2012년 8월 18일부터 시행한다.

▪ 내용 해설

　　제11차 개정이며, 제15조가 삭제되었다. 본 법은 6개월이 경과한 2012.8. 18.부터 시행되었다.

법　　률	제2조(다른 법률의 개정) 게임산업진흥에 관한 법률 일부를 다음과 같이 개정한다. 제15조를 삭제한다.
시 행 령	제2조(다른 법령의 개정) 게임산업진흥에 관한 법률 시행령 일부를 다음과 같이 개정한다. 제10조를 삭제한다.

▪ 내용 해설

　　본 개정에서 삭제된 법 제15조와 영 제10조의 내용은 다음과 같다.

법 제15조(이스포츠의 활성화) ① 문화체육관광부장관은 국민의 건전한 게임이용문화 조성과 여가활용을 위하여 게임물을 이용하여 하는 경기 및 부대활동 (이하 "이스포츠[전자스포츠]"라 한다)을 지원·육성하여야 한다.
② 문화체육관광부장관은 이스포츠[전자스포츠]의 지원·육성을 위하여 다음 각 호의 사업을 추진할 수 있다.
1. 이스포츠[전자스포츠] 관련 연구활동, 표준화 및 기록관리
2. 이스포츠[전자스포츠] 국제협력 및 교류
3. 이스포츠[전자스포츠] 경기장 등 관련 시설의 설치 및 지원
4. 이스포츠[전자스포츠]산업 활성화 및 이스포츠[전자스포츠] 선수 권익향상
5. 그 밖에 이스포츠[전자스포츠]의 진흥에 관한 사항으로서 대통령령이 정하는 사항
③ 문화체육관광부장관은 이스포츠[전자스포츠]에 관한 사업을 하는 협회 또는 단체가

---

29) 대통령령 제24042호, 2012.8.13.

제2항 각 호의 사업을 추진하는 경우에는 그 비용의 전부 또는 일부를 지원할 수 있다.

영 제10조(이스포츠의 진흥) 법 제15조 제2항 제5호에서 "대통령령이 정하는 사항"이라 함은 다음 각 호와 같다.
1. 이스포츠[전자스포츠] 대회 개최
2. 이스포츠[전자스포츠] 관련 단체 지원
3. 이스포츠[전자스포츠] 관련 교육프로그램 운영
4. 이스포츠[전자스포츠] 전문연구기관 및 교육기관의 설립
5. 국산게임의 이스포츠[전자스포츠]화 촉진
6. 지역 이스포츠[전자스포츠] 활성화 지원
7. 이스포츠[전자스포츠] 관련 법·제도 연구
8. 이스포츠[전자스포츠]의 국민 여가문화활동 촉진

부칙 〈법률 제11690호, 2013.3.23〉

법 률	제1조(시행일) ① 이 법은 공포한 날부터 시행한다. ② 생략
시행령30)	제1조(시행일) 이 영은 공포한 날부터 시행한다.

■ 내용 해설

제12차 개정이며, 정부조직법의 개정에 따라 "교육과학기술부장관"이 "교육부장관"으로, "행정안전부장관"이 "안전행정부장관"으로, "문화관광부장관"이 "문화체육관광부장관"으로 변경되었다.

법 률	제2조부터 제5조까지 생략
시 행 령	제2조부터 제4조까지 생략

법 률	제6조(다른 법률의 개정) ①부터 〈250〉까지 생략 〈251〉 게임산업진흥에 관한 법률 일부를 다음과 같이 개정한다. 제12조의4 제3항 중 "교육과학기술부장관"을 "교육부장관"으로 한다. 제31조 제3항 중 "행정안전부장관"을 "안전행정부장관"으로 한다. 제46조 제6호 중 "문화관광부장관"을 "문화체육관광부장관"으로 한다. 〈252〉부터 〈710〉까지 생략
시 행 령	제5조(다른 법령의 개정) ①부터 ③까지 생략 ④ 게임산업진흥에 관한 법률 시행령 일부를 다음과 같이 개정한다. 제11조 제1항 제1호 중 "교육과학기술부장관"을 "교육부장관"으로 하고, 같은 항 제2호의2 중 "지식경제부장관"을 "산업통상자원부장관"으로 한다. 제12조 제2항 중 "지식경제부장관"을 "산업통상자원부장관"으로 한다. 제14조 제2호를 다음과 같이 한다. 2. 산업통상자원부장관 ⑤부터 〈16〉까지 생략

법 률	제7조 생략

---

30) 대통령령 제24453호, 2013.3.23.

게임산업진흥에 관한 법률 시행규칙 개정[31)]

제1조(시행일) 이 규칙은 공포한 날부터 시행한다.

▪ 내용 해설

2013년 4월 5일, 시행규칙 일부개정이 있었다. 그 개정이유 및 주요내용은 다음과 같다.

[개정이유 및 주요내용]
「청소년 보호법 시행령」의 개정으로 1대의 기기에서 게임, 노래연습, 영화감상 등 다양한 콘텐츠를 제공하는 복합유통게임제공업의 경우 그 영업장에 청소년의 출입이 금지됨에 따라 관련 시설기준을 정비하고, 복합유통게임제공업자가 게임, 노래연습 등 콘텐츠를 이용하는 공간에 화장실, 욕조 등을 설치하거나 침대 또는 침대형태로 변형된 의자 등을 두지 못하게 함으로써 선량한 풍속을 해치는 행위를 방지하고 건전한 게임문화를 조성하며, 그 밖에 현행 제도의 운영상 나타난 일부 미비점을 개선·보완하려는 것임.

제2조(복합유통게임제공업의 시설기준에 관한 경과조치) 이 규칙 시행 당시 법 제26조 제3항에 따라 복합유통게임제공업의 등록을 하거나 신고를 한 자로서 별표 4 제2호의 개정규정에 따른 시설기준에 미달하게 된 자는 이 규칙 시행일부터 30일 이내에 같은 표 제2호의 개정규정에 적합하도록 하여야 한다.

▪ 내용 해설

시설기준 미비자에 대한 유예기간을 30일 허여하고 그 기간 내에 시설기준을 개정규정에 적합하도록 하여야 한다. 개정된 내용은 다음과 같다.

---

31) 문화체육관광부령 제142호, 2013.4.5, 일부개정.

별표 4 제2호 가목 2)에 단서를 다음과 같이 신설한다.

　다만, 노래연습장의 청소년실은 영업자가 잘 볼 수 있는 곳에 배치하되, 통로를 접한 면 중 하나의 면에는 바닥으로부터 0.8m부터 1.8m까지의 부분 또는 1m부터 2m까지의 부분 중 해당 부분의 2분의 1 이상의 면적을 투명유리창으로 설치하여 외부에서 실내를 볼 수 있도록 해야 한다.

별표 4 제2호 나목을 다음과 같이 한다.

　나. 1개의 기기에서 게임, 노래연습, 영화감상 등 다양한 콘텐츠를 함께 제공하는 경우 (「영화 및 비디오물의 진흥에 관한 법률 시행규칙」 별표 2 제3호 공통사항의 시설기준란 가목에 해당하는 경우는 제외한다)

　　1) 통로를 접한 면 중 하나의 면에는 바닥으로부터 1.3m부터 2m까지의 부분 중 좌우 대비 2분의 1 이상의 면적을 투명유리창으로 설치하여 외부에서 실내를 볼 수 있도록 해야 한다.

　　2) 출입문은 출입문 바닥에서 1.3m 높이의 부분부터 출입문 상단까지의 부분 중 2분의 1 이상의 면적을 투명유리창으로 설치해야 하고, 출입문의 투명유리창을 가리거나 출입문에 잠금장치를 해서는 안 된다.

　　3) 청소년이 이용할 수 있는 시설을 별도로 설치할 수 없으며, 출입구에는 "청소년 출입금지" 표시판을 부착해야 한다.

별표 4 제2호 다목을 다음과 같이 하고, 같은 호에 라목을 다음과 같이 신설한다.

　다. 콘텐츠를 이용하는 공간에 화장실, 욕조 및 주차장 시설을 설치해서는 안 된다.

　라. 콘텐츠를 이용하는 공간에 침대 또는 침대형태로 변형된 의자나 3인용 이상의 소파를 두어서는 안 된다.

부칙 〈법률 제11785호, 2013.5.22〉

법 률	제1조(시행일) 이 법은 공포 후 6개월이 경과한 날부터 시행한다. 다만, 부칙 제2조 및 제5조는 공포한 날부터 시행한다.
시 행 령[32]	제1조(시행일) 이 영은 2013년 11월 23일부터 시행한다. 다만, 제25조 제2항 및 별표 2 제8호의 개정규정은 2014년 2월 23일부터 시행한다.

■ 내용 해설

다음과 같은 개정이유로 2013년 5월 22일, 게임산업진흥법이 개정되었다. 제13차 개정이다. 이 법은 6개월이 경과한 2013년 11월 23일부터 시행되었다. 시행령 역시 마찬가지 이다. 다만 제25조 제2항[33] 및 별표 2 제8호[34]의 개정규정

---

32) 대통령령 제24865호, 2013.11.20, 일부개정(2013.11.23. 시행).

33) 시행령 제25조 제2항: 문화체육관광부장관은 「정보통신망 이용촉진 및 정보보호 등에 관한 법률」 제2조 제1항 제1호의 정보통신망을 통하여 베팅이나 배당의 내용을 모사한 카드게임이나 화투놀이 등의 게임물을 제공하는 게임제공업자의 준수사항을 규정한 별표 2 제8호에 대하여 2016년 2월 23일까지 그 타당성을 검토하여 폐지, 완화 또는 유지 등의 조치를 하여야 한다.

34) 별표 2 제8호: 「정보통신망 이용촉진 및 정보보호 등에 관한 법률」 제2조 제1항 제1호의 정보통신망을 통하여 베팅이나 배당의 내용을 모사한 카드게임이나 화투놀이 등의 게임물을 제공하는 게임제공업자는 다음 각 목의 사항을 준수하여야 한다.

가. 게임물 이용자 1명이 게임물을 이용하기 위한 가상현금(캐쉬 등을 말한다. 이하 이 호에서 같다), 게임아이템 등의 1개월간 구매(다른 게임물 이용자로부터 증여 등을 통하여 받는 것을 포함한다)한도가 30만원을 초과할 수 없도록 하여야 한다.

나. 게임물 이용자 1명이 1회 게임에 사용할 수 있는 게임머니가 가목에 따른 구매한도 규모에 따라 지급될 수 있는 게임머니(게임물 이용자 1명이 가목의 한도까지 가상현금, 게임아이템 등을 구매하는 때 지급될 수 있는 게임머니 총량의 최저치를 기준으로 한다. 이하 이 호에서 같다)의 10분의 1을 초과할 수 없도록 하여야 한다.

다. 게임물 이용자 1명의 게임머니가 게임을 통하여 1일 동안(같은 날 오전 0시부터 24시 사이를 말한다) 가목에 따른 구매한도 규모에 따라 지급될 수 있는 게임머니의 3분의 1을 초과하여 감소한 경우(게임을 통하여 획득하거나 상실한 게임머니를 합산한 결과, 같은 날 처음 게임을 시작하기 전에 비하여 게임머니가 가목에 따른 구매한도 규모에 따라 지급될 수 있는 게임머니의 3분의 1을 초과하여 감소한 경우를 말한다) 그 당시 진행되고 있는 게임이 종료된 이후부터 24시간 동안 해당 게임물 이용자에 대하여 게임 이용을 제한하여야 한다.

라. 게임물 이용자가 게임이용의 상대방을 선택할 수 없도록 하여야 한다. 다만, 무료로 제공하는 별도의 게임머니만을 사용하는 경우는 예외로 한다.

은 2014년 2월 23일부터 시행한다.

1. 개정이유[35]

그 사이 게임물에 대한 등급분류를 공공기관인 게임물등급위원회에서 담당하는 것은 표현의 자유에 대한 제한이 될 수 있다는 논란이 지속되어 왔으며, 오픈마켓 등을 통한 게임물 유통의 세계화로 게임물등급위원회의 사전등급분류가 국제적인 기준에 부합하지 않는다는 문제가 제기되어 왔다. 이러한 문제를 해소하고자 2011년 7월 「게임산업진흥에 관한 법률」의 개정으로 모바일 게임물에 대한 자율심의 근거와 온라인 게임물에 대한 등급분류 업무의 민간위탁 근거를 마련한 바 있으나, 아케이드 게임물에 대해서는 민간위탁 근거가 마련되지 않는 등 민간 등급분류의 확대 필요성이 제기되었다.

이에 등급분류업무의 민간위탁 범위를 아케이드 게임물로 확대하는 등 게임물에 대한 공공기관의 사전 등급분류를 축소하되, 폭력적·선정적 게임물로부터 청소년 보호를 위해 청소년이용불가 게임물에 대해서는 민간위탁 대상에서 제외하였다.

한편, 게임물등급위원회는 게임물의 사전등급분류 및 사후관리 업무를 담당하는 공공기관으로 업무의 공정성 확보가 요구됨에도 불구하고 불공정한 업무로 인한 문제가 지속적으로 제기되어 왔다. 이러한 업무 불공정성 문제를 해소하기 위하여 게임물등급위원회를 폐지하는 대신 게임물관리위원회를 신설하고 감사를 현행 비상임에서 상임으로 변경하는 한편, 위원회에 대한 국고지원시한을 삭제함으로써 위원회 운영에 필요한 지원이 안정적으로 이루어질 수 있도록 하였다.

마. 게임물 이용자가 게임을 이용할 경우 베팅을 자동으로 할 수 없도록 하여야 한다.

바. 「전자서명법」 제2조 제10호의 공인인증기관, 그 밖에 본인확인서비스를 제공하는 제3자 또는 행정기관에 의뢰하거나 대면확인 등을 통하여 게임물 이용자가 본인임을 확인할 수 있는 수단을 마련하고, 분기마다 게임물 이용자에 대하여 본인 확인을 하여야 한다.

35) 국회 의안정보(게임산업진흥에 관한 법률 일부개정법률안(대안) [http://likms.assembly. go.kr/bill/jsp/BillDetail.jsp?bill_id=PRC_Z1L3R0H 4Y1S8E1G5G2F2Z1X6O4I0N7]참조.

2. 개정 주요내용

가. 게임물등급위원회를 폐지하고 청소년이용불가 게임물의 등급분류 및 게임물의 사후관리 등을 전담하는 게임물관리위원회를 신설함(법 제16조).

나. 신설되는 게임물관리위원회에 법인격을 부여함(법 제16조의2 신설).

다. 게임물관리위원회의 공정한 업무수행을 감사·감독하기 위하여 현재 비상임인 감사를 상임으로 변경함(법 제17조 제2항).

라. 등급분류 업무의 민간위탁 대상을 현행 온라인 게임물에서 아케이드 게임물로 확대하되, 청소년이용불가 게임물은 민간위탁 대상에서 제외함(법 제24조의2).

마. 문화체육관광부장관의 사후관리 권한을 위원회에 위탁할 수 있도록 법적 근거를 마련함(법 제42조 제2항).

바. 게임물등급위원회에 대한 국고지원시한을 삭제함(법 부칙 제5조 신설).

| 법   률 | 제2조(게임물관리위원회의 설립준비) ① 문화체육관광부장관은 게임물관리위원회의 설립에 관한 사무를 관장하게 하기 위하여 게임물관리위원회 설립추진단(이하 "설립추진단"이라 한다)을 구성한다.
② 설립추진단은 문화체육관광부장관이 임명하거나 위촉하는 5명 이내의 설립추진위원으로 구성된다.
③ 설립추진단은 이 법 시행 전에 게임물관리위원회의 정관을 작성하고, 이 법 시행 후 문화체육관광부장관의 인가를 받아 설립등기를 한다.
④ 설립추진단은 게임물관리위원회 설립 후 지체 없이 그 사무를 게임물관리위원회에 인계하여야 하며, 사무인계가 끝난 때에 설립추진위원은 해임되거나 해촉된 것으로 본다.
⑤ 공무원이 아닌 설립추진위원은 그 업무에 관하여 「형법」 제129조부터 제132조까지의 규정을 적용할 때에는 공무원으로 본다.
⑥ 게임물관리위원회의 설립에 관하여 필요한 경비는 게임물등급위원회가 부담한다. |

■ 내용 해설

법 제16조의2 제1항은 "위원회는 법인으로 한다."고 규정한다. 설립추진단은 이러한 법인 설립을 준비하기 위한 권리능력 없는 사단의 성격을 가지며, 추진단이 행한 결과는 설립된 게임물관리위원회가 인수하게 될 것이다. 추진단의 주된 업무는 정관작성 및 설립등기가 될 것이다. 이에 필요한 경비는 현재(2013. 8.30. 현재)의 게임물등급위원회가 부담한다.

법 률	제3조(업무의 대행) 게임물관리위원회가 설립될 때까지 게임물등급위원회가 게임물관리위원회의 업무를 대행한다.

■ 내용 해설

경과규정이며, 만약을 위한 필요한 조치라고 할 것이다. 다시 말하면 부칙 제1조에서 부칙 제2조 및 제5조는 공포한 날부터 시행한다고 규정하여 공포일인 2013년 5월 22일부터 설립준비에 착수하고, 또 이 개정법은 공포일로부터 6개월 후인 2013년 11월 23일부터 시행되므로 6월의 시간이 있다. 아마도 게임물관리위원회는 그 사이에 설립 준비를 마치고 법시행과 더불어 기능을 발휘할 것이다. 그러나 만에 하나 게임물관리위원회가 그 때까지 설립되어 업무에 착수하지 못하면 업무의 공백상태가 생길 수 있다. 부칙 제3조는 이러한 사태를 염려하여 게임물등급위원회가 게임물관리위원회의 업무를 대행한다는 규정을 두었다.[36]

법 률	제4조(권리·의무 및 재산의 승계 등) ① 게임물관리위원회의 설립과 동시에 종전의 게임물등급위원회는 폐지된 것으로 보며, 게임물관리위원회는 그 설립일부터 종전의 게임물등급위원회가 가진 모든 권리·의무 및 재산을 승계한다. ② 종전의 게임물등급위원회에서 받은 등급분류는 이 법에 따라 게임물관리위원회에서 받은 등급분류로 본다.
시 행 령	제4조(다른 법령의 개정) 과세자료의 제출 및 관리에 관한 법률 시행령 일부를 다음과 같이 개정한다. 제2조 제3호 중 "게임물등급위원회"를 "게임물관리위원회"로 한다.

---

36) 게임물관리위원회는 2013년 12월 23일에 출범하였다.

■ 내용 해설

게임물관리위원회의 설립과 동시에 종전의 게임물등급위원회는 폐지되고, 게임물관리위원회는 그 설립일부터 종전의 게임물등급위원회가 가진 모든 권리·의무 및 재산을 승계한다. 또 이미 게임물등급위원회에서 받은 등급분류를 받은 게임물은 게임물등급위원회를 승계한 게임물관리위원회에서 등급분류를 받은 것으로 봄으로써 신법의 성립과 함께 성립한 게임물관리위원회에서 재차 등급분류를 받을 필요가 없다는 점을 명시하였다. 또 시행령 제4조는 "과세자료의 제출 및 관리에 관한 법률 시행령"에 규정된 "게임물등급위원회"를 "게임물관리위원회"로 변경한다고 규정한다.

법 률	제5조(부칙개정) 법률 제7941호 「게임산업진흥에 관한 법률」 부칙 제2조는 삭제한다.

■ 내용 해설

부칙 제1조를 삭제함으로써 새로이 성립한 게임물관리위원회가 안정적으로 국고지원을 받을 수 있도록 하였다.

[참고 1 : 게임물등급위원회에 대한 국고지원 시한 연장 연혁]

- 2006년 4월 「게임산업진흥에 관한 법률」 제정
  - 게임물등급위원회에 대한 국고지원의 근거를 마련하면서, 부칙에서 국고지원 시한을 2008년 6월 30까지로 규정함
- 2007년 12월 「게임산업진흥에 관한 법률」 개정
  - 국고지원 시한을 2009년 12월 31일까지로 연장함
- 2010년 1월 「게임산업진흥에 관한 법률」 개정
  - 국고지원 시한을 2011년 12월 31일까지로 연장함
- 2011년 12월 「게임산업진흥에 관한 법률」 개정
  - 국고지원 시한을 2012년 12월 31일까지로 연장함

[시행령 부칙 제2조 및 제3조]37)

> 제2조(게임물의 기술심의에 관한 적용례) 제12조의 개정규정은 이 영 시행 전에 등급분류를 신청한 게임물에 대하여 법 제28조 제3호 단서에 따라 경품을 지급하는 청소년게임제공업의 전체이용가 게임물(위원회가 해당 게임물이 그 등급분류와 다르게 제작·유통 또는 이용제공될 우려가 없다고 확인한 게임물은 제외한다)로 등급분류를 하려는 경우에 대해서도 적용한다.

■ 내용 해설

시행령 제12조는 게임물의 기술심의에 관한 규정이다. 이러한 기술심의는 종래에는 「등급분류를 신청한 게임물 중 게임제공업에 제공되는 게임물(이하 "게임제공업소용 게임물"이라 한다)」에 대해서 할 수 있었으나 개정시행령은 "게임제공업소용 게임물" 외에도 "법 제28조 제3호 단서에 따라 경품을 지급하는 청소년게임제공업의 전체이용가 게임물"에 대해서도 기술심의를 하도록 규정하였다. 이에 부칙은 이 영 시행 전에 등급분류를 신청한 게임물에 대하여 법 제28조 제3호 단서에 따라 경품을 지급하는 청소년게임제공업의 전체이용가 게임물로 등급분류를 하려는 경우에 대해서도 (소급) 적용한다고 규정한다.

【시행령 제12조(게임물의 기술심의)】

① 위원회는 법 제21조 제8항에 따라 등급분류를 신청한 게임물이 다음 각 호의 어느 하나에 해당하는 경우 해당 게임물에 대하여 기술심의를 할 수 있다. 〈개정 2013.11.20〉

1. 게임제공업에 제공되는 게임물(이하 "게임제공업소용 게임물"이라 한다)로서 법 제2조 제1호의2 가목부터 바목까지의 어느 하나에 해당하는 게임물에 대하여 등급분류를 하려는 경우

2. 법 제28조 제3호 단서에 따라 경품을 지급하는 청소년게임제공업의 전체이용가 게임물(위원회가 해당 게임물이 그 등급분류와 다르게 제작·유통 또는 이용제공될 우려가 없다고 확인한 게임물은 제외한다)로 등급분류를 하려는 경우

---

37) 시행령 부칙은 모두 4개조로 되어 있다. 제1조와 제4조에 대해서는 이미 언급하였으므로 여기서는 제2조와 제3조에 대해서 설명한다.

② 위원회는 제1항에 따라 기술심의를 하는 경우에는 게임물이 다음 각 호의 기능을 갖추었는지를 확인하여야 한다. 〈신설 2013.11.20〉

1. 게임물 운영 소프트웨어의 개조 및 변조 방지 기능

2. 화폐의 위조 및 변조 식별 기능

3. 법 제33조 제2항에 따라 게임물의 운영에 관한 정보를 표시하는 장치(이하 "운영정보표시장치"라 한다)의 작동 기능

③ 제1항 및 제2항에 따른 심의의 실시방법 그 밖에 심의에 관하여 필요한 사항은 위원회의 위원장이 문화체육관광부장관과 산업통상자원부장관의 협의를 거쳐 정한다. 〈개정 2007.5.16, 2008.2.29, 2013.3.23, 2013.11.20〉

【법률 제28조 제3호】

3. 경품 등을 제공하여 사행성을 조장하지 아니할 것. 다만, 청소년게임제공업의 전체이용가 게임물에 대하여 대통령령이 정하는 경품의 종류(완구류 및 문구류 등. 다만, 현금, 상품권 및 유가증권은 제외한다)·지급기준·제공방법 등에 의한 경우에는 그러하지 아니하다.

제3조(교육 실시 업무의 위탁에 관한 경과조치) 이 영 시행 전에 시장·군수·구청장이 종전의 제23조에 따라 교육실시업무를 위탁한 경우에는 제23조 제4항의 개정규정에도 불구하고 이 영 시행 후 3개월 이내에 해당 업무를 위탁한 협회 또는 단체의 명칭·주소 등을 고시하여야 한다.

■ **내용 해설**

종전의 시행령 제23조(권한의 위탁)는 "시장·군수·구청장은 법 제42조 제2항에 따라 법 제9조 제3항에 따른 교육실시업무를 법 제39조에 따라 설립된 협회 또는 단체에 위탁할 수 있다"고만 규정하고 있었으나 이번 시행령 개정에서는 제4항에 "시장·군수·구청장은 제3항에 따라 교육 실시 업무를 위탁한 경우에는 해당 업무를 위탁한 협회 또는 단체의 명칭·주소 등을 고시하여야 한다"는 내용이 추가되었다. 이에 부칙 제3조는 "이 영 시행 후 3개월 이내에 해당 업무를 위탁한 협회 또는 단체의 명칭·주소 등을 고시하여야 한다"고 그 시한을 규정하였다.

부칙 〈법률 제11998호, 2013.8.6〉

법 률	제1조(시행일) 이 법은 공포 후 1년이 경과한 날부터 시행한다.

■ 내용 해설

「지방세외수입금의 징수 등에 관한 법률」이 2013년 8월 6일 개정됨에 따라 본법도 제14차 개정이 있었다. 이 법은 1년이 경과한 2014년 8월 7일부터 시행된다.

법 률	제2조 생략 제3조(다른 법률의 개정) ①부터 ⑤까지 생략 ⑥ 게임산업진흥에 관한 법률 일부를 다음과 같이 개정한다. 제36조 제3항 중 "지방세 체납처분의 예에 따라 이를 징수한다"를 "「지방세외수입금의 징수 등에 관한 법률」에 따라 징수한다"로 한다. ⑦부터 생략

■ 내용 해설

「지방세외수입금의 징수 등에 관한 법률」(법률 제11998호)은 2013.8.6. 제정되어 2014.8.7.부터 시행되는 법률이다. 이 법을 제정한 이유는 "과징금, 이행강제금, 부담금 등 조세 외의 주요 지방세외수입금의 징수효율성을 높이기 위하여 지방세외수입금을 체납하는 경우 지방자치단체의 장이 관계 행정기관 등에게 체납자의 재산 파악에 필요한 자료를 요청할 수 있는 근거를 마련하는 한편, 지방세외수입금의 체납처분절차를 명확히 하는 등 지방세외수입금의 징수 및 관리체계를 개선함으로써 지방자치단체의 재정 확충에 기여하려는" 데 있다. 이 법 부칙 제3조 제6항에 따라 「게임산업진흥에 관한 법률」 제36조 제3항 중 "지방세 체납처분의 예에 따라 이를 징수한다"는 문구가 "「지방세외수입금의 징수 등에 관한 법률」에 따라 징수한다"로 변경되었다.

참고문헌

▪ 서 장

김민규, "'게임산업진흥에 관한 법률'의 제·개정 경과와 의의", 「성신법학」(제6호), 성신여자대학교 법학연구소, 2007.

_____, "게임심의제 전환의 조건과 문화정책적 의의에 대한 고찰", 「문화정책 논총」(제26집 제2호), 한국문화관광연구원, 2012.8.

김윤명, "등급분류 없는 일반게임물제공의 위법성 여부", 「디지털재산법연구」(제10권), 한국디지털재산법학회, 2012.1.

손경한, "게임산업의 현황과 법적문제", 「엔터테인먼트법」(상), 진원사, 2008.

유병채, "게임산업진흥에 관한 법률의 개정방향", 「게임법제도의 현상과 과제」, 박영사, 2009.

한국콘텐츠진흥원, 「2012년 대한민국 게임백서」(요약), 2012.10.

_____, 「2012년 콘텐츠 산업백서」, 2013.8.

홍유진, "게임법이 지향하는 가치 유형", 「게임법제도의 현상과 과제」, 박영사, 2009.

황승흠, "한국게임법제의 역사와 전망", 「게임법제도의 현상과 과제」, 박영사, 2009.

_____, "제도적 표현의 관점에서 본 게임의 문화적 가치", 「IT와 법연구」(제4집), 2010.2.

Sherri Burr, *Entertainment Law in a nutshell*, West, 2013.

▪ 제1장 총 칙

국회문화관광위원회, 게임진흥법안 검토보고서, 2005.4.

국회문화관광위원회, 게임물 및 게임산업에 관한 법률안 검토보고서, 2005.11.17.

김민규 외, 「게임물의 사행성 기준에 관한 연구」, 영상물등급위원회, 2003.

김윤명, 게임물의 사행화 규제 및 그 타당성 검토, 「정보법학」(제16권 제3호), 2012.

김윤명 외, 「게임관련 법률의 현황·문제점 및 개선방안」, 한국게임산업개발원, 2003.

김형렬, 온라인게임제공업에 관한 게임산업진흥에 관한 법률의 내용과 문제점, 게임분쟁연구소, 2006.

허준석, 「재미의 비즈니스-경제학으로 본 게임 산업」, 책세상, 2006.

황성기, 게임산업진흥법상의 게임물 내용심의 및 등급분류제도의 문제점, 게임분쟁연구소, 2006.

황성기, "온라인 웹보드게임의 사행성 규제의 헌법적 한계", 「경제규제와 법」(제4권 제2호), 2011.

황승흠 외, 게임산업진흥법 시행에 따른 게임산업의 대응방안에 관한 연구, 한국게임산업협회, 2007.

황승흠·채승우, "게임산업법 제28조 제2호의 온라인게임 적용 문제에 관한 검토", 「법학논총」(제24권 제1호), 국민대학교 법학연구소, 2011.

■ 제2장 게임산업의 진흥

박기식/이선화, "정보통신표준화에 있어서 지적재산권 논쟁", Communication Review (제6권 3호), SK Telecom, 1996.5-6.

(사)차세대융합콘텐츠산업협회, 「게임기술표준화 포럼운영」(2011년도 ICT표준화전략포럼 최종연구보고서), 2011.12.15.

이황, FRAND 확약 위반과 특허위협(Hold-up)에 대한 공정거래법상 규제의 기준, 「저스티스」(제129권), 2012.4.

최동근 외, 기술과 특허의 연계 전략의 모색, 「산업재산권」(제28호), 2009.4

허준석, 「재미의 비즈니스 ―경제학으로 본 게임산업」, 책세상, 2006.

石黑一憲, 「情報通信·知的財産權への國際的視点」, 國際書院, 1990

■ 제3장 게임문화의 진흥

게임산업진흥에 관한 법률 일부개정법률안(김을동의원 대표발의안) 검토보고서, 2011.

국회문화체육관광방송통신위원회, 「청소년보호법 일부개정법률안」에 대한 의견 제시의 건 검토보고서(최영희의원 대표발의안), 2010.2.

국회입법조사처, 게임콘텐츠의 현황 및 육성 방안(현안보고서 제69호), 2010.

김민규, "게임산업진흥에 관한 법률의 제·개정 경과와 의의," 성신법학(제6호), 2007.

김병일, "게임의 특허법에 의한 보호", 「디지털재산법연구」(제9권), 한국디지털 재산법학회, 2010.12.

김형렬, "중국 관련 게임저작권 분쟁의 주요 쟁점 검토," 디지털재산법연구(제8권), 2009.

대중문화&미디어연구회, 게임 중독의 원인과 개선방안에 관한 연구, 2011.

류환민(국회문화체육관광방송통신위원회 수석전문위원), 게임산업진흥에 관한 법률 일부개정법률안(한선교의원 대표발의안) 검토보고서, 2011.

문화관광부/한국게임산업개발원, 「게임분쟁사례집」, 2005.2.

문화체육관광부 게임콘텐츠산업과, 게임과몰입 예방조치제도 운영지침, 2012.5.

박창석, "온라인게임 셧다운제의 위헌성여부에 대한 검토, 한양법학(제23권 제1집), 2012.

보건복지가족위원회, 최영희의원 대표발의 청소년보호법 일부개정법률안 검토 보고, 2009.12.

윤선희·신재호·이헌희·박광호, 「게임콘텐츠 저작권 침해대응을 위한 표절기 준 마련 기초연구」, 한국콘텐츠진흥원, 2010.

이용원, 청소년보호법 일부개정법률안(전병헌 의원 대표발의) 검토보고, 여성가 족위원회, 2013.4.

최용석·이지애·권혁인, "온라인 게임 피로도 시스템의 효과적인 도입방안에 관한 연구," 「한국컴퓨터게임학회논문집」(22권), (사)한국컴퓨터게임학회, 2010.

최호경, "여가부, 셧다운제 위헌소송에 반박 '청소년 보호 위한 최소조치일 뿐'," 게임동아 2012.1.18.자 기사, http://game.donga.com/60547/.

한국게임산업개발원, 「해외게임분쟁사례집」[저작권편], 2006.3.

한국게임산업개발원, 「해외게임분쟁사례집」[특허편], 2007.10.

한국디지털재산법학회, 「디지털재산법연구」(제2권 제2호), 2003.5.

한국디지털재산법학회, 「디지털재산법연구」(제9권), 2010.12.

한국디지털재산법학회, 「디지털재산법연구」(제10권), 2012.1.

홍준형, "영상물등급위원회의 등급분류결정과 지적 재산권 보호," 법제논단, 법제처, 2005.

황성기, "온라인게임 셧다운제의 헌법적합성에 관한 연구," 한림법학 포럼 제16권, 2005.

제282회 국회(임시회) 제5차 문화체육관광방송통신위원회, 게임산업진흥에 관한 법률 전부개정법률안에 대한 공청회(2009.4.21.) 자료.

○ 신문기사

모바일 셧다운 영구 제외, 헌법소원 판결 후 논의—헌법재판소 판결, 올해 안에 나올 것으로 예상(디스이즈게임 2013.4.18.자 기사).

셧다운 실태조사, 청소년 심야게임 이용 감소 0.3% 불과(inven 2012.10.23.자 게임뉴스).

셧다운제 1년 실효성 있었나?(세계파이낸스 2012.11.19.자 기사).

셧다운제, 0.3%와 60% 사이 잃어버린 것들(한국경제 2012.11.20. 기사).

스마트폰 게임 셧다운제 후퇴 막겠다(세계일보 2013.5.5.자 기사).

실효성 없고 부작용만 양산한 강제 셧다운 대신 부모 선택권 강화로 전환, 모바일 제외(newskorea 2013.2.4.자 기사).

■ 제4장 등급분류

김형렬, "게임산업진흥에 관한 법률의 내용과 문제점 —온라인게임제공업을 중심으로", 「디지털재산법연구」(제5권 제1호), 2006.6.

박인, "게임물등급제와 사행성 게임물에 관한 연구 —새로 제정된 게임산업진흥에 관한 법률을 중심으로, 「법제」, 2007.8.

홍준형, "영상물등급위원회의 등급분류결정과 지적 재산권 보호," 「법제논단」, 법제처, 2005.

황성기, 게임산업진흥법상의 게임물 내용심의 및 등급분류제도의 문제점, 게임분쟁연구소, 2006.

황승흠, "게임물 등급분류 개념의 문제점 : 게임물의 운영방식·이용방식과 등급분류의 대상으로서의 내용과의 법적 관계를 중심으로," 「공법학연구(제13권 제1호)」, 2012.2.

황승흠, "사행성게임물 제도와 환전업금지조항", 개정 게임산업진흥에 관한 법률 설명회 자료집, 한국게임학회, 2007.

게임물등급위원회, 2009 게임물 등급분류 현황(http://blog. naver.com/game wereport?Redirect=Log&logNo=150078480464).

게임물등급위원회, 공지사항: 게임물 제목 관련 안내(2009.2.12. 공지사항).

게임물등급위원회, 개인용 컴퓨터(PC) 게임물 중점 검토사항 변경 안내(2011.7. 14. 공지사항).

게임물등급위원회, 개인용 컴퓨터(PC) 게임물 중점 검토사항 변경 안내(2010.9. 7. 공지사항).

게임물등급위원회, 아케이드 게임물 등급분류 중점 검토사항 안내(2012.12.3. 공지사항).

게임물등급위원회, 아케이드 게임물 등급분류신청 유의사항 안내(2011.8.26. 공 지사항).

게임물등급위원회, 아케이드 게임물 등급분류 가이드라인 설명(2011.6.2).

게임물등급위원회, 청소년게임제공업소용(전체이용가) 게임물 등급분류 신청 가이드라인 (2011.5).

게임물등급위원회, 공지사항: 대행업체를 통한 심의접수관련 안내사항(2008.1. 8).

게임물등급위원회, 공지사항: 등급분류신청 대행관련 「전자서명법」 준수 안내 (2012.6.29).

게임물등급위원회 홈페이지〉참여마당〉자주하는 질문 23번(2008.9.30).

게임물등급위원회, 공지사항: 내용수정신고 반려 게임물에 대한 준수사항 안내 (2012.7.23).

게임물등급위원회, 보도자료: 게임위, 오픈마켓게임 자율등급분류제도 시행 1년 성과 발표(2012.10.10).

게임물등급위원회, 보도자료: 게임위, 투명한 등급분류 위한 '전문위원 등급추천 제도' 개선 시행(2012.7.10).

게임물등급위원회, 공지사항: '스마트폰용 오픈마켓 보드게임' 등급분류 검토사항 추가 및 안내(2012.2.7).

게임물등급위원회, 공지사항: '스마트폰용 오픈마켓 보드게임' 등급분류 검토사 항 안내(2010.11.11).

게임물등급위원회, 공지사항: 오픈마켓 게임물 등급분류신청 관련 안내(2011.9. 16).

게임물등급위원회, 전체이용가 아케이드 게임물(정답 선택 및 3지 선다형) 등급 분류 관련 공지사항(2012.6.25).

게임물등급위원회, 공지사항: 빠징고 게임기능이 있는 구슬자동판매기에 대한 주의(2007.8.10).

게임물등급위원회, 등급분류 신청 게임물의 정당한 권원확인을 위한 처리절차 공지(2012.6.25).

게임물등급위원회, 아케이드 게임물 등급분류 가이드라인 설명(2011.6.2) 및 청 소년게임제공업소용(전체이용가) 게임물 등급분류 신청 가이드라인(2011.5).

게임물등급위원회, 아케이드 게임물 등급분류 가이드라인 설명(2011.6.2) 및 청 소년게임제공업소용(전체이용가) 게임물 등급분류 신청 가이드라인(2011.5).

게임산업진흥에 관한 법률 일부 개정 법률안(정부제출, 의안번호 1961) 검토보 고서(교육문화체육관광위원회 전문위원 박명수, 2013.4).

네이버 지식백과_매일경제 http://terms.naver.com/entry.nhn?cid=2955&docId= 15696&mobile&categoryId=2955.

서울경제(2013.6.14) http://economy.hankooki.com/lpage/society/201306/e2 013061410205211790.htm.

행정안전부, 「민원사무처리에 관한 법률 시행령」 제21조 제1항에 따른 '동일한 내용의 민원'과 같은 법 시행령 제24조 제1항에 따른 '지체없이'의 의미(「민원 사무처리에 관한 법률 시행령」 제21조 등 관련) 안건번호11-0134, 회신일자 2011.06.16. 1.

■ 제5장 영업질서 확립

고상룡, 「민법총칙」(제3판), 법문사, 2003.

김동희, 「행정법Ⅰ」, 박영사, 2005.

김상용, 「민법총칙」(전정판 증보), 법문사, 2003.

김용찬, "도박·도박개장죄, 사행행위 등 규제 및 처벌특례법위반죄 및 게임산업 진흥에 관한 법률위반죄의 관계에 관한 고찰", 「저스티스」(통권 제113호), 2009.

김재형, "법률에 위반한 법률행위: 이른바 강행규정의 판단기준을 중심으로", 「인권과 정의」(제327호), 2003.11.

김형렬, "게임산업진흥에 관한 법률의 내용과 문제점—온라인게임제공업을 중심으로", 「디지털재산법연구」(제5권 제1호), 2006.6

박균성, 「행정법 강의」(제9판), 박영사, 2012.

박인, "게임물등급제와 사행성 게임물에 관한 연구—새로 제정된 게임산업진흥에 관한 법률을 중심으로", 「법제」, 2007.

윤웅기, "MMORPG게임 아이템 현금 거래에 대한 법정책적 고찰", 게임문화연구회.

윤현석, "온라인게임 아이템거래의 과세문제", 「인터넷법률」(제37호), 2007.

이권호, "게임 디지털콘텐츠의 법적 성격에 관한 연구", *Law & Technology*(제3권 제5호), 2007.9.

이영준, 「한국민법론」(총칙편), 박영사, 2003.

이정훈, "게임아이템 거래와 형사법적 문제", 「게임법제도의 현황과 과제」, 박영사, 2009.

정해상, "인터넷 게임아이템 거래에 관한 법리", 「중앙법학」(제5집 제3호), 2003.

조영기, "게임산업진흥을 위한 게임등급 심의제도의 개선방안 연구", 「사이버커뮤니케이션학보」(통권 제28호 제3호), 2011년 9월.

편집대표 곽윤직, 「민법주해」(Ⅱ), 박영사, 2002.

편집대표 박준서, 「주석민법」(제3판), 총칙(2), 한국사법행정학회, 2001.

한상우, 「정책의 법제화 실무 —인·허가 영업제도를 중심으로—」, 법제처, 2009.

홍대식, "독점규제법상 불공정거래행위의 사법적 효력," 「사법논집」(제30집), 법원행정처, 1999.

황승흠, "게임물 등급분류 개념의 문제점 : 게임물의 운영방식·이용방식과 등급분류의 대상으로서의 내용과의 법적 관계를 중심으로," 「공법학연구」(제13권 제1호), 2012.2.

618

황승흠, "사행성게임물 제도와 환전업금지조항", 개정 게임산업진흥에 관한 법률 설명회 자료집, 한국게임학회, 2007년.

황승흠·안경봉(편), 「게임법 제도의 현황과 과제」, 박영사, 2009.

황승흠·채승우, "게임산업법 제28조 제2호의 온라인 게임 적용문제에 관한 검토", 「법학논총」(제24권 제1호), 국민대학교 법학연구소, 2011.

■ 제6장 보 칙

김기표, "수수료제도에 관한 고찰", 「법제」(제440호), 1994.

김원오, "특허수수료 감면제도의 비교법적 고찰", 「산업재산권」(제13호), 2011.

박균성, 「행정법론(상)」(제10판), 박영사, 2011.

박형준, "규제순응 정책수단으로서 신고포상금제도: 1회용품 신고포상금제도를 중심으로", 행정학 공동학술대회 한국규제학회 6월 25일 발표논문, 2010.

안경봉·하홍준, "산업재산권활성화를 위한 세법상 지원방안", 지적재산연구센터, 1999.

윤장근, "법령입안심사기준[보칙규정 입안심사 기준(2)]", http://www.moleg. go.kr.

정완, "경쟁법상 사전청문절차에 관한 고찰", 「경희법학」(제44권 제3호), 2009.

홍성찬, "행정상 청문제도의 법리", 「연세법학연구」(제3호), 1995.

■ 제7장 벌 칙

박균성, 「행정법 강의」(제9판), 박영사, 2012.

이영한, "징벌적 개념의 몰수·추징에 대한 몇 가지 문제", 「재판실무연구」, 2005.1.

이재상, 「형법총론」, 박영사, 2007.

정성근·박광민, 「형법총론」, 법지사, 2008.

황승흠·채승우, "게임산업법 제28조 제2호의 온라인 게임 적용문제에 관한 검토", 「법학논총」(제24권 제1호), 국민대학교 법학연구소, 2011.

색 인

저자 약력

■ 이상정

경희대학교 법학전문대학원 교수

서울대학교 법학박사

한국저작권위원회 위원, 국가지식재산위원회 위원

「미술과 법」, 「지적재산법」(공저) 외 다수

■ 김윤명

전남대학교 문학사, 경희대학교 법학박사

엠파스, 네이버, NHN엔터테인먼트 근무

한국디지털재산법학회 이사

「이러닝과 저작권법」, 「게임서비스와 법」 외 다수

■ 김근우

경희대학교 법학박사

홍익대학교 외래교수

한국디지털재산법학회 이사

「시각저작물의 저작인격권에 관한 연구」(공저), "저작물의 보호범위" 외 다수

■ 김형렬

성균관대학교 법학박사

한국법제연구원 초청연구원, 동국대 겸임교수

「온라인게임콘텐츠와 디지털저작권」(공저), 「게임분쟁사례집」(공저) 외 다수

■ 신봉기

경희대학교 법학박사

경희대학교, 명지대학교, 홍익대학교 강사

한국저작권위원회 등록심사관

"저작권집중관리제도에 관한 연구: 저작권관리법 제정방안을 중심으로" 외 다수

■ 신재호

경상대학교 법과대학 부교수

연세대학교 공학사, 한양대학교 법학박사

일본 지적재산연구소 초빙연구원

「송영식 지적소유권법」(공저), "게임중독 예방을 위한 소위 '셧다운제'에 관한 검토" 외 다수

■ 유대종

SK커뮤니케이션즈 사업협력팀장

경희대학교 법학박사

경희대, 서울시립대 강사

한국디지털재산법학회 이사

"불공정행위와 디지털정보" 외 다수

■ 전성태

한국지식재산연구원 IP법제연구팀 팀장

경희대학교 법학박사

"지식재산제도의 실효성제고를 위한 법제도 구조 및 기초연구", "클라우드 서비스사업자의 저작권 이용주체성에 대한 법적 검토" 외 다수

■ 정소현(미영)

경희대학교 법학사, 법학박사

서울 사이버대학교 사회복지학사

경민대학교 강사

"ADR을 통한 지적재산권 분쟁해결방안에 관한 연구" 외 다수

■ 정충원

서울대학교 법학사, 경희대학교 법학박사

한국사이버대학교 겸임교수, 용인송담대학 겸임부교수, 경희대학교 외래교수

"저작권침해로 인한 손해배상에 관한 연구 —손해액 산정을 중심으로" 외 다수

주해 「게임산업진흥에 관한 법률」

2014년 4월 8일 초판 인쇄
2014년 4월 18일 초판 발행

저 자 김근우 · 김윤명 · 김형렬 · 신봉기 · 신재호
       유대종 · 이상정 · 전성태 · 정소현 · 정충원

발행인 이 방 원
발행처 세창출판사
        서울 서대문구 경기대로 88 냉천빌딩 4층
        전화 723 · 8660 팩스 720 · 4579
        E-mail: sc1992@empal.com
        Homepage: www.sechangpub.co.kr
        신고번호 제300-1990-63호

정가 39,000 원

ISBN 978-89-8411-467-8 93360